Successions
Le guide pratique

Sylvie Dibos-Lacroux
Ancienne avoc

14e édition

2013
prat éditions

Tous les codes et guides sont disponibles sur :
www.prat.fr

Direction éditoriale : Anne-Laure Marie
Édition : Dominique Poussielgue
Coordination éditoriale : Maud Taïeb
Relecture-correction : Carole Fossati
Composition : Sylvain Atlan

Division de Reed Business Information, SAS au capital de 4 099 168 euros
Forum 52 - 52, rue Camille-Desmoulins, 92448 Issy-les-Moulineaux Cedex

Président : Antoine Duarte
Actionnaire principal : Reed Elsevier France

ISBN 978-2-8095-0402-6
ISSN 1272-4955

Vous êtes concernés par une succession suite au décès d'un de vos proches ? Vous avez besoin d'être épaulé pour effectuer les bonnes démarches, veiller à la bonne exécution d'un testament ou faire valoir vos droits à l'héritage.

Vous voulez anticiper les questions de successions qui se posent à votre famille ? Et non les subir le moment venu… Vous voulez transmettre de votre vivant un bien à vos enfants ou aider financièrement vos petits-enfants.

Que vous soyez celui qui donne ou celui qui reçoit, l'enjeu est tellement important pour vous et vos proches qu'il convient de vous entourer des meilleurs conseils.

Pour protéger au mieux les intérêts de votre famille, ce guide vous présente toutes les possibilités relatives au droit des successions. Ainsi, il vous permettra :

- d'**organiser votre succession** (rédaction d'un testament, contenu ou annulation) ;
- de **savoir faire face à un décès** et à l'**ouverture de la succession** (formalités et démarches indispensables, obsèques, protection des biens, situation du conjoint, etc.) ;
- de tout savoir sur la **transmission des biens** (comment, pour qui) et sur la **gestion d'une succession** (délivrance, legs, indivision).

Cet ouvrage apportera les **réponses** à toutes vos questions :

- Le conjoint-survivant peut-il rester dans l'appartement loué par le défunt ?
- Comment contester un testament ?
- Que peut-on donner, à qui et en quelle quantité ?
- La succession est endettée, qui doit payer ?

Synthétique, clair et très pratique, agrémenté de nombreux modèles de lettres prêts à l'emploi et d'adresses utiles, voilà LE guide indispensable pour tout comprendre, et agir en connaissance de cause !

Anne-Laure Marie
Directrice éditoriale

Table des matières

Comment organiser sa succession ?

➤ Le Code civil qualifie de « dévolution successorale » la façon dont doivent se transmettre les biens au décès de leur propriétaire.

➤ Il faut le savoir, il est intéressant financièrement d'organiser sa succession à l'avance. Pour cela, il existe différentes méthodes.

➤ La transmission à titre gratuit de ses biens peut passer par la rédaction d'un testament ou la réalisation d'une donation, ces deux formes de dévolution sont qualifiées de libéralités.
Les règles de forme et les effets de ces libéralités sont différents même si certaines règles leur sont communes.

Comment transmettre ses biens par testament ?

Faire un testament est utile, sinon indispensable, dès lors que l'on dispose de quelques biens, si modestes soient-ils.
Un testament permet, d'un point de vue moral d'abord, d'aider les héritiers à suivre et à respecter les volontés du défunt. D'un point de vue matériel, celui qui rédige un testament règle la répartition de ses biens d'une façon qui, tout en étant conforme à la loi, lui est personnelle. C'est ainsi qu'il peut, par exemple, avantager une personne non appelée à la succession, augmenter la part d'un héritier ou encore assurer la protection de son conjoint.
Il peut aussi répartir ses biens entre ses enfants ou ses héritiers s'il craint des dissensions entre eux après son décès (testament-partage).

La rédaction du testament

› Comment faire son testament ?

• Le testament olographe (art. 970 du Code civil)

Il est possible de rédiger soi-même son testament en utilisant une simple feuille de papier, sans aucun formalisme, mais à condition de le rédiger entièrement de façon manuscrite, c'est-à-dire à la main, de le dater et de le signer.
Pour ajouter une disposition au testament, acte appelé codicille, il faut aussi le rédiger à la main, le dater et le signer.

Cas pratique

Un testament écrit au dos d'une enveloppe et signé de la main de son auteur a été reconnu valable.
De même, les tribunaux ont reconnu valables des testaments qui étaient écrits non sur du papier mais sur d'autres supports tels que du linge ou un meuble, ou encore gravés par le testateur sur du bois, du verre, du cuir…

S'il est écrit sur deux ou plusieurs feuillets, il faut qu'il existe un lien entre ces feuillets. Il faut donc numéroter toutes les feuilles, indiquer la date et signer chacune d'entre elles.
Ce testament ne peut en aucun cas, même partiellement, être tapé à la machine. Il n'est pas possible non plus de se servir d'un modèle et de remplir les cases laissées blanches.
Seul l'original du testament pourra être retenu après le décès du testateur. Une copie, un double au carbone, un document scanné ou un enregistrement sur disque dur n'auront pas de valeur s'ils ne sont pas présentés avec l'acte original.

Cette règle stricte ne peut être assouplie que si la disparition de l'original résulte d'un cas fortuit ou de la force majeure.

Cas pratique

Le testateur avait rédigé son testament olographe et l'avait déposé chez un notaire. Il léguait à la fondation « les orphelins apprentis d'Auteuil » son immeuble. À son décès, la voisine du défunt s'oppose à l'exécution de ce testament en faisant état d'un testament plus récent par lequel le testateur lui léguait le même immeuble, la fondation ne devant recueillir que l'argent liquide disponible. Le problème était que cette voisine était incapable de produire l'original de ce dernier testament, son avocat qui en était dépositaire ayant perdu l'acte. Pour prouver sa bonne foi, elle produit la photocopie de ce testament. La cour d'appel estime qu'elle ne pouvait pas produire l'original et qu'il s'agit là d'un cas de force majeure. Mais la Cour de cassation casse l'arrêt. Seule la perte de l'original d'un testament olographe par suite d'un cas fortuit ou d'une force majeure autorise celui qui s'en prévaut à rapporter par tous moyens la preuve de son existence et de son contenu. La force majeure suppose l'irrésistibilité et l'imprévisibilité. Ces deux notions n'existaient pas dans le cas présent (C. cass., 1re ch. civ., 12.11.2009, n° 08-17791 et 08-18898).

MON CONSEIL

Pas de modèle pour les testaments *Se servir d'un modèle de testament pour établir le sien peut avoir des conséquences imprévues !*
Une personne avait établi son testament d'après le modèle procuré par son notaire, mais elle avait oublié de porter à la fin du document sa signature (le modèle ne le précisait peut-être pas...).
Après son décès, la validité de ce testament a été contestée pour absence de signature.
La cour d'appel, dans un premier temps, a validé le testament en relevant que la testatrice s'était servie d'un modèle et que son nom figurait au début de l'acte, ce qui suffisait à l'identifier.
La Cour de cassation a refusé cette interprétation. Le testament olographe n'est pas valable s'il n'est pas signé de la main du testateur et la simple mention de ses nom et prénoms dans le contexte des dispositions testamentaires ne peut être assimilée à une signature.
La signature doit apparaître à la fin du document. La seule mention de l'identité du testateur ne constitue pas une signature, condition de validité du testament. Il ne s'agit pas d'un simple formalisme mais d'une preuve que le testateur valide l'ensemble des dispositions prises.
Le testament a donc été annulé (C. cass., 1re ch. civ., 14.1.2003, Juris-Data n° 2003-017238).

Le contrôle des juges

En principe, si la rédaction du testament olographe ne respecte pas les règles du Code civil, le testament doit être annulé.
Mais les cours et tribunaux n'appliquent pas aveuglément ces règles et recherchent les éléments intrinsèques du testament permettant de le valider malgré ses imprécisions.

Absence de date

Un testament non daté peut être validé si la date peut se déduire des termes du testament (C. cass., 1re ch. civ., 4.2.1981, JCP 1982, II, 19715) ou si la date n'est pas importante. La date revêt une importance si un second testament était inconciliable avec le premier ou encore si une contestation s'élevait sur l'altération des facultés mentales du testateur. Il faudrait alors déterminer si, à la date à laquelle a été écrit le testament, son auteur possédait ou non toutes ses facultés (C. cass., 1re ch. civ., 9.3.1983, Bull. civ. n° 95 ; C. cass., 1re ch. civ., 30.6.1992, Bull. civ. n° 215) ;

Date erronée

S'il s'avère que la date est fausse, cela équivaut à une absence de date et entraîne l'annulation du testament ;

Cas pratique

Dans ce testament, une date figurait alors que le testament faisait référence à un événement postérieur à cette date. La date ne pouvait donc pas être valable.
Dans ce cas, les juges doivent s'efforcer de rechercher la véritable date et, si aucun élément ne leur permet de l'établir, ils doivent annuler l'entier testament, celui-ci étant privé d'un de ses éléments essentiels (C. cass., 1re ch. civ., 11.2.2003, La Semaine juridique, JCP, 2003 IV, 1619).

Absence de signature

La cour d'appel de Versailles a même refusé d'annuler un testament non signé. Elle a estimé que la mention manuscrite des nom et prénoms du testateur remplaçait la signature (cour d'appel de Versailles, 16.1.1992, Dalloz 1993, somm. p. 229). Cet arrêt est toutefois exceptionnel et la Cour de cassation, dans une autre affaire, a affirmé que rien ne pouvait remplacer la signature du testateur… (C. cass., 1re ch. civ., 7.6.1995, Bull. civ. n° 248).
Récemment, la Cour de cassation a nuancé l'application de la règle de la signature obligatoire en considérant que la signature pouvait être remplacée par l'indication du nom et du prénom du testateur, à condition que cette indication figure au bas du testament. Ceci signifie en effet que le rédacteur a validé et approuvé les clauses de son testament comme le ferait une véritable signature (C. cass., 1re ch. civ., 22.6.2004, Dalloz 2005, II, p. 2953).
Certaines personnes estiment que le fait d'inscrire son nom et son prénom (avec éventuellement son adresse) donne plus de solennité à leur testament. C'est une erreur puisque les héritiers peuvent être entraînés dans un procès tendant à faire

annuler le testament. Il est préférable de signer simplement l'acte en ayant indiqué au début son identité ;
En cas de contestation de l'écriture et de la signature du testament, le juge demandera à chaque partie de produire tous documents pouvant servir à les comparer avec le testament contesté et, au besoin, ordonnera une expertise (art. 1324 du Code civil). Il n'est pas nécessaire de prouver des circonstances suspectes entourant la rédaction du testament contesté (C. cass., 1re ch. civ., 29.2.2012, n° 10-27332).

Absence du nom du bénéficiaire

Le legs n'est pas nul si la personne est déterminable et les tribunaux tentent d'interpréter la volonté du testateur ;

Cas pratique

Une personne avait légué ses biens « au profit de la recherche du cancer... » Les juges avaient retenu deux associations qui remplissaient la mission voulue par la testatrice (l'ARC et l'Institut Curie) et avaient partagé le legs en deux parts égales attribuées à chacune de ces associations (cour d'appel de Rouen, 22.2.1995, JCP 1996, IV, p. 401).

Absence de volonté propre du signataire

Mis à part le respect des conditions de forme, les juges peuvent annuler un testament s'ils estiment que l'acte ne reflète pas la volonté propre du signataire. Lorsque le testament est dicté par une tierce personne, il doit être annulé même si toutes les conditions de forme ont bien été respectées (rédaction manuscrite, date et signature).

Cas pratique

Un testament avait été rédigé par une personne handicapée mentale. Elle avait écrit son testament en recopiant un modèle établi par son père qui avait sur elle une très forte influence.
Bien qu'écrit de la main de la testatrice, ce testament a été annulé car il ne reflétait pas sa volonté personnelle (C. cass., 1re ch. civ., 9.1.2008, n° 07-10599).

● La protection du testament

Il n'est pas nécessaire de l'enregistrer. Il n'y a aucune formalité administrative obligatoire.
Il est toujours préférable de faire son testament en deux exemplaires (un pour le bénéficiaire et l'autre que l'on garde).
Dans ce cas, il est nécessaire de recopier entièrement le premier original. En effet, les copies peuvent facilement être contestées et annulées. Une copie n'est utile que par rapport à l'original. Si l'original est perdu, la copie ne pourra pas le remplacer. De même, le calque par carbone n'est pas un testament valable.
Il est également nécessaire qu'apparaissent la volonté de léguer du testateur ainsi que le nom du bénéficiaire, en indiquant par exemple : « *Je lègue à X...... tel bien* » ou encore « *Je désire que X...... reçoive tel bien......* »

L'intérêt du testament olographe est qu'il est entièrement gratuit et ne nécessite pas l'intervention d'un notaire.
Il peut facilement être revu, modifié, complété ou même détruit par celui qui l'a rédigé.
Mais l'inconvénient est le risque de perte, de vol ou de contestation de la part des héritiers qui s'estimeraient lésés par les dispositions testamentaires.
Pour éviter cette perte ou cette destruction, il est conseillé de déposer l'acte chez un notaire ou encore de demander à un notaire de rédiger un testament authentique.
Il est aussi possible de faire écrire par une autre personne son testament, de le signer et de le déposer clos et scellé chez un notaire. Il s'agit d'un testament mystique.

ATTENTION ⚠

La responsabilité du notaire *Lorsqu'un testament olographe est déposé à l'étude d'un notaire, ce dernier n'est pas obligé de l'ouvrir ni de vérifier si les formes légales ont bien été respectées. Si le testament par la suite est annulé car non signé, le notaire n'est pas responsable vis-à-vis des légataires déçus. Dans cet arrêt, le défunt avait rédigé un testament instituant sa sœur légataire universelle. Le testament n'était pas signé et a été annulé. Le notaire n'avait aucune responsabilité dans cette annulation. Il n'était pas rédacteur mais simple dépositaire (C. cass., 1re ch. civ., 22.3.2005).*

● Le testament oral

En principe un testament doit toujours être écrit. Cependant, si le défunt a donné, de son vivant, des instructions orales à ses héritiers et que ceux-ci sont d'accord pour les exécuter, le testament oral devient valable et obligatoire. Il crée l'obligation pour les héritiers de le respecter.
Si une personne demande oralement à ses enfants de verser après sa mort une rente viagère à l'un de ses amis et que les enfants commencent à verser cette rente après le décès de leur parent, ils ne peuvent plus, par la suite, contester la validité du testament oral et cesser les versements. Ils sont tenus de poursuivre les versements jusqu'à leurs termes.

Cas pratique

Dans cet arrêt, la défunte avait, de son vivant, désigné deux légataires, mais n'avait pas rédigé son testament. À son décès, ses héritiers reconnaissent l'existence du testament oral et les droits des légataires. Puis, ils se rétractent et refusent de délivrer les legs aux intéressés. Les héritiers ont été condamnés à exécuter le testament oral puisqu'ils l'avaient accepté lors de l'ouverture de la succession (C. cass., 1re ch. civ., 22.6.2004 Dalloz 2005, II, p. 2953).

Le testament authentique (art. 971 à 975 du Code civil)

Le testament authentique ou « testament par acte public » est reçu par deux notaires ou par un notaire assisté de deux témoins.

En principe, le testateur dicte son testament au notaire qui l'écrit lui-même ou le fait écrire à la main par une autre personne ou à la machine.

Il est nécessaire que le testateur soit capable de dicter son testament et que cette dictée ait lieu en présence des témoins.

Cas pratiques

- Dans ce litige, un testament avait été annulé car il s'était avéré que le testateur ne pouvait s'exprimer que par quatre mots et des mimiques, en raison d'une hémiplégie droite et d'une aphasie consécutives à un accident vasculaire cérébral (C. cass., 1re ch. civ., 4.6.2007, n° 05-21189).
- Le testament avait été préparé à l'avance par le notaire suivant les indications de la testatrice et le jour de la signature de l'acte, le notaire avait lu ce texte. Or, il est nécessaire que le texte soit pris sous la dictée du testateur devant les deux témoins. Le texte avait donc été établi sans la présence des témoins. Le testament a été annulé (C. cass., 1re ch. civ., 26.9.2007, n° 05-19909).

Il est ensuite fait lecture du testament au testateur et ce dernier le signe en présence des témoins et du notaire.

Si le testateur ne sait pas ou ne peut pas signer, le notaire doit l'indiquer dans l'acte ainsi que la raison qui empêche le testateur de signer.

Le testament est ensuite signé par les témoins et par le notaire.

Il n'est pas nécessaire que le notaire reproduise mot pour mot la dictée du testateur dès lors que sont respectés le sens et la substance de la volonté de ce dernier. Il peut tout à fait prendre des notes lorsqu'il reçoit son client et rédiger plus tard le testament lui-même (C. cass., 1re ch. civ., 24.11.1998).

Mais le testament ne peut pas être rédigé avant l'expression des dernières volontés du testateur.

Cas pratique

Au décès de sa tante, une nièce avait contesté le testament qui désignait une fondation légataire universelle de ses biens.

Le notaire avait établi un projet de testament dactylographié.

Devant les témoins, la testatrice avait exprimé sa volonté de désigner la fondation légataire universelle, et le notaire avait lu le testament qui reprenait cette volonté.

La cour d'appel avait considéré que la volonté de la testatrice avait été respectée et avait rejeté la demande de la nièce.

Mais cet arrêt est cassé. Il fallait constater que le notaire avait, en présence des témoins et sous la dictée de la testatrice, transcrit les volontés de celles-ci (C. cass., 1re ch. civ., 29.6.2011, n° 10-17168).

Ne peuvent être pris pour témoins du testament par acte public, ou authentique, les légataires, c'est-à-dire les personnes bénéficiaires du testament ni leurs parents ou alliés jusqu'au 4e degré inclusivement.
Ne peuvent non plus être pris pour témoins les clercs du notaire qui reçoit l'acte. Par ailleurs, le mari et la femme ne peuvent être témoins dans le même acte.

Cas pratique

Une étudiante effectuant un stage temporaire d'été au sein de l'office notarial ne fait pas partie des clercs de l'office visés par l'article 975 du Code civil. Elle peut donc être témoin lors de l'établissement du testament authentique (C. cass., 1re ch. civ., 3.2.2010, n° 09-10205).

Mises à part ces exceptions, toute personne majeure sachant signer et comprenant la langue française peut être témoin d'un testament (la condition de nationalité française a été supprimée par la loi n° 2006-728 du 23 juin 2006).
Ils peuvent être choisis par le testateur directement, ou bien indirectement, choisis par le notaire rédacteur si le testateur le charge de cette mission.

Cas pratiques

• Une personne était décédée à l'âge de 89 ans, sans héritiers en ligne directe, en laissant un testament authentique reçu par un notaire, assisté de deux témoins, aux termes duquel elle instituait pour légataire universelle l'Association diocésaine de Lyon.
Les héritiers, exclus de la succession, contestaient le testament authentique de la défunte dans lequel il était inscrit que les témoins avaient été choisis par la testatrice. Or, la testatrice s'était contentée de charger le notaire « de faire le nécessaire » et c'était ce dernier qui avait sélectionné et convoqué en son étude les deux témoins.
Les juges n'ont pas considéré que la mention était fausse. En effet, la testatrice avait implicitement chargé le notaire de choisir et d'appeler les témoins devant l'assister.
Ils ont par ailleurs constaté que les témoins avaient déclaré avoir été présents lorsque la testatrice parlait au notaire et relevé que celui-ci avait pu légitimement donner une forme juridique aux propos de la testatrice, recueillis par lui (C. cass., 1re ch. civ., 18.9.2002, Juris-Data n° 2002-015489).
• Un témoin peut être l'adjoint au maire, même si le testament est fait en faveur de la mairie, dès lors que cet adjoint n'était pas personnellement gratifié par le legs (C. cass., 1re ch. civ., 14.11.2007, n° 06-20074).

Le testament authentique est obligatoire :
- si l'on veut nommer un mandataire successoral chargé de gérer et d'administrer les biens de sa succession (voir *Nommer un mandataire successoral*, p. 106) ;
- si l'on veut priver son conjoint de son droit viager sur le logement familial ;
- si l'on veut reconnaître un enfant dont l'existence est restée secrète ;
- si le testateur ne sait ni lire ni écrire ou s'il n'est pas en état physique pour le faire (personne âgée, personne handicapée).

Le testament mystique (art. 976 du Code civil)

Le testament mystique est un testament présenté sous enveloppe fermée à un notaire qui a pour mission de ne l'ouvrir qu'après la mort du testateur.
Le testateur doit présenter le testament mystique clos, cacheté et scellé au notaire et à deux témoins. Il doit alors préciser que le contenu de l'enveloppe est son testament signé de lui et écrit par lui ou par un autre, en affirmant, dans ce dernier cas, qu'il en a personnellement vérifié le libellé, en précisant en outre si le testament est écrit à la main ou à la machine.
Le notaire doit alors écrire ou faire écrire à la main, sur l'enveloppe, la date et l'indication du lieu où le testament a été rédigé et signer et faire signer par le testateur et les témoins un acte relatant ces faits.
La personne qui ne peut parler mais qui peut écrire peut faire un testament mystique sous la condition expresse que le testament soit signé par lui et écrit par lui ou par un autre.
En revanche, la personne qui ne sait ou ne peut lire ne peut utiliser la forme du testament mystique. Elle ne peut avoir recours qu'au testament authentique.

› Qui peut faire un testament ?

La loi déclare « incapables » de faire un testament certaines personnes en raison de leur âge ou en raison de leur état mental (art. 901 à 904 du Code civil).

Les mineurs

Avant 16 ans, il n'est pas possible de faire un testament.
De 16 à 18 ans, le mineur non émancipé ne peut léguer que la moitié de ses biens. Cette limitation permet de tenir compte de la volonté de l'adolescent tout en protégeant sa famille des conséquences d'un acte peut-être irréfléchi.
Si le mineur n'a plus de parents proches (jusqu'au 6e degré inclus), il peut disposer de ses biens comme un majeur (art. 904 du Code civil).
Le mineur émancipé (16 ans minimum), étant reconnu « capable » au même titre qu'un majeur, peut valablement rédiger son testament.

Les majeurs protégés

Par ailleurs, pour faire un testament, il faut être sain d'esprit. Certains adultes ne peuvent être à même de rédiger un testament en raison de leur « insanité d'esprit ».
Le majeur en tutelle ne peut faire seul son testament après l'ouverture de la tutelle qu'avec l'autorisation du juge ou du conseil de famille s'il a été constitué. À défaut de cette autorisation, le testament est nul.
Le tuteur ne peut ni l'assister ni le représenter à cette occasion.
L'assistance du tuteur, auparavant autorisée, est, à compter du 1er janvier 2009, interdite sous peine de nullité (art. 476 du Code civil).
En revanche, et même sans autorisation, le majeur en tutelle peut, seul, annuler ou révoquer son testament, que ce testament soit fait avant ou après la tutelle.
Le majeur en curatelle peut rédiger seul son testament.

Les personnes qui ne sont pas placées sous un régime de protection peuvent faire un testament… mais la validité de l'acte pourra, au moment de leur décès, être remise en cause par les héritiers s'ils peuvent prouver qu'au moment où le document a été rédigé le disposant n'était pas sain d'esprit (voir *L'annulation du testament après le décès du testateur*, p. 25).

Le contenu du testament

› Quels sont les différents legs ?

Le legs universel (art. 1003 du Code civil)

Le legs universel est la disposition par laquelle le testateur donne à une ou plusieurs personnes la totalité des biens qu'il laissera à son décès. Le legs universel peut être rédigé ainsi :
« *J'institue légataire universel X……* »
« *Je lègue à X…… tout ce qui restera dans ma succession après l'attribution des legs particuliers.* »
Le légataire universel a donc vocation à recueillir la totalité des biens. Si plusieurs personnes sont nommées légataires universelles, elles se partagent les biens de la succession.
Si l'une d'entre elles renonce à la succession, sa part reviendra à l'autre.
Mais le légataire universel ne reçoit pas réellement la totalité des biens de la succession s'il y a un ou plusieurs héritiers réservataires (les enfants ou le conjoint). Ces derniers sont appelés réservataires puisque la loi leur réserve obligatoirement une certaine partie des biens de la succession, et ce quelle que soit la volonté du testateur (voir *Les héritiers réservataires sont protégés*, p. 267).
S'il y a des héritiers réservataires, le légataire universel reçoit le montant de la quotité disponible et exclut tous les autres héritiers.

Cas pratique

Un testament qui indiquerait : « *J'institue légataire universel mon ami X……* » a pour effet de transmettre la totalité de la succession à cet ami s'il n'y a pas d'héritier réservataire (ou la quotité disponible de la succession dans le cas contraire).

- Il est tenu des dettes et charges de la succession, proportionnellement à sa part, s'il vient en concours avec un héritier réservataire. À ce titre, sa part peut être largement diminuée, voire nulle si les dettes et les charges sont plus importantes que les biens de la succession devant lui revenir.
- Il est chargé de délivrer les legs particuliers et les legs à titre universel.

ATTENTION ⚠

Un tiers ne peut pas désigner un légataire *Il n'est pas possible, dans un testament, de charger un tiers de désigner un légataire. Le choix d'un légataire est discrétionnaire et ne peut être exercé que par le testateur. Dans ce contentieux, une personne qui voulait déshériter tous ses héritiers avait chargé son notaire de désigner un légataire universel. Le notaire avait désigné la commune et les biens de la défunte avaient donc été attribués à cette dernière. La Cour de cassation a annulé le testament (C. cass., 1re ch. civ., 8.11.2005, Bull. civ.).*

• Le legs à titre universel (art. 1010 du Code civil)

Le legs à titre universel est celui par lequel le testateur lègue une quote-part de ses biens, par exemple la moitié, le tiers ou le quart, ou encore tous ses meubles ou tous ses immeubles, ou encore un certain pourcentage fixé de tous ses biens. Les biens ainsi légués ne sont pas décrits ni distingués objet par objet.
Le légataire à titre universel est tenu de payer les dettes de la succession proportionnellement à sa part.

• Le legs particulier (art. 1014 du Code civil)

Le legs particulier est le legs d'un ou plusieurs objets déterminés (une maison, un meuble, une somme d'argent, des titres…).
Le légataire particulier reçoit l'objet légué dans l'état où il se trouve au jour du décès du testateur, et ce même si la valeur de l'objet en question a subi des variations importantes entre le moment où a été rédigé le testament et le jour du décès (par exemple, une maison peut avoir été hypothéquée ou au contraire avoir été agrandie et embellie).
Le légataire particulier n'est pas tenu des dettes de la succession.

Cas pratique

Lorsqu'un legs porte sur le solde d'un compte bancaire, le légataire doit recevoir le jour du décès le solde du compte c'est-à-dire les sommes y figurant diminuées des opérations en cours (virements, chèques, prélèvements).
Mais si le défunt a reçu un trop-perçu qu'il doit rendre (en l'espèce des virements de retraite), il s'agit d'une dette de la succession auquel n'est pas tenu le légataire particulier (C. cass., 1re ch. civ. 19.9.2007, n° 05-18386).

Si son legs est un immeuble hypothéqué, il doit désintéresser les créanciers hypothécaires, mais peut se retourner contre la succession (les héritiers ou légataires universels) pour obtenir le remboursement des sommes payées (art. 874 du Code civil).
Si le legs est un immeuble, les acquisitions, même contiguës à cet immeuble, faites par le défunt ne sont pas censées faire partie du legs. En revanche, si le legs est un terrain, les constructions nouvelles sont incluses dans le legs (art. 1019 du Code civil).

› Les testaments-partages

Un testament-partage est le partage de ses biens effectué par testament. Comme les donations-partages, il s'agit d'un partage effectué par une personne en faveur de ses héritiers.

Depuis la loi n° 2006-728 du 23 juin 2006 applicable le 1er janvier 2007, le testament-partage n'est plus réservé aux parents pour leurs enfants.

Toute personne peut faire un testament-partage en faveur de ses héritiers présomptifs. Si une personne n'a pas d'enfants et que ses parents sont décédés, elle pourra ainsi répartir ses biens entre ses héritiers qui pourront être ses frères et sœurs, ses neveux et nièces ou encore ses cousins (art. 1075 s. du Code civil).

Toute personne peut aussi faire un testament-partage en faveur de ses descendants à des degrés différents (ses enfants et ses petits-enfants, par exemple).

Un testament-partage peut aussi prévoir la transmission de l'entreprise du testateur en faveur de personnes étrangères à la famille.

Il est soumis aux diverses règles de forme des testaments (testament olographe, authentique ou mystique).

À l'inverse d'une donation-partage qui peut être faite par deux époux en faveur de leurs enfants, le testament-partage ne peut être conjonctif (commun à deux personnes).

Cet acte ne peut être établi que par une seule personne.

Le testament-partage ne peut pas non plus concerner des biens communs. Il ne peut comprendre que les biens appartenant en propre au testateur.

Cas pratique

Deux parents avaient, le même jour, rédigé chacun un testament-partage aux termes desquels ils transmettaient à leurs enfants un domaine dépendant de leur communauté. Ce testament a été annulé. Les biens appartenant à la communauté ne peuvent pas faire l'objet d'un testament-partage car les parts des enfants doivent être déterminées le jour du décès.

Or, si le bien appartient à la communauté, les parts ne peuvent être déterminées le jour du décès car elles dépendent du résultat du partage de la communauté.

L'article 1423 du Code civil qui autorise les époux à léguer un bien commun n'est applicable qu'aux légataires et non aux héritiers (C. cass., 1re ch. civ., 16.5.2000, Bull. civ. n° 149).

A fortiori, la nullité du testament est encourue quand il inclut des biens appartenant en propre au conjoint du testateur (C. cass., 1re ch. civ., 3.2.2010, n° 08-18196).

Comme pour tous les testaments, le testateur peut le révoquer librement, tacitement ou expressément et à tous moments (art. 1035 du Code civil).

Si tous les biens que l'ascendant laisse au jour de son décès n'ont pas été compris dans le partage, ceux non compris seront attribués ou partagés selon les règles légales lors de l'ouverture de la succession.

Il ne s'agit que d'une sorte de projet qui ne devient définitif et effectif qu'après le décès.

Le testament-partage ne produit aucun effet durant la vie du testateur (auteur de l'acte).
À la différence de la donation-partage qui entraîne le transfert de propriété des biens partagés dès la signature de l'acte, les biens inclus dans le testament-partage ne deviennent la propriété des bénéficiaires qu'au jour du décès du disposant (c'est pourquoi si l'un des bénéficiaires est décédé avant le testateur et s'il n'a pas lui-même d'enfant, le testament-partage devient caduc).
Au jour du décès du testateur, le testament-partage répartit la propriété des biens entre les différents héritiers comme dans un partage ordinaire.
Les héritiers ne peuvent renoncer au testament pour réclamer un nouveau partage de la succession (art. 1079 du Code civil).
Les droits de succession (ou de mutation) sont payables lors du partage et non pas au moment de l'acte comme c'est le cas pour les donations-partages.
Le principe essentiel du partage d'ascendant est le respect de l'égalité entre les enfants qui sont héritiers réservataires.
Or, il est possible qu'un enfant soit nettement désavantagé par rapport aux autres ou même qu'il ait été omis purement et simplement du partage (dans l'hypothèse où il serait né postérieurement à la rédaction de l'acte et que le parent n'ait pas pu ou ait oublié de le rectifier).
Dans ces cas d'inégalité de parts, le testament n'est pas annulé. Il reste valable mais, lors du partage, les héritiers avantagés devront indemniser l'héritier désavantagé.
Il s'agit de « l'action en réduction » (voir *L'action en réduction*, p. 279).
Le délai pour intenter cette action est de 5 ans à compter du décès du disposant.
Les biens seront évalués d'après leur valeur au jour de l'ouverture de la succession (art. 1077-2 et 1080 du Code civil).
Le même délai de 5 ans est applicable à l'action en nullité du testament-partage, qu'il s'agisse d'une nullité relative ou d'une nullité absolue (art. 2224 du Code civil).

› Les legs graduels ou résiduels

● Les legs graduels

Un legs graduel consiste à léguer un bien déterminé à un légataire (le grevé) avec l'obligation pour ce dernier de conserver le bien légué et de le transmettre, à son décès, à un tiers désigné dans l'acte (le second bénéficiaire).
Auparavant interdits, les legs graduels ont été autorisés par la loi n° 2006-728 du 23 juin 2006, applicable depuis le 1er janvier 2007 (art. 1048 s. du Code civil).
La libéralité graduelle peut être prévue dans un testament mais aussi avec une donation (voir *Qu'est-ce qu'une donation graduelle ?*, p. 44).

Que peut-on transmettre par legs graduels ?

Tout bien peut être transmis avec l'obligation de le transmettre à un tiers : les meubles, les immeubles, les portefeuilles d'actions etc.
Mais les biens doivent être déterminés et identifiables et l'obligation ne peut pas porter sur une quotité de la succession (par exemple sur 1/4 des biens).

S'il s'agit d'un immeuble, la charge doit être publiée.
S'il s'agit de valeurs mobilières, le grevé peut les vendre. La charge de les transmettre porte alors sur les nouvelles valeurs acquises en remplacement.

Quelles sont les conséquences pour le grevé ?

Le légataire grevé ne peut pas contester cette charge sauf s'il est héritier réservataire.
Sa part de réserve doit être protégée et il ne peut pas être obligé de la transmettre à un bénéficiaire déterminé. La charge de conserver et de transmettre ne peut être imposée que sur la quotité disponible.
L'héritier dispose d'1 an à compter du jour où il a pris connaissance du testament pour demander la libération de sa réserve et la suppression de la charge. À défaut de respecter ce délai, il sera obligé de respecter cette charge.
Le second gratifié est réputé tenir ses droits de l'auteur de la libéralité et non pas du grevé.
Si le second bénéficiaire décède avant le grevé ou s'il renonce à la libéralité, les biens restent dans le patrimoine du grevé et font partie de sa succession.
Le testateur peut toutefois prévoir cette hypothèse et désigner un autre second bénéficiaire.

Les legs résiduels

Le legs *de residuo* consiste à transmettre un bien à un légataire et de prévoir que ce qui restera du bien au décès de ce légataire sera transmis à un tiers. Le testament nomme donc deux bénéficiaires successifs.
La loi n° 2006-728 du 23 juin 2006 (applicable depuis le 1.1.2007) a conservé cette modalité de transmission par testament et l'a étendue aux donations (voir *Qu'est-ce qu'une donation résiduelle ?*, p. 45).
À la différence des legs graduels, les legs résiduels permettent au légataire (premier gratifié) de disposer comme il l'entend des biens légués (le testament peut toutefois lui interdire de les donner). Il peut les vendre et n'a que l'obligation de transmettre au second gratifié ceux subsistants dans son patrimoine. Le second gratifié ne peut ni revendiquer le prix de vente, ni les biens acquis en remplacement des biens légués qui ont été vendus. Il ne peut pas non plus contester la façon dont le premier gratifié a géré les biens légués.
Pour être valable, le legs résiduel doit porter sur un bien déterminé et identifiable. S'il porte sur des valeurs mobilières et que celles-ci sont vendues, le second gratifié peut recevoir les valeurs mobilières acquises en remplacement.
Le second gratifié est réputé tenir ses droits de l'auteur de la libéralité.
Lorsque le second gratifié décède avant le grevé ou renonce au bénéfice de la libéralité graduelle, les biens ou droits qui en faisaient l'objet dépendent de la succession du grevé, à moins que le testament prévoie expressément que ses héritiers pourront la recueillir ou désigne un autre second gratifié.

Cas pratiques

- Un mari avait légué à son épouse des valeurs mobilières en souhaitant qu'à son décès tout ce qui pourrait rester en nature ou en créance revienne à ses neveux.

> Ce testament a été déclaré valable puisque la bénéficiaire a pu en disposer comme elle le voulait, vendre les titres ou les conserver, faire fructifier le portefeuille ou le laisser en l'état.
> Au décès de l'épouse, les neveux du mari ont pu recevoir le portefeuille d'actions tel qu'il subsistait à cette période. La valeur du portefeuille retenue a été celle arrêtée au deuxième décès, même si l'épouse avait vendu certains titres pour en acheter des nouveaux et avait fait fructifier l'ensemble de ces biens (C. cass., 1re ch. civ., 2.6.1993, Dalloz 1993, p. 613).
> • Le legs *de residuo* avait été utilisé par une personne dont le seul héritier était son enfant majeur, placé sous tutelle (qui ne pouvait lui-même transmettre ses biens).
> Le testament indiquait qu'elle instituait son fils légataire universel de tous ses biens en précisant que, dans le cas où son fils resterait célibataire, elle voulait que tous les biens qui resteraient à son décès reviennent à une association d'aide aux enfants handicapés mentaux.
> Le testament a été validé, malgré l'opposition de la famille, et les biens ont été transmis à l'association lors du décès du fils (C. cass., 1re ch. civ., 31.5.1995, Dalloz 1996, p. 24).

En cas de legs *de residuo*, le second légataire doit assumer les dettes et les charges de la succession du testateur (C. cass., 1re ch. civ, 8.2.2005, Dalloz 2005, IR. p. 672).

● Le régime fiscal des legs graduels et résiduels

Les legs graduels et résiduels sont imposés comme les donations graduelles ou résiduelles. Les biens transmis au second bénéficiaire sont imposés selon le lien de parenté qui existe entre le testateur d'origine et ce second bénéficiaire. Les droits payés par le premier bénéficiaire sont imputés sur les droits dus par le second (voir *Qu'est-ce qu'une donation graduelle ?*, p. 44, *Qu'est-ce qu'une donation résiduelle ?*, p. 45).

› Y a-t-il des personnes à qui il est interdit de léguer ses biens (art. 907 et 909 du Code civil) ?

● Les personnes interdites en raison de leur profession

Un testament, pour être valable, doit refléter la volonté de son auteur et cette volonté doit être tout à fait libre. C'est la raison pour laquelle certaines personnes, qui peuvent par leurs fonctions ou leurs liens avec l'auteur du testament avoir une certaine influence sur lui, ne peuvent pas bénéficier d'un testament de sa part.

Les médecins, les chirurgiens...

S'il est possible de rédiger un testament en faveur de son médecin, il faut toutefois respecter les deux conditions suivantes :

- le testament ne doit pas être rédigé au cours de la maladie ayant précédé le décès ;
- le médecin, bénéficiaire du testament, ne doit pas être celui qui a soigné le malade au cours de sa dernière maladie.

Il faut noter que cette même interdiction s'applique également aux chirurgiens, aux officiers de santé, aux pharmaciens, aux auxiliaires médicaux, ainsi qu'aux professions paramédicales telles qu'acupuncteurs, magnétiseurs… toujours dans l'hypothèse où ces personnes ont soigné le malade de la maladie dont il est mort. Cette interdiction repose sur l'idée que ces personnes ont pu influencer le malade en état de dépendance aussi bien physique que psychologique. Il y a, à l'encontre de ces personnes, une présomption de captation d'héritage.
Un médecin psychiatre peut faire partie des personnes « interdites ». L'interdiction n'est pas uniquement applicable aux médecins ayant dispensé un traitement en vue d'assurer la guérison du patient.

Cas pratique

Une personne avait eu un cancer en 1995 et était décédée en 2000 de cette maladie.
De 1995 à 1997, elle avait fréquemment consulté une psychiatre-psychanalyste.
Ensuite, cette dernière lui avait donné de nombreuses consultations gratuites jusqu'au mois de juillet 1999.
Avant de mourir, elle avait désigné sa psychiatre bénéficiaire d'un contrat d'assurance-vie.
Le précédent bénéficiaire évincé avait contesté cette nouvelle désignation. Les juges lui ont donné raison.
S'il est vrai qu'en sa qualité de psychiatre-psychanalyste, ce médecin n'avait pu traiter la malade pour le cancer dont elle était atteinte, elle lui avait apporté un soutien associé au traitement purement médical.
Les juges en ont donc conclu que cette psychiatre avait soigné sa patiente pendant sa dernière maladie, au sens de l'article 909 du Code civil, de sorte qu'elle était frappée d'une incapacité de recevoir à titre gratuit (C. cass., 1re ch. civ., 4.11.2010, n° 07-2130).

Mais le testament n'est pas systématiquement annulé lorsque le bénéficiaire est un médecin ou une personne qui a soigné le défunt avant sa mort.
Peuvent être admises les gratifications valant rémunération ou encore les legs motivés par des liens privilégiés entre le testateur et le bénéficiaire.

Cas pratique

Un médecin était l'ami personnel du défunt. Pendant les derniers jours de sa vie, le médecin l'avait soutenu moralement, l'avait dirigé vers des confrères spécialisés, fait hospitaliser et rédigé des ordonnances secondaires. Le legs qui avait été rédigé en faveur de ce médecin a été validé (C. cass., 1re ch. civ., 4.12.1985, Bull. civ. n° 337).

Le personnel des établissements hébergeant des mineurs, des personnes âgées ou handicapées

L'article L. 331-4 du Code de l'action sociale et des familles reprend les règles du Code civil pour interdire aux propriétaires, administrateurs ou employés et bénévoles travaillant dans des établissements hébergeant notamment les personnes âgées de recevoir des libéralités de la part des personnes qu'ils accueillent. Il s'agit de protéger le malade des risques de captation de ses biens, lorsqu'il se trouve dans un état de dépendance psychologique vis-à-vis des personnes tra-

vaillant dans l'établissement (y compris les bénévoles ou les associations intervenant dans l'établissement).
Cette interdiction est toutefois limitée à la période d'hébergement dans l'établissement.
Lorsque le malade regagne son domicile, il lui est possible de rédiger un testament en faveur d'un employé de l'établissement. On considère alors qu'il ne subit plus le risque d'être influencé dans sa démarche, ayant retrouvé chez lui son indépendance psychologique et sa liberté d'expression (cour d'appel d'Aix-en-Provence, 28.4.1998, Gaz. pal. 11.5.2000, p. 44).
Cet arrêt d'appel a été confirmé par la Cour de cassation qui a rejeté le pourvoi de l'héritier et refusé d'annuler le testament établi par le défunt en faveur de son médecin (C. cass., 1re ch. civ., 24.10.2000, Bull. civ. n° 270, p. 174).
Par ailleurs cette interdiction ne concerne que les établissements spécialisés. S'il s'agit d'un hôpital général, le personnel de ces hôpitaux n'est, *a priori*, pas visé par l'interdiction.

Cas pratique

Un malade entre à l'hôpital pour une affection pulmonaire en juillet. En décembre, il institue légataire universelle une aide-soignante de cet hôpital. Il décède le mois de mars suivant.
La famille du défunt refuse d'exécuter le legs et l'aide-soignante les assigne pour voir déclarer valable le testament.
Les juges ont déclaré valable le testament puisque l'hôpital n'entrait pas dans la catégorie des établissements visés par l'article L. 331-4 du Code de l'action sociale et des familles (C. cass., 1re ch. civ., 31.5.1989, Bull. civ. n° 221).

Les prêtres

Comme pour les médecins, le prêtre ou le ministre du culte qui aura assisté le malade au cours de sa dernière maladie ne pourra recevoir les legs contenus dans un testament rédigé à la même époque.
Cette règle est édictée afin d'éviter les éventuels abus d'influence.

Le tuteur d'un mineur

Même s'il est âgé de plus de 16 ans, le mineur ne peut jamais rédiger un testament en faveur de son tuteur, sauf si le tuteur est un ascendant du mineur en tutelle (parent ou grand-parent).
Lorsque le mineur devient majeur, ou s'il est émancipé, il pourra léguer ses biens par testament à la personne qui a été son tuteur, à condition toutefois que le compte définitif de la tutelle ait été préalablement rendu et apuré.

Les mandataires judiciaires

Les mandataires judiciaires à la protection des majeurs sont des personnes désignées par le juge des tutelles et chargées de gérer les revenus ou le patrimoine d'une personne placée sous sauvegarde de justice.
Cette fonction a été mise en place par la loi n° 2007-308 du 5 mars 2007 applicable à compter du 1er janvier 2009.

Comme les médecins ou les auxiliaires médicaux, les mandataires judiciaires à la protection des majeurs et les personnes morales au nom desquelles ils exercent leurs fonctions ne peuvent recevoir une donation ni bénéficier d'un legs de la part des personnes dont ils assurent la protection.
Cette interdiction est générale, quelle que soit la date de la libéralité.

● Les personnes interposées

Le legs par personne interposée est un legs fait à une personne (personne interposée) dans le but d'en faire profiter une autre personne qui ne peut pas recevoir le legs (voir plus haut). Ces legs sont interdits (art. 911 du Code civil).
Sont présumées personnes interposées les père et mère, les enfants et descendants et l'époux de la personne incapable de recevoir. Avant, cette présomption ne pouvait être contredite. Elle devient maintenant simple ce qui signifie que la personne qui a reçu le bien est autorisée à prouver qu'elle n'était pas une personne interposée mais bien la personne que le donateur voulait avantager.
Sont ajoutées aux personnes non autorisées à recevoir un bien par testament ou donation les personnes morales, afin d'éviter la mise en place d'une société écran permettant de transmettre ses biens à une personne interdite.

Cas pratiques

• Une personne avait rédigé un testament en faveur du Front national.
Se rendant compte que ce parti était constitué sous forme d'association et qu'il ne pouvait donc pas recevoir de legs, il avait changé les termes de son testament et avait institué M. Le Pen légataire universel.
Ce testament a été annulé car la volonté du testateur était de léguer au Front national et non à M. Le Pen, personne interposée (cour d'appel de Nancy, 21.10.1997, JCP 1998, IV, n° 2362).
• Ont été également annulés :
- un testament fait par un patient à la fille de son médecin traitant ;
- un testament fait en faveur de la concubine du directeur d'une maison de retraite par un des pensionnaires.

L'interposition de personnes est interdite s'il y a volonté de frauder la loi de la part du testateur (ou donateur).

Cas pratique

Une personne avait légué à une association une partie de son patrimoine. Cette association ne pouvait pas recevoir de legs. Les juges ont admis que le legs soit attribué à un organisme d'utilité publique auquel l'association était affiliée, à charge pour cet organisme d'affecter le legs à une œuvre ou une action de cette association.
Il n'y a pas interposition de personnes car la testatrice n'avait pas cherché à contourner la loi.
Le mécanisme juridique admis par l'administration permet de respecter la volonté du testateur (C. cass., 1re ch. civ., 16.9.2010, n° 09-68221).

› Peut-on imposer des conditions au légataire ?

Il est effectivement possible de prévoir des modalités d'exécution des legs effectués, mais ces conditions sont réglementées.
Ces règles s'appliquent également aux donations.

● Les legs sous conditions ou avec charges

Un legs peut être fait sous réserve que le bénéficiaire remplisse certaines conditions.

À NOTER

À titre d'exemple, *on peut écrire :*
« Je lègue ce tableau au musée du Louvre à condition qu'il y reste constamment exposé. »
« Je lègue telle somme d'argent à la ville à condition qu'une des rues porte mon nom. »
« Je lègue ma propriété à la commune, à charge pour elle de créer un orphelinat. »
« Je lègue ma voiture à mon neveu, à condition qu'il se charge de toutes les formalités de mon enterrement. »

Ces legs sont tout à fait valables en principe, mais si les conditions ne sont pas remplies, le legs sera révoqué.
La révocation signifie que le bénéficiaire devra restituer à la succession le bien qu'il a recueilli lors du décès du testateur.
Cette révocation n'est cependant pas automatique et il est nécessaire qu'elle soit prononcée par un tribunal (tribunal de grande instance du lieu d'ouverture de la succession).
Les juges déterminent si la charge non exécutée était pour le défunt la cause principale du legs (dans ce cas, ils prononcent la révocation) ou s'il s'agissait d'un simple souhait de sa part (il n'y a, dans ce cas, aucune sanction).
Les juges déterminent également si la charge imposée a été ou non partiellement exécutée, autrement dit si la volonté du testateur a été suffisamment ou insuffisamment respectée.

Cas pratique

Une personne avait légué ses biens à une congrégation religieuse à condition qu'elle maintienne son œuvre existante, c'est-à-dire un orphelinat. Après avoir reçu son legs, la congrégation religieuse avait transformé l'orphelinat en un centre médico-psychologique pour adolescents inadaptés. Cette transformation n'a pas été considérée comme une inexécution des charges. Les juges ont considéré que la volonté de la testatrice était d'aider l'enfance malheureuse, but que remplissait le centre créé pour les adolescents (C. cass., 1re ch. civ., 14.5.1974, Gaz. pal. 1974, p. 633).

Les clauses d'inaliénabilité (art. 900-1 du Code civil)

Une clause d'inaliénabilité est une clause qui interdit au légataire de se dessaisir du bien légué.
Pour être valable, la clause doit être temporaire. Elle doit par ailleurs être justifiée par un intérêt sérieux et légitime.

Cas pratique

Un immeuble est légué à plusieurs personnes, dont un mineur ; la clause interdisant la vente de cet immeuble jusqu'à la majorité du mineur est valable.

En revanche, toute clause interdisant indéfiniment la revente est nulle.

Cas pratique

Une clause de testament obligeait les légataires à conserver l'immeuble légué pendant 30 ans. Cette clause a été annulée car non temporaire. En effet, les légataires étant âgés de 60 et 50 ans, la clause d'inaliénabilité atteignait leur espérance de vie et impliquait qu'ils ne pouvaient, de leur vivant, disposer des biens légués (cour d'appel de Paris, 22.2.2001, Dalloz 2001, IR p. 1146).

Ces règles sont les mêmes que celles applicables aux donations (voir *Qu'est-ce qu'une clause d'inaliénabilité ?*, p. 39).
Voir aussi *Les legs graduels*, p. 14.

› Legs à une personne morale

Legs à un établissement privé

Les bénéficiaires

Les dons et legs en faveur des établissements de santé, des établissements sociaux et médico-sociaux ou d'établissements d'utilité publique doivent être autorisés par le préfet.
Les fondations, les congrégations ou les associations peuvent accepter librement les dons ou legs. Toutefois, les dons et les legs doivent être déclarés à la préfecture afin de permettre, le cas échéant, au préfet de s'y opposer. S'il s'agit d'un legs, la déclaration est faite par le notaire, et s'il s'agit d'une donation, par l'établissement lui-même. La déclaration est faite par courrier recommandé avec demande d'avis de réception. L'absence de notification d'une décision expresse dans un délai de 4 mois à compter de la date de l'avis de réception vaut absence d'opposition à l'acceptation d'un legs. Ce délai est de 2 mois pour les autres libéralités (décret n° 2007-807 du 11.5.2007). L'opposition peut intervenir, par exemple, si l'utilisation du don est contraire à l'objet statutaire de l'association. En cas d'opposition du préfet, l'acceptation est privée d'effet (art. 910 du Code civil).

Le droit de regard des héritiers

Les héritiers peuvent s'opposer au legs s'ils justifient d'une situation précaire qui nécessite une aide financière.

Cas pratique

Un legs de 1 million de francs (152 449 €) avait été effectué en faveur d'un établissement reconnu d'utilité publique. Un héritier de la rédactrice (héritier au 5e degré) s'était opposé à ce legs étant lui-même en situation de précarité. À la suite de cette opposition, un décret du Premier ministre était intervenu refusant l'autorisation d'accepter le legs. L'établissement avait déposé un recours pour excès de pouvoir contre le décret en mettant l'accent sur le respect de la volonté de la testatrice. Mais ce recours a été rejeté. Le refus d'autorisation avait été décidé en prenant en compte les intérêts respectifs de l'héritier et de l'établissement gratifié. Ce refus était justifié compte tenu de la situation de l'héritier et du refus de l'établissement de s'engager à lui venir en aide (Conseil d'État, 8.11.2000, Dalloz, IR p. 300).

Les réclamations des héritiers légaux concernant les legs en faveur des associations ou des établissements autorisés sont recevables auprès du préfet du département du lieu de l'ouverture de la succession dans un délai de 6 mois à compter de l'ouverture de la succession.
Elles comportent les nom, prénoms et adresse des réclamants, leur ordre et degré de parenté vis-à-vis du défunt, ainsi que les motifs de la réclamation (décret n° 2002-449 du 2.4.2002).

Legs à l'État ou à un de ses établissements publics

Lorsqu'un notaire est en possession d'un testament établi en faveur de l'État ou d'un établissement public de l'État, il doit adresser la copie intégrale de ces dispositions au préfet du département du lieu d'ouverture de la succession et, le cas échéant, à l'établissement concerné.
L'acceptation des dons et legs faits à l'État est prononcée par arrêté ministériel.
L'acceptation des dons et legs faits à un établissement public de l'État est acceptée par l'instance délibérante de l'établissement si rien n'est prévu dans ses statuts.
L'acceptation ou le refus de la libéralité intervient dans les 12 mois suivant la transmission par le notaire. Le silence gardé par l'autorité compétente au-delà de ce délai vaut refus de la libéralité (art. R 1121-1 s. du Code général de la propriété des personnes publiques).
Les héritiers légaux peuvent s'opposer à ces legs et déposer une réclamation auprès du ministre compétent dans un délai de 6 mois à compter de l'ouverture du testament. Elle comporte les nom, prénoms et adresse des réclamants, leur ordre et degré de parenté vis-à-vis du défunt ainsi que les motifs de la réclamation. Le ministre délivre au réclamant un accusé de réception. Lorsque la réclamation est formulée après l'expiration du délai, elle est irrecevable.

● Legs à une commune ou à un établissement communal

Le conseil municipal statue sur l'acceptation des dons et legs faits à la commune.
De même, les établissements publics communaux acceptent et refusent les dons et legs qui leur sont faits (art. L. 2242-1 s. du Code général des collectivités territoriales).
Les libéralités consenties aux pauvres ou aux établissements de santé d'une commune sont elles aussi dispensées d'autorisation ; c'est le centre communal d'action sociale de la commune qui accepte les dons et les legs ou le directeur de l'établissement (art. L. 6145-10-1 du Code de la santé publique).
Les réclamations des familles doivent être adressées dans un délai de 6 mois à compter de l'ouverture du testament au ministre de l'Intérieur (art. R. 2242-2 s. du Code général des collectivités territoriales).

● Les « fondations par testament »

« Je désire que tout mon argent serve à créer un établissement recueillant les pauvres de la commune. »
En principe, il n'est pas possible de léguer ses biens à une personne physique ou morale qui n'existe pas et un legs devant servir ainsi à créer un établissement ne pourrait être exécuté.
La loi n° 90-559 du 4 juillet 1990 a autorisé expressément les legs destinés à la création et à la construction d'une fondation, sous réserve que la fondation obtienne, après sa constitution, la reconnaissance d'utilité publique.
La demande de reconnaissance d'utilité publique doit, à peine de nullité du legs, être déposée dans l'année suivant l'ouverture de la succession.
Lorsque la fondation est reconnue d'utilité publique, elle est censée avoir existé depuis le jour de l'ouverture de la succession.
Si le testateur n'a pas désigné les personnes chargées de constituer la fondation, c'est une autre fondation reconnue d'utilité publique, désignée par le préfet, qui se charge de cette constitution.

■ La révocation ou l'annulation du testament

› La révocation par le testateur (art. 1035 et s. du Code civil)

À la différence des donations qui ne peuvent en principe être annulées, les testaments sont toujours révocables.
On peut donc réécrire autant de fois qu'on le désire ses dispositions testamentaires.
On peut aussi rédiger des testaments successifs en fonction des nouveaux biens qui rentrent dans son patrimoine.

● La révocation expresse du testament

Si on veut annuler entièrement un précédent testament, la meilleure solution est de réécrire un second testament en indiquant : « *Je révoque toutes mes dispositions antérieures* » et, bien sûr, de dater le nouveau testament.
Même si le premier testament a été déposé chez un notaire, sa révocation sur papier libre est valable. Si on possède les deux testaments, il faut détruire le premier.
Il faut noter que le second testament, pour pouvoir révoquer le premier, doit lui-même être valable, c'est-à-dire écrit, daté et signé de la main de son auteur.
Pour changer une partie de son testament (par exemple, changer uniquement le nom d'un légataire et conserver les autres dispositions), il suffit d'indiquer sur le nouvel acte cette volonté et préciser que les autres legs restent valables.
On peut aussi révoquer son testament par un acte authentique. Cependant, dans ce cas il faut que l'acte de révocation respecte les formes du testament authentique (présence de deux notaires, ou d'un notaire assisté de deux témoins). La révocation d'un testament qui serait insérée dans un acte notarié simple ne serait pas valable.

Cas pratique

Un homme rédige dans un premier temps un testament en faveur de sa mère à qui il lègue la quotité disponible de sa succession. Puis, il se marie et les deux époux se consentent mutuellement une donation au dernier vivant. Dans la donation, rédigée par un notaire, il est indiqué que cette donation révoque toutes les libéralités qui ont pu être consenties auparavant.
Lorsqu'il meurt, sa mère et sa femme s'opposent sur la validité de la révocation du testament.
La Cour de cassation a considéré que la clause insérée dans la donation ne valait pas révocation et qu'en conséquence le testament était tout à fait valable.
La révocation d'un testament olographe ou authentique peut être faite par un simple testament olographe. Cependant, si la révocation est constatée dans un acte reçu par un notaire, elle doit respecter les règles de forme des testaments authentiques (C. cass., 1re ch. civ., 22.6.2004, Bull. civ. n° 179, p. 148).

La révocation d'un testament est discrétionnaire. Le testateur n'a pas à justifier des raisons de sa révocation et sa responsabilité pour faute ne peut pas être engagée.

Cas pratique

Après avoir rédigé un testament en faveur de sa concubine pour lui léguer un appartement, le testateur décide, le lendemain, de le révoquer. Il n'en avertit pas sa concubine. La vie commune dure 3 ans jusqu'au décès du testateur.
Quand elle se rend compte que le testament a été révoqué, la concubine assigne les héritiers pour obtenir des dommages-intérêts pour la faute et le préjudice subi. Le testament était intervenu après 17 ans de vie commune et elle considérait que le legs était l'exécution d'un devoir moral ou de conscience pour permettre à la concubine de conserver un logement. La cour d'appel suit ce raisonnement et accorde la somme de

30 000 € à la concubine. Mais la Cour de cassation casse cet arrêt. Le fait de pouvoir révoquer son testament est un droit total discrétionnaire qui exclut toute possibilité de faute et pour lequel il ne peut y avoir abus de droit (C. cass., 1re ch. civ., 30.11.2004, Bull. civ. n° 297, p. 249).

La révocation tacite du testament

La révocation d'un testament peut aussi se déduire de l'attitude du testateur. S'il a fait en sorte que l'exécution de son premier testament soit impossible, on considère qu'il l'a révoqué tacitement.

Cas pratiques

Si un même bien a été dans un premier temps légué par testament, puis vendu par le testateur, le legs sera considéré comme révoqué. On considère que le propriétaire du bien, en le vendant, est revenu sur sa décision de le léguer.

- Il s'agit toutefois **d'une présomption simple de révocation**, ce qui signifie qu'il est possible de prouver l'absence de volonté de révocation du legs de la part du testateur. Si le bénéficiaire du testament parvient à faire annuler la vente du bien, le legs sera confirmé. C'est ainsi qu'une nièce, légataire d'un immeuble qui avait été vendu, demandait l'annulation de cette vente et le bénéfice de son legs car la vente, en viager, n'avait été réalisée que 3 mois avant le décès de son oncle. La vente pouvait donc être annulée pour absence d'aléa (C. cass., 1re ch. civ., 11.3.2003, JCP 2003, IV, 1823).
- De la même façon, **la présomption de révocation du legs peut être écartée** si la vente du bien légué n'était pas une vente volontaire. Dans cet exemple, le testateur avait légué sa part d'indivision sur un immeuble. Un autre indivisaire avait provoqué un partage judiciaire, ce qui avait entraîné la vente de l'immeuble (cour d'appel d'Amiens, 4.6.2002, Gaz. pal., 30 au 30 octobre 2002, n° 303-304, p. 32).

S'il existe deux testaments à l'ouverture d'une succession, que ces testaments sont tous deux valables et que le plus récent ne porte pas mention de la révocation du plus ancien, le notaire, ou éventuellement le tribunal saisi, comparera les deux écrits.
Si les deux testaments sont incompatibles entre eux (par exemple, lorsque les mêmes biens ont été légués à deux personnes différentes), seul le plus récent sera considéré comme valable, le plus ancien sera considéré comme tacitement révoqué. En revanche, si les deux testaments ne portent pas sur les mêmes biens et qu'ils ne sont pas incompatibles, ils seront tous les deux valables et leurs dispositions seront exécutées.

› L'annulation du testament après le décès du testateur

Les dispositions testamentaires ne peuvent en principe être révoquées que par le testateur lui-même, c'est-à-dire de son vivant.
Lui seul a le pouvoir d'annuler son testament ou de le maintenir même si les raisons qui l'ont poussé à le rédiger ont disparu (disparition de la cause).

Cas pratique

Un couple fait donation à deux de leurs enfants d'un fonds de commerce. Pour rétablir l'équilibre avec leurs deux autres enfants, ils rédigent chacun un testament leur léguant la quotité disponible de leur succession.
Plus tard, les deux premiers enfants restituent le fonds de commerce à leurs parents.
Au décès des parents, ces enfants demandent alors l'annulation des testaments en raison de la disparition de la cause qui avait motivé leurs rédactions.
La cour d'appel reçoit cette demande en retenant que la volonté des parents était d'assurer l'égalité des enfants entre eux. Or les premiers enfants ayant restitué le fonds de commerce, ils n'étaient plus gratifiés d'aucune libéralité ce qui entraînait la caducité des testaments.
Mais la Cour de cassation casse l'arrêt. Seul le testateur est habilité à constater la disparition de la cause et à annuler en conséquence son testament (C. cass., 1re ch. civ., 15.12.2010, n° 09-70834).

Même si une personne rédige un testament en indiquant que le legs est destiné à rétablir l'équilibre entre les enfants, ce testament ne peut être révoqué que par son auteur.

Cas pratique

Un père rédige un testament indiquant : « Pour rétablir les droits de chacun de mes enfants : je lègue à ma fille Michèle X une somme égale à la valeur des biens que j'ai consentis et donnés à ma fille aînée Danièle X Pour compenser les autres droits et biens donnés à ma fille aînée susnommée et provenant de mes parents, je lègue la quotité disponible de tous mes biens à ma seconde fille également susnommée. Telles sont mes dernières volontés. »
Sa femme décède quelques temps après et laisse un testament rédigé ainsi : « Mon mari avait légué la quotité disponible de sa succession à ma fille Michèle Germaine X en expliquant qu'il prenait cette disposition pour compenser les avantages dont il avait fait bénéficier auparavant notre fille aînée Mme Danièle A. Or, il s'avère que cette dernière n'a pas reçu par donation de son père plus de biens que sa sœur de sorte que, privée de la quotité disponible, elle s'est trouvée désavantagée. Afin de rétablir l'équilibre entre mes deux filles, je lègue la quotité disponible de ma succession à Mme Danièle A. »
La cour d'appel annule les deux testaments en raison de la disparition des motifs déterminants de ces testaments.
La Cour de cassation casse l'arrêt. Seul l'auteur du testament est habilité à annuler son testament s'il estime que la cause a disparu (C. cass., 1re ch. civ., 15.2.2012, n° 10-23026).

Après le décès du testateur, le testament peut être annulé pour les raisons suivantes :

● Les conditions de validité du testament ne sont pas respectées

Par exemple, si le testament n'est pas signé ou encore si le légataire ne possède qu'une copie du testament, etc. (voir *La rédaction du testament*, p. 3).

Le bénéficiaire est décédé avant l'auteur du testament

En principe, le legs est caduc si le légataire décède avant le testateur, et ce même s'il laisse des enfants, puisqu'un legs est considéré comme strictement personnel.
Ce n'est que si celui qui rédige le testament indique, de façon claire, qu'il entend faire bénéficier les enfants du légataire des biens en question, si ce légataire venait à mourir avant lui, que ces enfants pourront se voir attribuer les biens (art. 1039 du Code civil).

Le consentement du testateur a été vicié par l'erreur, le dol ou la violence

L'erreur, le dol ou la violence sont les causes de nullité des contrats ou conventions. La loi n° 2006-728 du 23 juin 2006 a expressément prévu la possibilité de demander la nullité des testaments ou des donations s'il est prouvé que la volonté du testateur ou du donateur a été viciée par l'erreur (erreur sur la valeur du bien, sur le bénéficiaire), par le dol (manœuvres, mauvaise foi) ou par la violence (contrainte, chantage).

Le testateur a rédigé son testament alors qu'il était sous l'emprise d'un trouble mental

L'« insanité d'esprit » est reconnue quand, quelle que soit l'affection dont souffre le testateur, son intelligence a été obnubilée ou sa faculté de discernement déréglée. C'est à celui qui demande l'annulation du testament d'apporter la preuve du dérèglement mental de son auteur au moment où il a rédigé son testament.
Le dérèglement mental peut aussi être prouvé même s'il s'agit d'un testament authentique (notarié). Le fait qu'un notaire ait rédigé le testament au fur et à mesure de la dictée du testateur ne suppose pas que ce testateur était sain d'esprit. Dans un cas jugé par la Cour de cassation, une expertise médicale avait été ordonnée pour vérifier l'état mental d'un testateur qui avait institué, par testament authentique, sa quatrième femme légataire universelle (C. cass., 1re ch. civ., 25.5.1987, Dalloz 1988, II, p. 79).
Il faut savoir que généralement les testaments contestés sont validés en raison de la difficulté d'apporter la preuve d'un dérèglement mental et de la volonté des juges de respecter au maximum la liberté de tester.
Le fait que l'auteur du testament se soit suicidé après la rédaction de son acte n'est pas suffisant pour prouver son insanité d'esprit et pour faire annuler le testament.

Cas pratique

Un homme avait rédigé un testament 3 mois avant de se suicider. Ses héritiers voulaient faire annuler cet acte pour insanité d'esprit. Ils avaient produit devant le tribunal plusieurs attestations relevant que le comportement du rédacteur du testament « s'était

dégradé », « qu'il était atteint d'une affection mentale », qu'il était dans « l'impossibilité de discerner la portée de ses actes », « que ses propos étaient incohérents », qu'il semblait « d'une grande mélancolie »...
Ces attestations n'ont cependant pas été suffisantes. Pour le tribunal, elles ne faisaient, en effet, que refléter l'opinion des témoins et ne rapportaient aucun faits précis qui pouvaient démontrer que le testateur avait perdu sa lucidité au moment où il avait rédigé son testament et ne permettaient pas aux juges de déclarer la nullité de ce testament (cour d'appel de Caen, 11.1.2000, JCL, Droit de la famille 2.2001, n° 24, p. 27).

Si l'héritier qui conteste le testament parvient à prouver par exemple que l'état mental du testateur était déficient pendant les périodes précédant et suivant la rédaction de l'acte, ce sera alors à celui qui considère le testament valable de prouver que cet écrit a été rédigé pendant un intervalle de lucidité.
L'action en nullité pour insanité d'esprit d'un testament est soumise à la prescription abrégée de l'article 1304 du Code civil (5 ans).
Cette même prescription est applicable aux donations dont la nullité est demandée pour vice de consentement (C. cass., 1re ch. civ., 11.1.2005, JCL 2005, act. n° 66, p. 191).

À NOTER

Tutelle et testament *Le testament fait après l'ouverture d'une tutelle est nul de plein droit (art. 504 du Code civil).*

● Le bénéficiaire a attenté à la vie du testateur

S'il s'est rendu coupable envers lui de sévices, injures graves ou de délits contre ses biens, on parle d'« ingratitude du légataire ».

● Le testament est fondé sur une cause immorale ou illicite

Pendant longtemps, les tribunaux ont annulé les legs qui n'avaient été consentis que dans le but d'obtenir, de maintenir ou de reprendre des relations adultères.
En revanche, ils ne sanctionnaient pas l'adultère en lui-même puisqu'étaient validés les dons ou legs faits à un concubin adultérin en exécution d'un devoir de conscience, en remerciement de soins apportés ou en vue d'assurer l'avenir de la concubine.
Cette distinction semble maintenant abandonnée puisque la Cour de cassation a considéré que le fait de vouloir maintenir une relation adultère n'est pas contraire aux bonnes mœurs.

Cas pratique

Un homme avait quitté sa femme après 34 ans de vie commune pour aller vivre avec sa maîtresse. Avant de décéder quelque temps après, il avait révoqué toutes les donations entre époux qu'ils s'étaient consentis et exclu sa femme de sa succession.

Il avait par ailleurs légué à sa concubine la somme de 500 000 F (76 000 €).
La cour d'appel, reprenant la jurisprudence établie, avait considéré que le legs n'avait été consenti que pour poursuivre et maintenir leur liaison récente et avait donc annulé ce legs de 500 000 F (76 000 €).
La Cour de cassation opère un revirement de cette jurisprudence en affirmant sans ambiguïté que le legs fait pour maintenir la relation adultère n'est pas contraire aux bonnes mœurs (C. cass., 1re ch. civ., 3.2.1999, Dalloz 1999, II, p. 267).

La Cour de cassation a confirmé sa volonté de valider les libéralités effectuées en faveur d'un(e) concubin(e) adultère, par un arrêt du 16 mai 2000. Un homme non divorcé avait institué sa concubine légataire universelle. Les juges avaient validé le legs en relevant que le défunt avait entendu gratifier celle qui avait partagé les dernières années de sa vie et avait été à ses côtés alors qu'il éprouvait des problèmes de santé (C. cass., 1re ch. civ., 16.5.2000, Les Petites Affiches 2000, n° 197, p. 20).
De façon plus exceptionnelle (car la preuve est difficile à apporter), le testament peut être annulé s'il n'a été dicté que par esprit de vengeance et non dans le but de favoriser la personne de son choix.

Cas pratique

Un testament a été annulé car il n'avait été rédigé que par esprit de vengeance et de haine et non par pure intention libérale. Un père avait abusé de ses filles pendant leur enfance et ces dernières, devenues adultes, l'avaient poursuivi en justice et refusé définitivement de le voir.
Pour se venger, le père avait légué une partie de sa succession à ses neveux et nièces. L'attitude des filles a été jugée pour le moins légitime et les juges ont refusé de valider ce testament « sanction » (TGI La Roche-sur-Yon, 2.5.1995, Dalloz 1997, II, p. 13).

Mais la volonté de priver un héritier réservataire n'exclut pas l'intention libérale du testateur vis-à-vis d'une tierce personne.

Cas pratique

Une dame rédige un testament authentique aux termes duquel elle lègue la quotité disponible de sa succession à l'association Ligue pour l'adaptation du diminué physique au travail (l'ADAPT). Son fils unique, après son décès, assigne l'association en annulation du testament.
Il estimait que sa mère avait voulu, non pas avantager l'association, mais plutôt le priver d'une partie de la succession. Il n'y avait donc pas d'intention libérale en faveur de l'association et le legs devait donc être annulé.
La Cour de cassation rejette ce raisonnement. Dès lors que le consentement de la testatrice n'était pas vicié, elle pouvait tout à fait attribuer la quotité disponible à la personne de son choix, tout en respectant la réserve. Le choix de léguer la quotité disponible est un droit et sous-entend forcément la volonté de priver l'héritier réservataire de cette part de succession (C. cass., ch. com., 30.9.2009, n° 08-17919).

● Le bénéficiaire du legs n'a pas respecté la volonté du testateur

Le testateur peut en effet imposer des charges ou des conditions au légataire et faire dépendre du respect de ces conditions la réalisation du legs. Si ces charges ou conditions sont valables, elles doivent être respectées sous peine de rendre le legs caduc (voir *Les legs sous conditions ou avec charges,* p. 20).

LE COÛT D'UN TESTAMENT		
Forme du testament	**Enregistrement**	**Honoraires du notaire (hors taxes)**
Testament authentique	Après le décès : 125 €	Émoluments : 30 UV = 117 € Après le décès : Émoluments de formalité : – état civil : 3 UV = 11,70 € attestation de propriété (si le legs porte sur un immeuble)
Testament olographe conservé par le testateur	Non obligatoire au moment de la rédaction Après le décès : droit fixe de 125 €	Après le décès : – ouverture du testament : 7 UV = 27,30 € – dépôt du testament au greffe du tribunal : 3 UV = 11,70 €
Testament olographe déposé chez un notaire	Après le décès : droit fixe de 125 € (Enregistrement devant être fait dans les 3 mois du décès ou paiement d'un droit fixe effectué dans les 20 jours suivant ces 3 mois)	Éventuellement, honoraires de conseil lors de la rédaction. Après le décès : – garde du testament : 7 UV = 27,30 € – ouverture du testament : 7 UV = 27,30 € – dépôt du testament au greffe du tribunal : 3 UV = 11,70 €

Sur le calcul des émoluments proportionnels, voir *Les honoraires du notaire,* p. 139.

Comment transmettre ses biens par donation ?

La définition de la transmission de ses biens par donation est donnée par l'article 894 du Code civil. Il s'agit d'un contrat par lequel la propriété d'un ou plusieurs biens est transférée à titre gratuit d'une personne (le donateur) à une autre personne (le donataire).
Le donateur donne donc sans contrepartie, un bien (meuble ou immeuble) qu'il possède.

La rédaction de la donation

› Comment faire une donation (art. 931 et s. du Code civil) ?

Une donation doit être rédigée par un notaire sous peine de nullité. (Voir *Les dons manuels*, p. 53, *Les donations indirectes*, p. 58, et *Les donations déguisées*, p. 57, qui sont une exception à cette règle.)
La donation doit être acceptée par le bénéficiaire (le donataire).
La donation, à l'inverse du testament qui ne prend effet qu'au décès, prend effet immédiatement, lors de l'acceptation du bénéficiaire (jusqu'à l'acceptation, la donation ne produit pas d'effets et le donateur est toujours libre de la révoquer). Cette acceptation doit être expresse.
Le donataire doit donc signer l'acte et déclarer expressément qu'il accepte la donation effectuée en sa faveur (la Cour de cassation a été amenée à déclarer nulle une donation sur laquelle figurait la signature du donataire mais sans mention de son acceptation ! C. cass., 1re ch. civ., 2.3.1999, Bull. civ. n° 74).
L'acceptation ne peut donc être tacite et ne peut résulter de l'attitude du donataire (par exemple, l'acceptation ne peut pas se déduire de la demande d'abattement fiscal du bénéficiaire de la donation).

Cas pratique

Dans cet arrêt, un père avait donné à son fils un bien immobilier. L'enfant vend la maison à des tiers qui font l'objet par la suite d'une saisie immobilière.
Le donateur s'oppose à ce que la saisie porte sur le bien donné puis vendu. En effet, son fils n'avait jamais accepté la donation.
La cour d'appel a relevé que le fils s'était comporté comme s'il avait accepté la donation. Il avait accepté les servitudes qui étaient établies sur la maison et pour les juges d'appel, il était impossible d'accepter celles-ci sans accepter la donation elle-même.

La Cour de cassation a cassé l'arrêt. Peu importe l'attitude du fils. Puisqu'il n'avait pas accepté expressément la donation, le donateur pouvait revenir sur cet acte et conserver la propriété de cette maison (C. cass., 1re ch. civ., 3.3.1998, Bull. civ. n° 89).

Si le bénéficiaire de la donation est mineur, la donation doit être acceptée par son représentant légal (son père et sa mère ou son tuteur).
Dans l'hypothèse où l'enfant reçoit une donation commune de son père et de sa mère, chaque parent accepte la donation effectuée par son conjoint.
Si la donation a été acceptée par le représentant légal du mineur, elle est définitive et il n'est pas nécessaire que l'enfant réitère son acceptation à sa majorité.
Cette acceptation pourra être faite postérieurement à la donation (par exemple, si le donataire est mineur et que la donation n'a pas été acceptée au moment de sa rédaction), mais à condition :
- qu'elle ait lieu du vivant du donateur ;
- qu'elle soit rédigée par acte notarié.
Cette règle s'applique quel que soit le bien donné (meuble, immeuble, capital, titres, etc.).
Par ailleurs, s'il s'agit d'un immeuble, la donation doit être publiée aux hypothèques et s'il s'agit de biens mobiliers, un état estimatif de ces biens, signé du donateur et du donataire, doit être joint à l'acte notarié (art. 939 et 948 du Code civil).
Pour les biens mobiliers, il faut donc détailler chaque objet et lui donner une estimation. Cette formalité se justifie par le principe d'irrévocabilité des donations (le donateur ne peut pas reprendre le ou les biens donnés), protège le donataire contre une éventuelle contestation de l'étendue de la donation et permet également de déterminer avec précision ce que le donataire pourrait être tenu de restituer en cas de nullité de la donation, d'une action en réduction etc.
Mais les juges peuvent être amenés à tempérer le formalisme de cette règle, notamment lorsque la donation porte par exemple sur une collection de livres ou de timbres ou encore sur l'ensemble du mobilier d'un immeuble. Dans ce cas, la donation peut être valable si les biens sont regroupés et estimés globalement par catégories (cour d'appel de Paris, 25.3.1991, Dalloz 1992, II, p. 230).

À NOTER

La donation au profit de l'État *Lorsque la donation est faite au profit de l'État, elle doit être acceptée par décision ministérielle.*

› Le donateur

Comme pour les testaments, pour pouvoir faire une donation, il faut être sain d'esprit (art. 901 du Code civil).
L'insanité d'esprit comprend toutes les variétés d'affections mentales par l'effet desquelles l'intelligence du donateur aurait été affectée ou sa faculté de discernement déréglée au moment de l'acte.
Cette règle a pour but de protéger le donateur contre ses propres actes.

Cette nullité de protection peut être demandée par le donateur lui-même (s'il retrouve la raison), par son tuteur ou curateur (qui aurait été nommé par la suite) ou, après son décès, par ses héritiers ou légataires universels.
Cette action en nullité doit être faite dans les 5 ans de la donation (sur l'annulation d'une donation, voir *L'annulation des donations,* p. 52).
La personne en curatelle ne peut faire une donation qu'avec l'assistance de son curateur.
La personne en tutelle peut, avec l'autorisation du juge ou du conseil de famille s'il a été constitué, être assistée ou au besoin représentée par le tuteur pour faire des donations (art. 470 et 476 du Code civil).

› Le donataire

Comme pour les testaments, le donataire doit exister au moment de la donation.
L'enfant conçu est réputé exister, mais il doit être né viable pour pouvoir recevoir efficacement la donation faite à son profit.
Les personnes morales également doivent être créées au moment de la donation et disposer de la personnalité juridique.
Comme pour les testaments, les médecins, pharmaciens, les auxiliaires médicaux, ministres du culte, tuteurs, les mandataires judiciaires, etc. ne peuvent en principe recevoir de donation de la part du donateur qu'ils ont soigné ou assisté si la donation a été faite en leur faveur pendant le cours de la dernière maladie de ce donateur (voir *Y a-t-il des personnes à qui il est interdit de léguer ses biens (art. 907 et 909 du Code civil) ?*, p. 16).

Le contenu de la donation

› Quels biens peut-on donner ?

La donation ne peut pas porter sur des biens que le donateur ne possède pas encore (seules les donations entre époux ou les donations par contrat de mariage de biens « à venir » sont autorisées).
Ainsi n'est pas autorisée une donation qui indiquerait : *« Je donne les biens que je vais recevoir de la succession de ma grand-mère. »*
Mais tout bien, objet mobilier, immeuble, somme d'argent que possède le donateur peut être donné quelle que soit sa valeur.

• La donation avec réserve d'usufruit

Pour éviter de se dépouiller irrévocablement d'un bien, le donateur peut donner la nue-propriété de ce bien tout en s'en réservant la jouissance ou l'usufruit (exemple : il donne la nue-propriété d'une maison tout en continuant à y vivre).
Le donateur peut ainsi continuer à utiliser le bien, à en percevoir les revenus. S'il s'agit d'un immeuble, il pourra le louer.

En revanche, le bénéficiaire de la donation en nue-propriété d'un immeuble ne peut y vivre ni le vendre.
Il est en revanche tenu de payer les gros travaux affectant notamment le toit ou les murs.
Il n'en deviendra entièrement propriétaire qu'au décès de l'usufruitier.
La donation de la nue-propriété n'est donc pas un moyen de favoriser immédiatement un héritier.
Elle représente cependant un intérêt fiscal car les droits sont calculés sur la valeur de la nue-propriété.
Au décès de l'usufruitier, le donataire n'aura aucun autre droit à payer.

La réversion de l'usufruit

L'usufruit peut être établi au profit de deux personnes successivement (par exemple, un époux donne un bien en nue-propriété à son enfant avec réserve d'usufruit. À son décès, l'usufruit est transmis à son conjoint et ne s'éteint qu'au décès de ce dernier).
Les droits de mutation ne sont calculés lors de la donation qu'en tenant compte du premier usufruitier. Au premier décès, le nouvel usufruitier acquitte ses droits de mutation en fonction de la valeur de son usufruit (lui-même calculé en fonction de son âge).
Si le second bénéficiaire de l'usufruit est plus jeune que le premier, le nu-propriétaire a droit à une restitution d'une partie des droits de donation qu'il a acquittés au moment de la donation. Cette restitution est la différence entre ce qu'il a payé et ce qu'il aurait payé si les droits avaient été calculés en fonction de l'âge du second bénéficiaire.
Si le second bénéficiaire de l'usufruit est plus âgé que le premier, le nu-propriétaire n'a pas à payer un supplément de droits de donation.
Si la réversion de l'usufruit est faite en faveur du conjoint survivant, cette réversion relève du régime des droits de mutation par décès. Le conjoint est donc exonéré de tous droits de mutation. L'exonération des droits de succession pour le conjoint est effective depuis le 22 août 2007 et s'applique aux successions ouvertes à compter de cette date (art. 796-0 *quater* du Code général des impôts).
Par ailleurs, la réversion d'usufruit entre conjoints reste révocable à tout moment (et notamment à l'occasion d'un divorce). En effet, il ne s'agit pas d'une donation de biens présents prenant effet au cours du mariage (donation irrévocable même en cas de divorce) mais d'une donation de biens présents prenant effet à terme (au décès du premier époux).
Au décès du premier des époux usufruitier, son conjoint peut continuer de demeurer dans les lieux sans que cette prise d'usufruit soit considérée comme un acte sous-entendant sa volonté d'accepter la succession.
Le conjoint peut donc tout à fait renoncer à la succession, tout en conservant cet usufruit.
Son usufruit lui est définitivement acquis à compter de la donation contenant la clause de réversibilité, seul l'exercice est différé au décès du donateur.

Cas pratique

Deux époux font une donation en faveur de leurs cinq enfants de la nue-propriété d'un immeuble en en faisant réserve expresse à leur profit et au profit du survivant d'entre eux, de l'usufruit du bien donné.
Au décès du mari, les héritiers et le conjoint renoncent à la succession.
Le fisc, estimant que le conjoint survivant avait procédé à certains actes (au nombre desquels était inclus l'exercice de l'usufruit) rendant cette renonciation inopérante, lui réclame le paiement des droits de succession.
La question qui se posait était de savoir si le fait d'exercer ce droit d'usufruit devait être considéré comme une acceptation tacite de la succession.
La réponse des juges est négative. Le droit d'usufruit a pris naissance au moment de la donation et non pas après le décès (C. cass., 2e ch. civ., 8.6.2007, n° 05-10727).

● La donation avec réserve d'usufruit d'un portefeuille d'actions

Lorsque la donation porte sur un portefeuille d'actions et que le donateur s'en réserve l'usufruit, il peut toucher les dividendes sur ces actions mais ne peut en principe les vendre sans l'accord du nu-propriétaire.
La solution peut consister à prévoir dans l'acte de donation que le donateur se réserve le quasi-usufruit de ce portefeuille, ce qui lui permet de disposer de l'ensemble des actions et de rendre à la fin de l'usufruit la valeur globale du portefeuille sans individualiser chaque composant.
La jurisprudence a repris cette notion d'universalité du portefeuille d'actions et a considéré que la donation d'un portefeuille d'actions avec réserve d'usufruit porte non pas sur plusieurs objets (les actions) mais sur un seul objet (le portefeuille) (C. cass., 12.11.1998, Dalloz 1999 II, p. 167).
Lorsque le donateur fait donation du portefeuille en se réservant l'usufruit, cette règle lui permet de continuer à gérer les valeurs (vendre ou acheter) sans être tenu d'obtenir à chaque transaction l'accord du nu-propriétaire.
Puisque le portefeuille constitue un tout, les cessions de valeurs mobilières, dans la mesure où elles ont été suivies de leur remplacement par d'autres titres, s'analysent en des actes de gestion normale du portefeuille et non en des actes de disposition.
L'usufruitier peut donc agir seul.
Mais le donateur usufruitier est tenu de conserver la substance du portefeuille et le rendre à la fin de l'usufruit. S'il vend des actions, il devra les remplacer par d'autres titres afin de conserver la même valeur au portefeuille. Cette valeur sera estimée en comparant la valeur du portefeuille le jour de la donation (en vertu de l'article 600 du Code civil, l'usufruitier doit faire un état estimatif des biens dont il a l'usufruit avant « d'entrer en jouissance » de ces biens) et sa valeur le jour de la fin de l'usufruit.
Au moment du partage, l'usufruitier doit justifier avoir conservé la substance du portefeuille, c'est-à-dire pouvoir indiquer son état d'origine, les ventes successives, les actions acquises en remplacement de celles qui étaient vendues…

S'il ne le fait pas, le nu-propriétaire est dans l'impossibilité d'apprécier la valeur et la substance du portefeuille par rapport à sa valeur et sa substance au jour de l'ouverture de la succession. L'usufruitier peut être condamné à indemniser le nu-propriétaire pour le préjudice résultant du défaut de communication (cour d'appel de Toulouse, 15.5.2000, JCL Droit de la famille, novembre 2001, p. 20).

● La protection des héritiers réservataires

Le donateur ne peut donner l'intégralité de son patrimoine à un tiers s'il a un conjoint ou des enfants.

En effet, les descendants ont toujours droit à une part de succession (appelée « réserve ») quelles que soient les dispositions prises par le défunt de son vivant. Depuis le 1er juillet 2002 (loi n° 2001-1135 du 3.12.2001), le conjoint survivant est également devenu héritier réservataire. Sa réserve toutefois n'est prise en compte que s'il n'y a pas d'enfants (voir *Les héritiers réservataires sont protégés*, p. 267).

● La protection des intérêts de la communauté

Les époux ne peuvent faire donation de leurs biens à un tiers que s'ils ont assumé leurs obligations vis-à-vis de leur conjoint.

C'est ainsi, par exemple, que les libéralités faites par une personne mariée à son (ou sa) concubin(e) peuvent être annulées si le donateur n'a pas assumé les charges du mariage ou encore s'il a utilisé des biens communs.

L'annulation doit être justifiée par la protection de la famille du défunt. Elle n'est pas prononcée si les intérêts de la famille ont été respectés.

Cas pratique

Un homme marié sous le régime de la communauté légale avait quitté son épouse (sans divorcer) et avait vécu pendant 13 ans, jusqu'à son décès, avec une autre femme. Il lui avait constitué un important patrimoine foncier grâce à ses revenus professionnels.

La veuve et le fils assignaient la concubine pour qu'elle restitue à la succession les fonds versés, considérant qu'ils avaient été détournés de la communauté.

La Cour de cassation a refusé d'annuler les donations. Chaque époux peut disposer librement de ses gains et salaires après s'être acquitté des charges du mariage.

Le mari s'était acquitté des charges du mariage puisqu'il avait laissé à sa femme, après leur séparation, la jouissance d'un immeuble lui appartenant en propre et lui avait versé une pension alimentaire. Par ailleurs, les sommes ayant servi à l'acquisition des donations n'étaient pas des sommes économisées par la communauté. La succession ne pouvait donc pas réclamer à la concubine le remboursement des sommes qui lui avaient été données (C. cass., 1re ch. civ., 29.2.1984, Dalloz 1984, II, p. 601).

› Qu'est-ce que le droit de retour (art. 951 et 952 du Code civil) ?

Dans l'acte le donateur peut faire stipuler que si le donataire (bénéficiaire) décédait avant lui, le bien qui a été donné ne serait pas transmissible aux héritiers ou légataires de ce dernier, mais reviendrait dans son patrimoine.

Le droit de retour permet ainsi d'empêcher qu'un bien ne sorte de la famille du donateur et soit transmis, par exemple, à un tiers ou à son conjoint. Si la donation comprend la clause de droit de retour, le bien donné réintègre le patrimoine du donateur et ne fait pas partie de la succession du donataire (s'il l'a transmis par testament, le legs n'est pas exécuté).

L'acte peut aussi stipuler que le droit de retour ne sera appliqué que si le bénéficiaire de la donation ainsi que ses propres enfants décédaient avant le donateur. Cette clause envisage l'hypothèse où le bénéficiaire de la donation (décédé avant le donateur) a des enfants.

Dans ce cas, le droit de retour ne joue pas même si le donataire est décédé avant le donateur.

La question s'est posée de savoir si un enfant adopté empêchait l'exercice du droit de retour.

Les juges ont considéré qu'il ne fallait pas faire de différence entre un enfant adopté et un enfant biologique.

Dès lors que le bénéficiaire de la donation avait adopté un enfant, le donateur ne pouvait exercer son droit de retour (cour d'appel de Paris, 7.11.1999, JCP éd. N 1993, II, p. 175).

La question de l'incidence de la renonciation à succession s'est posée également.

Cas pratique

Une mère avait donné à son fils une maison puis des terrains. Les donations comportaient chacune une clause de retour en cas de prédécès du donataire et en l'absence ou en cas de décès de ses descendants. L'enfant donataire décède avant sa mère et ses enfants renoncent à la succession de leur père.

Les juges ont validé le droit de retour au profit de la mère. L'héritier renonçant est censé n'avoir jamais été héritier. Le donataire ne laissant aucune postérité pour lui succéder, les biens donnés devaient retourner de plein droit dans le patrimoine de la donatrice (C. cass., 1re ch. civ., 23.5.2012, n° 11-14104).

Ce droit de retour ne peut être stipulé qu'au profit du donateur seul.

L'exercice du droit de retour fait disparaître la donation rétroactivement, ce qui signifie que les hypothèques ou les gages qui ont pu être inscrits sur ces biens après la donation tombent.

De même, si le bien a été vendu par le donataire, la vente est annulée.

L'exercice du droit de retour a pour effet de remettre les parties dans la même situation que si la donation n'était jamais intervenue.

Si des sommes ont été versées par le donataire à l'occasion de cette donation, ces sommes doivent être remboursées par le donateur.

Cas pratique

Un père fait donation à sa fille d'une maison d'habitation en incluant un droit de retour en cas de décès de cette dernière sans enfants et en mettant à sa charge le versement d'une somme de 100 000 F (15 000 €).

La fille mariée mais sans enfants décède avant son père, lequel demande en conséquence le retour de cette maison dans son patrimoine.
Il obtient gain de cause mais est condamné à rembourser à son gendre la somme de 100 000 F (15 000 €).
L'exercice du droit de retour a pour effet d'anéantir la donation rétroactivement et donc de rendre sans objet le versement de cette somme (C. cass., 1re ch. civ. 7.6.1995, Dalloz 1995, II, p. 615).

Sur le droit de retour dans une donation-partage, voir *Le droit de retour dans une donation-partage*, p. 66.

Les droits de retour légaux pour les parents et les frères et sœurs

Le droit de retour existe aussi légalement en faveur des parents du défunt. Même sans clause prévue expressément, les parents peuvent récupérer une partie des biens qu'ils ont pu donner à leur enfant décédé avant eux (voir *La réserve des ascendants*, p. 268).
Les frères et sœurs du défunt peuvent aussi, sous certaines conditions, récupérer des biens de famille (voir *Les droits du conjoint survivant en présence des frères et sœurs (mais en l'absence d'enfants et des parents)*, p. 259).

Quelle est l'incidence du droit de retour sur les droits de mutation ?

Deux questions relatives aux droits de mutation se posent lorsque s'exerce le droit de retour :
- faut-il payer des droits de mutation sur la valeur des biens qui réintègrent le patrimoine du donateur ?
- le fisc rembourse-t-il les droits payés lors de la donation rétroactivement annulée ?
À la première question l'administration fiscale répond par la négative. Le droit de retour conventionnel (c'est-à-dire inscrit dans la donation) ne donne pas lieu au paiement des droits de mutation par décès sur la valeur des biens repris par le donateur au décès du donataire.
En ce qui concerne la seconde question, la loi de finances pour 2010 a mis fin à la divergence qui opposait l'administration et la Cour de cassation.
Désormais, en application de l'article 791 *ter* du Code général des impôts, le retour des biens dans le patrimoine du donateur après exercice du droit de retour légal des ascendants ou du droit de retour conventionnel entraîne la restitution des droits de mutation acquittés lors de la première donation.
Ce droit à restitution concerne les retours effectués à compter du 1er janvier 2010. La restitution doit être demandée au plus tard le 31 décembre de la deuxième année suivant celle au cours de laquelle le droit de retour a joué (art. R. 196-1 du Livre des Procédures Fiscales).
En revanche le droit de retour légal en cas d'adoption simple et le droit de retour légal des frères et sœurs du donataire prédécédé prévus par les articles 368-1 et 757-3 n'ont pas été inclus dans le champ d'application de l'article 791 *ter* du Code général des impôts.

Si le donateur, après le droit de retour de la première donation décide de redonner ses biens à un autre de ses enfants, les droits payés lors de la première donation viennent s'imputer sur les droits dus au moment de la seconde. La nouvelle donation doit intervenir dans les 5 ans du retour des biens dans le patrimoine du donateur. L'imputation est admise si les donations sont faites en faveur des enfants ou descendants (ligne directe) (art. 791 *ter* du Code général des impôts).
Une instruction fiscale est venue apporter les précisions suivantes :
Le bénéfice de l'imputation n'est pas subordonné au fait que les droits acquittés lors de la première donation aient été supportés par le donateur.
Le fisc accepte également que l'intégralité des droits acquittés lors de la première donation s'impute sur les droits dus lors de la seconde, même si la seconde donation ne porte que sur une partie des biens qui ont fait l'objet du droit de retour.
Mais il refuse toute restitution des droits qui n'auront pas été imputés à l'occasion de la seconde donation. Ces dispositions s'appliquent aux donations consenties depuis le 29 décembre 2007, même si le retour s'est exercé avant cette date (Instruction 10.7.2009, 7 G 7-09).

› Qu'est-ce qu'une clause d'inaliénabilité ?

Une clause d'inaliénabilité est une stipulation par laquelle un disposant (le donateur ou le testateur) fait interdiction au gratifié (le bénéficiaire du legs ou de la donation) d'aliéner (c'est-à-dire de vendre, léguer, donner ou hypothéquer) les biens donnés ou légués.
L'interdiction d'aliéner signifie l'interdiction de toute transmission, qu'il s'agisse d'une transmission à titre onéreux (vente) ou à titre gratuit (donation).

> À NOTER
> **La donation au dernier vivant** *Le terme « donation » comprend également les donations au dernier vivant que peuvent se consentir deux époux, même si ces donations ne prennent effet qu'aux décès des donateurs (C. cass., 1re ch. civ., 20.11.1985, Bull. civ. n° 313).*

L'interdiction d'aliéner peut être absolue (interdiction de vendre ou de donner au profit de quiconque) ou relative (interdiction de vendre ou de donner au profit de telle personne précisée).
Le disposant peut également stipuler que l'aliénation des biens donnés ou légués ne pourra se faire sans son consentement, exprès ou tacite.
Puisque la clause d'inaliénabilité empêche le bénéficiaire de la donation ou du legs de vendre ou de donner le bien dont il est néanmoins propriétaire, il s'agit d'une limitation au droit de propriété.
Lorsque la clause est valable, le donataire n'a le droit ni de faire donation du bien ni de le vendre. Il ne peut non plus consentir une hypothèque, un gage ou un nantissement sur le bien.
Si le donataire ne respecte pas la clause d'inaliénabilité, la donation est révoquée. La révocation prend effet à compter du jour où l'aliénation a été effective.

Cas pratique

Une mère avait fait donation à son fils d'un immeuble avec interdiction d'aliéner ce bien tant qu'elle serait vivante.
Le fils se marie et signe avec son épouse une donation au dernier vivant. Il décède et son épouse reçoit dans la succession l'immeuble donné. La mère demande donc la révocation de la donation puisque l'immeuble, malgré l'interdiction, avait été transmis de son vivant.
La belle-fille voulait au contraire faire admettre que la clause d'inaliénabilité avait été dictée dans un but égoïste et arbitraire puisque la donatrice n'avait jamais habité cette maison qui avait toujours été louée à un tiers. L'argument de la belle-fille a été écarté et la clause d'inaliénabilité a été validée. La donatrice avait elle-même recueilli ce bien de sa mère et pouvait légitimement vouloir qu'il ne quitte pas la branche directe de sa famille.
Par ailleurs, la clause était limitée dans le temps.
La donation a donc été révoquée pour violation de l'interdiction d'aliéner (C. cass., ch. civ., 20.11.1985, Bull. civ. n° 313).

À NOTER

Hypothèque et interdiction d'aliéner *Le fait que des créanciers inscrivent une hypothèque judiciaire (non consentie par le donataire) n'entraîne pas la révocation de la donation puisque aucune saisie ne peut intervenir tant que la clause est en vigueur (C. cass., 1re ch. civ., 9.10.1985, Bull. civ. n° 123).*

Il est donc possible d'insérer une telle clause dans le testament ou la donation à condition toutefois que cette clause soit limitée dans le temps et justifiée par un intérêt sérieux et légitime.

● Les caractéristiques de la clause d'inaliénabilité

Elle doit être temporaire

La loi ne fixe pas de durée maximum à la validité de la clause d'inaliénabilité. Il faut au minimum que le bénéficiaire de la libéralité puisse tôt ou tard retrouver la liberté de disposer du bien donné ou légué.

Cas pratique

Un immeuble est légué à plusieurs personnes, dont un mineur ; la clause interdisant la vente de cet immeuble jusqu'à la majorité du mineur est valable.
Un père peut donner un bien à son enfant en prévoyant la clause d'inaliénabilité jusqu'à sa majorité.

La clause peut aussi être prévue pendant toute la vie du donateur. Elle est valable si on peut légitimement penser que le donataire (le bénéficiaire) vivra plus longtemps que le donateur.
En d'autres termes, la clause peut être validée si la période d'inaliénabilité est inférieure à la durée de vie probable du gratifié. Elle serait en revanche annulée si elle était prévue pour toute la vie du bénéficiaire (même s'il reste à ce dernier le droit

d'en disposer par testament) ou pour une durée trop longue par rapport à l'âge du bénéficiaire.
La clause de tontine insérée dans une donation est une clause d'inaliénabilité. Elle doit être déclarée valable car reconnue temporaire.

Cas pratique

Une clause de tontine avait été insérée dans une donation effectuée en faveur de deux donataires. Cette clause prévoyait que chaque donataire avait la propriété du bien sous condition suspensive qu'il soit le dernier survivant des deux donataires.
Quelques années plus tard, les créanciers des donataires tentent de saisir l'immeuble. Puisque la clause de tontine entraînait l'inaliénabilité du bien et empêchait ainsi sa saisie, la question se posait de savoir si cette clause était temporaire et donc valable ou bien si elle devait être annulée car non limitée dans le temps.
Les juges de la Cour de cassation ont considéré que cette clause de tontine était bien temporaire et pouvait ainsi être opposée aux créanciers car elle prenait fin au premier des décès des donataires (C. cass., 1re ch. civ., 8.1.2002, Dalloz 2003, IR p. 6).

Elle doit être légitime

Le respect de la volonté du donateur est une priorité dès lors que la clause est légitime et non pas dictée dans le but de nuire au donataire.
Lorsque le donateur prévoit une interdiction de disposer du bien tant qu'il sera vivant, cette clause peut s'expliquer par le souci de garantir le droit de retour qu'il s'est réservé en cas de prédécès du donataire.
La jurisprudence a également admis que l'inaliénabilité pouvait être justifiée :
- dans le but d'assurer le service d'une rente viagère stipulée par le donateur à son profit (C. cass., 1re ch. civ., 20.7.1982, Bull. civ. I, n° 267) ;
- par un intérêt sentimental, par exemple la volonté de conserver pendant une assez longue période de temps et dans les meilleures conditions possible une maison familiale dans laquelle le donateur a vécu toute sa vie ;
- ou encore par un intérêt purement moral lorsque par exemple le donateur se réserve le droit d'usage et d'habitation sur une maison. L'interdiction de vendre cette maison est alors justifiée par le souci d'éviter d'avoir à traiter ou de régler des litiges avec des tiers autres que le donateur. L'intérêt du donateur, dans ce cas, est moral car ses droits ne seraient pas remis en cause par la vente de la maison (il pourrait continuer à y vivre même si le propriétaire change) (C. cass., 1re ch. civ., 10.7.1990, Bull. civ. I, n° 192).

● La suppression de la clause d'inaliénabilité

Le bénéficiaire de la donation avec clause d'inaliénabilité a la possibilité de demander la suppression de l'interdiction d'aliéner :
- si l'intérêt qui a justifié la clause a disparu (par exemple, si le donateur a déménagé alors que la clause d'inaliénabilité affectant la donation avec réserve d'usufruit avait pour justification la possibilité de demeurer dans le logement donné) ;
- ou s'il advient qu'un intérêt plus important que celui du donateur l'exige.

Cas pratique

Disparition de l'intérêt du donateur

L'intérêt des donateurs a disparu dans l'hypothèse où la clause d'inaliénabilité a été inscrite dans le souci de garantir l'exercice d'un droit de retour au cas où le donataire décéderait sans enfants. La clause peut être levée lorsque le donataire a plusieurs enfants. Si la clause d'inaliénabilité a été stipulée dans le seul but de garantir le versement d'une rente viagère par le gratifié au donateur, la mort de ce dernier entraîne la suppression du versement de la rente et de la garantie liée à ce droit viager.

Cela signifie que le donataire est libéré du respect de la clause d'inaliénabilité, qu'il peut le vendre et que les héritiers du donateur décédé n'ont pas le droit de demander la nullité de la vente du bien antérieurement stipulé inaliénable (C. cass., 1re ch. civ., 13.4.1992, Bull. civ. I, n° 123).

Il s'agit ici de considérer l'intérêt du donateur et les motifs qui l'ont conduit à prévoir cette clause d'inaliénabilité (art. 900-1 du Code civil).

Cette demande peut être faite à tout moment. Elle est de la compétence du tribunal de grande instance.

Cas pratique

Comparaison des intérêts en cause

Des parents avaient fait donation à leur fils de la nue-propriété d'une maison. Ils conservaient l'usufruit et le droit d'y vivre. Ils avaient aussi inséré dans l'acte une clause d'inaliénabilité tant qu'ils seraient vivants.

Le fils qui avait recueilli la donation voulait, pour apurer ses dettes et garantir ses créanciers, leur consentir une hypothèque conventionnelle.

Le fait de faire inscrire une hypothèque conventionnelle est une façon d'aliéner le bien et est donc contraire à la clause d'inaliénabilité.

Il fallait donc déterminer si l'intérêt des parents était supérieur à l'intérêt du fils ou si, dans l'hypothèse inverse, il fallait ordonner la mainlevée de la clause.

L'interdiction d'aliéner était justifiée par la volonté des donateurs de conserver leur usufruit et leur droit d'usage et d'occupation sans troubles de jouissance. Ce qui leur serait supprimé si un créancier pratiquait une saisie de la maison.

L'intérêt du fils n'a pas été jugé supérieur à l'intérêt de ses parents et la demande d'inscription hypothécaire a été refusée (la donation n'a pas été révoquée puisque les droits des parents avaient été respectés) (cour d'appel de Nancy, 2.9.1997, JCP 1998, IV, n° 2354).

La suppression de la clause d'inaliénabilité ne peut être demandée que par le donataire lui-même et non par ses créanciers.

Un donataire très endetté pourrait demander l'autorisation judiciaire de vendre le bien. En revanche, ses créanciers, pour récupérer leurs créances ne peuvent faire cette même demande.

Cas pratique

Le propriétaire d'un terrain sur lequel était édifié une maison d'habitation avait fait donation de ce bien à son fils. L'acte comportait une clause d'inaliénabilité. Le donataire ayant été déclaré en liquidation judiciaire, le liquidateur a demandé l'autorisation de procéder à la vente de l'immeuble donné, en dépit de la clause d'inaliénabilité, en invoquant les dispositions de l'article 900-1 du Code civil.
Les juges de la cour d'appel ont considéré que la clause d'inaliénabilité insérée dans l'acte de donation était valable, mais, comparant les intérêts respectifs du donateur et des créanciers, avaient décidé que l'intérêt de ces derniers était plus important que l'intérêt ayant justifié cette clause. Ils ont donc autorisé la vente du bien.
Mais cet arrêt a été cassé par la Cour de cassation. Elle relève que la clause insérée dans l'acte est « subordonnée à des considérations personnelles d'ordre moral et familial inhérentes à la donation et en conclut que l'action en autorisation d'aliéner est exclusivement attachée à la personne du donataire, de telle sorte qu'elle ne peut être exercée par le représentant (des) créanciers (du donataire) » (C. cass., 1re ch. civ., 29.5.2001, Bull. civ. n° 150, p. 98).

Lorsque la clause d'inaliénabilité est prévue pour garantir le paiement d'une rente viagère au profit du donateur, la mort du donateur entraîne la suppression du versement de la rente et en conséquence l'absence de justification de la clause.

Cas pratique

Un donateur avait engagé une action en nullité d'une vente qui avait eu lieu malgré une clause d'inaliénabilité insérée dans une donation-partage. Il meurt pendant la procédure. Ses héritiers demandent la reprise de la procédure mais leur demande est rejetée.
En effet, le droit à rente viagère n'était pas transmissible aux héritiers du titulaire de ce droit.
La clause qui était justifiée pour garantir le versement de cette clause avait le même délai de validité que la rente elle-même. L'action en nullité engagée par le donateur se trouvait donc éteinte au moment du décès de ce dernier (C. cass., 1re ch. civ., 13.4.1992, Bull. civ. n° 123 p. 83).

La révision de la clause d'inaliénabilité

Le bénéficiaire de la donation avec clause d'inaliénabilité peut aussi demander la révision de la clause après l'expiration du délai de dix ans suivant la mort du disposant. Les circonstances peuvent avoir changé, rendant les obligations imposées au donataire trop difficiles à respecter ou sérieusement dommageables (art. 900-2 et s. du Code civil).
Ces règles sont également valables pour les demandes de révision des charges qui peuvent affecter une donation ou un legs.
Lors d'une demande de révision de la clause, les juges examinent la situation plus ou moins grave du bénéficiaire et tentent d'adapter l'interdiction à ses nécessités. C'est ainsi que le donataire peut obtenir l'autorisation de vendre le bien donné à condition toutefois d'utiliser les fonds provenant de la vente à des fins en rapport

avec la volonté du donateur. Cette solution peut être retenue pour contourner les clauses d'inaliénabilité trop lourdes assortissant les fondations.

› Qu'est-ce qu'une donation graduelle ?

Une donation graduelle est une donation comportant l'obligation pour le donataire de conserver les biens ou les droits donnés et de les transmettre, à son décès, à un second gratifié, désigné dans l'acte.

Les donations graduelles remplacent, depuis la loi n° 2006-728 du 23 juin 2006, les anciennes clauses de substitution (auparavant interdites sauf en faveur des petits-enfants ou des neveux et nièces) en élargissant leur domaine d'application.

Depuis le 1er janvier 2007, toute personne peut effectuer une libéralité graduelle en faveur d'un tiers. Certaines conditions toutefois doivent être respectées. À défaut, la libéralité ne serait pas nulle mais la clause ne produirait aucun effet.

La libéralité graduelle peut être prévue dans un testament ou une donation. Cette obligation de transmission ne peut avoir lieu qu'une seule fois et ne peut pas être imposée à nouveau au second bénéficiaire.

- Une personne peut transmettre un bien à son conjoint, à charge pour ce dernier de le transmettre aux enfants qu'elle a eu de son premier mariage. Le bien bénéficie ainsi au conjoint mais n'est pas transmis à ses héritiers puisqu'il revient dans la famille du disposant.
- Un père peut transmettre un bien à un de ses enfants (marié mais sans enfant) qui devra le transmettre à l'un de ses petits-enfants. Cela permet d'empêcher le conjoint de l'enfant d'hériter du bien.
- Un père peut transmettre un bien à un de ses enfants (marié mais sans enfant) qui devra le transmettre à ses frère ou sœurs. Cela permet de conserver le bien dans la famille.

Que peut-on transmettre ?

Tout bien peut être transmis avec cette obligation : les meubles, les immeubles, les portefeuilles d'actions, etc.

Mais les biens doivent être déterminés et identifiables et l'obligation ne peut pas porter sur une quotité de la succession (par exemple sur 1/4 des biens).

S'il s'agit d'un immeuble, la charge doit être publiée.

S'il s'agit de valeurs mobilières, le grevé peut les vendre. La charge de les transmettre porte alors sur les nouvelles valeurs acquises en remplacement.

À qui peut-on imposer cette charge ?

Depuis la loi n° 2006-728 du 23 juin 2006, la charge de transmettre un bien donné à un tiers peut être imposée à toute personne et non plus uniquement aux enfants ou aux frères et sœurs.

Toute personne peut également être bénéficiaire de cette transmission.

Si le grevé (premier bénéficiaire) est un héritier réservataire, la charge ne peut être imposée que sur la quotité disponible. Sa part de réserve doit être protégée et il ne peut pas être obligé de la transmettre à un bénéficiaire déterminé. Il reste toutefois libre d'accepter que la charge grève tout ou partie de sa réserve. Cette

acceptation peut être formalisée dans l'acte de donation ou dans un acte postérieur.
Le second gratifié est réputé tenir ses droits de l'auteur de la libéralité et non pas du grevé.
Si le second bénéficiaire décède avant le grevé ou s'il renonce à la libéralité, les biens restent dans le patrimoine du grevé et font partie de sa succession.
Le donateur initial peut toutefois prévoir cette hypothèse et désigner un autre second bénéficiaire.

● Quelles sont les formalités ?

Comme toute donation, l'acte doit être notarié.
La donation graduelle doit être acceptée par le premier bénéficiaire (le grevé) ainsi que par le second. L'acceptation du second bénéficiaire peut toutefois intervenir après le décès du donateur. Cela permet à un père de donner à son fils, à charge de transmettre à ses futurs petits-enfants qui naîtraient après le décès de leur grand-père (art. 1055 du Code civil).

● Comment sont calculés les droits de mutation ?

Le premier bénéficiaire est redevable des droits de mutation sur les biens qui lui sont transmis, selon les tarifs applicables à sa personne. Toutefois, la valeur des biens donnés peut être réduite du fait de l'interdiction de disposer des biens.
Le second bénéficiaire est réputé tenir ses droits de l'auteur de la libéralité et non pas du grevé. Il est donc imposé en fonction des liens de parenté qui l'unissent à l'auteur de la libéralité. Les biens sont évalués au jour du décès du premier bénéficiaire.
Par exemple, si un père transmet à son conjoint à charge transmettre à ses propres enfants, ces derniers seront censés avoir reçu le bien de leur père et non de leur belle-mère. Les tarifs applicables seront donc ceux applicables en ligne directe et non pas ceux applicables entre personnes non parentes.
Les droits de mutation acquittés lors de la première transmission sont imputés sur les droits dus sur les mêmes biens lors de la seconde transmission (art. 784 C du Code général des impôts).

› Qu'est-ce qu'une donation résiduelle ?

Une donation résiduelle consiste à donner un bien en prévoyant qu'une personne sera appelée à recueillir ce qui subsistera du don fait à un premier gratifié à la mort de celui-ci.
Auparavant autorisée pour les seuls testaments (legs *de residuo* devenu legs résiduel, voir p. 15), la loi n° 2006-728 du 23 juin 2006 (applicable depuis le 1.1.2007) a étendu cette possibilité aux donations.
Elle reprend les règles du legs *de residuo* en le libéralisant. Le donateur peut assurer la transmission de ses biens à travers plusieurs générations, sans léser ses héritiers les plus directs. Par exemple, un immeuble de rapport peut assurer des revenus aux deux bénéficiaires.
La libéralité résiduelle peut être utilisée également en faveur d'un enfant handicapé qui ne peut pas lui-même assurer la transmission de ses biens.

La libéralité résiduelle peut être utilisée pour le legs ou la donation d'un portefeuille d'actions. Le premier bénéficiaire dispose d'une totale liberté pour faire fructifier le portefeuille, le second recueillant les nouvelles valeurs acquises en remplacement.
Pour être valable, la donation résiduelle doit porter sur un bien déterminé et identifiable.

● Quels sont les droits et obligations des gratifiés ?

La donation bénéficie à deux gratifiés. La libéralité est consentie à un premier gratifié, le second ne recevant que ce dont le premier n'a pas disposé. La liberté du premier de disposer librement des biens donnés peut être limitée dans la donation (clause d'interdiction de vendre notamment) sauf en ce qui concerne les biens constituant sa part de réserve. Le premier gratifié ne peut disposer par testament des biens donnés ou légués à titre résiduel.
Le second gratifié ne peut pas revendiquer le prix de vente, ni les biens acquis en remplacement des biens donnés qui ont été vendus. Il ne peut pas non plus contester la façon dont le premier gratifié a géré les biens donnés.
Si la donation porte sur des valeurs mobilières et que celles-ci sont vendues, le second gratifié peut recevoir les valeurs mobilières acquises en remplacement.
Le second gratifié est réputé tenir ses droits de l'auteur de la libéralité.
Lorsque le second gratifié décède avant le premier donataire ou renonce au bénéfice de la libéralité résiduelle, ses héritiers ne reçoivent pas les biens subsistants qui restent dans le patrimoine du premier gratifié. Le donateur peut toutefois écarter ces règles et prévoir expressément que les héritiers du second pourront recueillir les biens ou désigner un autre second gratifié.

● Comment sont calculés les droits de mutation ?

Lors de la première transmission

Lors de la première transmission, le donataire est imposé selon les règles habituelles, en fonction du lien de parenté qui l'unit au donateur avec éventuellement application de son abattement personnel. Au moment de cette transmission, le second bénéficiaire n'a aucuns droits à payer.

Lors de la seconde transmission

Au décès du premier bénéficiaire, les biens transmis sont taxés en fonction du degré de parenté existant entre le donateur et le second bénéficiaire.
Les biens sont évalués le jour du décès du premier bénéficiaire.
Par ailleurs, les droits de mutation payés par le premier bénéficiaire peuvent venir en déduction des droits réclamés lors de la seconde transmission (déduction proportionnelle à la valeur des biens restant lors de la seconde transmission) (art. 784 C du Code général des impôts).

■ La révocation des donations

Mises à part certaines donations entre époux, toutes les autres donations sont en principe irrévocables. Le donateur, après la signature de la donation, ne

peut pas changer d'avis et reprendre le bien donné, la propriété du bien étant transférée au bénéficiaire dès son acceptation.
Il existe cependant quelques exceptions à ce principe d'irrévocabilité.
Si le donateur ne peut, par simple volonté, reprendre ce qu'il a donné, il peut toujours demander la révocation de sa donation s'il justifie de l'une des causes prévues :
- la survenance d'enfant ;
- l'ingratitude ;
- l'inexécution des charges.

› Les causes de révocation des donations

● Survenance d'enfant (art. 960 à 966 du Code civil)

Depuis la loi n° 2006-728 du 23 juin 2006 (applicable depuis le 1.1.2007), la survenance d'enfants n'est plus une cause automatique de révocation des donations.
Auparavant, les donations, de quelque valeur qu'elles soient, faites par une personne qui n'avait pas d'enfants au moment de l'acte étaient révoquées de plein droit au moment de la naissance d'un enfant du donateur. Cette règle reposait sur l'idée que le donateur n'aurait jamais fait cette donation s'il avait eu un enfant et sur le principe de protection des héritiers réservataires.
Aujourd'hui, cette révocation n'est plus automatique et n'intervient que si elle est prévue dans l'acte de donation.
Dans cette hypothèse, la révocation a lieu en cas de naissance d'un enfant du donateur (même posthume et même s'il était déjà conçu à l'époque de la donation) ou en cas d'adoption plénière. Elle peut être demandée même en cas de décès de l'enfant.
L'action en révocation se prescrit par 5 ans à compter de la naissance ou de l'adoption du dernier enfant. Elle ne peut être exercée que par le donateur.
Le bénéficiaire de la donation doit rendre le bien donné libre de toutes charges (hypothèque, gage…).

À NOTER
La révocation n'est pas obligatoire *Le donateur peut, à tout moment, renoncer à demander la révocation de la donation, faculté impossible avant la loi n° 2006-728 du 23 juin 2006.*

● Ingratitude (art. 955 du Code civil)

Lorsque le donataire (bénéficiaire de la donation) a eu une conduite « ingrate » envers le donateur, il ne peut conserver le bien qui lui a été donné.
Il devra soit le rendre, soit restituer sa valeur.
Il y a ingratitude du donataire :
- lorsqu'il a attenté à la vie du donateur ;
- lorsqu'il s'est rendu coupable envers lui de sévices, délits ou injures graves ;
- lorsqu'il lui refuse des aliments.
Cette révocation n'est pas automatique.

Pour apprécier la gravité notamment des sévices, délits ou injures, le tribunal apprécie en fonction de chaque cas d'espèce.

Cas pratiques

• Un père avait fait une donation à son fils. Le fils avait fait subir des violences physiques à son père et ce dernier avait demandé la révocation de la donation.
La révocation a été refusée par les juges.
Ils ont tenu compte du contexte très conflictuel existant dans la famille pour considérer que les violences n'étaient pas suffisamment graves pour entraîner la révocation de la donation (C. cass., 1re ch. civ., 16.6.1998, Bulletin de la Cour de cassation n° 209).
En revanche, dans un autre cas, l'ingratitude a été reconnue à l'encontre d'un fils qui avait bénéficié, de la part de ses parents, d'une donation de la nue-propriété de leur maison, eux-mêmes se réservant l'usufruit.
Cette donation a été annulée en raison de l'attitude injurieuse du fils. Il se maintenait chez ses parents (alors que l'usage des lieux leur était réservé) et agrémentait la cohabitation d'insultes et d'injures (cour d'appel de Poitiers, 16.9.1997, Gaz. pal. 11.5.2000, p. 42).
• La révocation pour ingratitude peut aussi être applicable aux donations indirectes. Il s'agissait, en l'occurrence, de deux contrats d'assurance vie souscrits par une tante en faveur de ses deux neveux. Avant de statuer sur l'ingratitude, les juges ont considéré que ces contrats constituaient des donations indirectes.
En effet, chaque contrat qui avait deux souscripteurs (un neveu et la tante) prévoyait que tout rachat ou toute demande d'avance devait être autorisé par les deux souscripteurs, ce qui interdisait à la tante de garder la maîtrise de son capital.
Par ailleurs, seule la tante avait alimenté les contrats.
Enfin, étant âgée de 85 ans, cette personne devait logiquement décéder la première, ce qui signifiait que seuls les neveux pouvaient profiter de ces contrats d'assurance vie.
Lorsque le caractère de donations a été reconnu à ces contrats, les juges ont constaté que les neveux n'avaient pas aidé leur tante lorsqu'elle était dans le besoin et ont révoqué ces donations pour ingratitude. Le capital a été réintégré dans l'actif successoral (cour d'appel de Toulouse, 11.10.2001, Dalloz 2002, n° 6, IR p. 530).

La demande en révocation pour cause d'ingratitude doit être formée dans l'année, à compter du jour du délit imputé par le donateur au donataire ou du jour où le délit aura pu être connu par le donateur.

Cas pratique

En 1996, une mère fait donation à sa fille d'un terrain à Nice sur lequel cette dernière fait construire un immeuble comprenant deux appartements.
En 2001, les parents de la donataire s'installent dans l'un des appartements.
En 2003, la fille assigne ses parents en expulsion de leur appartement.
Mais ce n'est qu'en 2006 que les parents demandent la révocation de la donation pour ingratitude.
La cour d'appel avait considéré que l'action n'était pas prescrite car le délit d'ingratitude n'avait pas cessé puisque la fille avait maintenu son action en justice.

Mais ce raisonnement est censuré par la Cour de cassation. L'action en révocation de la donation devait être engagée dans l'année qui suivait la demande en expulsion de la fille (C. cass., 1re ch. civ., 20.5.2009, n° 08-14761).

S'il s'agit d'un délit pénal (par exemple, lorsque le donataire a intenté à la vie du donateur), le délai de prescription court à compter de la condamnation pénale qui a pu établir la réalité des faits reprochés.
Le point de départ de l'action en révocation peut être reporté au jour du jugement définitif condamnant le bénéficiaire pour les faits qui lui sont reprochés (art. 957 du Code civil).
Mais ce report ne peut avoir lieu que si le délai d'un an n'est pas expiré au jour de la mise en mouvement de l'action publique (par le dépôt d'une plainte notamment).

Cas pratique

En l'espèce, les délits avaient été commis en novembre 2003, la donatrice en avait eu connaissance le 4 février 2004 et avait déposé plainte le 20 mars 2006.
Son action en révocation a été déclarée irrecevable. Elle aurait dû déposer plainte avant le 4 février 2005 (C. cass., 1re ch. civ., 20.10.2010, n° 09-16451).

Si le bénéficiaire de la donation est décédé, l'action ne peut pas être exercée contre ses héritiers.
En revanche, en cas de décès du donateur, l'action peut être menée par ses héritiers : si le donateur avait entamé la procédure avant son décès ou bien si le décès est intervenu dans l'année du délit.

Inexécution des charges (art. 954 du Code civil)

Une donation peut être révoquée si elle a été consentie sous certaines conditions et que ces conditions ne sont pas respectées par le donataire (bénéficiaire).
« Je vous donne cet immeuble à condition de ne pas le vendre pendant deux ans. »
De même, si une obligation mise à la charge du donataire n'est pas exécutée, celui-ci devra restituer le bien donné.
« Je vous donne ce bien à charge pour vous de l'entretenir »,
ou
« Je vous donne cette maison à charge pour vous de prendre en charge mes frais de maladie. »
Il peut arriver que les charges imposées soient trop lourdes ou inexécutables, ou encore que les modalités d'exécution soient discutables.
C'est pourquoi la révocation n'est pas automatique et doit être prononcée par le tribunal (tribunal de grande instance).

Cas pratiques

• La veuve d'un peintre avait fait donation à l'État d'une centaine de ses œuvres sous les conditions suivantes : toutes les œuvres devaient être exposées à la vue du public et regroupées sous le nom de leur auteur ; elles ne devaient pas être entreposées dans les réserves du musée et ne devaient pas être dispersées dans les musées de province.
L'État accepta la donation mais il s'avéra que le musée bénéficiaire de la donation ne pouvait pas respecter toutes ces conditions (toutes les œuvres ne pouvaient être exposées en même temps, certaines d'entre elles étaient exposées en province). Après la mort de la donatrice, le petit-fils du peintre, seul héritier, voulait faire annuler la donation pour inexécution des charges et récupérer les toiles.
Le tribunal de grande instance a confirmé la donation, prenant en compte les contraintes auxquelles sont tenus les musées et également le fait que la donatrice avait de son vivant toujours accepté cet état de fait sans remettre en cause la libéralité (tribunal de grande instance de Paris, 7.4.1999).

• Une maison de retraite reçoit en legs une maison à charge d'y établir à perpétuité une annexe de l'hospice destinée aux vieillards.
Le testament prévoyait que, si cette condition n'était pas remplie, le bien légué serait attribué aux légataires universels du défunt. Au bout de plusieurs années, la maison de retraite assigne les légataires pour faire annuler cette condition. De leur côté, ces derniers demandent l'annulation du legs.
Les juges ont rejeté la demande des légataires et ont accepté de revoir la charge imposée à la maison de retraite. Ils se sont fondés sur un rapport de faisabilité qui concluait que la transformation de la maison léguée en annexe était irréalisable (quel que soit le coût des travaux engagés) en raison notamment de l'impossibilité de respecter les normes de sécurité obligatoires. Ils ont donc accepté que la maison de retraite vende la maison léguée et consacre les sommes recueillies à la rénovation et à l'extension des bâtiments existants. Les juges ont considéré que ce projet respectait la volonté du testateur (C. cass., 1re ch. civ., 7.3.2000, Dalloz 2000, III, p. 431).

• Une mère avait donné à une de ses filles une maison avec la charge de s'occuper d'elle, de la soigner en cas de besoin.
À la suite d'un accident cérébral, la mère est hébergée par son autre fille.
La mère demande la révocation de la donation pour inexécution des charges puis décède en cours de procédure. La seconde fille reprend l'instance contre sa sœur.
La cour d'appel révoque la donation en constatant que la fille bénéficiaire de la donation n'avait pas pris en charge sa mère quand elle en avait besoin et lui rendait très rarement visite.
Mais la cour de cassation casse cet arrêt.
Avant d'annuler la donation, les juges auraient dû vérifier si la charge imposée à la fille n'avait pas été rendue impossible du fait de l'attitude de sa sœur qui s'était occupée d'autorité de sa mère.
Les relations entre les filles étaient notoirement mauvaises et la première fille ne pouvait pas s'interposer entre sa mère et sa sœur pour exécuter ses obligations. (C. cass., 1re ch. civ., 23.1.2008, n° 07-10163).

À NOTER

Action des créanciers en cas de fraude du donateur *Lorsqu'une personne organise son insolvabilité en faisant, notamment, donation de ses biens, ses créanciers peuvent demander que la donation leur soit inopposable, c'est-à-dire que le bien donné soit considéré comme faisant toujours partie du patrimoine de leur débiteur (le donateur). Il s'agit de l'action paulienne prévue à l'article 1167 du Code civil.*

› Les conséquences d'une révocation

En cas de révocation d'une donation pour survenance d'enfant ou pour inexécution des charges, les biens donnés reviennent dans le patrimoine du donateur, libres de toutes charges et hypothèques consenties par le donataire (art. 963 du Code civil).

Ainsi, les créanciers titulaires d'une hypothèque sur un immeuble ou d'un gage sur un meuble perdront la garantie de remboursement de leur créance.

De même, l'acquéreur d'un bien dont le vendeur était propriétaire par donation peut voir son acquisition annulée.

En cas de révocation de la donation pour inexécution des charges, le créancier peut néanmoins se substituer au donataire (bénéficiaire de la donation) pour exécuter à sa place ses obligations.

Cas pratique

La donation d'un immeuble avait été consentie avec l'obligation pour le donataire de payer mensuellement une rente viagère au donateur.

Cette obligation n'étant pas respectée, le donateur assigne le donataire pour faire annuler la donation pour inexécution des charges. Une hypothèque était inscrite sur cet immeuble.

Pour ne pas voir l'hypothèque anéantie du fait de l'annulation de la donation, la banque créancière offre de régler les échéances impayées pour le compte du donataire. Devant la cour d'appel, cette offre est repoussée. Les juges considèrent en effet que la charge inexécutée était personnelle au donataire et ne pouvait être exécutée par un tiers. Mais cet arrêt est cassé par la Cour de cassation. Dans une action en révocation de donation pour inexécution de la charge du paiement d'une rente viagère, le créancier hypothécaire du donataire défaillant, qui est devenu partie au litige, est en droit de se substituer à ce donataire pour exécuter l'obligation et empêcher ainsi cette révocation qui aurait pour effet d'anéantir rétroactivement l'hypothèque.

La Cour applique le principe inscrit à l'article 1326 du Code civil selon lequel une obligation peut être acquittée par toute personne qui y est intéressée. L'intérêt de la banque était de conserver son hypothèque (C. cass., 1re ch. civ., 7.3.2000, JCL, Droit de la famille 2.2001, n° 22, p. 26).

En cas de révocation pour cause d'ingratitude, le sort des tiers ou créanciers est moins grave. Tous les droits qui ont pu leur être consentis demeurent valables.

Si le bien donné a été vendu par le donataire, l'acquéreur pourra conserver son bien. Dans ce cas, le donataire est condamné à restituer au donateur la valeur du bien vendu (art. 958 du Code civil).

L'annulation des donations

En principe, une donation est irrévocable (sauf certaines donations entre époux, voir *Les caractéristiques des donations entre époux*, p. 91).
Mais comme pour les testaments, il est possible de demander l'annulation d'une donation :
- si son auteur n'était pas sain d'esprit au moment de cette donation, ou si son consentement a été vicié par l'erreur, le dol ou la violence (art. 901 du Code civil) ;
- si la donation a été consentie à une personne interdite (art. 909 du Code civil) (voir *Y a-t-il des personnes à qui il est interdit de léguer ses biens (art. 907 et 909 du Code civil) ?*, p. 16).
Les règles sont les mêmes que celles applicables aux testaments (sur l'annulation du testament, voir *La révocation ou l'annulation du testament*, p. 23).
La demande de nullité de la donation doit être faite dans les 5 ans de la donation (art. 1304 du Code civil).
Les cas d'annulation des donations sont toutefois plus rares car, en principe, les donations sont rédigées par un notaire, ce qui est une garantie de validité.
En revanche, lorsqu'il s'agit d'un don manuel, les demandes d'annulation peuvent être plus fréquentes.
Si la demande d'annulation est fondée sur l'incapacité du donateur, la difficulté est de prouver cette insanité d'esprit.

Cas pratique

Concernant un don manuel réalisé par la remise d'un chèque, un litige opposait les héritiers de l'auteur du chèque et le bénéficiaire de ce don.
Le chèque établi quelques jours avant la mort de son auteur avait été rédigé d'une main tremblante et la banque l'avait refusé pour signature non conforme. Les héritiers considéraient que cette écriture anormale reflétait l'insanité d'esprit de son auteur. Ils voulaient donc faire annuler cette donation.
Les juges ont considéré que la difficulté matérielle de rédaction du chèque ne signifie pas pour autant que son auteur est atteint d'une perte de conscience l'empêchant d'exprimer une volonté libre et saine.
Le don a été validé à défaut de réelle preuve de l'insanité d'esprit de l'auteur du chèque (cour d'appel de Poitiers, 26.3.2002, JCL, Droit de la famille, 12.2002, n° 150 p. 24).

Pour faire la preuve de l'insanité d'esprit, il est possible de demander la nomination d'un expert médical. L'expert doit pouvoir consulter le dossier médical du donateur afin d'évaluer l'état de ses capacités mentales au moment de la donation.
La question s'est posée de savoir si le dossier était protégé par le secret médical et si le médecin qui avait soigné le donateur pouvait refuser sa communication à l'expert. La réponse est négative : puisque cette règle a pour but de protéger celui

qui fait une donation, le secret peut être levé dès lors que la révélation du secret médical entre dans le cadre de cette protection. Les héritiers (qui demandent la nullité de la donation) ont un intérêt légitime à faire valoir cette protection. Toutefois, seul l'expert mandaté peut prendre connaissance des termes du dossier (C. cass., 1re ch. civ., 22 mai 2002, Juris-Data n° 2002-014431).

Les dons manuels

Un don manuel est la remise matérielle d'un objet de la main à la main entre le donateur (celui qui donne) et le donataire (celui qui reçoit).
Bien que n'étant pas constatée par un acte notarié, une donation manuelle est cependant valable.
Un don manuel n'est valable que s'il y a remise matérielle du bien donné. La simple promesse de don manuel est sans valeur. Il s'agit donc d'un bien que l'on donne de la main à la main ou encore d'un chèque que l'on remet au bénéficiaire. S'il s'agit d'un chèque, la provision est censée exister au moment de sa remise.

Cas pratique

Le bénéficiaire d'un chèque de 300 000 francs suisses avait attendu plus de 20 ans avant de présenter son chèque à l'encaissement. Bien entendu, la banque n'avait pas pu le payer et le bénéficiaire s'était donc adressé à la légataire universelle de la défunte pour obtenir le paiement du montant figurant sur le chèque. Il a obtenu gain de cause (C. cass., 1re ch. civ., 4.11.1981, Bull. civ. n° 277).

Celui qui reçoit le don manuel doit donc rentrer en possession du bien donné et le donateur ne peut plus avoir l'usage de cet objet.

Cas pratique

Le fait de mettre le nom d'un bénéficiaire sur la carte grise d'un véhicule, mais de continuer à se servir de ce véhicule, n'est pas un don manuel et le titulaire de la carte grise ne peut revendiquer aucun droit sur le véhicule qui n'est pas en sa possession.

De la même façon, si une personne verse une somme d'argent sur un compte alors qu'elle dispose d'une procuration sur ce compte, il n'y a pas de don manuel car elle peut à tout moment reprendre la somme versée.

Cas pratique

Deux concubins vivaient ensemble et lorsque la concubine ouvre un compte bancaire personnel, son concubin lui verse la somme de 45 000 €. Il disposait par ailleurs d'une procuration sur ce compte.
Lorsqu'ils se séparent, la concubine annule la procuration alors que le concubin lui réclame le remboursement de la somme versée.
La question était de savoir s'il s'agissait d'un don manuel ce qui, dans ce cas, rendait irrévocable le versement, ou bien s'il ne s'agissait que d'une avance ou d'un prêt que la concubine devait alors rembourser.

> Devant la cour d'appel le concubin voit sa demande rejetée. Il avait effectivement une procuration sur le compte de sa concubine, mais n'avait jamais retiré de l'argent de ce compte. Il avait donc bien l'intention de lui faire un don quand il a versé la somme de ce compte.
> Cet arrêt est cassé. Dès lors que le concubin avait la possibilité de retirer l'argent qu'il avait versé, il ne s'agissait pas d'un don manuel car non irrévocable (C. cass., 1re ch. civ., 14.12.2004, Dalloz 2005, p. 626).

› Le don manuel par la remise d'un chèque

Le don manuel peut avoir lieu par la remise d'un chèque au bénéficiaire. Mais il est indispensable que la provision correspondant au montant du chèque figure sur le compte au moment de cette remise. Si le chèque est rejeté faute de provision suffisante, le don manuel est inexistant.
En effet, le chèque n'est qu'un moyen de transmettre les fonds donnés et le bénéficiaire du chèque ne peut pas réclamer à la succession du donateur le montant figurant sur le chèque impayé (C. cass., 1re ch. civ., 5.2.2002, JCL Droit de la famille, 4.2002, p. 23).
Le donateur doit procéder à la remise matérielle du chèque au bénéficiaire de son vivant.
S'il se contente de mettre le chèque établi au nom d'un bénéficiaire dans un coffre et sans que le bénéficiaire puisse y avoir accès, ce dernier ne peut pas le réclamer au décès du donateur.
Il n'y a pas remise du chèque au bénéficiaire avant le décès et donc absence du don manuel (C. cass., 1re ch. civ., 3.4.2002, Juris-Data n° 2002-013782).

› Avantages et inconvénients du don manuel

L'intérêt d'un don manuel réside bien sûr dans la simplicité d'une telle donation. Il est en effet difficile de concevoir une visite chez son notaire chaque fois que l'on désire faire don d'un objet à une personne.
L'inconvénient principal est l'absence de preuve de la réalité de ce don en cas de contestation de la part du donateur ou des héritiers.
En principe, celui qui détient un objet est réputé propriétaire de cet objet et c'est celui qui conteste cette propriété qui doit prouver qu'il s'agit d'un prêt, d'un dépôt…
Le possesseur du bien est donc présumé avoir bénéficié d'un don manuel.
Cette même solution a été appliquée aux virements bancaires. Lorsqu'un virement est effectué sur un compte, le titulaire du compte est censé avoir bénéficié d'un don manuel (présomption simple) et c'est le donneur d'ordre (ou ses héritiers) qui doit apporter la preuve contraire, c'est-à-dire prouver par exemple qu'il s'agit d'un prêt.
L'existence d'une présomption simple de don manuel, en cas de virement bancaire, a été expressément reconnu par la Cour de cassation dans un arrêt du 30 mars 1999 (Dalloz 1999, IR, p. 124).
Un autre intérêt du don manuel est qu'il n'est pas soumis aux droits de mutation s'il n'est pas révélé à l'administration fiscale.

› Les dons manuels et le fisc

Les dons manuels peuvent ne pas être déclarés lorsqu'ils sont faits et ne sont donc pas soumis immédiatement aux droits de mutation. Mais si le don manuel est porté à la connaissance du fisc, les droits de mutation sont exigibles.
Au plus tard, le don manuel devra, s'il n'est pas déclaré avant, figurer sur la déclaration de succession du donateur.
En effet, lorsque le bénéficiaire d'un don manuel reçoit à nouveau une donation ou devient héritier du donateur, il doit faire connaître à l'administration fiscale les donations antérieures consenties par la même personne sous une forme quelconque (art. 784 du Code général des impôts).

À NOTER

Indication des dons manuels *Les héritiers ont intérêt à voir figurer l'existence des dons manuels effectués par le défunt s'ils estiment que ces dons excèdent la quotité disponible et portent ainsi atteinte à leur réserve.*

Lorsque le don manuel est révélé au fisc, le donataire a un mois pour le déclarer ou l'enregistrer. Il peut aussi, sur option prise lors de la révélation, le déclarer dans le mois qui suit le décès du donateur. Cette possibilité de différer le paiement des droits est applicable depuis l'entrée en vigueur de la loi de finances rectificative pour 2011.
Elle est soumise aux conditions suivantes :
- la déclaration au fisc doit être spontanée ;
- l'option doit être prise au moment de la déclaration ;
- le don doit être d'un montant supérieur à 15 000 €.

À défaut, il devra payer des intérêts de retard (art. 635 A, 757 et 1727 et s. du Code général des impôts).
Les droits de mutation sont calculés sur la valeur du don manuel au jour de sa déclaration ou de son enregistrement, ou sur sa valeur au jour de la donation si celle-ci est supérieure. Le tarif et les abattements applicables sont ceux en vigueur au jour de la déclaration ou de l'enregistrement du don manuel.

Cas pratique

Quand y a-t-il révélation ? Une lettre signée du conseil d'un contribuable vaut révélation au fisc.
Dans le cadre d'une vérification de comptabilité d'une société, l'avocat des associés de cette société avait indiqué, dans un courrier adressé à l'administration fiscale, que les actions détenues dans cette société par ces derniers provenaient de donations effectuées par leurs parents respectifs.
L'administration fiscale avait alors mis en demeure les associés de déposer la déclaration de dons manuels révélés par ce courrier et, en l'absence de réponse dans le délai légal, leur avait adressé des notifications de redressement suivies d'avis de mise en recouvrement des droits de mutation (procédure de taxation). Les contribuables contestaient ce redressement : leur avocat n'avait pas de pouvoir spécial et la révélation doit provenir du donataire. Cet argument est rejeté : dès lors que la possibilité pour un

avocat de représenter un contribuable au cours de la procédure d'imposition n'est pas subordonnée à la justification du mandat qu'il a reçu. Son courrier valait bien révélation (C. cass., ch. com., 19.1.2010, n° 08-21476).

Il est donc préférable de déclarer spontanément le don manuel.
Il peut être même utile d'effectuer cette déclaration spontanée pour les raisons suivantes :
- fiscalement, lors d'une donation ou à l'ouverture d'une succession, le bénéficiaire doit indiquer les donations antérieures qu'il a reçues du même donateur ou du défunt. Sont dispensées de ce rapport (ou rappel) fiscal (le bénéficiaire peut appliquer de nouveau son abattement) les donations faites depuis plus de 10 ans (15 ans depuis août 2012). Or le délai court à compter de la déclaration et non pas à compter du jour du don manuel ;
- dans l'hypothèse où les enfants du défunt contestent la réalité du don manuel (par exemple en estimant qu'il s'agit d'un prêt et non d'un don), la déclaration peut servir de preuve ;
- la déclaration spontanée au fisc permet de justifier de l'origine d'un bien dans le cadre d'un éventuel contrôle fiscal ;
- si les dons ne sont déclarés que lors de la déclaration de succession, les droits à payer sont des droits de succession pour le paiement desquels tous les héritiers sont solidaires. Si le bénéficiaire du don ne peut pas payer ces droits de succession, le fisc pourra les réclamer à l'un quelconque de ses co-héritiers (C. cass., 1re ch. civ., 31.3.2004).

Cette solidarité n'existe pas lorsque le don est déclaré au moment de la transmission du bien puisque les droits de mutation sont payés par le donataire en même temps que la déclaration.

› La déclaration de don manuel

La déclaration du don doit être déposée au service des impôts du domicile du donataire avec le paiement des droits (le formulaire n° 2735 ne peut être envoyé mais doit être déposé).

Il faut indiquer la valeur du bien à l'époque de la déclaration (et non à l'époque du don).

Lorsque le don consiste en un don d'une somme d'argent, le montant à déclarer est la valeur nominale de cette somme.

Si, par exemple, la somme a permis au donataire d'acheter une voiture et que le don est révélé au fisc quelques années plus tard, le montant à déclarer sera le montant du don et non la valeur de la voiture au moment de la déclaration (C. cass., ch. com., 20.10.1998, Bull. civ. IV, n° 245, p. 203).

Les donations déguisées

› Définition

Une donation déguisée est une donation faite sous l'apparence d'un acte à titre onéreux, par exemple, une vente. L'acte a toutes les apparences de la vente, mais le prix n'est pas payé par l'acheteur.

La donation déguisée suppose que l'acte contienne une indication ou une dissimulation mensongère concernant l'origine des fonds.

La signature d'une reconnaissance de dette, alors que le bénéficiaire n'a aucune créance contre le signataire, est également une donation déguisée.

De même l'acquisition au nom d'une femme mariée sous le régime de la séparation de biens, mais payée par l'argent du mari, est une donation déguisée si l'acte indique l'origine des fonds.

Les donations déguisées ont souvent pour but d'éviter le paiement des droits de mutation à titre gratuit dont le taux est plus élevé que le taux des mutations à titre onéreux (vente).

Pour pouvoir qualifier l'acte de donation et récupérer les droits de mutation à titre gratuit, le fisc doit prouver l'intention libérale, c'est-à-dire la volonté du prétendu vendeur de céder son bien sans contrepartie.

Le seul fait qu'il y ait un déséquilibre apparent entre la valeur du bien et le coût des prestations dues par l'acquéreur n'est pas suffisant à lui seul pour faire présumer qu'il y a effectivement intention libérale.

Cas pratique

Une personne avait vendu à un couple la nue-propriété d'un immeuble en conservant l'usufruit.

Le prix de vente consistait pour les acquéreurs à entretenir la venderesse.

Le fisc opère un redressement fiscal et réclame les droits de donation, considérant qu'il y avait un déséquilibre entre les obligations respectives du vendeur et des acheteurs.

Le simple déséquilibre n'est pas suffisant pour qualifier cette vente de donation déguisée.

Le fisc doit prouver que la venderesse avait entendu réellement faire une donation à ses acheteurs (C. cass., 1re ch. civ., 14.2.1989, Bull. civ. n° 79).

S'agissant d'une donation entre époux, il est également nécessaire de prouver qu'il s'agit bien d'une donation (c'est-à-dire un acte ayant entraîné l'appauvrissement du donateur motivé par une intention libérale), et non d'une sorte de rémunération pour une collaboration professionnelle, pour des services rendus dépassant les simples obligations du mariage, ou encore, de la part du donateur, d'une contribution aux charges du mariage.

Cas pratiques

- Deux époux mariés sous le régime de la séparation de biens acquièrent une maison. L'épouse avait, à la naissance de son deuxième enfant, abandonné sa carrière professionnelle et s'était consacrée à sa famille. Elle aidait par ailleurs son mari pour la tenue de ses comptes professionnels.

Le fait d'avoir acheté sous leurs deux noms la maison alors que le mari avait, seul, payé le prix, n'a pas été considéré comme une donation déguisée en faveur de la femme.
Il ne s'agissait pas d'une donation mais d'un devoir moral du mari vis-à-vis de sa femme, d'une juste contrepartie aux économies qu'elle permettait au couple de réaliser (Cour d'appel de Paris, 20.1.1998, Dalloz 1998, p. 309).
• Dans un autre cas concernant des époux mariés sous le régime de la séparation de biens, le mari avait remboursé les emprunts ayant servi à payer la maison familiale acquise au seul nom de la femme. À son décès, les enfants de son premier mariage avaient demandé à leur belle-mère l'annulation de cette donation déguisée et le remboursement de ces emprunts.
Là encore, les juges ont refusé de considérer qu'il s'agissait d'une donation déguisée mais plutôt de la contribution du mari aux charges du mariage prévue à l'article 214 du Code civil (C. cass., 1re ch. civ., 6.3.1996, Dalloz 1998, II, p. 163).

› Une donation déguisée peut être validée

Une donation déguisée peut être validée si l'acte qui lui sert de support (acte de vente, reconnaissance de dette) est lui-même valable sur la forme.
L'acte de « vente » doit contenir les énonciations nécessaires (exemple : indication du prix), être rédigé par notaire et être publié s'il s'agit d'une vente immobilière.
La « reconnaissance de dette » doit être signée et indiquer la somme due.
Ces donations déguisées peuvent donc être valables bien qu'elles ne soient pas faites sous la forme requise pour les donations (qui doivent être effectuées par acte notarié, être acceptées du bénéficiaire…).
Dès lors que la preuve du déguisement est apportée (par exemple, que le prix de vente n'a, en réalité, pas été payé), la donation déguisée produit tous les effets d'une donation ordinaire :
- le bénéficiaire peut être obligé de rapporter aux héritiers réservataires tout ou partie de la donation si elle excède en valeur la quotité disponible autorisée, c'est-à-dire si le défunt a donné plus qu'il ne le pouvait (sur le rapport des donations, voir *Le rapport des donations*, p. 286) ;
- la donation déguisée peut être révoquée pour ingratitude du bénéficiaire ou pour survenance d'enfant ;
- la donation déguisée pour les services fiscaux sera soumise aux droits de mutation à titre gratuit.

À NOTER

De la nullité des donations déguisées entre époux *Les donations déguisées entre époux ne sont plus nulles de plein droit (sur ce point, voir* Suppression de la nullité de plein droit des donations déguisées ou par personnes interposées entre époux, *p. 91.)*

Les donations indirectes

Une donation indirecte est une donation effectuée sous la forme d'un autre acte, mais à la différence des donations déguisées, l'acte ne contient pas de dissimulation mensongère de l'origine des fonds. Par exemple, une remise de dettes est une donation indirecte.

De même, une caution qui paie le créancier à la place du débiteur (et qui ne récupère pas auprès de ce dernier le montant de la somme payée) effectue une donation indirecte.
Une vente pour un prix inférieur à la valeur du bien est également une donation indirecte.
Il y a donation indirecte lorsque, dans une convention réglant les relations entre deux parties, une clause contient une libéralité. Par exemple, dans un convention réglant les modalités d'exécution d'un droit de passage, un propriétaire cède gratuitement le droit de passage à son voisin.
En revanche, il n'y a pas donation indirecte si la libéralité n'est pas immédiate.

Cas pratique

Une personne avait donné comme instructions à sa banque de verser à son décès le solde de ses comptes à trois associations.
À son décès, la banque exécute ces instructions et répartit le solde figurant au jour du décès entre les trois bénéficiaires (dont la SPA).
La veuve conteste ces versements et demande le remboursement.
Les juges devaient dire si le versement était valide :
- soit il s'agissait d'une donation indirecte (stipulation pour autrui) ;
- soit il s'agissait d'un testament.

Les juges d'appel (arrêt confirmé par la Cour de cassation) ont déclaré la nullité de ces versements et ont condamné les bénéficiaires à rembourser la veuve.
En effet, la donation indirecte (comme toutes les donations) doit être actuelle et irrévocable et doit entraîner un appauvrissement du donateur.
Or les instructions pouvaient facilement être révoquées par leur auteur et les associations n'avaient aucun droit contre la banque.
D'autre part, les instructions ne pouvaient être considérées comme un testament car le formalisme du testament n'avait pas été respecté (C. cass., 1re ch. civ., 17.9.2003, Dalloz 2003, II, p. 2986).

La donation indirecte est valable bien que non passée par acte notarié.
Au décès du donateur, les héritiers peuvent demander au bénéficiaire de cette donation indirecte la réduction ou le rapport du montant de la donation (sur la réduction ou le rapport à succession, voir *Le rapport des donations*, p. 286).
Fiscalement, l'administration peut demander les droits applicables aux donations s'il parvient à prouver l'intention libérale du donateur.
Le délai pour opérer un redressement est de 10 ans à compter de la date de la donation lorsque l'acte a été enregistré. À défaut, le délai court à compter du décès du donateur ou du donataire (art. L. 183 du Livre des procédures fiscales).

Les donations-partages

La donation-partage consiste à donner et à répartir les biens donnés entre plusieurs donataires (bénéficiaires de la donation).
La donation-partage était, avant la loi n° 2006-728 du 23 juin 2006 réservée aux parents en faveur de leurs enfants. Un parent pouvait partager ses biens entre ses

enfants. Les deux parents pouvaient aussi donner et partager leurs biens entre leurs enfants communs (donation-partage conjointe). Une seule exception concernait les donations partages d'entreprises individuelles qui pouvaient faire intervenir des personnes étrangères à la famille.
La réforme a pris en compte l'allongement de la durée de vie, le nombre grandissant des familles recomposées ainsi que la situation des personnes sans enfants et a élargi le domaine d'application des donations-partages.
Ainsi, depuis la loi du 23 juin 2006, applicable aux successions ouvertes depuis le 1er janvier 2007, la donation-partage est désormais possible de la part des parents en faveur non seulement de leurs enfants mais aussi de leurs autres descendants, et notamment leurs petits-enfants ou arrière-petits-enfants.
Par ailleurs, en cas de donation-partage conjointe, les bénéficiaires peuvent être non seulement les enfants communs du couple mais aussi les enfants de chaque conjoint.
D'autre part, la donation-partage est ouverte aussi en faveur d'autres héritiers, si le donateur n'a pas d'enfants (art. 1075 s. du Code civil).
Enfin, la donation-partage d'une entreprise reste possible en faveur de personnes étrangères à la famille (voir *La donation-partage d'une entreprise*, p. 69).

› Quel est l'intérêt d'une donation-partage ?

Le donateur partage et distribue ses biens entre ses enfants ou héritiers de son vivant. Il fixe ainsi la composition des lots devant revenir à chacun des bénéficiaires. Il règle en quelque sorte à l'avance sa succession et répartit ses biens en fonction de son critère personnel et des qualités ou aptitudes respectives de chacun à gérer ces biens.
Il évite également les éventuelles querelles qui surviennent à l'occasion d'une succession dans l'hypothèse idéale où tous les enfants ont accepté l'acte puisque la donation-partage ne peut être remise en cause que par une action en réduction au moment du partage des biens entre les enfants (voir *Comment contester une donation-partage ?*, p. 67).
La donation-partage permet enfin d'éviter l'indivision et les longueurs d'une procédure, le cas échéant, de partage.
Elle présente également un intérêt fiscal.

› Comment faire une donation-partage ?

Puisqu'il s'agit d'une donation, la donation-partage est soumise aux mêmes conditions de forme que les donations simples : un acte notarié est nécessaire.
Pour être validée, la donation-partage doit être acceptée par les bénéficiaires. Mais il est tout à fait possible pour un enfant (ou un héritier) de refuser la donation-partage.
Dans cette hypothèse, la donation-partage reste valable pour le ou les autres copartagés qui bénéficient des dispositions fiscales relatives à cet acte.
Celui qui n'a pas participé à l'acte aura la possibilité, au moment du décès du donateur, de constituer sa part de réserve avec les biens figurant dans la succession. Si ces biens sont insuffisants, il pourra exercer l'action en réduction (voir *L'action en réduction*, p. 279).

À NOTER

Les actes séparés *La donation-partage peut être rédigée en deux actes distincts, d'une part, un acte contenant donation et, d'autre part, un acte contenant partage. Dans ce cas, le donateur doit intervenir aux deux actes. Si deux actes ont été établis, seul l'acte portant donation est soumis aux conditions de forme énumérées ci-dessus. Le partage lui-même peut être réalisé par acte sous seing privé, sauf si dans les biens donnés figure un immeuble.*

› Qui peut faire une donation-partage ?

Jusqu'à la loi n° 2006-728 du 23 juin 2006 la donation-partage était réservée aux parents en faveur de leurs enfants. Une seule exception concernait les donations-partages d'entreprises individuelles qui pouvaient faire intervenir des personnes étrangères à la famille.
La réforme prend en compte l'allongement de la durée de vie, le nombre grandissant des familles recomposées ainsi que la situation des personnes sans enfants.

• La donation-partage faite aux enfants

En principe, tous les enfants doivent recevoir des lots identiques.
L'égalité s'entend d'une égalité en valeur, mais non nécessairement en nature : autrement dit, les lots respectifs de chaque enfant doivent être de même valeur. Ils peuvent être constitués de biens appartenant au donateur, mais aussi des biens qu'ils auraient déjà reçus de sa part à l'occasion d'une précédente donation.

Cas pratique

Un père donne à son fils aîné une maison de campagne. Plusieurs années après, il effectue une autre donation en faveur de sa fille (un appartement).
Vers la fin de sa vie, il décide de faire une donation-partage de ses biens à ses trois enfants. Les lots des deux premiers enfants pourront être constitués par les biens qu'ils ont déjà reçus (la maison et l'appartement) et le troisième enfant recevra son propre lot composé de biens possédés par son père et d'une valeur équivalente à celle des biens donnés à son frère et à sa sœur.

Il est ainsi permis de transformer des donations ordinaires en une donation-partage soit en les regroupant avec une nouvelle ou plusieurs donations, soit en les regroupant entre elles sans en ajouter de nouvelles (art. 1078-1 du Code civil). Quand on intègre une donation antérieure dans une donation-partage, la valeur à retenir est la valeur du bien à l'époque de la donation-partage (et non la valeur du bien lors de la donation).

Cas pratique

Un enfant reçoit de son père un portefeuille d'actions estimé lors de la donation à 4 000 €. Son frère reçoit la même somme en argent liquide, qu'il dépense sans acquérir de biens.

Trois ans plus tard, le père veut effectuer une donation-partage entre ses deux enfants. Il entend intégrer les donations déjà réalisées et y ajouter des biens d'une valeur de 10 000 €. Le portefeuille vaut 6 000 €.
L'ensemble des biens compris dans la donation-partage aura une valeur de :
4 000 € + 6 000 € + 10 000 € = 20 000 €.
Chaque enfant devant recevoir 10 000 €,
– le premier fils propriétaire du portefeuille d'actions se verra attribuer 4 000 € (10 000 – 6 000) ;
– le second recevra 6 000 € (10 000 – 4 000).
Ainsi, le second fils bénéficie de la plus-value apportée aux titres reçus par son frère et ne sera pas pénalisé d'avoir dilapidé l'argent qui lui avait été attribué.

Il est donc toujours préférable, dans la mesure du possible, de donner en faisant une donation-partage, chaque enfant profitant seul des éventuelles plus-values apportées aux biens qu'il détient.
Les biens reçus à titre de partage anticipé par un héritier réservataire présomptif s'imputent sur sa part de réserve, sauf si le donateur a expressément stipulé qu'ils sont donnés hors part successorale.

À NOTER

Les droits de mutation en cas de réintégration *Lorsque la donation-partage intègre des biens précédemment donnés, seuls les droits de partage sont dus. Les droits de mutation n'ont pas à être payés deux fois (art. 776 A du Code général des impôts).*

La donation-partage faite à d'autres héritiers présomptifs

La loi n° 2006-728 du 23 juin 2006 (applicable depuis le 1.1.2007) autorise désormais toute personne à distribuer et à partager ses biens entre ses héritiers présomptifs. Le plus souvent ces héritiers sont les enfants. Mais une personne sans enfant pourra ainsi donner à ses neveux ou nièces, ou encore à ses cousins dès lors que ce sont ses héritiers.

La donation-partage faite à des descendants de degrés différents (enfants, petits-enfants, arrière-petits-enfants)

Un parent peut désormais effectuer la donation-partage de ses biens en faveur de plusieurs descendants même s'ils ne sont pas ses héritiers directs et même s'ils sont à des degrés différents (les enfants avec des petits-enfants ou même des arrière-petits-enfants).
Il peut aussi distribuer et partager ses biens entre ses seuls petits-enfants, sans faire intervenir ses enfants. Il peut aussi, s'il n'a qu'un enfant unique, faire une donation-partage au profit de son enfant et de ses petits-enfants ou au profit de ses seuls petits-enfants.
Il peut enfin favoriser certains petits-enfants sans faire intervenir les autres (art. 1078-4 s. du Code civil).

Si les descendants qui concourent à la donation-partage sont de degrés différents (des petits-enfants avec des arrière-petits-enfants, par exemple), le partage s'opère par souche (un lot pour les petits-enfants constitué de la part qu'aurait dû recevoir leur parent qu'ils représentent) puis, à l'intérieur de chaque souche, le partage se fait par tête.
Les héritiers par représentation constituent une souche.
Ils représentent l'héritier légal du disposant, soit parce qu'il est décédé, soit parce qu'il a renoncé à sa part successorale.

Cas pratique

Une personne dispose d'un capital de 200 000 € et veut faire une donation-partage entre ses enfants. Elle a deux fils dont l'un décide de renoncer à sa part en faveur de ses propres enfants.
La donation-partage comprendra deux lots égaux (100 000 € chacun) : un lot pour le premier fils et un lot pour les petits-enfants.

Dans la mesure où la donation-partage avantage des descendants qui ne sont pas héritiers, en excluant l'enfant héritier réservataire, celui-ci doit renoncer à ses droits et accepter la donation. Cette renonciation de l'enfant doit figurer dans l'acte de donation.
Sur cette renonciation, voir *La renonciation à l'action en réduction*, p. 112.
Fiscalement, les droits de mutation sont calculés en fonction du lien de parenté entre l'ascendant donateur et les petits-enfants bénéficiaires (art. 784 B du Code général des impôts).
Si la donation-partage réunit des enfants et des petits-enfants, les enfants bénéficient de leur abattement de 100 000 € et les petits-enfants de leur abattement de 31 865 € (depuis le 1.1.2011).
Dans la succession de l'enfant qui a consenti à ce que ses propres descendants soient allotis à sa place, les biens reçus par eux de l'ascendant sont traités comme s'ils les tenaient de leur auteur direct, c'est-à-dire de l'enfant qui a renoncé à sa part.
Il faut en effet respecter l'égalité entre les petits-enfants qui ont reçu une donation de leur grand-parent et ceux qui, éventuellement, ont été omis.
Les donations reçues du grand-parent sont fiscalement rapportables sauf si la donation est intervenue moins de 15 ans avant le décès de l'enfant (art. 776 *ter* du Code général des impôts).

À NOTER

Incorporation de donations antérieures *La donation-partage transgénérationnelle peut, comme les donations-partages consenties aux enfants, incorporer des donations antérieures (c'est-à-dire des biens précédemment donnés à un petit enfant et à lui réattribués). Dans ce cas, les droits de mutation ne sont pas non plus exigés. Cette opération est soumise au droit de partage.*

La donation-partage peut aussi incorporer un bien donné à un enfant pour le réattribuer à un descendant de ce premier donataire. Dans ce cas :

- *si la première donation a eu lieu depuis plus de 15 ans, seul le droit de partage (1,1 %) est exigé ;*
- *si la première donation est intervenue depuis moins de 15 ans, les droits de mutation sont dus. Ils sont calculés en fonction du lien de parenté entre l'ascendant donateur et le petit-enfant bénéficiaire. Les droits acquittés lors de la première donation à raison du bien réincorporé sont imputés sur les droits dus à raison du même bien lors de la donation-partage. Cette règle est applicable aux donations-partages consenties depuis le 15 décembre 2010 (art. 776 A du Code général des impôts).*

Réforme *Le droit de partage est porté à 2,50 % depuis le 1er janvier 2012. Le délai de rappel des donations antérieures passe à 15 ans.*

La donation-partage conjointe

Une seule donation-partage peut être consentie par deux époux dans le même acte. Il s'agit d'une donation-partage conjointe. Les époux peuvent donner des biens communs et (ou) des biens leur appartenant en propre (biens propres). Jusqu'à la loi n° 2006-728 du 23 juin 2006 (applicable le 1.1.2007) une telle donation-partage ne pouvait concerner que les enfants communs du couple.

Désormais, deux époux peuvent également faire la donation-partage de leurs biens en faveur non plus uniquement de leurs enfants communs mais en faisant intervenir aussi leurs propres enfants issus d'une précédente union. Les enfants communs des deux époux peuvent recevoir dans leurs lots des biens donnés par chacun de leurs parents mais l'enfant non commun ne peut pas recevoir un bien appartenant en propre au conjoint de son parent.

L'enfant non commun peut en revanche recevoir un bien commun des époux. Dans ce cas, le conjoint (qui n'est pas le parent de l'enfant) doit donner son accord à cette donation. La donation du bien commun est imposée selon les tarifs applicables en ligne directe sur la valeur totale du bien (et non pas sur la moitié uniquement) (art. 778 *bis* du Code général des impôts).

› Est-on obligé de donner et partager tous ses biens ?

Le donateur est libre de donner et de partager tous les biens constituant son patrimoine ou d'effectuer une donation-partage sur une partie de ses biens et de faire par la suite une seconde donation-partage, distincte de la première, pour les biens restant à partager.

Les biens non compris dans une donation-partage seront attribués au décès du parent donateur selon les règles normales des successions, c'est-à-dire qu'ils seront partagés en parts égales entre les enfants.

Comme pour les donations simples, seuls les biens présents, c'est-à-dire ceux composant à l'époque de la donation le patrimoine du donateur, peuvent faire l'objet d'une donation-partage. Les biens qui ne sont pas encore entrés dans le patrimoine du donateur ne peuvent donc pas faire l'objet d'une donation-partage.

Par exemple, il n'est pas possible d'inclure dans la donation-partage un bien devant être transmis à l'occasion d'une succession future et non encore ouverte.

Lorsque la donation porte sur des meubles, elle doit comprendre un état estimatif de ceux-ci.

› Le donateur peut-il changer d'avis et revenir sur la donation-partage qu'il a consentie ?

Comme pour les donations simples, le donateur qui a réalisé la donation-partage ne peut, de lui-même, révoquer l'acte et récupérer les biens donnés.

Mais une donation-partage peut être révoquée judiciairement :

- pour inexécution des charges (le bien avait été donné en contrepartie de l'exécution d'une obligation, obligation que le bénéficiaire de la donation n'a pas exécutée) ;
- pour ingratitude (lorsque le donataire bénéficiaire a attenté à la vie du donateur, lorsqu'il s'est livré à son encontre à des sévices, délits ou injures graves ou lorsqu'il lui a refusé des aliments).

Si une donation-partage est annulée à l'égard d'un des copartageants pour inexécution des charges, la donation-partage n'est pas annulée à l'égard des autres.

La révocation opère le retour des biens faisant partie du lot du copartageant mais n'a pas pour conséquences l'anéantissement de tout le partage. Les autres copartageants conservent les biens qui leur ont été donnés, y compris le bénéfice d'une soulte payée à l'époque de la donation-partage par le donataire évincé.

Cas pratique

Une donation-partage est réalisée par les parents en faveur de leurs 4 enfants.
Le fils recueille une propriété rurale à charge de verser une soulte à ses 3 sœurs.
Le fils avait aussi l'obligation d'assurer seul l'obligation de soins viagers en nature au profit des donateurs. Il décède en laissant sa veuve et deux enfants mineurs. Ces derniers sont assignés par leurs grands-parents en révocation de la donation pour inexécution de la charge.

Un litige parallèle concernait les soultes versées par les sœurs au moment du partage, soultes devant être réévaluées en raison de la plus-value apportée au bien. La cour d'appel avait considéré que ce litige dépendait de la procédure de révocation de la donation-partage.
Sur ce point, l'arrêt est cassé. La donation-partage n'est pas annulée entièrement mais uniquement pour le donataire défaillant (C. cass., 1re ch. civ., 4.7.2006, n° 04-16272).

Le droit de retour dans une donation-partage

Les biens donnés peuvent également réintégrer le patrimoine du donateur en vertu d'une clause de droit de retour. Cette clause signifie que les biens retourneront dans le patrimoine du donateur si le donataire meurt avant lui. La clause peut aussi prévoir le droit de retour en cas de décès non seulement du donataire mais aussi de ses enfants. Cette clause permet d'éviter qu'un bien ne quitte la famille du donateur et soit transmis au conjoint, par exemple, de l'enfant décédé.

Cas pratique

Un père effectue une donation-partage de ses biens et l'un de ses enfants reçoit dans son lot une maison familiale. Cet enfant se marie et rédige un testament par lequel il lègue tous ses biens à son épouse. Il meurt sans enfant.
Si la donation-partage a prévu une clause de retour, la maison ne sera pas transmise à l'épouse, mais sera réintégrée dans le patrimoine du père.
S'il n'y a pas de clause de retour, l'épouse de l'enfant décédé héritera de la maison (en totalité ou en partie suivant les héritiers en présence).

Le droit de retour s'effectue-t-il en nature ou en valeur ?

En principe, la restitution des biens doit se faire en nature, c'est-à-dire que le donateur doit récupérer le bien tel qu'il a été transmis. Lorsqu'un des parents effectue une donation-partage entre ses enfants et que l'un de ces enfants décède avant ce parent, le droit de retour ne s'exerce que sur le bien reçu par cet enfant. Par exemple, si le parent donne à un enfant un terrain et à l'autre enfant une maison, le droit de retour ne portera que sur le bien donné à l'enfant décédé avant le donateur.
Mais, en présence d'une donation-partage consentie par les deux parents en faveur de leurs enfants, la jurisprudence reconnaît que, si les donateurs forment une masse commune comprenant des biens communs et des biens propres et stipulent que ces biens forment une indivisibilité, la restitution peut se faire en valeur. On calcule la valeur de la restitution en fonction de ce que le parent a mis dans la masse globale des biens partagés.
Les biens donnés ne sont pas individualisés et le droit de retour peut s'exercer sur une quote-part en valeur des biens donnés, quelle que soit leur origine.

Cas pratique

Un couple possède en commun un appartement. Le mari possède en propre une maison à la campagne.
Ils réunissent leurs biens et font une donation-partage entre leurs 2 enfants qui se partagent ainsi ces biens : le premier reçoit l'appartement et le second la maison de campagne.
Ce second enfant décède avant ses parents. Sa mère, devenue veuve, veut faire jouer le droit de retour à son profit. Dans ce cas, le droit de retour ne peut pas porter sur la maison qui n'a pas été donnée directement à cet enfant mais qui a été intégrée dans une masse commune, elle-même partagée entre les deux enfants. La donation avait été faite aux deux enfants et le droit de retour ne s'exerçait que pour l'un d'entre eux.
Il ne sera donc restitué à la mère qu'une part de cette masse commune, soit la moitié (C. cass., 1re ch. civ., 4.10.1988, Dalloz 1989, II, p. 33).

Une donation-partage peut également être annulée si les conditions de forme (acte notarié, acceptation du donataire…) ou de fond (capacité de recevoir et de disposer) n'ont pas été respectées (art. 953 et 1075 du Code civil).
En revanche, si le principe d'égalité entre descendants n'a pas été respecté ou si un enfant a été omis, la donation-partage ne sera pas nulle, l'enfant lésé pourra, au décès du parent donateur, exercer l'action en réduction sur la part des autres descendants et se constituer ainsi une part égale en valeur à celles déjà constituées dans la donation-partage (voir ci-contre, *Comment contester une donation-partage ?*).

› Les soultes

Les soultes sont destinées à compenser l'inégalité des lots entre les héritiers. La soulte est une somme d'argent versée par un héritier avantagé dans le partage des biens par rapport à ses copartageants.
Les soultes sont payables au moment du partage.
Dans le cadre d'une donation-partage, les soultes peuvent être prévues dans l'acte par les donateurs.
Le paiement de la soulte mise à la charge de l'héritier peut être différé ou comptant. Si, entre la fixation de la soulte et son paiement, la valeur des biens mis dans le lot de l'héritier a augmenté ou diminué de plus du quart depuis le partage, les sommes qu'il reste devoir sont augmentées ou diminuées dans la même proportion.
Cette possibilité de faire varier le montant de la soulte en fonction de la valeur des biens attribués au débiteur de cette soulte est destinée à protéger le créancier contre le risque économique résultant de son paiement différé.
La règle est applicable dès qu'une soulte est payable à terme.
La variation de la soulte peut être exclue d'un commun accord entre le donateur et les bénéficiaires (art. 828 du Code civil).

› Comment contester une donation-partage ?

Il faut distinguer entre les donations-partages réunissant des héritiers non réservataires et celles établies en faveur des héritiers réservataires (les enfants).

Les héritiers non réservataires

Les héritiers non réservataires ne peuvent remettre en cause la donation-partage même si la valeur de leur part est bien inférieure à celles des autres copartagés. L'action en complément de part pour cause de lésion (c'est-à-dire quand la valeur du lot contesté est inférieure de plus du quart de celle des autres) ne peut être exercée contre les donations-partages (art. 1075-3 du Code civil). L'acte pourrait être remis en cause si le consentement d'une des parties a été vicié, c'est-à-dire s'il a été obtenu par erreur, violence ou dol (cause de nullité de la donation).

Les héritiers réservataires

À l'inverse des autres héritiers, les héritiers réservataires peuvent contester la donation-partage si leur part de réserve n'a pas été respectée.
Les contestations entre descendants portant sur la valeur de leurs parts respectives ne sont ouvertes qu'après le décès de l'ascendant.
La donation-partage ne peut pas être annulée sous prétexte qu'un des héritiers a reçu un lot inférieur en valeur à ceux de ses cohéritiers. De même, si un héritier n'a pas accepté ni signé la donation-partage ou encore n'a pas concouru à l'acte ou n'était pas né à l'époque de cette donation, la donation-partage n'est pas pour autant annulée.
Au moment du décès du donateur, il faut reconstituer l'ensemble du patrimoine du défunt en comprenant non seulement les biens actuels, mais aussi les biens qu'il a pu donner de son vivant. Lorsque la masse de ce patrimoine est reconstituée, on calcule le montant de la réserve des héritiers afin de savoir à quelle part peut prétendre le descendant omis ou désavantagé dans la donation-partage.
S'il existe des biens dans la succession, sa part pourra être composée de ces biens. S'ils sont insuffisants ou inexistants (si le défunt a donné l'intégralité de ses biens), le descendant pourra exercer l'action en réduction.

L'évaluation des biens donnés

À la différence des donations simples dont on calcule la valeur à l'époque du partage des biens entre les héritiers, les biens compris dans la donation-partage sont évalués au jour de l'acte de donation. C'est en fonction de cette évaluation que sera calculée la réserve.
Mais, par exception à ce principe, les biens doivent être évalués au jour de l'ouverture de la succession dans deux cas :
- lorsqu'un enfant n'a pas reçu de lot dans le partage ou ne l'a pas accepté ;
- lorsque a été prévue une réserve d'usufruit portant sur une somme d'argent (par exemple lorsqu'un lot comprend une créance ayant pour objet une somme d'argent et dont l'ascendant donateur s'est réservé l'usufruit) (art. 1078 du Code civil).

L'action en réduction

Cette action en réduction consiste à réduire les parts de chacun pour que l'égalité entre tous les enfants soit respectée et que leurs lots soient d'égale valeur. La réduction des lots de la donation-partage a lieu en valeur (argent) et non en nature.

L'enfant qui n'a pas reçu sa part a 5 ans à compter du décès du donateur (le deuxième parent en cas de partage conjonctif) pour exercer l'action en réduction à l'encontre de ses cohéritiers (voir *L'action en réduction*, p. 279).

› Les enfants peuvent-ils vendre les biens donnés par la donation-partage ?

En principe, les enfants sont propriétaires à part entière de leurs biens et peuvent en disposer comme ils le veulent. Ainsi, un enfant peut vendre le bien qu'il a reçu aux termes de la donation-partage.

Mais, dans l'hypothèse où les autres enfants exercent l'action en réduction (si leur part de réserve n'a pas été respectée), et si l'héritier débiteur de l'indemnité de réduction est insolvable, ils peuvent revendiquer le bien vendu. Le tiers qui a acquis le bien peut donc être obligé soit de rendre le bien, soit d'indemniser les héritiers.

Ce n'est que si le donateur et tous les héritiers réservataires donnent leur consentement à la vente qu'ils ne pourront plus revendiquer le bien vendu entre les mains du tiers acquéreur. Le consentement à la vente donné par les héritiers présents lie aussi les héritiers qui seraient nés après ce consentement (art. 924-4 du Code civil).

Si la vente intervient longtemps après la donation-partage ou s'il y a beaucoup d'enfants bénéficiaires de la donation-partage, il peut être difficile de recueillir leur accord pour la vente projetée.

C'est pourquoi il est habituel d'insérer directement dans l'acte de la donation-partage une sorte d'accord donné à l'avance « en blanc », pour toute vente future sans, bien sûr, connaître les conditions de cette vente, l'acquéreur, le prix de vente…

› La donation-partage d'une entreprise

La donation-partage d'une entreprise individuelle entre ses enfants et des personnes étrangères à la famille est possible depuis la loi du 5 janvier 1988.

La loi n° 2006-728 du 23 juin 2006, applicable depuis le 1er janvier 2007, élargit le champ d'application de cette forme de transmission en conservant toutefois les règles initiales.

• L'entreprise

L'entreprise peut être à caractère industriel, commercial, artisanal, agricole ou libéral.

Il peut s'agir d'une entreprise individuelle exploitée par le donateur ou d'une société. Dans ce cas, le donateur doit exercer une fonction dirigeante au sein de cette société.

La donation-partage porte soit sur les biens corporels ou incorporels de l'entreprise, soit sur les droits sociaux.

Les bénéficiaires

La spécificité des donations-partages d'une entreprise est de pouvoir partager ses biens professionnels entre des personnes de sa famille et des personnes étrangères (les salariés de l'entreprise, par exemple). La loi n° 2006-728 du 23 juin 2006 autorise une donation-partage entre un seul héritier et une ou plusieurs autres personnes. Inversement, la donation-partage peut réunir une seule personne étrangère et plusieurs héritiers ou descendants.

Les héritiers intervenant à la donation-partage ne sont plus exclusivement les enfants. La loi autorise le disposant à préférer un petit-enfant, ou même un arrière-petit-enfant si ce dernier se révèle plus apte à gérer l'entreprise que les enfants. En effet, l'obstacle de la réserve des enfants peut être évité puisque les enfants sont désormais autorisés à renoncer par avance à réclamer la réduction, au moment du décès du parent, des libéralités qui dépasseraient la quotité disponible de la succession (voir *La renonciation à l'action en réduction*, p. 112, *L'action en réduction*, p. 279).

Cette renonciation est encadrée et ne peut exister qu'en cas d'entente familiale...

Si le donateur n'a pas d'enfants ni d'autres descendants, il peut transmettre ses biens à d'autres héritiers comme ses frères et sœurs ou ses neveux et nièces et bien sûr à d'autres personnes hors du cercle familial.

Dans l'hypothèse où le donateur donne et partage l'ensemble de ses biens (personnels et professionnels) les personnes autres que les héritiers ne peuvent recevoir d'autres biens que ceux affectés à l'exploitation de l'entreprise.

Modalités de la transmission

Les titres sociaux peuvent être attribués à parts égales entre les héritiers (et éventuellement les tiers). Mais cette solution n'est pas nécessairement adaptée à la poursuite de l'activité de l'entreprise puisque tous les héritiers ne sont peut-être pas à même de reprendre cette activité.

Une autre solution consiste à attribuer les titres majoritaires à la personne qui va reprendre l'entreprise, à charge pour elle d'indemniser par le paiement d'une soulte ses cohéritiers.

Cette soulte doit en principe être payée comptant (par des liquidités ou grâce à un prêt bancaire). Il est possible toutefois de prévoir des délais de paiement sachant que cette solution présente néanmoins des inconvénients. En effet, dans cette hypothèse, son montant peut subir des variations (à la hausse ou à la baisse) si la valeur de la part reçue par le débiteur de la soulte a varié elle-même de plus du quart depuis la donation-partage (art. 828 du Code civil).

Les sommes restant dues doivent alors augmenter ou diminuer dans la même proportion. L'héritier qui a obtenu des délais de paiement de la part de ses cohéritiers peut ainsi être pénalisé si l'entreprise a pris de la valeur grâce à son activité.

Il est également possible de partager les titres entre les cohéritiers en incluant une promesse de rachat des titres qui sera signée par le repreneur.

Celui-ci sera propriétaire, à terme, de l'entreprise. Le rachat pourra être exécuté par l'héritier lui-même ou par un nouvel associé ou encore un organisme finan-

cier. L'intérêt de prévoir cette promesse de rachat est d'être sûr que les parts seront rachetées car, à défaut, la donation-partage pourrait être annulée.
Le donateur peut conserver l'usufruit des titres donnés pour assurer la transmission progressive du pouvoir et de la gestion de l'entreprise. L'usufruitier en effet continue à diriger l'entreprise pendant le temps de formation du nu-propriétaire. L'intérêt est également fiscal puisque les parts transmises sont diminuées de la valeur de l'usufruit, lequel dépend de l'âge du donateur. Par ailleurs, à l'extinction de l'usufruit (c'est-à-dire au décès du donateur ou au terme fixé), les nus-propriétaires recueillent l'usufruit sans avoir de droits nouveaux à payer.
Enfin, le donateur qui a conservé l'usufruit peut continuer à percevoir les dividendes de l'entreprise et prévoir qu'à son décès ces revenus seront reversés à son conjoint survivant.

La procédure de rescrit

La procédure de rescrit consiste à demander à l'administration fiscale son accord sur la valeur estimée de l'entreprise devant faire l'objet de la donation.
Le chef d'entreprise, s'il obtient l'accord de l'administration, peut passer l'acte sans risque ultérieur de rectification fiscale.
La demande de rescrit doit être adressée en recommandé avec avis de réception auprès du directeur territorial dans le ressort duquel se trouve le siège social de l'entreprise (ou le principal établissement s'il s'agit d'une entreprise individuelle).
Cette procédure a été légalisée par la loi n° 2008-1443 du 30 décembre 2008.
La rectification contradictoire n'est plus possible si le contribuable a :
- consulté, avant la donation, l'administration par écrit ;
- fourni à l'administration tous les éléments utiles pour apprécier la valeur vénale de l'entreprise ;
- réalisé la donation dans un délai de 3 mois suivant la réponse de l'administration.
L'administration a un délai de 6 mois pour se prononcer sur la demande (art. L. 18 du Livre des procédures fiscales).

Paiement des droits de mutation

Les droits de mutation exigibles lors de la transmission de l'entreprise peuvent bénéficier du paiement différé pendant 5 ans (seuls les intérêts de ce crédit doivent être payés régulièrement) puis, à l'issue de ces 5 ans, du paiement fractionné en 10 annuités (1/20 tous les 6 mois avec paiement d'un intérêt exigible semestriellement).
Ce différé de paiement est annulé et les droits deviennent exigibles si le bénéficiaire cède plus du tiers des biens qu'il a reçus (art. 397 A, annexe III du Code général des impôts).
Sur les exonérations de droits de mutation applicables aux transmissions d'entreprises par décès, voir *Les transmissions d'entreprise par décès (exonération partielle de droits)*, p. 205.

● Déduction des bénéfices

S'il s'agit d'une transmission d'entreprise individuelle, les droits de mutation payés par les héritiers ou les donataires sont déductibles des bénéfices imposables de l'entreprise.
Les droits de mutation concernant les biens affectés à l'exploitation de l'entreprise (immeuble, fonds de commerce, droit de présentation de clientèle...) peuvent être déduits même s'ils sont payables en différé ou en fractions.
S'il s'agit d'une transmission de parts de société de personnes, les droits sont déductibles lorsque l'héritier ou le donataire exerce son activité au sein de cette société. L'obligation de poursuivre l'exploitation pendant 5 ans n'est plus exigée (art. 151 *nonies* du Code général des impôts).

› Les donations-partages et le fisc

Les donations-partages, comme les donations et les transmissions de patrimoines à la suite de décès, sont soumises au paiement de droits de mutation prévus par le Code général des impôts (voir ci-dessous *Les droits de mutation)*.
Les donations-partages bénéficient, comme les autres donations, des mêmes réductions de droits (voir *Réduction des droits de mutation*, p. 75).

À NOTER

Le droit de partage *Le partage des biens indivis issus d'une donation-partage est soumis au droit de partage de 2,50 % calculé sur l'actif net partagé (art. 748 du Code général des impôts). Ce régime est désormais le même que celui prévu pour les partages d'indivisions successorales (*voir Les droits fiscaux du partage, *p. 355**)*

■ Les droits de mutation

Une donation est une mutation à titre gratuit et, à ce titre, est soumise aux droits d'enregistrement. Lorsque la donation porte sur un immeuble, l'acte est également soumis à la taxe de publicité foncière.
Les tarifs des droits de mutation sont les mêmes que ceux applicables aux successions (tranches d'imposition, pourcentages d'imposition, prise en compte de la qualité du redevable). De même, les abattements dont bénéficient certains héritiers s'appliquent aux transmissions par donation (voir *Le calcul de l'abattement*, p. 226).
Les donations ont cependant certaines spécificités.

› L'évaluation des biens

Toute donation est soumise aux droits de mutation à titre gratuit et ces droits sont calculés d'après la valeur des biens donnés (meubles ou immeubles) telle qu'elle résulte de la déclaration détaillée et estimative transmise par les parties aux services fiscaux.
La valeur retenue est donc celle du jour de la donation.

À NOTER **Immeuble occupé par le donateur** *Lorsque la donation porte sur un immeuble occupé par le donateur, la valeur à retenir est la valeur globale de cet immeuble sans qu'il soit possible de déduire l'abattement de 20 % applicable aux immeubles transmis par succession et occupés par le défunt.*

S'il s'agit de meubles, il n'est pas possible de les évaluer forfaitairement (comme il est possible de le faire en cas de transmission par décès). Le forfait mobilier de 5 % n'est pas applicable aux donations.
Les donataires doivent donc établir une déclaration détaillée et estimative des meubles donnés. Cette déclaration peut figurer dans l'acte de donation ou dans un état descriptif annexé à cet acte (art. 758 du Code général des impôts). La valeur indiquée est une valeur estimative qui peut être rectifiée par le fisc.
Toutefois, il faut retenir le prix de cession de ces objets s'ils ont fait l'objet d'une vente publique moins de 2 ans avant la donation. De même, si les objets donnés ont été assurés contre le vol, la valeur déclarée aux impôts doit correspondre à la valeur garantie ou n'être pas inférieure à 60 % de cette valeur garantie.
Par ailleurs, depuis le 1er janvier 2005 (loi de finances pour 2005), il est possible de déduire de la valeur de la donation les charges affectées aux biens et prises en charge par le donataire. Il s'agit des dettes contractées par le donateur pour l'acquisition ou dans l'intérêt des biens objets de la donation (un crédit pour l'acquisition ou pour rénover le bien, par exemple). Les dettes doivent être mises à la charge du donataire dans l'acte de donation. Cette prise en charge par le donataire doit être notifiée au créancier.
Les dettes doivent avoir été contractées auprès d'un organisme bancaire ou financier (art. 776 *bis* du Code général des impôts).
Enfin, le bénéfice de la déduction est subordonné à la condition que le donataire puisse démontrer qu'il a supporté le paiement effectif des dettes mises à sa charge. Le fisc peut demander cette preuve dans les 3 ans qui suivent l'année de l'échéance des dettes telle qu'elle est mentionnée dans l'acte de donation.

› Rappel des donations antérieures

Lorsqu'une donation est faite à un héritier appelé à la succession du donateur, les droits de succession de cet héritier doivent être calculés non seulement sur la valeur des biens recueillis dans la succession, mais également sur la valeur des biens qui lui ont été précédemment donnés.
En effet, les héritiers doivent « rapporter » à la succession les donations antérieures effectuées en avancement de leur part d'héritage.

Cas pratique

Si un enfant reçoit de son père la somme de 4 600 €, cette somme fera partie de l'actif à partager entre lui et les autres héritiers, lors du décès du père ; les parts respectives de chacun seront déterminées sur cet actif global.

Mais d'un point de vue fiscal, pour que la donation ne soit pas imposée deux fois (une fois lors de la donation et une autre fois lors de la succession), on déduit de la part de l'héritier la donation qui lui a été faite en retenant, comme base, la valeur du bien donné, estimée au jour du partage de la succession.
Cette estimation au jour du partage complique la situation car souvent le partage des biens d'une succession intervient longtemps après le décès et la déclaration de succession (laquelle doit être faite en principe dans les six mois du décès).
Il faut donc réactualiser la valeur des biens indiquée dans la déclaration de succession avec la valeur des mêmes biens au jour du partage et éventuellement procéder à la rectification des droits à payer.
Pour éviter cet inconvénient, il est possible de prévoir soit dans l'acte de donation, soit à l'ouverture de la succession, par convention signée de tous les héritiers, que les biens donnés devront être évalués d'après leur valeur au jour de la donation ou bien au jour du décès.

› Avantages fiscaux

Les donations bénéficient de plusieurs avantages fiscaux :
- possibilité de calculer l'abattement fiscal plusieurs fois ;
- abattement spécifique en cas de donation à un petit-enfant ou un arrière-petit-enfant ;
- abattement spécifique en cas de donation d'une somme d'argent à un enfant, un petit-enfant, un arrière-petit-enfant ou, en l'absence de descendance, à un neveu ou une nièce ;
- réductions d'impôts en cas de dons en faveur d'un organisme d'intérêt général ;
- abattement sur les dons familiaux de biens nécessaires à l'activité d'une petite et moyenne entreprise.

À NOTER

Les réductions de droits de mutation liées à l'âge du donateur sont supprimées.

ABATTEMENTS APPLICABLES AUX BÉNÉFICIAIRES D'UNE DONATION

Bénéficiaire	Abattements[(a)]
Enfant	100 000 € + 31 865 € (dons d'argent)
Parent	100 000 €
Petit-enfant	31 865 € + 31 865 € (dons d'argent)
Conjoint	80 724 €
Concubin pacsé	80 724 €
Concubin non pacsé	0,00 €

ABATTEMENTS APPLICABLES AUX BÉNÉFICIAIRES D'UNE DONATION	
Bénéficiaire	**Abattements**[a]
Frère ou sœur	15 932 €
Neveu et nièce	7 967 € + 31 865 € (dons d'argent)
Arrière-petit-enfant	5 310 € + 31 865 € (dons d'argent)
Autre parent	0,00 €

(a) Depuis le 1er janvier 2011.

Si le bénéficiaire est handicapé, il bénéficie d'un abattement supplémentaire de 159 325 € (cet abattement est applicable depuis le 1er janvier 2011).

• Applications successives de l'abattement fiscal

L'article 784 du Code général des impôts précise qu'en cas de donations successives ou de donation antérieure à la succession, le donataire peut bénéficier, pour chacune des donations, de l'abattement applicable et du calcul du tarif progressif, s'il s'est passé plus de 15 ans entre ces donations ou entre la donation et l'ouverture de succession du donateur.

Cas pratique

Un enfant reçoit de son père en donation une maison valant 100 000 €.
À condition que la donation soit intervenue plus de 15 ans avant le décès du père, l'enfant pourra bénéficier de nouveau de l'abattement de 100 000 € sur les biens qui lui seront dévolus à l'ouverture de la succession.

ATTENTION ⚠

Réforme *La loi de finances rectificative pour 2012 allonge le délai de 2 ans et le porte à 15 ans.*
Les donations doivent être espacées de 15 ans pour pouvoir bénéficier chacune de l'abattement complet.

• Réduction des droits de mutation

Les réductions des droits de mutation liées à l'âge du donateur sont désormais supprimées. Seules sont maintenues les réductions applicables aux donations de parts de société ou d'entreprise individuelle lorsque le donateur est âgé de moins de 70 ans (voir *La transmission d'entreprise par donation*, p. 205).

Abattement spécifique en cas de donation à un petit-enfant ou à un arrière-petit-enfant

En vertu de l'article 790 B du Code général des impôts, un abattement de 31 865 € est applicable aux droits de mutation dus par chaque petit-enfant pour les donations reçues de ses grands-parents.
Cet abattement fiscal s'applique aux donations consenties depuis le 1er janvier 2011.
Quand la donation est effectuée par les deux grands-parents, les droits sont calculés distinctement sur les biens donnés par chacun d'eux (un abattement étant opéré pour chacun des disposants).
Le petit-enfant qui reçoit un bien commun de ses deux grands-parents bénéficie donc d'un abattement de 63 730 €.
L'abattement est déterminé en fonction de toutes les donations antérieures intervenues entre un même grand-parent et un même petit-enfant à l'exception de celles passées depuis plus de 15 ans au jour de la nouvelle donation.
Les arrière-petits-enfants bénéficient d'un abattement de 5 310 € pour les donations qu'ils reçoivent de leurs arrière-grands-parents, abattement qui n'est pas applicable en cas de transmission par décès.
Par ailleurs, les petits-enfants et les arrière-petits-enfants peuvent recevoir, depuis le 22 août 2007 une somme de 31 865 € (depuis 2011) supplémentaires en franchise de droits de mutation (voir ci-dessous).

2007	2008	2009	2010	2011/2012
30 000 €	30 390 €	31 272 €	31 395 €	31 865 €
5 000 €	5 065 €	5 212 €	5 232 €	5 310 €

Abattement spécifique pour les dons d'argent

Depuis le 22 août 2007 les enfants, les petits-enfants ou les arrière-petits-enfants peuvent recevoir chacun une somme de 31 865 € (depuis 2011) sans payer des droits de mutation.
Si le donateur n'a pas de descendance, il peut donner la même somme à chacun de ses neveux ou nièces hors droits de mutation (art. 790 G du Code général des impôts).
Des conditions doivent être respectées :
- Le donateur doit être âgé de moins de 80 ans.
- Le donataire doit être âgé de 18 ans révolus ou être émancipé.
- Les dons doivent être déclarés ou enregistrés par le donataire au service des impôts du lieu de son domicile dans le délai d'1 mois qui suit la date du don. La déclaration se fait en double exemplaire sur un formulaire fourni par l'administration.

Cet abattement se renouvelle tous les 15 ans. Il se cumule avec les abattements applicables aux enfants (100 000 €), l'abattement réservé aux handicapés (159 325 €), et les abattements prévus pour les donations faites aux petits-enfants (31 865 €), aux arrière-petits-enfants (5 310 €) et aux neveux et nièces (7 967 €).

2007	2008	2009	2010	2011/2012
30 000 €	30 390 €	31 272 €	31 395 €	31 865 €
150 000 €	151 950 €	156 359 €	156 974 €	159 325 €
5 000 €	5 065 €	5 212 €	5 232 €	5 310 €
7 500 €	7 598 €	7 818 €	7 849 €	7 967 €

Réductions d'impôts en cas de dons effectués en faveur d'œuvres ou d'organismes d'intérêt général

Les dons que les particuliers effectuent au profit d'œuvres ou d'organismes d'intérêt général ouvrent droit à une réduction d'impôt sur le revenu.

Quels sont les organismes concernés ?

Les organismes concernés doivent être à but non lucratif. Il s'agit notamment :
- des fondations ou associations reconnues d'utilité publique, les fondations d'entreprise, universitaires ou partenariales ;
- des œuvres ou organismes d'intérêt général présentant un caractère philanthropique, éducatif, scientifique, social, humanitaire, sportif, familial, culturel, ou concourant à la valorisation du patrimoine, à la défense de l'environnement ou à la diffusion de la culture ;
- des établissements agréés d'enseignement supérieur ou artistique à but non lucratif ;
- des associations cultuelles ou de bienfaisance autorisées à recevoir des dons et legs ;
- des organismes ayant pour activité principale la présentation au public d'œuvres dramatiques, lyriques, musicales, chorégraphiques, cinématographiques et de cirque ou l'organisation d'expositions d'art contemporain ;
- de la Fondation du patrimoine ou autres fondations ou associations agréées, en vue de la restauration de monuments historiques privés ;
- des associations de financement électoral ou le mandataire financier au profit d'un parti ou d'un candidat (dans la limite de 15 000 €) ;
- des organismes agréés d'un État de l'Union européenne.

Quel est le montant de la réduction d'impôts ?

La réduction d'impôt sur le revenu est égale à 66 % des sommes versées dans la limite de 20 % du revenu imposable.

Lorsque les dons et versements effectués au cours d'une année excèdent la limite de 20 %, l'excédent est reporté successivement sur les années suivantes jusqu'à la 5e inclusivement et ouvre droit à la réduction d'impôt dans les mêmes conditions. Pour les dons effectués au profit d'organismes sans but lucratif qui procèdent à la fourniture gratuite de repas à des personnes en difficulté, qui contribuent à favoriser leur logement ou qui procèdent, à titre principal, à la fourniture gratuite des soins, le taux de la réduction d'impôt est porté à 75 % des sommes versées dans la limite de 521 € (revenus de 2011).

Au-delà de cette somme, les dons versés ouvrent droit à une réduction d'impôt de 66 % dans les limites de 20 % du revenu imposable (art. 200 du Code général des impôts).

Abattement sur les dons familiaux de biens nécessaires à l'activité d'une petite et moyenne entreprise

La loi n° 2005-882 du 2 août 2005 en faveur des petites et moyennes entreprises a décidé d'exonérer jusqu'à 30 000 € les dons de sommes d'argent données à un enfant, un petit-enfant, un arrière-petit-enfant ou, à défaut d'une telle descendance, un neveu ou une nièce, si les conditions suivantes sont réunies :

- les sommes doivent être affectées avant la fin de la deuxième année suivant la date du transfert soit à la souscription au capital initial d'une petite ou moyenne entreprise, soit à l'acquisition de biens meubles ou immeubles affectés à l'exploitation d'une entreprise individuelle répondant à cette définition ;
- le donataire doit exercer son activité professionnelle principale dans la société ou l'entreprise pendant une période de 5 ans à compter de l'affectation des sommes données ;
- pendant cette période, l'entreprise doit avoir une activité industrielle, commerciale, artisanale, agricole ou libérale.

Pour un même donateur, le donataire ne peut bénéficier de ce dispositif qu'une seule fois.

La même exonération de 30 000 € est également applicable aux dons en nature (en dehors des dons d'immeubles ou de valeurs mobilières) consentis en pleine propriété à un enfant, un petit-enfant, un arrière-petit-enfant ou, à défaut, un neveu ou une nièce si les conditions suivantes sont réunies :

- les biens concernés sont apportés avant la fin de la deuxième année suivant la date du transfert à une société ou à une entreprise individuelle répondant à la définition des petites et moyennes entreprises ;
- les biens concernés sont nécessaires à l'activité ;
- le donataire doit exercer son activité professionnelle principale dans la société ou l'entreprise pendant une période de cinq ans à compter de l'apport des biens donnés ;
- l'activité de la société ou de l'entreprise est industrielle, commerciale, artisanale, agricole ou libérale pendant cette période.

Le donataire ne peut bénéficier d'un même donateur de ce dispositif qu'une seule fois (art. 790 A *bis* du Code général des impôts).

Prise en charge des droits de mutation par le donateur

Il est possible pour le donateur de payer à la place du donataire (le bénéficiaire de la donation) les droits dont ce dernier est débiteur vis-à-vis de l'administration fiscale.

Cette formule permet au donataire de recevoir plus (après paiement des droits), alors que la somme dont entendait se dessaisir le donateur reste la même.

En effet, les droits de mutation ne sont pas calculés sur le montant total de la donation mais intégrés dans ce montant.
Cette possibilité n'est possible que si la donation porte au moins en partie sur une somme d'argent (au minimum le montant demandé pour le paiement des droits).
Le calcul se fait selon la formule suivante :
Pour une donation de 100 avec des droits s'élevant à 20 % :
- si le donateur paie les droits, il devra débourser 120 (20 + 100) ;
- si le donataire paie les droits, il ne recevra que 80 (100 – 20).
Avec la possibilité de prendre en charge les droits de mutation, le donateur se dessaisit de la même somme (100) mais le donataire reçoit plus. Le calcul se fait ainsi : 100 / (100 + 20 %) = 83,33.
Le donateur paiera 16,66 de droits et le donataire recevra 83,33.

Cas pratique

Une personne entend donner à un ami la somme de 7 600 €. En principe, les droits que devra payer cet ami sont calculés sur cette somme et s'élèvent à 60 %, soit 4 560 €. Son bénéfice net devrait donc être de 3 040 €.
Si les droits sont payés par le donateur, le calcul s'établit ainsi : sur les 7 600 € le donateur versera au fisc 2 850 € et l'ami recevra la somme de 4 750 €, soit une différence de 1 710 € par rapport au premier calcul (les 2 850 € représentent 60 % de 4 750 €).

À NOTER

Attention au fisc *Le fisc accepte de ne pas considérer que les droits de mutation payés par le donateur constituent eux aussi une donation, normalement soumise aux droits de mutation.*
Cette règle s'applique aussi si le donateur paie par acte séparé les droits de mutation à la place du donataire (C. cass., ch. com., 28.2.2006, Bull. Cass.).
Mais attention, si le fisc opère un redressement après la donation et met à la charge du donataire un complément de droits à payer, ce complément ne peut être déduit de l'actif successoral (C. cass., ch. com., 12.11.1996, Bull. civ. n° 269).

Comment favoriser son conjoint ou son concubin ?

Les situations respectives du conjoint, du concubin ou du partenaire pacsé du défunt sont très différentes.
Le conjoint marié est largement favorisé puisque la loi lui accorde une place d'héritier, qualité que n'ont pas les concubins, pacsés ou non.
Il est cependant possible d'améliorer sa situation et surtout de l'adapter à ses besoins.
Le partenaire pacsé du défunt voit son statut se rapprocher progressivement de celui de l'époux mais n'est toujours pas considéré comme un héritier, d'où l'importance de prévoir son avenir.
Le concubin non pacsé ne bénéficie d'aucune reconnaissance d'un point de vue successoral : il n'est pas héritier et lorsqu'il reçoit un legs ou une donation, doit payer les droits de succession les plus élevés. Il est utile de connaître les moyens de l'aider à moindre frais.

Comment favoriser son conjoint ?

La situation du conjoint lors du décès de son époux(se), en l'absence de donations ou de testament en sa faveur, a été profondément modifiée par la loi n° 2001-1135 du 3 décembre 2001 (applicable depuis le 1.7.2002).
Il devient un héritier (« un successible ») et voit la part qui lui est attribuée largement plus importante que celle prévue avant la réforme (il est vrai que cette dernière était dérisoire puisqu'elle était limitée, en présence d'enfants, à un quart de la succession en usufruit).
Enfin, dans l'hypothèse où le défunt ne laisse ni enfants ni petits-enfants, le conjoint est héritier réservataire.
Il reste cependant utile de prévoir son avenir et d'augmenter ou d'aménager la part qui doit lui revenir.

› L'importance du contrat de mariage

Le contrat de mariage détermine la propriété des biens que possèdent les époux. Certains biens leur appartiennent en commun (biens de la communauté) ou sont en indivision entre eux (lorsque les époux sont mariés sous le régime de la séparation de biens et qu'ils acquièrent ensemble un bien), d'autres n'appartiennent qu'à l'un d'entre eux (biens propres).
Lorsqu'un époux décède et s'il était marié sous un régime de communauté, sa succession est composée de la moitié des biens communs (l'autre moitié appartient au conjoint survivant) et de ses biens propres. Les droits successoraux du conjoint s'exercent sur les biens de la succession.

Plus les biens communs sont importants, plus l'époux survivant sera protégé puisqu'il restera propriétaire de la moitié de ces biens communs.
La consistance de la communauté dépend du régime matrimonial.
Sur la liquidation du régime matrimonial, voir *Comment déclarer la succession ?*, p. 185.

Le régime légal

Le régime légal est celui qui s'applique aux époux qui se sont mariés sans faire de contrat de mariage. Le régime légal a été changé en 1965.

Les époux mariés avant le 1er février 1966

Si les époux se sont mariés avant cette date, ils sont soumis au régime légal de la communauté de meubles et acquêts.
Cela signifie que tous les meubles qu'ils possèdent (même s'ils en étaient propriétaires avant leur mariage) ainsi que toutes les acquisitions (immeubles et meubles) qu'ils ont faites pendant leur mariage sont des biens communs. Les immeubles qui ont pu leur être dévolus à titre gratuit sont des biens propres.

Les époux mariés après le 1er février 1966

Le régime légal est la communauté réduite aux acquêts, c'est-à-dire les acquisitions faites à titre onéreux pendant le mariage.
La communauté se compose donc principalement de ces achats faits pendant le mariage ainsi que des gains et salaires de chaque époux, ainsi que les sommes qui viennent se substituer aux revenus comme les indemnités versées à l'occasion d'un licenciement.

Cas pratique

L'indemnité transactionnelle, versée au salarié en sus de l'indemnité de licenciement et de l'indemnité compensatrice de congés payés, a pour objet de réparer le préjudice résultant de la perte de son emploi, et non un dommage affectant uniquement sa personne (C. cass., 1re ch. civ., 3.2.2010, n° 09-65345).

Tous les biens qu'ils ont pu recueillir à titre gratuit (par donation ou succession) sont des biens propres et ne font pas partie de leur communauté. De même, constituent des biens propres les biens (meubles ou immeubles) dont ils étaient propriétaires avant leur mariage.

Le régime de la séparation de biens

Dans ce régime, il n'existe pas de biens communs. Chaque époux est propriétaire de ses propres biens. S'ils acquièrent ensemble pendant le mariage un bien commun, ce bien sera en indivision entre eux et sera partagé entre eux en fonction de leurs parts respectives sur ce bien. Ils peuvent détenir chacun 50 % du bien ou une quote-part plus ou moins importante (75 %/25 % ; 40 %/60 %, etc.).
Le danger de ce régime existe lorsque les patrimoines respectifs des époux ne sont pas similaires. Au décès du premier d'entre eux, son conjoint survivant risque de

se retrouver totalement démuni dans l'hypothèse où il ne possède pas ou peu de biens personnels et que tous les biens appartenaient au défunt.

Le régime de la communauté universelle

Le régime de la communauté universelle est un contrat de mariage qui décide que tous les biens que possèdent les époux (biens propres ou biens acquis au cours du mariage, biens meubles et immeubles) font partie de la communauté. Il n'y a pas de distinction à opérer selon l'origine des biens.

Seuls restent des biens propres même s'ils ont été acquis pendant le mariage :

- les vêtements et linges à l'usage personnel d'un des époux ;
- les actions en réparation d'un dommage corporel ou moral (indemnités à la suite d'un accident, par exemple) ;
- les créances et pensions incessibles (créance alimentaire, par exemple) ;
- les instruments de travail nécessaires à la profession de l'un des époux (matériel d'un dentiste, par exemple) ;
- en règle générale, tous les biens qui ont un caractère personnel.

C'est le régime matrimonial le plus protecteur pour le conjoint survivant.

Au décès de l'un d'eux, son conjoint restera propriétaire de la moitié de l'ensemble de ces biens même s'il n'a pas lui-même contribué à constituer ce patrimoine.

Le contrat de communauté universelle contient très souvent une clause d'attribution intégrale de la communauté au survivant.

Cette clause permet au conjoint survivant de devenir propriétaire de l'intégralité des biens communs sans avoir à payer de droits de succession (voir *Intégrer des avantages matrimoniaux*, p. 84).

Les époux ont également la possibilité d'adopter le régime de la communauté universelle en incluant une clause prévoyant qu'en cas de divorce chacun d'entre eux reprendrait les biens qu'il a apportés à la communauté. Cette clause de reprise est valable même si cela revient à transformer le régime de la communauté universelle en régime de communauté réduite aux acquêts en cas de divorce. L'article 265 du Code civil qui prévoit que les avantages matrimoniaux sont annulés en cas de divorce lorsqu'ils ne prennent effet qu'à la dissolution du mariage ne s'applique pas à une telle clause.

› Changer de régime matrimonial (art. 1397 du Code civil)

Le Code civil autorise les époux à changer de régime matrimonial en cours de mariage. Cette possibilité permet aux époux de s'adapter aux circonstances et à l'évolution de leur patrimoine.

Par exemple, le régime de la communauté universelle, adopté au début du mariage, présente des risques importants en cas de mésentente entre les deux époux au cas où l'un d'entre eux dispose, au moment du mariage, de biens propres qui entrent dans la communauté et dont la propriété se trouve immédiatement partagée entre les deux conjoints.

Mais ce régime devient intéressant dans une perspective successorale pour des époux qui s'entendent bien et qui possèdent un patrimoine important (biens qu'ils ont acquis ensemble ou biens dont ils ont pu hériter). Ils peuvent avoir intérêt, lorsqu'ils avancent en âge, à adopter ce régime assorti d'une clause d'attribution totale de communauté, ce qui permettra au conjoint survivant de rester propriétaire des biens que le couple possédait.

À NOTER

Changement de régime matrimonial et Trésor public *Le changement de régime matrimonial en vue de l'adoption d'un régime de communauté ne donne lieu à aucune perception au profit du Trésor public (art. 1133* bis *du Code général des impôts).*

Ces actes sont exonérés du droit fixe et de la taxe de publicité foncière.

Les frais restants ne portent que sur le salaire du conservateur des hypothèques.

• La procédure

Pour changer de contrat de mariage, il faut que le mariage ait duré au moins deux ans.

Depuis la loi n° 2006-728 du 23 juin 2006 (applicable depuis le 1.1.2007), la procédure a été modifiée. L'intervention du notaire reste indispensable puisque le changement ne peut intervenir que par un acte notarié mais l'homologation devant le tribunal n'est plus systématique.

L'homologation par le tribunal est requise :

- en cas d'opposition des enfants majeurs. Les enfants majeurs de chaque époux sont informés personnellement de la modification envisagée. Chacun d'eux peut s'opposer au projet dans un délai de 3 mois. Cette opposition doit être faite par lettre recommandée avec demande d'avis de réception ou par exploit d'huissier adressé au notaire rédacteur de l'acte (art. 1300-1 du Code de procédure civile) ;
- en cas d'opposition des créanciers. Les créanciers sont également informés de la modification par la publication du changement dans un journal d'annonces légales ; ils peuvent faire opposition dans le même délai ;
- en cas de présence d'enfants mineurs de l'un ou l'autre époux.

L'article 1397 du Code civil exige que le changement de contrat soit dicté par l'intérêt de la famille et ne soit pas uniquement destiné à spolier les héritiers du défunt.

Si ce changement de régime matrimonial est fait dans le but d'assurer l'avenir du conjoint, ce but est légitime et le changement est validé.

Mais si le but est d'exclure de la succession les membres de la famille du défunt alors que le conjoint dispose d'un patrimoine important, le tribunal saisi peut refuser d'homologuer le changement de régime matrimonial.

Le juge compétent est le juge aux affaires familiales (tribunal de grande instance) dont dépend le domicile des époux (art. L. 213-3 du Code de l'organisation judiciaire).

L'intérêt des enfants

Lorsque deux époux décident d'adopter le régime de la communauté universelle avec clause d'attribution de la communauté au conjoint survivant, les intérêts successoraux des enfants sont modifiés.

Les enfants du couple

Les enfants du couple n'héritent des biens possédés par leurs parents qu'au décès du second d'entre eux (et non pas en deux temps : au décès de l'un puis au décès de l'autre). Fiscalement, les enfants ne bénéficient plus du double abattement. Le conjoint survivant peut, par ailleurs, dilapider la totalité des biens communs et ne rien laisser aux enfants. C'est pourquoi, le changement de régime matrimonial est réglementé.

Les enfants nés d'une précédente union

Les enfants nés d'une précédente union (mariage ou concubinage) peuvent être dépouillés des biens devant leur revenir dans l'hypothèse où leur père (ou mère) décède avant son nouveau conjoint, puisqu'ils ne sont pas héritiers de ce dernier.
Leurs droits successoraux sont protégés par l'action en retranchement, c'est-à-dire la possibilité de retrancher, de la part revenant au conjoint de leur père ou mère, leur propre part de réserve. Sur l'action en retranchement et les droits des enfants nés d'une précédente union, voir *L'action en retranchement*, p. 95.

› Intégrer des avantages matrimoniaux

Un avantage matrimonial est une clause insérée dans un contrat de communauté permettant, lors de la dissolution de la communauté à la suite d'un décès, d'avantager l'un ou l'autre des époux par rapport à la situation qui serait la sienne s'il était marié sous le régime de la communauté légale et de déroger ainsi au principe selon lequel la communauté se partage par moitié entre les époux.
Constituent des avantages matrimoniaux :

La clause de prélèvement moyennant indemnité (art. 1511 du Code civil)

Le survivant des époux prélèvera sur la communauté tel ou tel bien avant le partage moyennant le versement d'une indemnité à la communauté.
Cette clause permet au survivant d'être seul propriétaire d'un bien particulier, sans être en indivision avec les héritiers. Il doit en contrepartie verser une indemnité afin que l'égalité dans le partage soit respectée.
Par exemple, si la communauté des époux a une valeur globale de 76 000 € et si le contrat de mariage prévoit que le survivant prélèvera un bien d'une valeur de 46 000 €, le conjoint devra une indemnité de 8 000 € (sa part dans la communauté s'élevant à 38 000 €).

● La clause de préciput (art. 1515 du Code civil)

Le survivant, comme dans le cas précédent, prélèvera de la succession, avant tout partage, un certain bien ou une certaine somme, mais sans avoir à payer une indemnité.
Ce préciput vient s'ajouter à la part du survivant dans la communauté.

● La clause de parts inégales (art. 1520 du Code civil)

Cette clause prévoit que les époux entendent déroger au partage à égalité prévu par la loi et que la communauté sera par exemple attribuée pour 2/3 à l'un (ou à ses héritiers) et 1/3 à l'autre. L'époux qui recueille une part supérieure à la moitié de la communauté doit également supporter les dettes de la communauté dans les mêmes proportions.

● La clause d'attribution intégrale (art. 1524 du Code civil)

Dans ce cas, la totalité de la communauté doit être attribuée au survivant. Cette clause permet d'attribuer la totalité de la communauté (et non plus la moitié) à l'époux survivant. Les enfants du couple dans ce cas n'héritent de leurs parents qu'au décès du second d'entre eux. L'inconvénient pour eux réside dans le fait qu'ils n'auront droit qu'à un seul abattement puisqu'il n'y aura qu'une seule succession au lieu de deux.
L'époux bénéficiaire d'un préciput, d'une clause de partage inégal ou d'une clause d'attribution intégrale de la communauté est dispensé de payer les droits de mutation pour la part qui lui revient car elle n'est pas considérée comme une libéralité ou une donation. Au moment de la succession, il n'aura à payer que des droits de partage s'élevant 1,10 % (depuis le 1er janvier 2006).
Les droits de mutation sont néanmoins dus en cas d'action en retranchement des enfants issus du défunt. Sur ce point, voir *Les recours des enfants contre les libéralités faites entre époux*, p. 93.
Est également un avantage matrimonial l'adoption du régime de la communauté universelle lorsque les apports de chaque époux à cette communauté ne sont pas égaux en valeur.
Au décès du premier des conjoints, lorsque l'époux survivant devient, par le jeu de la clause d'attribution intégrale de la communauté, seul propriétaire des biens composant cette communauté, il n'y a pas de succession et par conséquent pas de déclaration de succession à effectuer. Le notaire établira une attestation qui sera transmise aux impôts.
Mais l'attribution de communauté doit néanmoins être inscrite aux hypothèques s'il y a un immeuble dans la communauté.
La clause d'attribution de la communauté entraîne aussi l'obligation pour le conjoint survivant de prendre à sa charge la totalité des dettes de la communauté (même celles provenant de l'époux décédé), sans pouvoir limiter le passif à sa part de communauté.
En effet, le bénéfice d'émolument (limiter les dettes en proportion de la part que l'on reçoit) de l'article 1483 du Code civil n'est pas reconnu au conjoint qui dis-

pose d'une clause d'attribution intégrale de la communauté (C. cass., 1er ch. civ., 16.3.2004, JCP 2004, n° 24, II, 10090, p. 1061).

À NOTER

Les avantages matrimoniaux ne sont pas des donations (art. 1525 du Code civil) *Ils sont différents notamment par le fait qu'ils sont exonérés des droits de mutation, voir Quels sont les biens qui n'ont pas à être déclarés ?, p. 195.*

La Cour de cassation a d'ailleurs eu l'occasion de le rappeler dans un procès qui opposait des enfants à leur père. Ce dernier avait assassiné leur mère (et avait été condamné pour ce crime). Le père avait cependant pu bénéficier (en prison) d'une clause insérée dans son contrat de mariage (contrat de communauté universelle) lui attribuant la totalité des biens de la communauté (la moitié en pleine propriété et l'autre moitié en usufruit) au détriment de ses enfants. La Cour a constaté que les avantages matrimoniaux n'étaient pas des donations et ne pouvaient donc pas être révoqués pour cause d'ingratitude (C. cass., 1re ch. civ., 7.4.1998, Dalloz 1998, II, p. 529).

› Faire une donation ou un testament (art. 1094 et 1094-1 du Code civil)

La loi n° 2001-1135 du 3 décembre 2001 a amélioré de façon significative la situation du conjoint en lui accordant une plus grande part dans la succession du défunt.

Mais même avec ces nouveaux droits, il sera toujours préférable d'anticiper sur sa succession et d'augmenter, par testament ou donation, la part réservée au conjoint. Cette part maximale pouvant être transmise au conjoint n'a pas été modifiée par la loi du 3 décembre 2001. Elle est limitée en cas de présence d'héritiers réservataires et elle dépend des autres héritiers (art. 1094 et 1094-1 du Code civil) (sur la part maximum pouvant être transmise au conjoint, voir *La quotité disponible du conjoint survivant*, p. 271).

● L'intérêt de prévoir l'avenir du conjoint

La loi du 3 décembre 2001 a augmenté de façon significative les droits du conjoint survivant.

Il peut désormais obtenir, de par la loi, ce qu'il ne pouvait auparavant recevoir que par l'effet d'une donation au dernier vivant ou d'un testament. Il peut en effet recueillir la totalité de l'usufruit de la succession même en l'absence de libéralité en sa faveur.

Organiser l'avenir de son conjoint est maintenant moins primordial.

Toutefois, cette précaution reste d'actualité :

- en présence d'enfants nés d'une précédente union.

En effet, si le conjoint se retrouve en présence d'enfants nés d'un autre lit, il ne pourra pas bénéficier du droit d'usufruit sur l'ensemble des biens de la succession. Il n'a droit, dans cette hypothèse qu'à 1/4 des biens en toute propriété. Or, si par exemple, la succession ne se compose que d'une maison (et de biens

meubles), le conjoint ne pourra pas continuer à y vivre et sera en indivision avec les enfants. En revanche, par une donation en sa faveur, le conjoint pourra disposer de cet usufruit ;
- les droits du conjoint sur la succession de l'époux prédécédé ne doivent pas diminuer la réserve des enfants et s'imputent sur la quotité disponible. Or, cette quotité disponible peut elle-même être diminuée si le défunt a effectué des donations ou (et) réparti ses biens par testaments. En effet, les droits du conjoint ne peuvent s'exercer que sur les biens existants dans la succession au moment du décès et non sur ceux dont le défunt a pu disposer (par donation ou testament) ; Involontairement, il est donc possible par les libéralités effectuées de réduire à néant les droits de son conjoint. Si, au contraire, ce conjoint bénéficie d'une donation au dernier vivant ou d'un testament, ses droits seront les mêmes que ceux des autres légataires ;
- les donations effectuées par le défunt de son vivant s'imputent sur la quotité disponible mais ne diminuent que la quotité en pleine propriété, laissant intact la quotité disponible en usufruit sur laquelle peuvent s'exercer les droits du conjoint bénéficiaire d'une donation au dernier vivant ;
- la quotité disponible spéciale entre époux n'a pas été modifiée par la loi du 3 décembre 2001. Elle reste plus importante que la part attribuée par la loi lorsque le conjoint opte notamment pour une part en usufruit et en nue-propriété ;
- un époux peut, en donnant à son conjoint, empêcher ses frères et sœurs de reprendre les biens dits « de famille », c'est-à-dire les biens qui lui viennent (par succession ou donation) de ses parents. En effet, le conjoint en l'absence d'enfants exclut les frères et sœurs de la succession. Ceux-ci ont cependant le droit de reprendre la moitié des biens existant dans la succession qui appartenaient en propre au défunt et qui lui venaient de ses parents (les mêmes parents que ses frères et sœurs). Mais cette reprise ne peut s'effectuer que si le défunt n'a pas disposé de ces biens. S'il les a vendus, donnés ou légués, le droit des frères et sœurs s'éteint. Le défunt peut donc tout a fait avantager son conjoint en lui transmettant ces biens de famille.

La donation peut porter sur un bien particulier (comme toute donation) ou sur des biens à venir et non encore rentrés dans le patrimoine du donateur (donation au dernier vivant).

Enfin, elle peut être mutuelle lorsqu'il s'agit de constituer une rente viagère au profit du conjoint qui survivra à l'autre, ou en cas d'assurance sur la vie.

La donation entre vifs

Une donation en faveur de son conjoint est soumise aux mêmes règles que les donations en général.

Elle doit être rédigée par acte notarié et être acceptée par le donataire (bénéficiaire) que la donation porte sur un meuble ou un immeuble.

Depuis le 1er janvier 2005 (loi n° 2004-439 du 26.5.2004), les donations entre époux de biens présents sont irrévocables (art. 1096 du Code civil), même en cas de divorce (voir *Sort des donations et avantages matrimoniaux en cas de divorce*, p. 92).

● La donation au dernier vivant

La meilleure façon pour deux époux de se favoriser mutuellement par un seul acte est de rédiger une donation au dernier vivant.
Une donation au dernier vivant permet aux deux époux de se consentir une donation réciproque de leurs biens, sans avoir à prévoir l'ordre de leur décès. Cette donation doit être rédigée par un notaire.
Il s'agit d'une donation réciproque qui prendra effet au décès du premier de l'un d'entre eux en faveur de l'autre et qui porte sur des biens que le donateur ne possède pas encore forcément au moment de l'acte (donation de biens à venir) mais qui seront dans son patrimoine lors de son décès.
Chacun des époux peut donner à l'avance tous les biens qu'il possédera au moment de son décès à l'autre.
La donation au dernier vivant peut donc être réalisée au début du mariage même si les époux n'ont pas encore de patrimoine.
La donation peut aussi être réalisée lorsque le couple n'a pas d'enfant.
Si, postérieurement à l'acte de donation, des enfants naissent, l'époux survivant ne pourra pas recueillir tous les biens de son conjoint décédé puisque les enfants sont protégés et qu'une certaine quote-part (réserve) de la succession de leurs parents leur est obligatoirement attribuée.
La part qui pourra être recueillie par le conjoint survivant grâce à la donation au dernier vivant variera en fonction du nombre des enfants héritiers.
En revanche, le conjoint survivant recueillera tous les biens de son conjoint décédé s'il n'y a ni enfant ni descendant.

Cas pratique

Au moment de la donation, un couple n'a pas d'enfant. Si un des époux décédait le lendemain de la donation, le conjoint recueillerait la totalité de la succession.
Quelques années plus tard, un enfant naît du couple. La situation du conjoint veuf ou veuve serait modifiée puisqu'il partagerait alors avec l'enfant la succession de l'époux prédécédé.
Ce n'est donc qu'à l'ouverture de la succession que le conjoint connaîtra exactement les biens qui doivent lui revenir.
Sur la réserve et la quotité disponible, voir *Les héritiers réservataires sont protégés*, p. 267.

Généralement, la donation prévoit que le survivant recueillera, à son choix :
- soit l'intégralité de l'usufruit ;
- soit l'équivalent de la quotité disponible ;
- soit encore une part composée de nue-propriété et d'usufruit (art. 1094-1 du Code civil).

Au décès du premier époux, son conjoint devra exercer son option.

ATTENTION ⚠

Droit d'opter *Si l'acte de la donation entre époux prévoit que l'option ne pourra être exercée que par le conjoint survivant, cette option ne peut pas être transmise aux héritiers de ce conjoint si ce dernier est décédé avant d'avoir opté.*
Dans cette espèce, le conjoint survivant était décédé avant d'avoir opté pour une des possibilités de choix prévus dans la donation au dernier vivant. Son fils entendait opter pour sa mère. Mais cette possibilité lui a été refusée. La donation a été déclarée caduque et le fils a dû payer une indemnité d'occupation pour l'occupation de la maison qui constituait la résidence de sa mère (C. cass., 1re ch. civ., 1.7.2009, n° 08-16851).

Mais il est tout à fait possible de vouloir que la part du conjoint soit composée d'une part en pleine propriété et d'une part en usufruit, ou encore qu'elle soit composée uniquement d'usufruit. Dans ce cas, la donation doit le prévoir.
La donation au dernier vivant reste révocable (à l'inverse de la donation de biens présents qui est devenue, depuis le 1.1.2005, irrévocable).
En cas de divorce, la donation au dernier vivant est automatiquement révoquée quelle que soit l'attribution des torts à chacun des époux, sauf décision express du donateur de la conserver (sur la réforme des règles applicables après le divorce, voir *Les caractéristiques des donations entre époux*, p. 91).

Le testament

Il est possible de parvenir au même résultat que la donation au dernier vivant en rédigeant un testament en faveur de son conjoint.
L'intérêt du testament par rapport à la donation au dernier vivant est qu'il n'est pas obligatoire de s'adresser à un notaire (quoique recommandé) et qu'on peut le rédiger sur papier libre.
L'inconvénient est le risque de perte ou de destruction du testament ou encore le risque d'y inscrire des clauses annulables qui pourraient entraîner la nullité du testament.
Si l'on veut que son conjoint recueille le maximum autorisé, il est préférable de ne pas préciser les biens qu'on entend lui léguer mais de rédiger un testament indiquant qu'on lègue à son conjoint tout ce que la loi permet de léguer ou encore la « quotité disponible spéciale » prévue en faveur des conjoints.
On peut aussi prévoir à l'avance la part que recueillera le conjoint.

MON CONSEIL ✎

La rédaction du testament *« Je lègue à mon conjoint la totalité de mes biens si, parmi mes héritiers, il n'y a pas d'enfants ni descendants réservataires. En présence d'enfants, je veux que mon conjoint recueille la totalité de ma succession en usufruit ».*

Il n'est pas possible de rédiger un seul acte pour assurer une transmission réciproque entre époux (comme cela est possible dans la donation au dernier vivant). Il faut que chaque époux rédige son propre testament en faveur de l'autre.

La réversion d'usufruit

En principe, l'usufruit prend fin, au plus tard, à la mort de son titulaire. Mais il est possible de prévoir que l'usufruit, à son décès, sera reversé à son conjoint. Devant notaire, le propriétaire du bien peut donner la nue-propriété de ce bien à ses héritiers en conservant l'usufruit et en prévoyant la réversion de cet usufruit en faveur de son conjoint. Cette clause permet ainsi au conjoint de conserver l'usage du bien. S'il s'agit d'une habitation, cette clause permet au conjoint d'y demeurer jusqu'à son propre décès.

Constitution mutuelle de rente viagère (art. 1969 du Code civil)

La constitution d'une rente viagère est une forme de donation qui porte non pas sur un bien ou un capital, mais qui consiste en un versement régulier d'une certaine somme d'argent.
Cette donation doit également être constatée par acte notarié.
La constitution d'une rente viagère est opérante, non pas en cours de mariage mais lors du décès d'un des époux.
Le donateur stipule que la rente sera prélevée sur les biens de sa succession. Le conjoint survivant pourra ainsi bénéficier, sa vie durant, du versement d'une rente qui sera effectué non pas par le donateur, mais par ses héritiers.
Étant donné qu'on ne peut prévoir lequel des deux époux décédera le premier, il est possible de stipuler dans le contrat de rente viagère que la rente sera réversible au profit du conjoint survivant (donation mutuelle dans le même acte).
La rente viagère peut aussi être constituée par testament.

Transmission d'une rente viagère (art. 1973 du Code civil)

Un époux peut vendre un bien lui appartenant en propre moyennant le versement d'une rente viagère (vente en viager). L'acte de vente peut prévoir que si l'époux vendeur décédait avant son conjoint, ce dernier continuerait à percevoir le montant de la rente.
Il peut s'agir aussi d'une donation à charge pour le donataire de servir une rente viagère au donateur prévoyant la réversibilité de cette rente au profit du conjoint survivant du donateur.
Dans cette hypothèse, le conjoint survivant bénéficie d'une libéralité de la part de son époux.
Cette libéralité n'est pas soumise aux droits de succession et n'a pas à figurer dans la déclaration de succession.
En revanche, elle peut être révoquée comme toutes les libéralités entre époux (voir *Les recours des enfants contre les libéralités faites entre époux*, p. 93).

● La souscription d'une assurance-vie

La souscription d'un contrat d'assurance vie en faveur de son conjoint permet à ce dernier de toucher un capital en dehors de l'actif successoral et des règles de la réserve des enfants.
Sur les règles juridiques et fiscales de l'assurance-vie, voir *L'assurance-vie,* p. 98 et *Le capital versé au bénéficiaire d'une assurance-vie,* p. 197.

› Les caractéristiques des donations entre époux

La loi n° 2004-439 du 26 mai 2004 réformant le divorce a aligné le régime des donations entre époux sur le régime de droit commun des autres donations :
- irrévocabilité des donations entre époux de biens présents ;
- validité des donations déguisées ;
- non-influence du divorce sur les donations.

● Irrévocabilité des donations entre époux

Il faut distinguer d'une part les donations entre époux de biens présents et d'autre part les donations de biens à venir.
Les donations de biens présents deviennent irrévocables.
Les seules causes de révocation des donations entre époux, comme pour les autres donations, sont l'ingratitude et le non-respect des conditions éventuellement insérées dans la donation (causes de révocation de droit commun).
En revanche, les donations de biens à venir (comme la donation au dernier vivant) restent révocables à tout moment.
Il faut ajouter une troisième catégorie de donations : les donations de biens présents qui ne prennent effet qu'au décès du donateur (par exemple la clause de réversibilité de l'usufruit en faveur du conjoint). Ces donations restent révocables, comme toutes les donations qui ne prennent effet qu'au décès du donateur.
Les donations entre époux ne sont jamais révocables pour survenance d'enfant.

ATTENTION ⚠

Les anciennes donations restent révocables *Ces règles s'appliquent depuis le 1er janvier 2005. Toutefois, les donations de biens présents faites entre époux avant cette date demeurent révocables en vertu du droit antérieur (non rétroactivité de la loi du 26.5.2004).*

● Suppression de la nullité de plein droit des donations déguisées ou par personnes interposées entre époux

La loi n° 2004-439 du 26 mai 2004 a également supprimé le principe de nullité de plein droit des donations déguisées entre époux et des donations par personnes interposées.
Auparavant, les héritiers ou le donateur lui-même pouvaient toujours demander la nullité des donations déguisées intervenues pendant le mariage.

Désormais les donations entre époux suivent les mêmes règles que les autres donations.
La donation déguisée peut être valable si l'acte qui lui sert de support est lui-même valable (par exemple, un acte d'achat immobilier indiquant les apports respectifs des époux, apports non réels pour l'un d'entre eux et constituant la donation déguisée).
Toutefois, la donation déguisée ne doit pas excéder la quotité disponible et reste valable jusqu'à concurrence de cette quotité. Si elle porte atteinte à la réserve des héritiers, ces derniers ne peuvent pas demander la nullité de la donation mais seulement sa réduction (voir *L'action en réduction*, p. 279).

ATTENTION ⚠

Les donations déguisées entre époux, antérieures au 1/1/2005 *En supprimant la nullité absolue des donations déguisées entre époux, la loi n° 2004-439 du 26.5.2004 n'a pas précisé les modalités d'application de ces nouvelles dispositions.*
La Cour de cassation a opté pour la non-rétroactivité de la nouvelle loi (C. cass., 1re ch. civ., 9.12.2009, n° 08-20570).
Cela signifie que les donations déguisées intervenues avant le 1er janvier 2005 peuvent être annulées si la preuve du déguisement est apportée.

Sort des donations et avantages matrimoniaux en cas de divorce

Les donations de biens présents

Quelle que soit la procédure choisie, le divorce n'a pas d'effet sur les avantages matrimoniaux prenant effet en cours de mariage et les donations de biens présents qui deviennent irrévocables.

Cas pratique

Le divorce est sans incidence sur une donation de biens présents faite entre époux et prenant effet au cours du mariage.
La clause de non-divorce est validée s'il s'agit d'une donation de biens à venir, mais non d'une donation de biens présents qui est irrévocable (C. cass., 1re ch. civ., 14.3.2012, n° 11-13791).

Les donations de biens à venir

En ce qui concerne les avantages matrimoniaux prenant effet au décès et les dispositions à cause de mort (comme la donation au dernier vivant), la solution est différente.
Sauf volonté contraire de la part de celui qui les a consentis, le divorce entraîne révocation de plein droit de ces donations ou avantages matrimoniaux.
Cette volonté doit être constatée par le juge au moment du prononcé du divorce et rend irrévocables l'avantage ou la disposition maintenus. Les époux peuvent

toutefois reprendre les biens qu'ils auront apportés à la communauté dès lors que cette reprise est prévue dans le contrat de mariage (art. 265 du Code civil).
Si les époux décident de maintenir les donations faites pendant le mariage dans le cadre d'une procédure de divorce, ces donations deviennent irrévocables (C. cass., 1re ch. civ., 6.2.2008, n° 05-18745).
Cette règle s'applique aussi aux donations entre époux consenties avant la réforme de 2004 qui étaient toujours révocables (les donations de biens présents comme les donations de biens à venir).

Torts exclusifs et donations

Par ailleurs, l'époux à qui étaient attribués les torts exclusifs perdait, avant la réforme, les avantages matrimoniaux et donations dont il bénéficiait.
Désormais, les torts n'ont plus d'incidence sur le sort des avantages matrimoniaux ou des donations entre époux.
Seule demeure la règle de l'irrévocabilité des donations de biens présents et de la révocabilité des donations ou avantages matrimoniaux prenant effet au décès d'un des conjoints.
Attention, la réforme du divorce qui a rendu irrévocables les donations ou avantages matrimoniaux portant sur des biens présents n'est applicable qu'aux donations et avantages matrimoniaux consentis après le 1er janvier 2005 (date d'entrée en vigueur de la loi du 26.5.2004). Cela signifie que les donations intervenues avant cette date restent révocables.

› Les recours des enfants contre les libéralités faites entre époux

Afin d'éviter que les libéralités entre époux ne portent atteinte aux droits des enfants (issus du dernier ou d'un précédent mariage du défunt), la loi a prévu plusieurs dispositions en leur faveur.

• Mesures conservatoires (art. 1094-3 du Code civil)

Lorsque le conjoint reçoit sa part en usufruit, les enfants nus-propriétaires peuvent demander que soit dressé un inventaire des meubles de la succession et un état des immeubles.
Ils peuvent demander que les sommes de la succession dont le conjoint détient l'usufruit soient placées ou encore que les titres au porteur soient convertis en titres nominatifs ou déposés chez un dépositaire agréé (le choix de cette option est laissé au conjoint survivant).

• Conversion de l'usufruit en rente viagère

Le conjoint peut, depuis le 1er juillet 2002, recueillir l'usufruit de la succession de son époux prédécédé soit par la loi, soit par donation, soit encore par legs.
Avant la loi, la conversion de l'usufruit en rente viagère n'était ouverte qu'en cas de libéralité en faveur du conjoint, lorsque la libéralité faite en propriété et usufruit ou en usufruit seulement portait sur plus de la moitié des biens. Dans cette hypothèse, chaque enfant pouvait demander en ce qui concerne sa part de succession que l'usufruit soit converti en rente viagère d'égale valeur.

Cette règle reste en vigueur et a été reprise par la loi.
La conversion est possible, que ce droit d'usufruit soit dévolu au conjoint par la loi (art. 757 du Code civil), par une donation au dernier vivant ou par testament.
Par ailleurs, cette possibilité est de droit pour les héritiers (art. 759 du Code civil). Cela signifie que le défunt ne peut pas, par testament par exemple, interdire à ses héritiers de demander cette conversion. La faculté de conversion n'est pas non plus susceptible de renonciation (art. 759-1 du Code civil).
L'intérêt pour les enfants est de se retrouver propriétaires à part entière des biens qu'ils se sont vus attribués à la suite d'un partage par exemple.
Ils peuvent demander la conversion pour certains biens et laisser l'usufruit du conjoint s'exécuter sur les autres.
Le conjoint peut lui-même demander la conversion de son usufruit en rente viagère en s'adressant au juge à défaut d'accord avec les héritiers.
La rente est fixée soit à l'amiable, soit judiciairement. Elle doit correspondre à la valeur réelle de l'usufruit et est indexée. Les héritiers doivent fournir des garanties pour le paiement de la rente.
La demande de conversion peut être faite pendant 30 ans. Le tribunal compétent est le tribunal de grande instance ; l'avocat est obligatoire.
Le conjoint est cependant protégé de cette conversion en ce qui concerne son local d'habitation. À condition d'y demeurer à l'époque du décès, le conjoint peut toujours s'opposer à la demande de conversion en rente viagère.

Cas pratique

La jurisprudence est assez stricte sur l'application de la nécessité d'avoir sa résidence à l'époque du décès.
Pendant le mariage, le mari avait fait donation à sa femme de l'usufruit d'une maison lui appartenant.
Par la suite, ils entament une procédure de divorce et une ordonnance de non-conciliation est rendue en mai 1994. La jouissance du domicile conjugal est attribuée au mari.
En décembre 1994 le mari décède. Leur fille, devenue nue-propriétaire de la maison, demande que l'usufruit de sa mère soit converti en rente viagère.
Bien que l'épouse ait vécu dans cette maison pendant de nombreuses années et que son départ n'ait jamais été volontaire, la conversion de l'usufruit en rente viagère a été autorisée, le conjoint n'étant pas considéré comme ayant sa résidence dans les lieux puisque la jouissance avait été accordée au mari (C. cass., 1re ch. civ., 11.1.2000, Bull. civ. n° 9, p. 5).

Conversion de l'usufruit en capital

Contrairement à la conversion en rente viagère qui peut être demandée en justice, la conversion de l'usufruit en capital n'est possible qu'en cas d'accord entre le conjoint et les héritiers (art. 761 du Code civil).

● La reprise des apports et capitaux

Les héritiers de l'époux décédé le premier peuvent reprendre les biens qui ont été apportés par leur parent dans la communauté.
Mais cette possibilité de reprise peut être écartée par le contrat de mariage.

● L'action en retranchement

Tous les enfants du défunt (issus d'un précédent mariage ou d'une précédente union) bénéficient désormais de l'action en retranchement.
Dans la majorité des cas, les époux qui changent de contrats de mariage optent pour le régime de la communauté universelle et insèrent dans ce contrat une clause d'attribution de la communauté au survivant.
Dans ce cas, le conjoint se retrouve seul propriétaire des biens de la communauté, les enfants issus du couple n'héritant de leurs parents qu'au décès du second d'entre eux. Ils ne sont pas déshérités, mais doivent attendre le second décès pour pouvoir recueillir les biens de leurs parents.
En revanche, les enfants issus d'un autre mariage ou d'une autre union n'hériteront jamais du nouveau conjoint de leur parent. L'application de la clause d'attribution intégrale de la communauté, insérée dans contrat de communauté universelle, aurait en effet pour conséquence de priver les enfants du défunt de tous les biens de ce dernier.
C'est pourquoi ils disposent de l'action en retranchement leur permettant de diminuer la part devant revenir au conjoint survivant et de la limiter au montant de la quotité disponible entre époux.
Fiscalement, cette part diminuée revenant au conjoint n'est pas non plus soumise aux droits de mutation par décès.
L'action en retranchement n'est pas ouverte aux enfants du premier lit du défunt si ces enfants ont été adoptés par la seconde épouse de ce dernier (leur belle-mère). Ils sont en effet appelés à hériter de cette dernière, comme des enfants légitimes.

Cas pratique

Des époux avaient adopté le régime de la communauté avec attribution de la communauté au survivant. Les deux enfants du mari, issus de son premier mariage avaient intenté une action en retranchement à l'encontre de leur belle-mère.
Or, ils avaient été adoptés par cette dernière par adoption simple. Cette circonstance leur permettait d'être assimilés à des enfants légitimes et de pouvoir hériter de leur belle-mère.
Ils se sont faits débouter de leur demande de retranchement (cour d'appel d'Orléans, 29.4.2002, JCL Droit de la famille, 12.2002, n° 147, p. 21 ; C. cass., 1re ch. civ., 11.2.2009, n° 07-21421).

Depuis le 1er janvier 2007, il est possible de faire signer aux enfants une renonciation anticipée à leur action en retranchement, ce qui permet au conjoint survivant d'être sur de pouvoir conserver jusqu'à son décès, les biens transmis. Voir *La renonciation à l'action en retranchement*, p. 114.

● Conversion en usufruit d'une libéralité faite au conjoint (art. 1098 du Code civil)

Si le défunt a donné ou légué un bien à son conjoint, les enfants du défunt issus d'une précédente union peuvent remplacer cette libéralité par un usufruit. L'intérêt pour les enfants est de conserver les biens dans leur patrimoine puisqu'au décès du conjoint survivant, l'usufruit s'éteindra et ils se retrouveront propriétaires à part entière de ces biens.
La conversion de la libéralité en usufruit se passe de la façon suivante : si le conjoint a bénéficié d'une libéralité en propriété, cette libéralité est remplacée par l'usufruit de la part de succession que l'enfant aurait recueillie s'il n'y avait pas eu de conjoint survivant.

Cas pratique

Le défunt a légué à son conjoint la quotité disponible ordinaire de sa succession.
Il laisse à son décès un enfant né d'un premier mariage. La quotité disponible est donc égale à la moitié de la succession.
S'il n'y avait pas eu de conjoint, l'enfant (seul héritier) aurait recueilli la totalité de la succession.
L'enfant peut donc remplacer la moitié en pleine propriété de la succession attribuée au conjoint par l'usufruit portant sur la totalité de cette succession.

Attention, cette possibilité de conversion n'est pas possible :
- si l'interdiction de convertir en usufruit figure dans l'acte (donation ou testament), c'est-à-dire si l'époux a voulu écarter cette possibilité ;
- si le conjoint a laissé à son époux survivant le droit d'opter pour l'une des trois quotités disponibles de l'article 1094-1 du Code civil. L'option effectuée par le conjoint doit être respectée.

Cas pratique

Un mari avait légué à son épouse le maximum de ce que la loi permet.
Il laisse à son décès son épouse et deux enfants qu'il avait eus de son premier mariage.
L'épouse décède sans avoir opté pour l'une des quotités disponibles. Ses héritiers étaient ses neveux qui, au nom de leur tante, optent pour 1/3 en propriété (quotité disponible ordinaire en présence de deux enfants).
Les enfants du mari s'opposent à cette option et demandent la conversion de la part de la veuve en usufruit selon l'article 1098 du Code civil.
La Cour de cassation a donné raison aux neveux. Les héritiers ne peuvent obtenir la conversion de la propriété en usufruit si le conjoint a le droit d'opter pour l'une des quotités disponibles (C. cass., 1re ch., civ. 3.12.1996, Bull. civ. n° 437).

Comment favoriser son concubin ou son partenaire pacsé ?

Si le conjoint marié a une situation très défavorisée par rapport à celle des enfants lorsque le défunt n'a pris aucune disposition en sa faveur, le concubin n'a, légalement, aucun droit dans la succession du défunt. Il est considéré comme un étranger à la famille.
Il est donc utile de préparer l'avenir du survivant.

› Les libéralités consenties au concubin

Comme toutes les libéralités, les donations ou legs établis en faveur d'un concubin ne doivent pas dépasser le montant de la quotité disponible ordinaire. Le concubin ne dispose pas de la quotité disponible spéciale réservée aux conjoints mariés (voir *La réserve des enfants,* p. 267).
Dans le respect du droits des héritiers réservataires, il est donc possible d'attribuer par donation ou testament une certaine quote-part de son patrimoine.
Mais le concubin (non pacsé) est considéré comme un étranger par rapport au défunt et, à ce titre, est taxé au tarif de 60 % en ce qui concerne les droits de succession (il a droit à l'abattement général de 1 594 € (depuis 2011) à déduire avant le calcul de ses droits lorsque les biens sont transmis par testament. Cet abattement n'est pas applicable si les biens sont transmis par donations).
Il peut donc être préférable de donner ou de léguer un droit d'usufruit sur un immeuble, par exemple, pour limiter la valeur de la libéralité.
Si les concubins ont acquis ensemble un immeuble (par exemple, leur logement commun), chacun d'entre eux peut léguer à l'autre l'usufruit sur sa part d'indivision. Au décès du premier d'entre eux, le survivant sera propriétaire de sa part d'indivision et de l'usufruit sur la part de son concubin. Détenant la totalité de l'usufruit sur l'immeuble, il pourra ainsi demeurer dans le logement et s'opposer, le cas échéant, aux demandes de partage des héritiers.
Il est possible aussi de prévoir dans un testament qu'un legs sera libre de tous frais et charges.
Cela entraîne pour le bénéficiaire une dispense de payer les droits de succession, lesquels sont pris en charge par les héritiers ou les légataires universels.
Il s'agit de l'application de l'article 1016 de ce code qui prévoit que les frais et droits seront à la charge du légataire… s'il n'en a été autrement ordonné par le testament.
Il est donc nécessaire d'indiquer précisément cette volonté dans le testament.
La jurisprudence a considéré que la mention du testament selon laquelle le légataire prendra possession du legs « franc et quitte de tout frais » ou encore la mention précisant « tous les droits et frais afférents au règlement de la succession seront supportés par celle-ci comme un passif ordinaire » met à la charge de la succession les frais d'enregistrement et les droits de mutation.
Mais vis-à-vis du fisc, le légataire est le seul redevable des droits de mutation et, en cas de non-paiement de ces droits par la succession, les pénalités de retard seraient réclamées à ce légataire.

La possibilité d'éviter ces droits de succession est de souscrire une assurance-vie dont le bénéficiaire est le concubin.

› L'assurance-vie

● Le capital

Sous certaines conditions, le capital versé au bénéficiaire d'une assurance-vie est exonéré d'impôts.

Il faut pour cela :

• que l'indemnité soit stipulée au profit d'un bénéficiaire déterminé :

- si aucun bénéficiaire n'est désigné, le capital versé fait partie de la succession,
- si le bénéficiaire est désigné, le capital peut être exonéré des droits de succession,
- la désignation du bénéficiaire peut se faire sur le contrat lui-même, mais aussi par testament qu'il est préférable de déposer chez un notaire ;

• que le contrat ait été souscrit avant le 20 novembre 1991 et les primes versées avant le 13 octobre 1998 :

- dans cette hypothèse, le capital versé est totalement exonéré de droits de mutation,
- dans le cas contraire, les sommes versées sont partiellement imposables.

Sur les règles d'imposition des contrats d'assurance-vie, voir *Le capital versé au bénéficiaire d'une assurance-vie*, p. 197.

Il faut savoir que les concubins peuvent souscrire une assurance réciproque, possibilité auparavant exclusivement réservée aux époux mariés.

À NOTER

Déclarer ses contrats *Le souscripteur d'un contrat d'assurance-vie est tenu de déclarer, en même temps que sa déclaration de revenus, les références du ou des contrats, les dates d'effet et de durée de ces contrats, ainsi que les avenants et opérations de remboursement effectués au cours de l'année civile. Cette déclaration est établie sur papier libre. Elle doit indiquer les nom, prénoms, adresse, date et lieu de naissance du souscripteur, l'adresse de la compagnie d'assurances, la désignation du contrat, ses références et la nature des risques garantis, le moment à partir duquel le risque est garanti et la durée du contrat, les dates d'effet des avenants et les opérations de dénouement total ou partiel intervenus au cours de l'année civile (art. 1649 AA et 344 C annexe III du Code général des impôts).*

● Comment désigner le ou les bénéficiaires ?

Les enfants

Pour favoriser ses enfants en leur transmettant le capital d'une assurance vie, il faut indiquer dans la case « bénéficiaire » :

« *Mes enfants, vivants ou représentés, nés ou à naître, à défaut mes héritiers* ».

La mention « représentés » permet de transmettre la part d'un enfant prédécédé à ses propres enfants (c'est-à-dire les petits-enfants du souscripteur) qui viennent en « représentation » de leur parent.

Si en matière de succession la représentation est automatique, il n'en est pas de même en matière d'assurance.

Si un des bénéficiaires décède avant le souscripteur, le capital est partagé entre les enfants survivants. Les petits-enfants ne peuvent pas représenter leur parent décédé si une clause ne l'a pas prévu.

Un second bénéficiaire

La désignation d'un second bénéficiaire est indiquée par la formule : « À défaut… ».

Désigner un second bénéficiaire est utile dans l'hypothèse où le premier bénéficiaire décède avant l'assuré.

Si un second bénéficiaire est désigné, le capital lui est transmis au décès de l'assuré.

À défaut de désignation d'un second bénéficiaire, le capital réintègre la succession et est partagé entre les héritiers.

Désigner un second bénéficiaire est également utile quand le premier bénéficiaire décède après l'assuré mais sans avoir eu le temps, avant son décès, d'accepter le contrat.

Si un second bénéficiaire est désigné, le capital lui est versé.

S'il n'y a pas de second bénéficiaire, le capital est versé aux héritiers du premier bénéficiaire décédé.

Désigner un second bénéficiaire signifie vouloir écarter les héritiers du premier (C. cass., 1re ch. civ., 9.6.1998, Bull. civ. n° 202) ou son conjoint (C. cass., 1re ch. civ., 5.11.2008, n° 07-14598).

Enfin, désigner un second bénéficiaire permet de lui attribuer le capital si le premier bénéficiaire renonce au bénéfice du contrat.

Conjoint ou concubin ?

Dans ce litige, la clause du contrat relative au bénéficiaire indiquait : « *À mon conjoint, à défaut à mes enfants nés ou à naître, à défaut mes frères et sœurs, à défaut mes héritiers.* »

Le souscripteur du contrat vivait en concubinage.

À son décès, son concubin réclame le capital mais l'assurance refuse de le lui verser.

La question était de savoir s'il fallait appliquer à la lettre la clause et attribuer le capital aux enfants puisqu'il n'y avait pas de conjoint (simplement un concubin), ou au contraire, s'il fallait interpréter la clause en fonction des circonstances et considérer que le souscripteur voulait avantager son compagnon de vie, sans tenir compte du terme « conjoint » ou « concubin ».

Le tribunal a opté pour la première solution.

Lorsque la clause désigne « mon conjoint », le capital ne peut pas être versé au concubin, même si le souscripteur du contrat n'était pas marié. En conséquence, le concubin ne peut pas recevoir le capital au décès de l'assuré, ce capital étant remis aux bénéficiaires figurant à la suite du premier d'entre eux, c'est-à-dire les enfants (TGI Nantes, 24.4.2001, JCL Droit de la famille, 3.2003, n° 33 p. 26).

La cour d'appel a infirmé le jugement et a choisi la seconde interprétation. Elle a estimé, au contraire, que le souscripteur avait voulu avantager son concubin et a assimilé le terme « conjoint » au terme « concubin » (cour d'appel de Rennes, 6.11.2002, JCL Droit de la famille, 3.2003, n° 33 p. 26).

Compte tenu de ces divergences, il est indispensable d'être extrêmement vigilant lors de la souscription d'un contrat…

Faut-il prévenir le bénéficiaire ?

Avant la loi n° 2007-1775 du 17 décembre 2007, il n'était pas conseillé de prévenir le bénéficiaire de l'existence d'un contrat d'assurance puisque le souscripteur perdait alors la possibilité de racheter son contrat dès que le bénéficiaire avait déclaré l'accepter. Le rachat et les avances n'étaient possibles que si le bénéficiaire y consentait.
La loi de décembre 2007 a modifié cette règle. Désormais, l'acceptation par le bénéficiaire n'est définitive que si le stipulant donne son consentement. L'acceptation et le consentement doivent être formalisés par un avenant signé du souscripteur, du bénéficiaire et de l'assureur, ou encore d'un acte notarié signé par le souscripteur et le bénéficiaire et notifié à l'assureur.
La liberté de rachat du souscripteur est désormais protégée. Il ne perd cette liberté que s'il y renonce en donnant son accord à l'acceptation du bénéficiaire (art. L. 132-9 du Code des assurances).

› La tontine

Une autre possibilité d'éviter, dans certains cas, le paiement des droits de succession est l'acquisition en commun d'un logement avec une clause dite de tontine. La tontine (ou clause d'accroissement) est une clause insérée dans l'acte d'achat d'un bien lorsque cette acquisition est faite par deux personnes ; cette clause se prévoyant qu'au décès d'un des acquéreurs, le second se retrouvera seul et unique propriétaire du bien.
Il s'agit d'un contrat dit « aléatoire » car l'ordre des décès est imprévisible.

À NOTER

Avant le premier décès, aucun des deux acquéreurs n'est propriétaire du bien. Cela a pour conséquence que les créanciers ne peuvent pas saisir l'immeuble (C. cass., 1re ch. civ., 18.11.1997, n° 95-20842).

Intérêt fiscal

Le seul avantage de la tontine concerne certains immeubles. En effet, à condition que la valeur de l'immeuble soit inférieure ou égale à 76 000 € au moment du premier décès et qu'il constituait l'habitation principale commune aux deux acquéreurs, la part transmise est exonérée de droits de succession.
Au jour du décès, la transmission est considérée comme vente et seuls les droits de mutation à titre onéreux sur la part du défunt dans l'immeuble seront dus.
Si le bien a une valeur supérieure à cette somme, la transmission est imposée au tarif des droits de succession.
Les époux mariés et les partenaires pacsés, étant exonérés de droits de succession, ont intérêt à voir appliquer les droits de mutation à titre gratuit, droits dont ils sont dispensés. Depuis le 1er janvier 2010, ils peuvent opter pour l'application des droits de mutation à titre gratuit quelle que soit la valeur de l'immeuble, même si cette valeur est inférieure à 76 000 € (art. 754 A du Code général des impôts).

La tontine est utilisée principalement par les personnes vivant en concubinage. Au décès de l'un d'entre eux et à condition que les conditions d'exonération soient respectées, son concubin est réputé propriétaire de la totalité du bien et évite donc le paiement des droits de succession qui sont, il faut s'en souvenir, fixés à 60 % pour eux, s'ils ne sont pas pacsés.
Sur les tarifs applicables aux personnes ayant signé un PACS, voir *Le partenaire lié par un PACS*, p. 233.

Intérêt successoral

Si fiscalement l'intérêt de la tontine est limité, elle peut être utile pour éviter les règles successorales. Pour la jurisprudence, l'acquisition d'un bien avec clause de tontine est un contrat aléatoire (l'aléa réside dans l'ordre des décès) et ne peut pas être assimilé à une libéralité (donation ou testament). Les règles concernant les donations ne peuvent donc pas s'appliquer et si, au moment de l'acquisition du bien, les fonds ont été apportés non par les deux acquéreurs mais par un seul d'entre eux, les héritiers du premier décédé ne peuvent pas prouver qu'il s'agit d'une donation indirecte ou d'une donation déguisée et ne peuvent pas non plus demander le rapport de la donation à la succession ni sa réduction.

Cas pratique

Un homme avait acquis avec sa troisième épouse un immeuble en insérant dans l'acte une clause de tontine. Il décède le premier et ses filles contestent la validité de la clause de tontine qui avait pour effet d'attribuer la totalité de l'immeuble à la veuve. Les héritières considèrent en effet que les fonds qui ont servi à l'acquisition du bien ont été apportés par leur père uniquement et que sa femme a donc bénéficié d'une donation indirecte. En conséquence, les héritières demandent que la valeur de la donation soit rapportée à la succession. Leur demande est rejetée par la Cour de cassation. Les juges ont tout d'abord constaté que l'aléa viager existait bien. Puis, ayant constaté l'existence d'un pacte tontinier, ils ont, en conséquence, refusé d'appliquer les règles régissant les donations. L'acquisition d'un bien avec clause d'accroissement (tontine) constitue un contrat aléatoire et non une libéralité. La veuve a donc été autorisée à conserver le bien sans avoir à en rapporter la valeur à la succession de son mari (C. cass., 1re ch. civ., 14.12.2004, Dalloz 2005, II, p. 2263).

L'acquisition avec clause de tontine est donc intéressante puisqu'elle permet de soustraire de la succession les sommes qui ont financé l'acquisition. Pour contester la validité de la clause de tontine, les héritiers de celui qui est décédé le premier doivent prouver l'absence d'aléa. Ce sera le cas si les chances de survie des deux acquéreurs ne sont pas égalitaires et notamment si, lors de la signature de l'acte, l'un est âgé et malade alors que l'autre est jeune et en bonne santé. S'il est prouvé l'absence d'aléa, la clause de tontine est annulée.

Cas pratique

Deux concubins constituent une SCI et procèdent à une augmentation de capital par l'apport d'un bien immobilier. Ils prévoient à cette occasion que les parts de cette SCI seront attribués au survivant d'entre eux (clause de tontine).
L'immeuble avait été apporté à la société par un seul des concubins et, à son décès, ses enfants contestent la clause de tontine, considérant que leur père avait en réalité effectué une donation à sa compagne.
Les juges ont donné raison aux enfants. Compte tenu de la différence d'âge entre les deux concubins, l'ordre des décès n'était pas imprévisible. Il n'y avait aucun aléa et l'apport de l'immeuble à la SCI constituait bien une libéralité en faveur de la concubine (C. cass., 1re ch. civ., 10.05.2007, n° 05-21011).

● L'inconvénient de la tontine

La tontine ou clause d'accroissement présente néanmoins l'inconvénient important d'empêcher les propriétaires de provoquer le partage du bien s'ils se séparent. En effet, la tontine n'est pas une indivision qui peut cesser à tout moment par le partage (vente du bien avec partage du prix ou attribution à l'un des indivisaires).
Si le bien a été acquis avec une clause d'accroissement, le partage ne peut intervenir que si tous les acquéreurs le décident d'un commun accord.
Si deux concubins acquièrent ensemble un tel bien, ils sont condamnés à s'entendre ou, tout au moins, à conserver ce bien sans pouvoir le vendre ni récupérer leur investissement.
Ils disposent chacun d'un droit de jouissance sur le bien. Lorsque l'un d'entre eux conserve la jouissance du bien après leur séparation, il doit une indemnité d'occupation à l'autre.

Cas pratique

Un couple achète un logement avec une clause de tontine et une clause prévoyant la jouissance commune pendant leur vie. Les époux se séparent et le mari conserve la jouissance du logement.
Il est condamné par la cour d'appel à payer une indemnité d'occupation à sa femme. Il conteste cette décision en relevant que l'indemnité d'occupation, si elle est due, devrait l'être à l'indivision et non à sa femme.
La Cour de cassation rejette cette prétention. La clause de tontine exclut la possibilité d'une indivision, car il n'y a jamais eu qu'un seul propriétaire. L'indivision, au contraire, est un concours de plusieurs droits sur un même bien.
Il doit une indemnité d'occupation égale à la moitié de la valeur locative à sa femme, et non à l'indivision. (C. cass., 1re ch. civ., 9.11.2011, n° 10-21710.)

● La tontine temporaire

Pour éviter d'être lié sa vie durant par une clause de tontine indéfinie, il est possible de prévoir que la tontine sera temporaire.

Il s'agit d'indiquer dans l'acte que la tontine est conclue pour une durée de x années. Passé ce délai, la clause devient non écrite et les acquéreurs deviennent propriétaires indivis du bien acquis, à concurrence de leurs apports financiers respectifs.
Les signataires peuvent également prévoir la possibilité de renouveler pour la même, ou une autre durée, la validité de la tontine.
Ils peuvent aussi prévoir conventionnellement la fin de la tontine en cas de séparation de leur couple (divorce pour les couples mariés, dissolution du PACS pour les partenaires).
Le bien devient alors indivis, ce qui permet aux propriétaires de parvenir au partage.

› Le PACS : la situation du partenaire

● Le partenaire n'est pas héritier

La loi n° 99-944 du 15 décembre 1999 a mis en place le pacte civil de solidarité (PACS).
Le partenaire n'est toutefois pas héritier.
Cela signifie que, même si le défunt ne laisse aucune famille (ni enfant, ni parent, ni oncle, ni cousins…), son partenaire ne pourra recueillir aucun bien de la succession (qui sera dévolue, à défaut d'héritier, à l'État).
Si l'on veut transmettre ses biens à son partenaire, il est donc indispensable de rédiger un testament en sa faveur ou d'effectuer une donation.
La situation du partenaire d'un PACS est ici la même que celle de tout concubin (voir plus haut).
Elle diffère de la situation du conjoint marié puisque ce dernier est appelé à la succession de son époux décédé même en l'absence de testament ou libéralité (voir *Le défunt était marié lors de son décès*, p. 258).

● L'intérêt fiscal du PACS

Mais la situation du partenaire lié par un PACS présente un intérêt fiscal par rapport à la situation des simples concubins. Il n'a aucun droit de succession à payer pour les biens qu'il reçoit par décès (pour les successions ouvertes depuis le 22 août 2007) et bénéficie d'un abattement de 80 724 € (depuis le 1.1.2011) sur les biens reçus par donation.
Il est donc intéressant, si l'un des partenaires dispose d'un patrimoine important, de le transmettre en utilisant la règle des 15 ans (tous les 15 ans, le partenaire peut recevoir une donation d'une valeur de 80 724 € (depuis le 1.1.2011) sans payer de droits de mutation), ou de rédiger un testament en faveur de son partenaire.
En présence d'enfants ou de descendants qui sont héritiers réservataires, le partenaire ne peut recevoir par testament ou donations que la quotité disponible.
Sur le montant de la quotité disponible en présence d'enfants, voir *La réserve des enfants*, p. 267.

La protection du logement

Dans la mesure où un seul des partenaires est propriétaire du logement qu'ils occupent, le bien, à son décès, est normalement transmis à ses héritiers. Pour contrer cette transmission et pour permettre au partenaire de demeurer dans les lieux après le décès, le propriétaire du logement peut prévoir par testament que son partenaire bénéficiera de l'attribution préférentielle de droit des locaux lors du partage de la succession.

Depuis le 1er janvier 2007, l'attribution préférentielle réservée auparavant au conjoint marié est possible en faveur du partenaire pacsé du défunt.

Si le testament le prévoit, le partenaire survivant pourra donc devenir propriétaire du logement, moyennant le paiement d'une soulte aux héritiers du défunt. Cette clause de testament permet au partenaire survivant d'être prioritaire par rapport à un éventuel autre héritier qui demanderait la même attribution préférentielle.

L'attribution préférentielle peut être demandée également pour un local professionnel (attribution de la propriété des locaux ou du droit au bail) si le partenaire pacsé y exerçait effectivement sa profession au moment du décès. Lorsque l'attribution préférentielle est accordée elle porte également sur le mobilier à usage professionnel garnissant le local (art. 831-2 du Code civil).

Voir *L'attribution préférentielle*, p. 347.

L'adoption du régime de l'indivision

Depuis le 1er janvier 2007, pour les pactes signés à compter de cette date, les biens que les partenaires acquièrent pendant le PACS sont régis par le régime de la séparation de biens (sur le modèle du même régime pouvant être choisi par les couples mariés).

Il s'agit du régime légal qui s'applique si les partenaires ne prévoient rien dans leur convention concernant les biens.

Les partenaires peuvent toutefois écarter ce régime et choisir, dans leur convention, le régime de l'indivision. Cette option peut être prise dans la convention initiale ou dans une convention postérieure modificative.

Choisir ce régime signifie que les biens acquis pendant le PACS sont réputés indivis pour moitié même s'ils n'ont été acquis que par un seul partenaire et même si les participations respectives de chacun sont inégales (cela entraîne aussi l'impossibilité de contester une éventuelle contribution inégale de l'un ou de l'autre).

Le choix du régime de l'indivision est une façon d'avantager un partenaire puisqu'il bénéficie de la moitié des biens du couple même s'il n'a pas contribué dans cette proportion à leur acquisition.

Comment organiser son « après-décès » ?

Organiser sa succession consiste en premier lieu à anticiper (par donations ou par testaments) la transmission de ses biens.
Mais il est également possible de prévoir la gestion de ces biens transmis, de prévenir les éventuelles difficultés entre héritiers ou encore de désigner une personne chargée de vous remplacer dans la gestion de vos biens ou dans la prise en charge d'un enfant handicapé.

Nommer un exécuteur testamentaire

Un exécuteur testamentaire est une personne désignée par le défunt pour surveiller la bonne exécution de ses dernières volontés. Il est généralement désigné dans le testament qui règle l'attribution des biens et est souvent lui-même légataire.

Mais il peut également être investi de cette fonction par simple lettre dès lors que cette lettre est entièrement écrite, datée et signée de la main du défunt.

La mission de l'exécuteur testamentaire varie en fonction des termes du testament. Il peut être chargé de surveiller simplement la bonne exécution des dispositions testamentaires. Il peut aussi avoir pour rôle de disposer directement du mobilier de la succession et de les attribuer lui-même aux différents légataires en fonction des termes du testament.

S'il n'y a pas suffisamment d'argent dans la succession, il peut vendre les biens mobiliers et distribuer le prix aux légataires.

Le pouvoir de disposer ou vendre ne peut concerner en principe que les meubles. Toutefois, en l'absence d'héritiers réservataires acceptant la succession et à condition que le testateur l'ait prévu, l'exécuteur testamentaire peut également vendre les immeubles de la succession, recevoir et placer les capitaux, payer les dettes et les charges et procéder à l'attribution ou au partage des biens subsistants entre les héritiers et les légataires. En cas de vente d'un immeuble, l'exécuteur doit en informer préalablement les héritiers.

Si le testament est fait par acte authentique, l'exécuteur testamentaire n'a pas besoin de demander l'envoi en possession pour exécuter sa mission et notamment pour pouvoir vendre les biens (mobiliers ou immobiliers) de la succession.

La mission de l'exécuteur testamentaire prend fin au plus tard 2 ans après l'ouverture du testament sauf prorogation par le juge. À la fin de sa mission, l'exécuteur testamentaire dispose d'un délai de 6 mois pour en rendre compte aux héritiers.

En principe, l'exécuteur ne reçoit aucune rémunération pour ses prestations (mission gratuite) mais il peut recevoir un legs du testateur pour les services rendus. Il peut se faire rembourser ses frais par la succession.

Si le testament donne des pouvoirs excessifs à l'exécuteur testamentaire, le testament peut être annulé.

Cas pratique

Dans un cas jugé en 1984, le défunt avait dans un premier temps légué 100 000 F (15 245 €) à sa gouvernante. Dans un second testament, il avait demandé à un exécuteur testamentaire d'apprécier s'il convenait de verser la totalité du legs ou seulement une partie de cette somme à la gouvernante et lui avait conféré le droit de déterminer en son âme et conscience le montant de cette somme.
Ce droit d'appréciation excède les pouvoirs des exécuteurs testamentaires tels qu'ils résultent du Code civil. En conséquence, le second testament a été annulé et la gouvernante a reçu la totalité de son legs (100 000 F [15 245 €]) (C. cass., 1re ch. civ., 6.3.1984, Dalloz 1985, II, p. 5).

Nommer un mandataire successoral

La loi n° 2006-728 du 23.6.2006 (applicable depuis le 1.1.2007) a mis en place la nouvelle fonction de mandataire successoral, personne chargée d'administrer et de gérer la succession (art. 812 s. du Code civil).
Ce mandataire peut être nommé à titre posthume par toute personne qui craint des difficultés lors du règlement futur de sa succession.
Le mandataire peut aussi être nommé par les héritiers après le décès (mandataire conventionnel) ou encore en justice (mandataire judiciaire).
Sa nomination peut être utile s'il existe par exemple des enfants mineurs parmi les héritiers ou des incapables, ou encore si les héritiers ne possèdent pas les compétences nécessaires pour administrer certains biens de la succession (une entreprise, par exemple).
Le mandataire pourra être nommé en justice en cas de mésentente entre les héritiers, d'opposition d'intérêt, d'inertie de certains d'entre eux, ou encore si la succession est trop complexe.

› Le mandataire successoral nommé par le défunt (mandat à effet posthume)

Toute personne de son vivant peut nommer un mandataire chargé de gérer et d'administrer les biens de sa succession dans l'intérêt et pour le compte d'un ou de plusieurs héritiers.
Les fonctions du mandataire ne se confondent pas avec celles de l'exécuteur testamentaire puisque ce dernier est en principe chargé d'exécuter un testament et non pas de gérer les intérêts d'un héritier.
La nomination d'un mandataire doit être justifiée par un intérêt sérieux et légitime. Cet intérêt peut être justifié par l'âge ou l'incapacité des héritiers (enfants mineurs) ou par l'importance de la succession.

Le mandat

Le mandat doit être établi par acte authentique. Il doit être accepté par le mandataire avant le décès du mandant. Avant son exécution, le mandataire comme le mandant peuvent renoncer au mandat, avant son exécution, après en avoir averti l'autre partie.

> À NOTER
> **La rémunération du notaire** *Le notaire qui établit le mandat à effet posthume est rémunéré par des émoluments fixes. Sur les honoraires du notaire, voir Établir un mandat de protection future, p. 109,* Le coût du mandat, *p. 110.*

Le mandat est d'une durée de 2 ans, prorogeable une ou plusieurs fois par décision du juge en fonction de la situation des personnes et des biens concernés.
La demande de prorogation peut être déposée par le mandataire lui-même ou par un héritier. La demande est portée devant le tribunal de grande instance.
Il peut également être donné pour une durée de 5 ans, prorogeable dans les mêmes conditions, en raison de l'inaptitude, de l'âge du ou des héritiers ou de la nécessité de gérer des biens professionnels ou de posséder des compétences spécifiques pour administrer ou gérer le patrimoine.

Le mandataire

Un ou plusieurs mandataires peuvent être désignés. Le mandataire peut être une personne physique ou morale. Il peut être choisi parmi les héritiers. Dans ce cas, les actes réalisés dans le cadre du mandat sont sans effet sur l'option héréditaire.
En principe, les fonctions du mandataire sont gratuites sauf si le mandat prévoit expressément une rémunération. Le mandataire doit être rémunéré par les revenus des biens de la succession. À défaut de revenus, il est rémunéré par le versement d'un capital.
La rémunération est une charge de la succession. Elle peut être réduite comme les libéralités s'il s'avère qu'elle a pour effet de priver les héritiers de tout ou partie de leur réserve.
Les héritiers peuvent faire diminuer la rémunération du mandataire s'il s'avère qu'elle est excessive par rapport à la valeur de la succession ou injustifiée par rapport aux difficultés rencontrées.
La rémunération du mandataire est déductible de l'actif de la succession si elle est déterminée de manière définitive dans les 6 mois suivant le décès, c'est-à-dire au moment où ils déposent la déclaration de succession.
La déduction est autorisée dans la limite de 0,5 % de l'actif successoral géré. Elle ne peut excéder 10 000 € (art. 775 *quinquies* du Code général des impôts).

> À NOTER
> **En cas de révocation du mandataire** *Dans l'hypothèse où ces héritiers contestent la rémunération du mandataire ou demandent en justice la révocation de ce mandataire, ils devront, après la fin du procès, déposer une déclaration fiscale rectificative (Instruction ministérielle 10.7.2009, 7 G-7-09).*

Le mandataire doit administrer et gérer la succession. Toutefois, si aucun des héritiers visés par le mandat n'a encore accepté la succession, le mandataire ne peut faire que des actes conservatoires.
Chaque année, il doit rendre compte aux héritiers de sa gestion et des actes qu'il a accomplis.

À NOTER **Limite aux pouvoirs du mandataire** *Le mandat prend fin notamment quand les héritiers procèdent à la vente des biens de la succession. Le mandataire posthume ne peut donc pas s'opposer à cette vente si celle-ci est décidée par les héritiers (C. cass., 1re ch. civ., 12.5.2010, n° 09-10556).*

● La fin du mandat

Le mandataire peut être révoqué en justice à la demande des héritiers intéressés, en raison :
- de la disparition de l'intérêt sérieux et légitime qui justifiait sa nomination (dans cette hypothèse, il n'est pas tenu de restituer sa rémunération, sauf si elle est jugée excessive) ;
- de la mauvaise exécution du mandat (dans ce cas, le mandataire doit restituer la rémunération perçue et peut, le cas échéant, être condamné à verser des dommages intérêts aux héritiers).

Le mandat peut aussi prendre fin :
- à l'arrivée du terme ;
- si le mandataire renonce à sa mission (il doit notifier sa décision aux héritiers et respecter un délai de préavis de 3 mois ; il peut être tenu aussi de restituer tout ou partie du capital reçu au titre de sa rémunération) ;
- si un mandat conventionnel est signé directement entre le mandataire et les héritiers ;
- si les biens gérés sont vendus ;
- si l'héritier concerné décède ou si le juge des tutelles décide de mettre fin à ce mandat ;
- si le mandataire décède ou est mis sous tutelle.

› Le mandataire nommé par les héritiers (mandataire conventionnel)

Par convention, les héritiers, d'un commun accord, peuvent désigner l'un d'entre eux ou un tiers afin de gérer et d'administrer la succession.
Le mandat, dans ce cas, peut être donné par acte authentique ou acte sous seing privé et est en principe gratuit. La mission du mandataire est librement fixée dans l'acte.
Si un héritier a accepté la succession à concurrence de l'actif, seul le juge peut désigner le mandataire commun. Ce sont alors les règles du « mandataire successoral désigné en justice » qui s'appliquent.

› Le mandataire désigné en justice (mandataire judiciaire)

Toute personne intéressée (créancier, héritier...) peut demander la nomination au juge d'un mandataire successoral qui sera chargé de gérer et d'administrer provisoirement la succession.
Cette possibilité est ouverte en cas de mésentente entre les héritiers, d'inertie, de carence ou de faute de certains d'entre eux, en cas d'opposition d'intérêts ou encore, en cas de succession trop complexe.
La décision de nomination est enregistrée au greffe du tribunal de grande instance dans le délai d'un mois et est publiée à la requête du mandataire par voie électronique au *Bulletin officiel des annonces civiles et commerciales* (art. 1355 du Code de procédure civile).
Les pouvoirs, la durée de la mission du mandataire et sa rémunération sont fixés par le jugement.
Le juge contrôle l'exécution de la mission. Le mandataire adresse tous les ans les comptes de gestion au juge et aux héritiers.
Important : en toute circonstance, l'héritier acceptant à concurrence de l'actif net peut demander au juge de désigner toute personne qualifiée en qualité de mandataire successoral à l'effet de le substituer dans la charge d'administrer et de liquider la succession.

Établir un mandat de protection future

› Le mandat de protection future

Le mandat de protection future fait partie des nouveautés que la loi n° 2007-308 du 5 mars 2007 réformant la protection juridique des majeurs a instituées.
L'ensemble des dispositions de la loi n'est applicable que depuis le 1er janvier 2009.
Toute personne peut établir un mandat de protection future. Il s'agit de désigner à l'avance la personne qui sera chargée de la représenter et de s'occuper de ses intérêts en cas d'altération de ses facultés mentales ou corporelles liée à l'âge ou à un accident.
Les parents d'un enfant handicapé peuvent aussi désigner un mandataire chargé de prendre en charge matériellement et affectivement cet enfant. Le mandat, dans ce cas, prend effet au moment du décès des parents ou lorsqu'ils ne sont plus capables d'assurer cette prise en charge.

› La rédaction du mandat

Le mandat peut être rédigé par acte sous seing privé (papier libre) ou par acte notarié mais ce choix dépend de l'importance de la mission confiée au mandataire :
- si le mandat est donné par acte sous seing privé, les pouvoirs du mandataire doivent se limiter aux simples actes d'administration (par exemple, la gestion des

revenus de la personne protégée). L'acte sous seing privé doit être contresigné par un avocat ou, à défaut, respecter un modèle réglementaire (décret n° 2009-1628 du 23.12.2009 ; www.legifrance.gouv.fr) ;
- s'il est donné par acte notarié, il peut autoriser le mandataire à effectuer des actes de disposition (par exemple la vente des biens) et des actes concernant la personne elle-même.
Les actes dits personnels (par exemple le choix de l'hébergement) doivent, en principe, être pris par l'intéressé lui-même. Ce n'est que s'il n'en est pas capable que son représentant pourra décider pour lui. Une autorisation spécifique du juge ou du conseil de famille (s'il en existe un) est, par ailleurs, nécessaire pour les décisions ayant pour effet de porter gravement atteinte à son intégrité corporelle ou à l'intimité de sa vie privée (par exemple le choix de ses relations personnelles).

› Le coût du mandat

Lorsqu'un notaire établit le mandat de protection future, il est également chargé de vérifier les comptes de gestion du mandataire. Il est rémunéré par les émoluments fixes.
L'unité de valeur est actuellement fixée à 3,90 € HT (décret n° 2011-188 du 17.2.2011).

● Établissement du mandat

MANDAT POSTHUME ET MANDAT DE PROTECTION FUTURE	ÉMOLUMENTS FIXES
Établissement du mandat	30 unités de valeur (UV)
Acceptation par acte séparé	15 UV
Révocation par le mandant	15 UV
Renonciation	15 UV

● Examen des comptes du mandataire

CHAPITRE LE PLUS ÉLEVÉ, EN RECETTES OU EN DÉPENSES (PAR AN)	ÉMOLUMENTS FIXES
Inférieur ou égal à 25 000 €	30 UV
Entre 25 000 € et 65 000 €	50 UV
Supérieur à 65 000 €	90 UV

› La fin du mandat

Après son exécution, le mandat prend fin par :
- le rétablissement des facultés personnelles de l'intéressé ;
- le décès de la personne protégée ou son placement en curatelle ou en tutelle, sauf décision contraire du juge qui ouvre la mesure ;
- le décès ou l'incapacité du mandataire ;
- la révocation du mandataire prononcée par le juge des tutelles.

Le juge peut également suspendre les effets du mandat pour le temps d'une mesure de sauvegarde de justice.

› En cas de difficultés...

Le juge des tutelles (tribunal d'instance) est compétent pour statuer sur les difficultés relatives à l'exercice du mandat de protection future (art. L. 221-9 du Code de l'organisation judiciaire).

Quel est l'intérêt des pactes de famille ?

Depuis le 1er janvier 2007, la réserve des héritiers n'est plus immuable. Elle n'est pas supprimée mais les héritiers réservataires peuvent y renoncer. Cette renonciation, autrefois strictement interdite, permet d'organiser à l'avance la transmission de ses biens en fonction de sa situation personnelle ou celle de sa famille puisque les libéralités ne sont plus limitées obligatoirement à la quotité disponible.
Un accord doit être signé entre les futurs héritiers et celui dont ils ont vocation à hériter.

La renonciation à l'action en réduction

À l'ouverture de la succession, lorsqu'il apparaît que la valeur d'un bien donné ou légué dépasse la quotité disponible, la libéralité doit être réduite ce qui signifie que le bénéficiaire doit indemniser les héritiers réservataires afin que leur part de réserve soit reconstituée.
Cependant, le donateur ne sait pas, au moment où il fait cette donation, quelle sera la valeur du bien retenue par rapport à la valeur de sa succession et de la réserve de ses héritiers.
Ce problème peut désormais être écarté puisque, depuis le 1er janvier 2007, la loi autorise les héritiers réservataires à renoncer par avance à leur action en réduction.
La renonciation peut avoir lieu au moment de la libéralité, sans attendre l'ouverture de la succession. Il s'agit d'un « pacte successoral » ou « pacte de famille ».
Grâce à cette renonciation, le donateur peut disposer plus librement de ses biens en faveur des personnes de son choix, puisqu'il peut donner sans craindre une remise en cause des donations par ses héritiers réservataires (art. 929 s. du Code civil).
Le donateur peut ainsi donner un bien important de son patrimoine à une personne de sa famille qui n'est pas héritière (un petit-enfant ou un neveu, par exemple) même si ce bien dépasse largement la valeur de la quotité disponible.
Cette disposition peut être utile aussi pour transmettre une entreprise si tous les héritiers se mettent d'accord sur le nom du repreneur.
Les enfants peuvent renoncer volontairement à leurs droits successoraux du vivant de leurs parents pour favoriser un frère ou une sœur handicapé ou en situation précaire.
Un enfant peut renoncer à sa réserve pour avantager un demi-frère (dans une famille recomposée) ou encore ses propres enfants.
La renonciation doit être faite au profit d'une ou plusieurs personnes déterminées. Elle ne peut pas être faite de façon générale.

En revanche, elle peut porter sur une partie de la réserve de cet héritier (la moitié, le quart, les trois quarts...) ou sur sa totalité. Elle peut aussi ne concerner qu'un seul bien donné.
La renonciation concerne aussi les représentants de l'héritier qui a renoncé. Ils doivent respecter le pacte signé par l'héritier.
Si, lors de l'ouverture de la succession, il se révèle que l'atteinte à la réserve est supérieure à celle prévue dans la renonciation, l'excédent doit être réduit comme toutes les libéralités excessives.

› Les formalités

Le fait pour les héritiers d'accepter de renoncer à leur part de réserve est une décision grave. Les conditions de cette renonciation sont donc très encadrées et sa révocation reste possible dans certains cas.
La renonciation doit être acceptée par le donateur.
Elle est interdite au mineur, même émancipé ainsi qu'aux incapables majeurs.
La renonciation doit être établie séparément par acte authentique (notarié) reçu par deux notaires (elle peut être faite dans le même acte par plusieurs héritiers réservataires).
Le renonçant doit être averti des conséquences de sa décision.

› La révocation du pacte de famille

Après le décès du donateur l'héritier qui a renoncé peut revenir sur sa décision et en demander la révocation pour une des causes suivantes :
- le donateur ne remplit pas ses obligations alimentaires à son égard ;
- l'héritier est, lors de l'ouverture de la succession dans un état de besoin qui n'existerait pas s'il n'avait pas renoncé à sa réserve ;
- le bénéficiaire de la renonciation s'est rendu coupable d'un crime ou d'un délit contre sa personne.

Les délais pour demander la révocation de la renonciation sont assez brefs puisqu'en cas de besoin, l'héritier doit agir dans l'année qui suit le décès et, dans les autres cas, dans l'année qui suit le fait reproché ou la connaissance de ce fait.
La révocation n'a jamais lieu de plein droit. Il faut qu'elle soit prononcée par un tribunal (art. 930-3 du Code civil).

› Les aspects fiscaux

La renonciation de l'héritier réservataire ne constitue pas une libéralité vis-à-vis du bénéficiaire et ne donne donc pas lieu au paiement des droits de mutation (art. 930-2 du Code civil ; art. 756 *bis* du Code général des impôts).
La renonciation, par ailleurs, doit être faite au profit d'un bénéficiaire déterminé. En conséquence, le bénéficiaire de la renonciation tient ses droits, non pas du renonçant, mais de l'auteur de la libéralité. La libéralité est donc imposable selon les tarifs applicables entre le donateur et le bénéficiaire et non en fonction des liens qui unissent le renonçant et le bénéficiaire.

La renonciation à l'action en retranchement

L'action en retranchement permet aux enfants issus d'une précédente union du défunt de limiter les effets d'un avantage matrimonial accordé au conjoint survivant dans un régime de communauté (par exemple la clause d'attribution intégrale).
Si l'avantage matrimonial a pour effet de donner au conjoint survivant une part supérieure au montant de la quotité disponible entre époux, les enfants peuvent réduire cette part (voir *L'action en retranchement*, p. 95).

› Les modalités de la renonciation

Les enfants issus d'une précédente union du défunt peuvent renoncer à exercer l'action en retranchement avant le décès de l'époux bénéficiaire.
La renonciation peut viser l'ensemble des biens de la communauté ou un bien déterminé (par exemple une maison). L'intérêt de cette renonciation est de permettre à l'époux survivant de rester en possession des biens du défunt, les enfants pouvant récupérer les biens au décès de leur beau-père ou belle-mère.
En contrepartie de cette renonciation, les héritiers bénéficient de plein droit d'un privilège sur les meubles. Ils peuvent également demander, nonobstant toute stipulation contraire, qu'il soit dressé un inventaire des meubles et un état des immeubles.

› Les formalités

Comme la renonciation à l'action en réduction (voir *La renonciation à l'action en réduction*, p. 112), les conditions de cette renonciation sont encadrées.
La renonciation doit être acceptée par le conjoint décédé.
Elle est interdite au mineur, même émancipé ainsi qu'aux incapables majeurs.
La renonciation doit être établie séparément par acte authentique (notarié) reçu par deux notaires (elle peut être faite dans le même acte par plusieurs héritiers réservataires). Elle est signée séparément par chaque renonçant en présence des seuls notaires.
Le renonçant doit être averti des conséquences juridiques futures de sa décision.

› Les aspects fiscaux

La renonciation, quelles que soient ses modalités, ne constitue pas une libéralité. Les enfants sont imposés comme s'ils avaient reçu les biens de leur père ou de leur mère et non pas du conjoint survivant (leur beau-père ou leur belle-mère).

Que se passe-t-il après le décès ?

➤ **Lorsqu'un décès survient, certaines formalités doivent être impérativement accomplies : le choix du lieu d'inhumation, le respect des dernières volontés du défunt, le paiement des frais engendrés, etc.**

➤ **Des démarches doivent également être entreprises dès l'ouverture de la succession : rencontrer le notaire du défunt s'il en avait un, se renseigner sur un éventuel testament, préciser la situation du conjoint survivant.**

➤ **Il est utile de connaître ces règles non seulement lorsque l'on est confronté à un décès mais également lorsque l'on souhaite préparer à l'avance l'ouverture de sa propre succession.**

Le décès

Malgré la douleur ressentie à la perte d'un proche, de nombreuses formalités administratives doivent être effectuées. Elles sont en effet cruciales pour pouvoir procéder aux obsèques en toute tranquillité et permettre à la succession de s'ouvrir aussi sereinement que possible.

Les formalités et les démarches

› Qui constate le décès ?

Un décès doit être constaté par un médecin et déclaré à la mairie.
Si le décès survient dans un hôpital, le décès est constaté par un médecin de l'hôpital et la déclaration est faite par l'administration de cet établissement.
Si le décès est survenu au domicile du défunt, le certificat de décès est établi par le médecin traitant ou le médecin de famille.
Le certificat de décès comprend un volet administratif (destiné aux services d'état civil) et un volet médical (confidentiel).
Le médecin constatant le décès peut aussi établir le certificat de décès sur support électronique.
Seul le volet administratif est édité sur papier (arrêté du 24.11.2006).
En cas de mort violente ou de décès survenu sur la voie publique ou dans un lieu public, la constatation du décès est faite par un officier de police judiciaire assisté d'un médecin habilité. Le procès-verbal est transmis à l'officier de l'état civil.

› La déclaration de décès

Les formalités

La déclaration de décès doit être faite par un membre de la famille ou par la personne chez qui le défunt est mort au bureau de l'état civil de la mairie du lieu du décès dans un délai de 24 heures suivant le décès.
Le dépassement du délai est en principe sanctionné par une amende de 38 € (contravention de la première classe) mais une déclaration tardive est toujours acceptée.
Le déclarant (un parent ou son mandataire) doit justifier de l'identité du défunt ainsi que sa propre identité par le livret de famille, carte d'identité, passeport…
À la réception de la déclaration de décès, l'officier de l'état civil rédige l'acte de décès, signé en principe par le maire ou un conseiller municipal ayant délégation qui le transmet à la mairie du lieu de naissance de la personne décédée.
L'officier d'état civil transmet une copie de cet acte de décès à la personne qui est venue déclarer le décès.

À NOTER

Acte d'un enfant sans vie *Si un enfant est mort né, l'officier de l'état civil établit un acte d'enfant sans vie. Cet acte peut être établi quels que soient la durée de la grossesse et le poids du fœtus (C. cass., 1re ch. civ., 6.2.2008).*

L'acte est inscrit sur les registres de décès et se contente d'indiquer le jour, l'heure et le lieu de l'accouchement, le nom, la profession et le domicile des parents (art. 79-1 du Code civil).

L'enfant sans vie peut recevoir un prénom, figurer dans le livret de famille et être inhumé mais il n'a ni nom ni personnalité juridique.

Le décès d'une personne liée par un PACS

Le décès est une cause de dissolution du PACS. Cette dissolution doit être portée à la connaissance du greffier.

La loi n° 2006-728 du 23 juin 2006 a modifié les formalités à accomplir à l'occasion d'un décès. Cette loi est applicable aux décès survenus après le 1er janvier 2007.

Depuis cette date, il n'est plus nécessaire d'avertir du décès le greffier du tribunal d'instance qui a enregistré le PACS. Le greffier en est informé par l'officier d'état civil qui a enregistré le décès. Le greffier enregistre la dissolution et fait procéder aux formalités de publicité (inscription du décès sur l'acte de naissance).

Le nom du partenaire pacsé du défunt doit désormais figurer sur l'acte de décès. Le PACS prend fin à la date du décès.

À NOTER

Une allocation pour l'accompagnement d'une personne en fin de vie *Une allocation journalière d'accompagnement d'une personne en fin de vie a été créée par la loi n° 2010-209 du 2 mars 2010.*

L'allocation, d'un montant variable, peut être versée pendant 21 jours maximum au titre d'un même patient (à un ou plusieurs bénéficiaires). Elle ne cesse pas lorsque la personne est hospitalisée.

Le bénéfice de cette aide peut être accordé :

- aux personnes bénéficiaires d'un congé de solidarité familiale ;

- ou aux ascendants, descendants, frères, sœurs, personne de confiance, ou occupant le même domicile que la personne accompagnée (art. L. 168-1 et s. du Code de la Sécurité sociale).

› La déclaration judiciaire de décès

En cas d'accident

La déclaration de décès est prononcée par le tribunal de grande instance lorsqu'une personne a disparu dans des circonstances « de nature à mettre sa vie en danger » et que son corps n'a pu être retrouvé (par exemple, lors du naufrage d'un bateau ou de la chute d'un avion) ou encore lorsque la mort est certaine mais que le corps n'a pu être retrouvé (par exemple, lors de l'incendie d'une maison).

Cas pratique

Des circonstances « de nature à mettre la vie en danger » ont été reconnues à l'occasion de la disparition en mer d'un officier mécanicien de la marine marchande alors que son bateau était au large, que la mer était agitée et que la température de l'eau ne dépassait pas 9 °C (C. cass., 1re ch. civ., 14.3.1995, Bull. civ. n° 125).

Le tribunal compétent peut être le tribunal de grande instance du lieu du décès, le tribunal de la dernière résidence du défunt, le tribunal du lieu du port d'attache du bateau ou de l'avion, ou, à défaut, le tribunal de Paris.
Le tribunal est saisi par requête et statue en chambre du conseil. Il n'est pas nécessaire d'avoir un avocat. Le jugement fixe la date du décès et cette date entraîne l'ouverture de la succession.
La loi n° 2011-1862 du 13.12.2011 a diminué les délais de procédure à la suite d'un accident d'avion. En cas de disparition sans nouvelles d'un aéronef, l'appareil est réputé perdu 1 mois (et non plus 3 mois) après la date de l'envoi des dernières nouvelles.
À l'expiration de ce délai, le décès peut être judiciairement déclaré.

En cas de disparition inexpliquée

Le décès est également déclaré judiciairement en cas d'« absence » de l'intéressé (art. 112 et s. du Code civil). L'absence est le fait de disparaître de son domicile et de cesser de donner des nouvelles.
La procédure de déclaration d'absence est très longue puisque, dans un premier temps, il faut constater une présomption d'absence puis attendre 10 ans pour que cette présomption soit confirmée. Ces délais s'expliquent par le fait que le décès du disparu ne peut être prouvé et que, pendant ce délai, l'absent peut réapparaître.
La présomption d'absence est constatée par le juge des tutelles (tribunal d'instance) dont dépend le domicile de l'absent ou le domicile du demandeur (art. 1062 du Code de procédure civile). Pour présenter la requête, il n'est pas nécessaire d'avoir un avocat. Le juge des tutelles peut également organiser la gestion des biens de l'absent (nommer un représentant de l'absent chargé d'administrer ses biens, fixer les sommes nécessaires à l'entretien de la famille…).
Le recours contre le jugement du juge des tutelles doit être porté dans un délai de 15 jours devant le tribunal de grande instance (avec l'intervention obligatoire d'un avocat).
Pendant cette période de présomption d'absence, le juge peut nommer un représentant de l'absent pour gérer ses intérêts. Si le présumé absent est appelé à un partage, celui-ci peut être fait à l'amiable. Le juge des tutelles doit autoriser le partage, puis il nomme un notaire pour y procéder. L'état liquidatif doit être approuvé par le juge des tutelles (art. 116 du Code civil).
L'absence est déclarée par le tribunal de grande instance. Le tribunal est saisi par requête (matière gracieuse). Il n'est pas nécessaire d'avoir un avocat.

Le jugement déclarant l'absence fixe la date du décès, ce qui entraîne l'ouverture de la succession.
Il est possible aussi de demander la constatation de l'absence sans faire préalablement établir la présomption d'absence si la personne a disparu de son domicile et n'a pas donné de nouvelles à sa famille depuis plus de 20 ans.

› Les prélèvements d'organes

En principe, après un décès dûment constaté, les prélèvements d'organes effectués à des fins thérapeutiques ou scientifiques peuvent être effectués par le corps médical, même sans déclaration d'autorisation, puisque tout défunt majeur est présumé avoir consenti avant sa mort, même tacitement, à un don d'organe en vue d'une greffe. Ce n'est que s'il a exprimé expressément de son vivant son refus que le prélèvement ne pourra être exécuté.
Le cas échéant, il est donc nécessaire de concrétiser ce refus :
- soit sur les registres prévus à cet effet dans les établissements habilités à effectuer les prélèvements ;
- soit en envoyant une demande d'inscription sur le registre national automatisé destiné à regrouper les refus de prélèvement mis en place depuis le 15 septembre 1998.
Toute personne, âgée d'au moins 13 ans, peut demander son inscription sur ce registre en envoyant à l'Agence de la biomédecine, un courrier daté, signé, et accompagné de la photocopie de tout document susceptible de justifier de l'identité de son auteur, notamment de la carte nationale d'identité en cours de validité, du passeport même périmé, du permis de conduire ou d'un titre de séjour. Cette inscription peut être révoquée à tout moment selon les mêmes modalités (art. R. 1232-5 et s. du Code de la santé publique).
Agence de la biomédecine
1 avenue du Stade de France
93212 Saint-Denis La Plaine Cedex
Standard : 01 55 93 65 50
Site internet : www.agence-biomedecine.fr
En cas de conflit entre les membres de la famille sur l'autorisation ou le refus de procéder après décès à des prélèvements d'organes, le tribunal compétent est le tribunal de grande instance dont dépend le lieu du décès.
La règle est différente en ce qui concerne les enfants ou les majeurs protégés. Aucun prélèvement en vue d'un don ne peut être effectué sans l'accord express et écrit de chacun des titulaires de l'autorité parentale ou du représentant légal (art. L. 1232-2 et s. du Code de la santé publique).

› Don du corps à la science

Les personnes qui entendent faire don de leur corps à la science doivent établir une déclaration écrite en entier, la dater et la signer de leur main.
Au moment du décès, la mort doit être constatée par procès-verbal. Ce procès-verbal doit être signé par un ou deux médecins (selon la cause du décès) qui doivent préalablement avoir effectué les tests cliniques obligatoires (décret n° 96-1041 du 2.12.1996).

Le transport du corps doit être autorisé par le maire de la commune qui ne peut donner cette autorisation que si un certificat médical atteste de l'absence de problème médico-légal et de maladies contagieuses. Le transport du corps vers l'établissement destinataire doit être achevé dans les 24 heures qui suivent le décès. Ce délai est porté à 48 heures si le décès survient dans un hôpital ou une clinique qui dispose d'équipements permettant la conservation des corps (art. R. 2213-13 du Code général des collectivités territoriales).
L'enterrement ou la crémation d'une personne qui a fait don de son corps est pris en charge par l'établissement qui a reçu le corps.

› L'autopsie

Les autopsies peuvent être judiciaires ou médicales.
Les autopsies judiciaires sont pratiquées dans le cadre de mesures d'enquête ou d'instruction diligentées lors d'une procédure judiciaire, dans le but d'obtenir un diagnostic sur les causes du décès. Les autopsies médicales sont organisées en dehors de ce cadre judiciaire (L. n° 2004-800 du 6 août 2004).

• L'autopsie médicale

Une autopsie médicale est pratiquée dans le but d'obtenir un diagnostic sur les causes du décès. Elle ne peut être pratiquée sans le consentement de l'intéressé. Les médecins doivent donc s'assurer auprès de la famille que le défunt n'avait pas, de son vivant, formulé son opposition.
Toutefois l'autopsie médicale peut, à titre exceptionnel, être pratiquée malgré l'opposition de la personne décédée, en cas de nécessité impérieuse pour la santé publique et en l'absence d'autres procédés permettant d'obtenir une certitude diagnostique sur les causes de la mort (art. L. 1211-2 du Code de la santé publique).

• L'autopsie judiciaire

L'autopsie a pour but de déterminer la cause de la mort. Elle n'est donc pratiquée qu'en cas de mort suspecte ou dont les causes sont inconnues ou contestées. En matière civile (par exemple, en cas de responsabilité médicale), l'autopsie peut être demandée devant les tribunaux selon les règles relatives aux expertises ou mesures d'instruction (art. 232 et s. et 273 et s. du Code de procédure civile).

MON CONSEIL

Accident du travail *En cas d'accident du travail ayant entraîné la mort, la Caisse primaire d'assurance maladie doit procéder à une enquête dans le but de rechercher la cause, la nature et les circonstances de l'accident. Cette enquête peut être complétée, le cas échéant, par une autopsie destinée à déterminer le lien de causalité entre l'accident et le décès.*
La demande, faite par la caisse ou les ayants droit de la victime doit être déposée au tribunal d'instance du lieu de l'accident (art. L. 442-4 du Code de la Sécurité sociale).

En matière pénale, l'autopsie peut être demandée par le procureur de la République dans le cadre d'une information requise en cas de découverte de cadavre ou de mort dont la cause est inconnue ou suspecte (art. 74 du Code de procédure pénale).
L'autopsie peut également être demandée en cours d'instruction (art. 81 du Code de procédure pénale).
Les autopsies sont exécutées par des médecins experts désignés par les tribunaux et dont les honoraires et indemnités sont légalement fixés.

› Expertises génétiques post mortem

Sauf accord express de la personne manifesté de son vivant, aucune identification par empreintes génétiques ne peut être réalisée après sa mort.
Les diverses lois relatives à la bioéthique ainsi que le Conseil constitutionnel ont refusé de modifier cette règle. Au nom du respect dû aux morts, il reste impossible d'établir ou de contester par les empreintes génétiques un lien de filiation si le prétendu parent est décédé (art. 16-11 du Code civil).

Les obsèques

› Le préfinancement des obsèques

Toute personne peut souscrire, à l'avance, un contrat de financement de ses obsèques. Il peut s'agir d'un contrat de forme individuelle ou d'une adhésion à un contrat de groupe souscrit auprès d'une compagnie d'assurance.
Il peut être proposé :
- par l'entreprise funéraire : le contrat de prestations d'obsèques est alors lié à un contrat d'assurance ;
- ou être prévu dans le cadre d'une assurance-vie : dans ce cas, une somme est versée au bénéficiaire de l'assurance pour régler les obsèques mais aucune précision n'est donnée sur le choix même des obsèques.

Lorsque le contrat est souscrit auprès d'une entreprise de pompes funèbres, son intérêt est de permettre à la famille, lors du décès, de ne pas avoir à organiser les funérailles ni à débourser des sommes importantes et surtout d'être certaine de se conformer aux souhaits du défunt.
Le contrat doit préciser de façon détaillée (sous peine de nullité) les prestations prévues : nature des obsèques, mode de sépulture, contenu des prestations et des fournitures funéraires. Le souscripteur peut aussi indiquer ses souhaits personnels (cérémonie religieuse, musique…).
Tout au long de sa vie, le souscripteur peut modifier les prestations retenues ainsi que l'opérateur désigné pour exécuter les obsèques. Cette possibilité de changer d'avis doit expressément être inscrite dans le contrat.
Pendant la durée du contrat, le capital versé par le souscripteur produit intérêt à un taux au moins égal au taux légal (art. L. 2223-34-1 et R. 2223-33 du Code général des collectivités territoriales).

À NOTER

Création d'un fichier national *Doit être mis en place un fichier national destiné à centraliser les contrats de préfinancement des obsèques souscrits auprès des assurances ou des mutuelles (art. L. 2223-34-2 du Code des collectivités territoriales).*

ATTENTION ⚠

Les différents contrats obsèques *Si le contrat est souscrit auprès d'une entreprise de pompes funèbres, les sommes sont affectées aux funérailles.*
Mais si le contrat est souscrit dans le cadre d'une assurance-vie et ne prévoit pas l'affectation du capital garanti à la couverture des frais funéraires, le bénéficiaire n'est pas tenu de payer les obsèques. Il peut donc conserver les sommes versées (C. cass., 1re ch. civ., 17.3.2010, n° 08-20426).

› Les pompes funèbres

Le service des pompes funèbres peut être organisé par la commune directement, par un délégataire ou encore par toute autre entreprise ou association bénéficiaire d'une habilitation accordée temporairement par décret en Conseil d'État. Lorsqu'elle est accordée, l'habilitation est valable sur l'ensemble du territoire national (les régies communales et intercommunales de pompes funèbres n'ont plus l'exclusivité de ces services depuis 1998).

● Quelles sont les prestations ?

Le Service extérieur des pompes funèbres est une mission de service public comprenant :
- le transport des corps avant et après mise en bière ;
- l'organisation des obsèques ;
- les soins de conservation ;
- la fourniture des housses, des cercueils et de leurs accessoires intérieurs et extérieurs ainsi que des urnes cinéraires ;
- la gestion et l'utilisation des chambres funéraires (qui ont pour objet de recevoir, avant l'inhumation ou la crémation, le corps des personnes décédées) ;
- la fourniture des corbillards et des voitures de deuil ;
- la fourniture de personnel et des objets et prestations nécessaires aux obsèques, inhumations, exhumations et crémations, à l'exception des plaques funéraires, emblèmes religieux, fleurs, travaux divers d'imprimerie et de marbrerie funéraire.

Les entreprises de pompes funèbres doivent fournir à la clientèle une documentation faisant apparaître les prix, tarifs et conditions de vente, ainsi que la distinction entre les prestations obligatoires ou facultatives. Les prestations obligatoires (minimales) comportent dans tous les cas le cercueil, ses poignées et sa cuvette étanche, à l'exclusion de ses accessoires intérieurs et extérieurs, ainsi que les opérations d'inhumation ou de crémation et l'urne cinéraire ou cendrier.

Que doit contenir le devis ?

Avant toute commande de prestations, un devis, conforme à un modèle réglementaire, doit être proposé à la famille. Ce devis doit être écrit, daté, gratuit et global. Il doit mentionner la commune du lieu du décès, de la mise en bière, du service funéraire, de l'inhumation ou de la crémation. Il doit contenir, en plus des tarifs des prestations fournies par l'entreprise, le prix des prestations des entreprises extérieures intervenantes, ainsi que le montant des honoraires de représentation demandés par l'entreprise de pompes funèbres (arrêté du 23.8.2010 applicable depuis le 1.1.2011).
La durée de validité du devis doit être précisée.
Lorsque le devis est accepté, un des membres de la famille signe le bon de commande reprenant toutes les prestations et fournitures figurant sur le devis (art. R. 2223-24 s. du Code général des collectivités territoriales). Le service est gratuit pour les personnes dépourvues de ressources suffisantes.

Quelles protections pour les familles ?

L'activité des entreprises de pompes funèbres est réglementée de façon à protéger les familles contre certaines pratiques commerciales.
À l'exception des formules de financement d'obsèques, sont interdites les offres de services faites à l'occasion ou en prévision d'obsèques en vue d'obtenir la commande de fournitures ou de prestations liées à un décès, ainsi que les démarches à domicile ou toutes les démarches effectuées dans le même but sur la voie publique, dans un lieu ou édifice public ou ouvert au public (dans les hôpitaux notamment).
Les offres de prestations liées à un décès regroupent non seulement les prestations de services extérieurs, mais aussi la fourniture de marbrerie funéraire (C. cass., ch. crim., 29.6.2004, Gaz. pal., 5.3.2005, p. 14).
Les offres de services ou démarchage faites pendant la période des obsèques constituent un délit pénal (art. L. 2223-35 du Code des collectivités territoriales).
Par ailleurs, les personnes qui, par leur profession, sont amenées à avoir connaissance des décès survenus peuvent être poursuivies pénalement si elles servent d'intermédiaires aux entreprises de pompes funèbres pour les recommander aux familles.

› Qui organise les obsèques ?

Si la personne décédée était mariée, c'est le conjoint qui, normalement, organise les obsèques.
À défaut de conjoint, de concubin, les parents ou les frères et sœurs ou même les enfants peuvent être chargés d'organiser les funérailles.
À défaut de famille, des amis peuvent pourvoir aux funérailles.
Si la personne est décédée sans amis ni famille, le maire de la commune où est survenu le décès doit se charger de cette organisation.
Lorsque le défunt a, de son vivant, organisé ses funérailles, ses héritiers ou son conjoint qui en ont connaissance doivent obligatoirement respecter ses volontés. Il ne s'agit pas simplement d'une obligation morale puisque le Code pénal punit

d'une peine de 6 mois d'emprisonnement et de 7 500 € d'amende quiconque donne aux funérailles un caractère contraire à la volonté du défunt (art. 433-21-1 du Code pénal).
Si le défunt n'a pas écrit de façon précise ses volontés quant à ses funérailles et qu'un conflit s'élève sur ce point entre les différents membres de sa famille, le juge s'appuie sur des présomptions, des témoignages ou tout autre élément lui permettant de déterminer le véritable souhait du défunt.

Cas pratique

Un conflit opposait, d'une part, la mère et les frères qui pensaient que le défunt voulait être inhumé, et la veuve qui voulait que le corps de son mari soit incinéré conformément à ses dernières volontés.
La veuve décide de le faire incinérer et la mère et les frères s'opposent à cette décision en saisissant le tribunal d'instance. Personne ne pouvait produire un document émanant directement du défunt.
La mère et les frères se fondaient sur les origines et la croyance religieuse du défunt, sur son sens de la famille et sur l'existence d'un caveau familial. Ils indiquaient être persuadés de l'intention du défunt d'être inhumé.
La veuve produisait plusieurs attestations émanant d'amis ou de collègues de travail aux termes desquelles il résultait que le défunt leur avait indiqué de façon claire vouloir être incinéré.
Les juges ont préféré retenir les témoignages relatant les propos directs du défunt plutôt que la simple présomption apportée par la famille. Ils ont donc décidé que le corps du défunt serait incinéré.
Il faut noter que le décès était intervenu le 29 novembre 1997, que le jugement du tribunal a été rendu le 5 décembre 1997 et l'arrêt d'appel le 6 décembre (cour d'appel de Paris (ordonnance), 6.12.1997, Gaz. pal. 24.6.1999, p. 22).

Les juges doivent rechercher la personne la mieux qualifiée pour décider des modalités des funérailles.

Cas pratique

En l'espèce, le mari voulait organiser les obsèques de sa femme selon le rite musulman alors que ses parents voulaient eux aussi prendre en main cette organisation (toujours selon le rite musulman).
Les juges ont finalement retenu l'avis d'une très vieille amie de la défunte qui était la personne la mieux placée pour décider à qui l'organisation des obsèques serait confiée. Elle a désigné le mari comme étant le plus apte à organiser la cérémonie (C. cass., 1re ch. civ., 27.5.2009, n° 09-66589).

Le juge compétent est le juge du tribunal d'instance qui statue dans les 24 heures. On peut faire appel de ce jugement dans les 24 heures de la décision devant le premier président de la cour d'appel, par simple lettre, sans avoué obligatoire (art. 1061-1 du Code de procédure civile).
Quand une personne décède à l'hôpital, sa famille ou ses proches ont un délai de 10 jours pour réclamer le corps.

Le père ou la mère d'un enfant pouvant être déclaré sans vie à l'état civil dispose du même délai pour réclamer le corps de l'enfant.
À défaut de réclamation, l'hôpital dispose alors de 2 jours pour faire procéder à l'inhumation du corps. S'il s'agit d'un enfant pouvant être déclaré sans vie à l'état civil, l'hôpital peut procéder à la crémation du corps ou à son inhumation. Ce délai peut être allongé (sans pouvoir dépasser 4 semaines depuis l'accouchement) si des prélèvements sont effectués sur le corps de l'enfant (décret n° 2006-965 du 1er août 2006).

› La crémation

La crémation est autorisée par le maire de la commune où a eu lieu le décès ou, s'il y a eu transport de corps, celui du lieu de la mise en bière.

● Les opérations de crémation

En principe, si le décès a eu lieu en France, la crémation doit être effectuée au plus tôt 24 heures après le décès et au plus tard 6 jours après le décès. Si le décès a eu lieu à l'étranger, la crémation doit avoir lieu au plus tard 6 jours après l'entrée en France du corps (art. R. 2213-34 et s. du Code général des collectivités territoriales).
Les dimanches et les jours fériés ne sont pas compris dans le calcul des délais.
Il faut également noter que des dérogations concernant ces délais peuvent être accordées par le préfet du département en raison de circonstances particulières.
Il est possible d'incinérer les restes des corps exhumés, après autorisation du maire de la commune où a eu lieu l'exhumation.
La famille ou la personne chargée des funérailles doit produire :
- un document faisant état des dernières volontés du défunt ou de la demande de toute personne ayant qualité pour pourvoir aux funérailles (le conjoint, les parents, les enfants…) ;
- un certificat médical attestant de l'absence de problème médico-légal.

Si la mort paraît suspecte, la crémation ne peut avoir lieu qu'après autorisation du Parquet et, éventuellement, autopsie.

● Le sort des cendres

Après la crémation, les cendres sont pulvérisées et recueillies dans une urne cinéraire munie extérieurement d'une plaque portant l'identité du défunt et le nom du crématorium.
La personne qui s'est occupée des funérailles peut décider que les cendres seront :
- soit conservées dans l'urne cinéraire, qui peut être inhumée dans une sépulture ou déposée dans une case de columbarium ou scellée sur un monument funéraire à l'intérieur d'un cimetière ou d'un site cinéraire ;
- soit dispersées dans un espace aménagé à cet effet ;
- soit dispersées en pleine nature, sauf sur les voies publiques.

Les cendres ne peuvent plus être conservées au domicile d'un proche ni divisées entre plusieurs personnes de la famille. En revanche, elles peuvent être inhumées dans une propriété privée.

Si aucune décision n'est prise quant au sort des cendres, l'urne est conservée pendant un an maximum au crématorium ou dans un lieu de culte.
Passé ce délai et à défaut d'autre destination, les cendres sont dispersées dans l'espace aménagé à cet effet du cimetière de la commune du lieu du décès ou dans l'espace le plus proche aménagé à cet effet (art. L. 2223-18-1 du Code général des collectivités territoriales).
Le dépôt ou l'inhumation de l'urne ou la dispersion des cendres sont effectués après déclaration auprès du maire de la commune du lieu de dépôt, d'inhumation de l'urne ou de la dispersion des cendres.
Si les cendres doivent être transportées en dehors du territoire métropolitain, il est nécessaire d'obtenir l'autorisation du préfet du département (art. R. 2213-24 du Code général des collectivités territoriales).

› Où le défunt peut-il être enterré ?

L'enterrement peut avoir lieu dans la commune du décès ou dans la commune du domicile.
La sépulture dans un cimetière d'une commune est due :
- aux personnes décédées sur son territoire, quel que soit leur domicile ;
- aux personnes domiciliées sur son territoire, alors même qu'elles seraient décédées dans une autre commune ; si le défunt n'était pas domicilié dans la commune choisie, mais qu'il y possédait une résidence secondaire, il faut demander l'autorisation d'inhumer au maire de cette commune ;
- aux personnes non domiciliées dans la commune mais qui y ont droit à une sépulture de famille ;
- aux Français établis hors de France n'ayant pas une sépulture de famille dans la commune et qui sont inscrits sur la liste électorale de celle-ci (art. L. 2223-3 du Code général des collectivités territoriales).

Si, en principe, l'enterrement doit avoir lieu dans le cimetière communal, il est possible également de demander l'inhumation dans un cimetière militaire (en principe réservé aux militaires et aux personnes mortes en service commandé au cours d'une guerre), dans une propriété privée, pourvu que cette propriété soit hors de l'enceinte des villes et des bourgs et à la distance prescrite et sous réserves d'obtenir une autorisation préalable du préfet, dans l'enceinte d'un hôpital (pour les fondateurs ou bienfaiteurs de l'établissement et après autorisation du maire).
En principe, aucune inhumation ne peut avoir lieu dans les églises, temples, synagogues et généralement dans aucun des édifices clos et fermés où les citoyens se réunissent pour la célébration de leurs cultes, ni dans l'enceinte des villes et bourgs.

› Qu'est-ce qu'une concession funéraire ?

Une concession est un emplacement dans un cimetière communal accordé à titre privatif aux personnes qui désirent y fonder leur sépulture et celle de leurs enfants ou successeurs (art. L. 2223-13 du Code général des collectivités territoriales). Lorsqu'une première inhumation a été effectuée, le concessionnaire ne peut céder sa concession qu'à un héritier par le sang. En revanche, une donation à un tiers reste possible lorsque la concession n'a pas été utilisée (Rép. min. intérieur et aménagement du territoire n° 70602 : *JOAN Q*, 20.3.2007, p. 2937). Les

bénéficiaires de la concession peuvent construire sur ces terrains des caveaux, monuments et tombeaux.
La concession est accordée pour une durée variable. Il existe :
- des concessions temporaires pour 15 ans au plus ;
- des concessions trentenaires ;
- des concessions cinquantenaires ;
- des concessions perpétuelles.
Les concessions funéraires accordées moyennant le versement d'un capital dont le montant est fixé par le conseil municipal.
Les concessions temporaires, les concessions trentenaires et les concessions cinquantenaires sont renouvelables au prix du tarif en vigueur au moment du renouvellement. Elles sont également convertibles en concessions de plus longue durée.
Lorsque la concession arrive à expiration, le terrain concédé fait retour à la commune à l'expiration d'un délai de 2 ans si le concessionnaire ne paie pas la redevance.
La concession peut aussi être reprise par la commune si elle a cessé d'être entretenue après une période de 30 ans. Dans un premier temps, le maire dresse un procès-verbal d'abandon. Le concessionnaire est averti de ce procès-verbal et a trois ans pour remédier à cet état d'abandon. En cas d'inaction de sa part, le maire peut prendre un arrêté prononçant la reprise par la commune des terrains affectés à cette concession.

› La transmission de la concession

Au décès du titulaire de la concession, celle-ci est transmise en indivision perpétuelle à ses héritiers.
La transmission ne peut se faire qu'aux héritiers. Seuls ces derniers (ainsi que leurs conjoints survivants) ont le droit de se faire inhumer dans la concession.
Si l'un des héritiers veut conserver la concession et que les autres y renoncent, il devra leur payer une indemnité calculée en fonction du prix d'attribution (prix fixé par la commune) et en fonction de la durée de la concession. La renonciation ne peut se faire qu'au profit des autres héritiers.
Le titulaire de la concession peut aussi la léguer (par testament) ou la donner (par acte notarié). Il ne peut en aucun cas la vendre car les droits du titulaire d'une concession sont hors commerce.
Le bénéficiaire de cette transmission doit en principe être une personne de la famille si une ou plusieurs personnes de cette même famille ont déjà été inhumées.
Mais si aucun corps n'y est enterré, la concession peut être transmise à une personne étrangère à la famille (la sépulture ne devient une sépulture familiale que par la première inhumation qui y est faite).
Enfin, le titulaire de la concession peut tout à fait prévoir la liste des personnes admises à être enterrées dans la concession. Cette liste est établie lors de l'acquisition de la concession.

› L'exhumation

Il est possible d'obtenir l'autorisation d'exhumer un corps mais cette autorisation n'est donnée que de façon exceptionnelle.
L'exhumation est possible :
- si la première sépulture n'était que provisoire,
- si une personne de la famille connaissant la volonté du défunt n'a pu donner son avis avant la première inhumation,
- si la volonté du défunt n'a pas été respectée.

Les juges s'efforcent de concilier, d'une part, le respect de la paix des morts et, d'autre part, l'intérêt posthume du défunt.
Un cas a été jugé par la cour d'appel de Grenoble (20.6.2000, La Semaine Juridique, JCP 2000, II, 2001, IV, 1472). Les parents voulaient transférer le corps de leur fils en raison de l'état de santé du père qui pouvait difficilement se rendre sur sa tombe, trop éloignée. Leur demande a été rejetée et ce d'autant plus qu'ils avaient donné leur accord lors de l'enterrement et acquis une concession dans le cimetière où reposait leur fils.

› Comment régler au sein de la famille ou avec la commune les conflits portant sur les obsèques ?

Si des membres de la famille s'opposent à ce qu'une personne, qui vient de décéder, soit enterrée dans la concession familiale, le tribunal d'instance du lieu des funérailles peut être saisi immédiatement, le jugement étant rendu le jour même.
C'est en fonction du lien de parenté entre le concessionnaire et la personne décédée, et au vu des prétentions de la personne qui s'oppose à l'inhumation, que le tribunal statuera.
Il est possible de faire appel de la décision du tribunal dans les 24 heures. La cour d'appel statue également immédiatement.
En cas de contestation sur la propriété même de la concession, il faut s'adresser soit au tribunal de grande instance s'il s'agit d'un litige entre deux particuliers, soit au tribunal administratif s'il s'agit d'un litige avec la commune.
Dans ce dernier cas, la procédure étant plus longue, le corps est déposé dans le caveau municipal provisoire.
Le tribunal de grande instance devient compétent si le conflit porte :
- sur les modifications à apporter à la sépulture ;
- sur le transport du corps après ensevelissement vers une autre sépulture ;
- ou encore sur les inscriptions sur la sépulture après ensevelissement.

› Les frais d'obsèques

Les frais d'obsèques sont normalement prélevés en priorité sur les biens de la succession. Les pompes funèbres peuvent se faire payer directement leurs prestations par la banque même si le compte du défunt est bloqué, ou encore par les organismes de sécurité sociale ou en exécution d'un contrat d'assurance.
Si la valeur des biens de la succession est insuffisante, ce sont les héritiers ou les légataires qui doivent supporter ces frais.

Même s'il renonce à la succession, l'héritier reste tenu d'assurer les obsèques du défunt en exécution du devoir de secours imposé entre parents et enfants et alliés. Les frais d'obsèques font partie des dettes de la succession du défunt. Ils peuvent être déduits de l'actif successoral (déterminé pour le paiement des droits de succession) dans la limite maximum de 1 500 € (voir *Les dettes déductibles*, p. 222).
Si un seul des héritiers a réglé ces frais, le notaire doit en tenir compte dans l'établissement des parts et la composition des lots lors du partage.
Si les héritiers demeurent dans l'indivision, l'héritier qui a avancé les frais d'obsèques peut obtenir des autres héritiers leur participation.
Même un enfant qui n'a pas connu son parent est tenu de participer aux frais d'obsèques.

Cas pratique

L'enfant était né après le décès de son père et son tuteur estimait qu'il n'avait pas à régler les frais d'obsèques d'une personne qu'il n'avait pas connue et qui ne s'était jamais occupée de son fils.
Ce raisonnement est écarté. Cette obligation repose sur l'obligation de l'enfant de respecter sa vie durant, ses père et mère et non sur un éventuel lien affectif ou une éventuelle succession bénéficiaire.
L'enfant qui avait reçu le capital décès a été obligé de participer aux frais d'obsèques de son père. La succession étant par ailleurs déficitaire, son tuteur avait renoncé pour lui à cette succession (C. cass., 1re ch. civ., 28.1.2009).

Chaque héritier doit participer à hauteur de ses ressources. À défaut d'accord sur la répartition, il faut saisir le juge du tribunal d'instance.

› La cryogénisation

La technique de cryogénisation consiste à congeler, selon des techniques particulières, le corps du défunt afin d'assurer sa conservation. Le but poursuivi peut être l'espérance d'une résurrection, l'espérance de progrès scientifiques permettant de redonner la vie ou encore la simple volonté de conserver près de soi le corps d'un être cher.
Actuellement la cryogénisation n'est pas considérée en France comme un système légal d'inhumation et il n'est pas possible de conserver chez soi le corps d'un défunt dans un congélateur.
Lorsque les héritiers désirent faire enterrer une personne dans une propriété privée, ils doivent obtenir l'autorisation du préfet du département où est située cette propriété, accomplir toutes les formalités liées au décès et justifier de l'avis d'un hydrogéologue agréé (art. R. 2213-17 du Code général des collectivités territoriales). La propriété doit, par ailleurs, être située à 35 m de l'enceinte des villes et des bourgs (art. L. 2223-9 du Code des collectivités territoriales).
La question se pose de savoir si la cryogénisation du défunt et la conservation du corps dans une propriété privée peut de la même façon être autorisée par le préfet.

Cas pratique

Dans une affaire soumise aux juges, les enfants d'une personne décédée avaient demandé l'autorisation au préfet de congeler le corps de leur mère afin de la conserver auprès d'eux et de maintenir ainsi le fort attachement qui les avait toujours unis.
Le préfet a refusé de leur donner cette autorisation et les enfants ont demandé l'annulation de ce refus au tribunal administratif.
Le tribunal a considéré que la cryogénisation n'était pas une forme d'inhumation et qu'en conséquence le préfet ne pouvait que rejeter la demande (tribunal administratif de Saint-Denis de la Réunion, 21.10.1999, JCP 2000, II, 10287).
La demande des enfants aurait pu être portée devant le maire de leur commune puisqu'il est de la compétence de ce dernier d'autoriser les procédés de conservation des corps (art. R. 2213-2 du Code général des collectivités territoriales).

La question n'est donc pas réglée.
Il faut actuellement attendre une éventuelle décision de la Cour européenne des droits de l'homme qui sera peut-être saisie de cette question au nom de la liberté reconnue à chacun d'organiser ses propres funérailles.
Actuellement, les juridictions françaises refusent d'annuler les arrêtés ou mises en demeure ordonnant de faire cesser la technique de la cryogénisation.
Elles considèrent que même si l'interdiction de cryogénisation constitue une atteinte au droit au respect de la vie privée et familiale et à la liberté de pensée et de conscience consacrée par la Convention européenne des droits de l'homme, cette atteinte trouve son fondement dans la loi et est justifiée par des impératifs d'ordre et de santé publics.
Cette atteinte n'est donc pas disproportionnée par rapport à ces impératifs et n'est pas contraire aux stipulations de la Convention (tribunal administratif de Nantes, 5.9.2002, JCP 2003, II, 10052 p. 572 ; cour d'appel d'Angers, 9.9.2002, JCP 2003, II, 10052 p. 573).
Le Conseil d'État a confirmé cette jurisprudence. La cryogénisation n'est pas un mode de sépulture autorisé en France (Conseil d'État, 6.1.2006, La semaine juridique (JCP) 2006, II, 10059).

OPÉRATIONS FUNÉRAIRES		
Opérations	**Situation normale**	**Problèmes médico-légaux**
Établissement du certificat de décès	– certificat établi par le médecin de l'état civil – (à défaut) par le médecin soignant	Médecin requis par l'officier de police judiciaire, y compris pour les décès survenus sur la voie publique
Transport du corps avant la mise en bière	Déclaration préalable faite au maire par courrier, par fax ou par courrier électronique.	Procureur de la République
Fermeture du cercueil	Autorisation donnée par le maire de la commune du décès	Autorisation donnée par le maire de la commune du décès au vu de l'autorisation d'inhumer délivrée par le Parquet
Dépôt temporaire du corps dans un caveau, un édifice cultuel ou une résidence	Autorisation donnée par le maire de la commune du dépôt au vu de l'autorisation de fermeture du cercueil délivrée par l'officier d'état civil	Autorisation d'inhumer délivrée par le Parquet
Transport du corps après mise en bière	Déclaration préalable faite au maire par courrier, par fax ou par courrier électronique.	Procureur de la République
Inhumation	Autorisation délivrée par le maire de la commune du lieu d'inhumation	Procureur de la République après constat d'un OPJ et d'un médecin commis par lui
Crémation	Autorisation délivrée par le maire du lieu de décès (ou par le maire du lieu de la crémation en cas de transport du corps) sur demande d'une personne ayant qualité pour pourvoir aux funérailles	Procureur de la République
Exhumation	Autorisation délivrée par le maire du lieu d'exhumation	Procureur de la République

Le généalogiste

Un généalogiste, en matière de succession, est celui qui révèle à un héritier l'existence d'une succession dont il ignorait l'existence et dans laquelle il a des droits.
Depuis la loi n° 2006-728 du 23 juin 2006 (applicable depuis le 1.1.2007), cette profession est plus sévèrement réglementée.
Désormais, pour pouvoir rechercher un héritier et prétendre à une rémunération, le généalogiste doit être porteur d'un mandat. Le mandat peut être donné par toute personne qui a intérêt à retrouver les héritiers ou à régler une succession.
À défaut de posséder ce mandat, aucune rémunération sous quelque forme que ce soit, ni aucun remboursement de frais ne peut lui être versé.
Une exception est prévue pour les successions vacantes ou en déshérence pour lesquelles le généalogiste peut agir sans mandat.
Le généalogiste peut agir de sa propre initiative ou à la demande des autres héritiers.

› Lorsqu'il a agi de sa propre initiative

Il propose à l'héritier retrouvé un contrat de révélation de succession. Pour pouvoir prétendre à une rémunération, le généalogiste doit prouver que son intervention a permis à l'héritier de recueillir les biens de la succession inconnue par lui. Dans ce cas, le généalogiste a droit, en contrepartie de sa révélation, à un pourcentage sur les biens recueillis (généralement 1/3 ou 1/4 suivant l'importance de la succession).
Mais s'il est établi que cet héritier aurait, sans l'intervention du généalogiste, été, de toute façon, prévenu de l'existence de cette succession, le contrat qu'il a signé avec le généalogiste n'est pas valable.
De même, si la succession se révèle déficitaire ou si l'héritier s'en trouve exclu, les frais engagés par le généalogiste restent en principe à sa charge.

› Si le généalogiste est mandaté par les autres héritiers

Ses frais et honoraires sont payés soit sur la part recueillie par l'héritier retrouvé, soit (lorsque la succession est déficitaire) par les héritiers qui lui ont demandé la recherche.
Enfin, les tribunaux peuvent réduire les honoraires lorsqu'ils apparaissent exagérés par rapport au service rendu. Cette solution a été admise dans un arrêt de la Cour de cassation (1re ch. civ., 5.5.1998) et semble modifier la règle acquise auparavant qui voulait que les juges ne pouvaient pas diminuer les honoraires d'un généalogiste. Ces honoraires, en effet, étaient justifiés par le risque encouru (risque d'une succession déficitaire, risque de découverte d'un testament déshéritant la personne retrouvée…) d'être totalement privé de rémunérations (contrat dit « aléatoire »).

› Le démarchage à domicile

Un généalogiste qui se présenterait au domicile d'une personne pour proposer ses services et lui révéler une succession est soumis aux règles du démarchage à domicile.
Cela signifie que le contrat signé doit prévoir la faculté de résiliation pour le particulier dans le délai de 7 jours de la signature. Doivent également être indiquées les modalités de cette résiliation et être reproduits les articles L. 121-23 à L. 121-26 du Code de la consommation relatif au démarchage au domicile. À défaut, le contrat pourrait être annulé et le généalogiste ne serait plus en droit de réclamer ses honoraires (cour d'appel de Paris, 19.3.1998, Gaz. pal. 11.3.1999, p. 19).
De même, le généalogiste qui inviterait par téléphone les héritiers à se déplacer dans son cabinet ou qui enverrait par courrier une proposition de venir signer dans ses bureaux un contrat de révélation de succession serait soumis aux règles du démarchage.
En revanche, l'envoi d'un courrier proposant la prestation de services n'est pas assimilable à un démarchage par téléphone.
Dans cet arrêt, le cabinet de généalogie, contacté par un notaire, avait envoyé aux héritiers présumés une proposition de contrat par La Poste et les héritiers l'avaient signée avant de la renvoyer à l'expéditeur. La Cour de cassation revient sur sa jurisprudence et refuse cette assimilation. Les contrats conclus à distance ne sont pas des contrats conclus par démarchage (C. cass., 1re ch. civ., 9.7.2003, JCL Contrats concurrence et consommation, 4.2004, n° 67 p. 43).

L'ouverture de la succession

Le décès d'une personne entraîne l'ouverture de sa succession qui entraîne elle-même des conséquences fiscales et administratives, notamment au travers du paiement de droits de succession ou de mutation. Afin de permettre à l'administration de calculer ces droits, les héritiers ou légataires devront notamment effectuer une déclaration de succession.

Les premières démarches

› Que devient le logement du défunt locataire ?

En cas de décès du locataire, son conjoint bénéficie de la cotitularité du bail en vertu de l'article 1751 du Code civil.
À défaut de conjoint pouvant bénéficier de cette disposition, le bail peut être transféré, attribué ou résilié.

• Cotitularité du bail

Le conjoint du locataire est considéré comme locataire même s'il n'a pas signé le bail dès lors que le logement est à usage d'habitation et qu'il constitue le domicile du couple.
Le bail sans caractère professionnel ou commercial est réputé appartenir à l'un et à l'autre des époux (art. 1751 du Code civil).
Mais attention, si le bail signé par l'époux décédé porte sur un local à usage mixte (c'est-à-dire habitation et professionnel), son conjoint ne peut pas bénéficier de cette cotitularité (cour d'appel de Paris, 16.12.1999, JCL Loyers 2000 n° 82, p. 6).
Dans cette hypothèse, le conjoint non titulaire du bail peut bénéficier de la transmission de ce bail.

• Transmission du bail

Lorsque le défunt était locataire, le bail peut être transmis à certaines personnes énumérées par la loi et sous certaines conditions.
Ces personnes sont les suivantes :
- le conjoint survivant (même s'il n'a pas signé le bail et même s'il ne demeurait pas dans les lieux) ;
- les descendants (enfants) qui vivaient avec lui depuis au moins un an à la date du décès ;
- le partenaire lié au locataire par un pacte civil de solidarité ;
- les ascendants, le concubin notoire ou les personnes à charge du défunt qui vivaient avec lui depuis au moins un an à la date du décès (art. 14 de la loi n° 89-462 du 6.7.1989).

En cas de demandes multiples (par exemple, en cas de demandes émanant du conjoint et d'un enfant né d'un précédent mariage), le juge se prononce en fonction des intérêts en présence.
Le législateur a étendu au profit de la personne liée au locataire par un pacte civil de solidarité le bénéfice de la continuation du contrat de location en cas d'abandon du domicile par le locataire et celui du transfert du contrat en cas de décès, pour la durée prévue dans le bail.
Il faut noter qu'aucune condition de durée du PACS ni aucune durée de cohabitation préalable ne sont exigées.
Vis-à-vis du propriétaire, le droit au bail du locataire décédé se transmet de plein droit aux héritiers, sans qu'il soit nécessaire d'en revendiquer le bénéfice (C. cass., 3e ch. civ., 29.9.2010, n° 09-16082).

● Le paiement de l'arriéré de loyers

La question se pose de savoir si le bénéficiaire du transfert du bail doit régler les loyers antérieurs au décès ou non.
La Cour de cassation a répondu par la négative. Non prévu par la loi, le transfert du bail n'implique pas le transfert des dettes. Cela signifie que l'arriéré du loyer du défunt doit être réclamé à la succession et non à la personne ayant bénéficié du transfert (C. cass., 3e ch. civ., 16.2.2000, Bull. civ., n° 32 p. 23).

● Attribution préférentielle

L'attribution préférentielle d'un logement est réservée à celui qui habitait dans les lieux à l'époque du décès et qui continue d'y avoir sa résidence principale (une résidence secondaire ne peut être attribuée dans le cadre d'un partage).
Le droit au bail peut faire l'objet d'une attribution préférentielle en faveur du conjoint survivant, du partenaire lié au défunt par un pacte civil de solidarité ou de tout autre héritier (art. 831-2 du Code civil) (voir *L'attribution préférentielle*, p. 347).

● Reprise du local par le propriétaire

À défaut de personnes pouvant bénéficier de cette transmission, le contrat de location est résilié de plein droit par le décès du locataire (art. 14 de la loi n° 89-462 du 6.7.1989).
La résiliation prend effet à la date du décès.
Les héritiers ont intérêt à libérer le plus vite possible le logement des meubles et des effets personnels du défunt car le propriétaire est en droit de réclamer aux héritiers une indemnité d'occupation pour la période pendant laquelle il n'a pu disposer de ce logement.
L'indemnité d'occupation peut être égale au montant du loyer.
Il peut aussi réclamer à la succession le montant des loyers ou charges impayés jusqu'à la résiliation du bail. Le montant du dépôt de garantie sera restitué, soustraction faite des éventuels frais de remise en état.
En revanche, le propriétaire n'a pas le droit de disposer lui-même des meubles du défunt. Il doit s'adresser au tribunal d'instance pour obtenir l'autorisation d'enlever les meubles. Cette autorisation peut lui être donnée 1 mois après le décès, lorsqu'il n'y a pas de successible connu et si le contrat de location a pris fin, après

apposition des scellés ou rédaction d'un état descriptif. Les frais d'enlèvement et de conservation des meubles sont avancés par le propriétaire (art. 1324 du Code de procédure civile).

› Que faire si on trouve un testament ?

Le testament retrouvé parmi les affaires du défunt doit obligatoirement être remis à un notaire par celui qui l'a découvert.
À défaut d'être déposé sans délai chez un notaire, le testament ne peut pas être exécuté.

Cas pratique

Un homme avant de décéder avait, dans son testament, écrit sa volonté d'être incinéré. Il avait remis ce testament à l'association crématiste du Lot-et-Garonne dont il faisait partie. Un litige, au décès du testateur, opposait l'association et la famille sur la forme des obsèques. L'association n'a pas pu faire exécuter le testament ni donc procéder à l'incinération ni respecter les dernières volontés du testateur car elle avait omis de le déposer au rang des minutes d'un notaire (qui le transmet alors au fichier des testaments) (cour d'appel d'Agen, 30.8.2000, JCL, Droit de la famille 1.2001, n° 9, p. 24).

Le testament doit être enregistré dans le délai de 3 mois à compter du décès (art. 636 du Code général des impôts).
Le notaire peut soit convoquer les héritiers pour procéder à l'ouverture et à la lecture du testament, soit leur adresser directement une copie de ce testament.
Le Fichier central des dernières volontés regroupe l'ensemble des testaments déposés chez les notaires (testaments authentiques et testaments olographes). À l'occasion d'un décès, le notaire chargé de la succession peut ainsi savoir si le défunt avait ou non rédigé un testament qui a pu être déposé chez un autre notaire.
Le fichier regroupe également les donations intervenues entre époux.
Les particuliers peuvent avoir accès à ce fichier en adressant un acte de décès (original ou copie certifiée conforme) à l'adresse suivante : ADSN (Association pour le développement du service notarial), 95 avenue des Logissons, 13107 Venelles. Tél. : 0 800 587 105 (numéro Vert). Site internet : adsn.notaires.fr. Moyennant une participation financière, le demandeur est informé de l'identité et des coordonnées du notaire détenteur de l'acte.

› Faut-il s'adresser à un notaire ?

L'habitude est de s'adresser à un notaire lorsqu'un décès survient. Or, cette habitude n'est pas une obligation et les héritiers peuvent, en principe, régler seuls le sort de la succession.
Tout d'abord, il faut savoir que les successions entre héritiers en ligne directe (parents, enfants, petits-enfants) ou entre époux sont dispensées de déclaration fiscale et donc de droits de mutation si l'actif successoral ne dépasse pas 50 000 € (depuis le 1.1.2006).

S'il s'agit d'une succession en ligne collatérale (succession entre frère et sœur, oncle et neveu ou entre cousins) ou entre non-parents, la déclaration n'est pas obligatoire lorsque l'actif brut ne dépasse pas 3 000 €.
Pour les successions dépassant ces plafonds, les héritiers peuvent théoriquement établir eux-mêmes la déclaration de succession, prévenir du décès les établissements bancaires ou sociaux dont dépendait le défunt, régler les droits de succession, etc.
Mais cette possibilité d'agir seul cesse dès qu'une succession comprend des immeubles, s'il existe un testament ou si le défunt a fait des donations. Dans ces cas, l'intervention du notaire est obligatoire. L'intervention du notaire est également obligatoire pour établir l'acte de notoriété.
Par ailleurs, si la succession est importante, si les héritiers sont nombreux ou éloignés ou s'il y a parmi eux des enfants mineurs, les démarches à effectuer et les opérations de partage, notamment, se révèlent difficiles et entièrement de la compétence du notaire.
Il est donc certainement préférable, dans la quasi-totalité des cas, de s'adresser, dès le décès, à un notaire.

› Le rôle du notaire

Le notaire, s'il est saisi d'une succession dès le décès, règle l'ensemble des formalités obligatoires et établit notamment :
- le certificat de propriété qui permet de retirer les fonds sur un compte bancaire ou postal ;
- l'acte de notoriété qui permet de justifier de la qualité d'héritier vis-à-vis des tiers ou de l'administration ;
- l'intitulé d'inventaire qui expose les droits et qualités des parties au début de l'inventaire des biens d'une succession ;
- l'attestation notariale nécessaire pour la transmission de la carte grise d'un véhicule du défunt à l'un des héritiers ;
- l'attestation immobilière destinée à être publiée aux hypothèques pour la transmission des immeubles, etc.

Il se charge également de prévenir les banques, les organismes sociaux dont dépendait le défunt. Il rédige la déclaration de succession destinée à l'administration fiscale et peut procéder à l'estimation des biens.
Il fixe le cas échéant les modalités du maintien dans l'indivision (convention d'indivision) ou les opérations de partage (composition des lots notamment).
S'il existe un testament olographe, le notaire se charge de le faire enregistrer. Cet enregistrement doit avoir lieu dans les trois mois du décès (art. 636, art. 245 Annexe III, art. 60 Annexe IV du Code général des impôts).
Si le testament contient des legs en faveur d'une association, d'une fondation ou d'une congrégation, le notaire dépositaire du testament est tenu, aussitôt après l'ouverture du testament, d'adresser aux représentants de ces établissements, ainsi qu'au préfet du département du lieu de l'ouverture de la succession, la copie intégrale des dispositions faites au profit de chacun des établissements. La copie est écrite sur papier libre.

Le dossier à communiquer au notaire devra comprendre :
- les documents relatifs aux personnes : défunt, conjoint, héritiers (actes de naissance, acte de décès, livret de famille, contrat de mariage, jugement de divorce, certificat de coutume si le défunt était étranger…) ;
- les documents relatifs aux biens (testament, donation entre époux, donations antérieures, titres de propriété, références des comptes en banque, contrats d'assurance…) ;
- la liste complète des dettes du défunt qui pourront éventuellement être déduites de la déclaration de succession.

› Les honoraires du notaire

Les notaires sont rémunérés par des émoluments et des honoraires.
Les émoluments sont calculés selon des tarifs fixés par décret (décret n° 78-262 du 8.3.1978).
Lorsque plusieurs notaires interviennent dans la rédaction ou la réception d'un acte, les émoluments ne sont pas augmentés (sauf si l'acte est rémunéré selon le nombre d'heures passées). Ils sont partagés entre les deux notaires.

● Les honoraires (dits « article 4 » du décret)

Ils sont dus pour toutes les actes qu'effectuerait le notaire, et qui ne seraient pas rémunérées par les émoluments car non établis obligatoirement par un notaire (par exemple les actes relatifs aux associations, aux baux commerciaux, aux sociétés…). Leurs montants sont libres. À défaut d'accord entre le notaire et son client, ils peuvent être fixés par le juge chargé de la taxation.
Des honoraires peuvent également être demandés pour rémunérer les services rendus par le notaire qui ne seraient pas prévus par le barème (par exemple des honoraires pour une consultation juridique ou pour une expertise mobilière ou immobilière, ou encore pour la recherche d'héritiers, les déclarations fiscales…). Le client doit être préalablement averti du caractère onéreux de la prestation et du montant estimé de la rémunération à prévoir.

● Les émoluments

Les émoluments sont réglementés et dépendent des actes réalisés.
Il existe les émoluments fixes, les émoluments de formalité et les émoluments proportionnels.

Les émoluments fixes

Ils concernent d'une manière générale les actes dans lesquels il n'est pas fait mention de capitaux. Ils sont égaux au montant de « l'unité de valeur » (UV) fixée par décret et affectée d'un multiple selon la nature de l'acte. L'unité de valeur est actuellement fixée à 3,90 € HT (décret n° 2011-188 du 17.2.2011).
• Tarification :
- consentement donné pour l'exécution d'un testament ou d'une donation entre époux : 20 UV (ajoutés aux émoluments proportionnels) ;
- convention d'indivision : minimum 70 UV ;
- décharge d'exécution testamentaire : 7 UV ;

- donation entre époux (lors de l'établissement effectué en l'étude du notaire) : 30 UV (lors du décès, le notaire aura droit à des émoluments proportionnels calculés sur la valeur des biens transmis) ;
- inventaire : 20 UV ;
- mandat posthume : 30 UV ;
- notoriété : 15 UV ;
- origine de propriété (par acte séparé) : 1 UV ;
- procuration : 7 UV ;
- révocation de donation entre époux ou de testament : 7 UV ;
- testament, rédaction d'un testament authentique : 30 UV ;
- testament, garde du testament olographe (émolument perçu au décès) : 7 UV ;
- testament, procès-verbal d'ouverture de testament : 7 UV.

Les émoluments de formalités

Les formalités sont les opérations préalables ou postérieures à un acte et obligatoires (par exemple, l'attestation établie par le notaire pour pouvoir modifier le titulaire de la carte grise).
Ces formalités sont également rémunérées par unités de valeur :
- demande d'actes d'état civil : 3 UV ;
- attestation en remplacement d'un acte : 4 UV (autres attestations : 1 UV). Les attestations destinées à constater la transmission d'immeubles par décès sont rémunérées par les émoluments proportionnels.
- demande de documents cadastraux : 3 UV ;
- publication ou mention de publicité foncière : 2,5 UV si le capital est inférieur à 7 622 €, 5 UV si le capital est compris entre 7 623 € et 18 294 €, et 7,5 UV si le capital est supérieur à 18 294 € ;
- interrogation au fichier des testaments : 4 UV ;
- remise au greffe d'un testament : 5 UV ;
- actes destinés à être publiés au bureau des hypothèques : actes d'état civil, attestations, demandes de cadastre, copies authentiques, copies sur papier libre, copies publicité foncière, extraits d'acte, réquisitions d'état : 90 UV.

Les émoluments proportionnels

Ils sont calculés sur le capital indiqué dans l'acte. Chaque acte est lui-même classé dans une série de base (S1 ou S2) déterminant le taux applicable et affecté d'un certain coefficient.

• Les séries de base sont les suivantes :

Première série (S1) :
- de 0 jusqu'à 6 500 € : 4 %
- au-delà de 6 500 € et jusqu'à 17 000 € : 1,65 %
- au-delà de 17 000 € et jusqu'à 60 000 € : 1,10 %
- au-delà de 60 000 € : 0,825 %

Deuxième série (S2) :
- de 0 jusqu'à 6 500 € : 2 %
- au-delà de 6 500 € et jusqu'à 17 000 € : 1,10 %
- au-delà de 17 000 € et jusqu'à 30 000 € : 0,75 %
- au-delà de 30 000 € : 0,55 %

• Classification des actes
Attestation de transmission d'immeuble : classée S2 et affectée d'un coefficient : 1 ;
Compte d'inventaire : S1 – coefficient : 2/3 ;
Compte d'exécution de succession : S1 – coefficient : 2/3 ;
Consentement valant délivrance donné pour l'exécution d'un testament ou d'une donation entre époux : S2 – coefficient : 1 (ajoutés aux émoluments fixes) ;
Contrat de mariage (changement) : S1 – coefficient : 1/3 ;
Convention d'indivision : S2 – coefficient : 0,80 (ajoutés aux émoluments fixes) ;
Déclaration de succession (sur l'actif brut) : S2 – coefficient : 0,80 ;
Délivrance de legs (avec décharge, quittance ou acceptation) : S2 – coefficient : 1 ;
Donations entre vifs (sur la valeur totale donnée par chaque donateur) : S 1 ;
- coefficient 1,25 si la donation est acceptée ;
- coefficient 0,90 en l'absence d'acceptation ;
- coefficient 0,35 pour l'acceptation ;
Donation-partage : S1 – coefficient : 1,25 ;
Licitation : S1 ;
- coefficient : 2/3 pour une licitation de gré à gré faisant cesser l'indivision ;
- coefficient : 2 pour une adjudication volontaire ;
- coefficient : 1,875 pour une adjudication judiciaire (avec rédaction du cahier des charges) ;
Partage volontaire ou judiciaire : S1 – coefficient : 1,25.

Cas pratiques

La donation est classée S1 avec coefficient 1,25 en cas d'acceptation.
Si le bien donné a une valeur de 60 000 € les émoluments proportionnels s'élèveront à 1 029,69 € se décomposant comme suit :
– de 0 à 6 500 € x 4 % = 260 €
– de 6 500 à 17 000 € x 1,65 % = 173,25 €
– de 17 000 à 30 000 € x 1,10 % = 143 €
– de 30 000 à 60 000 € x 0,825 % = 247,50 €
= 823,75 x 1,25 = 1 029,69 €

Le notaire peut-il calculer ses émoluments sur le capital d'un contrat d'assurance-vie, alors que ce capital ne fait pas partie de la succession ?
La Cour de cassation a répondu par l'affirmative en distinguant les aspects civils et fiscaux du régime des contrats d'assurance-vie.
D'un point de vue civil, le capital issu du contrat est exclu de la succession de l'assuré.
Mais d'un point de vue fiscal, le capital est taxé et intégré dans l'actif brut de la succession.
Or, le notaire calcule ses émoluments sur l'actif brut de la succession avant de soustraire le passif.
L'assiette de l'émolument coïncide avec celle de l'impôt. Le notaire doit calculer ses émoluments sur la partie des primes qui excède 30 500 € ou sur le capital qui excède 152 500 € ou 902 838 € (selon la date de versements des primes).

Autre conséquence : le notaire ne peut pas percevoir des émoluments sur les capitaux reçus par le conjoint ou le pacsé puisque ces derniers sont totalement exonérés de droits (C. cass., ch. com., 14.10.2011, n° 10-20218).

ATTENTION ⚠

Guadeloupe, Guyane et Martinique *Dans les départements de la Guadeloupe, de la Guyane et de la Martinique, les émoluments du notaire sont majorés de 25 % (décret n° 2003-661 du 15.7.2003).*

› Qu'est-ce qu'un acte de notoriété ?

L'acte de notoriété est établi par le notaire à la demande d'un ou plusieurs ayants droit.

Il est presque toujours nécessaire puisqu'il sert à prouver la qualité d'héritier ou la qualité de légataire d'une succession auprès des administrations, des caisses de retraite, des banques, des organismes sociaux. L'acte de notoriété permet donc de prendre possession des biens de la succession.

Depuis le 21 décembre 2007 (loi relative à la simplification du droit), les actes de notoriété sont établis exclusivement par les notaires. Les greffes des tribunaux d'instance ne sont plus habilités à les délivrer. Le recours au notaire devient donc obligatoire dans toutes les successions en cours à partir du 21 décembre 2007 (sauf si la succession ne comporte aucun bien).

L'acte de notoriété doit viser l'acte de décès de la personne dont la succession est ouverte et faire mention des pièces justificatives qui ont pu être produites, tels les actes de l'état civil et, éventuellement, les documents qui concernent l'existence de libéralités à cause de mort (testament ou donation au dernier vivant) pouvant avoir une incidence sur la transmission des biens.

L'acte de notoriété contient l'affirmation, signée des auteurs de la demande, qu'ils ont vocation, seuls ou avec d'autres qu'ils désignent, à recueillir tout ou partie de la succession du défunt. L'acte de notoriété ainsi établi fait foi jusqu'à preuve du contraire. Celui qui s'en prévaut est présumé avoir des droits héréditaires dans la proportion indiquée.

L'affirmation contenue dans l'acte de notoriété n'emporte pas, par elle-même, acceptation de la succession.

Les héritiers désignés dans l'acte de notoriété ou leur mandataire commun sont réputés, à l'égard des tiers détenteurs de biens de la succession, avoir la libre disposition de ces biens et, s'il s'agit de fonds, la libre disposition de ceux-ci dans la proportion indiquée à l'acte.

› Comment débloquer les sommes des comptes bancaires ou postaux ?

S'il s'agit d'un compte joint entre époux, le conjoint survivant peut toujours utiliser le compte puisqu'il en est cotitulaire. S'il s'agit d'un compte ouvert au seul nom du défunt, les sommes sont, en principe, bloquées jusqu'au partage.

Pour débloquer les sommes lorsque l'avoir global est supérieur à 5 335 €, les héritiers doivent fournir un certificat de propriété établi par le notaire.

Les émoluments du notaire sont fixés sans dégressivité à 0,50 % HT calculés sur la valeur indiquée dans l'acte (le certificat de propriété peut également être délivré par le juge d'instance du domicile du défunt s'il n'existe ni testament ni donation, ni contrat de mariage).
Si les sommes sont inférieures ou égales à 5 335 €, un simple certificat d'hérédité (délivré sans frais par le maire de la résidence du défunt ou des héritiers) peut être suffisant. Il suffit de se présenter à la mairie du défunt ou de son propre domicile et de produire le livret de famille établissant le lien de parenté avec le défunt et un acte de décès. La présence de deux témoins peut être requise.
La pratique du certificat d'hérédité est prévue en principe pour les sommes détenues par l'État ou les établissements publics (par exemple, CCP, Caisse d'épargne). Mais cette pratique s'est étendue également aux autres comptes bancaires.

À NOTER

Le certificat d'hérédité *Le maire (ou les services communaux) n'est jamais obligé de fournir ce certificat d'hérédité. Dans ce cas, les intéressés doivent demander au notaire d'établir un certificat de propriété ou une attestation notariée ou encore un acte de notoriété.*

En principe, les établissements délivrent un chèque pour chaque héritier. Le solde peut cependant être réglé à un seul d'entre eux si cet héritier détient une procuration signée des autres héritiers lui donnant pouvoir de recevoir le solde.
Cette procuration peut être rédigée sur papier libre, mais les signatures doivent être certifiées par le notaire ou, s'il s'agit d'un compte postal, par le receveur de La Poste.
Des frais de dossier peuvent être demandés lors de la clôture du compte.

› Comment connaître l'existence de contrats d'assurance-vie ?

Toute personne peut adresser à l'organisme AGIRA, 1 rue Jules Lefebvre, 75431 Paris Cedex 09, une demande sur l'existence éventuelle d'un contrat souscrit à son profit par le défunt. Dans les 15 jours suivant la réception de la lettre, l'organisme transmet cette demande aux entreprises d'assurance. Ces entreprises disposent d'un délai d'1 mois pour informer le demandeur de l'existence d'un capital ou d'une rente garantis payables à son bénéfice (art. L. 132-9-2 et A. 132-9 du Code des assurances).
Par ailleurs, les assurances sont désormais tenues d'informer les bénéficiaires des contrats qu'elles conservent dès qu'elles sont informées du décès de l'assuré (art. L. 132-8 du Code des assurances). Elles doivent rechercher le ou les bénéficiaires des contrats qu'elles détiennent dès lors qu'elles ne possèdent pas ses coordonnées. Pour cela, elles ont accès aux données du répertoire national d'identification des personnes physiques établi par l'INSEE.
Pour inciter les assurances à effectuer cette recherche, la loi prévoit des sanctions financières.

Lorsque l'assurance n'a pas encore les pièces nécessaires au paiement, le capital non versé doit être revalorisé au plus tard 1 an après le décès de l'assuré (selon les modalités prévues dans le contrat),
Lorsque le dossier est complet, le capital doit être versé dans le mois qui suit la réception des pièces. À défaut, le capital est augmenté d'intérêts de retard (art. L. 132-23-1 du Code des assurances).
Les sommes qui n'ont pas été réclamées après un délai de 30 ans suivant le décès de l'assuré sont acquises à l'État. Le bénéficiaire n'a plus d'action en réclamation (art. L. 1126-1 du Code général de la propriété des personnes publiques).
Ces règles s'appliquent aux contrats d'assurance sur la vie pour lesquels aucune réclamation n'est intervenue entre le décès de l'assuré et le 22 décembre 2006 (date de publication de la loi n° 2006-1640 du 21.12.2006 de financement de la Sécurité sociale pour 2007).

› Peut-on utiliser ou vendre le véhicule du défunt ?

Le véhicule ayant appartenu au défunt fait partie de la succession comme les autres biens. Cela signifie qu'il se trouve en indivision entre les héritiers.
L'indivision est un régime peu adapté et il est donc préférable de régler rapidement le sort de ce véhicule.
Le véhicule peut être soit attribué à l'un des héritiers, soit vendu à un tiers.
Pour établir la carte grise au nom d'un héritier, il faut remplir une demande de certificat d'immatriculation accompagnée de la précédente carte grise, d'une attestation du notaire (certifiant le décès du précédent propriétaire et les références du véhicule tombé dans la succession), d'un acte de notoriété ou d'un certificat de propriété ou encore d'un certificat d'hérédité.
S'il y a plusieurs héritiers, ces derniers doivent signer une lettre de désistement en faveur de celui qui demande l'immatriculation. Cette lettre de désistement peut être remplacée par un certificat du notaire constatant l'accord des cohéritiers d'attribuer le véhicule à l'un d'entre eux.
Il faut également joindre le certificat de position administrative (regroupant le certificat de non-gage et le certificat de non-opposition).
Si les héritiers décident de vendre le véhicule, ils doivent tout d'abord immatriculer le véhicule au nom d'un ou de plusieurs héritiers,
- sauf si cette revente intervient dans un délai ne dépassant pas 3 mois suivant le décès du titulaire ;
- ou, sauf si le véhicule n'a pas circulé depuis le décès du titulaire de la carte grise. Dans ce dernier cas, l'héritier qui avait la garde du véhicule devra remettre à l'acquéreur une attestation sur l'honneur certifiant que le véhicule n'a jamais circulé sur des voies ouvertes à la circulation publique (arrêté du 5.11.1984).

Cas pratique

Ma tante m'a légué une voiture. Mes cousines contestent ce legs estimant que la voiture appartenait à leurs parents (ma tante et son mari) puisqu'elle avait été financée avec de l'argent commun, après le décès du mari. Qu'en est-il ?

Un bien appartient à celui qui l'a acquis, quel que soit son financement. La voiture appartient bien à votre tante puisque c'est elle qui l'a acquise.
Le fait que l'argent qui a servi à payer ce bien soit de l'argent commun ne rentre pas en considération pour déterminer la propriété du véhicule. Par ailleurs, cette acquisition a eu lieu après le décès de son mari et ne constitue pas un bien commun.
Dans un cas similaire au vôtre, les filles qui s'étaient opposées à la délivrance du legs ont dû payer des dommages-intérêts au bénéficiaire du testament (C. cass., 1re ch. civ., 19.3.2008, n° 07-12300).

Le détournement ou le recel des biens de la succession

› Faut-il mettre les scellés sur les biens de la succession (art. 1304 à 1327 du Code de procédure civile) ?

L'apposition des scellés est toujours facultative. Elle peut être demandée lorsque le défunt possédait des objets de valeur et qu'on craint un détournement de ces biens par les personnes qui avaient accès au logement du défunt.
Elle peut être demandée par :
- le conjoint survivant ou le partenaire pacsé ;
- les héritiers ou légataires ;
- l'exécuteur testamentaire ou le mandataire successoral ;
- le ministère public ;
- le propriétaire des lieux (s'il s'agit d'une location) ;
- les créanciers munis d'un titre exécutoire ou d'une permission du juge ;
- les personnes qui demeuraient avec le défunt ;
- le maire, le commissaire de police ou le commandant de la gendarmerie si le défunt ne laisse pas de conjoint ni d'héritiers majeurs.

L'apposition peut se révéler utile s'il y a des enfants mineurs ou si l'on craint qu'un héritier ne s'empare de certains biens, ou encore si l'on prévoit des contestations lors du partage.
La demande est portée devant le président du tribunal de grande instance dans le ressort duquel est ouverte la succession. Le ministère d'avocat n'est pas obligatoire.
Le juge rend une ordonnance et désigne un huissier de justice (D. n° 2011-1043 du 1.9.2011).
Pour apposer les scellés, l'huissier se rend sur place. Si les locaux sont fermés et si le requérant n'en demande pas l'ouverture, l'huissier peut apposer le scellé sur la porte. Si l'ouverture est demandée, il peut y pénétrer par tous moyens en présence du maire, d'une autorité de police ou de gendarmerie, ou, à défaut, de deux témoins majeurs.
S'il trouve un testament, il le dépose chez un notaire. S'il trouve des papiers ou paquets fermés, il les enferme dans un meuble. Si les biens apparaissent de valeur,

il peut désigner un gardien des scellés (ce gardien peut être choisi parmi les personnes qui demeurent dans les locaux le cas échéant). S'il trouve enfin des titres, de l'argent, des bijoux ou autres objets précieux, l'huissier les dépose soit dans une banque, soit chez un notaire.

À NOTER

Fermeture des lieux *S'il y a peu de biens, l'huissier peut se contenter d'établir un état descriptif du mobilier (sans mettre de scellés) et de fermer les lieux en conservant les clés. Cette clé pourra être remise soit à un héritier (contre décharge remise au greffier), soit à un légataire (sur permission du juge d'instance).*

Pour lever les scellés, il faut à nouveau s'adresser à l'huissier. Les personnes qui peuvent demander la levée des scellés sont les mêmes que celles qui peuvent demander leur apposition.
L'huissier fixe une date et convoque les personnes concernées par cette succession (liste établie par le requérant).
Généralement la levée des scellés a lieu après l'établissement de l'inventaire des biens (effectué par un notaire assisté éventuellement d'un commissaire-priseur).

› Que faire si des biens ont été détournés ?

S'il s'agit d'une personne étrangère à la succession (par exemple, un ami du défunt, une personne employée à son service…), les héritiers peuvent porter plainte pour vol.
S'il s'agit d'un héritier, il peut être poursuivi pour recel successoral.

• Le recel successoral (art. 778 du Code civil)

Le recel successoral consiste à dissimuler ou à soustraire de l'actif d'une succession certains biens dans le but de fausser l'égalité successorale entre les héritiers.
Les personnes qui peuvent exercer l'action en recel de succession sont les autres héritiers et les créanciers de la succession.
Il n'y a donc pas de recel successoral en l'absence d'héritiers.

Cas pratique

Dans ce dossier, une veuve qui n'avait pas d'héritier, avait légué son patrimoine à deux légataires, chacun pour moitié. À son décès l'un des légataires accuse l'autre de recel pour une somme d'argent qu'il aurait détournée.
La cour d'appel prononce le recel mais la Cour de cassation casse l'arrêt.
Les legs n'étaient ni rapportables, ni réductibles en l'absence d'héritier réservataire. Leur dissimulation ne pouvait être qualifiée de recel successoral (C. cass., 1re ch. civ., 26.1.2011, n° 09-68368).

Il n'y a pas non plus de recel lorsqu'il n'y a pas de partage entre héritiers.

Cas pratique

Après le décès de son mari, une épouse bénéficiaire d'une donation entre époux avait opté pour la totalité de la succession en usufruit.
Les enfants du défunt reprochaient à leur belle-mère d'avoir vendu des biens ayant appartenu à leur père et d'avoir conservé l'argent. Ils l'assignent en recel de succession.
Leur action est rejetée : il n'y a pas partage entre un usufruitier et les nus-propriétaires.
Et, d'autre part, en tant qu'usufruitière, elle avait le droit de disposer de l'argent de la succession, à charge pour elle de le rendre à la fin de l'usufruit (C. cass., 1re ch. civ., 29.6.2011, n° 10-13807).

L'héritier qui se rend coupable de recel doit restituer l'intégralité des sommes ou des biens divertis ainsi que les intérêts sur ces sommes ou les fruits et revenus produits par les biens recelés dont il a eu la jouissance depuis l'ouverture de la succession.
Par ailleurs, il perd la possibilité de renoncer à la succession ou de l'accepter à concurrence de l'actif net et il ne peut prétendre à aucune part dans les objets détournés ou recelés.
Enfin, il peut être condamné à payer des dommages-intérêts à ses cohéritiers.
Aucune sanction n'est applicable en cas de restitution spontanée.
Le recel peut avoir été effectué avant l'ouverture de la succession et même avec la complicité du défunt (dans le but, par exemple, de soustraire tel bien de la succession aux poursuites des créanciers), ou après le décès.
Lorsque le recel a porté sur une donation rapportable (en avancement de part successorale) ou réductible (qui excède la quotité disponible), l'héritier doit le rapport ou la réduction de cette donation sans pouvoir conserver le bien.
Il y a également recel quand un héritier a caché volontairement l'existence d'un autre héritier.
La jurisprudence considérait qu'il y avait « omission d'héritier » et non recel successoral (les sanctions étaient différentes pour l'héritier fautif).

À NOTER

Recel et assurance-vie *En principe, la non-révélation d'un contrat d'assurance-vie ne constitue pas un recel puisque le capital de l'assurance est transmis hors succession et qu'il n'est pas soumis au rapport.*
Mais la Cour de cassation nuance cette règle en prévoyant l'hypothèse des primes exagérées.
S'il s'avère que les primes sont manifestement exagérées par rapport aux possibilités du souscripteur et donc rapportables, le bénéficiaire du contrat sera puni des peines du recel et devra le rapport ou la réduction de cette donation sans pouvoir y prendre part (Code civil, art. 778) (C. cass., 1re ch. civ., 12.12.2007, n° 06-19653).

La loi n° 2006-728 du 23 juin 2006 a mis fin à cette jurisprudence et a inclus dans la définition du recel successoral la dissimulation de l'existence d'un héritier. Les droits revenant à l'héritier dissimulé et qui ont, ou auraient, pu augmenter ceux de l'auteur de la dissimulation sont réputés avoir été recelés par ce dernier, ce qui signifie que le coupable doit, là aussi, rendre ces sommes à ses cohéritiers.

Comment prouver le recel ?

Il y a recel quand il y a volonté frauduleuse de l'héritier (ou d'un légataire universel ou encore d'un légataire à titre universel) de dissimuler un bien, c'est-à-dire la réalisation d'un fait positif de recel (déclaration mensongère par exemple). C'est ainsi que le simple fait d'être bénéficiaire d'une donation déguisée accordée par le défunt n'est pas un recel. Il y aurait recel si l'héritier niait avoir bénéficié de cette donation déguisée ou ne la mentionnait pas à l'occasion d'un inventaire ou lors du partage de la succession par exemple. Il y a recel quand il y a refus de déclarer les donations dont il a bénéficié ou les biens qu'il détenait pour le compte du défunt. C'est pourquoi le recel résulte le plus souvent d'une déclaration mensongère.

Cas pratiques

• Un héritier devait indiquer à l'administrateur de la succession de quoi se composait cette succession. Dans sa lettre, il avait omis de citer certains biens. L'héritier soutenait qu'il ne s'agissait que d'un manque d'empressement de sa part et non d'une volonté délibérée de receler les biens de la succession.
Mais les juges n'ont pas suivi ce raisonnement ; ils ont relevé que la dissimulation était volontaire puisque l'héritier avait sciemment omis de préciser l'existence de ces biens et que cette dissimulation était destinée à réduire la part des autres héritiers (C. cass., 1re ch. civ., 6.5.1997).
• Dans un autre cas, une héritière avait reçu de sa mère diverses sommes d'argent (bons de caisse et argent ayant servi à acquérir la nue-propriété d'un immeuble). Le recel n'a pas été retenu car il n'a pas été prouvé l'intention frauduleuse de l'héritier à qui il était simplement reproché d'avoir bénéficié de ces donations (C. cass., 1re ch. civ., 29.5.1996, Dalloz 1997, II, p. 163).

Il y a recel lorsqu'un héritier utilise les procurations bancaires qui lui ont été données pour vider ces comptes à l'insu de ses cohéritiers et prétend qu'il s'agit de dons manuels.

Cas pratique

Une petite-nièce avait utilisé et fait disparaître toutes les économies de sa grand-tante au cours de l'année qui avait précédé le décès de cette dernière. L'héritière prétendait qu'il s'agissait de dons manuels qui étaient la contrepartie des charges d'entretien et de logement qu'elle assumait pour sa grand-tante.
Cette argumentation n'a pas été retenue. La nièce avait retiré environ 150 000 € mais ne pouvait justifier les dépenses d'entretien pour sa tante qu'à hauteur de 15 200 €.
Elle avait utilisé la différence pour l'achat d'un bien immobilier à son nom, sans précision de l'origine des fonds.

> Le recel a été retenu. Les sommes détournées ont été réintégrées dans la succession, augmentées des intérêts au taux légal à compter du décès (cour d'appel de Montpellier, 21.5.2002, JCL Droit de la famille, 4.2003, n° 52 p. 38).

L'héritier victime d'un recel a droit aux fruits produits depuis le décès par les biens recélés, mais il ne peut, dès lors, prétendre aux intérêts au taux légal (C. cass., 1re ch. civ., 11.2005, pourvoi n° 18.236).

En revanche, il n'y a pas recel dans le fait de retirer des comptes bancaires le solde figurant au décès du titulaire.
S'il s'agit d'un compte joint entre deux époux, le conjoint survivant peut continuer à faire fonctionner le compte et par conséquent le clôturer s'il le désire.
Les héritiers qui désirent empêcher cette pratique doivent faire, dès le décès, une saisie conservatoire sur ce compte afin de bloquer les sommes y figurant.
La banque qui détient le compte n'est pas tenue de fournir des relevés de compte aux héritiers, sauf si ceux-ci le lui demandent expressément. Elle doit en revanche, en cas de clôture du compte par le conjoint survivant, en avertir spontanément les héritiers (C. cass., ch. com., 9.11.1993, Bull. civ. n° 384).

MON CONSEIL

L'immunité familiale *Le fait de fonder son action sur la notion de recel des biens d'une succession ne fait pas obstacle à ce que d'autres poursuites telles que la plainte pour vol ou l'abus de confiance soient engagées.*
Mais le vol ou l'abus de confiance ne pourront être reprochés aux héritiers et au conjoint survivant qui bénéficient de l'immunité familiale. Ne sont en effet pas sanctionnés pénalement les vols, abus de confiance ou escroqueries commis par une personne au préjudice de ses parents, de ses enfants ou de son conjoint, sauf s'il s'agit d'un vol portant sur des objets ou documents indispensables à la vie quotidienne de la victime, tels que des documents d'identité, relatifs au titre de séjour ou de résidence d'un étranger, ou des moyens de paiement. Dans ces hypothèses, le vol peut être poursuivi pénalement, même à l'encontre des personnes de sa famille (art. 311-12, 313-3 et 314-4 du Code pénal).

La banque est tenue de conserver les traces des mouvements opérés sur les comptes pendant 10 ans. Au-delà de ce délai, il n'est pas possible d'obtenir les preuves de ces mouvements.
Il n'y a pas non plus recel lorsqu'un héritier encaisse les loyers provenant d'un bien en indivision, sans en avertir les coïndivisaire. En effet, pour la Cour de Cassation, il s'agit de revenus provenant d'un bien et non pas d'un bien lui-même. Or, le recel ne peut porter que sur des « effets » de la succession et non sur les fruits provenant de ces effets (C. cass., 1re ch. civ., 25.11.2003, JCL Droit de la famille, 1.2004, n° 9 p. 28).

Le repentir du receleur

Si le receleur rend spontanément les biens recelés, il échappe aux sanctions prévues. Mais le repentir doit intervenir avant la découverte du recel.

Cas pratique

Après le décès de sa grand-mère, un de ses petits-enfants retire de fortes sommes de son compte bancaire sur lequel il avait une procuration. Le notaire chargé de la succession découvre les retraits non révélés et alerte l'autre petit-enfant héritier. Le fautif rend alors les sommes prélevées avant toute poursuite. Le repentir n'a pas été jugé valable puisque la remise des sommes n'avait eu lieu qu'après la découverte du recel (C. cass., 1re ch. civ., 17.1.2006, pourvoi n° 04-17675).

Les conséquences pour le paiement des droits de succession

Lorsque le recel est établi, l'héritier receleur ne peut pas prétendre aux biens recelés. Ces biens font partie de la succession et sont attribués aux héritiers victimes du recel.
La question s'est posée de savoir si les receleurs devaient payer les droits de succession sur les biens divertis qui auraient dû leur revenir mais dont ils ont été privés en sanction de leur recel.
Pour la Cour de cassation, les droits de succession ne sont pas des charges de la succession (auxquels tous les héritiers sont tenus) mais des dettes personnelles à chaque héritier.
En conséquence, les droits doivent être payés par les héritiers qui les reçoivent.
« Les biens recélés font partie de la succession mais sont attribués aux héritiers non receleurs en sorte qu'ils doivent être compris exclusivement dans la part de ces derniers pour le calcul des droits de mutation par décès » (C. cass., ch. com., 9.3.2010, n° 82-16526).

La situation du conjoint survivant

› La déclaration des revenus l'année du décès

Il faut faire deux déclarations de revenus :
- une première pour les revenus perçus du 1er janvier au jour du décès (déclaration commune) ;
- une seconde pour la période postérieure au décès jusqu'au 31 décembre (déclaration au nom du seul survivant).

Le survivant est personnellement imposable pour la période postérieure au décès.
Il n'est plus nécessaire de respecter le délai de 6 mois à compter du décès pour déclarer les revenus du défunt. La déclaration de revenus imposables au nom du défunt peut être souscrite dans les délais normaux de toutes autres déclarations de revenus. Cette règle s'applique aux revenus perçus en 2011 déclarés en 2012 (décès survenu en 2011) (art. 204 du Code général des impôts).

› Le conjoint survivant dans le besoin peut demander une pension alimentaire

Si le conjoint survivant est dans le besoin, la succession, c'est-à-dire les héritiers de son époux décédé, doit lui verser une pension alimentaire (art. 767 du Code civil).
La notion de besoin recouvre ce qui est nécessaire à la vie et notamment les soins médicaux. Il ne s'agit pas de conserver à l'époux survivant le train de vie qu'il avait avant le décès de son conjoint. La pension alimentaire est accordée à celui qui ne peut subvenir à ses propres besoins. En principe, ces besoins sont évalués au jour du décès. Mais ils peuvent aussi être pris en considération au moment de la demande de pension alimentaire.

Cas pratique

C'est la solution qu'a retenu la Cour de cassation dans un arrêt du 18 octobre 1994.
Il faut dire que la situation est originale puisque la veuve, qui avait bénéficié d'une donation déguisée de la part de son défunt mari, avait été condamnée à rembourser à la succession la somme correspondant à cette donation.
Cette même veuve réclamait une pension alimentaire à la succession de son mari (en l'occurrence aux deux enfants de son mari).
La cour d'appel avait jugé qu'elle ne pouvait pas bénéficier d'une pension alimentaire puisque, au moment du décès, elle était propriétaire de deux immeubles qui pouvaient être loués et augmenter ainsi le montant de sa retraite.
Sur ce point l'arrêt d'appel est cassé. Les juges auraient dû évaluer les besoins de la veuve au moment où ils statuaient et prendre en compte sa condamnation au profit de la succession (C. cass., 1re ch. civ., 18.10.1994, Bull. civ. n° 295, p. 214).

Les héritiers ne sont pas tenus personnellement de payer cette dette. Ils ne sont tenus que par rapport aux biens compris dans la succession. Cette pension est en effet prélevée sur l'actif successoral.
Elle doit être payée par tous les héritiers, et même par les légataires si la part des héritiers est insuffisante.
S'il n'y a aucun bien dans l'actif successoral, le conjoint survivant ne peut rien obtenir.
Si les héritiers renoncent à la succession, ils ne sont pas tenus de verser une pension alimentaire au conjoint survivant.
Cette pension alimentaire ne doit pas être confondue avec la part successorale du conjoint survivant sur la succession de son époux décédé.
L'époux divorcé n'a pas droit à cette pension alimentaire, mais l'époux séparé de corps (même à ses torts exclusifs) peut réclamer cette pension à la succession. Le devoir de secours mutuel entre les époux cesse quand est prononcé un divorce, mais se poursuit si les époux ont opté pour une séparation de corps.
La pension alimentaire versée par la succession est la continuation de ce devoir de secours.
Elle doit être réclamée dans le délai d'un an à compter du décès ou du moment où les héritiers cessent d'acquitter les prestations qu'ils fournissaient auparavant au

conjoint, délai qui peut se prolonger en cas d'indivision jusqu'à l'achèvement du partage.
Le délai d'un an imparti au conjoint successible pour réclamer une pension à la succession de l'époux prédécédé se prolonge jusqu'à l'achèvement du partage. Mais cette règle ne s'applique que si le conjoint survivant a des droits dans l'indivision partagée.

Cas pratique

Un homme décède en février 2004 alors qu'il était en instance de divorce. Avant de mourir, il avait révoqué de tous ses droits son épouse.
Celle-ci devenue veuve demande, par actes des 15 décembre 2005 et 24 février 2006, une pension alimentaire à la succession. Son action est déclarée irrecevable. Elle avait été exhérédée de tous ses droits par son ex-époux et devait donc intenter son action dans l'année qui suivait le décès. Le délai ne pouvait pas être reporté à la fin du partage car elle n'avait plus aucun droit dans cette indivision (C. cass., 1re ch. civ., 26.1.2011, n° 09-71840).

Il faut s'adresser au juge aux affaires familiales qui est le juge compétent pour les demandes de paiement de pension alimentaire.
Cette pension est fixée en fonction des besoins du conjoint survivant.
Il faut tenir compte de toutes ses ressources, c'est-à-dire non seulement de celles dont il disposait avant le décès de son époux mais encore de toutes celles, d'origine légale, testamentaire ou conventionnelle, que peut éventuellement lui procurer ce décès : usufruit, capital-décès de la Sécurité sociale, pension de réversion, allocation de veuvage, bénéfice d'une assurance vie souscrite par le défunt au profit du survivant…
La pension que le conjoint survivant peut demander à la succession de l'époux prédécédé n'est pas soumise aux droits de mutation par décès car le bénéficiaire la reçoit en qualité de créancier de la succession et non en sa qualité d'héritier. Par ailleurs, les héritiers ne peuvent pas la déduire au titre du passif successoral.
Ce droit à pension alimentaire ne peut pas être remis en cause en raison de l'attitude du conjoint survivant.

Cas pratique

Une veuve obtient le versement d'une rente mensuelle de 1 200 F (183 €) par mois, versée par le légataire universel de la succession de son mari. Ce dernier saisit le juge pour ne pas avoir à régler cette somme en invoquant le fait que l'épouse avait quitté son mari atteint d'un cancer et ne lui avait prodigué aucun soin. La cour d'appel donne raison au légataire mais l'arrêt est cassé par la C. cass. : cette faculté d'invoquer les torts du conjoint pour éviter le paiement d'une pension alimentaire ne s'étend pas au devoir de secours entre époux dont l'obligation alimentaire pesant sur la succession de l'époux décédé n'est que la continuation (C. cass., 1re ch. civ., 17.1.95, Dalloz 1995, II, 329. Voir aussi C. cass., 1re ch. civ., 9.3.1994, Dalloz 95, 44).

› Le conjoint survivant bénéficie du droit au logement pendant 1 an

Si le logement appartenait au défunt

Si le logement appartenait aux deux époux ou au défunt seul, le conjoint successible a droit, pendant une année à compter du décès, à la jouissance gratuite de ce logement (droit portant également sur le mobilier).
Le droit au logement lui est accordé même si le défunt n'était propriétaire que d'une part d'indivision sur le logement (art. 763 du Code civil).
Le conjoint doit, au moment du décès, occuper effectivement, à titre d'habitation principale, ce logement.
Le droit au logement temporaire est d'ordre public. Ce droit est considéré comme un effet du mariage et ne fait pas partie des droits successoraux.
Cela signifie que le défunt ne peut pas supprimer ce droit pour son conjoint. Cela signifie aussi que la valeur de ce droit d'occupation ne peut pas être admise en déduction du passif successoral dans la mesure où elle ne constitue pas une dette personnelle du défunt au jour de l'ouverture de la succession.
Enfin, le droit temporaire au logement sur l'habitation principale transmise aux héritiers n'étant ni cessible, ni transmissible, n'a pas de valeur patrimoniale et échappe en conséquence à l'impôt de solidarité sur la fortune (*BOI* 7 S-2-04, n° 35 du 23.2.2004).

Si le logement était loué

Si le logement était loué, les loyers doivent être remboursés par la succession pendant cette même durée d'1 an, au fur et à mesure de leur acquittement (art. 763 du Code civil). Cette même obligation de remboursement concerne aussi les indemnités d'occupation payées par le conjoint dans l'hypothèse où le logement était en indivision ou appartenait à une SCI.
Sur ce remboursement, une réponse ministérielle a apporté les précisions suivantes :
- dans l'hypothèse où le logement abrite également une activité professionnelle, les héritiers ne sont pas tenus de rembourser la partie du loyer correspondant à l'activité professionnelle ;
- sous réserve de l'appréciation souveraine des tribunaux, le terme « loyer » ne comprend que les sommes versées au titre de l'occupation, à l'exclusion de toutes autres sommes, et notamment des charges, à la condition que ces sommes soient clairement distinguées du loyer principal (Rép. min., Q. n° 42589, *JOAN* 11.1.2005, p. 373).

Les loyers ou indemnités d'occupation remboursés au conjoint survivant peuvent être déduits de l'actif successoral (art. 775 *quater* du Code général des impôts).

À NOTER

Le cas de la résidence secondaire *Le droit au logement accordé au conjoint survivant ne concerne que la résidence principale. Il ne peut s'appliquer à la résidence secondaire.*

Ce droit bénéficie à tous les conjoints, quel que soit le régime matrimonial, mais est exclu pour les concubins.

Le partenaire pacsé bénéficie du droit au logement depuis le 1er janvier 2007 (voir Le partenaire peut bénéficier d'un maintien dans les lieux, *p. 169).*

› Le conjoint survivant peut bénéficier du droit au logement jusqu'à son décès

De la même façon, le conjoint peut obtenir, jusqu'à son décès, un droit d'habitation sur le logement qu'il occupe et un droit d'usage sur son mobilier (s'il ne bénéficie pas d'un droit supérieur sur ce logement tel un droit d'usufruit ou un droit en pleine propriété).

La valeur des droits d'habitation et d'usage s'impute sur la valeur des droits successoraux recueillis par le conjoint (art. 765 du Code civil).

Le logement doit être occupé à titre de résidence principale au moment du décès et doit appartenir soit aux deux époux, soit au défunt (art. 764 du Code civil).

Si le logement appartient en partie au défunt et en partie à un tiers, héritier ou non (un descendant, par exemple), le conjoint ne peut pas exercer son droit d'habitation sur le logement. Par exemple, si le défunt a donné de son vivant la nue-propriété du logement qui lui appartenait à l'un de ses enfants, le conjoint ne pourra pas exercer son droit (sauf accord de l'enfant).

Le logement doit être occupé à titre d'habitation principale par le conjoint survivant (à l'exclusion de la résidence secondaire).

Le conjoint dispose d'un an à partir du décès pour manifester sa volonté de bénéficier de ces droits d'habitation et d'usage (art. 765-1 du Code civil).

Un inventaire des meubles et un état de l'immeuble peut être établi à la demande du conjoint ou des héritiers.

● Les droits de mutation

Concernant les droits de mutation, il faut distinguer les hypothèses suivantes :

- la manifestation de la volonté du conjoint précède le dépôt de la déclaration de succession, les droits de mutation par décès sont liquidés conformément à l'option prise par le conjoint survivant ;
- en l'absence de manifestation de la volonté du conjoint survivant à la date du dépôt de la déclaration de succession, le conjoint survivant sera réputé fiscalement ne pas avoir opté pour le bénéfice de ces droits viagers et les droits de mutation devront être liquidés en conséquence. Bien entendu, si le conjoint manifeste postérieurement, mais dans le délai d'un an du décès, une volonté contraire, il y aura lieu de déposer une déclaration de succession complémentaire dans le délai de six mois suivant sa décision si bien entendu l'option entraîne des conséquences

sur la liquidation des droits de succession ; la différence est, selon le cas, versée par les redevables ou restituée sur réclamation.

L'impôt de solidarité sur la fortune (ISF)

En cas d'existence de ce droit au 1er janvier de l'année d'imposition, les biens ou les droits grevés d'un droit d'habitation ou d'un droit d'usage accordé à titre personnel sont compris dans le patrimoine du titulaire de ce droit pour leur valeur en pleine propriété (comme le droit d'usufruit) en application de l'article 885-G du Code général des impôts.
L'exercice du droit viager au logement emporte également un effet rétroactif au jour du décès et est irrévocable.
Dans ces conditions et lorsque le décès est intervenu au titre d'une année civile donnée, l'exercice du droit viager pourra résulter des termes de la déclaration de succession ou, à défaut, de la déclaration d'ISF déposée au titre de l'année suivante.
Ces dispositions s'appliquent aux décès intervenus depuis le 1er juillet 2002 et donc pour l'ISF dû à compter de l'année 2003 (*BOI* 7 S-2-04, n° 35 du 23.2.2004).

Les droits et obligations du conjoint

Si le logement est loué, le droit d'usage accordé au conjoint s'exerce sur le mobilier faisant partie de la succession. Il peut par ailleurs demeurer dans les lieux en raison du transfert de bail à son profit (art. 765-2 du Code civil).
Le conjoint, titulaire de ce droit, est tenu d'assurer non seulement les réparations locatives (comme un locataire) mais aussi les réparations d'entretien (qui regroupent toutes les réparations et les charges autres que les grosses réparations) comme un usufruitier.
Il n'a pas le droit de céder ni de louer son droit d'habitation sauf s'il s'avère que le logement n'est plus adapté à ses besoins (par exemple, s'il est obligé d'être hospitalisé ou pris en charge dans une maison de retraite).
Dans ce cas, le conjoint ou son représentant peut louer le logement (à usage autre que commercial ou agricole) afin de dégager les ressources nécessaires à de nouvelles conditions d'hébergement (art. 764 du Code civil).

Imputation de la valeur des droits d'habitation et d'usage sur la part de succession du conjoint

La valeur de ces droits s'impute sur la valeur des droits successoraux recueillis par le conjoint (art. 765 du Code civil).
Si la valeur de ces droits est inférieure à celle de ses droits successoraux, le conjoint peut prendre le complément sur les biens existants.
Si leur valeur est supérieure à celle de ses droits successoraux, le conjoint n'est pas tenu de récompenser la succession à raison de l'excédent.
La valeur de ces droits d'habitation et d'usage est de 60 % de la valeur de l'usufruit déterminé conformément au Code général des impôts. Pour l'application de ce barème, il convient de prendre en compte l'âge du conjoint survivant au terme de l'exercice du droit temporaire au logement, soit 1 an après le décès.

Le droit viager d'habitation et d'usage sur le logement ne s'éteint pas en cas de remariage du conjoint survivant, bénéficiaire de ce droit

Les droits viagers d'habitation et d'usage demeurent la propriété exclusive du conjoint survivant qui se remarie.
Ainsi, en cas d'adoption de la communauté universelle, les droits viagers d'habitation et d'usage restent en dehors de la communauté en application des articles 1526 et 1404 du Code civil (biens propres par leur nature). Il faut ajouter que le conjoint survivant qui se remarie peut demeurer dans le logement avec sa famille (en vertu de l'article 632 du Code civil) (réponse ministérielle n° 29660 du 2.3.2004).

À défaut d'accord, le droit d'habitation ne peut pas être converti en une rente viagère ou en capital

Cette conversion ne peut avoir lieu que par convention signée par les héritiers et le conjoint successible. Elle ne peut être forcée.
Si un des héritiers est mineur ou majeur protégé, la convention doit être autorisée par le juge des tutelles (art. 766 du Code civil).

Ce droit peut être supprimé par la volonté du défunt

À la différence du droit temporaire d'habitation qui est d'ordre public, le défunt peut, de son vivant, décider de priver son conjoint de ce droit d'habitation.
La privation du droit viager au logement pour le conjoint doit être constatée par testament authentique, c'est-à-dire par un testament rédigé par un notaire.
Si le défunt s'est contenté de rédiger un testament olographe, sa volonté de priver son conjoint du droit d'habitation ne sera pas respectée, et ce, même si le testament a été rédigé avant 2002 (année à partir de laquelle la forme authentique du testament était exigée) dès lors que le testament a pris effet après cette date (C. cass., 1re ch. civ., 15.12.2010, n° 09-68076).
La privation de ces droits d'habitation et d'usage est sans incidence sur les droits d'usufruit que le conjoint recueille en vertu de la loi ou d'une libéralité, qui continuent à obéir à leurs règles propres (art. 764 du Code civil).

Le droit au logement peut aussi être accordé sous conditions

Le défunt peut prévoir, par testament authentique, certaines conditions pour l'exercice de ce droit au logement. Ces conditions peuvent être :
- obligation de dresser un inventaire préalablement ;
- interdiction de louer ;
- droit supprimé en cas de remariage ou de concubinage notoire ou de PACS, ou en cas d'inoccupation du logement ;
- interdiction de demander la conversion du droit en capital ou en rente viagère ;
- échange d'immeuble : prévoir que le droit d'habitation s'exercera sur un autre logement.

› La pension de réversion

La pension de réversion est une fraction de la retraite d'un(e) assuré(e) versée à son conjoint lorsque cet assuré décède. Tous les régimes de retraite reversent au veuf ou à la veuve une partie des avantages acquis par le défunt.
Les conditions de versement dépendent des différents régimes de retraite.

• Régime de base de la Sécurité sociale (applicable depuis le 1er juillet 2004)

La loi n° 2003-775 du 21 août 2003 portant réforme des retraites a modifié les conditions d'attribution de la pension de réversion.
Depuis le 1er juillet 2004, l'attribution de la pension de réversion n'est subordonnée qu'à des conditions de ressources personnelles du conjoint survivant, s'il vit seul, ou de son couple s'il est remarié, pacsé ou vit en concubinage.
La pension de réversion prend la forme d'une allocation différentielle et révisable par rapport aux plafonds de ressources fixés par décret.
Les limites de cumul antérieures avec une pension personnelle sont donc également abrogées.
Sont également supprimées les conditions suivantes :
- le non-remariage pour les conjoints divorcés ;
- la durée minimale de mariage entre le bénéficiaire de la pension de réversion et le défunt.

En revanche, le bénéfice de la réversion demeure réservé aux personnes mariées.

Montant de la pension

La pension de réversion est égale à 54 % du montant de la retraite de base du conjoint décédé. Si le défunt ne percevait pas encore sa retraite au moment de son décès, on prend en compte celle qu'il aurait dû toucher. Ce pourcentage devrait être porté à 60 % prochainement.

Conditions d'âge

La loi n° 2008-1330 du 18 décembre 2008 a rétabli la condition d'âge qui avait été supprimée par la loi du 21 août 2003.
Si le décès est intervenu après le 1er janvier 2009, l'âge minimum requis pour prétendre au bénéfice d'une pension de réversion est fixé à 55 ans.
Si décès de l'assuré est intervenu avant le 1er janvier 2009, l'âge minimum requis reste fixé à 51 ans.
Les personnes veufs ou veuves qui n'atteignent pas l'âge requis peuvent bénéficier de l'allocation veuvage.
(Voir *L'allocation veuvage*, p. 163).

Conditions de ressources

Les ressources annuelles du conjoint survivant ne doivent pas dépasser un certain plafond. Ce plafond est différent selon que le conjoint vit seul ou en couple (marié, concubin ou pacsé) :
- s'il vit seul, ses ressources ne doivent pas dépasser 2 080 fois le montant du SMIC en vigueur au 1er janvier de l'année au cours de laquelle la pension prend effet (soit 19 177,60 € au 1.1.2012) ;
- s'il vit en couple, ce plafond est majoré de 60 % (soit 30 684,16 € au 1.1.2012).

Toutes les ressources personnelles du conjoint survivant ou de son ménage sont prises en compte, y compris, depuis le 1er juillet 2006, les éventuelles autres pensions de réversion perçues à la suite du décès. Ne sont toutefois pas pris en compte les avantages de réversion versés par les régimes complémentaires obligatoires (ARRCO ou AGIRC notamment), ni les majorations accordées quand le couple a eu 3 enfants.
Les revenus d'activité du conjoint survivant font l'objet d'un abattement de 30 % s'il est âgé de 55 ans ou plus.
Les ressources à prendre en compte lors de la demande sont celles afférentes aux 3 mois civils précédant la date d'effet de la pension de réversion ou, si elles excèdent le quart du plafond applicable, celles afférentes aux 12 mois civils précédant cette date, qui sont alors comparées au montant annuel de ce plafond.
Si les ressources dépassent le plafond applicable, la pension est réduite du montant du dépassement.

Cas pratique

La pension de réversion est attribuée lorsque le conjoint de l'assuré décédé ou disparu ne dispose pas de ressources dépassant un montant fixé par décret.
Les ressources à prendre en compte lors de la demande sont celles afférentes aux trois mois civils précédant la date d'effet de la pension de réversion.
Si certains revenus ne doivent pas être pris en compte pour l'évaluation des ressources du conjoint, les pensions alimentaires ne font pas partie de cette liste.
En conséquence, le conjoint qui percevait une pension alimentaire du vivant de son ex-époux doit indiquer dans ses ressources le montant de cette pension, même si son versement s'est arrêté au moment du décès du débiteur. Une pension alimentaire mensuelle entre époux qui cesse avec la mort du débiteur est une ressource personnelle de l'époux divorcé qui la perçoit (C. cass., 2e ch. civ., 13.10.2011, n° 10-23826).

Montant minimum

Depuis le 1er avril 2012, le montant annuel minimum est fixé à 3 359,40 €. Ce montant minimum est retenu pour une durée d'assurance d'au moins 15 ans.

Majoration pour les assurés ayant élevé trois enfants

La pension de réversion est majorée lorsque le bénéficiaire a élevé au moins trois enfants (conditions fixées à l'article L. 351-12 du Code de la Sécurité sociale) ou pour les assurés ayant eu ou élevé au moins trois enfants pendant neuf ans avant leur seizième anniversaire.
La majoration est de 10 % et ne peut être inférieure à 359,40 € depuis le 1er avril 2012 (art. R. 353-2 du Code de la sécurité sociale).

Majoration pour enfant à charge

La majoration est applicable aux personnes qui relèvent du régime général, ou des régimes agricole, artisanal, industriel et commercial.
La majoration est accordée au conjoint survivant à conditions :
- d'avoir un enfant à charge qui a moins de 16 ans (moins de 18 ans s'il est en apprentissage, moins de 20 ans, s'il suit des études ou s'il est handicapé) ;

- d'être âgé de 55 à 65 ans ;
- de ne pas être titulaire d'un avantage personnel de vieillesse.

La majoration forfaitaire est de 94,98 € par mois et par enfant (depuis le 1.4.2012).

Elle est due à la date d'entrée en jouissance de la pension de réversion.

Si la pension de réversion est réduite du fait de l'application des règles de cumul, la majoration pour enfant est réduite dans les mêmes proportions.

La majoration n'est pas due lorsque le conjoint survivant bénéficie ou est susceptible de bénéficier de prestations pour charge d'enfant du chef du décès de l'assuré dans le régime obligatoire d'assurance vieillesse de base dont celui-ci relevait.

Elle est revalorisée suivant les modalités prévues par l'article L. 351-11 du Code de la Sécurité sociale.

Le bénéfice de cette majoration est supprimé lorsque l'une des conditions cesse d'être remplie, à l'exception de la condition d'âge exigée du titulaire.

Majoration pour âge

La pension de réversion peut être majorée de 11,1 % sous les conditions cumulatives suivantes :

- Le conjoint survivant doit être âgé d'au moins 65 ans.
- Il doit faire valoir tous ses droits personnels à la retraite.
- Le montant trimestriel de ses retraites personnelles et de réversion ne doit pas excéder 2 524,37 € (au 1er avril 2012).

Les ex-conjoints divorcés

Les ex-conjoints divorcés peuvent désormais toucher la pension de réversion de leur ex-conjoint décédé, même s'ils se sont remariés après le divorce.

Mise à part cette modification, leurs droits sont inchangés : lorsque l'assuré était remarié, la pension de réversion à laquelle il est susceptible d'ouvrir droit à son décès est partagée entre son conjoint survivant et le ou les précédents conjoints divorcés au prorata de la durée respective de chaque mariage. Ce partage est opéré lors de la liquidation des droits du premier d'entre eux qui en fait la demande.

Les parts respectives des conjoints bénéficiaires peuvent être majorées selon les conditions de droit commun.

Au décès de l'un des bénéficiaires, sa part accroîtra la part de l'autre ou, s'il y a lieu, des autres (réponse ministérielle des affaires sociales, du travail et de la solidarité n° 4061 du 18.5.2004).

Mais si l'une d'entre elles dispose de ressources supérieures au plafond, au moment du décès, cela n'entraîne pas pour l'autre le droit de percevoir la totalité de la pension.

Cas pratique

Les juges d'appel avaient considéré que la situation de la première épouse était assimilable à celle d'un décès du seul fait qu'elle disposait de façon permanente de ressources supérieures au plafond et avaient, en conséquence, reconnu à la seconde épouse le droit de percevoir la pension de réversion intégrale. L'arrêt de la cour d'appel est cassé par la Cour de cassation (C. cass., 2e ch. civ., 7.4.2011, n° 10-17222).

Contestation en cas de trop-perçu

Toute demande de remboursement de trop-perçu en matière de prestations de vieillesse et d'invalidité est prescrite par un délai de deux ans à compter du paiement desdites prestations dans les mains du bénéficiaire.
En cas d'erreur de l'organisme débiteur de la prestation aucun remboursement de trop-perçu des prestations de retraite ou d'invalidité n'est réclamé à un assujetti de bonne foi lorsque les ressources du bénéficiaire sont inférieures au chiffre limite fixé pour l'attribution, selon le cas, à une personne seule ou à un ménage, de l'allocation aux vieux travailleurs salariés.
Lorsque les ressources de l'intéressé sont comprises entre ce plafond et le double de ce plafond, le remboursement ne peut pas être effectué d'office par prélèvement sur les prestations. Le cas et la situation de l'assujetti sont alors soumis à la commission de recours amiable qui accordera éventuellement la remise totale ou partielle de la dette et déterminera, le cas échéant, l'échelonnement de ce remboursement.

Versement de la pension de réversion

La demande doit être déposée à la caisse dont dépendait l'assuré décédé.
La demande doit être établie à l'aide d'un imprimé réglementaire, sur lequel le conjoint survivant doit désormais indiquer la date d'effet de la pension de réversion (depuis le 1er janvier 2009).
Le choix doit respecter les règles suivantes :
- cette date est nécessairement le premier jour d'un mois ;
- elle ne peut pas être antérieure au premier jour du mois suivant lequel il remplit la condition d'âge ;
- elle ne peut pas être antérieure au dépôt de la demande.
Toutefois, par dérogation, cette date peut être avancée :
- lorsque la demande est déposée dans le délai d'un an qui suit le décès, la date d'entrée en jouissance peut être fixée au plus tôt au premier jour du mois qui suit le décès ;
- lorsque la demande est déposée dans le délai d'un an suivant la période de douze mois écoulée depuis la disparition, la date d'entrée en jouissance peut être fixée au plus tôt au premier jour du mois suivant celui au cours duquel l'assuré a disparu.
Si l'intéressé n'indique pas la date qu'il choisit, la pension est versée le premier jour du mois qui suit la date de réception de la demande (art. R. 353-7 du Code de la Sécurité sociale).
La demande de pension formée par le conjoint doit être accompagnée de procès-verbaux de police et autres pièces relatant les circonstances de la disparition.
En cas de réapparition de l'assuré, la pension liquidée à titre provisoire au profit de son conjoint est annulée à compter de son entrée en jouissance et les arrérages perçus doivent être reversés à la caisse.

Cumuler la pension de réversion et la prestation compensatoire ?

La loi n° 2000-596 du 30 juin 2000 relative à la prestation compensatoire en matière de divorce a modifié la situation du conjoint divorcé qui perçoit une

pension de réversion de son ex-conjoint décédé et une prestation compensatoire versée sous forme de rente depuis son divorce.
Jusqu'à cette loi, l'ex-conjoint pouvait cumuler la pension de réversion et la prestation compensatoire puisque la charge de cette prestation était transmise aux héritiers du débiteur décédé.
La loi du 30 juin, puis celle du 28 mai 2004, ont conservé le principe de la transmission aux héritiers de l'obligation de paiement de la prestation compensatoire mais ont également prévu le droit pour ces héritiers, s'ils décident de maintenir le versement de la prestation sous forme de rente, de déduire de la prestation compensatoire le montant des pensions de réversion perçues par l'ex-conjoint. Cette déduction se poursuit même si le créancier perd son droit à pension de réversion, sauf si le juge, sur action du créancier, interdit cette déduction (art. 280-2 du Code civil).
Les héritiers qui versent actuellement une prestation compensatoire sous forme de rente à l'ex-conjoint du défunt peuvent bénéficier des nouvelles dispositions et réduire ainsi les mensualités. Mais ils ne peuvent effectuer d'eux-mêmes cette déduction et doivent obtenir l'autorisation du juge aux affaires familiales.

Autres régimes de retraite

ARRCO (salariés non cadres)

Le versement de la pension de réversion n'est lié à aucune condition de ressources.
Le conjoint survivant doit être âgé d'au moins 55 ans et n'être pas remarié (s'il obtient la pension de réversion et se remarie par la suite, le versement de la pension est supprimé).
Cette condition d'âge est supprimée si le conjoint est invalide ou a 2 enfants à charge.
Le montant de la pension de réversion est égale à 60 % de la retraite du défunt.

Majoration pour enfants

La pension de réversion est majorée de 5 % par enfant à charge. L'enfant doit être l'enfant du défunt, légitime ou adopté, et doit avoir été pris en compte lors de la liquidation de la retraite du défunt. Le taux de 5 % est calculé sur le montant de la retraite de base du défunt (et non sur le montant de la pension de réversion). Cette majoration cesse lorsque l'enfant n'est plus à charge.
La pension de réversion est également majorée de 5 % si le défunt a élevé 3 enfants même si ces enfants n'ont aucun lien de parenté avec le(a) bénéficiaire de la pension de réversion.
Cette majoration est accordée définitivement.

Les ex-conjoints divorcés

• Si l'assuré non remarié laisse un seul ex-conjoint divorcé (lui-même non remarié), il faut tenir compte de la durée du mariage et la durée d'assurance du défunt.
L'ex-conjoint reçoit la totalité de la pension de réversion si la durée du mariage est supérieure à la durée d'assurance. Si la durée d'assurance est supérieure à la durée du mariage, la pension de réversion sera calculée selon la formule suivante : 60 % des points acquis par le défunt × (durée du mariage / durée d'assurance).

• Si l'assuré, non remarié lors de son décès, laisse plusieurs ex-conjoints divorcés non remariés, la pension de réversion peut être partagée entre eux en tenant compte de la durée des mariages et de la durée d'assurance. Si la durée d'assurance est supérieure à la durée totale des mariages, la pension sera répartie entre les ex-conjoints en tenant compte de cette durée d'assurance et de la durée de chaque mariage. La formule à appliquer est la suivante : 60 % des points acquis par le défunt × (durée du mariage / durée d'assurance).

Si la durée d'assurance est inférieure à la durée totale des mariages, la pension sera répartie entre les ex-conjoints en tenant compte de la durée totale des mariages. La formule à appliquer est la suivante : 60 % des points acquis par le défunt × (durée du mariage / durée totale des mariages).

• Si l'assuré laisse un conjoint survivant et un ou plusieurs ex-conjoints divorcés non remariés, la pension est partagée en fonction de la durée des mariages respectifs de chacun.

Pour effectuer la demande de versement, il suffit de s'adresser à l'une des caisses qui versait une retraite. Il n'est pas nécessaire de faire une demande auprès de chaque organisme. La demande doit être faite dans l'année qui suit le décès pour que les versements soient effectifs à compter du décès.

Si le défunt était encore en activité lors de son décès, il faut s'adresser à l'organisme qui recevait les cotisations ou auprès du CICAS (Centre d'information et de coordination de l'action sociale) du département de résidence (à Paris : 74, rue des Cévennes, 75015 Paris. Tél. : 01 53 78 01 01) ou encore à l'ARRCO (Association des régimes de retraite complémentaire), 16-18, rue Jules-César, 75012 Paris. Tél. : 01 71 72 12 00. Site Internet : www.arrco.fr

AGIRC (salariés cadres)

Le versement de la pension de réversion n'est lié à aucune condition de ressources.

Le montant de la pension de réversion est égal à 60 % de la retraite du défunt.

Pour pouvoir toucher la pension au taux plein, le conjoint survivant doit être âgé d'au moins 60 ans (ou 55 ans s'il touche déjà une retraite personnelle). Les conditions d'âge sont supprimées si le conjoint est invalide ou a 2 enfants à charge. La demande doit être faite dans les 6 mois du décès pour pouvoir faire rétroagir les versements à compter de ce décès.

Il ne doit pas être remarié (s'il obtient la pension de réversion et se remarie par la suite, le versement de la pension est supprimé).

La répartition de la pension entre les ex-conjoints et le conjoint survivant (le cas échéant) est la même que celle du régime ARRCO.

Commerçants

Dans le régime de base, la pension de réversion est égale à 54 % de la retraite de l'assuré décédé.

Les conditions d'âge, ainsi que les majorations pour enfants à charge, sont alignées sur celles du régime général.

Lorsque le conjoint atteint 65 ans (ou 60 ans en cas d'inaptitude au travail) la pension de réversion est égale à 75 % de la retraite de l'assuré si celui-ci avait cotisé au « régime des conjoints ».

Dans le régime complémentaire, la pension de réversion est égale à 60 % de la retraite complémentaire.
Régime social des indépendants (RSI)
264, avenue du Président Wilson
93 457 La Plaine-Saint-Denis Cedex
Tél. : 01 77 93 00 00
Site Internet : www.le-rsi.fr

Artisans

La réversion de la retraite de base est alignée sur celle de la Sécurité sociale. La réversion de la retraite complémentaire obligatoire a été modifiée par un arrêté ministériel du 31 décembre 2007 approuvant un règlement de la Caisse nationale du régime social des indépendants. Le versement est soumis à des conditions d'âge et de ressources.
Les conditions d'âge sont les mêmes que celles applicables au régime de base des artisans, lui-même aligné sur le régime de base de la Sécurité sociale (voir *Conditions d'âge*, p. 157).
Par ailleurs, les pensions de réversion sont actuellement versées sans aucune condition de ressources. Cette règle s'applique jusqu'au 31 décembre 2008. À partir du 1er janvier 2009, les ressources du conjoint survivant ne devront pas dépasser un certain plafond fixé annuellement.
Caisse autonome nationale de compensation de l'assurance vieillesse artisanale (CANCAVA), 28, boulevard de Grenelle, 75737 Paris Cedex 15.
Tél. : 01 44 37 51 00. Site Internet : www.cancava.fr

Professions libérales

En cas de décès de l'assuré, son conjoint a droit à une pension de réversion. Cette pension est calculée et attribuée dans les mêmes conditions que la pension du régime général de la Sécurité sociale (art. L. 643-7 du Code de la Sécurité sociale).

Agriculteurs

La pension de réversion est versée selon les mêmes conditions que la retraite de base de la Sécurité sociale.
Caisse de retraite complémentaire des cadres de l'agriculture (CRCCA), Caisse de prévoyance des cadres d'entreprises agricoles (CPCEA), Groupe Agrica, 21, rue de la Bienfaisance, 75382 Paris Cedex 08. Tél. : 01 71 21 00 00. Site Internet : www.groupagrica.com

› L'allocation veuvage

Les personnes qui ne remplissent pas la condition d'âge pour percevoir la pension de réversion peuvent toucher une allocation veuvage. L'allocation veuvage, supprimée dans un premier temps, a été rétablie par le décret n° 2010-1778 du 31 décembre 2010 (pour les professions agricoles, par le décret n° 2010-1758 du 30.12.2010).

● Conditions

Le conjoint survivant doit :
- résider en France ;

- être âgé de moins de 55 ans si l'assuré est décédé à compter du 1er janvier 2009, ou moins de 51 ans si l'assuré est décédé avant le 1er janvier 2009 ;
- ne pas vivre en concubinage, ni être remarié ni pacsé ;
- ne pas disposer de ressources supérieures au plafond fixé à 3,75 fois le montant maximum de l'allocation, soit au 1.4.2012 = 2 229,41 € par trimestre.

● Montant

Le montant de l'allocation est fixe. Il est versé pendant une durée maximale de 2 ans.
Il s'élève à 594,41 € par mois (au 1.4.2012).
Le modèle du formulaire « Demande d'allocation de veuvage » est prévu dans l'arrêté du 18 octobre 2010.

● Concubins et partenaires pacsés

Le partenaire pacsé ou le concubin survivant sont exclus du bénéfice de l'allocation veuvage, exclusivement réservée aux conjoints mariés.

› Le capital décès

Le capital décès est alloué par la Sécurité sociale aux ayants droit de l'assuré décédé afin de couvrir, au moins partiellement, les frais occasionnés par le décès, et notamment les frais d'obsèques, et d'aider la famille qui se retrouve sans soutien.
Le capital décès peut aussi être versé au décès d'un assuré percevant une allocation de chômage (allocations du régime général et allocations du régime de solidarité) ou une allocation de conversion et bénéficiant, à ce titre, du maintien des droits auprès du régime général.
La demande doit être adressée à la caisse primaire dont dépendait l'assuré décédé.

● Conditions d'assurance

Le capital décès peut être versé au décès d'un assuré social qui, moins de 3 mois avant son décès :
- exerçait une activité salariée ;
- ou percevait une allocation versée au titre d'un congé, d'une convention de conversion ou d'une assurance chômage ;
- ou encore, qui était titulaire d'une pension d'invalidité ou d'une rente d'accident du travail ou de maladie professionnelle au titre d'une incapacité de travail au moins égale à deux tiers.
Par ailleurs, l'assuré décédé doit avoir travaillé :
- au moins 1 mois et versé des cotisations égales à celles dues pour un salaire égal à 60 fois la valeur du SMIC horaire ;
- ou au moins 60 heures au cours d'un mois civil ou 30 jours consécutifs pendant 3 mois et cotisé pour un salaire égal à 120 fois la valeur du SMIC ;
- ou au moins 120 heures pendant 3 mois civils ou 3 mois de date à date.

Bénéficiaires

Le versement du capital est effectué par priorité aux personnes qui étaient, au jour du décès, à la charge effective, totale et permanente de l'assuré.
Si aucune priorité n'est invoquée dans le délai d'un mois, le capital est attribué par ordre de préférence :
- au conjoint survivant non séparé de droit ou de fait ;
- au partenaire auquel le défunt était lié par un pacte civil de solidarité ;
- ou à défaut aux descendants.

Dans le cas où le défunt ne laisse ni conjoint survivant, ni partenaire d'un pacte civil de solidarité, ni descendants, le capital peut être versé aux ascendants.
La demande doit être adressée à la caisse primaire dont dépendait l'assuré décédé, dans le délai d'un mois à compter du décès en cas de priorité d'une personne à charge.
À défaut d'une personne à charge ou de personne prioritaire, la demande doit être adressée dans un délai de 2 ans. Le conjoint séparé de corps peut bénéficier dans cette hypothèse du capital décès s'il n'a pour seule ressource que la pension alimentaire qui était versée par le défunt à la suite de la séparation de corps.

Montant

Le capital décès est égal à 90 fois le salaire journalier de base de la Sécurité sociale (calculé comme les indemnités journalières) de l'assuré décédé.
Il ne peut être inférieur à 1 % du plafond annuel de la Sécurité sociale (au 1.1.2012 = 363,72 €) ni être supérieur à 3 fois le plafond mensuel (au 1.1.2012 = 9 093 €).

› L'assurance maladie

Le conjoint survivant, non assuré personnellement et ayant droit du défunt, bénéficie, au minimum pendant 1 an à compter du décès, des prestations en nature du régime obligatoire d'assurance maladie et maternité dont l'assuré relevait au moment du décès. Au-delà de ce délai, la prise en charge des frais de soins peut être renouvelée pour une durée limitée ou accordée définitivement.
Elle est renouvelée jusqu'à ce que le dernier enfant à charge ait atteint ses 3 ans.
Elle est accordée définitivement si le conjoint a eu au moins trois enfants à charge.
Le conjoint survivant qui ne rentre pas dans ces catégories peut bénéficier après le délai de 1 an de la couverture maladie universelle (CMU).
La CMU, créée par la loi n° 99-641 du 27 juillet 1999, est entrée en vigueur le 1er janvier 2000.
La CMU est destinée à garantir à tous la prise en charge des soins par un régime d'assurance maladie et, pour les personnes aux revenus les plus faibles, une protection complémentaire (notamment par la prise en charge du ticket modérateur, du forfait hospitalier (dans la limite des tarifs conventionnels de la Sécurité sociale) et des dépassements tarifaires en matière de prothèses dentaires et de dispositifs médicaux tels que les frais d'optique) et la dispense d'avance de frais (tiers payant).

Le droit à la couverture maladie universelle est accordée à toute personne justifiant de son identité et d'une résidence stable et régulière en France depuis plus de 3 mois. Ce droit est immédiat, sans aucun délai de carence.
Les personnes disposant de revenus inférieurs à un certain plafond (déterminé par décret) sont par ailleurs dispensées du versement de cotisations. Si le plafond est dépassé, les cotisations sont fixées proportionnellement aux revenus.
Est supprimé en conséquence le régime d'assurance personnelle auquel devaient avoir recours les personnes n'étant rattachées à aucun régime d'assurance.

› La rente accident du travail

● Pour le conjoint

Le conjoint d'un assuré victime d'un accident du travail suivi de mort a droit à une rente viagère calculée proportionnellement au salaire du défunt (40 %) à la condition que le mariage ait été contracté antérieurement à l'accident ou, à défaut, qu'il ait eu, à la date du décès, une durée de 2 ans minimum. Toutefois, ces conditions ne sont pas exigées si un ou plusieurs enfants sont issus du mariage.
En cas de nouveau mariage, le conjoint survivant cesse d'avoir droit à la rente. Cette rente peut lui être restituée en cas de divorce, de séparation de corps ou de nouveau veuvage.
Le conjoint a droit, par ailleurs, à un complément de rente (50 % du salaire annuel de la victime) lorsqu'il est âgé de 55 ans, ou avant cet âge s'il est atteint d'une incapacité de travail générale.
Le pourcentage minimal de l'incapacité de travail générale est fixé à 50 % ; sa durée minimale est fixée à trois mois.
Est reconnu atteint d'une incapacité de travail générale d'au moins 50 % le conjoint survivant qui se trouve hors d'état de se procurer, dans une profession quelconque, un gain supérieur à la moitié du salaire minimum de croissance (art. L. 434-8 et R. 434-11 du Code de la Sécurité sociale).
La demande de versement de la rente doit être adressée à la caisse primaire.
La caisse rembourse également les frais funéraires dans la limite de 1/24 du plafond de la Sécurité sociale, soit 1 473 € depuis le 1er janvier 2011.

● Pour le concubin ou le partenaire pacsé

Depuis la loi n° 2001-1246 du 21 décembre 2001, le concubin ou le partenaire pacsé d'une personne décédée à la suite d'un accident de travail ou d'une maladie professionnelle peuvent désormais percevoir, comme le conjoint survivant marié, une rente viagère égale à 40 % du salaire annuel de la victime.
Le pacte civil de solidarité conclu ou la situation de concubinage doivent avoir été établis antérieurement à l'accident ou, à défaut, qu'ils l'aient été depuis au moins 2 ans à la date du décès. Comme pour les conjoints mariés, ces conditions ne sont pas exigées si les concubins ou les partenaires du pacte civil de solidarité ont eu un ou plusieurs enfants.

Pour les enfants

Les enfants du défunt ont droit également à une rente égale à une fraction du salaire annuel de la victime jusqu'à l'âge de 20 ans. Cette limite d'âge peut être relevée pour les enfants qui sont placés en apprentissage, qui poursuivent leurs études, qui sont à la recherche d'une première activité professionnelle et inscrits comme demandeurs d'emploi à l'Agence nationale pour l'emploi ou qui, par suite d'infirmités ou de maladies chroniques, sont dans l'impossibilité permanente de se livrer à un travail salarié.
Les rentes allouées sont collectives et réduites au fur et à mesure que les orphelins atteignent la limite d'âge qui leur est applicable.
La rente est versée au père ou à la mère, au tuteur ou à la personne ayant la garde de l'enfant.
Enfin, une rente viagère peut aussi être versée à un ascendant sous les conditions suivantes :
- dans le cas où la victime n'avait ni conjoint ni enfant, s'il apporte la preuve qu'il aurait pu obtenir de la victime une pension alimentaire ;
- dans le cas où la victime avait conjoint ou enfant, s'il apporte la preuve qu'il était à la charge de la victime.
La condition prévue doit être remplie soit à la date de l'accident, soit, si cela est plus favorable, à la date du décès de la victime.

› Le salaire différé du conjoint

Le conjoint survivant du chef d'une entreprise artisanale ou commerciale qui justifie par tous moyens avoir participé directement et effectivement à l'activité de l'entreprise pendant au moins 10 années, sans recevoir de salaire ni être associé aux bénéfices et aux pertes de l'entreprise, bénéficie d'un droit de créance d'un montant égal à trois fois le salaire minimum interprofessionnel de croissance (SMIC) annuel en vigueur au jour du décès dans la limite de 25 % de l'actif successoral.
Le SMIC pris en compte est :
- soit celui en vigueur au moment du décès pour le conjoint survivant ou le SMIC en vigueur au moment du partage pour les descendants ;
- soit celui en vigueur au moment d'un règlement anticipé de la succession (par donation-partage).
Cette créance est prise en compte pour évaluer éventuellement le montant des droits propres du conjoint survivant dans la succession ainsi que pour calculer le montant des droits de succession qu'il peut, le cas échéant, avoir à régler.
Le montant des droits propres du conjoint survivant dans le partage de la succession est diminué du montant de sa créance de salaire différé.
Cette créance sur la succession est garantie par un privilège sur l'ensemble des meubles et immeubles de la succession (art. 2331 et 2375 du Code civil).
En ce qui concerne le privilège sur l'ensemble des immeubles de la succession, cette créance est dispensée de la formalité de l'inscription aux hypothèques.
Il convient d'adresser la demande de salaire différé au notaire chargé de la succession.

En cas de contestation, il faut assigner la succession en paiement devant le tribunal d'instance.
L'action en demande du bénéfice d'un contrat de salaire différé se prescrit par 5 ans à compter de l'ouverture de la succession ;
Le conjoint survivant du chef d'une exploitation agricole ou de l'associé exploitant une société dont l'objet est l'exploitation agricole bénéficie de la même créance de salaire différé aux mêmes conditions (L. n° 99-574 du 9.7.1999 ; art. L. 321-21-1 du Code rural et de la pêche maritime).
Sur le salaire différé des enfants, voir *Le salaire différé des enfants,* p. 227.

La situation du partenaire pacsé

Le décès est une cause de dissolution du pacte civil de solidarité (PACS). Cette dissolution doit être portée à la connaissance du greffier par l'état civil (voir *La déclaration de décès,* p. 117).

› Le partenaire n'est pas héritier

La situation du partenaire d'un PACS est ici la même que celle de tout concubin.
Il n'est pas héritier et n'a aucune vocation successorale, mis à part le droit au maintien dans les lieux constituant la résidence commune des partenaires en cas de décès du locataire.
Cela signifie que, même si le défunt ne laisse aucune famille (ni enfant, parent, oncle, cousins…), son partenaire ne pourra recueillir aucun bien de la succession (qui sera dévolue, à défaut d'héritier, à l'État).
Le partenaire peut donc se retrouver démuni s'il n'a pas de revenus ou de ressources propres, s'il ne travaille pas et s'il n'a pas de patrimoine personnel.
Pour éviter de laisser, à son décès, son partenaire dans une situation grave voire catastrophique, il est conseillé de rédiger un testament en sa faveur ou de lui consentir, de son vivant une libéralité (voir *Comment favoriser son concubin ou son partenaire pacsé ?,* p. 97).
Si les partenaires étaient propriétaires en indivision d'une grande partie de leur patrimoine, le survivant se retrouvera propriétaire en indivision avec les héritiers. Il aura donc des droits sur ces biens et pourra obtenir sa part en cas de partage.
S'il s'agit du logement commun, le partenaire pourra demander l'attribution préférentielle de ce bien immobilier, à charge pour lui de payer une soulte aux autres indivisaires.
Si le partenaire décédé était propriétaire de la plupart des biens, ce patrimoine sera dévolu aux héritiers lors de son décès et son partenaire risque de se retrouver sans aucune ressource.
Il ne pourra pas, à la différence des époux mariés, se voir attribuer la moitié des biens de la communauté, bénéficier d'une part de succession sur les biens de son conjoint, réclamer une pension alimentaire à la succession, bénéficier d'une pension de réversion, etc.

À NOTER

L'aide mutuelle des partenaires *En ce qui concerne la possibilité pour le partenaire de demander une pension alimentaire à la succession, la réponse sera donnée par la jurisprudence.*
Si l'aide mutuelle que doivent s'apporter les partenaires pendant la durée du PACS peut être assimilée au devoir de secours liant les époux mariés, on peut concevoir que cette obligation soit transmise aux héritiers ; cela signifierait que le partenaire survivant serait en droit de demander aux héritiers le versement d'une pension alimentaire s'il se révélait être dans le besoin à la suite du décès. Or, cette situation est souvent injuste car, pendant la vie commune, le partenaire a pu aider son compagnon à entretenir son patrimoine, à développer une entreprise ou à faire fructifier l'ensemble de ses biens.
Le partenaire sera donc obligé d'assigner les héritiers pour tenter d'être indemnisé s'ils refusent d'accepter sa demande.
La jurisprudence a déjà été amenée à statuer sur les demandes présentées par des concubins (le plus souvent des concubines...) et a permis ces indemnisations en s'appuyant sur la théorie de l'enrichissement sans cause, sur la notion de la société de fait, etc. Cette jurisprudence est intervenue dans les hypothèses de rupture du concubinage, soit par volonté unilatérale de l'un des concubins, soit par décès.

› Le partenaire peut bénéficier d'un maintien dans les lieux

En premier lieu, depuis la loi n° 2006-728 du 23 juin 2006 (applicable depuis le 1.1.2007), le partenaire survivant peut bénéficier du droit d'usage et d'habitation du logement commun pendant 1 an à compter du décès.
Ce droit est reconnu même si le logement appartenait au défunt. Il faut toutefois que ce logement ait été la résidence principale du couple et que le survivant y demeure au moment du décès.
Si le logement commun était loué, la succession doit également assurer le droit au logement du partenaire survivant en lui remboursant le montant des loyers. Cette même obligation s'applique également pour le paiement d'indemnités d'occupation dans l'hypothèse où le logement était en indivision ou appartenait à une SCI (art. 516-6 du Code civil).
Dans l'hypothèse où la succession rembourse des loyers ou des indemnités d'occupation, ces sommes peuvent être déduites de l'actif successoral (art. 775 quater du Code général des impôts).

À NOTER

Suppression du droit au logement *Contrairement au mariage, le droit temporaire au logement n'est pas un droit d'ordre public en matière de PACS (l'article 515-6 ne renvoie qu'aux deux premiers alinéas de l'article 763).*
Cela signifie que ce droit peut être supprimé par testament.

Le partenaire pacsé peut aussi bénéficier de l'attribution préférentielle du logement (voir *Le PACS : la situation du partenaire,* p. 103).

› La déclaration de revenus après le décès

● L'année du décès

Depuis le 1er janvier 2005, les partenaires ayant signé un PACS doivent, comme les couples mariés, établir une déclaration commune de leurs revenus dès la première année du PACS (le délai de 3 ans est supprimé).
La déclaration, signée par chacun d'entre eux, est à adresser ou à déposer à la recette des impôts dont dépend leur résidence commune.
L'imposition est établie à leurs deux noms, séparés par le mot : « ou ».
Il faut noter que l'imposition commune revêt un caractère obligatoire. Les partenaires n'ont pas le droit d'opter pour des déclarations séparées.
Les dispositions applicables aux contribuables mariés s'appliquent de la même façon aux personnes liées par un PACS, que le décès intervienne au cours de la première année d'imposition commune ou au cours des années suivantes. En conséquence, comme pour les contribuables mariés, il est établi deux impositions distinctes :
- une imposition commune du 1er janvier à la date du décès pour l'ensemble des revenus du foyer ;
- une imposition personnelle au nom de la personne survivante pour les revenus qu'elle a perçus à compter de la date du décès de son partenaire jusqu'au 31 décembre.
Il n'est plus nécessaire de respecter le délai de 6 mois pour déclarer les revenus du défunt. Désormais, ces revenus sont déclarés en même temps que les autres revenus c'est-à-dire en mai de l'année suivante.
Mais le délai de 6 mois à compter du décès reste obligatoire pour les déclarations de revenus professionnels et la déclaration ISF.
Le partenaire survivant conserve, l'année du décès, le bénéfice du quotient familial qui était attribué au couple, y compris par conséquent les demi-parts additionnelles accordées en raison de la situation personnelle de la personne décédée (invalidité, qualité d'ancien combattant par exemple) (*BOI* 5 B-9-03 n° 52 du 19.3.2003).

● Les années postérieures au décès

Le partenaire survivant est imposé sur l'ensemble de ses revenus. Il est assimilé à un contribuable veuf pour la détermination du quotient familial. Dès lors, en présence d'enfants à charge issus de l'union avec la personne décédée, il conserve le bénéfice du quotient familial attribué au foyer avant le décès (*BOI* 5 B-9-03 n° 52 du 19.3.2003).

Cas pratique

Deux personnes concluent un PACS en 1999. Un enfant naît de cette union, puis l'un des membres du PACS décède le 1er juillet 2002.

> Pour l'imposition des revenus de 2002, il est établi une imposition commune du 1er janvier au 1er juillet en fonction d'un quotient familial de 2,5 parts (contribuables pacsés avec un enfant à charge). Le partenaire survivant fait, en outre, l'objet d'une imposition personnelle en fonction du même quotient familial au titre des revenus qu'il a perçus de la date du décès (1er juillet) au 31 décembre.
> Pour l'imposition des revenus des années suivantes, et tant que l'enfant sera fiscalement à sa charge, le partenaire survivant sera imposé sur les revenus de son foyer fiscal en fonction du même quotient familial que celui qui s'appliquait préalablement au décès (2,5 parts).

› Le partenaire peut-il être indemnisé en cas de décès accidentel de son partenaire ?

En cas d'accident survenu à une personne, son compagnon ou sa compagne peut se retrouver dans une situation difficile, tant d'un point de vue économique que moral.
Dans un premier temps, les juges considéraient que l'indemnisation ne pouvait être accordée qu'aux conjoints mariés qui seuls pouvaient faire état d'un « intérêt légitime juridiquement protégé ». Cette condition a été supprimée en 1970, date d'un arrêt de la Cour de cassation reconnaissant le droit, pour une concubine, d'être indemnisée pour la perte de son concubin. Puis, en 1995, un concubin homosexuel s'est vu reconnaître ce même droit à indemnisation.
Le droit à indemnisation des partenaires d'un PACS est donc acquis.
Le préjudice économique dépend de chaque situation particulière.
La question peut se poser de savoir si le montant du préjudice moral accordé sera aligné sur celui accordé aux conjoints, légèrement supérieur à celui accordé aux concubins vivant en union libre.

Les options des héritiers

La loi n° 2006-728 du 23 juin 2006 (applicable depuis le 1.1.2007) a modifié les modalités d'option qui s'offrent à l'héritier.
Les trois possibilités d'option de l'héritier sont conservées mais sont remaniées et simplifiées. Les délais d'option sont réduits afin d'éviter les blocages et de préserver les droits des créanciers.
L'héritier peut accepter la succession purement et simplement ou y renoncer. Il peut également accepter la succession à concurrence de l'actif net lorsqu'il a une vocation universelle ou à titre universel.
Lorsque la succession a été acceptée par un ou plusieurs héritiers purement et simplement et par un ou plusieurs autres à concurrence de l'actif net, les règles applicables à cette dernière option s'imposent à tous les héritiers jusqu'au jour du partage.

› Les délais pour opter

Avant la loi du 23 juin 2006, l'héritier avait 30 ans pour choisir d'accepter, de renoncer, ou d'accepter sous bénéfice d'inventaire la succession. Depuis le

1er janvier 2007, le délai maximum pour opter est de 10 ans, délai que les cohéritiers peuvent écourter en sommant l'héritier hésitant de prendre parti.

● Délai écourté

Pour éviter les successions bloquées pendant de nombreuses années en raison de l'inaction d'un héritier, la loi a prévu la possibilité d'envoyer à l'héritier, 4 mois après l'ouverture de la succession, une sommation d'avoir à opter. La sommation, envoyée par acte d'huissier, peut être adressée par un cohéritier, un créancier ou par l'État.
L'héritier dispose alors de 2 mois pour prendre parti, ou bien demander un délai supplémentaire s'il n'a pas pu finir l'inventaire ou pour des motifs légitimes.
S'il ne prend toujours pas parti après le délai initial de 2 mois ou le délai supplémentaire, il est censé avoir accepté purement et simplement la succession.
Cette nouvelle disposition intéresse non seulement les cohéritiers mais aussi les éventuels créanciers de la succession.

● Délai maximum

À défaut de sommation, l'héritier peut opter pendant 10 ans à compter de l'ouverture de la succession. Après 10 ans, il est réputé avoir renoncé sauf s'il justifie avoir accepté avant l'expiration de ce délai.
Le point de départ de ce délai de 10 ans peut être reporté :
- à compter de l'ouverture de la succession du conjoint survivant quand les héritiers lui ont laissé la jouissance des biens de la succession de l'époux prédécédé ;
- à compter de la connaissance de l'ouverture de la succession si l'héritier avait des motifs légitimes de l'ignorer.

› Les actes conservatoires autorisés avant l'option

La loi autorise les héritiers à effectuer, au lendemain du décès, certains actes de gestion de la succession sans que ces actes soient interprétés comme une acceptation tacite de la succession. Auparavant, l'héritier qui prenait en main la gestion de la succession, sans savoir s'il devait accepter ou refuser la succession, devait suivre préalablement les formalités de l'acceptation sous bénéfice d'inventaire s'il ne voulait pas être tenu personnellement des dettes de la succession.
S'il y a une entreprise dans la succession, les opérations courantes nécessaires à la poursuite à court terme de l'activité sont qualifiées d'actes purement conservatoires.
D'autres actes sont également conservatoires et peuvent être effectués sans préjuger du choix futur de l'héritier :
- le paiement des frais funéraires ou de dernière maladie, des impôts, des loyers, des dettes successorales dont le règlement est urgent ;
- le recouvrement des fruits ou revenus ou la vente des biens périssables (l'héritier doit alors prouver qu'il a dû payer une dette nécessaire ou urgente ou justifier qu'il a consigné les sommes chez un notaire) ;
- l'acte destiné à éviter l'aggravation du passif de la succession ;
- le renouvellement d'un bail (en tant que bailleur ou locataire) pour éviter le paiement d'une indemnité (art. 784 du Code civil).

› L'acceptation pure et simple

L'acceptation pure et simple peut être expresse ou tacite (art. 782 du Code civil).
Elle est expresse quand on prend le titre ou la qualité d'héritier dans un acte authentique ou privé.
Elle est tacite quand l'héritier fait un acte qu'il n'aurait pu faire qu'en sa qualité d'héritier et qu'il manifeste ainsi sa volonté de se comporter comme un héritier.

● Quand y a t-il acceptation tacite ?

C'est ainsi qu'il y a acceptation tacite de la succession lorsque l'héritier se joint à une demande en partage introduite par ses cohéritiers ou encore lorsqu'il vend des objets ou encaisse des créances de la succession, ou qu'il donne en location un immeuble de la succession…
Il y a également acte d'héritier empêchant la renonciation dans le fait de donner congé avec offre de vente au locataire d'une maison dépendant de la succession (C. cass., 1re ch. civ., 17.3.1992, Bull. civ. n° 89).
De même, il y a acceptation tacite de la succession si les héritiers forment, devant un tribunal, une demande reconventionnelle contestant l'assignation d'un créancier du défunt et mettant en cause sa responsabilité.

Cas pratique

Après le décès d'un de ses clients, une banque, créancière d'un arriéré, assigne les deux héritiers.
Au cours de la procédure, ces derniers forment une demande reconventionnelle par laquelle ils mettent en cause la responsabilité de la banque, demandent réparation de leur préjudice et la compensation entre la créance de la banque et leur indemnité.
Par la suite, un des héritiers décide de renoncer à la succession.
Les juges estiment qu'il n'a plus la possibilité de renoncer. En effet, la demande reconventionnelle qu'il a formée équivaut à une acceptation de succession puisqu'il s'est comporté comme un héritier pur et simple.
La solution aurait été différente s'il s'était contenté de se défendre lors de la procédure engagée par la banque. La simple défense est une action conservatoire et ne sous-entend pas que l'intéressé a voulu prendre la qualité d'héritier (C. cass., 1re ch. civ., 3.12.2002, Dalloz 2003, IR, p. 182).

Le simple fait de disposer d'un bien de la succession (en le vendant notamment) ne suffit pas à reconnaître l'existence d'une acceptation tacite. Les juges retiennent une conception plus subjective de l'acceptation tacite et se penchent sur les circonstances de chaque cas et notamment sur l'intention véritable de l'héritier.
Il n'y a pas acceptation tacite si cela n'était pas la véritable intention de l'héritier. Dans cet arrêt, les héritiers avaient vendu un bien immobilier dépendant de la succession.
Le litige portait sur les charges de copropriété qu'ils refusaient de payer.
Les juges ont considéré qu'ils n'avaient pas l'intention d'accepter la succession en vendant cet immeuble. Compte tenu des dettes importantes de cette succession,

ils n'auraient pas vendu cet immeuble et auraient renoncé à cette succession s'ils avaient su les conséquences de cette vente.
La présomption d'acceptation disparaît quand l'héritier n'a pas accepté en pleine connaissance de cause.

MON CONSEIL

Le notaire doit informer ses clients *Le notaire chargé de la succession doit informer ses clients des possibilités de renoncer à une succession et des dangers de l'acceptation pure et simple en cas de dettes importantes dans la succession.*
Pour que le notaire remplisse son devoir d'information, il faut bien sûr que les héritiers l'ait informé suffisamment du passif et de l'actif de la succession.

Il y a également acceptation tacite de la succession quand l'héritier vend ou donne une partie de ses droits dans la succession, ou encore lorsqu'il renonce à ses droits au profit d'un cohéritier ou d'un héritier de rang subséquent, par exemple au profit d'un petit-enfant (art. 783 du Code civil, loi n° 2006-728 du 23.6.2006 applicable depuis le 1.1.2007).

Les conséquences de l'acceptation pure et simple

Lorsqu'il a accepté, l'héritier ne peut plus renoncer ni accepter à concurrence de l'actif net ; il doit payer les legs de sommes d'argent (à hauteur de l'actif net de la succession) et est tenu des dettes de la succession.
Par ailleurs, même s'il a accepté purement et simplement la succession, l'héritier peut demander à être déchargé du paiement d'une dette importante qu'il avait des motifs légitimes d'ignorer au moment de son acceptation et dont le paiement aurait pour effet d'obérer gravement son patrimoine personnel. Cette disposition a été introduite par la loi n° 2006-728 du 23 juin 2006 applicable depuis le 1er janvier 2007.
Si sa demande est acceptée, il ne sera pas tenu de payer la dette sur son patrimoine personnel.
La demande doit être introduite dans les 5 mois du jour où il a connaissance de cette dette et de son importance.

› L'acceptation à concurrence de l'actif net

Cette option remplace, depuis le 1er janvier 2007, l'ancienne acceptation sous bénéfice d'inventaire. Cette option peut être choisie si l'héritier ne connaît pas la composition de la succession et s'il redoute un passif important (art. 787 du Code civil).
L'intérêt pour l'héritier est :
- d'éviter la confusion de ses biens personnels avec ceux de la succession ;
- de conserver contre la succession tous les droits qu'il avait antérieurement sur les biens du défunt ;
- de n'être tenu au paiement des dettes de la succession que jusqu'à concurrence de la valeur des biens qu'il a recueillis.

L'héritier peut revenir sur cette option et révoquer son acceptation à concurrence de l'actif net en acceptant purement et simplement la succession.
La révocation de cette option est possible tant que l'héritier a encore le droit d'opter (2 mois après la sommation ou 10 ans après l'ouverture de la succession). Cette acceptation rétroagit au jour de l'ouverture de la succession.
Attention, l'acceptation à concurrence de l'actif net empêche toute renonciation à la succession.
Par ailleurs, lorsque la succession a été acceptée par un ou plusieurs héritiers purement et simplement et par un ou plusieurs autres à concurrence de l'actif net, les règles applicables à cette dernière option s'imposent à tous les héritiers jusqu'au jour du partage.

La déclaration

La déclaration d'option doit être faite au greffe du tribunal de grande instance du lieu d'ouverture de la succession. La déclaration est enregistrée et publiée, dans les 15 jours qui suivent la déclaration, dans le *Bulletin officiel des annonces civiles et commerciales* (BODAC) ainsi que dans un journal d'annonces légales diffusé dans le ressort du tribunal compétent. Le déclarant doit indiquer une adresse (domicile élu) à laquelle seront envoyées les notifications des créanciers.
Pendant un délai de 15 mois à compter de la publicité, les créanciers chirographaires (c'est-à-dire les créanciers qui ne possèdent pas de titre ou de sûretés) doivent déclarer leurs créances à l'adresse indiquée dans la déclaration (domicile élu). Si des poursuites sont en cours, elles sont suspendues pendant cette même période.
À l'issue du délai de 15 mois, un compte définitif de gestion doit être déposé au greffe du tribunal (après le désintéressement de tous les créanciers déclarés ou l'épuisement de l'actif) et publié selon les mêmes modalités que la déclaration (Code de procédure civile, art. 1334 et s.).

L'inventaire

L'inventaire est nécessaire pour évaluer la succession. Il est fait par un commissaire priseur, un huissier ou un notaire et doit récapituler, article par article, l'actif et le passif de la succession. Il est publié, comme la déclaration.
Le déclarant a 2 mois pour faire établir cet inventaire et pour le déposer au greffe du tribunal.
Il peut néanmoins obtenir un délai supplémentaire s'il justifie de motifs sérieux et légitimes justifiant le retard du dépôt du document.
Si le délai accordé n'est pas respecté, l'héritier est considéré comme ayant accepté purement et simplement la succession.
Si l'héritier omet sciemment et de mauvaise foi des biens dans l'inventaire, il est déchu de l'acceptation à concurrence de l'actif net et est réputé acceptant pur et simple à compter de l'ouverture de la succession.

L'héritier peut garder ou vendre certains biens

L'héritier peut décider de conserver en nature certains biens ou de les vendre. Cette décision doit être prise dans les 15 mois qui suivent la publication de sa déclaration d'option et doit être communiquée au greffe du tribunal.
S'il décide de conserver certains biens, il doit aux créanciers de la succession la valeur des biens conservés telle qu'indiquée dans l'inventaire. S'il vend d'autres biens, il leur doit le prix de vente. Le paiement des créanciers doit intervenir dans les 2 mois suivant, soit la déclaration de conserver le bien, soit le jour où le prix de vente est disponible (en cas de contestation, les sommes doivent être consignées).
Les créanciers peuvent, dans le délai de 3 mois après la publicité, contester éventuellement le prix retenu du bien ou son prix de vente. S'ils obtiennent gain de cause, l'héritier doit rembourser la différence sur ses biens personnels (ou rendre le bien conservé).
Si l'héritier n'a pas affecté au paiement des créanciers de la succession la valeur des biens conservés ou le prix des biens aliénés, il est déchu de l'acceptation à concurrence de l'actif net et est réputé acceptant pur et simple à compter de l'ouverture de la succession.

L'héritier doit administrer les biens de la succession

Il doit tenir les comptes, indiquer les créances qu'il paye et les actes qui engagent les biens recueillis ou qui affectent leur valeur.
Il est responsable en cas de fautes graves commises dans cette administration.
Il doit présenter les comptes à tout créancier qui en fait la demande.
Il doit répondre dans un délai de 2 mois si un créancier lui adresse une sommation, signifiée par acte extrajudiciaire, de lui révéler où se trouvent les biens et droits recueillis dans la succession qu'il n'a pas aliénés ou conservés. À défaut, il peut être contraint sur ses biens personnels.

Les créanciers

Les créanciers et légataires de sommes d'argent peuvent, sur justification de leur titre, consulter l'inventaire et en obtenir copie. Ils peuvent demander à être avisés de toute nouvelle publication.
Ils ont un délai de 15 mois à compter de la publicité pour déclarer leurs créances (à titre définitif, ou provisionnel si le montant n'est pas arrêté). La déclaration se fait au domicile élu de la succession. Si ce délai n'est pas respecté, les créances non assorties de sûreté sont éteintes à l'égard de la succession. Les cautions ou coobligés bénéficient également de cette extinction.
Les créanciers sont payés en fonction du rang de leur garantie. En premiers sont payés les créanciers munis de sûreté, puis les créanciers qui ont déclaré leurs créances, et enfin les légataires de sommes d'argent. Les créances non garanties sont payées en fonction de la date de leur déclaration.

› La renonciation

La renonciation peut être déposée ou adressée au tribunal de grande instance dans le ressort duquel la succession s'est ouverte.

Les héritiers ne sont plus tenus de se déplacer ni de nommer un mandataire pour pouvoir renoncer à une succession (art. 804 du Code civil).
La déclaration de renonciation indique les nom, prénoms, profession et domicile de l'héritier, ainsi que la qualité en vertu de laquelle il est appelé à la succession.
Le greffe inscrit la déclaration dans un registre tenu à cet effet et en adresse ou délivre récépissé au déclarant (art. 1339 du Code de procédure civile).

● Les conséquences de la renonciation pour le renonçant

Le renonçant est censé n'avoir jamais hérité et n'est pas tenu des dettes de la succession sauf les frais funéraires s'il s'agit d'un ascendant ou d'un descendant.
L'héritier qui renonce à la succession peut se faire rembourser les frais qu'il a pu engager avant sa renonciation.
Il peut conserver les donations ou les legs accordés par le défunt à condition que la valeur de ces libéralités ne dépasse pas la quotité disponible. L'héritier est considéré comme un tiers.
Il pouvait arriver que l'héritier ait intérêt à renoncer à la succession puisqu'il garde les donations et legs qui lui sont attribués sans être tenu des éventuelles dettes de la succession.
Depuis le 1er janvier 2007, le donateur ou testateur peut préciser qu'en cas de renonciation de l'héritier bénéficiaire, il sera tenu au rapport vis-à-vis des autres héritiers (art. 845 du Code civil).
Ce rapport se fait en valeur (il n'est pas obligé de rendre en nature les biens donnés ou légués). Si la valeur rapportée excède les droits qu'il aurait du recevoir dans la succession s'il n'avait pas renoncé, il doit indemniser les héritiers qui ont accepté la succession à concurrence de cet excédent (voir *Qu'est-ce que la réduction et le rapport des libéralités excessives ?*, p. 279).
S'il est le bénéficiaire désigné d'un contrat d'assurance en cas de décès, il peut recevoir le capital malgré sa renonciation. Les sommes versées ne font pas partie de la succession et ne sont donc pas concernées par cette renonciation.
L'héritier qui renonce peut changer d'avis mais uniquement pour accepter purement et simplement la succession (il ne peut plus opter pour une acceptation à concurrence de l'actif net). Il faut par ailleurs que le délai pour accepter ne soit pas expiré. Il faut enfin que la succession ne soit pas déjà acceptée par un autre héritier ni que l'État n'ait déjà été envoyé en possession.

● Les conséquences de la renonciation pour les autres héritiers

La part du renonçant est attribuée :
- en premier lieu à ses descendants qui le représentent ;
- à défaut, à ses cohéritiers qui ont accepté la succession ;
- s'il est seul, aux autres héritiers d'un degré subséquent.

En ce qui concerne le calcul de la réserve dépendant du nombre d'enfants, l'enfant qui renonce n'est pas compté sauf s'il est représenté (par ses propres

enfants) ou sauf si le donateur avait exigé le rapport des donations en cas de renonciation (art. 913 du Code civil).
Fiscalement, si l'héritier qui renonce a des enfants qui le représentent, ces derniers bénéficient de son abattement. Si les enfants représentent un de leurs parents dans la succession de leur grand-père, ils se partagent l'abattement de ce parent.

À NOTER **Le cas de l'enfant unique** *En principe, il n'y a pas de représentation quand l'enfant qui renonce est un enfant unique. En conséquence, les petits-enfants ne devraient donc pas bénéficier de l'abattement de leur père ou mère puisqu'ils viennent directement à la succession du grand-parent. Mais l'administration fiscale est revenue sur sa position et a modifié cette règle. Elle permet désormais aux petits-enfants de bénéficier de l'abattement de l'enfant renonçant.*

En ligne collatérale, les neveux et nièces qui représentent le frère ou la sœur du défunt se partagent son abattement.
Sur le montant des abattements applicables aux biens reçus par succession, voir *Quels sont les droits de succession ?*, p. 226.

Le contrôle du fisc

Lorsqu'un héritier ou un légataire renonce à sa part de succession ou à son legs, les biens sont attribués aux autres héritiers (à défaut de descendants) et ces derniers sont imposés selon le lien de parenté qui les unit au défunt.
La renonciation ne doit pas avoir pour but unique d'éluder en tout ou partie le paiement des droits de succession, et l'administration a le droit de contrôler la sincérité de la renonciation.

Cas pratique

Des petits-enfants avaient reçu des legs de leur grand-mère.
Ils auraient dû payer des droits sur la valeur de ces legs ne pouvant appliquer que l'abattement général de 1 564 € chacun.
Pour profiter d'un abattement plus important, ils ont renoncé à la succession de leur grand-mère. Les legs ont donc été attribués aux filles de la défunte qui, ensuite, en ont fait donation à leurs propres enfants (les petits-enfants de la grand-mère décédée).
Les petits-enfants ont alors pu profiter de leur abattement de 156 359 € applicable aux transmissions entre parents et enfants.
Pour l'administration fiscale, la renonciation aux legs par les petits-enfants, suivie de la donation par les deux filles à leurs propres enfants d'une somme égale à celle objet du legs, consiste à rechercher le bénéfice d'une disposition littérale dans le seul but d'éluder l'impôt dû par les légataires.
« Or, il apparaît que le législateur n'a pas voulu que les transmissions entre grands-parents et petits-enfants bénéficient des mêmes abattements que ceux prévus pour les transmissions entre parents et enfants.

> « Dans ces conditions, l'opération envisagée est abusive et à ce titre susceptible d'être remise en cause selon la procédure de répression des abus de droit prévue par l'article L. 64 du Livre des procédures fiscales » (Décision de rescrit, 14.4.2009, n° 2009/24, ENR et RC).

Les successions sans héritier

› Succession vacante

La succession est vacante :
- lorsqu'il ne se présente personne pour réclamer la succession et qu'il n'y a pas d'héritier connu ;
- lorsque tous les héritiers connus ont renoncé à la succession ;
- lorsque, après l'expiration d'un délai de 6 mois depuis l'ouverture de la succession, les héritiers connus n'ont pas opté, de manière tacite ou expresse (art. 809 du Code civil).

Toute personne intéressée (un créancier du défunt, la personne qui gérait son patrimoine...) ou le ministère public peut saisir le juge du tribunal de grande instance du lieu d'ouverture de la succession par requête.

Le juge désigne un curateur (services du domaine) qui sera chargé de faire l'inventaire des biens de la succession (actif et passif), de prendre possession des biens et de recouvrer les créances. Il reçoit les déclarations des créanciers de la succession ainsi que des personnes légataires d'une somme d'argent.

Il peut vendre les biens de la succession après l'expiration d'un délai de 6 mois après l'ouverture de la succession et payer les créanciers et les légataires.

La curatelle prend fin :
- par l'affectation intégrale de l'actif au paiement des dettes et des legs ;
- par la réalisation de la totalité de l'actif et la consignation du produit net ;
- par la restitution de la succession aux héritiers dont les droits sont reconnus ;
- par l'envoi en possession de l'État.

› Succession en déshérence

Une succession en déshérence est une succession sans héritiers ou abandonnée et dont le propriétaire est décédé depuis moins de 30 ans. Ces biens reviennent à l'État (art. 539 du Code civil). Un inventaire est établi par l'administration du domaine et les scellés sont posés sur les biens. L'État doit se faire envoyer en possession.

La déshérence de la succession prend fin en cas d'acceptation de la succession par un héritier (art. 811 du Code civil).

La restitution de la succession peut être réclamée pendant 30 ans à compter de son ouverture.

Les actions en justice engagées par le défunt

En vertu de l'article 724 du Code civil, les héritiers et le conjoint survivant sont saisis de plein droit des biens, des droits et actions du défunt.

Si le défunt, avant sa mort, avait engagé une action en justice, les héritiers peuvent, en principe, poursuivre l'instance. Ils peuvent aussi engager eux-mêmes l'instance même si le défunt n'en avait pris l'initiative.

Si, par exemple, le défunt avait engagé une action contre son locataire pour obtenir le paiement d'arriérés de loyers, ses héritiers peuvent obtenir cette condamnation. Ils peuvent aussi, d'eux-mêmes, assigner le locataire.

De même, les héritiers peuvent reprendre les poursuites d'un débiteur du défunt en paiement d'une reconnaissance de dette, même si la reconnaissance était stipulée intransmissible aux héritiers des signataires (C. cass., 2e ch. civ., 2.12.1992, Gaz. pal., 1993, II, Som. p. 550).

S'il y a plusieurs héritiers, chacun d'entre eux peut reprendre l'action engagée par le défunt. Il n'est pas nécessaire de recueillir l'accord de tous les héritiers (C. cass., 1re ch. civ., 28.3.2012, n° 10-30713).

S'il s'agit d'une action dite « réelle », en opposition à une action « personnelle », le droit des héritiers de continuer l'instance n'est pas remise en cause.

En revanche, s'il s'agit des actions liées à la personne du défunt (par exemple, les actions relatives à la filiation – adoption, reconnaissance d'enfant, recherche de paternité – ou les actions en divorce…) des réserves sont apportées aux droits des héritiers.

› Actions relatives à la filiation du défunt (art. 322 du Code civil)

L'action peut être exercée par les héritiers d'une personne décédée avant l'expiration du délai qui était imparti à celle-ci pour agir. Les actions relatives à la filiation se prescrivent par 10 ans à compter du jour où la personne a été privée de l'état qu'elle réclame, ou a commencé à jouir de l'état qui lui est contesté. À l'égard de l'enfant, ce délai est suspendu pendant sa minorité.

Les héritiers peuvent également poursuivre l'action déjà engagée par le défunt de son vivant, sauf s'il y a eu désistement de sa part ou en cas de péremption d'instance.

› Action en divorce (art. 227 du Code civil)

La Cour de cassation a refusé aux héritiers le droit de continuer la procédure en cours en considérant que le mariage, dans l'hypothèse où un époux décède en cours de procédure, est dissous par ce décès et qu'il ne peut donc pas être dissous par une autre cause (C. cass., 2e ch. civ., 31.5.1978, Dalloz 1979, II, p. 4).

A fortiori, les héritiers ne peuvent pas engager une action en divorce au nom du défunt.

› Action en révocation de donation pour ingratitude du donataire (art. 957 du Code civil)

Les héritiers peuvent reprendre la demande de révocation déposée par le défunt mais ne peuvent pas l'engager eux-mêmes (sauf si le donateur est décédé dans l'année qui suit les faits reprochés au bénéficiaire de la donation).

› Action en adoption (art. 353 du Code civil)

Le conjoint survivant ou l'héritier de l'adoptant décédé peut poursuivre la procédure en adoption et déposer la requête au nom du défunt. Mais, attention, cette action est réservée aux héritiers ou au conjoint, et non aux légataires universels qui ne sont pas des héritiers.

Cas pratique

Un homme était décédé avant d'avoir pu déposer sa requête en adoption simple des 6 enfants de son épouse prédécédée. Il avait rédigé un testament les instituant légataires universels.
Les enfants entendaient poursuivre la procédure d'adoption en leur faveur. Ils avaient consenti devant notaire à leur adoption avant le décès de l'adoptant.
La cour d'appel avait rejeté leur requête en considérant qu'ils ne pouvaient être en même temps adoptés et adoptant. Ce raisonnement n'est pas celui de la Cour de cassation qui rejette le pourvoi mais pour une autre raison : seuls les héritiers peuvent agir au nom du défunt. Les légataires ne sont pas des héritiers (C. cass., 1re ch. civ., 17.3.2010, n° 09-10918).

› Action en révocation d'adoption (art. 370 du Code civil)

Le Code civil ne prévoit pas l'hypothèse où l'adoptant décéderait en cours de procédure. La solution a donc été donnée par la Cour de cassation. La Cour considère que le décès de l'adoptant n'empêche pas la juridiction saisie de statuer sur la révocation de l'adoption (C. cass., 1re ch. civ., 21.6.1989, JCP 1990, II, 21547). Il faut noter que cette solution n'est pas unanimement admise par la doctrine (c'est-à-dire par l'ensemble des commentateurs juridiques) qui estime qu'il s'agit d'une action non transmissible qui s'éteint si une des parties décède en cours d'instance (art. 384 du Code de procédure civile).

› Action en paiement des sommes liées au contrat de travail

La prestation de travail du salarié a fait naître à son profit un certain nombre de droits, droits réalisés au fur et à mesure du déroulement de la prestation de travail.
Ces droits sont entrés dans le patrimoine du salarié avant son décès et les héritiers ainsi que le conjoint survivant en sont saisis de plein droit. Il importe peu que le salarié n'ait pas exercé une action avant son décès pour réclamer les sommes dues (C. cass., ch. soc., 29.10.2002, Dalloz 2002, IR p. 3189).

› Action en réparation d'un préjudice personnel

Lorsqu'une personne a subi un préjudice personnel lié à une infraction pénale mais décède avant d'avoir, elle-même, entamé une action pour obtenir réparation, ce droit à réparation se transmet à ses héritiers.
Cette règle s'applique devant les juridictions administratives.
Le Conseil d'État a, par un arrêt 29 mars 2000, admis que le droit à réparation d'un dommage, quelle que soit sa nature, s'ouvre à la date à laquelle se produit le fait qui en est directement la cause et se transmet aux héritiers de la victime si celle-ci décède avant d'avoir elle-même introduit une action en réparation.

Cas pratique

Il s'agissait d'un patient qui avait été opéré à l'hôpital et qui avait reçu plusieurs transfusions sanguines. Quelque temps après l'opération, il présente des symptômes d'hépatite aiguë. Au cours des années suivantes, son état empire et il décède d'une cirrhose du foie sept ans après l'opération. Sa veuve et sa fille intentent une action contre l'Assistance publique-Hôpitaux de Paris (dont dépend le centre de transfusion sanguine ayant fourni le sang contaminé) devant le tribunal administratif et réclament réparation non seulement des préjudices qu'elles ont personnellement subis (préjudice moral et matériel), mais aussi du préjudice subi par le défunt du fait des souffrances qu'il a endurées.
Pour la première fois, le Conseil d'État reconnaît que le droit à réparation d'un dommage naît au moment de ce dommage, entre dans le patrimoine de la victime et se transmet à ses héritiers si la victime n'a pas exercé ce droit de son vivant. Au titre de leurs préjudices personnels, la veuve et la fille obtienne respectivement 120 000 F (18 294 €) et 50 000 F (7 623 €), et au titre du préjudice subi par le défunt la somme de 500 000 F (76 224 €) (Conseil d'État, 29.3.2000, La Semaine Juridique (JCP) 2000, II, 10360).

Cette règle s'applique aussi devant les juridictions pénales. Les héritiers peuvent se constituer parties civiles devant la juridiction pénale, et obtenir réparation pour le préjudice subi par le défunt, même si ce dernier n'a pas porté plainte de son vivant dès lors que l'action publique a été engagée par le ministère public.
Cette possibilité n'était pas possible avant l'arrêt du 9 mai 2008 de la Cour de cassation.

Cas pratique

Une personne avait été victime de falsification de chèques et usage de ces chèques. Il décède sans avoir porté plainte. L'auteur avait été condamné devant le tribunal correctionnel et les héritiers du défunt s'étaient constitués parties civiles pour obtenir la réparation du préjudice matériel et moral subi par ce dernier. Le tribunal les avait déboutés de leur demande, en considérant qu'ils n'étaient pas les victimes directes des faits délictueux et en relevant que la victime elle-même n'avait jamais manifesté l'intention de demander réparation.

Cette décision est cassée. Le droit à réparation des préjudices subis par la victime, né dans son patrimoine, avait été transmis à ses héritiers (C. cass., assemblée plénière, 9.5.2008, n° 05-87.379).

Mais si l'action publique n'a été engagée ni par la victime elle-même, ni par le ministère public, les héritiers ou légataires de la personne décédée ne peuvent pas exercer une action devant la juridiction pénale. Ils ne peuvent demander la réparation de leur dommage éventuel que devant la juridiction civile (tribunal d'instance ou de grande instance).

Cas pratique

Le légataire d'une personne défunte avait porté plainte avec constitution de partie civile pour vol, abus de confiance et abus de faiblesse commis à l'encontre de cette dernière. Sa plainte a été déclarée irrecevable. Ni la victime ni le ministère public n'avait mis en mouvement l'action publique. Le légataire n'ayant subi qu'un préjudice indirect, ne pouvait qu'agir devant les juridictions civiles (C. cass., 20.5.2008, n° 06-88261).

Comment déclarer la succession ?

➤ C'est une formalité obligatoire qui doit être effectuée par les héritiers ou les légataires du défunt. Elle permet au fisc de contrôler le montant des droits de succession qui sont dus.

➤ La déclaration de succession doit faire apparaître l'actif brut, c'est-à-dire tous les biens (immeubles, meubles, parts sociales, créances, etc.) ayant appartenu au défunt. De cet actif sera déduit le montant des dettes de la succession.

➤ Les impôts dus à l'occasion d'une succession sont appelés droits de mutation à titre gratuit (par opposition aux droits de mutation à titre onéreux concernant une vente, par exemple).

Quelles sont les formalités ?

Une déclaration de succession est soumise à un certain nombre de formalités qu'il est impératif de respecter au risque de se voir appliquer une majoration qui peut varier de 10 à 40 % notamment en cas de dépassement des délais.
Cette déclaration obligatoire permet d'évaluer le montant des droits de succession à payer par les héritiers. Elle doit être déposée avec le règlement de ces droits au service des impôts du domicile du défunt.

Les délais

La déclaration de succession doit être déposée au service des impôts du domicile du défunt (art. 656 du Code général des impôts).
Si le défunt n'était pas domicilié en France, la déclaration est déposée au service des impôts des non-résidents : CINR (centre des impôts des non-résidents) TSA 10010, 10, rue du Centre , 93160 Noisy-le-Grand Cedex, Tél. : 01 57 33 83 00, e-mail : nonresidents@dgi.fiances.gouv.fr.
Les délais pour l'enregistrement des déclarations sont :
- de 6 mois à compter du jour du décès lorsque celui-ci a eu lieu en France métropolitaine ;
- de 1 an dans tous les autres cas.

Dans les départements de la Guadeloupe, de la Martinique, de la Réunion et en Guyane, le délai est de 6 mois lorsque celui dont on recueille la succession est décédé dans le département où il était domicilié, et d'un an dans tous les autres cas.
Ces délais sont impératifs et courent à compter du décès.
Si les héritiers sont inconnus, le délai de 6 mois ne court qu'à compter du jour où la succession leur a été révélée (par un généalogiste notamment). De même, les légataires ne sont pas tenus de respecter ce délai si leurs droits sont contestés par les héritiers.

MON CONSEIL

Déclarer les revenus du défunt *Les héritiers doivent également déclarer les revenus du défunt afin que l'administration établisse le montant de l'impôt sur le revenu de l'année.*
Elle doit comprendre les revenus dont le défunt a disposé l'année de son décès ainsi que les revenus acquis par le défunt mais sans en avoir la disposition avant son décès (art. 204 du Code général des impôts).
Le délai de 6 mois pour déclarer les revenus du défunt a été supprimé à compter de l'imposition des revenus de l'année 2011. Désormais, cette déclaration doit être produite dans les délais de droit commun c'est-à-dire en mai de l'année suivante. En revanche, l'obligation de déclarer les bénéfices de société dans les 6 mois du décès est maintenue, ainsi que la déclaration pour l'ISF (art. 201 et 885-W du Code général des impôts).

Les personnes tenues d'effectuer la déclaration

› L'obligation de déclaration

L'obligation de déclarer une succession s'applique aux héritiers, aux donataires et aux légataires. S'il y a plusieurs héritiers, un seul d'entre eux peut établir cette déclaration, les cohéritiers étant solidaires du paiement des droits de succession. Mais s'il y a également des légataires ou des donataires, chacun d'eux doit établir une déclaration pour les biens qu'il reçoit, ou joindre leur déclaration à celles des héritiers (art. 800 et 1709 du Code général des impôts).

C'est en principe le notaire chargé de la succession qui rédige la déclaration. Cet acte doit être signé et déclaré sincère par chaque déclarant.

› Les dispenses de déclaration

S'il s'agit d'une succession en ligne directe (parents, enfants, petits-enfants) entre conjoints ou entre partenaires pacsés, la dispense de déclaration s'applique si l'actif brut ne dépasse pas 50 000 €. Il faut toutefois que ces personnes n'aient pas bénéficié antérieurement, de la part du défunt, d'une donation ou d'un don manuel non enregistré ou non déclaré (montant applicable depuis le 1.1.2006) (art. 800 du Code général des impôts).

Cette même dispense de déclaration s'applique aux autres héritiers si l'actif successoral est inférieur à 3 000 €.

Les personnes dispensées de déclaration de succession sont également exonérées de droits de succession (art. 796-0 du Code général des impôts).

Sanctions en cas de dépassement des délais

Lorsque le délai pour effectuer la déclaration de succession n'a pas été respecté, une majoration de 10 % est applicable à compter du premier jour du septième mois qui suit l'expiration du délai de 6 mois.

Cas pratique

Si le décès est intervenu le 15 novembre, le délai de 6 mois expirera le 15 mai et la majoration de 10 % s'appliquera le 1er décembre.

Si l'Administration envoie une mise en demeure de produire la déclaration, une majoration de 40 % est applicable si les intéressés n'y ont pas répondu dans les 90 jours.

Si les droits n'ont pas été réglés lors de la déclaration, il est fait application d'un intérêt de retard de 0,40 % par mois à compter du premier jour du mois suivant celui de l'expiration du délai légal (art. 1727 et s. du Code général des impôts).

Dans le même exemple, la majoration de 0,40 % s'appliquera à compter du 1er juin.

Les déclarations de succession en Corse

Les délais de 6 mois ou d'un an n'étaient effectivement pas applicables aux déclarations de biens situés en Corse. Les intérêts de retard n'étaient donc pas calculés en cas de retard dans le dépôt de la déclaration de succession. Les héritiers n'étaient pas tenus de déclarer spontanément la valeur des biens de la succession. Ils devaient, en revanche, répondre à la demande des services fiscaux et payer les droits correspondants à la valeur des biens dans les délais qui leur étaient impartis.

La suppression de ce régime de faveur devait intervenir en 1999. Cette date a été reportée au 1er janvier 2002.

La loi de finances rectificative pour 2001 n° 2001-1276 du 28 décembre 2001 puis la loi relative à la Corse n° 2002-92 du 22 janvier 2002 ont organisé le régime applicable aux successions ouvertes en Corse depuis le 23 janvier 2002.

Beaucoup d'immeubles en Corse ne figurent pas au fichier immobilier, ne sont pas inscrits aux hypothèques. Leurs propriétaires ne disposent pas de titre de propriété.

Pour régulariser l'ensemble des titres de propriété immobilière sur l'île et inciter les héritiers, lors du décès d'un propriétaire, à procéder à cette inscription (publication aux hypothèques de l'attestation immobilière), la loi accorde à ces héritiers des délais supplémentaires pour procéder à la déclaration de la succession et des exonérations fiscales jusqu'au 1er janvier 2018.

› Délais supplémentaires

Les héritiers disposent d'un délai non plus de 6 mois mais de 24 mois pour déclarer une succession comprenant des immeubles.

Ce prolongement de délai n'est accordé que si les héritiers, donataires ou légataires inscrivent les biens immobiliers au fichier immobilier dans les 24 mois du décès. Cette mesure est applicable jusqu'au 31 décembre 2012 (art. 641 *bis* du Code général des impôts).

› Exonérations de droits de mutation

Si le décès intervient entre le 23 janvier 2002 et le 31 décembre 2012, les biens immobiliers pour lesquels le droit de propriété du défunt n'a pas été constaté antérieurement à son décès par un acte régulièrement transcrit ou publié sont exonérés de droits de mutation.

Si le décès intervient entre le 1er janvier 2013 et le 31 décembre 2017, cette exonération sera réduite de moitié, c'est-à-dire que les droits seront calculés sur la moitié de la valeur des immeubles et droits immobiliers.

À compter du 1er janvier 2018, les successions ouvertes en Corse seront soumises au droit commun.
Ici encore, les exonérations ne sont accordées que si les intéressés régularisent une attestation de propriété notariée dans les 24 mois du décès (art. 1135 *bis* du Code général des impôts).
En cas de non-respect de cette condition, les héritiers, donataires ou légataires ou leurs héritiers seront tenus d'acquitter dans le mois suivant l'expiration du délai de deux ans les droits de mutation dont la transmission par décès a été dispensée ainsi qu'un droit supplémentaire de 1 % et l'intérêt de retard (art. 1840 G *undecies* du Code général des impôts).
La même exonération s'applique aux actes de notoriété établis entre le 1er janvier 2002 et le 31 décembre 2014 en vue du règlement d'une indivision successorale comportant des biens et droits immobiliers situés en Corse (art. 1135 du Code général des impôts).

› Exonération du droit de partage

Les actes de partage de succession et les licitations de biens héréditaires établis entre le 1er janvier 1986 et le 31 décembre 2014 sont exonérés du droit de 2,50 % à hauteur de la valeur des immeubles situés en Corse. Cette exonération n'est toutefois accordée que si le partage est établi par un acte authentique (art. 750 bis A du Code général des impôts).

› Création d'un fichier immobilier

La loi n° 2006-728 du 23 juin 2006 a autorisé la création d'un groupement d'intérêt public (composé de membres représentant l'État, la collectivité territoriale de Corse, les associations des maires et le conseil régional des notaires de Corse) chargé de rassembler tous les éléments propres à reconstituer les titres de propriété en Corse pour les biens fonciers et immobiliers qui en sont dépourvus. À cet effet, ce groupement peut prendre toute mesure permettant de définir ces biens et d'en identifier leurs propriétaires et créer ou gérer l'ensemble des équipements ou services d'intérêt commun rendus nécessaires pour la réalisation de son objet.
Le groupement d'intérêt public, ainsi que les personnes missionnées par lui, peuvent se faire communiquer de toute personne, physique ou morale, de droit public ou de droit privé, tous documents et informations nécessaires à la réalisation de la mission du groupement, y compris ceux contenus dans un système informatique ou de traitement de données à caractère personnel, sans que puisse leur être opposé le secret professionnel.
Par ailleurs, le groupement peut créer un fichier de données à caractère personnel.

Quels sont les biens à déclarer ?

La déclaration de succession doit contenir l'énumération de tous les biens appartenant (ou présumés appartenir) au défunt, y compris les biens exonérés de droits de succession.
L'évaluation des biens imposables constitue l'actif brut de la succession duquel doit être déduit le passif pour obtenir l'actif net. Cet actif net servira de base à la fixation des droits de succession.
Lorsque la composition des biens laissés par le défunt est établie, il faut distinguer les biens qui sont exclus de la déclaration de succession et les biens imposables.

La liquidation du régime matrimonial

Si le défunt était marié, il faut commencer par liquider son régime matrimonial, c'est-à-dire déterminer les biens appartenant à chacun des époux afin de pouvoir établir la composition de la succession de l'époux décédé.
Le régime matrimonial est l'ensemble des règles qui régissent les biens des époux. Ce régime peut être choisi expressément au début du mariage (il s'agit alors d'un régime conventionnel) ou, à défaut de ce choix, être le régime légal (actuellement le régime de la communauté réduite aux acquêts).
Lorsque le défunt était marié sous un régime de communauté, il faut liquider cette communauté.

› Le régime légal de la communauté réduite aux acquêts

La liquidation du régime consiste à déterminer tout d'abord les biens propres des biens communs, évaluer le passif puis faire les comptes entre les époux (compte des « récompenses »).

Les biens propres et les biens communs

Sont des biens communs (art. 1401 et s. du Code civil) :
- les biens acquis à titre onéreux pendant le mariage (meubles et immeubles) ;
- les biens créés pendant le mariage (par exemple, la clientèle d'un fonds de commerce) ;
- les salaires et rémunérations perçues par une activité professionnelle ;
- les revenus des biens propres s'ils n'ont pas été consommés, c'est-à-dire économisés et non utilisés ;
- les revenus des biens communs ;
- les sommes figurant sur un compte bancaire, postal ou d'épargne, même si le compte est ouvert au nom d'un seul époux.

Sont des biens propres (art. 1404 et s. du Code civil) :
- les biens dont les époux étaient propriétaires avant le mariage ;
- les biens reçus par succession, legs ou donation ;
- les biens acquis pendant le mariage en « emploi ou remploi » d'un bien propre (le remploi est une clause qui figure dans un acte de vente et qui indique que le bien acquis l'a été avec l'argent provenant de la vente d'un bien propre) ;
- les créances ou indemnités qui remplacent des biens propres (par exemple, l'indemnité versée par une compagnie d'assurance à la suite du vol d'un bien propre) ;
- les accessoires des biens propres (par exemple, un véhicule acquis à titre d'accessoire d'un cabinet d'assurances, lui-même bien propre) ;
- même acquis après le mariage, les vêtements et linges à l'usage personnel de chaque époux ;
- les actions en réparations d'un dommage corporel ou moral (par exemple, l'action en paiement d'une indemnité à la suite d'un accident) ;
- l'indemnité versée au titre de l'incapacité permanente partielle ou pour invalidité visant à réparer un dommage corporel (propres par nature) (C. cass., 1re ch. civ., 28.2.2006, pourvoi n° 03-11767 et 17.11.2010, pourvoi n° 09-72316). Mais si ces indemnités sont destinées à réparer un préjudice professionnel caractérisé par une incapacité à reprendre toute activité économique et à compenser une perte de revenus, elles sont des biens communs comme les salaires dont elles constituent un substitut (C. cass., 1re ch. civ., 5.4.2005) ;
- les créances et pensions incessibles (par exemple, les pensions alimentaires, les pensions d'invalidité, les rentes servies à la suite d'un accident du travail) ;
- et, plus généralement, tous les biens qui ont un caractère personnel ou les droits exclusivement attachés à la personne (par exemple, les baux ruraux ou l'indemnité versée pour compenser la perte d'un bien rural, les droits d'auteur…).

Le passif se compose de dettes propres et de dettes communes

Les dettes communes sont les dettes nées pendant la communauté et les dettes liées à l'entretien du ménage et l'éducation des enfants (art. 1409 du Code civil). Les dettes propres et la moitié des dettes communes seront déduites de la part d'actif de chaque époux.

Les récompenses (art. 1468 et s. du Code civil)

Lorsque la masse commune est établie, il faut, avant de la partager, établir le compte personnel de chaque époux dont le solde s'imputera ou s'ajoutera à la part de celui-ci. Il s'agit des « récompenses », c'est-à-dire des sommes que la communauté doit à un époux ou celles dues à la communauté par un époux.
La communauté devra une récompense à un époux lorsqu'elle a encaissé des fonds propres ou provenant de la vente d'un bien propre (sans que la clause de remploi n'ait été spécifiée dans l'acte).

Cas pratiques

• De la succession de son père, un mari encaisse la somme de 60 000 €.
Cette somme est utilisée pour rembourser le crédit d'achat de leur maison. Lors de la dissolution de la communauté, la communauté devra une récompense de 60 000 € au mari.
• Une épouse est victime d'un accident et reçoit la somme de 10 000 € au titre de son préjudice. Elle aura droit à une récompense car la communauté a encaissé des fonds propres.

À l'inverse, un époux devra une récompense à la communauté lorsqu'il aura utilisé des fonds communs pour acquérir ou améliorer un bien propre ou encore pour régler une dette personnelle.

Cas pratiques

• Avant de se marier, une personne est propriétaire d'un appartement acheté à crédit. Après le mariage, les échéances sont réglées par des fonds communs. À la dissolution de la communauté, l'appartement restera un bien propre de cette personne mais elle devra une récompense à la communauté.
• Un époux avait payé la prestation compensatoire due à sa première épouse sur des fonds communs. À son décès, sa veuve réclame une récompense pour ces sommes versées par la communauté. La cour d'appel lui refuse ce droit en relevant que l'époux décédé n'avait pas tiré profit de ces versements et que la récompense n'était pas due. Mais l'arrêt est cassé. Dès lors que la communauté a payé une dette d'un des époux, elle a droit à récompense. Il n'est pas nécessaire de prouver que l'époux débiteur a augmenté son patrimoine personnel (C. cass., 1re ch. civ., 28.3.2006, Dalloz 2006, IR, p. 1127).

Pour évaluer le montant des récompenses on peut, selon les situations, tenir compte soit du montant des sommes utilisées, soit du profit subsistant pour le bénéficiaire de ces sommes, c'est-à-dire l'enrichissement apporté à son patrimoine. La valeur la plus faible est retenue.
En général, le montant retenu par les notaires qui établissent les comptes de communauté est le montant nominal des sommes utilisées.
Toutefois, lorsque des fonds communs ont servi à acquérir, à améliorer ou à conserver un bien propre ou, à l'inverse, lorsque des fonds propres ont été utilisés par la communauté pour acquérir ou améliorer un bien commun, la récompense sera calculée en fonction du profit subsistant pour le propriétaire du bien.

Cas pratique

Un mari était propriétaire d'un terrain (bien propre). Pendant le mariage, le couple finance la construction d'une maison. La récompense due par le mari à la communauté est égale à la valeur de la maison (diminuée de la valeur du terrain nu) déterminée au moment de la liquidation de la communauté et non pas au montant des sommes versées pour cette construction (C. cass., 1re ch. civ., 9.10.1990, JCP 1991, II, 21562).

Les récompenses ne doivent être calculées que lorsqu'une somme a été versée ou qu'il y a eu un investissement financier. Lorsqu'un bien a été amélioré grâce aux travail des époux, on ne tient pas compte de cette amélioration.

Cas pratique

Un mari est propriétaire d'une maison (bien propre). Au cours du mariage, les époux la restaure eux-mêmes et l'aménage. Les juges ont refusé de calculer une récompense en faveur de la communauté, même si le travail du couple avait permis d'améliorer ce bien propre (C. cass., 1re ch. civ., 5.4.1993, Bulletin de la Cour de cassation n° 137).

En résumé : la première étape consiste à évaluer l'ensemble des biens communs, puis d'ajouter le montant des récompenses dus par chaque époux à la communauté et de soustraire les récompenses dues par la communauté aux époux. Le montant obtenu constituera le « boni de communauté » qui sera partagée entre les époux.

Cas pratique

Les biens communs sont évalués à 15 245 €. L'époux est redevable d'une récompense évaluée à 3 049 €. L'épouse, en revanche, est créancière d'une somme de 1 524 €.
Les comptes s'effectueront ainsi :
Le boni de communauté est égal à :
(15 245 € + 3 049 €) – 1 524 € = 16 770 € ;
La part du mari est égale à :
8 385 € – 3 049 € = 5 336 € ;
La part de la femme est égale à :
8 385 € + 1 524 € = 9 909 €.

› Le régime de la communauté universelle

Dans le régime de la communauté universelle sont communs tous les biens que possèdent les époux, que ces biens soient acquis ou reçus avant ou pendant le mariage (seuls restent des biens propres les vêtements et linges à l'usage personnel de chaque époux, les actions en réparations d'un dommage corporel ou moral, les créances et pensions incessibles).
Toutes les dettes (dettes du mariage ou antérieures au mariage) sont également communes.
La succession d'un des époux sera composée de la moitié de cette communauté (actif et passif).
En présence, dans le contrat de mariage, d'une clause d'attribution intégrale de la communauté au survivant, il n'y a pas lieu d'effectuer une déclaration de succession et le veuf ou la veuve n'a pas de droits de succession à payer (voir *Quels sont les biens qui n'ont pas à être déclarés ?*, p. 195).

› Le régime de la séparation de biens

Dans ce régime, tous les biens sont soit des biens propres à l'un ou l'autre des époux, soit des biens en indivision (biens acquis en commun). La succession du défunt se compose donc des biens qui lui appartenaient en propre et de ses parts d'indivision.

Des litiges concernant la propriété d'un bien peuvent survenir entre le conjoint survivant et les héritiers : le conjoint revendique la propriété d'un bien en tant que bien propre lui appartenant et les héritiers considèrent, au contraire, qu'il s'agit d'un bien en indivision entre le défunt et son conjoint ou encore d'un bien appartenant au défunt.
Pour revendiquer le caractère propre d'un bien, il faut le prouver. La preuve peut résulter des titres de propriété, des factures d'achat (établies au nom du propriétaire) ou tout autre document. Si cette preuve n'est pas apportée, le bien est considéré comme appartenant aux deux époux, chacun pour moitié.

Quels sont les biens qui n'ont pas à être déclarés ?

Différents types de biens sont exclus de la déclaration de succession.

› Les biens que le conjoint recueille en vertu d'une convention matrimoniale (avantage matrimonial)

Attribution intégrale de la communauté

Un avantage matrimonial est un avantage procuré à un conjoint et inséré dans un contrat de mariage (voir *Intégrer des avantages matrimoniaux*, p. 84).
Une des conventions les plus fréquentes est la clause, insérée dans un contrat de communauté universelle, d'attribution intégrale de la communauté au survivant. Au décès du premier des époux, le conjoint bénéficiaire devient propriétaire des biens communs qui lui sont attribués sans qu'il y ait transmission successorale. À ce titre, les biens de communauté recueillis par le conjoint survivant ne sont pas considérés comme des donations ni des libéralités et sont donc exonérés de droits de succession.
Puisqu'il n'y a pas de succession proprement dite, il n'est pas nécessaire d'effectuer une déclaration de succession. Cependant, dans l'hypothèse où la communauté comprenait un immeuble, le conjoint doit faire établir par un notaire une attestation de transmission d'immeuble qui devra être publiée aux hypothèques (voir *Classification des actes*, p. 141).
Cette règle s'applique même si le défunt laisse des enfants issus d'un précédent mariage ou d'une précédente union.
Ces derniers disposent de l'action en retranchement leur permettant de diminuer la part devant revenir au conjoint survivant et de la limiter au montant de la quotité disponible entre époux (art. 1527 du Code civil) (voir *L'action en retranchement*, p. 95).

Autres avantages matrimoniaux

• Clause d'attribution en propriété :
Il s'agit d'une clause du contrat de mariage prévoyant qu'au décès de l'un des époux le survivant pourra se faire attribuer en toute propriété certains biens personnels du prédécédé ou aura la faculté de les acquérir.

• Stipulation de parts inégales :
La stipulation de parts inégales prévoit qu'à la dissolution de la communauté les parts respectives de chacun des époux ou de ses héritiers ne seront pas d'égales valeurs (par exemple, 1/3 pour l'un et 2/3 pour l'autre ou encore les meubles pour l'un et les immeubles pour l'autre).
• Clause de prélèvement :
La « clause de prélèvement » permet à l'un des époux, lors de la dissolution de la communauté (par décès, divorce, etc.) de prélever sur la communauté certains biens, d'en devenir seul propriétaire moyennant paiement, à la communauté, d'une indemnité.
• Clause de préciput :
Cette clause, insérée dans le contrat de mariage, prévoit que le survivant des époux ou l'un d'eux, s'il survit, sera autorisé à prélever sur la communauté, avant tout partage, soit une certaine somme, soit certains biens (par exemple, la clause stipulant la reprise par la femme, par préciput, des bijoux qu'elle a apportés en mariage. Cet exemple suppose, bien sûr, que ces bijoux devraient, sans la clause de préciput, tomber dans la communauté).

› Les réversions de rentes viagères entre époux ou entre parents en ligne directe

La réversion d'une rente viagère est prévue dans un acte de vente ou dans une donation. Le vendeur ou le donateur prévoit que l'acquéreur ou le donataire lui versera une rente viagère et que cette rente viagère sera transmise à son conjoint survivant après son décès (art. 793 du Code général des impôts) (voir *Faire une donation ou un testament (art. 1094 et 1094-1 du Code civil)*, p. 86).

› Les biens immobiliers faisant l'objet d'une « tontine » ou « clause d'accroissement »

La tontine (ou clause d'accroissement) est une clause insérée dans un acte d'achat d'un logement lorsque cette acquisition est faite par deux personnes. Cette clause prévoit qu'au décès d'un des acquéreurs le second se retrouvera seul et unique propriétaire du logement.
Il s'agit d'un contrat dit « aléatoire » car l'ordre des décès est imprévisible.
En règle générale, la transmission des biens par l'effet d'une clause de tontine est considérée, pour le Code civil, comme une transmission à titre onéreux alors qu'il s'agit d'une transmission à titre gratuit pour le Code général des impôts (entraînant l'application des droits de succession).
La seule exception permettant au bénéficiaire d'une clause de tontine d'éviter de payer les droits de mutation concerne certains immeubles.
En effet, à la double condition que la valeur de l'immeuble soit inférieure ou égale à 76 000 € au moment du premier décès et que cet immeuble constitue l'habitation principale commune aux deux acquéreurs, la part transmise (c'est-à-dire la moitié de l'immeuble) est exonérée de droits de succession...
Au jour du décès, la transmission est considérée comme vente et seuls les droits de mutation à titre onéreux sur la part du défunt dans l'immeuble seront dus.

Si le bien a une valeur supérieure à cette somme, la transmission est imposée au tarif des droits de succession.
Les époux mariés et les partenaires pacsés, étant exonérés de droits de succession, ont intérêt à voir appliquer les droits de mutation à titre gratuit, droits dont ils sont dispensés. Depuis le 1er janvier 2010, ils peuvent opter pour l'application des droits de mutation à titre gratuit quelle que soit la valeur de l'immeuble, même si cette valeur est inférieure à 76 000 € (art. 754 A du Code général des impôts).

À NOTER

Validité de la clause de tontine *Les héritiers du défunt peuvent remettre en cause la validité de la clause de tontine s'ils prouvent qu'il s'agissait d'une donation déguisée. Il y a donation déguisée si le financement du bien a été effectué de façon non équivalente par les acquéreurs et que la déclaration d'origine des fonds est fausse, ou que les deux acquéreurs avaient une différence d'âge telle que les chances de survie de chacun d'eux n'étaient pas semblables (défaut de caractère aléatoire du contrat)* *(voir* La tontine, *p. 100).*

› Le capital versé au bénéficiaire d'une assurance-vie

En principe, le capital versé à la mort de l'assuré est exonéré de droits de succession. La souscription d'une assurance vie reste donc la solution la plus intéressante pour favoriser une personne étrangère à la famille ou un de ses héritiers. Mais l'exonération n'est pas totale puisque certains contrats sont imposables :

• Les contrats souscrits avant le 20 novembre 1991

Si les primes ont été versées avant le 13 octobre 1998, aucune taxation n'est appliquée.
Pour les primes versées après le 13 octobre 1998, les sommes versées par les assurances au décès du souscripteur sont soumises à un prélèvement fiscal de 20 %.
Ce prélèvement n'est calculé que sur les sommes supérieures à 152 500 €.
Le taux de prélèvement est porté à 25 % pour la fraction de chaque part nette de chaque bénéficiaire supérieure à 902 838 € (depuis 2011).
Il est versé directement par les assurances au comptable des impôts dans les 15 jours qui suivent la fin du mois au cours duquel les sommes ont été remises au bénéficiaire (art. 990-i du Code général des impôts).

Cas pratique

Si le capital versé est de 450 000 €, le bénéficiaire paiera le prélèvement de 20 % sur 297 500 €, soit 59 500 €.

Si un même bénéficiaire reçoit plusieurs versements de plusieurs compagnies d'assurances à la suite du décès du même assuré, il ne bénéficie qu'une seule fois de l'abattement de 152 500 € sur l'ensemble des sommes cumulées.

Les contrats souscrits depuis le 20 novembre 1991

Les droits de mutation ne sont pas exigibles si les primes sont versées avant les 70 ans de l'assuré et si l'indemnité est stipulée au profit d'un bénéficiaire déterminé (ou déterminable, par exemple : « mes enfants à naître »). Si le bénéficiaire n'est pas déterminé, le capital versé au décès de l'assuré fait partie de la succession et est soumis aux droits de mutation comme n'importe quel bien transmis aux héritiers. Le prélèvement de 20 % reste applicable pour la fraction du capital versé qui excède 152 500 €.

Si l'assuré est âgé de 70 ans ou plus à la date de la signature du contrat ou s'il atteint cet âge en cours de contrat, les primes versées après cette date sont imposables (droits de mutation) pour la fraction qui excède 30 500 € (art. 757 B et art. 990 i du Code général des impôts).

Cas pratique

Un assuré âgé de 75 ans souscrit un contrat d'assurance vie en faveur de son concubin et verse une prime unique de 45 000 €. À son décès, le concubin devra payer des droits de succession sur 14 500 € (45 000 € – 30 500 €).

Lorsque des contrats sont souscrits en unités de compte (parts de SICAV, de SCI...) il convient de retenir la valeur en euros des primes versées après le 70e anniversaire de l'assuré, au jour de leur paiement.

Les droits à payer sont les mêmes que les droits de succession et sont calculés en fonction du degré de parenté du bénéficiaire avec le défunt, après application des abattements personnels de chaque bénéficiaire (enfants, conjoint, partenaire pacsé...).

S'il y a plusieurs bénéficiaires, ils se partagent l'abattement de 30 500 € et l'impôt est réparti entre eux.

Lorsque plusieurs contrats sont conclus sur la tête d'un même assuré, il est tenu compte de l'ensemble des primes versées après le 70e anniversaire de l'assuré pour l'appréciation de la limite de 30 500 €.

Dans l'hypothèse où les capitaux versés par l'assureur sont inférieurs aux primes versées après le 70e anniversaire de l'assuré (dans l'hypothèse de rachats partiels et d'avances non remboursées au décès de l'assuré ou dans le cas d'une baisse de la valeur des unités de compte de référence), la doctrine fiscale actuelle prévoit que l'assiette des droits est limitée aux capitaux versés aux bénéficiaires.

L'abattement de 30 500 € s'applique au montant des capitaux versés.

Après l'application de cet abattement, le bénéficiaire du contrat d'assurance-vie peut appliquer son propre abattement personnel sur les sommes reçues.

Tous les contrats d'assurance en cas de vie ou en cas de décès souscrits depuis le 20 novembre 1991 et conclus sur la tête d'un même assuré, en vertu desquels des primes ont été versées après son 70e anniversaire, doivent être déclarées par les bénéficiaires, au décès de l'assuré, dans les conditions fixées pour les déclarations de succession. La déclaration doit préciser, pour chaque contrat, la date et le montant des primes versées après le 70e anniversaire de l'assuré.

Les assureurs sont tenus, sur la demande des bénéficiaires, de leur communiquer les informations mentionnées ci-dessus. Ils doivent également, dans les 45 jours qui suivent le jour où ils ont connaissance du décès de leur assuré, faire connaître aux services fiscaux les références du contrat, les identités de l'assuré et du ou des bénéficiaires ainsi que le montant des primes versées après les 70 ans de l'assuré. Ils ne peuvent se libérer des sommes dues aux bénéficiaires qu'après avoir reçu des services fiscaux une attestation de dépôt de la déclaration de succession (art. 292 A et 292 B Annexe II du Code général des impôts).
Ils doivent aussi procéder aux vérifications d'identité du bénéficiaire d'un contrat d'assurance vie lors du paiement de la prestation et de la personne qui demande le remboursement d'un bon de capitalisation (art. A-310-5 du Code des assurances ; arrêté du 1.10.2002, pris dans le cadre de la lutte contre le blanchiment de capitaux).

À NOTER

Assurance-vie et ISF *Les capitaux perçus par une veuve au décès de son mari sont compris dans l'assiette de l'ISF (impôt sur la fortune). Ces capitaux ne constituent pas une indemnité destinée à compenser un préjudice corporel et ne peuvent donc, à ce titre, être exonérés d'impôt (C. cass., ch. com., 16.11.1999).*

IMPOSITION DES CONTRATS D'ASSURANCE VIE

	Primes versées avant le 13.10.1998	Primes versées après le 13.10.1998
Contrats souscrits avant le 20.11.1991	Pas de droits ni prélèvements	Prélèvement de 20 % sur le capital supérieur à 152 500 € Prélèvement de 25 % sur le capital supérieur à 902 838 €
Contrats souscrits après le 20.11.1991 et assuré âgé de moins de 70 ans lors du versement des primes	Pas de droits ni prélèvements	Prélèvement de 20 % sur le capital supérieur à 152 500 € Prélèvement de 25 % sur le capital supérieur à 902 838 €
Contrats souscrits après le 20.11.1991 et assuré âgé de plus de 70 ans lors du versement des primes	Droits de mutation calculés sur la fraction des primes qui dépasse 30 500 €	Droits de mutation calculés sur la fraction des primes qui dépasse 30 500 €

Les époux mariés et l'assurance-vie

Lorsque deux époux, mariés sous le régime légal de la communauté réduite aux acquêts, souscrivent chacun un contrat d'assurance-vie en désignant leur conjoint comme bénéficiaire, le décès du premier d'entre eux entraîne les conséquences suivantes :
- le contrat souscrit par le défunt est dénoué et le capital est versé au survivant.

Les sommes constituent pour lui un bien propre. Il est totalement exonéré de droits de mutation.
- le contrat souscrit par le survivant n'est pas dénoué puisque le bénéficiaire est décédé avant le souscripteur. Ce contrat est considéré comme un bien commun (puisqu'il a été alimenté par des fonds communs pendant le mariage) et non pas comme un bien propre. En conséquence la moitié de la valeur de ce contrat doit être intégrée dans l'actif successoral et est imposable à ce titre (Réponse ministérielle n° 26231, *JOAN*, 29.6.2010).

ASSURANCE-VIE ET COMMUNAUTÉ ENTRE ÉPOUX

Période de versement du capital	Bénéficiaire	Qualification des sommes versées
À l'échéance du contrat	Souscripteur	Bien commun
Au décès du souscripteur	Conjoint	Bien propre au conjoint
Au décès du souscripteur	Tiers	Bien commun (la communauté a droit à une récompense)
Au décès du bénéficiaire	Le capital est un bien commun	Intégration de la moitié de sa valeur dans l'actif à déclarer

À NOTER

Exonération de droits pour le conjoint *Le conjoint, comme le partenaire pacsé, est exonéré du prélèvement de 20 % pour les sommes dépassant 152 500 €, du prélèvement de 25 % pour les sommes dépassant 902 838 €, et des droits de mutation calculés après abattement de 30 500 € (art. 990-I du Code général des impôts).*

› La pension alimentaire versée au conjoint par la succession lorsque ce dernier se trouve dans le besoin (art. 767-1 du Code civil)

Voir *La situation du conjoint survivant*, p. 150.

› Certains biens situés à l'étranger et déjà taxés au titre des droits de succession dans ces pays

Voir *Les biens situés à l'étranger*, p. 217.

› Les présents d'usage

Les présents d'usage (cadeaux effectués à l'occasion d'un anniversaire, mariage, réussite à un examen, etc.) n'ont pas à être déclarés. Il peut s'agir d'une somme d'argent, d'un objet, d'un bijou… La qualification de présents d'usage dépend bien sûr des circonstances (valeur du cadeau, habitudes de la famille) et le fisc peut remettre en cause cette qualification s'il estime que l'importance du

cadeau dépasse le cadre de l'usage. Il s'agit d'une question de fait et en cas de contestation, le juge judiciaire est compétent.
Par exemple, les sommes versées par les parents sur un plan d'épargne logement ouvert au nom de leur enfant sont admises en tant que présents d'usage, compte tenu notamment du montant maximal des sommes pouvant être placées (Réponse ministérielle n° 63526, Économie, *JOAN*, 17.1.2006, p. 504).
Voir *Les présents d'usage n'ont pas à être rapportés*, p. 290.

Quels sont les biens qui sont exonérés de droits de succession ?

› Certains biens sont totalement exonérés de droits

- Les successions des victimes de la guerre (civils et militaires) ou d'actes de terrorisme.
- Les successions des militaires décédés pendant des opérations extérieures (OPEX), quel que soit le type d'opération : militaire, maintien de la paix, mission humanitaire. Le décès serait pris en compte s'il survient pendant l'opération ou pendant les 3 années qui suivent, à la suite de blessures ou de maladies contractées pendant l'opération. Cette exonération s'applique aux successions ouvertes à compter du 1er janvier 2008 (art. 796, 2° *bis* du Code général des impôts).
- Les successions des sapeurs-pompiers décédés en opération de secours. (l'exonération ne profite, toutefois, qu'aux parts nettes recueillies par les ascendants, les descendants, le conjoint du défunt, ainsi que par ses frères et sœurs ou leurs descendants).
- Les successions des policiers, gendarmes ou agents des douanes décédés pendant leurs missions.
- Les sommes versées au titre du contrat de travail à salaire différé.
- Les monuments historiques ouverts au public.
- Les dons et legs consentis :

• aux régions, communes, départements, hôpitaux publics et aux centres de Sécurité sociale,

• aux établissements publics ou d'utilité publique, dont les ressources sont exclusivement affectées à des œuvres scientifiques, culturelles ou artistiques à caractère désintéressé,

• aux établissements publics charitables, aux mutuelles et à toutes autres sociétés reconnues d'utilité publique dont les ressources sont affectées à des œuvres d'assistance,

• aux organismes (association, fondation) reconnus d'utilité publique dont les ressources sont affectées à la défense de l'environnement naturel ou à la protection des animaux,

• aux associations d'enseignement supérieur reconnues d'utilité publique,

• aux établissements qui consacrent ces libéralités à l'achat d'œuvres d'art, de monuments historiques, de livres, d'imprimés ou de manuscrits, destinés à figurer dans une collection publique,
• aux organismes d'habitations à loyer modéré,
• à l'Office national des anciens combattants et victimes de guerre,
• aux associations cultuelles et aux congrégations autorisées,
• au profit du Conservatoire de l'espace littoral et des rivages lacustres. Les dons et legs d'immeubles situés dans les cœurs des parcs nationaux, faits au profit de l'établissement public du parc national concerné (art. 793 et suivants du Code général des impôts).

› D'autres biens sont exonérés partiellement

Les bois et forêts

Les bois et forêts, à concurrence des 3/4 de leur valeur à condition :
- que l'acte constatant la donation ou la déclaration de succession soit appuyé d'un certificat du directeur départemental de l'agriculture et de la forêt attestant que les bois et forêts sont susceptibles de présenter une des garanties de gestion durable prévues à l'article L. 8 du Code forestier ;
- qu'il contienne l'engagement par l'héritier, le légataire ou le donataire, pris pour lui et ses ayants cause :
• soit d'appliquer pendant 30 ans aux bois et forêts une garantie de gestion durable,
• soit, lorsqu'au moment de la mutation, aucune garantie de gestion durable n'est appliquée aux bois et forêts en cause, de présenter dans le délai de 3 ans à compter de la mutation et d'appliquer jusqu'à l'expiration du délai de 30 ans précité une telle garantie.

Depuis le décret n° 2010-523 du 19 mai 2010 (applicable aux successions ouvertes et aux donations consenties à compter du 21 mai 2010), le bénéficiaire de l'exonération doit également fournir tous les 10 ans un bilan de la mise en œuvre du document de gestion durable.

Ce bilan comporte les éléments suivants :
- l'identité et l'adresse du bénéficiaire de l'exonération ou du groupement forestier dont les membres bénéficient des exonérations ;
- la liste des parcelles cadastrales concernées par l'exonération, l'indication de leurs contenances, des numéros des sections et lieudits ;
- la liste des coupes et travaux prévus sur les 10 dernières années dans le ou les documents de gestion durable applicables sur cette même période ;
- la liste des coupes et travaux réalisés sur les 10 dernières années.

Les personnes concernées ont 6 mois à l'expiration de ce délai de 10 ans pour envoyer ces documents.

Chaque donataire, héritier ou légataire bénéficie de cette exonération sur sa part. Le non-respect de la durée d'exploitation entraîne le paiement du complément des droits de mutation, le paiement d'un droit supplémentaire égal respectivement à 30 %, 20 % et 10 % de la réduction consentie selon que le manquement est constaté avant l'expiration de la dixième, vingtième ou trentième année

(art. 1840 G du Code général des impôts) et le paiement d'un intérêt de retard de 0,40 % par mois.
Sont également exonérées de droits de mutation à concurrence des trois-quarts de leur valeur sous certaines conditions (art. 793 du Code général des impôts) :
- les parts d'intérêts détenues dans un groupement forestier, les parts des groupements fonciers agricoles et celles des groupements agricoles fonciers ;
- les propriétés non bâties et qui ne sont pas en nature de bois et forêts mais comprises dans un parc national ou une réserve naturelle.

● Les biens ruraux

Les biens ruraux transmis au cours d'un bail à long terme sont exonérés, à concurrence des 3/4 de leur valeur à condition que le bail ait été signé depuis au moins 2 ans, que le donataire, légataire ou héritier en reste propriétaire pendant au moins 5 ans et que la valeur du bien ne dépasse pas 101 897 € (transmissions réalisées en 2011). Si le bien transmis dépasse cette somme, l'exonération s'applique à concurrence de 50 % pour les sommes dépassant 101 897 €.
Pour apprécier la limite de 101 897 €, on tient compte de l'ensemble des donations consenties par la même personne à un titre, à une date et sous une forme quelconques à l'exception des donations passées devant notaire depuis plus de 6 ans.
Si le bien est vendu ou donné avant la durée de 5 ans, le bénéficiaire devra payer le complément des droits de mutation et le paiement d'un intérêt de retard de 0,40 % par mois.
Ces dispositions s'appliquent aux donations consenties ou aux successions ouvertes depuis le 1er janvier 2009 (art. 793 *bis* du Code général des impôts).

ATTENTION ⚠

Réforme. *Actuellement, l'exonération de 75 % s'applique à hauteur du plafond de 101 897 €.*
Un projet de loi en cours de discussion envisage de porter ce plafond à 250 000 €.

● Les immeubles neufs acquis entre le 1er juin 1993 et le 31 décembre 1994

Lors de la première transmission à titre gratuit (par donation ou succession), les immeubles acquis neufs ou en état futur d'achèvement dont la déclaration de l'achèvement des travaux a été déposée avant le 1er juillet 1994 à la mairie de la commune sur le territoire de laquelle l'immeuble concerné a été édifié et dont l'acquisition par le donateur ou le défunt est constatée par un acte authentique signé entre le 1er juin 1993 et le 31 décembre 1994.
L'exonération est subordonnée à la condition que les immeubles aient été exclusivement affectés de manière continue à l'habitation principale pendant une durée minimale de 5 ans à compter de l'acquisition ou de l'achèvement s'il est postérieur. Cette condition n'est pas opposable en cas de décès de l'acquéreur durant ce délai.

L'exonération consiste en un abattement plafonné à 46 000 € par part reçue par chacun des donataires, héritiers ou légataires.
Pour l'appréciation de cette limite de 46 000 €, il est tenu compte de l'ensemble des transmissions à titre gratuit consenties par la même personne, mais il n'est pas tenu compte des donations remontant à plus de 10 ans.
Le non-respect de l'affectation pendant le délai de 5 ans entraîne le paiement du complément des droits de mutation et le paiement d'un intérêt de retard de 0,40 % par mois.

● Les immeubles neufs acquis entre le 1er août 1995 et le 31 décembre 1995

Lors de la première mutation à titre gratuit, les immeubles achevés avant le 31 décembre 1994 et acquis neufs par acte authentique signé entre le 1er août et le 31 décembre 1995.
Ces immeubles doivent avoir été affectés à l'habitation principale pendant au moins 2 ans depuis l'acquisition (sauf si le décès de l'acquéreur est intervenu avant l'expiration du délai). Par ailleurs, le bénéficiaire de la donation, l'héritier ou le légataire doit s'engager à conserver cette affectation pendant au moins 3 ans.
L'exonération consiste en un abattement plafonné à 46 000 € par part reçue par chacun des donataires, héritiers ou légataires.
Le non-respect de l'affectation pendant le délai de 3 ans entraîne le paiement du complément des droits de mutation et le paiement d'un intérêt de retard de 0,40 % par mois.

● Les immeubles locatifs acquis entre le 1er août 1995 et le 31 décembre 1996

Lors de leur première transmission à titre gratuit et à concurrence des 3/4 de leur valeur, les immeubles ou fractions d'immeubles acquis par le donateur ou le défunt par acte authentique signé entre le 1er août 1995 et le 31 décembre 1996 et destinés à la location. L'exonération est subordonnée à la condition que les immeubles aient été donnés en location par le propriétaire sous certaines conditions, pendant une durée minimale de 9 ans, à une personne qui les affecte de manière exclusive et continue à son habitation principale.
La location doit avoir pris effet dans les six mois de l'acquisition de l'immeuble.
Lorsqu'au jour de la transmission à titre gratuit le délai de 9 ans n'est pas expiré, le bénéfice de l'exonération partielle est subordonné à l'engagement des donataires, héritiers ou légataires pour eux et leurs ayants cause de maintenir en location, dans les mêmes conditions, les biens transmis jusqu'à l'expiration de ce délai.
Le non-respect de ce délai de 9 ans entraîne le paiement du complément des droits de mutation et le paiement d'un intérêt de retard de 0,40 % par mois.

ATTENTION ⚠

L'abattement de 46 000 € *Il est commun aux premières transmissions à titre gratuit d'immeubles neufs acquis entre le 1er août 1995 et le 31 décembre 1996 ou d'immeubles locatifs cités plus haut. Cela signifie qu'il est calculé une seule fois par bénéficiaire, quel que soit le nombre de transmissions d'immeubles consenties par la même personne.*

L'abattement de 46 000 € applicable aux premières transmissions à titre gratuit d'immeubles neufs ou locatifs se cumule avec l'abattement de droit commun, ce dernier abattement s'appliquant sur la fraction non couverte par l'exonération (art. 793 ter *du Code général de impôts).*

● Les transmissions d'entreprise par décès (exonération partielle de droits)

Sont exonérés des droits de succession depuis la loi n° 2005-882 du 2 août 2005, à concurrence de 75 % de leur valeur (sans limitation de montant), les parts ou actions de sociétés ayant une activité commerciale, artisanale, agricole ou libérale ainsi que les biens meubles ou immeubles, corporels ou incorporels affectés à l'exploitation d'une entreprise individuelle, lorsque ces parts ou biens sont transmis par succession.

Cette exonération est admise sous certaines conditions :

• **s'il s'agit d'une société**, le défunt doit avoir, avec ses associés par un pacte d'actionnaires, pris l'engagement de conserver au moins pendant 2 ans un certain pourcentage (20 % ou 34 % selon que la société est cotée ou non) des droits sociaux attachés à l'entreprise. Les associés de l'engagement collectif de conservation peuvent néanmoins effectuer entre eux des cessions ou des donations des titres soumis à l'engagement. Le décès doit intervenir au cours de cette période. Après le décès, les héritiers doivent prendre l'engagement (dans la déclaration de succession) de ne pas céder les titres hérités pendant une nouvelle durée minimale de 4 ans commençant à l'expiration de la précédente période. Par ailleurs, la direction de l'entreprise doit être assurée pendant 3 ans par un associé ayant participé à l'engagement collectif de conservation ou par un héritier (art. 787 B du Code général des impôts) ;

• **s'il s'agit d'une entreprise individuelle**, elle doit faire partie du patrimoine du défunt depuis plus de 2 ans si elle a été acquise à titre onéreux. Les héritiers doivent tous prendre l'engagement de conserver l'ensemble des biens affectés à l'exploitation pendant une durée de 4 ans à compter du décès. Un des héritiers doit en poursuivre l'exploitation pendant 3 ans à compter du décès (art. 787 C du Code général des impôts).

Avec la déclaration de succession les héritiers doivent remettre à la direction des impôts :

- une copie de l'acte enregistré constatant l'engagement collectif de conservation en cours, signé par le défunt avec d'autres associés ;

- une attestation de la société dont les parts ou actions font l'objet de l'engagement collectif de conservation certifiant que l'engagement collectif de conservation est en cours au jour du décès et que cet engagement a porté, jusqu'au jour du décès, sur au moins 20 % ou 34 % des droits de vote et des droits financiers attachés aux titres émis par la société.

À NOTER

Dispense de l'engagement de conservation *Dans certains cas, il n'est pas nécessaire de signer l'engagement de conservation. L'administration, en effet, considère que cette condition est remplie :*
- lorsque les parts ou actions détenues depuis 2 ans au moins par une même personne physique et son conjoint dépassent les seuils de 20 ou 34 % ;
- à condition que cette personne ou son conjoint exerce depuis plus de 2 ans au moins dans la société concernée son activité professionnelle principale ou qu'elle soit gérant (s'il s'agit d'une SARL), associé (s'il s'agit d'une société de personnes) ou président-directeur général (s'il s'agit d'une société par actions) (art. 787 B du Code général des impôts).

Par la suite, dans les trois mois qui suivent le 31 décembre de chaque année, la société doit adresser à la direction des services fiscaux du domicile du défunt, une attestation certifiant que l'engagement collectif de conservation signé avec le défunt est en cours et qu'il porte toujours sur les mêmes pourcentages de titres sociaux.

De même, les héritiers doivent personnellement attester tous les ans du respect des conditions d'exonération (art. 294 *bis*, 294 *ter* et 294 *quater* annexe II au Code général des impôts) (décret n° 2001-363 du 23.4.2001).

L'héritier qui ne respecterait pas son obligation de conservation de ses titres (s'il s'agit d'une société) ou des biens (s'il s'agit d'une entreprise individuelle) serait tenu de payer le complément des droits de succession, l'intérêt de retard de 0,40 % par mois ainsi qu'un droit supplémentaire égal à :

- 20 % de la réduction consentie si le manquement intervient au cours des deux premières années ;
- 10 % de la réduction consentie si le manquement intervient au cours de la troisième ou quatrième année ;
- 5 % de la réduction consentie si le manquement intervient au cours de la cinquième ou sixième année.

Tous les héritiers ou légataires peuvent être tenus de payer le complément des droits de succession et l'intérêt de retard de 0,75 % par mois en cas de non-respect :

- des quotas de 20 % ou 34 % (s'il s'agit d'une société) ;
- de l'engagement collectif de conservation des titres (s'il s'agit d'une société) ;
- de l'obligation de poursuite de l'exploitation (société et entreprise individuelle) (loi n° 2000-1352 du 30.12.2000).

En cas d'apport des titres à une holding ou en cas de fusion, de scission ou en cas d'augmentation de capital, l'exonération partielle des droits de mutation n'est pas remise en cause même si, dans les faits, l'engagement de conservation des titres n'a pas été respecté (art. 787 B du Code général des impôts).

La transmission d'entreprise par donation (exonération partielle de droits)

La loi n° 2003-721 du 1er août 2003 pour l'initiative économique a appliqué aux donations en pleine propriété des parts ou actions de l'entreprise le régime d'exonération partielle des droits de succession, auparavant applicable aux seules transmissions par décès (sur les modalités de ce régime d'exonération partielle en cas de transmissions par décès, voir plus haut).
Ce nouveau régime est applicable depuis le 1er janvier 2004.
La loi permet de calculer un abattement de 75 % sur la valeur des titres transmis de société ou des éléments affectés à une exploitation individuelle.
Les donations en pleine propriété, comme les donations avec réserve d'usufruit, bénéficient de ce nouvel abattement. Cependant, s'il s'agit d'une donation avec réserve d'usufruit, l'abattement est applicable à condition que les droits de vote de l'usufruitier soient statutairement limités aux décisions concernant l'affectation des bénéfices. Dans cette hypothèse, cette exonération n'est toutefois pas cumulable avec les réductions générales de droits de mutation applicables à toutes donations.

S'il s'agit d'une société

Avant la donation, le donateur et un ou plusieurs associés ou actionnaires doivent s'engager à conserver les titres de société pendant une durée minimale de 2 ans, durée en cours au jour de la donation.
L'engagement collectif doit porter sur au moins 34 % des droits financiers et des droits de vote de la société ou 20 % si elle est cotée.
Pendant cette période, les associés de l'engagement collectif de conservation ne peuvent qu'effectuer entre eux des cessions ou des donations des titres soumis à l'engagement.
Le donateur doit par ailleurs s'engager personnellement en son nom et au nom de ses ayants cause à titre gratuit à conserver les titres reçus pendant une durée de 4 ans commençant à courir au jour de l'expiration de l'engagement collectif (art. 787 B s. du Code général des impôts).

S'il s'agit d'une entreprise individuelle

L'exonération est subordonnée aux conditions suivantes :
- l'entreprise individuelle doit avoir été détenue depuis plus de 2 ans par le donateur lorsqu'elle a été acquise à titre onéreux ;
- chacun des donataires doit prendre l'engagement dans l'acte de donation, pour lui et ses ayants cause à titre gratuit, de conserver l'ensemble des biens affectés à l'exploitation de l'entreprise pendant une durée de 4 ans à compter de la date de la transmission ;
- l'un des donataires doit poursuivre effectivement, pendant les 3 années qui suivent la date de la transmission, l'exploitation de l'entreprise.

> À NOTER
> **Les pièces à fournir aux impôts** *Le décret n° 2008-57 du 17 janvier 2008 énumère les documents et détaille le contenu des attestations qui doivent être remis au service des impôts par les bénéficiaires d'une transmission d'entreprise à titre gratuit afin de bénéficier de l'exonération partielle des droits de mutation à titre gratuit (art. 787 B du Code général des impôts).*

Réduction supplémentaire

Les donations en pleine propriété des parts ou actions d'une société ou de biens affectés à une entreprise individuelle (ayant une activité industrielle, commerciale, artisanale, agricole ou libérale) bénéficient, sur les droits liquidés, d'une réduction supplémentaire de 50 % lorsque le donateur est âgé de moins de 70 ans (art. 790 du Code général des impôts).

• La transmission d'un fonds de commerce et de la clientèle par donation aux salariés

Le régime d'imposition des donations consenties au personnel d'une entreprise a été modifié par la loi n° 2008-776 du 4 août 2008 de modernisation de l'économie.

Auparavant, les donations consenties aux salariés en pleine propriété de fonds artisanaux, de fonds de commerce, de fonds agricoles ou de clientèles d'une entreprise individuelle ou de parts ou actions d'une société pouvaient être exonérées de droits de mutation si la valeur des biens transmis ne dépassait pas 300 000 €.

Désormais, un abattement de 300 000 € est substitué à cette exonération et la limite de valeur est supprimée. L'abattement ne peut s'appliquer qu'une seule fois entre un même donateur et un même donataire (art. 790 A du Code général des impôts).

Cet abattement s'applique si les conditions suivantes sont réunies :

- l'entreprise ou la société exerce une activité industrielle, commerciale, artisanale, agricole ou libérale ;
- les bénéficiaires doivent être des personnes titulaires d'un contrat de travail à durée indéterminée depuis au moins deux ans et qui exercent leurs fonctions à temps plein dans l'entreprise ou titulaires d'un contrat d'apprentissage en cours au jour de la transmission ;
- lorsqu'ils ont été acquis à titre onéreux, le fonds ou la clientèle doivent avoir été détenus depuis plus de deux ans par le donateur ou la société ;
- lorsque la transmission porte sur des parts ou actions acquises à titre onéreux, celles-ci doivent avoir été détenues depuis plus de deux ans par le donateur ;
- les donataires doivent poursuivre à titre d'activité professionnelle unique et de manière effective et continue pendant les cinq années qui suivent la date de la transmission l'exploitation du fonds ou de la clientèle transmis ou l'activité de la société, et dont l'un d'eux doit assurer, pendant la même période, la direction effective de l'entreprise.

Cet abattement est applicable sur options des donataires. Il exclut la possibilité de bénéficier de l'exonération partielle des droits pour la valeur des biens autres que le fonds ou la clientèle (sur cette exonération partielle de droits, voir *La transmission d'entreprise par donation (exonération partielle de droits)*, p. 207).

À NOTER

En cas de liquidation de l'entreprise *Dans le cas où l'entreprise fait l'objet d'une procédure de liquidation judiciaire dans les cinq années qui suivent la date de la transmission, l'abattement n'est pas remis en cause.*

ATTENTION ⚠

Pas de cumul d'exonération *Ce régime d'exonération (choisi par option des donataires) ne peut pas être cumulé avec les autres exonérations prévues pour les transmissions d'entreprise des articles 787 B et 787 C du Code général des impôts.*

Comment sont évalués les biens ?

Une fois arrêtée la liste des biens pris en compte pour la succession, il faut les évaluer. Des règles précises sont prévues.

Les immeubles

En principe, les immeubles déclarés dans la succession doivent être évalués à leur valeur vénale, c'est-à-dire au prix du marché résultant du jeu de l'offre et de la demande au moment du décès. Certaines règles spécifiques sont cependant applicables.

Le défunt détenait l'usufruit d'un immeuble

Les biens dont le défunt détenait l'usufruit (alors que la nue-propriété appartient à un héritier ou à ses descendants, à un donataire ou à un légataire ou encore à une personne interposée) sont réputés lui appartenir en pleine propriété sauf preuve contraire. Pour le fisc, il faut donc intégrer dans la déclaration de succession la valeur globale de ce bien.
La donation ou la vente de la nue-propriété est considérée comme n'étant pas intervenue et le donataire devient alors héritier de la totalité et doit payer des droits de mutation calculés sur l'intégralité de la valeur du bien (sur la nue-propriété et sur l'usufruit).
Si les droits lors de la donation ont été acquittés, ils viennent en dé duction de ceux dus au titre de la succession (art. 751 du Code général des impôts).

Cas pratique

Si une maison est achetée par le père pour l'usufruit et par son fils pour la nue-propriété, le fils, au décès de son père, devra prouver que le prix a été payé par lui-même et pour sa part. Sinon, le bien sera considéré appartenant au père et sa valeur totale sera à déclarer dans l'actif (les droits de mutation payés au moment de l'acte de vente seront imputés sur les droits de succession).

Ce n'est que si la nue-propriété a fait l'objet d'une donation intervenue plus de 3 mois avant le décès et que cette donation est régulière qu'il n'y a pas lieu de réintégrer la totalité de la valeur de l'immeuble dans la déclaration de succession (art. 751 du Code général des impôts).
Depuis le 1er janvier 2008, la donation peut porter sur une somme d'argent permettant l'acquisition de la nue-propriété et non plus uniquement sur la nue-propriété elle-même. La donation doit cependant respecter certaines conditions :
- le don d'argent doit être constaté dans un acte notarié ou enregistré (date certaine) ;
- il doit servir à l'acquisition de la nue-propriété (origine des deniers dans l'acte et clause d'emploi des fonds) ;
- l'acquisition doit intervenir plus de 3 mois avant le décès.

L'évaluation du domicile conjugal

En cas de transmission par décès (succession ou testament)

Le fisc admet un abattement de 20 % sur la valeur d'un immeuble (maison, appartement) lorsque cet immeuble constituait la résidence principale du défunt et qu'il continue à être occupé, après le décès, par le conjoint survivant ou par un descendant.

Les descendants peuvent être :
- ses enfants mineurs ou ceux de son conjoint ;
- ses enfants majeurs protégés ou ceux de son conjoint ;
- ses enfants majeurs ou ceux de son conjoint qui sont dans l'incapacité de travailler dans des conditions normales de rentabilité en raison d'une infirmité physique ou mentale, congénitale ou acquise (cette dernière catégorie a été ajoutée par la loi de finances pour 2002).

S'il s'agit d'un immeuble à usage mixte (à usage professionnel et d'habitation), l'abattement ne s'applique que sur la partie affectée à l'habitation (art. 761 et 764 *bis* du Code général des impôts).

En cas de transmission par donation

Lorsque la donation porte sur un immeuble occupé par le donateur, la valeur à retenir est la valeur globale de cet immeuble sans qu'il soit possible de déduire l'abattement de 20 % (applicable aux immeubles transmis par succession et occupés par le défunt).

L'évaluation du domicile des partenaires pacsés

Depuis le 1er janvier 2005, les partenaires pacsés (mais non les simples concubins) bénéficient, comme les époux, de la possibilité d'appliquer un abattement de 20 % sur la valeur vénale de l'immeuble transmis par décès (art. 764 *bis* du Code général des impôts).

Il faut pour cela que :
- l'immeuble constitue, au jour du décès, la résidence principale du défunt ;
- à la même date, cet immeuble soit également occupé à titre de résidence principale par le partenaire lié au défunt par un pacte civil de solidarité ou par un ou plusieurs enfants mineurs ou majeurs protégés du défunt, ou de son partenaire.

Ces dispositions s'appliquent également lorsque les enfants majeurs du défunt, ou de son partenaire sont incapables de travailler dans des conditions normales de rentabilité, en raison d'une infirmité physique ou mentale, congénitale ou acquise.

L'abattement n'est pas applicable en cas de donation de l'immeuble

L'immeuble a fait l'objet d'une adjudication récente

Néanmoins, si, dans les deux années qui ont précédé ou suivi soit l'acte de donation, soit le décès, les immeubles transmis ont fait l'objet d'une adjudication soit par autorité de justice, soit volontaire avec admission des étrangers, les droits exigibles ne peuvent être calculés sur une somme inférieure au prix de l'adjudication, en y ajoutant toutes les charges en capital, à moins qu'il ne soit justifié que la consistance des immeubles a subi, dans l'intervalle, des transformations susceptibles d'en modifier la valeur (art. 761 du Code général des impôts).

● L'immeuble acheté avec une clause de tontine

Les biens acquis avec une clause de tontine sont censés être transmis par donation lorsqu'au décès du premier des acquéreurs, l'autre se retrouve seul et unique propriétaire. Le bénéficiaire de cet accroissement est donc imposé au tarif des donations.
Cette disposition ne s'applique pas lorsqu'il s'agit du domicile principal commun à deux acquéreurs et que la valeur globale du logement ne dépasse pas 76 000 € (art. 754-A du Code général des impôts).

● Le passif de l'immeuble

Depuis le 1er janvier 2005, il est possible de soustraire le passif ou les charges grevant l'immeuble donné ou transmis par succession. Ainsi, en présence d'un crédit ayant servi à acquérir l'immeuble et non encore remboursé au moment de la donation, il est possible de déduire de la valeur de l'immeuble les échéances non échues (sur l'évaluation des biens transmis par donation, voir *L'évaluation des biens*, p. 72).

■ Les meubles

Les meubles meublants comprennent tous les objets servant à l'usage ou à la décoration d'un immeuble (mobilier, tableaux, vaisselle, objets décoratifs, appareils électroménagers, etc.).
Les meubles doivent être :
- en cas de vente publique, évalués au prix résultant de cette vente si elle est intervenue dans les 2 ans du décès (prix net de la vente, frais déduits) ;
- soit (à défaut de vente publique) évalués individuellement. La valeur retenue pour chaque meuble est déterminée par un inventaire réalisé par le notaire (avec l'intervention d'un commissaire priseur si les biens sont situés dans une ville de plus de 200 000 habitants) ;
- soit évalués globalement et forfaitairement. Cette évaluation forfaitaire ne doit pas être inférieure à 5 % du montant total de la succession (actif brut).

Le choix de la méthode d'évaluation dépendra donc de la valeur intrinsèque des meubles et de la valeur de la succession. S'il n'existe pas de meubles de prix et si la succession est relativement importante, il est préférable de faire établir l'inventaire détaillé, même si les frais de cet inventaire viennent s'ajouter au coût de la déclaration.

ATTENTION ⚠

L'évaluation par inventaire *Si le fisc estime que l'évaluation par inventaire comporte des omissions ou des sous-évaluations, il peut écarter cette méthode d'évaluation et appliquer le forfait de 5 %.*

Cas pratique

C'est ce qui s'était produit dans une affaire où les héritiers avaient fortement minoré le prix de certains meubles et oublié de signaler certains autres...
Le fisc avait pu mettre à jour la fraude en comparant cet inventaire et celui établi par la défunte quelques années avant son décès à l'occasion de la souscription d'une police d'assurance.
Ainsi par exemple, une commode estimée 75 000 F (11 433 €) dans la police d'assurance (en 1986) avait été portée pour une valeur de 5 000 F (762€) dans la déclaration de succession (en 1991).
(C. cass., ch. com., 8.2.2000).

Les tableaux qui font partie de la décoration d'un immeuble d'habitation peuvent être compris dans l'évaluation forfaitaire de 5 % même si leur valeur est bien supérieure, sachant toutefois que l'Administration peut écarter cette méthode d'évaluation en prouvant leur valeur réelle. Mais les tableaux qui font partie d'une collection ou qui sont exposés dans une galerie ne sont jamais assimilés à des meubles et doivent donc être évalués spécifiquement, en tant qu'objets d'art (art. 764 (II) du Code général des impôts).
Les autres meubles corporels sont estimés :
- soit en fonction du prix net (frais déduits) d'une vente publique réalisée dans les 2 ans du décès ;
- soit en fonction du prix résultant d'un inventaire ou d'un autre acte dressé dans les 5 ans du décès ;
- soit forfaitairement par déclaration estimative des redevables, sans pourcentage minimal de l'actif successoral.

ATTENTION ⚠

Pas de forfait en cas de donation *Si ces meubles sont transmis par donation, il n'est pas possible de les évaluer forfaitairement (comme il est possible de le faire en cas de transmission par décès).*

Les bijoux, pierreries, objets d'art ou de collection

Leurs valeurs déclarées ne peuvent être inférieures :
- aux prix obtenus dans une vente publique intervenue dans les 2 mois du décès ;
- à défaut de vente publique, aux valeurs retenues dans un inventaire ou tout autre acte (par exemple une délivrance de legs), dans les 5 ans du décès ;
- ou encore aux valeurs déclarées dans un contrat d'assurance (vol ou incendie) (art. 764-II du Code général des impôts). S'il existe plusieurs polices susceptibles d'être retenues, la valeur imposable est égale à la moyenne des évaluations figurant dans ces polices.
Les héritiers (ainsi que les légataires et les donataires) doivent faire connaître à l'administration fiscale si ces biens étaient l'objet d'un contrat d'assurance contre

le vol ou contre l'incendie en cours au jour du décès (ou de la donation) et, dans l'affirmative, indiquer la date du contrat, le nom et la raison sociale et le domicile de l'assureur, ainsi que le montant des risques (art. 798 du Code général des impôts).

Les assureurs doivent également, dès qu'ils ont connaissance d'un décès, adresser aux services fiscaux dont ils dépendent une notice récapitulant les contrats d'assurance souscrits par le défunt (art. 805 du Code général des impôts).

S'il n'y a pas d'acte ni de contrats d'assurance, les héritiers doivent établir une déclaration détaillée et estimatives des bijoux, pierreries ou œuvres d'art, sans aucun minimum forfaitaire.

En cas de transmission par donation, les règles d'évaluation sont les mêmes que celles applicables aux transmissions par décès.

Toutefois, l'évaluation ne peut être inférieure à 60 % des valeurs déclarées dans les contrats d'assurance (art. 776 du Code général des impôts).

ATTENTION ⚠

La clause d'inaliénabilité *Si un bien a été donné avec une clause d'inaliénabilité, la valeur du bien donné n'est en rien affectée par la présence de cette clause (sur cette clause, voir* Qu'est-ce qu'une clause d'inaliénabilité ?, *p. 39)**.*

L'interdiction d'aliéner n'affecte pas la valeur des biens concernés.

Cas pratique

Des parents font donation à leur fils de la nue-propriété d'actions. Quelques années plus tard ils lui donnent l'usufruit.

La donation était assortie d'un droit de retour et d'une interdiction d'aliéner sans le consentement des deux parents donateurs jusqu'au décès de ces derniers.

Lors de sa déclaration fiscale (ISF), le fils déclare que la valeur de ses actions était nulle en raison des clauses figurant dans la donation.

Il reçoit un avis de mise en recouvrement d'un rappel d'impôt. Il adresse alors une réclamation qui est rejetée, puis assigne le directeur des services fiscaux afin d'obtenir le dégrèvement des droits et pénalités estimés dus.

Le tribunal ayant rejeté sa demande, il fait appel. La cour d'appel confirme le jugement et, finalement la Cour de cassation rejette son pourvoi.

Il voulait que les juges reconnaissent que la présence d'une clause d'inaliénabilité faisait perdre aux actions toute valeur vénale et entraînait une valeur nulle à déclarer.

Les biens grevés sont réintégrés dans le patrimoine de l'usufruitier pour leur valeur en pleine propriété. Cette valeur doit figurer sur la déclaration ISF.

Pour fixer cette valeur, la loi prévoit l'évaluation selon le dernier cours connu ou selon la moyenne des 30 derniers cours qui précèdent la date d'imposition. La clause d'interdiction d'aliéner n'affectait en rien cette valeur (C. cass., ch. com., 7.1.2004, Bull. civ., p. 8 n° 6).

Les valeurs mobilières

Les valeurs cotées en Bourse sont évaluées en prenant la moyenne des 30 derniers cours qui précèdent la transmission. Les autres valeurs sont estimées par les déclarants, sous réserve d'un éventuel contrôle de l'Administration.
En cas de transmissions par donations, les valeurs cotées en Bourse peuvent être évaluées selon le cours moyen de la Bourse au jour de la transmission.
Comme pour les immeubles, les valeurs mobilières dont le défunt possédait l'usufruit doivent être déclarées pour leur valeur globale, sauf si les héritiers établissent qu'il y a eu donation de la nue-propriété et que cette donation est intervenue plus de 3 mois avant le décès (dans cette hypothèse, les droits de mutation payés au moment de la donation viennent en déduction des droits de succession).
Par ailleurs, l'administration fiscale peut réintégrer dans l'actif successoral toutes les actions, obligations, parts de fondateurs, parts sociales ou autres créances dont le défunt avait la propriété (ou pour lesquelles il a touché des revenus) dans l'année précédant son décès.
Ces créances sont présumées appartenir au défunt (et, à ce titre, imposables) sauf si les héritiers prouvent qu'elles sont sorties de l'hérédité et ne font plus partie du patrimoine du défunt. Si ces valeurs ont été vendues, l'acte de vente doit avoir été enregistré avant l'ouverture de la succession. La présomption de propriété ne joue pas non plus si ces actions ou valeurs mobilières ont fait l'objet d'une libéralité graduelle ou résiduelle (voir *Les legs graduels ou résiduels*, p. 14, *Qu'est-ce qu'une donation graduelle ?*, p. 44 et *Qu'est-ce qu'une donation résiduelle ?*, p. 45) (art. 752 du Code général des impôts ; art. L. 19 et R. 19-1 du Livre des procédures fiscales).

L'entreprise transmise par décès

Depuis le 1er janvier 2005, il est admis que le décès du dirigeant d'une entreprise puisse entraîner une dépréciation de cette entreprise.
En conséquence, les héritiers, les légataires ou les donataires sont autorisés à déclarer une valeur dépréciée du bien transmis en se fondant sur les perspectives d'évolution de l'entreprise à la suite du décès (art. 764 A du Code général des impôts).
Ils devront apporter la preuve de cette dépréciation, laquelle ne peut concerner que la valeur des titres non cotés ou des actifs incorporels transmis. Cette mesure ne peut pas concerner des titres cotés.
Les personnes dont le décès est pris en compte pour l'application de cette mesure sont :
- le gérant d'une société à responsabilité limitée ou d'une société en commandite par actions non cotées ;
- l'un des associés en nom d'une société de personnes ;
- l'une des personnes qui assument la direction générale d'une société par actions non cotées ;
- l'exploitant d'un fonds de commerce ou d'une clientèle ;
- le titulaire d'un office public ou ministériel.

Les comptes bancaires

Le notaire saisi de la succession, ou les personnes de la famille, doit avertir tout d'abord du décès tous les banques, chèques postaux, caisse d'épargne chez qui le défunt avait un compte (compte joint ou personnel).
Si le défunt était marié sous un régime de communauté (communauté légale ou communauté universelle), son conjoint survivant doit également indiquer au notaire les comptes ouverts à son nom puisque ces comptes font partie des biens communs (voir *Le régime légal de la communauté réduite aux acquêts*, p. 191).
Les mandats ou procurations qui avaient pu être donnés de son vivant cessent à compter du jour du décès (art. 2003 du Code civil).

› Que faut-il déclarer ?

Le solde figurant au jour du décès devra être communiqué par la banque pour figurer à l'actif successoral.
Si le défunt était marié sous un régime de communauté, la moitié du solde figurera dans la déclaration de succession.
En ce qui concerne le coffre-fort loué conjointement (par deux époux par exemple), la règle est la même que pour les comptes joints : les sommes, valeurs ou objets trouvés dans le coffre sont réputés appartenir conjointement aux titulaires, sauf preuve contraire.
La même règle est applicable aux plis cachetés et cassettes fermées remis en dépôt au banquier.
La preuve que les sommes ou objets n'appartiennent pas par moitié aux titulaires du compte ou du coffre, mais à un seul d'entre eux, peut être apportée par une indication figurant sur le contrat de dépôt ou encore par un acte notarié ou un acte sous seing privé enregistré attestant de cette propriété unique.
Ainsi, à défaut de prouver la propriété de ces biens, seule la moitié de ces valeurs rentrera dans l'actif successoral (art. 753, 754, 773 du Code général des impôts).

› Le fisc peut-il contrôler les retraits intervenus avant le décès ?

Les sommes figurant aux comptes bancaires ou postaux ayant appartenu au défunt doivent être inscrites dans la déclaration de succession pour le paiement des droits. Ces sommes font en effet partie de l'actif successoral.
Mais l'administration fiscale ne se contente pas du solde figurant sur les comptes au jour du décès. Sont également contrôlés les mouvements de fonds, spécialement les retraits importants, intervenus dans l'année précédant le décès qui sont présumés être des libéralités et ne pas correspondre à une véritable dépense du titulaire du compte.
Afin d'empêcher les fraudes (ou les oublis) dans la déclaration de succession, le fisc peut demander les relevés de compte correspondant à cette période soit aux héritiers, soit, en cas de non-réponse ou de réponse incomplète de ces derniers et en vertu de son droit de communication, à la banque directement (art. L. 10 du Livre des procédures fiscales).

Tous les retraits ne sont pas contrôlés. Ce n'est qu'en cas de retrait suspect (quelques jours avant le décès, par exemple, ou retrait d'une somme manifestement inexplicable par rapport aux habitudes ou au train de vie du défunt...) que le fisc peut demander aux héritiers des éclaircissements ou des justificatifs prouvant l'usage des sommes retirées. Si un retrait ne peut être expliqué et justifié, les héritiers devront le déclarer dans la succession et payer des droits sur ce montant, même s'ils n'ont pas bénéficié de cette somme.
Les sommes retirées sont en effet considérées comme étant toujours possédées par le défunt.
En règle générale, le fisc obtient gain de cause si les retraits sont intervenus très peu de temps avant le décès, ou si le défunt n'a pas pu matériellement faire cadeau à un tiers des sommes retirées ni en faire usage pour lui-même, ou encore si les sommes étaient trop importantes par rapport au train de vie du défunt.

Cas pratique

Plusieurs retraits d'un montant total de 600 000 F (91 470 €) avaient été effectués sur un compte ouvert au nom d'une personne, âgée de 94 ans, qui devait décéder 2 ans plus tard.
Les juges ont retenu l'absence d'emploi connu de cet argent et l'impossibilité pour le défunt d'avoir pu utiliser ces sommes. Ils ont donc estimé que le défunt, lors de son décès, était encore en possession de ces 600 000 F (91 470 €) et les ont réintégrés dans l'actif successoral (C. cass., ch. com., 1.6.1999, Juris-Data n° 1134 P).

Les biens situés à l'étranger

› Le défunt était domicilié en France

Il faut tout d'abord savoir si une convention a été conclue entre la France et le pays étranger concerné.
• 1er cas : il n'y a pas de convention. Dans cette hypothèse, il faut déclarer les biens situés à l'étranger en même temps que les biens situés en France. Les biens situés à l'étranger seront taxés au même titre que les biens situés en France. Les impôts éventuellement payés à l'étranger pour ces biens seront imputés sur les impôts dus en France (art. 750 *ter* du Code général des impôts).
• 2e cas : une convention a été signée entre le pays étranger concerné et la France. Il faut se reporter alors à cette convention.
Si la convention prévoit que les biens seront taxés dans le pays où ils sont situés, ils ne seront pas imposables en France.
Si, en revanche, la convention prévoit que les biens sont taxés par le pays du domicile du défunt, ils seront taxables en France.
C'est notamment le cas pour la loi italienne.

Cas pratique

À son décès, un Français laisse ses enfants issus de son premier mariage et sa seconde épouse.
Il avait, de son vivant, effectué plusieurs legs et donations.
Les enfants estimaient que ces libéralités excédaient la quotité disponible et portaient donc atteinte à leur réserve.
Pour calculer la quotité disponible, il faut évaluer la valeur globale de la succession.
Les immeubles appartenant au défunt et situés en Italie font-ils partie de la succession ?
Les juges d'appel donnent raison aux enfants. Ils appliquent la règle française qui décide que les immeubles situés à l'étranger ne sont pas régis par la loi nationale de leur propriétaire mais par la loi de leur situation. La succession ne doit pas prendre en compte la valeur des immeubles situés à l'étranger.
Mais la Cour de cassation casse cet arrêt : elle accepte de prendre en compte la loi italienne, laquelle décline sa compétence en matière d'immeuble et renvoie à la loi nationale du défunt (la loi française) (C. cass., 1re ch. civ, 21.3.2000, Gaz. pal., 3.10.2000, Som., p. 35).

Il est indispensable de prendre contact avec un avocat ou un conseil du pays concerné pour effectuer les déclarations locales.

› Le défunt était domicilié à l'étranger

Lorsque le défunt était domicilié hors de France, la loi applicable dépend du domicile de l'héritier ou du légataire. S'il est domicilié en France, tous les biens qu'il reçoit (meubles ou immeubles, situés en France ou à l'étranger) sont imposables en France.
En revanche, si le bénéficiaire est domicilié à l'étranger, il ne paiera les droits de succession français que pour les biens français qui lui sont attribués.

L'usufruit

Le conjoint survivant recueille souvent dans la succession tout ou partie de l'usufruit des biens (en fonction des héritiers en présence, des dispositions prises en sa faveur…).
La valeur de l'usufruit est calculée en fonction de l'âge de l'usufruitier et d'après la valeur totale du bien (art. 669 du Code général des impôts).

ÂGE DE L'USUFRUITIER	VALEUR DE L'USUFRUIT	VALEUR DE LA NUE-PROPRIÉTÉ
Moins de 21 ans révolus	90 %	10 %
Moins de 31 ans révolus	80 %	20 %
Moins de 41 ans révolus	70 %	30 %
Moins de 51 ans révolus	60 %	40 %
Moins de 61 ans révolus	50 %	50 %
Moins de 71 ans révolus	40 %	60 %
Moins de 81 ans révolus	30 %	70 %
Moins de 91 ans révolus	20 %	80 %
Plus de 91 ans révolus	10 %	90 %

Cette table d'évaluation est fiscale et s'applique pour calculer les droits de succession. Mais l'évaluation de l'usufruit du conjoint dans ses rapports avec les héritiers est différente.
L'usufruit est en effet évalué non seulement en fonction de l'âge de l'usufruitier, mais aussi de la rentabilité du bien sur lequel porte l'usufruit. On parle de valeur « économique » de l'usufruit. Il faut noter que cette valeur économique est très souvent supérieure à la valeur fiscale.

› Usufruit à durée fixe

Si l'usufruit est à durée fixe (et non pour la vie entière de l'usufruitier), la valeur de l'usufruit est de 23 % de la valeur de la pleine propriété du bien par période de 10 ans de la durée de l'usufruit, sans fraction et sans relation avec l'âge de l'usufruitier (art. 669-II du Code général des impôts).
Toutefois, la valeur ainsi obtenue est plafonnée aux pourcentages indiqués plus haut en fonction de l'âge du bénéficiaire.

› Droits d'habitation et d'usage du conjoint survivant

• Le droit viager au logement

Le droit viager au logement doit être évalué à 60 % de la valeur de l'usufruit. L'âge de l'occupant pris en compte est celui atteint un an après le décès puisque c'est la date d'expiration du droit temporaire d'occupation.

• Le droit temporaire au logement

Le droit temporaire au logement (pendant un an) sur l'habitation principale transmise aux héritiers n'est ni cessible, ni transmissible. À ce titre, il n'a pas de valeur patrimoniale.
S'agissant de la situation des héritiers, propriétaires au 1er janvier d'un immeuble grevé d'un droit temporaire au logement du conjoint survivant, il est admis que ces derniers bénéficient de l'abattement de 20 % prévu à l'article 764 bis du Code général des impôts.

À NOTER

Droit au logement pour le pacsé *Depuis la loi n° 2006-728 du 23 juin 2006 (applicable depuis le 1.1.2007), le partenaire pacsé du défunt peut, comme le conjoint survivant, bénéficier d'un droit d'habitation dans le logement qui constituait leur résidence principale (voir* Le défunt était pacsé ou concubin, *p. 264).*

Quelles sont les dettes déductibles ?

Les héritiers doivent établir un inventaire précis détaillant chaque dette dont la déduction est demandée. Les dettes pouvant être déduites de l'actif successoral doivent en principe être antérieures au décès.
Cet inventaire est joint à la déclaration de succession.

Les dettes personnelles du défunt

Les dettes de la succession recouvrent toutes les dettes du défunt existant au jour de son décès telles que :
- les dettes contractuelles (exemple : le paiement du prix d'une acquisition, remboursement de prêt, etc.) ;
- les dettes correspondant à des amendes ou condamnations pécuniaires ;
- les dettes correspondant aux charges locatives, au loyer, aux charges de copropriété, aux frais d'eau, d'électricité, de téléphone ;
- les impôts et taxes.

L'impôt sur le revenu n'est déductible qu'après sa fixation. il est donc possible de déduire la partie non encore payée de l'impôt correspondant à l'année précédant le décès et d'indiquer, pour mémoire, le montant de l'impôt dû pour la période comprise entre le 1er janvier et le jour du décès. La rectification, lors de la fixation de l'impôt, devra être adressée, le moment venu, au fisc.
Les taxes locatives et foncières, bien que calculées pour l'année, peuvent être déduites en totalité.
L'impôt sur la fortune est déductible s'il n'a pas été encore été payé au moment du décès.
Ces dettes personnelles du défunt doivent être certaines et justifiées.

À NOTER

Transmissions aux héritiers des pénalités fiscales *En cas de décès du contrevenant, ou s'il s'agit d'une société en cas de dissolution, les amendes, majorations et intérêts dus par le défunt ou la société dissoute constituent une charge de la succession ou de la liquidation (art. 1754 du Code général des impôts).*
Le Conseil constitutionnel a déclaré cet article conforme à la constitution et non contraire au principe selon lequel nul n'est punissable que de son propre fait (Cons. Const., QPC, 4.5.2012, n° 2012-239).

› La dette doit être certaine

Un cautionnement consenti par le défunt, par exemple, n'est pas une dette certaine. S'engager en tant que caution n'est en effet qu'un engagement éventuel. Les héritiers ne peuvent donc pas déduire le montant des sommes cautionnées de l'actif successoral.

Mais l'engagement éventuel devient réel lorsque la caution paie à la place du débiteur. Dans cette hypothèse, les sommes dues par la caution peuvent être soustraites de l'actif.

Dès lors que les dettes sont certaines, il n'est en revanche pas nécessaire que leur montant soit définitivement fixé (exemple : des devis de travaux acceptés qui ne sont exigibles que lorsque les travaux sont exécutés).

Même si le montant n'est pas définitivement fixé, la dette peut néanmoins figurer dans la déclaration de succession, pour mémoire, puis faire l'objet d'une réclamation rectificative quand son montant sera arrêté.

De même, lorsque le défunt, avant son décès, a fait l'objet d'une rectification fiscale (ancien redressement fiscal), le montant peut être déduit. Mais si les héritiers contestent le montant de la rectification, la dette devient incertaine et ne peut être déduite avant sa confirmation. En pratique, les héritiers ne peuvent pas la déduire lors de la déclaration de succession. Ils devront, si la dette est confirmée, faire une déclaration rectificative (C. cass., ch. com., 16.11.1999).

› La dette doit être justifiée

Il ne suffit pas d'énoncer la dette dans la déclaration. Les héritiers doivent produire un écrit (acte authentique, jugement, transaction, acte sous seing privé, facture, contrat, etc.). Les héritiers peuvent demander au créancier une attestation. Celui-ci n'a pas le droit d'ignorer cette demande et doit fournir l'attestation demandée sous peine d'avoir à verser des dommages-intérêts.

Cas pratique

Dans cet arrêt, une personne s'était occupée de son frère gravement handicapé moteur pendant plusieurs années.

Lorsque cette personne décède, ses enfants déclarent dans l'actif successoral, le montant de la créance correspondant aux sommes dépensées pour le frère handicapé.

Le fisc avait d'ailleurs calculé les droits sur cette créance.

Au décès du frère handicapé, ses neveux (héritiers du premier frère décédé) ont déduit de l'actif successoral le montant de la créance que possédait leur père sur la succession.

C'est cette déduction que le fisc contestait, estimant que le fait de s'occuper de son frère est un devoir moral, ne créant pas une dette vis-à-vis de la personne aidée, pouvant être déduite de l'actif successoral.

La thèse du fisc est écartée par les juges.

Le fait de s'occuper de son frère n'est pas une simple obligation morale quand la personne assistée possède des biens et des revenus (loyers d'un immeuble).

> Le frère avait pris en main les affaires de son frère handicapé, incapable de gérer lui-même ses biens. Il avait avancé sur ses deniers personnels les sommes nécessaires à son entretien et avait donc acquis une créance sur la succession de ce frère.
> En conséquence, l'avis de redressement a été annulé (cour d'appel de Versailles, 24.1.2002, Gaz. pal., 3.12.2002, II, p. 20).

Les dettes nées postérieurement au décès

› Les dettes déductibles

De façon limitative, il est possible également de déduire de l'actif successoral certaines dettes survenues à la suite du décès ou à l'occasion du décès, telles que :
- **les frais médicaux** de dernière maladie, d'hospitalisation ;
- **les frais funéraires** à concurrence de 1 500 € (depuis le 1.1.2003).
La loi de finances pour 2003 (n° 2002-1575 du 30.12.2002) supprime par ailleurs l'obligation pour les héritiers de fournir les justifications des dépenses correspondantes. Il s'agit notamment des frais d'inhumation et de la cérémonie qui l'accompagne, des avis d'obsèques, des billets d'invitation et de remerciements, de l'achat et de la pose d'un emblème religieux sur la tombe, de l'acquisition d'une concession dans un cimetière, de la construction, de l'ouverture et de la fermeture d'un caveau, des frais de transport du corps. En sont exclus les frais de construction d'un monument funéraire, les frais d'achat de fleurs et couronnes et les frais de deuil. Ces dispositions s'appliquent aux successions ouvertes depuis le 1er janvier 2003 ;
- **le salaire différé** ;
- **les honoraires de notaire** pour l'ouverture du testament. Ces frais doivent en principe être imputés sur les legs à proportion des parts respectives des légataires. Le testateur peut cependant décider que les frais seront dus par ses héritiers et non à la charge du légataire ;
- **les frais des donations** entre époux. Les émoluments proportionnels dus au notaire sont également déductibles de l'actif ;
- **les loyers** que la succession rembourse au conjoint survivant ou au partenaire pacsé pendant l'année qui suit le décès dans l'hypothèse où le droit temporaire au logement de ce dernier fait l'objet d'une exécution en espèces (instruction fiscale du 7.4.2003, BOI 7 G-1-03).
- **les rentes et indemnités** versées ou dues au défunt en réparation de dommages corporels liés à un accident ou à une maladie (art. 775 *bis* du Code général des impôts). Ces sommes sont déductibles pour leur valeur nominale. Peu importe donc l'usage qui en a été fait. La déduction est admise même si les sommes ont été entièrement dépensées.
Le forfait mobilier de 5 % se calcule après la déduction des sommes indemnitaires (Instruction administrative, *BOI* 7 G-4-07, 16.5.2007).
Cette déduction n'était autorisée auparavant que pour certaines indemnités déterminées (notamment celles reçues par les victimes du Sida contaminées par

transfusion sanguine, par les victimes de la maladie de Creutzfeldt-Jacob et par les victimes de l'amiante).
- **la rémunération du mandataire à titre posthume,** déterminée de manière définitive dans les 6 mois suivant le décès, est déductible de l'actif de la succession dans la limite de 0,5 % de l'actif successoral géré. Cette déduction ne peut excéder 10 000 € (art. 775 *quinquies* du Code général des impôts).
Sur le rôle du mandataire à titre posthume, voir *Le mandataire successoral nommé par le défunt (mandat à effet posthume)*, p. 106.

› Les dettes non déductibles

Ne sont pas déductibles :
- les droits de succession puisqu'il s'agit d'une dette personnelle des héritiers ;
- la créance d'aliments prévue à l'article 758 du Code civil en faveur des ascendants ;
- la pension que le conjoint survivant peut demander à la succession de l'époux prédécédé.

Par ailleurs, les frais de nourriture, de logement et de deuil du conjoint survivant ont été supprimés (abrogation de l'article 1481 du Code civil qui le prévoyait) et ne peuvent donc plus être déduits au titre du passif de la communauté.

› Les indemnités versées à un employé du défunt

Jusqu'en juillet 2000, le fisc refusait la possibilité de déduire de l'actif successoral et de la déclaration de succession les sommes versées à un employé de maison au titre des indemnités de licenciement. Le refus de déduction reposait sur le fait que seules les dettes personnelles du défunt et antérieures au décès pouvaient être déduites de la déclaration. Or la dette représentée par les indemnités de licenciement dues à un employé de maison n'étant pas personnelle au défunt et ayant pris naissance après le décès, la déduction était exclue.

L'administration vient de modifier sa position. Désormais, les indemnités de préavis et de licenciement versées à un employé du défunt peuvent être intégrées dans le passif successoral à condition que ces indemnités ne soient pas prises en compte comme charge déductible d'une exploitation industrielle, commerciale, artisanale, agricole ou libérale.

Le dernier salaire versé et l'indemnité de congés payés correspondant à l'activité exercée avant le décès de l'employeur ne peuvent pas, en revanche, être déduits de l'actif successoral. Ces sommes peuvent figurer sur la déclaration de revenus établie au nom du défunt pour la période du 1er janvier à la date du décès (*BO* 7 G-8-00 du 17.7.2 000).

› Le prêt viager hypothécaire

Le prêt viager hypothécaire existe depuis l'ordonnance n° 2006-346 du 23 mars 2006. Il permet aux personnes âgées de contracter un crédit, garanti par une hypothèque sur un immeuble d'habitation leur appartenant. Le montant du prêt accordé dépend de l'âge de l'emprunteur et de la valeur du bien immobilier hypothéqué en garantie. La spécificité de ce prêt est qu'il est remboursable (capital et intérêts) au décès de l'emprunteur (art. L. 314-1 s. du Code de la consommation). Le remboursement incombe donc à la succession. Une autre spécificité est que la dette est plafonnée. Elle ne peut en aucun cas dépasser la valeur de l'immeuble hypothéqué. Cette valeur doit donc être établie au moment du remboursement et peut être fixée soit à l'amiable soit par un expert en cas de désaccord entre le créancier et les héritiers. En cas de vente de l'immeuble, la valeur retenue est celle du prix de vente, et, en cas de donation, la valeur déclarée au fisc. Si le créancier poursuit la saisie de la maison, c'est le prix d'adjudication qui constituera le plafond de la dette. En aucun cas les héritiers ne sont tenus de régler cette créance sur leurs biens personnels ou sur d'autres biens de la succession. Si le prix de vente dépasse la dette, les héritiers récupèrent le solde. Dans le cas inverse, la banque perd une partie de ce crédit.

Les dettes antérieures au décès mais non déductibles

Ne sont pas déductibles car présumées fictives par les services fiscaux (art. 773 du Code général des impôts) :

- les dettes échues depuis plus de 3 mois avant l'ouverture de la succession (le fisc suppose qu'elles ont été remboursées), sauf si le créancier fournit une attestation certifiant leur existence lors du décès ;
- les dettes contractées par le défunt au profit de ses héritiers ou de personnes interposées, c'est-à-dire les père et mère, les enfants ou descendants ou l'époux de l'héritier (art. 911 du Code civil), sauf si la dette est reconnue par acte authentique ou par acte sous seing privé enregistré.

Dans cette hypothèse, les héritiers ont le droit de prouver la sincérité de cette dette et son existence au jour de l'ouverture de la succession. Si cette preuve est admise, la dette du défunt pourra être déduite de l'actif à déclarer ;

- les dettes reconnues par testament. Les héritiers ne peuvent pas s'appuyer sur un testament rédigé par le défunt par lequel il reconnaît l'existence d'une dette pour déduire cette dette de la déclaration (exemple : « *Je reconnais devoir à X... la somme de...* € »). Pour pouvoir déduire cette dette, il faut produire une reconnaissance de dette ou tout autre écrit ;

Cas pratique

Une personne avait consenti à son frère un prêt de 220 000 F (33 539 €) pour l'aider à financer la construction d'une maison. Elle lui avait remis les fonds, mais n'avait pas enregistré l'acte de prêt.

Lors du décès de l'emprunteur, les héritiers avaient déduit de l'actif à déclarer la valeur de ce prêt.

Le fisc refuse cette déduction, rectifie la déclaration et réclame des droits sur cette somme.

Pour se défendre, les héritiers produisent les relevés de compte prouvant les retraits de fonds opérés sur le compte du prêteur et encaissés par l'emprunteur.

> Mais cette preuve est refusée. Avant de pouvoir prouver les transferts de fonds, les héritiers doivent posséder un acte authentique ou sous seing privé enregistré constatant la dette. Ce n'est que si cet acte existe qu'ils peuvent alors prouver la réalité des sommes prêtées au défunt. La bonne foi des héritiers est indifférente et n'est pas retenue par le fisc (C. cass., ch. com., 10.6.1997, Bull. civ. n° 180).

- les dettes hypothécaires garanties par une inscription périmée depuis plus de 3 mois (sauf si la dette n'est pas échue et que son existence est attestée par le créancier) ;
- les dettes en capital et intérêts pour lesquelles le délai de prescription est dépassé.

En cas de fraude, le prétendu créancier qui a faussement attesté l'existence d'une dette dont la déduction est demandée est tenu, solidairement avec le déclarant, au paiement de l'intérêt de retard et de la majoration prévue à l'article 1729 (art. 1754 du Code général des impôts).

Quels sont les droits de succession ?

Chaque part d'héritage est soumise à des droits de succession. Il est cependant important de souligner que les héritiers peuvent bénéficier de différents abattements qui leur permettent d'être moins taxés.
Par ailleurs, certaines personnes sont totalement exonérées de droits de mutation pour les successions ouvertes depuis le 22 août 2007. Il s'agit du conjoint survivant, du partenaire pacsé et, sous certaines conditions, des frères et sœurs du défunt.

À NOTER

La définition de l'abattement *Un abattement, en matière successorale, est une partie de la somme reçue exonérée de droits de mutation.*

Calcul des droits de succession

Les droits de succession ne sont pas calculés sur la totalité de la valeur de la succession mais sur chaque part reçue par les héritiers ou les légataires.
Les droits de succession sont calculés en pourcentage et par tranches. Ces pourcentages et ces tranches diffèrent selon les héritiers (art. 777 et s. du Code général des impôts).

› Les enfants, les parents

Ces tarifs s'appliquent aux enfants sur la part qu'ils reçoivent de la succession de leur père ou de leur mère, ainsi qu'aux parents qui héritent de leur enfant.
Tout d'abord, il n'y a aucun droit de mutation à payer si la part de l'intéressé est égale ou inférieure à 100 000 € depuis août 2012 (art. 779 du Code général des impôts).

À NOTER

Réforme *Le nouveau gouvernement a ramené à 100 000 € le montant de l'abattement réservé aux enfants et ascendants et fait passer à 15 ans le délai de renouvellement de cet abattement (depuis août 2012).*

• Le calcul de l'abattement

Chaque enfant bénéficie de cet abattement sur l'ensemble des biens transmis par son père et du même abattement sur l'ensemble des biens transmis par sa mère, que cette transmission ait lieu par succession (décès) ou par donation.
C'est ainsi que chaque enfant peut recevoir 200 000 € (100 000 € de son père et 100 000 € de sa mère) sans avoir de droits de mutation à payer. L'ensemble de ces biens peut être transmis en une seule fois (à l'occasion de la succession) ou en plusieurs fois (par une donation puis, plus tard, par la succession).

Cas pratique

Un enfant a reçu de son père une donation d'une valeur de 150 000 €. Trois ans plus tard, son père décède. L'enfant a bénéficié de son abattement lors de la donation et il ne peut plus déduire ce montant des biens qu'il reçoit lors du décès de son père.
Si la donation porte sur un bien d'une valeur de 130 000 €, l'enfant n'aura pas épuisé son droit à abattement de 150 000 € et il pourra déduire de la somme à déclarer lors de la déclaration de succession la somme de : 150 000 € – 130 000 € = 20 000 €.

Cette règle est cependant écartée si la donation et le décès sont espacés de 15 ans ou plus (depuis août 2012).
Dans ce cas, l'enfant peut appliquer 2 fois l'abattement : une première fois lors de la donation et la seconde fois lors de la succession.
Après application de l'abattement, il est dû (depuis 2011) :
- Jusqu'à 8 072 € : 5 %
- De 8 072 à 12 109 € : 10 %
- De 12 109 à 15 932 € : 15 %
- De 15 932 à 552 324 € : 20 %
- De 552 324 à 902 838 € : 30 %
- De 902 838 à 1 805 677 € : 40 %
- Au-delà de 1 805 677 € : 45 %

Lorsque le bénéficiaire est atteint d'une infirmité physique ou mentale congénitale ou acquise l'empêchant d'exercer normalement une profession, il bénéficie d'un abattement supplémentaire de 150 000 €. Cet abattement est cumulable avec l'abattement général de 100 000 €. Depuis l'année 2011, cet abattement est porté à 159 325 €.

Abattement général pour les successions recueillies par les enfants, le conjoint ou les ascendants

Depuis la réforme des droits de succession applicable aux successions ouvertes à compter du 22 août 2007, l'abattement général de 50 000 € applicable aux successions recueillies par le conjoint et (ou) les enfants et ascendants est supprimé. Cette suppression se justifie par l'augmentation des abattements consentis aux enfants et ascendants, et par la suppression totale des droits de succession pour le conjoint. L'exonération ne concerne que les biens recueillis par décès ; les donations consenties entre époux restent imposables.

Le salaire différé des enfants

Les descendants d'un exploitant agricole qui, âgés de plus de 18 ans, participent directement et effectivement à l'exploitation sans être associés aux bénéfices ni aux pertes et qui ne reçoivent pas de salaire en argent en contrepartie de cette collaboration sont réputés légalement bénéficiaires d'un contrat de travail à salaire différé, sans que la prise en compte de ce salaire pour la détermination des

parts successorales puisse donner lieu au paiement d'une soulte à la charge des cohéritiers.
Cette transmission est dispensée de tout droit de mutation par décès.
Le salaire différé est une dette personnelle de l'exploitant. Cela signifie que le descendant ne peut pas réclamer sa créance à la succession du conjoint de l'exploitant, sauf si l'exploitant et son conjoint étaient mariés sous le régime de la communauté universelle. En effet, dans ce cas, la communauté supporte toutes les dettes personnelles des époux (C. cass., 1re ch. civ., 18.1.2012, n° 10-24892).
Si les parents étaient tous deux exploitants, leur enfant ne dispose que d'une seule créance de salaire différé et peut exercer son droit de créance sur l'une ou l'autre des successions de ses parents.

ATTENTION ⚠

Un salaire différé pour quel travail ? *Le versement du salaire différé ne peut pas être admis pour la simple exécution des tâches ménagères. Il faut en effet que celui ou celle qui le réclame puisse justifier avoir participé à l'exploitation agricole de façon directe et effective.*
C'est la solution résultant d'un arrêt de la Cour de cassation du 22 octobre 2002.
Par ailleurs, le descendant d'un exploitant agricole qui a participé partiellement à l'exploitation ne peut bénéficier que d'une créance de salaire différé partielle (dans l'hypothèse d'un travail à mi-temps) (C. cass., 1re ch. civ., 8.9.2009, n° 08-13972).

Quel est le montant du salaire ?

Le taux annuel du salaire est égal, pour chacune des années de participation, à la valeur des 2/3 de la somme correspondant à 2 080 fois le taux du SMIC (salaire minimum interprofessionnel de croissance) en vigueur soit au jour du partage consécutif au décès de l'exploitant, soit au plus tard à la date du règlement de la créance si ce règlement intervient du vivant de l'exploitant (art. L. 321-13 du Code rural et de la pêche maritime).
Le SMIC pris en compte est :
- soit celui en vigueur au moment du décès pour le conjoint survivant ou le SMIC en vigueur au moment du partage pour les descendants ;
- soit celui en vigueur au moment d'un règlement anticipé de la succession (par donation-partage).
Le bénéficiaire de ce contrat exerce son droit de créance après le décès de l'exploitant et au cours du règlement de la succession. Cependant, l'exploitant peut de son vivant remplir le bénéficiaire de ses droits, notamment par donation-partage.
Le descendant qui ne serait pas désintéressé par l'exploitant lors de cette donation-partage comprenant la majeure partie des biens, et alors que ceux non distribués ne seraient plus suffisants pour le couvrir de ses droits, pourrait lors du partage exiger des autres donataires le paiement de son salaire.
Les droits de créance du descendant de l'exploitant agricole ne peuvent en aucun cas, et quelle que soit la durée de la collaboration, dépasser la somme représen-

tant le montant de la rémunération due pour une période de 10 ans calculée en fonction du SMIC comme indiqué plus haut (art. L. 321-17 du Code rural et de la pêche maritime).
Le bénéfice du contrat de travail à salaire différé constitue pour le descendant de l'exploitant agricole un bien propre, quel que soit le régime matrimonial, dont la dévolution est exclusivement réservée à ses enfants vivants ou représentés.
Cette transmission est dispensée de tous droits de mutation par décès.

Droits du conjoint de l'enfant

Si le descendant est marié et si son conjoint participe également à l'exploitation dans les conditions ci-dessus, chacun des époux est réputé légalement bénéficiaire d'un contrat de travail à salaire différé.
L'abandon de l'activité agricole par l'ascendant n'éteint pas les droits de créance du descendant qui a participé à l'exploitation.
La législation applicable en matière de contrat de travail et la législation du travail ne s'appliquent pas à la matière.
Les conjoints des enfants de l'agriculteur peuvent bénéficier du salaire différé même s'ils sont, au moment du décès, divorcés ou séparés de corps. Ce n'est que si le divorce ou la séparation a été prononcé à leurs torts exclusifs qu'ils se verront refuser le bénéfice du salaire différé.
Si un descendant décède avant l'exploitant, son conjoint n'a droit au salaire différé que s'il a des enfants mineurs et jusqu'à ce que le plus jeune de ces enfants ait atteint 18 ans.

Comment prouver la réalité du travail ?

La preuve de l'exécution du travail peut être apportée par des témoignages ou par une déclaration faite à la mairie tous les ans (contre récépissé) (art L. 321-19 du Code rural et de la pêche maritime).
Le tribunal d'instance est compétent en cas de litige.
Le conjoint de l'exploitant peut aussi bénéficier d'une créance de salaire différé. Il doit justifier avoir participé au moins pendant 10 ans à l'exploitation sans contrepartie financière (sur les droits du conjoint de l'exploitant, voir *Le salaire différé du conjoint*, p. 167).

Quand le salaire différé est-il exigible ?

Il faut distinguer entre la date de la naissance de cette créance et celle de son exigibilité. Avant la décision de la Cour de cassation, la créance de salaire différé naissait et devenait exigible au décès de l'ascendant exploitant. Depuis cet arrêt, il est reconnu que la créance naît au moment du travail effectué du vivant de l'exploitant et qu'elle peut être réclamée au décès de l'exploitant ou plus tard, lors du règlement de la succession de son épouse mariée sous le régime de la communauté universelle.

Cas pratique

Dans ce dossier, les exploitants étaient mariés sous le régime de la communauté de biens avec clause attributive de communauté.
Après leurs décès respectifs (le mari en 1992 et la femme en 2002), une de leurs filles assigne sa sœur pour obtenir le partage et le paiement de son salaire différé.
La cour d'appel fait droit à cette demande. Au décès de l'époux, la dette de salaire différé était entrée dans le passif de la communauté et devait être prise en compte dans la liquidation de la succession de l'épouse.
La sœur conteste ce raisonnement en considérant que la dette est une dette de l'exploitant et non une dette de communauté.
La Cour de cassation revient sur sa jurisprudence et considère que la créance de salaire différé est née du vivant de l'exploitant, qu'elle est entrée dans sa communauté et qu'elle devient une dette future que la communauté doit supporter définitivement.
En conséquence, la dette personnelle de l'exploitant doit être prise en compte lors du partage de la succession de son épouse (C. cass., 1re ch. civ., 18.1.2012, n° 10-24892).

› Les petits-enfants

Les petits-enfants sont des descendants. Ils bénéficient donc des tarifs des droits de succession applicables aux enfants.
Mais ils ne peuvent hériter d'un grand-parent que si leur propre parent est lui-même décédé préalablement. Dans cette hypothèse, les petits-enfants viennent en représentation de ce parent, c'est-à-dire qu'ils se partagent la part successorale qu'aurait dû recevoir ce dernier et son abattement.
Sur la représentation d'une personne décédée, voir l'article 751 du Code civil et voir *Les petits-enfants*, p. 252.
L'abattement est calculé sur la part qui serait revenue à leur parent et non sur les parts respectives que reçoivent les petits-enfants, lorsqu'ils sont plusieurs.

MON CONSEIL

Faire une donation aux petits-enfants *Depuis le 1er janvier 2003, une donation consentie par un grand-parent à un petit-enfant bénéficie d'un abattement renouvelable.*
Les petits-enfants peuvent aussi recevoir de leurs grands-parents une somme d'argent en franchise de droits, depuis le 22 août 2007 (voir Abattement spécifique pour les dons d'argent, *p. 76).*
Depuis 2011, ces abattements sont portés à 31 865 €.

› Les enfants adoptés simples

Pour les services fiscaux, l'adopté simple est, en principe, considéré comme une personne étrangère à la famille du défunt et, à ce titre, est taxé au tarif de 60 % de droits de mutation.
Cette règle s'explique par le fait que toute personne (quel que soit son âge) peut faire l'objet d'une adoption simple. Il serait alors facile à deux personnes d'organiser une adoption dans le seul but de réduire les droits de succession.

Certaines catégories d'adoptés sont cependant assimilées aux autres enfants (et donc bénéficient des tarifs réduits applicables aux descendants). Il s'agit :
- des enfants adoptés élevés par le défunt pendant au moins 5 ans durant leur minorité ou durant 10 ans pendant leur minorité et leur majorité ;
- des enfants issus du premier mariage du conjoint de l'adoptant ;
- des enfants adoptés par des personnes dont tous les descendants sont morts pour la France ;
- des enfants adoptés n'ayant plus aucune famille naturelle (art. 786 du Code général des impôts).

› Les pupilles de la Nation

Sont également assimilés aux enfants et bénéficient du régime fiscal des mutations à titre gratuit en ligne directe, pour les dons et legs qu'ils reçoivent, les pupilles de l'État ou de la Nation et les enfants confiés au service de l'aide sociale à l'enfance, à condition que le donateur ou le défunt ait pourvu à leur entretien pendant 5 ans au moins au cours de leur minorité.

› Les frères et sœurs

• En cas de donation

Jusqu'en 2005, les frères et sœurs ne bénéficiaient d'aucun abattement sur les donations qu'ils pouvaient recevoir.
Depuis le 1er janvier 2006, ils bénéficient d'un abattement général qui s'applique sans conditions et qui se renouvelle tous les 15 ans (depuis août 2012).
À l'origine égal à 5 000 €, il est porté depuis 2011 à 15 932 € (art. 779 du Code général des impôts).

• En cas de transmission par décès

Les frères et sœurs sont totalement exonérés de droits de succession (pour les successions ouvertes depuis le 22 août 2007) s'ils sont célibataire, veuf ou divorcé et s'ils remplissent la double condition suivante :
- être âgé de plus de 50 ans ou être atteint d'une infirmité empêchant de subvenir à ses besoins ;
- et avoir partagé le domicile du défunt pendant au moins les 5 années qui ont précédé le décès (art. 796.0 ter du Code général des impôts).
Si le frère ou la sœur ne remplit pas ces conditions, il bénéficie alors de l'abattement général de 15 932 €.

› Les neveux et nièces

• En cas de donation

Les neveux et nièces bénéficient de plusieurs abattements pour les donations qu'ils reçoivent de leurs oncles ou tantes :
- abattement général : 7 967 € quelle que soit la forme de la donation et quel que soit le bien donné. Cet abattement se renouvelle tous les 15 ans (depuis août 2012) ;

- abattement pour les dons d'argent : 31 865 € (voir *Abattement spécifique pour les dons d'argent*, p. 76) ;
- abattement en cas de donation pour investir dans une PME : 30 000 € (voir *Abattement sur les dons familiaux de biens nécessaires à l'activité d'une petite et moyenne entreprise*, p. 78).

En cas de transmission par décès

Pour les successions ouvertes à compter du 22 août 2007, les neveux et nièces bénéficient désormais du même abattement de 7 967 € pour les biens qu'ils recueillent par décès.
S'ils viennent en représentation de leur père ou leur mère (le frère ou la sœur du défunt), ils se partagent son abattement 15 932 € (voir *Les droits des neveux et nièces*, p. 256).

› Le conjoint survivant

En cas de donation

Le conjoint survivant est exonéré de droits de mutation si la part qu'il reçoit est inférieure à 80 724 €.
Cet abattement se calcule sur l'actif net. Il peut être cumulé avec l'abattement applicable aux personnes handicapées.
Par ailleurs, il se renouvelle tous les 15 ans (depuis août 2012).
Après application des abattements, le surplus est imposable selon les tranches suivantes :
- Jusqu'à 8 072 € : 5 %
- De 8 072 à 15 932 € : 10 %
- De 15 932 à 31 865 € : 15 %
- De 31 865 à 552 324 € : 20 %
- De 552 324 à 902 838 € : 30 %
- De 902 838 à 1 805 677 € : 40 %
- Au-delà de 1 805 677 € : 45 %

En cas de transmission par décès

Depuis le 22 août 2007 (successions ouvertes à compter de cette date), le conjoint survivant est totalement exonéré de droits de succession pour les biens qui lui sont transmis par décès.

Un cas particulier : le mariage posthume

Le mariage posthume doit être autorisé par le Président de la République.
Le mariage a un effet rétroactif jusqu'au jour précédant le décès du conjoint.
Pour que l'autorisation du mariage posthume soit accordée, il faut prouver, de la part du défunt, une volonté de mariage caractérisée, manifestée sans équivoque avant le décès par l'accomplissement des premières formalités.

Cas pratique

Dans ce litige, le fiancé était décédé et la fiancée apportait comme preuve des formalités, la visite de son fiancé chez le joaillier et le témoignage des plusieurs personnes de leur entourage, attestant de leur volonté de se marier, le projet n'ayant pu aboutir en raison de la maladie puis du décès du fiancé. Mais sa requête a été rejetée. Elle ne produisait aucun document officiel tendant à mettre en évidence les démarches entreprises pour la célébration du mariage.
Il n'y avait donc pas de preuve marquant sans équivoque cette volonté matrimoniale du défunt (C. cass., 17.10.2007, n ° 06-11887).

Il faut aussi prouver des motifs graves. Un motif grave peut être la grossesse de la fiancée, par exemple.
Le mariage posthume n'entraîne aucun droit pour le conjoint dans la succession du défunt et aucun régime matrimonial n'est réputé avoir existé entre les époux.
Le conjoint ne peut donc pas revendiquer la qualité d'héritier et ni se voir attribuer aucuns biens si le défunt n'a pas rédigé un testament ou consenti une donation en sa faveur.
En revanche, en présence d'une libéralité, le conjoint peut bénéficier des règles applicables aux époux mariés (exonération de droits pour les biens transmis par testament et abattement pour les biens transmis par donation).

› Le partenaire lié par un PACS

● Testaments

Depuis le 22 août 2007 (successions ouvertes à compter de cette date), en cas de décès de l'un des partenaires, le survivant est exonéré de droits de succession pour les biens qu'il recueillent.

● Donations

Depuis le 22 août 2007, les donations effectuées entre personnes pacsées bénéficient d'un abattement de 80 724 € (en 2011 et 2012), même si la donation intervient pendant la première année du PACS. Cet abattement se renouvelle tous les 15 ans (depuis août 2012).
Au-delà de ce montant, la valeur du bien donné est imposée selon les tranches et pourcentages suivants (depuis 2011) :
- Jusqu'à 8 072 € : 5 %
- De 8 072 à 15 932 € : 10 %
- De 15 932 à 31 865 € : 15 %
- De 31 865 à 552 324 € : 20 %
- De 552 324 à 902 838 € : 30 %
- De 902 838 à 1 805 677 € : 40 %
- Au-delà de 1 805 677 € : 45 %

Application de l'abattement

Le texte qui prévoit que l'abattement pourra à nouveau être appliqué si un délai de 15 ans sépare deux donations est un texte d'ordre général.
Il n'est donc pas réservé à l'abattement des enfants et s'applique également à l'abattement accordé aux partenaires d'un PACS.
Cela signifie qu'un partenaire peut effectuer tous les 15 ans une donation d'une valeur de 80 724 € à son partenaire sans avoir à payer de droits de mutation.

Paiement des droits de mutation

En vertu de l'article 1709 du Code général des impôts, seuls les cohéritiers sont solidaires pour le paiement des droits de mutation par décès (un héritier peut se voir réclamer la totalité des droits dus par ses cohéritiers).
Le partenaire du défunt, n'étant pas héritier, n'est pas tenu à cette solidarité.

› Autres membres de la famille

Les autres membres de la famille ou parents éloignés du défunt bénéficient d'un abattement général de 1 594 € uniquement pour les biens transmis par décès et non pour les biens donnés.
Après application de cet abattement, les parents jusqu'au 4e degré inclusivement (neveu, oncle, cousins germains) paient un tarif de 55 %. Les parents au-delà du 4e degré (cousins issus de germains ou cousins plus éloignés) paient un tarif de 60 %.
Sur le calcul des degrés, voir *Qui hérite ?*, p. 249.

› Personnes étrangères à la famille

Sont considérés comme personnes étrangères à la famille les tiers, les amis… mais également les concubins.
Ils bénéficient de l'abattement général de 1 594 € pour les biens transmis par décès (testament).
Au-delà, ils paient 60 % de droits de mutation.
Ces personnes ne bénéficient d'aucun abattement lorsqu'elles reçoivent une donation.

› Personnes handicapées

Les personnes handicapées physiques ou mentales bénéficient d'un abattement spécifique de 159 325 € applicable quel que soit leur lien de parenté avec le défunt. Cet abattement est applicable aux donations consenties et aux successions ouvertes à compter du 22 août 2007.
Cet abattement peut se cumuler avec un éventuel autre abattement auquel aurait droit la personne handicapée.
Le terme « handicapé » signifie être incapable de travailler dans des conditions normales de rentabilité en raison d'une infirmité physique ou mentale, congénitale ou acquise.

› Personnel d'une entreprise

Depuis le 1er janvier 2004, l'abattement applicable aux donations de titres au personnel d'une entreprise est supprimé.
En remplacement de cette mesure, le personnel d'une entreprise peut bénéficier, sous certaines conditions, d'un abattement sur les droits de mutation à titre gratuit en cas de donation en pleine propriété de fonds artisanaux, de fonds de commerce, ou de clientèles d'une entreprise individuelle ou de parts ou actions d'une société, à concurrence de la fraction de la valeur des titres représentative du fonds ou de la clientèle (art. 790 A du Code général des impôts).
Cet abattement est applicable sous certaines conditions (voir *La transmission d'un fonds de commerce et de la clientèle par donation aux salariés*, p. 208).
Cette exonération est applicable sur option des donataires. Elle exclut la possibilité de bénéficier de l'exonération partielle de droits pour la valeur des biens autres que le fonds ou la clientèle (sur les exonérations de droits, voir *La transmission d'entreprise par donation (exonération partielle de droits)*, p. 207).

› Personnes morales de droit public

Les régions, les départements, les communes, les établissements publics hospitaliers, les organismes de Sécurité sociale et les centres communaux d'action sociale sont exonérés des droits de mutation à titre gratuit sur les biens qui leur sont dévolus par donation ou succession.

› L'abattement général en cas de don à une fondation

La loi n° 2003-709 du 1er août 2003 relative au mécénat, aux associations et aux fondations a créé un nouvel abattement pour tout héritier donataire ou légataire qui, dans les 6 mois du décès, ferait don de biens provenant de la succession en faveur d'une fondation reconnue d'utilité publique ou de don de sommes en faveur d'une association reconnue d'utilité publique, de l'État, d'une commune, d'un département, d'un établissement public hospitalier, d'un organisme de Sécurité sociale.
L'abattement est égal à la valeur des biens ou des sommes donnés.
Il est consenti à deux conditions :
- que la libéralité soit effectuée, à titre définitif et en pleine propriété, dans les 6 mois suivant le décès ;
- que soient jointes à la déclaration de succession des pièces justificatives répondant à un modèle fixé par un arrêté attestant du montant et de la date de la libéralité ainsi que de l'identité des bénéficiaires (art. 788 III du Code général des impôts).
Cet abattement est cumulable avec l'abattement prévu pour les enfants, les ascendants, le conjoint, les frères et sœurs, les pacsés ainsi qu'avec l'abattement réservé aux personnes handicapées.
En revanche, l'application de cet abattement n'est pas cumulable avec le bénéfice de la réduction d'impôt sur le revenu prévu à l'article 200 du Code général des impôts (voir *Réductions d'impôts en cas de dons effectués en faveur d'œuvres ou d'organismes d'intérêt général*, p. 77).

› Réduction des droits de mutation

Si l'héritier a trois enfants ou plus (vivants ou représentés) au moment de l'ouverture de la succession, il bénéficie d'une réduction des droits de succession dans la limite de :
- 305 € par enfant, à partir du 3e enfant, s'il s'agit d'une transmission en ligne collatérale ou entre étrangers ;
- 610 € par enfant, à partir du 3e enfant, s'il s'agit d'une transmission en ligne directe (donations et successions), et pour les donations entre époux ou partenaires pacsés.

Pour bénéficier de cette réduction, depuis le 1er janvier 2006, il faut produire un certificat de vie dispensé d'enregistrement, pour chacun des enfants vivants des héritiers, donataires ou légataires et des représentants de ceux prédécédés, ou bien une expédition de l'acte de décès de tout enfant décédé depuis l'ouverture de la succession (art. 780 du Code général des impôts).

Est compté comme enfant vivant ou représenté de l'héritier, donataire ou légataire, l'enfant décédé après avoir atteint l'âge de 16 ans révolus ou, s'il est âgé de moins de 16 ans, tué en temps de guerre. Dans ce cas, il faut produire un acte de décès de l'enfant.

Par ailleurs, les mutilés de guerre invalides à 50 % au minimum bénéficient d'une réduction de droits (réduction de 50 % des droits dans la limite de 305 €).

TABLEAU RÉCAPITULATIF (DEPUIS LE 1.1.2011)

Héritiers	Abattement	Part nette taxable	Montant des droits dus
Enfants	100 000 € (transmission par donations et par décès)	N'excédant pas 8 072 €	5 %
		Comprise entre 8 072 et 12 109 €	10 %
		Comprise entre 12 109 et 15 932 €	15 %
		Comprise entre 15 932 et 552 324 €	20 %
		Comprise entre 552 324 et 902 838 €	30 %
		Comprise entre 902 838 et 1 805 677 €	40 %
		Au-delà de 1 805 677 €	45 %
Parents	100 000 € (transmission par donations et par décès)	Jusqu'à 8 072 €	5 %
		De 8 072 à 12 109 €	10 %
		De 12 109 à 15 932 €	15 %
		De 15 932 à 552 324 €	20 %
		De 552 324 à 902 838 €	30 %
		De 902 838 à 1 805 677 €	40 %
		Au-delà de 1 805 677 €	45 %

.../...

TABLEAU RÉCAPITULATIF (DEPUIS LE 1.1.2011)			
Héritiers	**Abattement**	**Part nette taxable**	**Montant des droits dus**
Petits-enfants	31 865 € (transmission par donations) 1 594 € (transmission par décès) 100 000 € en cas de représentation 31 865 € (sous conditions : dons en numéraire)	Jusqu'à 8 072 € De 8 072 à 12 109 € De 12 109 à 15 932 € De 15 932 à 552 324 € De 552 324 à 902 838 € De 902 838 à 1 805 677 € Au-delà de 1 805 677 €	5 % 10 % 15 % 20 % 30 % 40 % 45 %
Arrière-petits-enfants	5 310 € (transmission par donations) 31 865 € en cas de représentation (transmission par donation) 1 594 € (transmission par décès 31 865 € (sous conditions : dons en numéraire)	Idem enfants	Idem enfants
Époux	Exonération des droits (transmission par décès) 80 724 € (transmission par donation)	Jusqu'à 8 072 € De 8 072 à 15 932 € De 15 932 à 31 865 € De 31 865 à 552 324 € De 552 324 à 902 838 € De 902 838 à 1 805 677 € Au-delà de 1 805 677 €	5 % 10 % 15 % 20 % 30 % 40 % 45 %
Concubin pacsé	Exonération des droits (transmission par décès) 80 724 € (transmission par donation)	Idem Époux	Idem Époux
Concubin non pacsé	1 594 € (transmission par décès)	Totalité	60 %

.../...

TABLEAU RÉCAPITULATIF (DEPUIS LE 1.1.2011)			
Héritiers	**Abattement**	**Part nette taxable**	**Montant des droits dus**
Frères et sœurs	Exonération (transmission par décès) (sous conditions) À défaut : 15 932 € (transmission par donations et par décès)	Jusqu'à 24 430 € Au-dessus de 24 430 €	35 % 45 %
Neveux et nièces	7 967 € (transmission par donation et par décès) 31 865 € (sous conditions : dons en numéraire)	Totalité	55 %
Parents jusqu'au 4e degré inclusivement	1 594 € (transmission par décès)	Totalité	55 %
Parents au-delà du 4e degré ou entre personnes étrangères l'une de l'autre	1 594 € (transmission par décès)	Totalité	60 %

Paiement des droits de succession

› Les héritiers sont solidaires dans le paiement des droits de succession

Tous les cohéritiers, à l'exception de ceux qui sont exonérés de droits de succession (comme le conjoint survivant notamment), sont tenus solidairement de payer les droits (art. 1709 du Code général des impôts). La totalité des droits peut donc être réclamée à l'un ou l'autre des déclarants.

En principe, les droits doivent être payés lors de l'envoi de la déclaration de succession. Ils peuvent cependant faire l'objet de paiements fractionnés ou différés. Sous certaines conditions, ils peuvent par ailleurs être payés non en liquide, mais par la remise d'objets.

› Les légataires ne sont pas solidaires dans le paiement des droits de succession

Les légataires doivent souscrire une déclaration détaillée et la signer. Chacun d'entre eux doit établir sa propre déclaration.
Ils ne sont pas solidaires dans le paiement des droits de mutation, ni entre eux, ni avec les héritiers (art. 800-I et 1709 du Code général des impôts).

› Paiement fractionné des droits de succession

Le paiement fractionné des droits de succession consiste à étaler dans le temps le versement des droits dus. Ce fractionnement n'est possible qu'en cas de mutation par décès (ce qui exclut les droits dus lors d'une donation) et, en tant que crédit, doit être garanti et est assorti d'intérêts.

● Durée du fractionnement

Les droits sont acquittés en plusieurs versements égaux dont le premier a lieu au moment de l'enregistrement et le dernier au plus tard 5 ans après l'expiration du délai imparti pour souscrire la déclaration de succession.
Le nombre et la fréquence des versements dépendent des droits dus, mais l'intervalle entre deux versements ne peut excéder 6 mois et le nombre maximal des versements ne peut pas être supérieur à 10.
Le délai maximal peut être porté à 10 ans et le nombre des versements peut être doublé (sans pouvoir toutefois dépasser 20 versements) lorsque l'actif héréditaire comprend à concurrence de 50 % au moins des biens « non liquides » tels que : brevets d'invention, clientèles, créances non exigibles au décès, droits d'auteur, fonds de commerce (y compris le matériel et les marchandises qui en dépendent), immeubles, matériels agricoles, bestiaux et récoltes, offices ministériels, parts d'intérêts dans des sociétés dont le capital n'est pas divisé en actions, valeurs mobilières non cotées en bourse (art. 404-A, annexe III du Code général des impôts).
Ce fractionnement de paiement ne peut porter que sur le principal des droits, mais non sur les indemnités de retard ou les pénalités éventuellement réclamées à la suite d'un redressement.
Il faut effectuer cette demande en même temps que la déclaration soit sur le même acte, soit sur acte séparé.

● Garanties

Pour être acceptée, la demande doit être accompagnée d'une garantie de paiement qui peut consister en une sûreté (hypothèque, gage ou nantissement) ou une caution personnelle devant être agréée par le comptable des impôts. La caution peut être accordée par une personne physique ou morale (caution bancaire notamment).
La garantie doit être constituée dans les 3 mois qui suivent la demande. S'il s'agit d'une hypothèque, les héritiers doivent faire établir un acte d'affectation hypothécaire ou indiquer qu'ils optent pour l'inscription légale du Trésor public. Dans cette dernière hypothèse, l'inscription sera réalisée par le receveur des impôts. S'il s'agit de titres, la garantie peut être un nantissement.

La question s'est posée de savoir si les titres proposés en sûreté pouvaient être ceux sur lesquels les droits étaient dus, c'est-à-dire les titres transmis par la succession. Par instruction du 15 décembre 1998, l'administration a admis cette possibilité, se réservant le droit d'estimer elle-même la valeur des titres transmis. Depuis le décret du 6 mai 2005, il est expressément prévu que les biens qui servent à la liquidation des droits de mutation à titre gratuit soient admis en garantie. Le débiteur doit fournir alors au comptable des impôts, en même temps que sa demande de crédit, tous les éléments nécessaires pour permettre la mise à jour de l'évaluation des biens. Il doit aussi, tous les ans, dans le mois de la date anniversaire de la demande de crédit, renouveler cette mise à jour pour que le fisc puisse apprécier régulièrement la consistance des biens apportés en garantie (art. 400, annexe III du Code général des impôts).
S'il y a plusieurs héritiers, les uns peuvent bénéficier du paiement différé et les autres du paiement fractionné, dès lors que des garanties sont fournies conjointement et qu'ils déclarent maintenir la solidarité entre eux.
De même, certains héritiers peuvent payer comptant et d'autres en différé ou en fractions sachant qu'ils restent tous solidaires pour le paiement intégral des droits (Réponse ministérielle, 30.3.2004, Q. n° 27598, *JOAN*, p. 2525).

● Taux d'intérêt du crédit

S'agissant d'un crédit, le fisc calcule un taux d'intérêt sur les sommes dues. Le taux est égal à celui de l'intérêt légal (0,71 % en 2012) au jour de la demande de crédit. Toutefois, seule la première décimale est retenue (soit 0,7 %). Les intérêts sont acquittés lors du versement de chaque fraction, à laquelle ils s'ajoutent. Une réponse ministérielle a précisé que le taux d'intérêt fixé au départ reste le même pendant toute la durée du crédit, quelles que soient ses variations ultérieures (Rép. min. n° 118959, *JOAN* 3.1.2012).

● Déchéance du crédit

Le redevable est déchu du bénéfice du crédit et les sommes encore dues deviennent immédiatement exigibles en cas de retard de paiement ou en cas de défaut de constitution de garanties. Le contribuable doit également payer des pénalités.

› Paiement différé des droits de succession

En cas de mutation par décès, le paiement des droits peut être différé dans des situations spécifiques :
- en cas de dévolution d'un bien en nue-propriété. Le différé de paiement est possible pour les droits relatifs à la valeur de la nue-propriété (voir *Paiement différé des droits de succession pour les nus-propriétaires*, p. 241) ;
- en cas d'attribution préférentielle pour les droits correspondant à la soulte due par le bénéficiaire quand ce dernier a obtenu des délais de paiement de la part de ses cohéritiers ;
- en cas de legs ou donation soumis à réduction pour les droits correspondant à l'indemnité due par le légataire ou le donataire lorsque cette indemnité est payable à terme.

Le différé de paiement est de 6 mois à compter :
- soit de la réunion de l'usufruit et de la nue-propriété (en cas de décès de l'usufruitier notamment) ou de la cession de la nue-propriété ;
- soit du terme du délai imparti à l'attributaire, le légataire ou le donataire pour le paiement des sommes dont il est débiteur envers ses cohéritiers.

● Taux d'intérêt

Les intérêts sont acquittés annuellement, le premier terme venant à échéance 1 an après l'expiration du délai imparti pour souscrire la déclaration de succession (art. 401 et 404 B, annexe III du Code général des impôts).
Le taux d'intérêt exigible est le taux d'intérêt légal (0,71 % en 2012).

● Garanties

Comme pour la demande de fractionnement des droits, la demande de différé doit contenir une offre de garanties suffisantes que le débiteur de l'impôt s'engage à constituer à ses frais et dans un délai de 3 mois (voir *Paiement fractionné des droits de succession*, p. 239).

● Déchéance du crédit

Le redevable est déchu du bénéfice du crédit :
- en cas de défaut de constitution des garanties ou du complément de garanties dans les délais ;
- en cas de défaut de transmission au comptable des éléments de référence pour la valeur des biens donnés en garantie ;
- en cas de retard dans le paiement de l'un quelconque des termes échus.

La déchéance entraîne l'exigibilité immédiate des droits en suspens, majorés de pénalités.

› Paiement différé des droits de succession pour les nus-propriétaires

Lorsque dans la succession figure un bien dont la nue-propriété est attribuée à un héritier et l'usufruit à un autre, le titulaire de la nue-propriété peut demander le paiement différé de ses droits de succession au maximum jusqu'à l'expiration d'un délai de six mois décompté soit de la date de la réunion de l'usufruit à la nue-propriété (lors du décès de l'usufruitier), soit de la cession totale ou partielle de la nue-propriété à titre onéreux ou gratuit.

● Le nu-propriétaire d'un immeuble

Par exemple, le défunt laisse une maison lui appartenant en propre. Sa veuve recueille l'usufruit de cette maison en vertu de la donation au dernier vivant dont elle bénéficie. Leur fils recueille la nue-propriété.
L'usufruit sera évalué en fonction de l'âge de l'usufruitier (voir *L'usufruit*, p. 218).
Le fils peut demander que le paiement des droits de succession dus sur sa part soit reporté au décès de sa mère. Pour accepter cette demande, le fisc peut demander l'inscription d'une hypothèque ou la constitution d'une caution (art. 400, annexe III, Code général des impôts).

Le fils a alors deux possibilités :
- soit il demande le report des droits dus sur la seule nue-propriété et il devra alors payer tous les ans un intérêt sur ces sommes (intérêt égal au taux de l'intérêt légal, soit 0,71 % arrondi à 0,7 % pour l'année 2012) (art. 401, annexe III, Code général des impôts) ;
- soit il demande que les droits qu'il aura à payer soient calculés sur la valeur de la pleine propriété du bien (nue-propriété et usufruit) au décès du père et, dans ce cas, aucun intérêt n'est réclamé pendant la durée du report (art. 404 B, annexe III, Code général des impôts).

Le nu-propriétaire d'un portefeuille de valeurs mobilières

En principe, le bénéfice du paiement différé des droits de succession est subordonné à la conservation du bien transmis. Si le bien est vendu et le produit de la vente réinvesti dans d'autres valeurs, les droits deviennent exigibles.
Cette règle était issue d'une circulaire de l'administration fiscale du 10 septembre 1996.
Or, s'agissant d'un portefeuille d'actions transmis par succession, l'usufruitier ne pouvait donc vendre des titres même pour en acheter d'autres, sous peine de perdre le bénéfice de ce paiement différé.
Un parlementaire a donc demandé au ministre de l'Économie, des Finances et de l'Industrie d'assouplir la doctrine administrative afin de permettre le maintien du bénéfice du paiement différé des droits de succession dans le cadre de valeurs mobilières négociées et réinvesties au sein du portefeuille qui fait l'objet de la succession. Le ministre a accédé à cette demande (Rép. min. éco., fin. et ind., n° 4145, *JOAN Q*, 31.3.2003, p. 2474).

› Paiement différé des droits de succession en cas de droit viager d'habitation

Lorsque le conjoint survivant a exercé l'option pour les droits viagers sur le logement familial (art. 764 du Code civil), les héritiers peuvent également bénéficier du paiement différé dans la limite de la fraction des droits correspondant à la valeur imposable de l'immeuble grevé du droit viager d'habitation (circulaire direction générale des impôts *BOI* 7 A-1-03 n° 103 du 10.6.2003).
Le fisc admet que les droits de succession soient payés non pas dans les 6 mois du décès mais dans les 6 mois qui suivent la fin du droit d'habitation du conjoint.
Néanmoins, la demande de crédit devra être accompagnée des justifications nécessaires pour attester auprès du comptable de la manifestation de la volonté du conjoint survivant d'exercer l'option pour le droit viager si l'exercice de cette option n'est pas bien entendu énoncé dans la déclaration de succession.
Dans l'hypothèse où les héritiers et le conjoint survivant s'entendent pour convertir les droits viagers en une rente viagère ou en un capital, après l'octroi du régime du paiement différé, le paiement des droits pourra être différé au maximum jusqu'à l'expiration d'un délai de 6 mois à compter de la conversion des droits viagers.
Ces dispositions s'appliquent aux successions ouvertes depuis le 1er juillet 2002.

› Paiement différé des droits dus sur la part du conjoint survivant

Successions ouvertes avant le 22 août 2007

Depuis le décret n° 2005-464 du 6 mai 2005, il est accordé un différé de paiement pour les droits dus par le conjoint survivant sur sa part.
Ce différé est possible lorsque l'actif héréditaire comprend à concurrence de 50 % au moins des biens non liquides (tels que brevets d'invention, clientèles, créances non exigibles au décès, droits d'auteur, fonds de commerce, immeubles, matériels agricoles, bestiaux et récoltes, offices ministériels, parts d'intérêts dans des sociétés dont le capital n'est pas divisé en actions, valeurs mobilières non cotées en bourse).
Les modalités d'application du paiement différé sont les mêmes que celles applicables aux autres héritiers, mises à part ces deux différences :
• le paiement des droits peut être différé jusqu'à l'expiration d'un délai de 6 mois à compter :
- soit de la date de son décès ;
- soit de la date de la donation ou de la vente, partielle ou totale, des biens hérités par le conjoint.
• le taux d'intérêt applicable au différé de droits relatifs à la part du conjoint survivant est réduit d'un tiers par rapport au taux d'intérêt légal.

Successions ouvertes après le 22 août 2007

Depuis le 22 août 2007 (successions ouvertes à compter de cette date), le conjoint est exonéré des droits de succession pour les biens transmis par décès de son époux(se).

› Paiement des droits en cas de transmission d'entreprise

Qu'il s'agisse d'une transmission d'entreprise par donation ou par décès, le paiement des droits de mutation à titre gratuit peut être différé, puis fractionné.
Le paiement est différé pendant 5 ans à compter de la date d'exigibilité des droits. À l'expiration de ce délai, le paiement peut être fractionné pendant 10 ans lorsque les mutations portent :
- sur l'ensemble des biens meubles et immeubles, corporels ou incorporels affectés à l'exploitation d'une entreprise individuelle ayant une activité industrielle, commerciale, artisanale, agricole ou libérale et exploitée par le donateur ou le défunt ;
- sur les parts sociales ou les actions d'une société ayant une activité industrielle, commerciale, artisanale, agricole ou libérale, non cotée en bourse, à condition que le bénéficiaire reçoive au moins 5 % du capital social (art. 397 A, annexe III du Code général des impôts).
Le bénéfice de ce fractionnement est accordé également à la personne qui reçoit 5 % du capital en nue-propriété, même si cette part n'atteint pas 5 % en valeur.

À l'inverse, l'usufruitier ne peut pas bénéficier de ce régime si la valeur reçue en usufruit n'atteint pas 5 % du montant nominal du capital social.
Les droits dont le paiement est fractionné sont exigibles par parts égales à intervalle de 6 mois. Le premier versement est effectué à l'expiration du délai de paiement différé. Le paiement des autres fractions intervient dans le mois suivant chaque échéance.

• Taux d'intérêt

Les droits dont le paiement est différé et fractionné donnent lieu au versement d'un intérêt au taux de l'intérêt légal en vigueur au moment de la demande de crédit (en 2012, le taux de l'intérêt légal est de 0,71 %).
Ce taux est applicable pendant toute la durée du crédit.
Il est réduit des deux tiers (soit en 2012 : réduit à 0,47 %) lorsque la valeur de l'entreprise ou la valeur nominale des titres comprise dans la part taxable de chaque héritier, donataire ou légataire est supérieure à 10 % de la valeur de l'entreprise ou du capital social, ou lorsque globalement, plus du tiers du capital social est transmis. Il est déterminé en ne retenant que la première décimale.

• Déchéance du crédit

Les sommes restant dues deviennent exigibles immédiatement en cas de cession de plus du tiers des biens bénéficiant du paiement différé et fractionné.
Pour le calcul de cette proportion, la valeur des biens est appréciée au jour de la cession.
L'apport des biens à une société n'entraîne pas l'exigibilité des droits lorsque le bénéficiaire prend dans l'acte d'apport l'engagement de conserver les titres reçus en contrepartie de son apport jusqu'à l'échéance du dernier terme du paiement fractionné.

› Paiement des droits de mutation par remise d'objets d'art ou de forêts, d'immeubles ou d'actions (dation en paiement)

Les droits de succession peuvent être acquittés par la remise d'œuvres d'art, de livres, d'objets de collection ou de documents de haute valeur artistique ou historique, ou encore par la remise d'un immeuble situé dans une zone d'intervention du Conservatoire de l'espace littoral et des rivages lacustres dont la situation ainsi que l'intérêt écologique ou paysager justifient la conservation à l'état nature (art. 1716 *bis* du Code général des impôts). La loi d'orientation n° 2001-602 du 9 juillet 2001 d'orientation sur la forêt a complété cet article en permettant également aux contribuables de payer leurs droits de mutation par la remise d'immeubles en nature de bois, forêts ou espaces naturels pouvant être incorporés au domaine forestier de l'État.
Il faut toutefois que le montant des droits à payer soit au moins égal à 10 000 € pour que la dation en paiement soit autorisée.
Pendant les 6 mois suivant la date de son dépôt (délai pouvant être prolongé de 3 mois), l'offre ne peut pas être retirée.

L'offre de dation en paiement doit faire l'objet d'un agrément qui fixe la valeur libératoire des biens. Cette valeur doit être acceptée par le contribuable.
Si la valeur proposée par l'administration est différente de celle proposée par l'intéressé, ce dernier a un délai de 30 jours pour confirmer son offre à cette nouvelle valeur ou pour y renoncer. S'il renonce, l'intérêt de retard est calculé à compter du premier jour du mois suivant l'expiration du délai de 30 jours précité, jusqu'au dernier jour du mois du paiement.

ATTENTION ⚠

Si l'intéressé ne donne pas son acceptation ou s'il retire son offre de dation avant la notification de la décision d'agrément, les droits dus sont assortis de l'intérêt de retard. Il est calculé à compter du premier jour du mois suivant celui au cours duquel les droits devaient être acquittés jusqu'au dernier jour du mois du paiement.

Contrôle fiscal

À l'occasion du contrôle des déclarations de succession, le fisc peut rectifier les valeurs déclarées, demander aux héritiers (ou aux légataires) des éclaircissements ou des justifications à propos des titres ou créances non déclarés mais présumés faire partie de la succession.
Concernant les dettes déduites de l'actif successoral, le fisc peut exiger des justifications.
Dans tous les cas, il peut exiger des héritiers et autres ayants droit la production d'une attestation certifiant l'existence d'une dette à l'époque de l'ouverture de la succession.
Cette attestation est demandée au créancier qui ne peut la refuser sous peine de dommages-intérêts, toutes les fois qu'elle est légitimement réclamée.
Le créancier qui certifie l'existence d'une dette doit déclarer expressément connaître les peines prévues par l'article 1840 F du Code général des impôts en cas de fausse attestation (il peut être condamné à la solidarité pour le paiement des dettes).
En revanche, s'il s'agit d'une dette constatée par acte authentique et non échue au jour de l'ouverture de la succession, c'est au fisc de prouver (par jugement) que cette dette n'a pas d'existence réelle s'il veut refuser la déduction de l'actif successoral (art. L. 20 du Livre des procédures fiscales).

› Rectification fiscale (procédure)

Si les justifications demandées sont inexistantes ou jugées insuffisantes, l'administration fiscale peut rectifier la déclaration en suivant la procédure de rectification contradictoire.
Elle adresse alors au contribuable une proposition de rectification qui doit être motivée. Le contribuable doit pouvoir formuler ses observations ou faire connaître son acceptation.

En cas de désaccord sur les rectifications notifiées après la réponse du contribuable, ce dernier peut demander à l'administration fiscale de soumettre le litige, pour avis, à la commission départementale de conciliation.
L'administration fiscale peut réintégrer dans l'actif successoral imposable les titres, valeurs ou créances dont le défunt a eu la propriété ou a perçu les revenus ou à raison desquelles il a effectué une opération quelconque (notamment, les retraits) moins d'un an avant son décès.
Dans cette hypothèse, les actions, obligations, parts de fondateur ou bénéficiaires, parts sociales et autres créances, sont en effet présumées appartenir au défunt et ainsi, devraient figurer dans la déclaration de succession.
Les demandes d'éclaircissements ou de justifications sont faites verbalement ou par écrit aux héritiers ou autres personnes concernées. Si les intéressés refusent de répondre à la demande ou si leur réponse est considérée comme insuffisante, une mise en demeure leur est adressée par lettre recommandée avec avis de réception. Ils disposent alors d'un délai de 3 mois :
- soit pour prouver que les titres, valeurs et créances étaient sortis de l'hérédité ;
- soit pour verser les droits de mutation par décès et les pénalités relatifs aux titres et valeurs non déclarés.
Passé ce délai, le contribuable doit payer les droits correspondants et n'a plus la possibilité de prouver que les titres, valeurs ou créances litigieuses ne font pas partie de la succession (art. R. 19-1 du Livre des procédures fiscales).

› Rectification fiscale (prescription)

Il existe deux délais de reprise d'une déclaration de succession, qui diffèrent selon les « erreurs » à redresser :
- si tous les biens ont été déclarés, mais que les valeurs ont été minorées, le fisc ne peut plus opérer une rectification après l'expiration de la 3e année suivant celle de l'enregistrement de la déclaration ;
- en revanche, si des biens ont été omis de la déclaration, la rectification peut intervenir pendant un délai de 6 ans à compter du décès. La durée de ce délai est justifié par le fait que l'administration fiscale doit opérer des recherches (extérieures à ses services) pour reconstituer l'actif successoral.
Dans la pratique le délai de 6 ans est beaucoup plus souvent appliqué que le délai de 3 ans (art. L. 180 et L. 186 du Livre des procédures fiscales).

À NOTER

Délai de prescription diminué *Le délai de 6 ans s'applique aux procédures de contrôle engagées depuis le 1er juin 2008.*

Un nouveau contrôle fiscal a été institué par la loi de finances rectificative pour 2011.
La valeur des biens faisant l'objet de donations antérieures peut être contrôlée à l'occasion d'une nouvelle donation ou d'une déclaration de succession. Ces donations antérieures doivent en effet figurer dans la nouvelle déclaration si elles datent de moins de 15 ans.

La prescription du contrôle fiscal est donc allongée à 15 ans pour ces donations (art. L. 181 bis du Livre des procédures fiscales).

› Le contrôle sur demande par anticipation

Afin d'éviter les risques de contrôle intervenant tardivement (notamment après les opérations de partage), le gouvernement a mis en place le « contrôle sur demande ». Cette procédure, en principe mise en place à titre provisoire en 2009 pour 3 ans, a été définitivement adoptée par la loi n° 2011-1978 du 28 décembre 2011.

Cette demande, pour être recevable, doit être signée par les bénéficiaires d'au moins un tiers de l'actif net déclaré et transmis lors de la mutation.

Elle ne peut intervenir si les intéressés ont déjà reçu un avis de mise en recouvrement pour le même acte.

Il s'agit de demander à l'administration de contrôler la donation ou la déclaration de succession au moment où elles sont réalisées et au plus tard dans le délai de 3 mois qui suivent l'enregistrement de l'acte sans pouvoir être antérieure à la date de cet enregistrement.

Le contrôle doit être réalisé dans l'année qui suit la demande. À l'issue de ce délai d'un an et à défaut de contrôle engagé par l'administration, les éléments et les montants déclarés ne pourront plus être remis en cause ni rectifiés dans l'avenir (Livre des procédures fiscales, art. L. 21 B).

Qui hérite ?

➤ **Avant de savoir qui hérite, il faut d'abord savoir si le défunt avait, de son vivant, rédigé un testament ou effectué des donations de ses biens.**

➤ **Si rien n'avait été organisé de son vivant, la succession est attribuée et répartie selon les règles du Code civil. Ainsi, la succession sera attribuée en totalité aux héritiers réservataires et, à défaut, aux autres héritiers suivant leur ordre de priorité.**

Qui hérite quand le défunt n'a fait ni testament ni donation ?

De manière générale, l'héritier ou les héritiers le(s) plus proche(s) recueille(nt) la succession. Les héritiers sont donc classés hiérarchiquement. Pour les classer, la loi fait appel à la notion d'ordre. Dans chaque ordre, les héritiers sont classés par degré selon leur proximité de parenté avec le défunt. Tous les parents ne sont donc pas égaux face à un héritage.
En l'absence de conjoint survivant, on distingue quatre ordres d'héritiers (sachant que le conjoint survivant occupe une place particulière dans cette hiérarchie).

Le défunt n'était pas marié lors de son décès

› Les droits des descendants

• Les enfants

Les enfants excluent tous les autres héritiers. Ils viennent à égalité dans la succession de leur père ou de leur mère, sans distinction de sexe, ou de primogéniture, qu'ils soient nés de mariages différents, qu'ils soient nés de parents non mariés ou qu'ils soient adoptés (art. 735 du Code civil).
Les termes « enfant légitime », « enfant naturel » ou « enfant adultérin » ont été supprimés, leurs droits étant aujourd'hui totalement identiques.

Cas pratique

Monsieur X s'est marié 3 fois. De son premier mariage il a eu 2 enfants. De son deuxième mariage il a eu 3 enfants et a, pendant son troisième mariage, adopté 1 enfant. Sa dernière épouse est décédée avant lui.
Sa succession sera partagée, à parts égales, entre ses 6 enfants.

L'enfant né de parents non mariés doit avoir été reconnu.
L'enfant adopté de façon plénière est totalement assimilé aux autres enfants.
L'enfant adopté de façon simple hérite non seulement de son père et de sa mère adoptifs mais aussi de son père et de sa mère d'origine.
Si l'adopté simple meurt sans enfants, les biens qu'il a pu recueillir de son parent adoptif (par donation ou par succession) retournent dans le patrimoine de ce dernier ou de ses descendants. Les autres biens de l'adopté décédé sont divisés par moitié entre la famille d'origine et la famille adoptive en respectant toutefois les

droits du conjoint si l'adopté était marié au moment de son décès (art. 368-1 du Code civil).

● Les petits-enfants

Les petits-enfants font partie du groupe des descendants, mais viennent après les enfants.

Les degrés

Dans chaque groupe ou « ordre », les héritiers, en fonction de leur proximité de parenté avec le défunt, sont classés en « degrés ».
Dans chaque ligne on calcule les degrés, c'est-à-dire les générations.
En principe, dans la même ligne, l'héritier qui a le plus proche degré par rapport au défunt prime celui qui a un degré plus éloigné.
En ligne directe, le fils est à l'égard du père au premier degré, le petit-fils au second degré, etc.
Celui qui a le degré le plus proche du défunt prime les autres héritiers de son groupe.
Dans l'ordre des descendants, le fils prime le petit-fils, le petit-fils prime l'arrière-petit-fils, etc.

Cas pratique

Blaise a eu une fille Véronique qui elle-même a eu une fille Agathe.
Véronique prime Agathe dans la succession de Blaise et recueille tous les biens de son père.

Mais cette règle est assouplie par la théorie de la représentation qui est appelée à jouer quand un enfant est décédé avant son père ou sa mère (art. 751 et s. du Code civil).

La représentation

Dans cette hypothèse, la succession n'est pas divisée uniquement entre les enfants qui sont encore vivants puisque la part de l'enfant décédé est attribuée à ses propres enfants.

Cas pratique

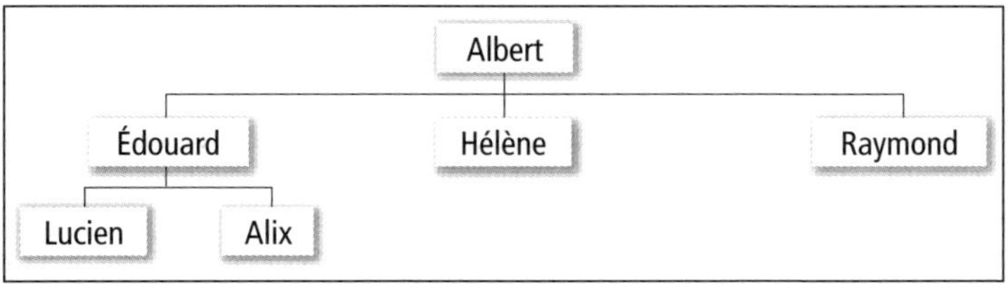

Albert a eu 3 enfants : Édouard, Hélène et Raymond.
Édouard a eu lui-même 2 enfants : Lucien et Alix. Il décède avant son père.

À la mort d'Albert, sa succession sera divisée en 3 parts (3 « souches ») : 1/3 pour Hélène, 1/3 pour Raymond et 1/3 pour Lucien et Alix (soit 1/6 chacun). Lucien et Alix viennent en représentation de leur père Édouard.

La représentation a lieu à l'infini. Un arrière-petit-enfant peut hériter de son arrière-grand-père si le petit-enfant et l'enfant sont décédés avant l'arrière-grand-père.

Cas pratique

Dans le même exemple, si Lucien était décédé avant son grand-père Albert en ayant eu 2 enfants, ces derniers représenteraient Lucien dans la succession d'Albert et se partageraient la part qui aurait du revenir à leur père. La succession serait donc divisée entre Hélène, Raymond qui auraient toujours 1/3 chacun et le dernier tiers serait attribué à Alix (1/6) et aux enfants de Lucien (1/12 chacun).
Si tous les enfants sont décédés avant leur père, les petits-enfants se partageront la succession de leur grand-père en représentant chacun leur parent.
Toujours dans le même exemple, si Édouard, Hélène et Raymond étaient décédés avant Albert, leurs propres enfants hériteraient de la succession d'Albert en représentant leurs parents. Si Édouard avait 2 enfants, Hélène 1 enfant et Raymond 2 enfants, la succession serait divisée ainsi : 1/3 pour les 2 enfants d'Édouard, 1/3 pour l'enfant d'Hélène et 1/3 pour les 2 enfants de Raymond.

La représentation est admise dans tous les cas.
Elle a lieu quand un enfant du défunt est prédécédé mais également lorsque tous les enfants du défunt sont morts avant lui. Dans ce cas, les descendants de ces enfants héritent de leur grand-parent en représentation de leur parent (art. 752 du Code civil).
Depuis la loi n° 2006-728 du 23 juin 2006 (applicable depuis le 1.1.2007), la représentation de l'héritier renonçant à la succession est admise (art. 754 du Code civil).
La part de l'enfant qui renonce est attribuée à ses propres enfants (les petits-enfants du défunt).
La possibilité de représenter un héritier renonçant n'est autorisée que pour les successions en ligne directe (parents, enfants, petits-enfants) ou en ligne collatérale (les enfants d'un frère du défunt peuvent représenter leur père dans la succession de leur oncle).

● Les enfants adultérins

Un enfant adultérin était un enfant dont le père ou la mère était marié avec une autre personne que son autre parent au moment de sa conception.
La loi n° 2001-1135 du 3 décembre 2001 a mis fin à la règle de droit prévoyant la réduction des droits successoraux des enfants adultérins par rapport aux droits des autres enfants du défunt. Le terme « adultérin » est également supprimé.
Désormais, tous les enfants du défunt ont les mêmes droits sur la succession de leur parent décédé, qu'ils soient issus d'un mariage ou d'une union libre.
Ces dispositions sont d'application immédiate.

Elles s'appliquent aux successions ouvertes à compter de la date de publication de la loi au *Journal officiel* (loi publiée le 6.12.2001) ainsi qu'aux successions déjà ouvertes à cette date mais non encore partagées (cela signifie que la loi peut concerner des successions ouvertes depuis 30 ans non encore réglées…).

› Les droits des ascendants

Les ascendants comprennent les parents et les grands-parents (et arrière-grands-parents).
Les ascendants ne sont appelés à la succession que dans l'hypothèse où il n'y a pas d'enfants, ces derniers excluant automatiquement tous les autres parents. Dans cette hypothèse, leur part varie selon qu'il y a ou non des frères et sœurs (ou des descendants de ceux-ci) du défunt.

● Les parents (père et mère)

Le père et la mère du défunt ne sont appelés à la succession que s'il n'y a pas d'enfants.
Ils excluent les autres ascendants (grands-parents ou arrière-grands-parents).
En l'absence de conjoint survivant, ils recueillent toute la succession si le défunt n'a ni frères ni sœurs ; ils partagent les biens avec ces derniers dans le cas contraire.
Quand il y a des frères et sœurs, la moitié de la succession est attribuée aux frères et sœurs et l'autre moitié aux parents (soit 1/4 chacun et l'autre moitié pour les frères et sœurs).
Si seul le père (ou seule la mère) est vivant, il (ou elle) recueille 1/4 de la succession et les frères et sœurs du défunt se partagent les 3/4 de la succession (art. 737 et s. du Code civil).
En l'absence d'enfants, de conjoint et de frères et sœurs, si les deux parents sont vivants, la moitié de la succession est attribuée à la mère et l'autre moitié au père.
Si l'un des parents est décédé mais que vit encore un ascendant de l'autre branche que celle de son père ou de sa mère survivant, la succession est dévolue pour moitié au parent survivant et pour moitié aux ascendants de l'autre branche (art. 738-1 du Code civil).

● Les autres ascendants

Les autres ascendants comprennent les grands-parents et arrière-grands-parents (art. 739 du Code civil). Ils font partie du troisième ordre.
Les grands-parents n'héritent de leurs petits-enfants qu'à défaut d'héritiers dans les deux ordres qui les précèdent.
Ils ne sont appelés à la succession que dans l'hypothèse où le défunt ne laisse ni enfants, ni son père, ni sa mère, ni frères et sœurs.
Ils sont également primés par le conjoint survivant (voir *Les droits du conjoint survivant en présence des grands-parents (mais en l'absence d'enfants et des parents)*, p. 260).
Les grands-parents peuvent éventuellement hériter si le défunt ne laisse que son père ou que sa mère. Selon le principe de la fente, la moitié de la succession est

attribuée à la branche paternelle et l'autre moitié à la branche maternelle. À l'intérieur de chaque branche, l'héritier le plus proche exclut les plus éloignés.
Si seule la mère du défunt est encore vivante, la succession est partagée entre cette dernière et les grands-parents paternels.
Si seul le père est encore vivant, la succession est partagée entre ce dernier et les grands-parents maternels (art. 738-1 du Code civil).
Les ascendants au même degré (exemple : grand-père et grand-mère paternels) succèdent par tête. Ils se partagent la part attribuée à leur branche.
À défaut d'ascendant dans une branche, les ascendants de l'autre branche recueillent toute la succession (art. 747 et s. du Code civil).

À NOTER

Pas de représentation en ligne ascendante *La représentation n'a pas lieu en faveur des ascendants. Le plus proche exclut toujours le plus éloigné. Un grand-père ne peut pas représenter son fils dans la succession de son petit-fils (art. 752-1 du Code civil).*

Lorsqu'ils sont exclus de la succession, les grands-parents, s'ils sont dans le besoin, peuvent bénéficier d'une pension alimentaire prélevée sur les biens de la succession.

› Les droits des frères et sœurs

Les frères et sœurs ou leurs enfants (s'ils sont décédés) sont appelés à la succession du défunt si ce dernier n'a lui-même pas d'enfants ni de descendants, ni de conjoint et lorsque le père et la mère sont eux-mêmes décédés (art. 737 du Code civil).
La loi n° 2001-1135 du 3 décembre 2001 a modifié les droits des frères et sœurs lorsque le défunt n'a pas, de son vivant, rédigé de testament ni organisé sa succession (succession « *ab intestat* »).
Avant la loi, ils étaient exclus par les enfants ou descendants mais partageaient la succession avec le père et la mère du défunt et recueillaient la quasi-totalité de la succession lorsque le défunt n'avait ni descendants ni ascendants.
Depuis le 1er juillet 2002 les frères et sœurs sont primés non seulement par les enfants ou descendants du défunt mais aussi par le conjoint survivant.
Désormais, le conjoint exclut les frères et sœurs et recueille la totalité de la succession lorsqu'il est en concurrence avec ces derniers (voir *Le défunt était marié lors de son décès*, p. 258).
Par ailleurs, la loi supprime les distinctions entre les collatéraux consanguins, utérins ou germains. Désormais, les biens de la succession sont répartis de façon égalitaire entre eux.
Ils recueillent les biens de la succession si le défunt ne laisse ni enfants, ni conjoint survivant. Ils se partagent la succession avec les parents
Sur le droit de retour des frères et sœurs du défunt lorsque la succession est dévolue au conjoint, voir *Les droits du conjoint survivant en présence des frères et sœurs (mais en l'absence d'enfants et des parents)*, p. 259.

› Les droits des neveux et nièces

Les neveux et nièces (qui sont au troisième degré par rapport au défunt n'héritent pas de leur oncle (ou tante) si ce dernier laisse des frères ou sœurs (qui sont au deuxième degré).
Mais, comme les petits-enfants (qui peuvent représenter les enfants), la représentation profite également aux neveux et nièces du défunt.
Les neveux et nièces du défunt peuvent hériter de leur oncle ou tante par représentation lorsque leur parent qui était un frère ou une sœur du défunt est décédé avant ce dernier.
Ils représentent leur parent et se partagent entre eux la part qui lui aurait été dévolue s'il avait été vivant.
Ils héritent également par représentation quand tous les frères et sœurs du défunt sont déjà décédés lors de l'ouverture de la succession.

Cas pratique

Paulin, célibataire et sans enfants, a 2 sœurs, Yvette et Tatiana. Yvette, décédée, a eu 2 enfants et Tatiana, 3 enfants. Lorsque Paulin décède, sa succession est divisée en 2 parts égales : 1/2 pour Tatiana et 1/2 pour les 2 enfants d'Yvette (soit 1/4 chacun). Les enfants de Tatiana n'héritent pas de leur oncle.

Comme les descendants, ils peuvent, depuis la loi n° 2006-728 du 23 juin 2006 (applicable depuis le 1.1.2007), représenter leur parent (un frère ou une sœur du défunt) qui a renoncé à la succession.
Ils peuvent également représenter un frère ou une sœur du défunt qui a été déclaré indigne de succéder (voir *Les héritiers indignes de succéder*, p. 265).
Fiscalement, les neveux et nièces venant à la succession de leurs oncles et tantes en représentation de leur parent décédé ou renonçant bénéficient du tarif applicable entre frères et sœurs.
Ils se partagent également l'abattement réservé aux frères et sœurs (15 697 € en 2010) sans pouvoir appliquer leur abattement personnel (7 849 € en 2010), même si celui-ci leur est plus favorable.

Cas pratique

Si les neveux sont trois, ils se partagent l'abattement de 15 697 € soit 5 232 € par personne. Ils ne peuvent pas appliquer leur abattement personnel de 7 849 € sur la part qu'ils reçoivent.

› Les droits des autres parents (cousins, grands-oncles, etc.)

Ils ne peuvent hériter du défunt que s'il n'y a ni descendants, ni ascendants, ni conjoint survivant, ni frères et sœurs ou leurs descendants (art. 740 du Code civil).
Dans cette hypothèse, le principe de la fente s'applique : la fente successorale est la division entre la ligne maternelle et la ligne paternelle du défunt.

Cette division a pour but de répartir une succession de façon équitable entre les deux familles d'un défunt quand il n'y a comme héritiers que des ascendants ordinaires ou des collatéraux ordinaires (cousins).

Cas pratique

Le défunt ne laisse comme héritiers que des cousins. Sa succession sera divisée en deux parts égales : une pour les cousins de la ligne paternelle, l'autre pour les cousins de la ligne maternelle. À l'intérieur de chaque ligne, c'est le cousin le plus proche du défunt qui recueille la part attribuée à sa ligne. S'ils sont au même degré, ils se partagent cette part.
S'il ne figure plus personne dans une des deux lignes, c'est l'autre ligne qui recueillera la totalité de la succession (voir *Les héritiers indignes de succéder*, p. 265).

Ces règles s'appliquent en principe pour les collatéraux ordinaires jusqu'au 6e degré.
En ligne collatérale, les degrés se calculent par générations, d'une personne à l'autre en passant par l'auteur commun. Il faut compter les générations en partant du défunt, en remontant à l'auteur commun puis en redescendant jusqu'à l'héritier.

Cas pratique

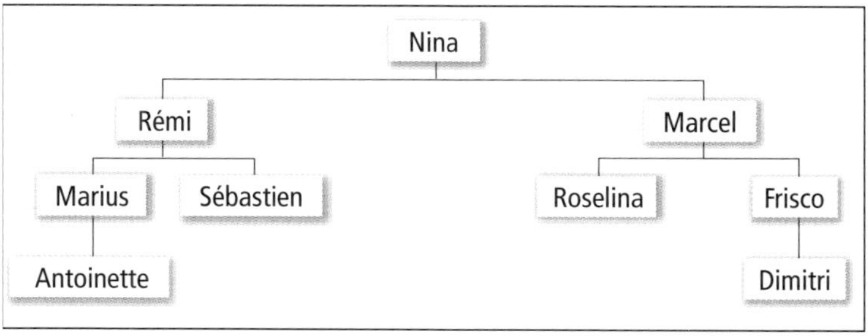

L'auteur commun étant Nina,
Rémi et Marcel sont au 2e degré, l'un par rapport à l'autre,
Marius et Marcel (ou Roseline et Rémi) sont au 3e degré,
Marius et Sébastien par rapport à Roseline et Frisco sont au 4e degré,
Dimitri est au 6e degré par rapport à Antoinette.

› Les droits de l'État

Si, dans une succession, ne sont présents que des collatéraux au-delà du 6e degré, les biens sont attribués en principe à l'État (art. 768 du Code civil).
Cette règle s'applique bien entendu lorsque le défunt n'a rédigé aucun testament.
La loi du 3 décembre 2001 a supprimé la disposition qui voulait que les collatéraux jusqu'au 12e degré puissent hériter si le défunt était dans l'incapacité de rédiger un testament (enfant de moins de 16 ans ou incapable majeur).

Les droits des collatéraux cessent au sixième degré, quelle que soit la capacité du défunt. Une succession où il n'y a aucun héritier ni légataire est une succession en « déshérence ».
Une succession vacante est une succession pour laquelle aucun héritier ne s'est présenté, que ces héritiers soient inconnus ou qu'ils aient tous renoncé, y compris l'État (art. 809 du Code civil). Il s'agit souvent d'une succession déficitaire.
En cas de succession vacante, le tribunal de grande instance nomme un curateur chargé de faire l'inventaire des biens, de les vendre, de régler les créanciers. La curatelle est confiée au Service des domaines (voir *Le contrôle du fisc*, p. 178).

Le défunt était marié lors de son décès

La situation du conjoint lors du décès de son époux(se), en l'absence de donations ou de testaments en sa faveur, a été profondément modifiée par la loi n° 2001-1135 du 3 décembre 2001 (applicable depuis le 1.7.2002).
Il est classé parmi les héritiers et voit la part qui lui est attribuée largement plus importante que celle prévue avant la réforme (il est vrai que cette dernière était dérisoire puisqu'elle était limitée, en présence d'enfants, à 1/4 de la succession en usufruit).
Il devient par ailleurs héritier réservataire en l'absence d'enfant, ou de descendant.
L'importance de la part de succession qui lui sera attribuée dépend donc des autres héritiers en présence.

› Les droits du conjoint survivant en présence des enfants communs du défunt (ou des petits-enfants)

La solution est différente selon que les enfants du défunt sont issus des deux époux (le défunt et le conjoint successible) ou sont issus d'un autre mariage ou d'une autre union du défunt (art. 757 du Code civil).
Si les enfants sont issus du même couple, le conjoint a droit, à son choix, à :
- soit l'usufruit de la totalité des biens existants ;
- soit la pleine propriété du quart des biens.

Il n'y a pas de formalisme imposé pour l'option du conjoint entre la pleine propriété et l'usufruit. Cette option se prouve par tous moyens (par exemple, le fait d'encaisser les loyers des biens de la succession peut faire présumer que le conjoint a opté pour l'usufruit).
Avant d'avoir opté, le conjoint ne peut disposer des biens (les vendre).
Les héritiers peuvent cependant forcer le conjoint à choisir entre les deux options. Ils doivent lui demander, par écrit, de prendre parti. S'il ne le fait pas dans le délai de 3 mois, il sera réputé avoir opté pour l'usufruit.
Par ailleurs, le conjoint est réputé avoir opté pour l'usufruit s'il décède sans avoir pris parti (art. 758-1 à 758-4 du Code civil).

› Les droits du conjoint survivant en présence d'enfants du défunt nés d'une autre union

S'il y a des enfants issus d'une autre union du défunt (précédant mariage ou enfants naturels), le conjoint successible a droit à la pleine propriété du 1/4 de la succession (sans possibilité d'opter pour l'usufruit).

› Les droits du conjoint survivant en présence du père et de la mère du défunt (mais en l'absence d'enfants)

Le conjoint survivant recueille la moitié des biens. L'autre moitié est dévolue pour 1/4 au père et pour 1/4 à la mère.
Si l'un des parents est décédé, sa part (1/4) est attribuée au conjoint survivant (art. 757-1 du Code civil).

› Les droits du conjoint survivant en présence des frères et sœurs (mais en l'absence d'enfants et des parents)

S'il n'y a ni enfants (ni descendants), ni père, ni mère du défunt, le conjoint recueille toute la succession (art. 757-2 du Code civil), à l'exception des biens de famille que le défunt a reçus de son père ou de sa mère par succession ou donation.

À NOTER

Le droit de retour légal des frères et sœurs *Le droit de retour des frères et sœurs quand le défunt ne laisse ni descendants, ni son père, ni sa mère, est un droit légal que le défunt ne peut pas écarter par testament. Ce droit de retour s'appliquera même si un testament prévoit un legs universel en faveur du conjoint (réponse ministérielle n° 85443,* JOAN *11.7.2006, p. 7371).*

Le législateur a en effet voulu que ces biens ne quittent pas la famille d'origine à qui ils appartenaient et organise leur retour entre les mains des frères et sœurs du défunt.
Si ces biens existent encore en nature dans la succession, ils sont attribués, pour moitié, aux frères et sœurs du défunt ou à leurs descendants.
Les frères et sœurs bénéficiaires de cette attribution doivent avoir le même parent (à l'origine des biens) que le défunt (art. 757-3 du Code civil).

Cas pratique

Un père a trois fils. Il fait donation à son fils aîné d'un terrain. Ce fils, marié sans enfants, décède. Ses parents sont également décédés.
Le conjoint survivant recueille toute la succession du fils, sauf le terrain qui est attribué pour moitié aux deux frères du défunt.

> Si le défunt avait des frères issus du premier mariage de sa mère, cette règle ne serait pas applicable.

Fiscalement, les frères et sœurs qui recueillent ces biens sont considérés comme des héritiers de leur frère ou sœur décédé(e) et sont imposés au tarif applicable à cette catégorie d'héritiers (voir *Les frères et sœurs*, p. 231).

À NOTER

En cas de transmission d'entreprise *Si les biens transmis au conjoint sont une entreprise familiale elle-même transmise par les parents du défunt, la question se pose de savoir si les frères et sœurs pourront revendiquer la moitié de cette entreprise dans l'hypothèse où elle a été rachetée, a changé d'activité ou fait l'objet d'une fusion ou d'un apport partiel d'actifs depuis la transmission par les parents...*
Les juridictions devront déterminer s'il s'agit de la même entreprise, existant encore en nature dans le patrimoine du défunt et justifiant le partage entre le conjoint et les frères et sœurs.

› Les droits du conjoint survivant en présence des grands-parents (mais en l'absence d'enfants et des parents)

Les grands-parents sont exclus de la succession de leur petit-fils si ce dernier était marié.
La loi n° 2001-1135 du 3 décembre 2001 (applicable depuis le 1.7.2002) a en effet fait primer le conjoint survivant sur les ascendants ordinaires.
Avant la loi, le conjoint survivant ne recueillait que la moitié des biens en usufruit seulement si le défunt laissait des ascendants ordinaires dans les deux branches (paternelle et maternelle). Dans l'hypothèse où il n'y avait d'ascendant que dans une seule branche, il recueillait la moitié des biens en toute propriété.
Pour les successions ouvertes depuis le 1er juillet 2002, le conjoint doit recueillir tout l'actif successoral même si les grands-parents du défunt sont encore vivants.
Pour préserver les intérêts des grands-parents ainsi écartés de la succession, la loi du 3 décembre 2001 leur a reconnu une créance alimentaire sur la succession.
Si les grands-parents sont dans le besoin, ils peuvent demander à la succession une pension alimentaire qui sera prélevée sur les biens de la succession.
Cette possibilité de demander une pension alimentaire n'existe que si le conjoint recueille la totalité de la succession (quand il n'y a ni enfants, ni père, ni mère du défunt) ou les 3/4 des biens (quand il y a le père ou la mère du défunt) (art. 758 du Code civil).
Le délai pour la réclamer est d'1 an à partir du décès ou du moment à partir duquel les héritiers cessent d'acquitter les prestations qu'ils fournissaient auparavant aux ascendants. Le délai se prolonge, en cas d'indivision, jusqu'à l'achèvement du partage. Elle est supportée par tous les héritiers et, en cas d'insuffisance, par tous les légataires particuliers, proportionnellement à leur émolument.

Toutefois, si le défunt a expressément déclaré que tel legs sera acquitté de préférence aux autres, ce legs ne sera réduit qu'en dernier, après la réduction de tous les autres legs.
Fiscalement, la créance d'aliments des ascendants n'est pas déductible au titre du passif successoral.

TABLEAU RÉCAPITULATIF DES DROITS DU CONJOINT SURVIVANT		
Héritiers présents lors du décès	**Part du conjoint survivant (décès survenu avant le 1er juillet 2002)**	**Part du conjoint survivant (décès survenu depuis le 1er juillet 2002)**
Enfants issus du couple (ou petits-enfants)	1/4 en usufruit	– soit l'usufruit de la totalité des biens existants ; – soit la pleine propriété du 1/4 des biens.
Enfants issus d'une précédente union du défunt	1/4 en usufruit	La pleine propriété du 1/4 des biens
Père et mère	1/2 en usufruit	La moitié des biens en toute propriété
Un seul parent (le père ou la mère)	1/2 en toute propriété	Les 3/4 des biens en toute propriété
Frère(s), sœur(s) ou neveu(x)	1/2 en usufruit	La totalité de la succession
Ascendant ordinaire dans les deux branches	1/2 en usufruit	La totalité de la succession
Ascendant ordinaire dans une seule branche	1/2 en toute propriété	La totalité de la succession
Collatéral ordinaire	La totalité de la succession	La totalité de la succession

› Le calcul des droits successoraux du conjoint en présence d'enfants

La part du conjoint a été améliorée depuis la loi de 2001 et il peut bénéficier, notamment en présence d'enfants communs, de la totalité des biens en usufruit ou du quart de ces biens en pleine propriété.
Mais ces droits n'étant pas des droits réservataires, la question se pose de savoir comment ils peuvent s'articuler avec les droits des réservataires, les droits des légataires ou autres héritiers.

● Le conjoint a opté pour le droit d'usufruit

En principe, l'usufruit du conjoint porte sur la totalité des biens existants au décès et par conséquent sur la réserve des enfants.
Les droits d'usage et d'habitation du conjoint sur le logement s'imputent sur son usufruit.
Mais certains auteurs estiment que le droit d'usufruit du conjoint ne peut pas entamer la réserve puisqu'il s'agit d'un droit prévu par la loi et non d'un droit transmis par le défunt (par une donation au dernier vivant, par exemple).
L'usufruit légal ne peut pas être assimilé aux libéralités entre époux de l'article 1094-1 du Code civil.
En conséquence, si l'on conserve cette théorie, le droit d'usufruit du conjoint dépendrait donc de l'étendue de la réserve (nombre d'enfants) et des donations qui ont pu être faites aux enfants et qui pourraient constituer leur réserve.
Si les enfants ont reçu leur part de réserve par donations, le conjoint peut exercer son droit d'usufruit sur l'ensemble des biens existants au décès.
Mais si la réserve n'est pas constituée par des donations antérieures, le conjoint ne peut exercer son droit d'usufruit que sur la moitié (1 enfant), le tiers (2 enfants) ou le quart des biens existants.

● Le conjoint a opté ou recueille le quart en pleine propriété

Si le conjoint a droit, en théorie, à un quart en toute propriété, ses droits ne peuvent pas porter, en pratique, sur les biens dont le défunt aurait disposé ni sur la réserve des enfants.
C'est pourquoi, pour évaluer la part réelle de ce conjoint, on calcule dans un premier temps la masse de calcul (droits théoriques) puis la masse d'exercice.

La masse de calcul (art. 758-5 du Code civil)

Elle comprend :
- les biens dont est propriétaire le défunt le jour de son décès ;
- les biens dont il a disposé par libéralités rapportables (par legs ou donation), c'est-à-dire les biens donnés en avance d'héritage à ses héritiers (en excluant les biens donnés hors part successorale).

Ces biens doivent être évalués au jour du partage.

La masse d'exercice (art. 758-5 du Code civil)

Le conjoint ne peut exercer ses droits que sur les biens dont le défunt n'aura disposé ni par donation ni par testament, et sans préjudicier aux droits de la réserve ni aux droits de retour.
De la masse de calcul précédemment calculée, il faut soustraire :
- les biens donnés sans dispense de rapport (biens rapportables) ;
- les biens constituant la réserve ;
- les biens légués ;
- les biens faisant l'objet d'un droit de retour.

Le conjoint peut être totalement déshérité si le défunt a donné toute la quotité disponible.

S'il s'agit d'une donation rapportable, on ne soustrait de la masse de calcul que l'excédent de ces donations (part qui excède la réserve et qui s'impute sur la quotité disponible).
S'il s'agit de donations non rapportables, on soustrait l'ensemble de la valeur des donations.

Les droits réels du conjoint

On calcule la masse de calcul puis la masse d'exercice.
Si la masse d'exercice est supérieure à la masse de calcul, le conjoint aura droit à la masse de calcul.
À l'inverse, ses droits seront égaux à la masse d'exercice si cette masse est inférieure à la masse de calcul.
Dans l'exemple, le chiffre retenu sera la masse d'exercice, soit 300.

Les droits viagers du conjoint sur le logement

Si la valeur de ces droits viagers est inférieure à celle de ses droits successoraux, le conjoint peut prendre le complément sur les biens existants.
Si ces droits sont supérieurs, le conjoint peut conserver l'excédent (art. 765 du Code civil).

Les libéralités faites au conjoint par le défunt

Toutes les libéralités reçues du défunt par le conjoint doivent s'imputer sur ses droits dans la succession.
Si les libéralités sont inférieures à ses droits, il peut réclamer le complément (art. 758-5 du Code civil).

Le défunt était divorcé ou séparé de corps

Le conjoint divorcé n'a plus, à aucun titre, la qualité d'héritier par rapport à son ex-époux (épouse).
Il n'est en aucun cas appelé à la succession, sauf bien entendu si l'ex-conjoint décédé a rédigé un testament ou effectué une donation en sa faveur (non révoquée au moment du divorce).
Il peut alors recueillir ces dons ou legs, mais sera taxé d'un point de vue fiscal comme le sont les bénéficiaires ne faisant pas partie de la famille (60 % de droits de succession). Le seul avantage auquel il peut prétendre porte sur la pension de réversion de la retraite de son ex-conjoint assuré. En effet, lorsqu'un assuré décède, la pension de réversion (partie de la retraite du défunt) peut être partagée entre ses différents conjoints au prorata de la durée de la vie commune. Sur la pension de réversion, voir *La pension de réversion*, p. 157.
Si les époux étaient séparés de corps, le survivant conserve les droits que la loi accorde au conjoint survivant. Lorsque la séparation de corps est prononcée par consentement mutuel, les époux peuvent inclure dans leur convention une renonciation à leurs droits successoraux (art. 301 du Code civil).

Le défunt était pacsé ou concubin

Le concubin

Le concubin, même notoire, n'est jamais appelé de plein droit à la succession de son concubin décédé. Il est considéré comme étranger à la succession et, à ce titre, ne peut recevoir que les dons ou legs que le défunt lui aurait consentis de son vivant.
À noter toutefois que le concubin peut recevoir, sous certaines conditions, le capital décès (voir *Le capital décès,* p. 164).

Le partenaire pacsé

Le partenaire pacsé n'est pas non plus héritier. Il ne peut recevoir des biens que si son partenaire a effectué des donations ou rédigé un testament en sa faveur. Mais, à la différence d'un simple concubin non pacsé, le partenaire bénéficie du droit de demeurer, pendant 1 an, dans le logement qu'il habitait avec le défunt à condition d'y être domicilié au moment du décès (habitation principale). Ce droit est reconnu même si le logement appartenait au défunt.
Si le logement était loué ou appartenait à une indivision ou une SCI, la succession doit rembourser les loyers ou les indemnités d'occupation au partenaire survivant pendant 1 an à compter du décès.
À la différence des couples mariés, ce droit n'est pas d'ordre public pour les partenaires. Cela signifie qu'il est possible de s'y opposer par testament.
Par ailleurs, le partenaire peut bénéficier de l'attribution préférentielle du logement qui était son habitation principale (voir *L'attribution préférentielle,* p. 347).
Enfin, fiscalement le partenaire est avantagé par rapport aux simples concubins (voir *Le partenaire lié par un PACS,* p. 233).

La situation des personnes qui décèdent dans le même événement

Lorsque deux ou plusieurs personnes périssent dans le même événement (incendie, accident de voiture ou d'avion, attentat etc.), il est important de fixer le moment précis du décès de chacune et aussi l'ordre des décès.
En effet, si deux époux décèdent sans enfants ni parents (héritiers réservataires), celui dont le décès sera situé postérieurement à l'autre pourra hériter de la succession de son conjoint et transmettra ainsi la totalité des deux successions à sa propre famille.
Avant la loi n° 2001-1135 du 3 décembre 2001, le Code civil édictait des présomptions de survie lorsqu'il était impossible de savoir exactement laquelle des personnes était décédée avant l'autre.
À défaut de circonstance de fait, l'âge et le sexe des comourants étaient pris en compte : entre deux personnes de moins de 15 ans, la plus âgée était présumée avoir opposé à la mort la plus longue résistance et entre deux personnes de plus de 60 ans, on attribuait cette présomption de survie à la plus jeune.

Entre 15 et 60 ans, si les personnes étaient du même sexe, le plus jeune était présumé plus résistant et de sexe différent, s'ils sont du même âge, l'homme était censé avoir survécu le plus longtemps (ancien art. 720 et s. du Code civil).
La loi de décembre 2001 a supprimé ces présomptions de survie (qui se révélaient parfois absurdes...).
Lorsque deux personnes, dont l'une avait vocation à succéder à l'autre, périssent dans un même événement, l'ordre des décès est établi par tous moyens.
Si cet ordre ne peut être déterminé, la succession de chacune d'elles est dévolue sans que l'autre y soit appelée, c'est-à-dire qu'on règle les successions de chacun comme si l'autre n'avait pas existé. Cette règle jurisprudentielle est désormais inscrite dans le Code civil.
Les donations qu'avaient pu se consentir mutuellement les comourants de leur vivant ne produisent, dans cette hypothèse, aucun effet.
Toutefois, si l'un des décédés laisse des descendants, ceux-ci peuvent représenter leur parent dans la succession de l'autre lorsque la représentation est admise (art. 725-1 du Code civil).

Les héritiers indignes de succéder

› La règle

Un héritier déclaré indigne sera exclu de la succession en raison de la gravité des actes qu'il a commis à l'encontre du défunt.
La loi n° 2001-1135 du 3 décembre 2001 a profondément modifié les règles relatives à l'indignité successorale :
- en prévoyant des cas où l'indignité sera obligatoirement prononcée et d'autres où l'indignité ne sera que facultative ;
- en accordant au défunt la possibilité de pardonner à l'indigne ;
- en autorisant les enfants de l'indigne à représenter leur parent (art. 726 et s. du Code civil).

Sont indignes de succéder et donc exclus de la succession :
- celui qui est condamné, comme auteur ou complice, à une peine criminelle pour avoir volontairement donné ou tenté de donner la mort au défunt ;
- celui qui est condamné, comme auteur ou complice, à une peine criminelle pour avoir volontairement porté des coups ou commis des violences ou voies de fait ayant entraîné la mort du défunt sans intention de la donner.

L'indignité n'est que facultative pour :
- celui qui est condamné, comme auteur ou complice, à une peine correctionnelle pour avoir volontairement donné ou tenté de donner la mort au défunt ;
- celui qui est condamné, comme auteur ou complice, à une peine correctionnelle pour avoir volontairement commis des violences ayant entraîné la mort du défunt sans intention de la donner ;
- celui qui est condamné pour témoignage mensonger porté contre le défunt dans une procédure criminelle ;
- celui qui est condamné pour s'être volontairement abstenu d'empêcher soit un crime, soit un délit contre l'intégrité corporelle du défunt d'où il est résulté la mort, alors qu'il pouvait le faire sans risque pour lui ou pour les tiers ;

- celui qui est condamné pour dénonciation calomnieuse contre le défunt lorsque, pour les faits dénoncés, une peine criminelle était encourue.

Cas pratique

Un enfant avait mortellement poignardé ses deux parents. Mis en examen, il bénéficie finalement d'une décision de non-lieu, les experts psychiatres ayant conclu que l'infraction était directement en relation avec la pathologie psychiatrique affectant l'auteur des faits, laquelle abolissait totalement son discernement et le contrôle de ses actes.
Puis il assigne son frère en liquidation et partage de la succession de ses parents.
Ce dernier estimait que son frère parricide n'avait aucun droit dans les successions et devait être frappé d'indignité successorale.
Les juges acceptent la demande de l'enfant parricide. L'indignité successorale suppose l'intention coupable. Or, il avait bénéficié d'un non-lieu en raison de l'abolissement total de son discernement et du contrôle de ses actes (C. cass., 1re ch. civ., 28.3.2012, n° 11-10393).

› La procédure

La déclaration d'indignité est prononcée après l'ouverture de la succession par le tribunal de grande instance à la demande d'un autre héritier. La demande doit être formée dans les 6 mois du décès si la décision de condamnation ou de déclaration de culpabilité est antérieure au décès, ou dans les six mois de cette décision si elle est postérieure au décès.
En l'absence d'héritier, la demande peut être formée par le ministère public.
L'héritier exclu de la succession pour cause d'indignité est tenu de rendre tous les fruits et tous les revenus dont il a eu la jouissance depuis l'ouverture de la succession.

› Le pardon du défunt

Le défunt peut accorder son pardon à l'héritier indigne. Ce pardon a pour effet de supprimer l'indignité et de permettre à l'héritier de prendre part à la succession.
Pour que ce pardon soit reconnu comme tel, il faut :
- soit que le défunt ait déclaré par testament qu'il entendait maintenir l'héritier dans ses droits héréditaires postérieurement aux faits et à la connaissance qu'il en a eue ;
- soit qu'il lui ait fait une libéralité universelle ou à titre universel.

› Les enfants de l'indigne

Les enfants de l'indigne ne sont pas exclus par la faute de leur auteur, soit qu'ils viennent à la succession de leur chef, soit qu'ils y viennent par l'effet de la représentation ; mais l'indigne ne peut, en aucun cas, réclamer, sur les biens de cette succession la jouissance que la loi accorde aux père et mère sur les biens de leurs enfants. Cette disposition permet d'éviter qu'un parent déclaré indigne puisse profiter des biens dont il a été privé.
Avant la loi de décembre 2001, les enfants de l'indigne ne pouvait venir à la succession de leur ascendant en représentation de leur père ou mère indigne.
Les petits-enfants étaient donc systématiquement exclus de la succession de leur grand-parent.

Qui hérite quand le défunt a rédigé un testament ou effectué une donation ?

Les règles précisées précédemment peuvent être modifiées par un testament ou donation.
Mais la liberté n'est pas totale puisque certains héritiers ne peuvent jamais être déshérités. Il s'agit des enfants (et descendants) et des père et mère du défunt. Ils sont héritiers réservataires.
Le conjoint est également devenu héritier réservataire depuis la loi n° 2001-1135 du 3 décembre 2001 (applicable depuis le 1.7.2002).
La loi n° 2006-728 du 23 juin 2006, applicable depuis le 1er janvier 2007, n'a pas modifié la quote-part de la succession réservée mais a autorisé les héritiers réservataires à y renoncer au profit d'autres héritiers.

Les héritiers réservataires sont protégés

› La réserve des enfants

La réserve des enfants est une fraction de la succession de leurs parents qui doit obligatoirement leur être attribuée. Il est donc impossible de déshériter ses enfants. Ce n'est que si la succession est déficitaire ou inexistante que les enfants ne reçoivent rien au décès de leurs parents.
Les parents désirant transmettre certains de leurs biens à d'autres personnes peuvent donc le faire mais sous certaines limites : il faut que les biens ainsi transmis laissent intacte la réserve des enfants (art. 913 du Code civil).
La partie de la succession qui peut être librement transmise s'appelle la quotité disponible.
Les valeurs respectives de la réserve et de la quotité disponible sont calculées sur une masse comprenant la valeur des biens existant au jour du décès dans le patrimoine du défunt mais également la valeur des biens qui ont pu être donnés par le défunt de son vivant.
Pour calculer le montant de cette quotité disponible, il faut connaître le montant de la réserve des enfants.
Cette réserve dépend du nombre d'enfants :
- s'il n'y a qu'un seul enfant, la réserve est égale à la moitié de la succession (la quotité disponible est donc égale à l'autre moitié. Le défunt peut donc léguer par testament la moitié de son patrimoine) ;
- s'il y a 2 enfants, leur réserve est égale aux 2/3 de la succession (quotité disponible = 1/3) ;

- s'il y a 3 enfants ou plus, leur réserve est égale aux 3/4 de la succession (quotité disponible = 1/4).
Si un des enfants est mort avant le défunt et si cet enfant avait lui-même des enfants, la réserve est calculée comme s'il était encore vivant. Ses enfants (les petits-enfants du défunt) se partagent sa part de réserve.

Cas pratique

Emma a 3 enfants : Odette, Anselme et Alexandre. Anselme est décédé en laissant 2 enfants. Au décès d'Emma, on découvre un testament instituant une de ses amies légataire universelle de sa succession. La succession sera en conséquence répartie ainsi : la réserve, en présence de 3 enfants est égale aux 3/4 de la succession. Odette recueillera 1/4, Alexandre 1/4, les deux enfants d'Anselme se partageront le troisième 1/4. La quotité disponible (le dernier 1/4) sera attribuée à l'amie de la défunte.

Cette réserve ne peut en aucun cas être diminuée :
- s'il y a un conjoint survivant, sa part est imputée sur la quotité disponible ;
- si l'un des enfants renonce à la succession et qu'il n'a pas de descendants, on ne compte pas sa part de réserve. Sa part accroît la part des autres enfants ;
- si l'un des enfants renonce à la succession et qu'il a des enfants, ces derniers peuvent le représenter et recueillent sa part de succession.

À NOTER

Les enfants sont égaux en droits *La réserve des enfants leur est attribuée quel que soit leur statut (issus ou non du dernier mariage du défunt) et leurs parts respectives doivent être égales entre elles.*
La loi n° 2001-1135 du 3 décembre 2001 a en effet supprimé toute discrimination à l'égard des enfants adultérins qui, avant la réforme, ne percevaient que la moitié de la part de réserve attribuée aux autres enfants.

› La réserve des ascendants

La loi n° 2006-728 du 23 juin 2006, applicable depuis le 1er janvier 2007, a supprimé la réserve des ascendants. Désormais, les parents du défunt ne pourront hériter de leur enfant qu'en l'absence de descendants et de conjoint et si le défunt n'a pas disposé par donation ou testament de ses biens en faveur d'un tiers.

● Le droit de retour

Pour compenser cette suppression, la loi du 23 juin 2006 a organisé un droit de retour au bénéfice des parents portant sur les biens qu'ils ont pu donner à leur enfant prédécédé (art. 738-2 du Code civil).
Ce droit de retour est reconnu quand le défunt ne laisse ni enfants, ni descendants. Le père comme la mère peuvent demander chacun le retour à hauteur du quart de ces biens donnés. En principe, le droit de retour s'exécute en nature (le conjoint ou le légataire doit restituer les biens). Si ce retour en nature est impossible (le bien n'existe plus par exemple ou est impartageable), il s'exécute en valeur, dans la limite de l'actif successoral.

La valeur des biens concernés par le retour s'impute en priorité sur les droits successoraux du ou des parents. Cela signifie qu'ils ne peuvent pas cumuler leurs parts de succession et les biens qui font l'objet du droit de retour.

Les droits de succession en cas de retour

Les biens qui font l'objet du droit de retour ne sont pas soumis aux droits de mutation à titre gratuit. Leur régime est le même que celui des biens objets d'un droit de retour conventionnel (art. 763 *bis* du Code général des impôts).
Si les biens font l'objet d'une nouvelle donation, les droits acquittés lors de la première donation sont imputés sur les droits dus lors de la seconde donation. La nouvelle donation doit intervenir dans les 5 ans du retour des biens dans le patrimoine du donateur.
Le donateur peut aussi demander au fisc le remboursement des droits acquittés lors de la donation résolue (art. 791 *ter* du Code général des impôts).

› La réserve du conjoint survivant en l'absence d'enfants

Le conjoint devient héritier réservataire. Cette grande nouveauté de la loi n° 2001-1135 du 3 décembre 2001 permet ainsi de donner au conjoint survivant une place à part entière dans la succession de son époux prédécédé.
La réserve du conjoint est prévue lorsque le défunt ne laisse pas de descendants (enfants ou petits-enfants). Cette réserve n'existe donc que dans cette hypothèse. En dehors de cette hypothèse, le conjoint peut être entièrement exclu de la succession de son époux par la simple volonté de ce dernier.
S'il y a des enfants, c'est leur réserve qui est retenue et le défunt peut donner et léguer dans ces limites. Si leur réserve est respectée, les libéralités seront validées même si le conjoint ne peut disposer de sa propre réserve.
Le conjoint est donc protégé par la réserve successorale constituée à son profit contre les donations ou legs qui auraient pu être consentis par le défunt de son vivant, en l'absence d'enfants.
Pour bénéficier de sa réserve, le conjoint survivant ne doit pas être divorcé (art. 916 du Code civil).
La réserve du conjoint est égale à 1/4 des biens de la succession. Les libéralités (quotité disponible) peuvent donc avoir une valeur équivalente aux trois quarts de la succession (art. 914-1 du Code civil).

› Le conjoint peut être déshérité en présence d'enfants

La réserve du conjoint n'est prise en compte que si le défunt ne laisse ni enfants, ni descendants.
Dans le cas contraire, le conjoint peut être entièrement exclu de la succession si le défunt a disposé de tous ses biens par testament en faveur de ses héritiers ou de tiers ou encore s'il a déclaré par testament vouloir déshériter son conjoint.
Pour priver un conjoint survivant de ses droits successoraux, il n'est pas nécessaire de faire établir un testament authentique. Un testament olographe est tout à fait valable.

Cas pratique

Par son testament, une personne léguait tous ses biens à ses enfants et laissait à son épouse un droit d'usage et d'habitation sur leur maison ainsi que le véhicule automobile. La veuve conteste ce testament en considérant que seul un testament authentique pouvait la priver de ses droits. Cet argument est rejeté : la forme authentique n'est pas requise pour la validité du testament qui prive le conjoint survivant de sa vocation légale dans la succession de son époux prédécédé (C. cass., 1re ch. civ., 25 juin 2008, n° 07-17.766). Le seul droit du conjoint survivant que le défunt ne peut pas supprimer est le droit de demeurer dans le logement pendant l'année qui suit le décès. Ce droit est d'ordre public (voir *Le conjoint survivant bénéficie du droit au logement pendant 1 an*, p. 153).

Les autres héritiers peuvent être deshérités

Les frères et sœurs ou leurs descendants (les neveux du défunt) ne sont pas héritiers réservataires.
Ce qui signifie que le défunt peut de son vivant donner ou léguer tous ses biens à des tiers, en les excluant entièrement de la succession.
Les autres héritiers (oncles, cousins…) peuvent être également exclus de la succession si le défunt a de son vivant donné ou légué tous ses biens à un tiers.

Cas pratique

Le défunt avait de son vivant institué un de ses amis légataire universel. À son décès, il laisse comme seul héritier son frère. Si le testament est valable, toute la succession sera attribuée à son ami.

TABLEAU RÉCAPITULATIF

Héritiers en présence	Part pouvant être donnée à un tiers (quotité disponible)	Réserve (répartie entre les héritiers réservataires
1 enfant (ou ses descendants s'il est décédé)	La moitié des biens	La moitié des biens
2 enfants (ou leurs descendants)	1/3 des biens	2/3 des biens
3 enfants ou plus (ou leurs descendants)	1/4 des biens	3/4 des biens
Le père et la mère (pas d'enfants)	La totalité des biens	néant
Des grands-parents dans les deux lignes (paternelle et maternelle) (pas d'enfants ni de conjoint)	La totalité des biens	néant …/…

TABLEAU RÉCAPITULATIF		
Héritiers en présence	**Part pouvant être donnée à un tiers (quotité disponible)**	**Réserve (répartie entre les héritiers réservataires**
Des grands-parents dans une seule ligne (paternelle ou maternelle) (pas d'enfants ni de conjoint)	La totalité des biens	néant
Le conjoint survivant (pas de descendants)	3/4 des biens	1/4 des biens
S'il n'y a pas d'enfant ni de descendants, ni de conjoint survivant	La totalité des biens	–

La quotité disponible du conjoint survivant

La quotité disponible du conjoint survivant est la part maximum pouvant être transmise au conjoint par son époux.
Cette quotité disponible dépend de l'existence ou non d'héritiers réservataires.

› Les limites à respecter

Il est possible de faire une donation simple à son conjoint, de lui faire une donation au dernier vivant ou encore de lui transmettre un legs.
Mais la part qu'il est possible de transmettre à son conjoint est toujours limitée par la réserve des enfants.
Lorsque le défunt lui a légué ou donné tous ses biens (notamment par une donation au dernier vivant), il ne recevra en réalité la totalité de la succession que s'il n'y a pas d'héritiers réservataires.

• Part maximum de la succession pouvant être attribuée au conjoint lorsqu'il y a des enfants

Il s'agit de la quotité disponible spéciale du conjoint survivant (art. 1097 du Code civil).
Si l'époux décédé a des enfants (du dernier ou d'un précédent mariage, d'une précédente union ou des enfants adoptifs), le conjoint peut recevoir une quotité disponible spéciale consistant à choisir entre :
- soit la quotité disponible ordinaire qui varie selon le nombre des enfants (la moitié de la succession s'il n'y a qu'un seul enfant, 1/3 s'il y a deux enfants, 1/4 s'il y a 3 enfants ou plus) ;
- soit la totalité des biens en usufruit ;
- soit 1/4 en propriété et 3/4 en usufruit.

Part maximum de la succession pouvant être attribuée au conjoint lorsqu'il n'y a pas d'enfants

Si le défunt n'a pas d'enfants, le conjoint peut recevoir la totalité de la succession (les frères, sœurs, neveux, nièces, oncles, tantes, cousins etc. du défunt peuvent être exclus et ne rien recevoir dans cette succession).
En ce qui concerne les droits des parents, la loi n° 2006-728 du 23 juin 2006 a supprimé leur réserve. Cette suppression concerne les successions ouvertes depuis le 1er janvier 2007. Jusqu'à cette date, chaque parent du défunt (son père et sa mère) pouvait recevoir 1/4 de la succession en usufruit en présence du conjoint survivant.
Pour compenser l'abrogation de leur réserve, les parents se sont vus accorder un droit de retour sur les biens qu'ils ont pu donner à leur enfant défunt (voir *Le droit de retour*, p. 268).

TABLEAU RÉCAPITULATIF DES DROITS DU CONJOINT SURVIVANT	
Héritiers présents lors du décès	**Maximum pouvant être donné ou légué au conjoint**
Enfants ou petits-enfants	La totalité des biens en usufruit, ou 3/4 en usufruit et 1/4 en pleine propriété, ou la quotité disponible ordinaire soit : - 1/2 en pleine propriété s'il n'y a qu'un enfant ; - 1/3 en pleine propriété s'il y a deux enfants ; - 1/4 en pleine propriété s'il y a trois enfants ou plus.
Père et mère	Totalité de la succession (sauf droit de retour)
Un seul parent (père ou mère)	Totalité de la succession (sauf droit de retour)
Frère(s), sœur(s) ou neveu(x)	Totalité de la succession (sauf droit de retour)
Autres personnes de la famille	Totalité de la succession

› Le choix du conjoint entre les différentes options

La donation ou le testament peut fixer à l'avance la part que recevra le conjoint (par exemple : une maison, des objets...). Mais le risque est que la valeur de cette part donnée ou léguée dépasse le montant autorisé par la loi en présence d'héritiers réservataires (par exemple, si la maison léguée représente la quasi-totalité de la succession). La libéralité devra donc être réduite (sur la réduction, voir *L'action en réduction*, p. 279).
C'est pourquoi les donations au dernier vivant rédigées par le notaire prévoient généralement que le conjoint choisira entre les différentes quotités disponibles.

Celui-ci devra donc opter au moment du décès pour une part en usufruit ou une part en usufruit et propriété ou encore une part en pleine propriété.
Dans la plupart des cas, le conjoint opte pour la totalité de la succession en usufruit, même si en valeur cette option n'est pas toujours supérieure aux autres. Elle offre en revanche une sécurité pour l'avenir puisque le conjoint est assuré de pouvoir conserver l'usage des biens qui ont appartenu au défunt. Les héritiers ne peuvent pas vendre les biens contre la volonté de l'usufruitier.
Si le conjoint opte pour une quotité en pleine propriété, il sera en indivision avec les enfants et ne pourra pas s'opposer au partage des biens (sauf maintien dans l'indivision ou attribution préférentielle).
Sur les donations entre époux, voir *Les caractéristiques des donations entre époux*, p. 91.
Depuis la loi n° 2006-728 du 23 juin 2006, applicable depuis le 1er janvier 2007, le conjoint peut renoncer à une partie de ses droits et ne garder qu'une partie des biens qu'il a reçus du défunt.
Cette renonciation qui profite aux autres héritiers n'est pas considérée comme une libéralité faite à leur profit de la part du conjoint survivant. Les biens sont réputés transmis à titre gratuit par le défunt et non par le renonçant (art. 1094-1 du Code civil).
Dans la plupart des cas, les biens auxquels le conjoint survivant a renoncé sont transmis aux enfants. Dans ce cas, les enfants sont censés avoir hérité directement de leur père décédé (ou de leur mère) et sont donc taxés selon le lien de parenté qui les unit à ce dernier (art. 788 *bis* du Code général des impôts).

› L'usufruit du conjoint survivant

Le conjoint peut, depuis le 1er juillet 2002, recueillir l'usufruit de la succession de son époux prédécédé soit par la loi, soit par donation, soit encore par legs.

● La conversion de l'usufruit

Conversion en rente viagère

Avant la loi, la conversion de l'usufruit en rente viagère n'était ouverte qu'en cas de libéralité en faveur du conjoint survivant, lorsque la libéralité faite en propriété et usufruit ou en usufruit seulement portait sur plus de la moitié des biens. Dans cette hypothèse, chaque enfant pouvait demander en ce qui concerne sa part de succession que l'usufruit soit converti en rente viagère d'égale valeur (art. 1094-2 du Code civil).
Cette règle reste en vigueur et a été reprise par la nouvelle loi.
La conversion est possible que ce droit d'usufruit soit dévolu au conjoint par la loi (art. 757 du Code civil), par une donation au dernier vivant ou par testament.
Par ailleurs, cette possibilité est de droit pour les héritiers (art. 759 du Code civil). Cela signifie que le défunt ne peut pas, par testament par exemple, interdire à ses héritiers de demander cette conversion. La faculté de conversion n'est pas non plus susceptible de renonciation (art. 759-1 du Code civil).
La demande de conversion peut être faite pendant 30 ans. Le tribunal compétent est le tribunal de grande instance ; l'avocat est obligatoire.

Le conjoint peut lui-même demander la conversion de son usufruit en rente viagère en s'adressant au juge à défaut d'accord avec les héritiers.
Le conjoint peut aussi refuser la conversion si l'usufruit porte sur sa résidence principale (voir *Exception : la protection du domicile conjugal du conjoint*, p. 274).
L'intérêt pour les enfants est de se retrouver propriétaires à part entière des biens qu'ils se sont vus attribuer à la suite d'un partage par exemple.
Ils peuvent demander la conversion pour certains biens et laisser l'usufruit du conjoint s'exécuter sur les autres.
La rente doit correspondre à la valeur réelle de l'usufruit et est indexée. Les héritiers doivent fournir des garanties pour le paiement de la rente.
À défaut d'accord entre les parties, la demande de conversion est soumise au juge. Elle peut être introduite jusqu'au partage définitif (art. 760 du Code civil).
S'il fait droit à la demande de conversion, le juge détermine le montant de la rente, les sûretés que devront fournir les cohéritiers débiteurs, ainsi que le type d'indexation propre à maintenir l'équivalence initiale de la rente à l'usufruit.
La conversion de l'usufruit est comprise dans les opérations de partage. Elle ne produit pas d'effet rétroactif, sauf stipulation contraire des parties (art. 762 du Code civil).
Dans l'hypothèse où les parties stipulent une rétroactivité de la conversion et seulement si la rétroactivité est fixée à la date du décès, les droits de mutation par décès doivent être assis sur la valeur de la rente évaluée par les redevables sous le contrôle de l'Administration. Cette valeur est, bien entendu, déduite de l'actif recueilli en toute propriété par les héritiers.
Lorsque la conversion avec effet rétroactif au décès intervient après le dépôt de la déclaration de succession, elle entraîne une révision de la perception des droits et les héritiers doivent déposer une déclaration complémentaire dans les 6 mois de cette conversion. La différence dans les droits à payer est, selon le cas, versée par les redevables ou restituée sur réclamation.

Exception : la protection du domicile conjugal du conjoint

Le conjoint est cependant protégé de cette conversion en ce qui concerne son local d'habitation. À condition d'y demeurer à l'époque du décès, le conjoint peut toujours s'opposer à la demande de conversion en rente viagère et le juge ne peut pas ordonner contre son gré cette conversion.
L'interdiction de convertir l'usufruit en rente viagère porte également sur le mobilier garnissant le domicile.
Cette règle est la même, que l'usufruit soit transmis par la loi (art. 760 du Code civil) ou par donation (art. 1094-2 du Code civil).
Le logement doit être la résidence principale au moment du décès de l'époux.
Si, par exemple, les époux étaient séparés de fait et si le conjoint avait quitté le domicile conjugal avant le décès, il ne pourra plus s'opposer à la conversion demandée par les héritiers.

Cas pratique

La Cour de cassation avait refusé de reconnaître le droit pour le conjoint de demeurer dans le logement qui avait constitué le domicile conjugal au motif que ce logement, dans le cadre d'une procédure de divorce, avait été attribué à l'époux décédé.
Le conjoint survivant n'avait donc pas sa résidence principale dans ce logement au moment du décès et ne pouvait donc pas s'opposer à la demande des enfants de transformer l'usufruit en rente viagère (C. cass., 1re ch. civ., 21.11.2000, Dalloz, Som. p. 8).

Conversion de l'usufruit en capital

Contrairement à la conversion en rente viagère qui peut être demandée en justice, la conversion en capital n'est possible qu'en cas d'accord entre le conjoint et les héritiers (art. 761 du Code civil).
La valeur de ce capital (comme la valeur de la rente en cas de conversion en rente viagère) peut être déduite de l'actif recueilli en toute propriété par les héritiers.

L'usufruit et le fisc

Le conjoint est exonéré de droits de succession depuis le 22 août 2007.
L'usufruit qu'il recueille n'est donc pas imposable.
À son décès, son usufruit réintègre le patrimoine des enfants, nus propriétaires, sans qu'ils aient à payer des droits de succession sur cet usufruit.

Quels sont les droits de l'usufruitier (art. 578 et s. du Code civil) ?

L'usufruit est le droit de jouir d'un bien qui appartient également à quelqu'un d'autre. Le droit d'usufruit n'est pas équivalent au droit d'un locataire (qui habite un logement qui ne lui appartient pas) puisque le droit d'usufruit ne se limite pas à un simple droit d'usage ou d'habitation. L'usufruitier peut vendre ou donner son droit d'usufruit ou en recueillir les « fruits » ou revenus. Mais il n'a pas le droit de modifier la « substance » du bien et doit le rendre, à la fin de l'usufruit, au nu-propriétaire. Par exemple, il ne peut pas transformer une résidence secondaire en un commerce. De même, il est responsable si le bien est détruit, sauf s'il prouve que la destruction est due à un cas fortuit ou à la force majeure (par exemple, si la foudre a provoqué un incendie).
La vente globale du bien n'est possible que d'un commun accord entre le nu-propriétaire et l'usufruitier.
Le nu-propriétaire ne peut vendre que sa nue-propriété et non pas l'intégralité du bien si l'usufruitier s'y oppose. Dans l'hypothèse où il s'agit d'un immeuble, cette règle s'applique même si l'usufruitier n'occupe pas les lieux (C. cass., 1re ch. civ., 17.1.2006, n° 04-13789).
L'usufruit s'éteint généralement au décès de l'usufruitier (sauf si l'usufruit est établi pour une durée déterminée ou est réversible) et réintègre le patrimoine du nu-propriétaire qui devient seul propriétaire du bien.

L'usufruit porte sur un immeuble

S'il s'agit d'une maison ou d'un logement mixte (d'habitation et professionnel), l'usufruitier peut l'habiter ou le louer… et percevoir les loyers (les fruits).

S'il s'agit d'un appartement en copropriété, il peut prendre part aux assemblées de copropriétaires (en fonction du règlement de copropriété qui peut prévoir que le droit de vote appartient soit à l'usufruitier, soit au nu-propriétaire ou par l'intermédiaire d'un mandataire commun à l'usufruitier et au nu-propriétaire).
En revanche, s'il s'agit de terres agricoles ou d'un local commercial, l'usufruitier ne peut, sans l'accord du nu-propriétaire, consentir un bail rural ou commercial. La différence avec les baux d'habitation s'explique par le fait que le commerçant ou l'agriculteur locataires bénéficient d'un véritable droit au renouvellement de leur bail qui empêcherait le nu-propriétaire de reprendre les biens loués à la fin de l'usufruit (art. 595 du Code civil).
Si un bail est conclu par l'usufruitier sans l'accord du nu-propriétaire, le preneur peut mettre en cause la responsabilité de l'usufruitier, sans qu'aucune faute ne puisse lui être reprochée. Le preneur, en effet, n'a pas à s'assurer lui-même de l'accord du nu-propriétaire (C. cass., 3e ch. civ., 16.4.2008, n° 07-12381).
L'usufruitier ne peut pas non plus procéder seul aux renouvellements successifs du bail commercial ou rural. Il doit faire concourir le nu-propriétaire à l'acte de renouvellement. À défaut, ce renouvellement serait annulé (C. cass., 3e ch. civ., 24.3.1999).
L'usufruitier doit régler la taxe foncière normalement établie à son nom en vertu de l'article 1400 II du Code général des impôts, à la différence du locataire ou du titulaire du droit d'usage et d'habitation.
La taxe d'habitation doit être réglée par celui qui habite dans la maison.
Il peut s'agir de l'usufruitier ou d'un locataire si l'immeuble est loué.
Ses obligations concernant les réparations sont plus larges que celles d'un locataire puisqu'il est tenu d'effectuer toutes les réparations, sauf celles qualifiées de grosses réparations qui sont à la charge du nu-propriétaire. Les grosses réparations concernent le toit et les gros murs, en d'autres termes les réparations nécessaires à la conservation de la structure de l'immeuble.
Cela signifie que, quel que soit le coût des réparations, l'usufruitier doit les assumer si elles ne concernent pas les murs et le toit de l'immeuble.

Cas pratique

Dans un immeuble en copropriété, un lot était détenu par un usufruitier et par deux nus-propriétaires. D'importants travaux sont décidés par la copropriété :
- étanchéité des terrasses ;
- réparation des ascenseurs : pose de moteurs neufs et armoires de manœuvres neuves ;
- réfection de l'installation de chauffage : remplacement d'une chaudière vétuste au fuel par une chaudière au gaz.

L'usufruitier considérait qu'il ne s'agissait pas de dépenses d'entretien ni même de gros entretien : le remplacement du système de chauffage coûtait 3 fois plus cher que le simple remplacement de la chaudière, l'étanchéité est un élément de maçonnerie de l'immeuble et, à ce titre, concerne la structure de l'immeuble, et la pose de moteurs neufs équivalait à équiper l'immeuble d'ascenseurs neufs.

> En réponse à ces arguments, la cour d'appel donne une définition très restreinte des grosses réparations. Le seul critère est de savoir si les réparations sont nécessaires ou non à la conservation de l'immeuble. Concernant les travaux en question, la réponse est négative.
> L'étanchéité ne constitue pas toute la maçonnerie. La structure de l'immeuble n'est pas atteinte par des infiltrations d'eau. Les ascenseurs ou le système de chauffage sont des éléments d'équipement.
> La cour d'appel condamne l'usufruitier à prendre à sa charge les frais de ces travaux. Le fait que ces dépenses soient très importantes est sans rapport avec la définition des « grosses réparations » (cour d'appel de Paris, 11.1.2000, JCL, Loyers et copropriété 2000 n° 122, p. 18).

L'usufruit porte sur des sommes d'argent

L'usufruitier peut disposer des sommes figurant sur les comptes bancaires, d'épargne… Il peut encaisser les sommes, les utiliser pour acquérir des biens, etc. Ses droits sont donc importants dans ce domaine puisqu'il est pratiquement seul propriétaire de cet argent et c'est la raison pour laquelle l'usufruit de sommes d'argent est appelé « quasi-usufruit ».
Pendant la durée de l'usufruit, le nu-propriétaire ne peut en principe pas intervenir pour contrôler l'usage de cet argent par l'usufruitier.
Au décès de l'usufruitier, le nu-propriétaire sera titulaire d'une créance (du montant des sommes en question) et cette créance sera déduite de l'actif successoral.

L'usufruit porte sur des valeurs mobilières

S'il s'agit de titres, d'actions, l'usufruitier perçoit les dividendes.
La question s'est posée de savoir si l'usufruitier devait se contenter de percevoir les revenus de ces actions ou s'il pouvait également gérer le portefeuille en vendant et en rachetant des nouvelles valeurs sans l'accord du nu-propriétaire. La Cour de cassation a décidé que l'usufruitier d'un portefeuille de valeurs mobilières était autorisé à gérer le portefeuille en vendant les titres. Sa seule obligation étant de s'abstenir de diminuer la valeur en capital du portefeuille. Cela signifie qu'il n'est pas propriétaire du prix de vente des actions, qu'il ne peut en disposer. Cela signifie aussi qu'il ne peut donner en nantissement les actions. Les actions ne sont donc pas, comme l'argent liquide, la propriété de l'usufruitier et ne constituent donc pas un « quasi-usufruit » (C. cass., 1re ch. civ., 12.11.1998, Dalloz 1999, II, p. 167).

L'usufruit porte sur des objets ou biens meubles

L'usufruitier peut utiliser une voiture, se servir des meubles… les louer mais ne peut pas les vendre puisqu'il doit les rendre à la fin de l'usufruit. S'agissant de choses qui se détériorent peu à peu ou qui s'usent par le fait de les utiliser, elles doivent être rendues, à la fin de l'usufruit, dans l'état où elles se trouvent. L'usufruitier n'est pas obligé de les conserver dans l'état où elles se trouvaient au début de l'usufruit.
Si l'usufruit porte sur un fonds de commerce, l'usufruitier peut l'exploiter. Il a sur les marchandises un quasi-usufruit (comme sur l'argent) puisqu'il s'agit de biens

dont on ne peut avoir l'usage sans les consommer. Elles peuvent donc être vendues par l'usufruitier.

L'usufruit du conjoint survivant et l'ISF

Pour les décès intervenus depuis le 1er juillet 2002, l'usufruitier est imposé sur la pleine propriété des biens détenus en usufruit, qu'il détienne ses droits de la loi ou d'une disposition à cause de mort (testament ou donation au dernier vivant), quelle que soit la date de cette donation (art. 885-G du Code général des impôts).

Pour l'ISF, ces dispositions s'appliquent depuis 2003.

Si le décès est intervenu avant le 1er juillet 2002, seule la valeur de l'usufruit est à déclarer.

Par ailleurs, il résulte des dispositions de l'article 758-2 du Code civil que l'option du conjoint entre l'usufruit et la pleine propriété se prouve par tout moyen. Sur un plan civil, l'exercice de l'option emporte un effet rétroactif au jour du décès et est irrévocable.

Dans ces conditions et lorsque le décès est intervenu au titre d'une année civile donnée, l'option pour des droits en pleine propriété ou pour des droits en usufruit pourra résulter des termes de la déclaration de succession ou, à défaut, de la déclaration d'ISF déposée au titre de l'année suivante (*BOI* 7 S-2-04, n° 35 du 23.2.2004).

La situation du concubin et du partenaire pacsé

Le concubin, même notoire, comme le partenaire pacsé, n'est jamais appelé de plein droit à la succession de son concubin décédé. Il est considéré comme étranger à la succession et, à ce titre, ne peut recevoir que les dons ou legs que le défunt lui aurait consentis de son vivant.

Sur les moyens de favoriser un concubin, voir *Comment favoriser son concubin ou son partenaire pacsé ?*, p. 97.

Le partenaire pacsé bénéficie toutefois, depuis la loi n° 2006-728 du 23 juin 2006, applicable depuis le 1er janvier 2007, du droit d'habitation, pendant 1 an, dans les locaux qui constituaient sa résidence principale avec le défunt (voir *Le défunt était pacsé ou concubin*, p. 264).

Qu'est-ce que la réduction et le rapport des libéralités excessives ?

La liberté de donner ses biens ou de les léguer aux personnes de son choix est limitée par la réserve des héritiers protégés (c'est-à-dire en premier lieu les enfants puis le conjoint survivant. Sur ce point, voir* Les héritiers réservataires sont protégés, *p. 267).
Pour répartir les biens entre les héritiers et les légataires, il faut prendre en compte non seulement les biens qui constituent le patrimoine du défunt lors de l'ouverture de sa succession, mais aussi les biens qu'il a pu donner de son vivant.
On réunit donc fictivement l'ensemble de ces biens, on calcule la quotité disponible, et on vérifie si les libéralités consenties par le défunt n'excèdent pas cette quotité disponible.

L'action en réduction

L'action en réduction (art. 920 et s. du Code civil) est ouverte aux héritiers réservataires (enfants et conjoint survivant) dont la réserve a été entamée par les libéralités excessives du défunt. Cette action est ouverte pendant 5 ans à compter de l'ouverture de la succession (ce délai qui remplace l'ancien délai de 30 ans est applicable aux successions ouvertes depuis le 1er janvier 2007), ou pendant 2 ans à compter du jour où les héritiers ont eu connaissance de l'atteinte portée à leur réserve, sans jamais pouvoir excéder 10 ans à compter du décès.
(Sur la spécificité de l'action en réduction des donations-partages, voir plus loin.)
Cette action est strictement réservée aux héritiers réservataires et ne peut être demandée ni par les autres donataires, ni par les légataires, ni par les créanciers du défunt.
Elle a pour but de faire rentrer dans la succession à partager tous les biens ou une partie seulement qui ont été donnés ou légués par le défunt et dont la valeur excède la quotité disponible.
La réduction peut n'être que partielle si la libéralité ne porte atteinte que pour partie à la réserve.

Cas pratique

M. X... a deux enfants. La réserve est donc égale à 2/3 et la quotité disponible à 1/3. Il ne peut donc donner ou léguer des biens dont la valeur serait supérieure à ce 1/3 de son patrimoine. Sa succession s'élève à 150 000 €. Il rédige un testament léguant à sa nièce son appartement d'une valeur de 70 000 €. Ce legs sera réduit à hauteur de 20 000 €.

ATTENTION ⚠

Le capital d'une assurance-vie *Le capital stipulé payable lors du décès de l'assuré à un bénéficiaire déterminé ou à ses héritiers ne fait pas partie de la succession et n'entre pas dans la masse de calcul de la réserve et de la quotité disponible. Il ne peut donc pas faire l'objet d'une éventuelle réduction pour atteinte à la réserve (C. cass., 1re ch. civ., 20.5.2009, n° 08-11355).*

› La renonciation à l'action en réduction

La réduction n'est pas automatique. L'héritier réservataire peut tout à fait renoncer à réduire la donation ou le legs et laisser toute son efficacité à la libéralité excessive (et renoncer ainsi à une partie de sa réserve).
S'il décède après avoir renoncé à la réduction, ses propres héritiers ne peuvent pas reprendre l'action à sa place.
Mais il ne faut pas que la renonciation à cette action soit faite de mauvaise foi, et notamment dans le but de déshériter d'autres héritiers.

Cas pratique

Dans le but de déshériter ses enfants nés d'un premier mariage, un homme incite sa mère à consentir une donation en faveur de sa seconde épouse. Cette donation excède la quotité disponible et aurait pu être réduite par l'héritier réservataire. Mais celui-ci y renonce.
À son décès, ses deux enfants demandent la réduction de la donation consentie par leur grand-mère à leur belle-mère. Les juges ont accepté cette demande en relevant que le père n'avait renoncé à demander la réduction de la donation que pour priver ses deux enfants d'une partie de la succession (le bien donné par la grand-mère n'a pas fait partie de la succession de son fils et n'a donc pas pu être transmis aux deux enfants) (C. cass., 1re ch. civ., 4.2.1992, Bull. civ. n° 41).

La renonciation peut aussi être prévue à l'avance par le donateur qui peut ainsi être sûr que la donation qu'il fait ne sera pas remise en cause après son décès.
Les enfants réservataires doivent donner leur accord. Il s'agit d'un « pacte de famille » autorisé depuis le 1er janvier 2007 (voir *Quel est l'intérêt des pactes de famille ?*, p. 112).

› Comment s'effectue la réduction (art. 923 du Code civil) ?

La réduction se détermine en formant une masse de tous les biens existant au décès du donateur ou testateur. À ces biens, on ajoute fictivement, après en avoir déduit les dettes, ceux qui auraient fait l'objet d'une donation par le défunt, de son vivant.
S'il apparaît que les libéralités sont excédentaires par rapport à la quotité disponible, on commence par réduire les legs (c'est-à-dire transmis par testament).

Si cette réduction est insuffisante, on procède à la réduction des donations en commençant par la plus récente et ainsi de suite en remontant des dernières aux plus anciennes.
Cet ordre des réductions est justifié par le principe d'irrévocabilité des donations. Si les donations étaient réduites en même temps et suivant les mêmes proportions que les legs, cela permettraient au donateur de révoquer indirectement les donations qu'il a pu consentir en rédigeant un testament léguant les biens donnés.

Cas pratique

Des époux avaient, dans un premier temps, effectué un don manuel en faveur de leurs deux enfants (don de titres de rentes Pinay). Ce don était constaté par un acte sous seing privé non enregistré. Par la suite, ils ont fait donation à l'un de leurs enfants d'un appartement (cette donation est faite en « avancement d'hoirie » ou « en avance sur sa part d'héritage », c'est-à-dire que la valeur de cet immeuble doit être imputée sur la part de cet enfant et non pas s'ajouter à sa part). Enfin, l'épouse a légué à sa petite-fille un autre appartement.
Au décès de l'épouse, il apparaît que la quotité disponible de sa succession a été dépassée. Il faut donc procéder à la réduction des libéralités.
En principe, lorsqu'il y a des legs, ceux-ci doivent être les premiers réduits, puis, s'il y a lieu, il faut procéder à la réduction des donations.
Même si la donation est un don manuel dont la date n'est pas certaine (don manuel sous seing privé), il faut néanmoins appliquer la règle du Code civil et réduire en premier lieu le legs.
Dans ce cas, la réduction a eu pour effet d'annuler la totalité du legs puisque la valeur de l'appartement légué à la petite-fille correspondait à la totalité de l'excédent de la quotité disponible (C. cass., 1re ch. civ., 12.11.1998, Dalloz 1999, p. 325).

Les donations entre époux

Les donations entre époux des biens présents sont devenues irrévocables (depuis la loi n° 2004-439 du 26 mai 2004 applicable depuis le 1er janvier 2005) comme le sont les autres donations. Ce qui signifie que la réduction des donations entre époux suit les mêmes règles que celles de droit commun applicables à toute autre donation.
Si la donation doit être réduite, le conjoint bénéficiaire de la donation peut conserver le bien acquis avec les fonds de son conjoint, mais doit rendre la somme donnée (art. 1099-1 du Code civil). La donation porte en effet sur les sommes données et non sur le bien acquis.
La somme à restituer doit correspondre à la valeur actualisée du bien acquis. Mais cette valeur doit être diminuée des améliorations que le bénéficiaire de la donation a pu apporter au bien.
Si le bien a été vendu, on retient sa valeur au moment de cette aliénation.
Si, enfin, un autre bien a été acquis avec l'argent de la vente du premier, on retient la valeur du nouveau bien.

Ces litiges ne concernent pas des époux mariés sous le régime de la communauté légale puisque les acquisitions réalisées pendant le mariage sont toujours des biens communs sans avoir à rechercher si les deux époux ont financé ou non l'achat.
À la différence des donations de biens présents, les donations de biens à venir ou des donations dites « à cause de mort » comme la donation au dernier vivant restent révocables et sont assimilées, pour la réduction, aux legs faits par testaments.
Quand la donation entre époux absorbe la quotité disponible et qu'un legs particulier a été par ailleurs consenti à un tiers, il faut réduire la donation et le legs proportionnellement à leurs valeurs respectives comme s'il s'agissait de deux legs (C. cass., 1re ch. civ., 23.6.1987, Bull. civ. n° 206).

Les donations déguisées

Les donations qui seraient faites en fraude des droits des héritiers réservataires ne sont pas pour autant annulées. Elles doivent être réduites si elles dépassent le montant de la quotité disponible.

› Réduction en nature ou en valeur (art. 920 à 928 du Code civil)

Principe : réduction en valeur

La réduction en valeur signifie rendre en argent l'excédent de la quotité disponible.
La loi n° 2006-728 du 23 juin 2006, applicable depuis le 1er janvier 2007, a posé le principe que la réserve des héritiers est une réserve en valeur et non plus une réserve en nature. Cela a pour conséquence que la réduction doit, en priorité, se faire également en valeur. Cette règle permet de mieux respecter la volonté du défunt qui a voulu transmettre un bien déterminé à une personne (héritier ou non) déterminée.
Le bénéficiaire de la libéralité peut donc conserver le bien transmis et sera, vis-à-vis des héritiers, débiteur d'une indemnité. Cette indemnité est équivalente à la portion excessive de la libéralité devant être réduite.

Cas pratique

Une succession a une valeur globale de 40 000 € et le montant de la quotité disponible (en présence de 4 enfants) est égal à 1/4, soit 10 000 €.
Un enfant a reçu de son père décédé une donation d'une valeur de 12 000 € devant s'ajouter à sa part de réserve.
Il devra à ses frères et sœurs une indemnité d'un montant de 2 000 €.

Exception : réduction en nature

Le bénéficiaire de la donation ou du legs conserve la possibilité d'opter pour une réduction en nature et de rendre, s'il le souhaite, le bien excédant la quotité disponible.
Certaines conditions sont cependant nécessaires : il faut que le bien rendu soit libre de toute charge (absence de gage, d'hypothèque, de bail...). Par ailleurs,

délai

dans le
(C. cass.,

alisé qu'après évalua-

s que le défunt possédait
apport, c'est-à-dire les biens
rent. En effet, le principe de la
possible que, de son vivant, le
icuité et lui ait consenti une dona-
un bien immobilier...). Mais cette
que ce parent ait voulu avantager cet

ise en place la procédure du « rapport à

uments permettant de rétablir l'équilibre entre
es biens du défunt. En effet, le législateur a sou-
e même personne ne soient pas défavorisés les uns

antager un enfant et que la donation est stipulée « par
t successorale », la donation est soumise aux règles de la
on en réduction, p. 279).

héritiers sont soumis au rapport

rt n'est exigé que des héritiers du défunt envers leurs cohéritiers.
es qui ne sont pas héritières n'ont pas à rapporter à la succession les
qu'elles ont reçues du défunt.
le défunt a effectué de son vivant une donation au profit de l'un de ses
s, la valeur de cette libéralité sera prise en compte dans l'actif successoral à
ager entre les enfants.
ais si la donation a été faite à un petit-enfant, celui ci n'a pas à rapporter la donation qu'il a reçue puisqu'il n'est pas héritier de la succession de son grand-père (seuls les enfants sont héritiers de leur père).
Les donations faites à des personnes qui ne sont pas héritières peuvent être réduites (voir *L'action en réduction*, p. 279).

l'intéressé doit opter pour une réduction en nature dans les 3 mois de la sommation adressée par les héritiers lui demandant de prendre parti.

› Comment calculer la valeur du bien donné ou légué ?

Pour calculer la valeur de la libéralité (et donc la valeur de l'indemnité), on retient la valeur du bien donné ou légué à l'époque du partage et son état au jour de la libéralité (jour de la donation ou, s'il s'agit d'un testament, jour de l'ouverture de la succession).
Les biens doivent être évalués à une date la plus proche possible du partage et les héritiers peuvent toujours demander une nouvelle évaluation si l'évaluation précédente est trop lointaine.

Cas pratique

Dans ce litige, des parents avaient légué la totalité de leurs biens comprenant notamment deux exploitations agricoles à leur fils. À leur décès, leur fille conteste dans un premier temps le testament.
En 1994, un arrêt de la cour d'appel est rendu, déclarant le testament valable et fixant la valeur des biens qui avait été légués, afin de calculer l'indemnité due par l'héritier bénéficiaire du testament. Cette valeur reposait sur une expertise qui avait eu lieu en 1990.
L'état liquidatif qui avait été établi en 2002, après la procédure, reprenait ces mêmes bases. Or, la sœur cohéritière estimait que ces chiffres n'étaient plus valables et demandait une nouvelle évaluation. Déboutée devant la cour d'appel, elle obtient gain de cause devant la Cour de cassation.
Les juges de cassation ont reconnu le droit pour l'héritier de demander une nouvelle évaluation des biens même si une décision de justice a fixé ces valeurs et que cette décision est définitive (C. cass., 1re ch. civ., 25.2.2003, JCL Droit de la famille, 4.2003, n° 51 p. 37).

Si la valeur du bien a changé entre ces deux périodes, on cherche à savoir si cette modification est due au travail ou à la plus-value apportée par le bénéficiaire de la libéralité ou, au contraire, si cette modification est due à une cause extérieure.

Cas pratique

Une donation porte sur une terre agricole louée à un fermier. Au moment du partage, cette terre est libre de toute occupation après le départ du locataire.
La valeur de la terre a changé pour une cause indépendante de la volonté du bénéficiaire de la donation et la valeur retenue pour évaluer la donation sera la valeur du terrain libre.
Si, en revanche, la donation porte sur un terrain nu et que le bénéficiaire de la donation exploite le terrain donné en y plantant des arbres fruitiers, augmentant ainsi par son travail sa valeur, on retiendra la valeur d'un terrain nu tel qu'il était à l'époque de la donation et tel qu'il serait au moment du partage s'il n'avait pas été exploité.

Si le bien donné ou légué a été vendu par le gratifié on tient compte de sa valeur au moment de son aliénation et en fonction de son état au jour où la libéralité a pris effet.

Si le bien a été remplacé par un autre (subrogation), le calcul de l'i
réduction tient compte de la valeur du nouveau bien à l'époque
d'après son état à l'époque de l'acquisition.
Mais si le bien subrogé a perdu toute valeur (dépréciation inélucta
tenu compte de la subrogation et on tient compte de la valeur d
l'époque de la subrogation (art. 924-2 du Code civil).
Dans l'hypothèse où le gratifié est insolvable et donc dans l'imp
l'indemnité aux héritiers, et que le bien vendu à un tiers est un i
tiers ont la possibilité de le revendiquer auprès du tiers acc
action est exclue si tous les héritiers réservataires présents au
tion ou à l'ouverture de la succession ont donné leur accor
un héritier réservataire est né après le consentement donn
ne peut, non plus, exercer cette action en revendication (ar

› La réduction d'une donation-parta

En principe, la valeur des biens donnés dans la dc
tivement fixée le jour de la donation-partage, et ce mê
reçu des lots d'égales valeurs, à partir du moment où i
tion-partage et que la part reçue par chaque enfant é
de réserve.
(Sur le calcul de la réserve et de la quotité disponib
sont protégés, p. 267). Pour savoir si un enfant n'a
faut se placer le jour de la donation-partage.
Si les droits de tous les enfants ont été respecté
décès, remettre en cause la donation-partage
l'hypothèse où un enfant n'a pas concouru à la
n'était pas encore né le jour de la donation-pa
à sa part de réserve, il peut exercer l'action en
L'action en réduction est également ouverte
somme d'argent donnée avec réserve d'usu
prend une créance ayant pour objet une
donateur s'est réservé l'usufruit). Dans ce cas, l'éva
au jour de l'ouverture de la succession (art. 1078 du Code ci

● Fixation de l'indemnité

La réduction des lots de la donation-partage a lieu en valeur (argent) et non en nature.

En principe la valeur des biens donnés dans la donation-partage est définitivement fixée le jour de la donation-partage et ce, même si les enfants n'ont pas reçu des lots d'égales valeurs à partir du moment où ils ont tous accepté la donation-partage et que la part reçue par chaque enfant était au moins égale à sa part de réserve (art. 1077-1 et s. du Code civil ; sur le calcul de la réserve et de la quotité disponible, voir plus haut).

Pour fixer le montant de la réserve de l'héritier désavantagé, il faut distinguer selon que l'enfant a concouru ou non à la donation-partage.

l'ouvertur
Le délai de 5 ans cou
en cas de partage conjonctif).

Cas pratique

En 1972, des parents effectuent une donation-partage entre leur
l'entérinent.

Cas pratique

Une personne décède et laisse une succession d'une valeur de 50 000 €. De son vivant, le défunt avait fait don de 10 000 € à l'un de ses 2 enfants.
L'actif successoral à partager sera égal à :
50 000 € + 10 000 € = 60 000 €.
S'il n'y a pas d'autres héritiers, chaque enfant devra recevoir 30 000 €.
Le bénéficiaire de la donation, ayant déjà reçu 10 000 €, ne recevra de la succession que 20 000 €.

La question se pose quand les petits-enfants viennent en représentation de leur parent décédé.
Puisqu'ils sont devenus héritiers, sont-ils soumis au rapport pour les donations reçues de leurs grands-parents ?
Pour les successions ouvertes depuis le 1er janvier 2007, les petits-enfants n'ont plus l'obligation de rapporter à la succession les donations de leurs grands-parents dès lors qu'ils n'étaient pas héritiers quand ces donations leur ont été consenties.
L'obligation de rapport s'applique aux héritiers présomptifs.
Ce n'est que si le donateur a exigé le rapport dans l'acte de donation que le petit-enfant sera tenu de s'y soumettre.

› Le rapport ne peut profiter qu'aux héritiers

Quand il n'y a qu'un seul héritier, le rapport des biens qu'il a reçus en donation n'est pas dû aux légataires ni aux créanciers.

Cas pratique

Une personne donne à son fils unique ses droits sur un fonds de commerce. Elle lègue par ailleurs la quotité disponible à sa petite-fille.
La question se pose de savoir si la quotité disponible doit être calculée sur la valeur des biens existants augmentée de la valeur de la donation (après rapport) ou bien si l'héritier unique est dispensé de rapporter la valeur du bien donné.
La Cour de cassation a retenu la seconde solution. Le rapport n'est dû qu'aux autres héritiers et non aux légataires (la petite-fille n'étant pas héritière de sa grand-mère) (C. cass., 1re ch. civ., 1.7.2003).

› Les donations rapportables

● Tout avantage consenti par le défunt doit être rapporté

En principe, tout avantage pécuniaire accordé à un héritier doit être rapporté à la succession. Il s'agit bien sûr des biens mobiliers ou immobiliers donnés par le défunt.
La donation peut être indirecte. Par exemple, si le donateur a pris en charge le montant des frais de la donation-partage, il s'agit d'une donation indirecte qui doit être rapportée (C. cass., 1re ch. civ., 25.2.2009, n° 07-20010).

Il peut s'agir aussi du droit d'exploiter une terre gratuitement et sans contrepartie, du droit de poursuivre la profession libérale ou indépendante développée par le défunt, ou encore le fait de laisser un de ses enfants occuper gratuitement une maison. Dans ce cas, il s'agit d'une donation en possession ou d'une donation des fruits. Le rapport, dans ce cas-là, n'est pas systématiquement ordonné. Il faut que l'avantage procuré à l'héritier soit important et qu'il crée une inégalité entre héritiers (art. 843 du Code civil).

Cas pratique

Un père de famille laisse à deux de ses enfants le droit d'occuper sans contrepartie un immeuble lui appartenant. Cette occupation dure 15 ans. Au décès du père, un autre enfant qui n'avait pas bénéficié de cette occupation gratuite réclame à ses frères le rapport à la succession de cet avantage.
La cour d'appel a estimé que cet avantage était dispensé du rapport puisque le père ne s'était pas appauvri en laissant ses enfants habiter gratuitement un bien qui lui appartenait. Le fondement du rapport est en effet, pour la cour d'appel, de réintégrer dans la succession la valeur d'un bien qui aurait dû se retrouver dans la succession s'il n'avait pas été donné. Lorsque l'avantage ne porte que sur l'usage d'un bien, le bien lui-même reste dans le patrimoine du donateur et il n'y a donc pas lieu de réintégrer dans la succession le droit d'usage concédé aux enfants.
Mais la Cour de cassation a cassé cet arrêt. L'article 843 du Code civil qui prévoit le rapport ne fait aucune distinction entre la donation d'un bien et la donation des fruits ou de l'usage de ce bien (C. cass., 1re ch. civ., 14.1.1997, Dalloz 1997, II, p. 607).

Il ne faut donc pas exclure systématiquement le rapport lorsque la donation ne porte que sur un simple usage ni, à l'inverse, soumettre au rapport tous les avantages conférés à un héritier.
Il faut envisager l'importance de l'avantage procuré par cet usage gratuit. Ainsi, le père qui reçoit pendant les vacances un de ses enfants ne procure pas à celui-ci un avantage devant être rapporté à la succession.
Seules les libéralités sont rapportables. Pour qu'il y ait libéralité, il faut que soit reconnue l'intention libérale et qu'il y ait appauvrissement du débiteur.
La mise à disposition gratuite, en faveur d'un enfant, d'un logement appartenant aux parents n'établit pas l'intention libérale, ni l'appauvrissement du parent (C. cass., 1re ch. civ., 18.1.2012, n° 10-27325, n° 10-25685, n° 09-72542, n° 11-12683).
Le rapport peut être aussi ordonné quand un héritier, titulaire d'une procuration sur un compte appartenant au défunt, a retiré diverses sommes de ce compte. S'il ne prouve pas que l'argent a servi aux besoins du parent, il devra rapporter à la succession le montant des sommes qu'il a retirées en vertu de sa procuration.

Cas pratique

Dans un cas jugé par la Cour de cassation, le fils d'une défunte a dû rapporter à la succession, sur demande de sa sœur, la somme de 130 000 F (18 818 €) qu'il avait retirée du livret d'épargne de sa mère. Son argument, qui consistait à affirmer que les sommes avaient été remises à sa mère et que celle-ci subvenait ainsi à ses propres besoins, n'a pas été retenu. Il aurait dû prouver l'emploi effectif de ces sommes par sa mère et cette preuve n'a pu être apportée (C. cass., 1re ch. civ., 2.2.1999).

● Les bénéfices perçus au sein d'une entreprise créée avec le défunt doivent être rapportés

Il peut s'agir d'une société créée entre le défunt et un de ses héritiers permettant à ce dernier, porteur de parts sociales, de percevoir les bénéfices de cette société ou, en cas de cession, la valeur des parts sociales.
Les avantages tirés des apports effectués par le défunt à la société et procurés à l'héritier doivent être rapportés.
Il est cependant des cas où ce rapport n'est pas ordonné :
- lorsque les statuts de la société ont été rédigés par acte authentique. On estime en effet que l'association entre le défunt et l'héritier a été faite sans fraude aux droits des autres héritiers (art. 854 du Code civil) ;
- lorsque les sommes versées à l'héritier associé ne constituent pas une répartition des bénéfices mais une juste indemnité pour les risques courus par les capitaux ;
- lorsque le défunt a spécifié de son vivant que les avantages tirés de la société étaient dispensés de rapport (la dispense de rapport est possible quelle que soit la libéralité consentie).

› Les donations dispensées de rapport

Certaines donations faites à un héritier et à un enfant notamment, sont, en raison de leur caractère particulier, dispensées de rapport, sauf si l'acte de donation ou un acte postérieur du donateur écarte expressément cette dispense de rapport (art. 852 du Code civil). La possibilité pour le donateur de prévoir le rapport de la donation a été insérée par la loi n° 2006-728 du 23 juin 2006, applicable depuis le 1er janvier 2007.
Ce sont :
- les frais de nourriture, d'entretien, d'éducation, d'apprentissage, les frais ordinaires d'équipement ;

Cas pratique

Les frais d'entretien ne sont pas rapportables (dérogation prévue à l'article 852 du Code civil). Pour être qualifiés de frais d'entretien les sommes versées doivent correspondre à l'exécution d'un devoir familial et ne doivent pas entraîner un appauvrissement significatif du débiteur (C. cass., 1re ch. civ., 1.2.2012, n° 10-25546).

- les frais de noces et les présents d'usage (par exemple, une bague de fiançailles donnée par une mère à sa fille) ;
- les produits retirés d'une association ou d'une société faite entre le défunt et l'un de ses enfants, lorsque les conditions de cette association ont été réglées par acte authentique. Dans ce cas, les sommes reçues par l'héritier constituent sa juste rémunération.

D'autres libéralités sont dispensées de rapport :
- les biens donnés qui ont été détruits par cas fortuit et sans la faute du donataire (mais la prime d'assurance éventuellement perçue est rapportable) ;
- les revenus (fruits et intérêts) produits avant le décès par les biens donnés, si la libéralité a été faite expressément hors part successorale ;
- le capital de l'assurance vie versée à l'héritier ;
- les donations avec charges équivalentes à l'avantage procuré (par exemple, si un logement est mis à la disposition d'un héritier en contrepartie des soins apportés au donateur) ;
- les donations-partages puisque le partage est déjà effectué.

● Les présents d'usage n'ont pas à être rapportés

Les présents d'usage sont les cadeaux faits à l'occasion d'un événement familial (fiançailles, mariage, naissance...). Ils ne sont pas, en principe, rapportables sauf volonté contraire du donateur.

Le caractère de présent d'usage s'apprécie à la date où il est consenti et compte tenu de la fortune du disposant (art. 852 du Code civil).

Pour attribuer à un cadeau la qualité de présent d'usage, il ne faut pas que la valeur de ce présent soit disproportionnée par rapport à la fortune du donateur. Par exemple, si une personne très fortunée donne un bijou à sa fille qui se marie, ce bijou peut être un présent d'usage si sa valeur est modique par rapport à ses autres biens. Dans une autre famille moins aisée, il s'agira d'une donation rapportable.

Cas pratique

Un père avait donné à sa fille, à l'occasion de son mariage, 8 aquarelles dont la valeur atteignaient 70 000 F (10 672 €) en 1975. 10 ans plus tard, la fille revend 7 de ces tableaux pour la somme de 5 620 000 F (856 764 €).

Les frères et sœurs ont demandé, lors du décès du père, le rapport à la succession des sommes correspondant à cette libéralité.

Ils ont été déboutés de leur demande. Les juges ont en effet considéré qu'à l'époque de la donation les aquarelles pouvaient avoir le caractère de présents d'usage compte tenu de la fortune du donateur et n'avaient pas à être rapportés à la succession même si leur valeur avait considérablement augmenté depuis l'époque de la donation (C. cass., 1re ch. civ., 10.5.1995, Bull. civ. n° 197).

Fiscalement, les présents d'usage ne sont pas non plus imposables ni soumis aux dispositions de l'article 784 du Code général des impôts qui prévoient le rapport des donations antérieures (voir *Les présents d'usage*, p. 200).

L'assurance-vie

L'assurance-vie est une sorte de donation puisqu'il s'agit d'un avantage sans contrepartie accordé au bénéficiaire. Elle est assimilable également aux testaments, puisqu'elle prend effet au décès du souscripteur.

Cependant, il ne s'agit pas d'une libéralité ordinaire puisque les sommes perçues par le bénéficiaire ne sont pas prises en considération lors de l'évaluation de l'actif successoral.

L'héritier qui en est bénéficiaire ne doit pas rapporter à la succession les sommes perçues. Ces sommes viennent s'ajouter à sa part de succession.

Si le bénéficiaire est un tiers non héritier, il peut conserver les sommes reçues sans qu'elles puissent être réduites comme les donations ou testaments.

L'assurance-vie est donc un moyen de favoriser un héritier, son conjoint ou un tiers sans que les autres héritiers ne puissent venir le contester. L'assurance-vie permet aussi à un héritier de toucher un capital tout en renonçant à une succession déficitaire.

La notion de prime manifestement exagérée

Il existe cependant une exception à cette règle : si les primes versées sont manifestement exagérées par rapport aux facultés financières du défunt, ses héritiers peuvent demander au bénéficiaire du contrat la réduction (si le bénéficiaire est un tiers) ou le rapport à succession (si le bénéficiaire est un héritier) (art. L. 132-13 du Code des assurances).

Les primes versées sont alors considérées comme des donations.

Si le bénéficiaire du contrat d'assurance est un héritier, il doit rapporter à la succession l'intégralité des primes et non pas uniquement la partie de ces primes constituant l'abus.

Cette notion dépend des circonstances de chaque cas d'espèce. En règle générale, on tient compte des revenus de la personne et on étudie le rapport entre ces revenus et le montant des primes versé. On tient compte également de l'âge du souscripteur, de son état de santé, de la composition de la famille...

Cas pratiques

• La notion de « prime manifestement exagérée » a été reconnue dans le cas suivant. Une personne âgée de 84 ans avait souscrit un contrat d'assurance-vie le 7 août 1991 pour une durée de 8 ans destiné à lui procurer le service d'une rente à son expiration. Elle avait également désigné l'un de ses fils bénéficiaire en cas de décès. Elle avait versé la somme de 99 900 F (15 230 €) à la souscription et 100 000 F (15 245 €) le 4 novembre 1991. Elle décède 5 jours plus tard, le 9 novembre 1991.

À la demande de l'autre fils, les juges ont ordonné le rapport à la succession de la totalité des primes versées. Ils ont retenu que ce contrat n'avait aucun intérêt pour elle, puisqu'il était d'une durée de 8 ans (la rente devait ainsi lui être versée à 92 ans) et que le deuxième versement était intervenu à un moment où son état s'était sensiblement dégradé puisqu'elle venait de sortir de l'hôpital et devait décéder quelques jours plus tard. Par ailleurs, ces primes représentaient le tiers de son capital (C. cass., 1re ch. civ., 1.7.1997, Bull. civ. n° 217).

• Dans cet autre litige, l'assurée était âgée de 83 ans au moment de la souscription d'un contrat d'assurance-vie.
Elle avait versé en deux ans des primes équivalant aux trois quarts de ses biens en valeur. Les juges ont considéré que le contrat n'avait pas d'utilité pour elle, que la souscription n'avait d'autre utilité que de soustraire une partie de son actif aux règles des successions et que les primes payées étaient manifestement exagérées par rapport à ses facultés (ses revenus annuels étaient de l'ordre de 4 116 €).
À noter : la réintégration dans l'actif successoral du capital de l'assurance-vie (plus de 42 685 €) a eu pour effet d'élever la valeur de l'actif successoral au-dessus du seuil de 39 000 € et donc de permettre au Fonds de solidarité vieillesse de récupérer la totalité de sa créance (cour d'appel de Pau, 18.6.2001, JCL Droit de la famille, 11.2002, n° 130 p. 19).
• Le souscripteur avait versé sur deux contrats d'assurance-vie la somme totale de 16 500 000 €. Il se savait atteint d'un cancer en 1993 et avait souscrit ces deux contrats en 1994 et 1995. Les primes représentaient 82 % de son patrimoine. Il avait désigné la bénéficiaire 3 jours avant son décès, cette bénéficiaire étant par ailleurs sa légataire universelle. Les juges ont considéré qu'il s'agissait d'une donation et, à ce titre, les sommes ont été imposées (C. cass., ch. mixte, 21.12.2007, n° 06-12769).
• Dans cet exemple, en revanche, une personne avait, en une seule fois, versé la somme de 228 844, 27 € sur un contrat et avait désigné sa première fille bénéficiaire. À son décès, la seconde fille avait contesté ce versement et voulait que les sommes investies soient réintégrées dans la succession. Les juges n'ont pas jugé les primes exagérées. Le souscripteur disposait en effet d'une petite retraite ; les sommes placées n'étaient pas prélevées sur les revenus mais provenaient d'une somme de 313 151 € que le souscripteur venait de recevoir dans le cadre de la liquidation de sa communauté après divorce (C. cass., 2e ch. civ., 4.7.2007, n° 06-14.048).

La notion de primes exagérées doit être étudiée au moment du versement des primes et non pas au moment du décès.

Cas pratique

Une personne disposant d'un patrimoine de 230 000 € verse une prime de 30 000 € (en mai). Elle décède en juin en laissant un patrimoine de 16 000 €.
La prime n'est pas exagérée au regard du patrimoine existant au moment du versement (C. cass., 1re ch. civ., 12.11.2009, n° 08-20443).

Si les primes sont manifestement exagérées, le bénéficiaire qui aurait dissimulé l'existence de ce contrat aux autres héritiers peut être puni des peines du recel (voir *Le recel successoral (art. 778 du Code civil)*, p. 146).

Contrats d'assurance-vie et contrats de capitalisation

Il existe une distinction entre les contrats d'assurance-vie et les contrats d'assurance de capitalisation ou d'épargne.
Une troisième catégorie réunit les contrats dits « mixtes » c'est-à-dire ceux qui prévoient le versement d'un capital à l'échéance prévue ou au décès de l'assuré, si ce décès intervient avant cette échéance.
Cette distinction est importante puisque seuls les contrats d'assurance vie bénéficient des règles prévues aux articles L. 132-12 et L. 132-13 du Code des assurances

qui soustraient de l'actif successoral le capital versé au bénéficiaire (dispense de rapport et de réduction, exonération sous certaines conditions des droits de mutation). En revanche, s'il s'agit d'un contrat d'épargne ou de capitalisation, le bénéficiaire, s'il est héritier, doit rapporter à la succession le capital versé. Le bénéfice de ce contrat est par ailleurs réduit s'il excède la quotité disponible.
Établir les critères de distinction est difficile puisque les deux sortes de contrats peuvent prévoir que le capital sera versé à un bénéficiaire au moment du décès du souscripteur.
Dans les deux contrats également, les primes peuvent être versées sur plusieurs années ou sur un temps plus court.
Le critère pouvant être retenu peut être l'intention du souscripteur. Un contrat d'assurance vie est un contrat de prévoyance visant à garantir le risque d'un décès et ses conséquences financières pour le bénéficiaire désigné (un proche ou le conjoint très souvent). Un contrat de capitalisation se rapproche davantage d'un contrat de gestion du patrimoine, les primes versées étant destinées à obtenir le versement d'un capital à une échéance, sans lien avec le décès du souscripteur, ou à effectuer une libéralité si le bénéficiaire n'est pas le souscripteur du contrat.
La Cour de cassation a mis fin à ces interrogations et a clarifié la situation : les contrats mixtes ne peuvent pas être requalifiés en contrats de capitalisation dès lors qu'ils comportent un aléa.
Cet aléa existe lorsque les effets du contrat dépendent de la durée de la vie humaine.
Le contrat qui comporte un aléa constitue donc un contrat d'assurance sur la vie soumis aux règles du Code civil et du Code des assurances (capital versé hors succession, dispense de rapport, contrôle des primes manifestement exagérées).

Cas pratique

Une personne avait souscrit des contrats d'assurance-vie auprès de la société Cardif Société Vie et avait désigné, quelque temps plus tard, quatre bénéficiaires à parts égales. Les contrats prévoyaient que le capital (à une date déterminée dans l'acte) serait versé soit à l'adhérente si elle était encore vivante à cette date, soit aux bénéficiaires désignés.
À son décès, elle laisse pour lui succéder son fils adoptif, qui a fait opposition au paiement des sommes dues au titre de ces contrats ; il considère qu'il s'agit d'un contrat de capitalisation ou d'épargne et non d'un contrat d'assurance-vie. En effet, le montant du capital versé ne dépendant pas de la survie du souscripteur, il n'y a aucun aléa financier. En conséquence le capital versé doit faire partie de l'actif successoral.
Sa demande est rejetée. Les juges ont relevé que les contrats litigieux comportaient un aléa puisque, à la date de souscription, l'assurée ignorait qui d'elle ou des bénéficiaires recevrait le capital (C. cass., Ch. mixte, 23.11.2004, Bull. civ. n° 4, p. 9).
À noter : trois autres arrêts de la Cour de cassation statuant en chambre mixte ont été rendus le même jour sur ce même sujet. La Cour de cassation réaffirme le principe selon lequel le contrat d'assurance dont les effets dépendent de la durée de la vie humaine comporte un aléa au sens des articles 1964 du Code civil, L. 310-1,1 et R. 321-1,20 du Code des assurances et constitue un contrat d'assurance sur la vie. L'absence d'aléa financier ne suffit pas pour exclure ces contrats de la catégorie de contrats d'assurance-vie.

Les donations rémunératoires

Les sommes ou les biens qui ont été donnés à un héritier peuvent être dispensés de rapport s'ils sont la compensation d'un travail ou d'une collaboration apportés au défunt et non rémunérés.

Cas pratique

Une femme mariée sous le régime de la séparation de biens collabore pendant plusieurs années à l'entreprise de son mari sans recevoir la moindre rémunération.
Au décès de mari, ses enfants, issus d'un premier mariage, demandent le rapport à la succession des sommes versées par leur père à sa seconde épouse (sommes relativement importantes puisqu'elles lui avaient permis d'acquérir 5 appartements). Pour eux, l'aide apportée par leur belle-mère à l'entreprise de leur père n'était qu'une contribution aux charges du mariage, obligation prévue à l'article 214 du Code civil. Les juges ont repoussé la demande des enfants en considérant que les sommes reçues ne constituaient pas des donations mais des rémunérations pour l'aide apportée à l'entreprise. En effet, cette aide semblait importante compte tenu des nombreuses attestations recueillies et dépassait largement le devoir de contribuer aux charges du mariage. Ce dépassement suffit à considérer qu'il s'agit de donations rémunératoires (C. cass., 1re ch. civ., 8.2.2000, Bull. civ. n° 245).

De même, les sommes versées par un père à son fils qui l'héberge ne sont pas des donations rapportables.

Cas pratique

Au décès de son épouse, un homme est maintenu à son domicile, son fils venant s'occuper de lui. Puis, en raison de problèmes de santé et à la suite de la mutation professionnelle de son fils, il part habiter au domicile de ce dernier.
Pendant sept ans, le fils reçoit une somme mensuelle d'environ 4 500 F (687 €) (soit un total d'environ 378 000 F [57 626 €]). Sa sœur, au moment de l'ouverture de la succession de leur père, demande que les sommes perçues soient rapportées à la succession.
La cour d'appel a estimé que les versements mensuels dont avait bénéficié le fils devaient être considérés comme correspondant aux frais d'entretien normaux d'une personne âgée disposant de ressources relativement confortables et devaient, en conséquence, être dispensés de rapport. Il faut noter que les juges ont également relevé l'égoïsme de la fille en indiquant qu'elle ne paraissait pas s'être « préoccupée de la manière dont son père veuf, âgé et malade, assurait le quotidien de son existence alors qu'elle était, tout autant que son frère, débitrice d'une obligation alimentaire envers lui » (cour d'appel de Riom, 9.5.2000, JCL Droit de la famille, 2.2001, n° 21, p. 25).

La mise à disposition gratuite d'une maison n'a pas à être rapportée si cet avantage est la contrepartie de charges réelles et permanentes du bénéficiaire de cette mise à disposition.

Cas pratique

Dans cet arrêt, un enfant avait bénéficié pendant 30 ans d'une maison de gardien de la propriété de ses parents. Au décès du père, ses frères et sœurs lui demandent de rapporter la valeur locative de cette maison. Or, il est apparu que cet enfant avait rendu de nombreux services à ses parents tels que l'entretien du jardin, la surveillance de la propriété des parents en leur absence, la prise en charge de la santé de ses parents, de leur ravitaillement, de leurs démarches administratives...

Il apparaissait aussi que cet enfant avait renoncé à déménager lors de la naissance de son second enfant pour pouvoir assurer une présence constante auprès de ses parents.

L'occupation gratuite de cette maison lui avait donc été consentie en contrepartie des services qu'il rendait à ses parents.

Il a donc été dispensé de rapporter à la succession l'équivalent des loyers correspondant à cette immeuble.

Les juges ont relevé aussi que le pavillon n'était pas destiné à être loué et que l'occupation gratuite par leur fils ne sous-entendait pas un manque à gagner pour les parents (cour d'appel de Paris, 16.1.2003, Gaz. pal., 10.5.2003, I, p. 19).

La donation pour être qualifiée de « rémunératoire » ne doit pas être excessive c'est-à-dire ne pas excéder la valeur du service rendu.

Si la donation est excessive, elle peut néanmoins être validée car elle garde son caractère rémunératoire. Seul l'excédent (rapport ou réduction) doit être restitué aux héritiers par le bénéficiaire.

La Cour de cassation va à l'encontre de la jurisprudence antérieure qui voulait qu'une donation qui était excessive ne pouvait pas être rémunératoire même pour partie.

Cas pratique

Une personne avait donné à sa nièce un terrain commun en rémunération des services rendus.

Le fils de cette personne avait contesté cette donation après le décès de sa mère et revendiqué la moitié du terrain (issu de la succession de son père) et sa part de réserve sur l'autre moitié.

Après enquête il était apparu qu'effectivement la nièce avait aidé son oncle et sa tante pendant 13 ans. Les prestations fournies par la nièce ont été évaluées à 250 € par mois pendant 13 ans soit 39 000 €. Or le terrain donné était évalué à 59 730 €. La rémunération octroyée à la nièce était donc excessive. La différence a été versée au fils de la défunte soit 20 730 € (C. cass., 1re ch. civ., 8.7.2010, n° 09-67135).

Les donations avec clause de substitution

La donation graduelle qui contient une clause de substitution en faveur des enfants du bénéficiaire de cette donation est présumée être faite avec dispense de rapport. Cette présomption est justifiée par le fait que le donataire (le grevé) doit conserver et rendre le bien donné.

Toutefois, le donateur peut indiquer qu'il entend que cette donation soit également soumise au rapport (voir *Qu'est-ce qu'une donation graduelle ?*, p. 44, *Qu'est-ce qu'une donation résiduelle ?*, p. 45).

Les donations avec réserve d'usufruit

Lorsque le défunt a vendu à l'un de ses enfants un bien en nue-propriété et qu'il s'est conservé l'usufruit de ce bien (généralement un immeuble), la loi suppose qu'il s'agit en fait d'une donation et prend en compte la valeur en pleine propriété du bien vendu.
La valeur en pleine propriété s'impute sur la quotité disponible (et non sur la part de réserve de cet enfant). Si cette valeur dépasse la quotité disponible, l'excédent devra être réduit.
Généralement, le notaire chargé de la vente demande aux autres héritiers leur accord. Dans ce cas, ceux qui ont donné leur accord ne pourront plus, à l'ouverture de la succession du donateur, demander cette imputation et cette réduction. Seuls ceux qui n'ont pas consenti à cette aliénation pourront demander la réduction (art. 918 du Code civil).

› Comment se calcule le rapport ?

La donation porte sur un bien

Le rapport peut se faire soit en nature soit en valeur.
En principe, le choix appartient à l'héritier qui doit effectuer le rapport. S'il choisit le rapport en nature il faut que le bien soit libre de toute occupation et de toutes charges (comme un bail consenti à un locataire ou une hypothèque inscrite par les créanciers de l'héritier). En cas de rapport en nature, le bien revient donc dans la succession et est partagé comme les autres biens entre les héritiers (art. 859 du Code civil).
Mais le donateur peut aussi prévoir dans l'acte la forme que devra prendre le rapport.
L'acte peut imposer ou, au contraire, interdire le rapport en nature. Dans cette hypothèse l'interdiction doit être clairement exprimée.

Cas pratique

En l'espèce, l'acte comportait une clause de style sur le rapport en moins prenant (rapport en valeur). Pour les juges, cette clause n'en signifiait pas que les donateurs aient voulu imposer le rapport en valeur. Pour que soit obligatoire le rapport en valeur, la clause d'interdiction du rapport en nature doit être expresse (C. cass., 1re ch. civ., 12.1.2011, n° 09-15298).

Mais le plus souvent, le rapport a lieu en valeur. L'héritier conserve le bien, mais doit rapporter à ses cohéritiers une certaine somme d'argent. Cette somme est égale à la valeur du bien donné à l'époque du partage (et non la date de l'ouverture de la succession), d'après son état à l'époque de la donation. Il faut donc évaluer la valeur actuelle des biens devant être rapportés.

La formule « d'après son état à l'époque de la donation » signifie que les éventuelles améliorations qui ont été apportées au bien par le donataire ou, à l'inverse, les dégradations qu'il a commises ne doivent pas intervenir pour fixer la valeur du rapport. Ce n'est que si ces améliorations ou dégradations sont dues à un cas fortuit indépendant de la volonté du donataire qu'elles seront retenues pour fixer la valeur à retenir.

Cas pratique

Si le donataire reçoit une terre destinée à la culture et s'il change sa destination entraînant la dépréciation de cette terre, il devra rapporter à ses cohéritiers la valeur de la terre à l'époque de la donation.
Si, au contraire, la terre prend de la valeur en raison du changement du POS (devenu le PLU, plan local d'urbanisme) de la commune (par exemple, si le terrain devient constructible) ou, au contraire, est déclassée et perd de la valeur, il faudra tenir compte de la plus-value ou de la moins-value apportée par le changement de PLU (changement indépendant de la volonté du donataire).

Si le bien a été vendu avant le partage, on tient compte de la valeur qu'il avait à l'époque de la vente. Si un nouveau bien a été subrogé au bien vendu, on tient compte de la valeur de ce nouveau bien à l'époque du partage, d'après son état à l'époque de l'acquisition. Toutefois, si la dépréciation du nouveau bien était, en raison de sa nature, inéluctable au jour de son acquisition, il n'est pas tenu compte de la subrogation.

La donation a été consentie avec une charge

Si une donation a été consentie avec une charge d'entretien du donateur, le rapport doit être calculé en déduisant de la valeur donnée le montant de la charge.

Cas pratique

Lorsque la charge est une rente versée au donateur, les arrérages versés sont soustraits de la valeur brute du bien à laquelle il faut ajouter les revenus procurés au donataire par le bien donné (C. cass., 1re ch. civ., 24.11.1987, Dalloz 1988, II, p. 260).
Il faut évaluer la charge au jour de son exécution et non pas revaloriser cette charge de la même façon que le bien (C. cass., 1re ch. civ., 17.12.1991, Bull. civ. n° 355).

La donation porte sur une somme d'argent

Lorsqu'il est fait don d'une somme d'argent, le bénéficiaire doit rapporter à la succession le montant nominal de cette somme (art. 860-1 du Code civil).
Par ailleurs, le même article prévoit que, si la somme a servi à acquérir un bien, le rapport est égal à la valeur de ce bien à l'époque du partage d'après son état à l'époque de l'acquisition.
Dès lors que l'argent est, en général, toujours destiné à une acquisition à plus ou moins long terme, les litiges entre les héritiers peuvent naître du fait de la différence entre le montant de la somme donnée et la valeur du bien après plusieurs années (le bien peut totalement être déprécié ou, au contraire, avoir gagné beaucoup de valeur).

La jurisprudence distingue les cas où la donation d'argent correspondait exactement à l'acquisition (par exemple, lorsque le prix est payé par le donateur) et les cas où la somme a été remise au bénéficiaire qui a, par la suite, procédé à une acquisition. Dans le premier cas, on retient la valeur du bien et dans le second cas, le montant de la somme donnée.

Cas pratiques

• Un enfant reçoit de son père la somme de 100 000 F (15 245 €) pour lui permettre d'acquérir une voiture. Il ne déclare pas le don manuel au fisc. Lors de l'ouverture de la succession, le fisc opère un redressement en demandant de réintégrer dans la déclaration de succession la somme donnée quelques années avant.
Le fils conteste le montant réintégré dans la succession, estimant qu'il fallait retenir la valeur du bien acquis avec cette somme, c'est-à-dire la valeur de la voiture puisque l'acquisition du bien a eu lieu avant la révélation du don au fisc. Cette solution est écartée par la Cour de cassation. Le bénéficiaire d'un don manuel doit effectuer une déclaration de ce don au fisc. Puis, lors de l'ouverture de la succession, l'héritier doit mentionner toutes les donations antérieures reçues du défunt. Il s'ensuit que c'est bien le montant du don manuel et non la valeur du bien acquis avec cet argent qui doit être intégré dans la déclaration de succession (C. cass., ch. com., 20.10.1998, Bull. civ. n° 245, p. 203).
Cette règle s'applique quelle que soit la date d'acquisition du bien (avant ou après le décès du donateur).

• Une personne propriétaire d'un terrain avait reçu de ses parents diverses sommes d'argent ayant servi à la construction d'une maison sur ce terrain. La question se posait de savoir si l'argent avait servi à l'acquisition d'un bien et, dans ce cas, évaluer le rapport en fonction de la valeur de la maison ou, au contraire, s'il fallait considérer que la donation ne portait que sur les sommes d'argent et retenir en conséquence leur valeur nominale. La Cour de cassation a considéré que l'argent n'avait pas servi à l'acquisition d'un bien et que le rapport dû à la succession devait être égal aux montants des sommes données. La construction a été assimilée à une amélioration d'un bien, en l'occurrence le terrain (C. cass., 1re ch. civ., 21.5.1997, Bull. civ. n° 167).

Les dettes d'un héritier envers le défunt

Les dettes d'un héritier envers le défunt sont également rapportables. L'héritier devient débiteur de la succession.
En principe, la dette, exigible au moment du décès ou non, doit être intégrée dans son lot au moment du partage. Si son montant dépasse ses droits, il doit le paiement du solde sous les conditions et délais prévus dans son obligation.
Les sommes rapportables portent intérêt au taux légal à compter de leur exigibilité (art. 864 du Code civil).

› Le donateur peut-il fixer d'avance le montant du rapport qui sera dû à la succession ?

Le rapport est en principe calculé en fonction de la valeur des biens donnés au moment du partage de la succession.

Mais le donateur peut demander au notaire d'insérer dans l'acte de donation une clause de rapport forfaitaire. Cette clause est expressément autorisée par l'article 860 du Code civil et permet au donateur de déterminer à l'avance le montant que le donataire devra rapporter à la succession. La liberté dans ce domaine est totale. C'est ainsi qu'il peut décider que la valeur du bien devant être rapportée sera celle fixée au jour de la donation (et non la valeur du bien au jour de l'ouverture de la succession). Cette valeur est fixée de façon invariable.
La clause de rapport forfaitaire peut avantager le donataire (bénéficiaire de la donation) dans la mesure où le bien donné a pris de la valeur entre le jour de la donation et le jour de l'ouverture de la succession.
S'il existe une différence entre le montant du rapport fixé dans l'acte et la valeur du bien donné au jour de l'ouverture de la succession, la différence constitue un avantage accordé au bénéficiaire de la donation. Cet avantage vient s'ajouter à sa part (art. 860 du Code civil).
Mais il faut toutefois que cet avantage ne dépasse pas la valeur de la quotité disponible (établie le jour de l'ouverture de la succession). Si tel était le cas, l'excédent serait réduit (voir *L'action en réduction*, p. 279).

› Comment éviter le rapport et favoriser un enfant par rapport à ses frères et sœurs ?

La dispense de rapport signifie que l'héritier qui a reçu du vivant de son parent une donation n'a pas à inclure dans la masse à partager entre cohéritiers la valeur de cette donation. Cette donation doit s'ajouter à sa part de succession.
Le moyen le plus simple d'éviter le rapport est de le prévoir dans l'acte de donation. Il y a dispense de rapport lorsque le donateur l'a voulu et a exprimé cette volonté d'avantager un de ses héritiers en le dispensant du rapport (ces donations étaient appelées « préciputaires » ou « par préciput » ou « hors part », termes que la loi n° 2006-728 du 23 juin 2006 a remplacés par « donation hors part successorale »). Cette volonté doit apparaître dans l'acte de donation lui-même ou dans un testament postérieur.

MON CONSEIL

La quotité disponible doit être respectée *Cette règle est opposée à celle concernant le legs puisque ces derniers sont par principe dispensés de rapport, sauf volonté contraire du défunt.*
Lorsque la donation est dispensée de rapport, sa valeur ne doit cependant pas excéder la quotité disponible car elle porterait alors atteinte à la réserve des autres héritiers.
Si elle excède la quotité disponible, elle doit être réduite *(voir* L'action en réduction*, p. 279)**.*

› Comment un don manuel peut-il être dispensé du rapport ?

En principe, pour qu'une donation soit dispensée de rapport, il faut que le donateur indique de façon expresse cette volonté dans l'acte de donation (art. 843 du Code civil).

La mention peut être : « *Cette donation est expressément dispensée de rapport. Elle est effectuée hors part successorale.* »

Lorsque le donateur a consenti un don manuel, il n'y a, par définition, pas d'acte. La jurisprudence admet que le donateur n'est pas obligé de recourir à la déclaration expresse prévue par l'article 843 du Code civil, mais il est nécessaire que cette dispense résulte de la volonté nettement établie du donateur. Cette volonté peut, au moment du décès, être prouvée par témoignages ou documents personnels (lettres par exemple) mais, de son vivant, le donateur peut rédiger un testament olographe (voir *La rédaction du testament,* p. 3) où il pourra exprimer cette volonté.

Comment gérer la succession ?

➤ **Les biens composant la succession forment une masse qui a été évaluée lors de la déclaration de succession et qu'il convient ensuite de gérer.**

➤ **Il faut attribuer aux légataires les biens qui doivent leur revenir, payer les créanciers de la succession et organiser le sort des biens qui appartiennent en commun aux héritiers.**

➤ **Les biens appartenant en commun aux héritiers sont en indivision.**

➤ **Il est indispensable de connaître les règles applicables à l'indivision, les droits et les obligations de chaque indivisaire, leurs relations réciproques et avec les tiers et la façon de régler les conflits qui peuvent survenir.**

Qu'est-ce que la délivrance des legs ?

Le légataire est désigné par le défunt (par testament) pour recevoir certains biens particuliers ou une quote-part de la succession ou encore la totalité de la succession (sur les différents legs, **voir Quels sont les différents legs ?, *p. 11).***
Plusieurs questions peuvent alors se poser : comment le légataire peut-il prendre possession des biens qui lui ont été légués ? Quel est le rôle des héritiers ? Que faire en cas de contestation de leur part ?
La situation des légataires dépend des legs dont ils ont bénéficiés.

Comment les légataires peuvent-ils prendre possession des biens qui leur sont légués ?

La saisine est le fait de pouvoir, concrètement, prendre possession des biens mobiliers ou immobiliers de la succession.
Elle confère le droit d'administrer l'intégralité des biens de la succession. Elle est différente de la répartition proprement dite des biens entre les héritiers ou légataires.
Le pouvoir d'administrer la succession permet d'en percevoir les fruits (par exemple, de toucher les loyers d'un immeuble) mais non de vendre les biens (sauf si ces biens sont de façon certaine attribués à celui qui en dispose).
Les héritiers (et le conjoint survivant) ont la saisine. Ils sont saisis de plein droit des biens, droits et actions du défunt (art. 724 du Code civil).

Cas pratique

Le conjoint survivant, quelle que soit l'étendue de ses droits dans la succession, a la saisine sur l'universalité de l'hérédité et donc la jouissance de tous les biens composant la succession.
Dans cet arrêt, les enfants du défunt réclamaient à leur belle-mère une indemnité d'occupation et le rapport des revenus qu'elle avait encaissés. Ils estimaient que ses droits de jouissance sur la succession devaient être limités aux biens qui lui seraient attribués et non sur l'ensemble des biens. Cet argument a été rejeté. Puisque le conjoint survivant a la saisine de l'universalité de la succession, il peut percevoir les fruits dès le jour du décès et n'est redevable d'aucune indemnité d'occupation (C. cass., 1re ch. civ., 3.2.2004, JCL Droit de la famille, 3.2004, n° 39, p. 29).

Les légataires en revanche n'ont pas la saisine (sauf le légataire universel dans certains cas).
Les légataires constituent une dérogation aux règles légales de dévolution successorale puisqu'ils tiennent leurs droits d'un testament. Pour pouvoir recueillir leurs biens, ils doivent en principe demander la « délivrance » de leur legs.
Cette formalité est justifiée par le fait qu'il ne tiennent pas leurs droits de la loi et qu'il peut être utile de contrôler leur identité, leur capacité, la validité du testament etc. C'est la raison pour laquelle, lors de l'ouverture de la succession, ils ne peuvent se contenter de prendre possession des biens qui leur sont légués.
Les règles sont différentes selon qu'il s'agit d'un légataire universel, d'un légataire à titre universel ou d'un légataire particulier.

Les différents types de légataires

› Le légataire universel (art. 1003 s. du Code civil)

Le légataire universel a une situation particulière puisqu'elle diffère selon qu'il y a ou non des héritiers réservataires.

• Il n'y a pas d'héritier réservataire

Le légataire universel a vocation à recueillir la totalité de la succession s'il n'y a pas d'héritier réservataire. Dans cette hypothèse, il a la saisine de la succession. Il peut alors prendre possession, sans formalités, des biens de la succession à condition toutefois que le testament qui l'a institué légataire universel soit un testament authentique.
Si le testament est un testament olographe, la saisine doit être contrôlée et confirmée par le président du tribunal de grande instance du lieu d'ouverture de la succession. Le juge, saisi par requête, vérifie la régularité du testament et s'assure qu'il n'y a pas d'héritier réservataire (art. 493 et s. du Code de procédure civile). Il rend alors une ordonnance d'envoi en possession.
Lorsqu'une contestation portant sur la validité du testament (contestation portant sur l'écriture ou la signature du testament olographe) est soulevée, le juge peut surseoir à statuer, c'est-à-dire attendre pour rendre son ordonnance que le litige soit jugé.
Lorsque l'ordonnance d'envoi en possession est rendue, les héritiers peuvent la contester en faisant appel. L'appel ne suspend pas l'exécution de l'ordonnance. Cela signifie que le légataire peut tout a fait prendre possession des biens qu'il estime lui revenir. Afin de sauvegarder leurs intérêts, les héritiers peuvent donc être amenés à devoir prendre des mesures conservatoires telles que l'apposition des scellés, l'inventaire des biens, la mise sous séquestre, la nomination d'un administrateur provisoire.

• Il y a des héritiers réservataires

Mais s'il y a des héritiers réservataires, le légataire universel n'a plus droit à la totalité de la succession et la saisine lui est refusée. Il doit demander la délivrance de son legs aux héritiers.

La délivrance du legs (prise de possession concrète des biens) n'est soumise à aucune règle de forme particulière et généralement s'exécute de façon amiable. La délivrance amiable signifie que les héritiers ratifient le testament et renoncent à l'attaquer par la suite. À défaut d'accord, le légataire doit s'adresser au tribunal de grande instance.
Il a droit aux fruits ou revenus des biens légués du jour du décès s'il a demandé la délivrance du legs dans l'année qui suit le décès. Dans le cas contraire, il n'a droit aux fruits qu'à compter de la délivrance amiable ou de sa demande en justice.

Cas pratique

Dans ce litige, la légataire qui était également indivisaire avait habité la maison qui lui avait été léguée. Ses coïndivisaire lui demandaient une indemnité d'occupation pour le temps d'occupation entre le décès et le partage. Cette demande est rejetée. Aucune indemnité d'occupation n'est due si la demande en délivrance est faite dans l'année qui suit le décès puisque le légataire a la jouissance des biens légués dès le jour du décès (C. cass., 1re ch. civ., 24.9.2008, n° 06-21445).

Les fruits ne sont payables qu'au moment du partage. Entre le jour de l'ouverture de la succession (jour du décès) et le jour du partage, le légataire ne peut revendiquer la jouissance des biens en indivision.

Cas pratique

Une personne décède en laissant pour héritier réservataire son petit-fils et pour légataire universel de tous ses biens un ami qui vivait avec elle.
Le litige opposait le petit-fils qui voulait obtenir l'expulsion du légataire et le légataire qui entendait demeurer dans les lieux constituant le domicile de la défunte.
La demande du légataire a été refusée et l'expulsion demandée par le petit-fils a été ordonnée.
Le Code civil prévoit que le légataire universel doit demander la délivrance de son legs aux héritiers réservataires. Cette délivrance a pour objet d'établir et de reconnaître les droits du légataire mais non de lui permettre de jouir des biens en indivision. Ce n'est qu'au moment du partage que le legs pourra être remis au légataire ainsi que les fruits et revenus de ces biens. Le légataire ne peut donc obtenir le droit de jouir des biens avant le partage. Il ne peut donc pas justifier d'un droit sur le logement de la défunte (C. cass., 1re ch. civ., 3.10.2000, JCL Droit de la famille, 3.2001, n° 33 p. 29).

› Le légataire à titre universel (art. 1010 du Code civil)

Il n'a jamais la saisine, c'est-à-dire qu'il doit toujours demander la délivrance de son legs. Il fait cette demande (sans formalité) :

- soit aux héritiers réservataires ;
- soit, à défaut, au légataire universel ;

• soit, à défaut d'héritier réservataire et de légataire universel, à tout autre héritier ;
• soit, à défaut de tout héritier, à l'État (Administration des domaines) ou au curateur nommé pour les successions vacantes (art. 1011 du Code civil).

Si la délivrance du legs est refusée, le légataire doit déposer, au tribunal de grande instance du lieu d'ouverture de la succession, une demande en délivrance de legs. Le tribunal vérifie la validité et la régularité du testament et décide si le légataire est fondé, ou non, à réclamer son legs.

Comme le légataire universel, il a droit aux fruits ou revenus des biens légués du jour du décès s'il a demandé la délivrance du legs dans l'année qui suit le décès. Dans le cas contraire, il n'a droit aux fruits qu'à compter de la délivrance amiable ou de sa demande en justice.

› Le légataire particulier

Il doit également demander la délivrance du ou des biens légués (art. 1014 du Code civil).

Il s'adresse aux héritiers réservataires ou aux légataires universels, à titre universel ou encore aux autres héritiers.

Les contestations sont portées devant le tribunal de grande instance.

Il a droit aux fruits ou revenus du bien légué du jour de sa demande en délivrance (sauf si le testateur a manifesté son désir que ce droit soit effectif à compter du décès).

Les frais de procédure de la demande de délivrance sont à la charge de la succession si le légataire obtient gain de cause (à condition toutefois que la réserve des héritiers ne soit pas entamée par ces frais). Si la délivrance lui est refusée, il doit payer ces frais (art. 1016 du Code civil). Les droits d'enregistrement seront dus par le légataire.

À NOTER

Si le bien légué appartient à un tiers *Lorsque le testateur a légué un bien appartenant à autrui, ce legs est nul. Cette règle s'applique, que le testateur ait su ou non que ce bien ne lui appartenait pas (art. 1021 du Code civil).*

Cette situation peut se trouver dans l'hypothèse où un époux lègue un bien qui appartient en réalité en tant que bien propre à son conjoint.

On ne tient pas compte de la volonté du testateur d'avantager un légataire et il n'est pas possible de remplacer le bien légué par un autre bien de même valeur.

Le legs d'un bien en indivision n'est pas un legs de la chose d'autrui. Le legs n'est donc pas nul mais peut, lors du partage, être caduc (sur ce point, voir Legs d'un bien en indivision, *p. 335**).*

Comment se passe le paiement des dettes ?

En l'acceptant, les héritiers recueillent tous les biens du défunt. Ils s'engagent également à régler l'ensemble de ses dettes, en puisant sur leurs biens propres si les biens de la succession ne suffisent pas. L'enjeu est donc important.

Qui doit payer les dettes de la succession ?

› Les héritiers

Le principe est que l'héritier devient titulaire du patrimoine actif et passif du défunt. Il « continue » la personne du défunt. Il y a donc confusion des deux patrimoines et l'héritier est tenu de régler les dettes de la succession. S'il y a plusieurs héritiers, ils contribuent entre eux au paiement des dettes et charges de la succession, chacun dans la proportion de ce qu'il recueille (art. 870 du Code civil).
Les créanciers ne peuvent donc demander à l'un d'entre eux le paiement intégral de leur créance. Cette règle n'est pas applicable aux créances hypothécaires, c'est-à-dire garanties par une hypothèque inscrite sur un immeuble.
Pour ces créances en effet, chaque héritier est tenu pour le tout avec, néanmoins, le droit, après paiement des créanciers, de se retourner contre ses cohéritiers ou contre les légataires universels pour obtenir leurs remboursements respectifs.

• Le paiement des legs de sommes d'argent

En ce qui concerne les legs de sommes d'argent, l'héritier n'est tenu de les payer qu'à concurrence de l'actif successoral, net des dettes (avant la loi du 23 juin 2006, l'héritier pouvait être tenu de régler ces legs sur son patrimoine personnel) (art. 785 du Code civil).

• L'acceptation à concurrence de l'actif net

L'acceptation à concurrence de l'actif net permet à l'héritier de n'être tenu des dettes de la succession que sur les biens recueillis. Son propre patrimoine ne peut être entamé ; il y a séparation des patrimoines respectifs du défunt et de l'héritier (voir *L'acceptation à concurrence de l'actif net*, p. 174, *La renonciation*, p. 176).

• La demande de préférence des créanciers

Les créanciers de la succession (c'est-à-dire du défunt) ont également la possibilité de demander à être « préférés » sur l'actif successoral à tout créancier personnel de l'héritier (ancienne séparation des patrimoines). L'intérêt est d'éviter de venir en concours avec les créanciers de l'héritier qui peuvent être insolvables alors que le défunt était lui-même solvable. Cette même possibilité est désormais également ouverte aux créanciers personnels de l'héritier qui peuvent demander à être préférés sur les biens de ce dernier par rapport aux créanciers de la succession.

La demande de préférence peut se faire par tout acte manifestant cette intention (art. 878 s. du Code civil).

Le droit de demander la préférence s'étend à tous les biens composant la succession.

S'il porte sur des meubles, il peut être exercé pendant un délai de 2 ans. S'il porte sur des immeubles, l'action en séparation peut-être exercée tant que ces immeubles sont encore entre les mains de l'héritier (art. 881 du Code civil).

› Les légataires

En ce qui concerne les légataires, seuls les légataires universels contribuent avec les héritiers au paiement des dettes, toujours au prorata de leurs parts. S'il n'y a pas d'héritiers réservataires, le légataire universel est tenu de payer les dettes de la succession.

Cas pratique

Dans cet arrêt, la Ligue nationale contre le cancer avait été déclarée légataire universelle d'une succession. Dans cette succession figurait un immeuble. Entre l'ouverture de la succession et l'autorisation pour le légataire d'accepter le legs, il s'était écoulé 4 ans.

La question se posait de savoir si le légataire était tenu de payer les dettes à compter du décès ou à compter de son envoi en possession (l'envoi en possession est une procédure obligatoire quand le légataire a été institué par testament olographe).

Bien que le légataire n'ait réellement pris possession de l'immeuble que 4 ans après l'ouverture de la succession, il a été condamné à payer les charges de copropriété de cet immeuble pendant cette période.

Les créanciers (en l'espèce le syndicat des copropriétaires) ne peuvent poursuivre le légataire avant sa saisine mais peuvent, après cette saisine, lui réclamer les dettes nées à compter de l'ouverture de la succession (C. cass., 1re ch. civ., 16.7.1997, n° 95-18978, Bull. civ. n° 253).

Le légataire particulier n'est pas tenu des dettes et charges.

Cas pratique

Le légataire du bailleur n'est pas tenu de restituer au légataire le dépôt de garantie.

Dans ce contentieux, un bailleur avait légué l'usufruit d'un immeuble à un légataire à titre particulier.

Cet immeuble faisait l'objet d'un contrat de location.

La question se posait de savoir si, au départ du locataire, ce légataire était tenu de restituer le dépôt de garantie, à la place du bailleur d'origine.

> La Cour de cassation affirme que le dépôt doit être restitué par le bailleur d'origine. Cette obligation ne se transmet pas à son ayant cause particulier. En effet le légataire à titre particulier n'est pas tenu des dettes de la succession (à la différence des héritiers ou du légataire universel) (C. cass., 3e ch. civ., 25.2.2004, Dalloz 2004, IR, p. 731).

Ce n'est que s'il lui est légué un immeuble hypothéqué qu'il devra prendre en charge le paiement des créances hypothécaires (art. 871 du Code civil). Il peut se retourner par la suite contre les héritiers pour obtenir le remboursement des sommes payées.
Le légataire particulier peut également être tenu de contribuer au paiement de la prestation compensatoire qui était due par le défunt à son conjoint divorcé.

La prestation compensatoire est-elle due par les héritiers du débiteur ?

Lors d'un divorce, un époux peut être tenu de verser une prestation compensatoire à son ex-conjoint.
Cette prestation compensatoire doit en principe être versée sous la forme d'un capital (versement d'une somme d'argent, abandon d'un bien, dépôt d'un portefeuille d'actions...) payable en une ou plusieurs fois sur une période maximale (sauf exception) de 8 ans.
Les paiements échelonnés sont indexés sur l'indice des prix à la consommation.
Exceptionnellement, la prestation peut aussi prendre la forme d'une rente viagère (art. 274 et 276 du Code civil).
Depuis la loi n° 2004-439 du 26 mai 2004 (applicable depuis le 1.1.2005), la prestation compensatoire n'est plus à la charge des héritiers mais de la succession.

- Si la prestation est versée sous forme d'un capital, le solde devient immédiatement exigible et est prélevé sur l'actif successoral (si celui-ci est insuffisant, les légataires peuvent également être tenus d'y contribuer).
- Si la prestation est versée sous forme d'une rente, il lui est substitué un capital qui devient également immédiatement exigible. Le mode de calcul de la capitalisation est fixé par le décret n° 2004-1157 du 29 octobre 2004.

Si la succession est déficitaire et que les héritiers renoncent à la succession, la prestation ne peut plus être réclamée aux héritiers qui ne sont pas tenus personnellement au paiement de cette dette.
Les héritiers peuvent néanmoins décider ensemble de maintenir le versement de la prestation compensatoire tel qu'il existait avant le décès du débiteur.
Dans ce cas :
- cet accord doit être constaté par acte notarié ;
- les héritiers deviennent débiteurs personnellement de cette prestation et peuvent en demander la révision, la suspension ou la suppression s'il s'agit d'une rente ou la modification des modalités de paiement s'il s'agit d'un capital ;
- ils peuvent aussi se libérer à tout moment du solde du capital indexé (art. 280-1 du Code civil).

L'enfant ayant pris en charge ses parents peut-il être indemnisé ?

Lorsqu'un enfant assume la prise en charge de son ou ses parents dans le besoin, il peut réclamer à ses frères et sœurs une participation financière.
Les enfants sont en effet tous tenus d'une obligation alimentaire envers leurs parents et chacun doit participer à cet entretien en fonction de ses moyens. Les contributions respectives de chacun ne sont pas obligatoirement égalitaires (art. 205 du Code civil).
Si un seul enfant assume la prise en charge de son père ou de sa mère, on dit qu'il est subrogé dans les droits de ses parents et peut agir contre ses frères et sœurs pour leur réclamer une pension alimentaire comme auraient pu le faire les parents (art. 1251 du Code civil).
Pour obtenir cette participation, l'enfant doit s'adresser au juge aux affaires familiales qui fixera la contribution de chacun.
Au décès du parent, l'enfant n'a plus d'action contre ses frères et sœurs puisque cette action doit être engagée du vivant du créancier, c'est-à-dire du parent dans le besoin.
Mais il peut réclamer une indemnité à la succession de ce parent.
Pendant longtemps, les tribunaux refusaient d'accorder cette indemnisation à l'enfant qui s'était occupé de ses vieux parents, car ils considéraient que cet enfant n'avait fait que remplir son devoir moral et filial.
Aujourd'hui, la jurisprudence reconnaît que, même si l'enfant a le devoir moral de s'occuper de ses parents, il est également créancier de la succession s'il lui a consacré une partie de son temps et de son argent en organisant sa vie autour de ce parent. en l'accueillant à son foyer…
Cette action est fondée sur la notion de « l'enrichissement sans cause ». Le parent (et donc sa succession) se sont « enrichis » alors que l'enfant s'est « appauvri ».
Cette prise en charge a pu permettre en effet au parent d'économiser sur l'emploi d'une tierce personne ou le placement dans une maison de retraite…

Cas pratique

Un enfant avait hébergé chez lui ses vieux parents, leur avait consacré du temps et procuré des soins.
Lors de leurs décès, il demande à la succession une indemnisation.
Il faisait valoir que, pour éviter un placement en maison de retraite ou les frais d'une tierce personne, il avait sacrifié son propre avenir professionnel. Son comportement avait excédé ses devoirs de piété filiale et avait évité des dépenses à ses parents.
Il obtient gain de cause. Même s'il n'avait agi que par devoir filial, il avait permis à ses parents d'économiser les frais de prise en charge et ainsi de s'enrichir.
Cet enfant a donc pu faire valoir sa créance sur la succession (C. cass., 1re ch. civ., 12.7.94, Bull. civ. n° 250).

Lorsque l'enrichissement sans cause est reconnu, l'action en indemnisation est possible même si les parents n'étaient pas dans le besoin.

L'indemnité due à l'enfant qui s'est appauvri est égale à la moins élevée des deux sommes représentatives, l'une de l'enrichissement du parent (économies réalisées), l'autre de l'appauvrissement de cet enfant (dépenses réalisées ou manque à gagner).
L'enfant qui réclame une indemnisation doit justifier de son préjudice.

Cas pratique

À l'inverse, l'enfant qui s'est occupé de sa mère ne pourra pas réclamer à ses cohéritiers une indemnité s'il ressort du dossier, d'une part, que l'aide apportée à sa mère n'excédait pas ses obligations morales ou les exigences de la piété filiale et, d'autre part, que le demandeur a bénéficié du vivant de sa mère d'un logement gratuit pour lui-même et son épouse constituant ainsi une compensation pour les soins apportés
(C. cass., 1re ch. civ., 23.1.2001, Bull. civ. n° 9, p. 7).

Les parents peuvent, de leur vivant, prévoir ce droit à indemnisation par testament ou par acte notarié mais le montant de l'indemnisation ne peut être fixé que lors de l'ouverture de la succession.
L'indemnité est prélevée sur l'actif successoral, avant tout partage.

Le recours des services de l'aide sociale

L'aide sociale intervient pour aider les personnes qui n'ont pas les moyens de payer leurs frais médicaux, d'aide à domicile ou leurs frais d'hospitalisation.
L'aide est accordée par la commission d'admission sur proposition du centre communal ou intercommunal d'action sociale dont dépend le domicile du demandeur.
Mais ces aides constituent en principe une avance dont le remboursement peut être demandé soit à l'intéressé lui-même (si ses ressources augmentent), soit à sa famille. Le remboursement demandé à la famille peut être demandé du vivant du bénéficiaire aux personnes tenues envers lui d'un devoir de secours ou, après son décès, à sa succession, aux donataires et légataires.

› Recours contre le bénéficiaire lui-même

• En cas de retour à meilleure fortune

Les recours peuvent être exercés à l'encontre du bénéficiaire lui-même « revenu à meilleur fortune » (c'est-à-dire, dans la plupart des cas, qui a reçu un héritage) ou lorsque le bénéficiaire de l'aide sociale s'est dessaisi d'un bien de son patrimoine en le donnant pendant la période entourant la demande d'aide sociale.
Dans ces hypothèses, il doit rembourser au département les prestations versées.
La prestation de compensation pour les handicapés créée par la loi n° 2005-102 du 11 février 2005 n'est pas récupérable à l'encontre du bénéficiaire lorsque celui-ci

est revenu à meilleure fortune (art. L. 245-7 du Code de l'action sociale et des familles).

Inscription d'une hypothèque sur un immeuble appartenant au bénéficiaire

Les prestations en nature ou en espèces versées par l'aide sociale peuvent être garanties par l'inscription d'une hypothèque légale (art. L. 132-9 du Code de l'action sociale et des familles).
L'inscription d'hypothèque est une mesure conservatoire. Elle permet au bénéficiaire de l'aide de rester propriétaire de son bien et aux collectivités d'être assurées de pouvoir récupérer les sommes au décès de ce dernier.
L'inscription est requise par le préfet ou le président du conseil général. Elle prend rang à la date de son inscription.
Cette inscription d'hypothèque est cependant supprimée pour les prestations d'aide sociale à domicile, la prestation spécifique dépendance et la prise en charge du forfait hospitalier.
Par ailleurs, aucune inscription ne peut être prise lorsque la valeur globale des biens de l'allocataire ne dépasse pas 1 500 €.

› Recours effectués contre les personnes tenues au devoir de secours (du vivant du bénéficiaire)

Qui est concerné ?

L'article 205 du Code civil prévoit que les enfants doivent des aliments à leurs père et mère ou autres ascendants qui sont dans le besoin. Les petits-enfants peuvent donc également être tenus d'aider leurs grands-parents dans le besoin.
Les gendres et belles-filles sont tenus de la même obligation envers leurs beau-père et belle-mère mais non envers les grands-parents de leur conjoint (art. 206 du Code civil). Cette obligation des gendres et belles-filles cesse en cas de divorce et en cas de décès du conjoint et des enfants issus du mariage.
L'aide sociale peut faire appel à ces débiteurs d'aliments en cas de versement de l'aide médicale, de l'allocation simple, des frais de placement en établissement ou chez un particulier.
Ce recours n'est pas prévu en cas de versement de l'allocation personnalisée d'autonomie.
L'article L. 132-6 du Code de l'action sociale et des familles prévoit que ces personnes sont invitées à indiquer l'aide qu'elles peuvent fournir à la personne qui demande l'aide sociale. La commission d'admission fixe globalement les sommes qui peuvent être demandées aux personnes de la famille et ces personnes doivent répartir entre elles les sommes réclamées. En fonction des sommes réclamées, la commission fixe le montant de l'aide qu'elle décide d'apporter.

À NOTER

Les enfants dispensés d'aider leur parent *Sous réserve d'une décision contraire du juge aux affaires familiales, sont de droit dispensés de fournir cette aide les enfants qui, après signalement de l'aide sociale à l'enfance, ont fait l'objet d'un retrait judiciaire de leur milieu familial durant une période de trente-six mois cumulés au cours des douze premières années de leur vie.*

Cette dispense s'étend aux descendants de ces enfants (L. n° 2004-1 du 2.1.2004 relative à l'accueil et à la protection de l'enfance ; art. L. 132-6 du Code de l'action sociale et des familles).

Quelle est la procédure ?

Les débiteurs d'aliments se voient réclamer une somme globale destinée à compléter la prise en charge de l'aide sociale. À défaut de réaction de leur part, le département répartit cette somme à parts égales entre les différents débiteurs.
Pour contester cette réclamation, les débiteurs d'aliments doivent saisir le juge aux affaires familiales (JAF). Ce juge est en effet compétent pour statuer sur le principe même de l'obligation alimentaire ainsi que sur le montant de la participation de chacun ou la répartition des sommes dues entre les personnes débitrices (C. cass., 1re ch. civ., 11.10.1989, Bull. civ. n° 319 ; art. L. 312-1 du Code de l'organisation judiciaire).
Les juridictions de l'aide sociale (commission départementale, commission centrale) sont compétentes pour les litiges portant sur l'attribution de l'aide sociale. Concernant les demandes aux débiteurs d'aliments, elles sont tenues d'appliquer la décision du JAF.
L'aide sociale ne peut réclamer une participation financière aux membres de la famille qu'à compter de sa demande en justice (selon l'adage « aliments ne s'arréragent pas ») et non à compter de la prise en charge du bénéficiaire. Cet adage signifie en effet qu'il n'est pas possible de réclamer des aliments pour le passé. On suppose en effet que le fait de n'avoir rien demandé signifiait l'absence de besoins (C. cass., 1re ch. civ., 5.11.1996, Bull. civ. n° 373).
Par ailleurs, l'aide sociale ne peut plus réclamer une participation aux débiteurs d'aliments après le décès du bénéficiaire (sauf si la demande était introduite avant le décès).

Cas pratique

Une personne avait été hébergée dans une maison de retraite de 1956 à mai 1985 (date de son décès). L'administration de l'aide sociale réclame au fils de cette personne, en décembre 1985, une participation financière de 3 000 F (458 €) par mois. Cette demande a été rejetée car intervenue après le décès de la bénéficiaire (C. cass., 1re ch. civ., 11.10.1989, Bull. civ. n° 319).

› Recours contre la succession du bénéficiaire

Sont récupérables sur la succession les prestations d'aide médicale et d'aide sociale. Le recours ne s'exerce qu'à concurrence de l'actif successoral. Le recours ne s'exerce donc pas contre les héritiers personnellement.
Certaines créances ne sont récupérables qu'à partir d'un double seuil. Il s'agit :
- des sommes versées au titre de l'aide sociale à domicile (allocation simple, aide ménagère, aide aux repas) ;
- des sommes versées au titre de la prise en charge du forfait journalier.

Seules les dépenses d'un montant supérieur à 760 €, et pour la part excédant ce montant, peuvent donner lieu à ce recouvrement.
D'autre part, la récupération ne peut s'effectuer que sur la partie de l'actif net successoral qui excède 46 000 €.
Même si l'actif successoral net (après déduction du passif et paiement des droits de succession) est insuffisant pour désintéresser l'administration de l'aide sociale, aucune action ne peut être entreprise contre les héritiers et leur patrimoine propre.
En présence d'un conjoint survivant, la commission d'admission de l'aide sociale accepte généralement d'attendre le décès de ce conjoint pour réclamer le paiement de sa créance (art. L. 132-8 et R. 132-11 du Code de l'action sociale et des familles).

› Recours contre les donataires ou les légataires

● Recours contre les donataires

L'administration peut exercer un recours contre les bénéficiaires d'une donation intervenue postérieurement à la demande d'aide sociale et dans les 10 ans qui précèdent cette demande. Ce recours peut être exercé pendant un délai de 30 ans courant à compter de la donation.
Pour que la récupération soit ordonnée, la commission doit tenir compte de la situation financière et personnelle des personnes à qui ce remboursement est demandé.

Cas pratique

Une personne avait bénéficié des prestations de l'aide sociale pour la prise en charge des frais de son placement dans une maison de retraite pour la période du 5 juillet 1991 au 31 mars 1992. Le 17 avril 1990, elle avait fait donation à sa fille unique d'une maison d'une valeur de 300 000 F (45 735 €). Cette maison avait par la suite été vendue (le 29 mars 1991) pour le prix de 470 000 F (71 651 €). Le 19 mai 1992, la commission d'admission avait ordonné la récupération à l'encontre de la fille de la bénéficiaire de la somme de 48 600 F (7 409 €) correspondant à l'aide sociale accordée par le département.

Cette décision avait été dans un premier temps confirmée par la commission départementale, puis annulée par la commission centrale qui avait considéré qu'il n'était pas prouvé que les sommes provenant de la vente de la maison étaient encore à la disposition de l'intéressée au moment où la décision de récupération avait été prise.
Devant le Conseil d'État, cette dernière décision a été annulée. La commission centrale aurait du prendre en compte les ressources de l'intéressée au moment où elle statuait (Conseil d'État, 25.11.1998, JCL Droit administratif, II, 1999, p. 14).

Un contrat d'assurance-vie souscrit au bénéfice d'un héritier peut être considéré comme une donation et le capital versé peut, à ce titre, être récupéré par les services d'aide sociale.

Cas pratique

Une personne âgée de 89 ans a souscrit deux contrats d'assurance-vie d'une durée de 8 ans, en versant deux primes d'un montant de 23 600 € et 7 600 € et dont le capital devait être versé soit à elle-même si elle était encore vivante à la date d'échéance, soit à ses deux fils si elle était décédée à cette date.
Cette personne bénéficiait depuis 1991 de l'aide sociale au titre de l'allocation compensatrice pour tierce personne.
À son décès, les deux fils bénéficiaires acceptent les deux contrats d'assurance-vie.
Le département qui versait l'allocation engage une action pour récupérer une créance de 7 500 € environ. Les héritiers contestent cette demande, considérant que ces contrats d'assurance-vie ne peuvent pas être assimilés à des donations comme le précise l'article L. 132-1 du Code des assurances.
La commission centrale d'aide sociale accepte la demande du département et le Conseil d'État confirme la décision de la commission.
L'âge avancé de l'assurée, l'importance des primes versées et la durée des contrats rendaient très probable que les capitaux assurés seraient versés aux enfants. Il n'y avait pas d'aléa et à ce titre les contrats devaient être regardés comme des donations (Conseil d'État, 19.11.2004, JCP La Semaine juridique 2005, II, 10018).

La récupération se fait dès le premier euro donné (sans application de l'abattement) mais dans la limite du montant de la donation. La valeur du bien donné est appréciée au jour de l'introduction du recours, déduction faite, le cas échéant, des plus-values résultant des dépenses réalisées ou du travail effectué par le donataire (art. R. 132-11 du Code de l'action sociale et des familles).
L'Administration examine aussi les ventes qui ont pu être conclues pendant cette période afin de déterminer s'il ne s'agit pas de donations déguisées. Elle doit prouver que le bien a été transmis sans contrepartie réelle ou avec une contrepartie dérisoire par rapport au bien et aux conditions de vie du « vendeur ».

Cas pratique

Une personne avait sollicité et obtenu une aide ménagère à domicile. Elle avait, un mois avant la demande d'aide, vendu à son unique héritier (son neveu) un bien dont le prix consistait pour ce dernier à subvenir à l'entretien de sa tante, sa vie durant (bail à

nourriture). Au décès de la bénéficiaire de l'aide sociale, la commission avait considéré que la vente était en fait une donation déguisée et avait réclamé au neveu le remboursement de l'aide.
En l'occurrence, le Conseil d'État avait annulé la décision de recouvrement car la commission n'avait pas suffisamment prouvé le caractère déguisé de la vente (Conseil d'État, 18.5.1998, Dalloz 1999, II, p. 35).

● Recours contre les légataires

La valeur du legs est estimée au jour de l'ouverture de la succession.
Le Conseil d'État a distingué la situation des légataires particuliers de celle des légataires à titre universel ou des légataires universels.
Les légataires à titre universel et les légataires universels ont, comme les héritiers, des droits et des obligations et sont, comme eux, tenus aux dettes de la succession. À ce titre, lorsqu'ils bénéficient d'un legs, l'aide sociale ne peut récupérer la valeur du legs que si la succession excède le seuil fixé pour les héritiers (46 000 €).
En revanche, ce seuil n'est pas applicable aux légataires particuliers et la récupération sur la valeur du legs se fait dès le premier euro (Conseil d'État, 4.2.2000, Dalloz 2000, IR, p. 63).

› Quelle est la procédure ?

Les juridictions de l'aide sociale comprennent la commission départementale et la commission centrale. Elles ont la qualité de juges de plein contentieux, c'est-à-dire que leurs décisions ont valeur de jugement.
La décision d'autoriser ou de refuser la récupération est prise par la commission d'admission saisie par le préfet.
Pour faire annuler une décision de recouvrement de prestations, il faut s'adresser dans un premier temps à la commission départementale, puis, devant la commission centrale d'aide sociale, déposer un recours en annulation de la décision de la commission départementale.
Le Conseil d'État est compétent en dernier lieu soit pour annuler la décision de la commission centrale et renvoyer l'affaire devant cette commission, soit confirmer la dernière décision.
Il faut prendre un avocat si on veut contester la décision de la commission centrale devant le Conseil d'État.

Le remboursement des allocations de solidarité aux personnes âgées

Les arrérages sont recouvrés en tout ou en partie sur la succession de l'allocataire lorsque l'actif net de cette succession est au moins égal à 39 000 €. L'actif net est obtenu en soustrayant de l'actif brut les dettes déductibles.
Le recouvrement s'exerce sur la partie de l'actif net successoral qui excède ce montant. Il ne peut avoir pour conséquence d'abaisser l'actif en dessous de 39 000 €.

Le recouvrement peut être poursuivi contre chacun des héritiers pour sa part. En ce qui concerne le conjoint survivant, le recouvrement des arrérages sur sa part peut être différé jusqu'à son décès. Il en est de même en ce qui concerne les héritiers qui étaient à la charge du défunt et qui sont âgés d'au moins 65 ans (ou 60 ans, en cas d'inaptitude au travail).
Lorsque la succession du bénéficiaire, en tout ou en partie, comprend un capital d'exploitation agricole, ce dernier ainsi que les bâtiments qui en sont indissociables ne sont pas pris en compte pour l'évaluation de l'actif successoral. La liste des éléments constitutifs de ce capital et de ces bâtiments est fixée par le décret n° 2011-1972 du 26 décembre 2011 (applicable le 29.12.2011). Il s'agit notamment :
- des bâtiments d'habitation occupés à titre de résidence principale par le bénéficiaire de l'allocation et les membres de sa famille vivant à son foyer qui comprennent un mur mitoyen à un bâtiment d'exploitation agricole inclus dans ce capital agricole ;
- et des autres bâtiments d'habitation affectés à l'usage exclusif de l'exploitation et qui sont soit implantés sur des terres incluses dans ce capital, soit situés à une distance ne pouvant excéder 50 mètres des bâtiments agricoles ou des terres qui constituent ce capital, soit nécessaires à l'activité de l'exploitation (art. D. 815-5 du Code de la sécurité sociale).
L'organisme ou le service qui verse l'allocation du Fonds de solidarité peut inscrire une hypothèque sur un bien immobilier appartenant au bénéficiaire dès lors que la valeur de ce bien égale ou dépasse la somme de 39 000 € (art. R. 815-47 et D. 815-1 du Code de la Sécurité sociale).
Le recouvrement est effectué par les organismes ou services payeurs de l'allocation.
L'action en recouvrement se prescrit par 5 ans à compter du jour de l'enregistrement d'un écrit ou d'une déclaration mentionnant la date et le lieu du décès du défunt ainsi que le nom et l'adresse de l'un au moins des ayants droit.
Lorsque la succession est partagée entre un usufruitier et un nu-propriétaire, la caisse peut :
- soit réclamer la totalité au nu-propriétaire qui peut alors se retourner contre l'usufruitier pour lui réclamer les intérêts ;
- soit réclamer le capital au nu-propriétaire et les intérêts à l'usufruitier (C. cass., 2e ch. civ., 18.1.2005, n° 02-30.577).

Le remboursement des autres aides à caractère social

Ne sont pas récupérables sur la succession du bénéficiaire décédé, quel que soit le montant de l'actif successoral, ni auprès des donataires ou légataires :
- l'allocation de revenu minimum d'insertion (devenu le revenu de solidarité active - RSA) ainsi que la prime éventuellement versée par le département (art. L. 262-49 du Code de l'action sociale et des familles) ;

- l'allocation personnalisée d'autonomie et l'aide ménagère versée par les caisses de retraite ;
- les allocations attribuées aux personnes handicapées (allocation adulte handicapé, prestation de compensation) (art. L. 245-7 du Code de l'action sociale et des familles) ;
- la couverture maladie universelle (CMU).

En revanche, l'aide à l'hébergement versée par le département est récupérable dès le premier euro.

Le recours des hôpitaux et hospices

Les hôpitaux et hospices du secteur public disposent d'un recours direct contre les débiteurs d'aliments de la personne hospitalisée. Les débiteurs d'aliments sont en premier lieu les enfants (art. L. 6145-11 du Code de la santé publique).

Comme pour l'aide sociale, seul le juge aux affaires familiales est compétent pour statuer sur l'existence de l'obligation alimentaire, sur son principe ou son étendue (art. L. 312-1 du Code de l'organisation judiciaire).

Ce principe a été réaffirmé par la Cour de cassation dans un arrêt du 22 juin 1999 : « Les recours exercés par les établissements publics de santé contre les personnes tenues à l'obligation alimentaire ressortissent, sans distinction, du juge judiciaire. »

Cela signifie que les états exécutoires établis par l'hôpital ou l'administration ne sont plus valables et ne peuvent servir de base aux poursuites dirigées contre les débiteurs d'aliments.

Mais, à la différence des recours de l'aide sociale, celui des hôpitaux peut être exercé contre un héritier qui a renoncé à la succession.

Comme pour toute obligation alimentaire, il n'existe aucune corrélation entre elle et la dévolution successorale. Le fait qu'un héritier renonce à la succession ne fait pas disparaître pour lui cette obligation alimentaire qui présente un caractère moral et civil.

Cette même règle s'applique aux frais d'obsèques. L'héritier qui a renoncé à la succession doit néanmoins payer les frais d'obsèques en vertu de son obligation alimentaire (dans la mesure de ses ressources et si l'actif successoral est insuffisant).

L'action des hôpitaux se prescrit par 5 ans. Le délai se calcule à compter de la date d'exigibilité des sommes (C. cass., 1re ch. civ., 14.11.2006, n° 02-19238).

Comment se déroule l'indivision ?

Les biens qui ont appartenu au défunt appartiennent en commun aux héritiers. On dit que ces biens sont en indivision.
Cette période cesse par le partage, c'est-à-dire la constitution des lots de chacun et leur attribution ou la vente des biens et la répartition de leur prix de vente.

Qu'est-ce que l'indivision ?

Tous les héritiers sont ensemble propriétaires de la totalité des biens. Cela signifie qu'ils sont titulaires d'une quote-part de l'ensemble mais non propriétaires d'une partie des biens. Leur part dans la succession n'est pas individualisée.
Mais attention, l'indivision après un décès n'est pas automatique. Pour qu'il y ait indivision, il faut bien sûr qu'il y ait plusieurs héritiers et que ces héritiers se partagent des droits de même nature sur les biens.
La propriété totale d'un bien se divisant en nue-propriété et en usufruit, il y a indivision quand plusieurs personnes se partagent soit la pleine propriété (nue-propriété + usufruit), soit simplement la nue-propriété, soit simplement l'usufruit.
C'est ainsi qu'il n'y a pas d'indivision entre un nu-propriétaire et un usufruitier.
S'il y a plusieurs nus-propriétaires et un usufruitier, l'indivision n'existe qu'entre les nus-propriétaires, l'usufruitier étant étranger à l'indivision. Parallèlement, s'il n'y a qu'un seul nu-propriétaire, et plusieurs usufruitiers, il y a indivision entre les usufruitiers.
Il y a des indivisions involontaires (entre plusieurs héritiers à la suite d'un décès) ou des indivisions volontaires (quand deux ou plusieurs personnes acquièrent en commun un bien).
À la suite d'un décès, l'indivision sur les biens du défunt entre ses héritiers (généralement entre ses enfants) est une indivision légale (involontaire).
Si le conjoint n'a qu'un droit d'usufruit, il n'y a pas d'indivision entre ce conjoint et les héritiers.
En revanche, s'il hérite d'une part en propriété et d'une part en usufruit ou encore si le bien faisait partie de leur communauté, il se retrouve en indivision avec les héritiers.
Si le défunt ne laisse qu'un enfant et son conjoint, que le conjoint recueille l'usufruit et l'enfant la nue-propriété d'un bien appartenant en propre au défunt ils ne seront pas en indivision.
Les héritiers qui sont en indivision ont des droits et des obligations par rapport aux biens indivis. Il s'agit de l'indivision légale dont les règles de fonctionnement sont prévues par la loi. Mais les héritiers peuvent aussi organiser eux-mêmes leur indivision et rédiger une convention d'indivision (indivision conventionnelle).

Comment fonctionne l'indivision ?

Les règles d'administration de l'indivision sont assouplies par la loi n° 2006-728 du 23 juin 2006. Avant la loi, toute décision concernant un bien indivis devait, en principe, être prise à l'unanimité des indivisaires, unanimité qu'il était souvent difficile d'obtenir.
Sont distingués désormais les actes ou les décisions qui peuvent être pris par un seul indivisaire, ceux ne demandant que la majorité des deux tiers et enfin, ceux requérant l'unanimité.
La loi n° 2006-728 du 23 juin 2006 est applicable depuis le 1er janvier 2007 à toutes les indivisions existantes et aux successions non encore partagées, sauf si une instance en partage est d'ores et déjà engagée.

› Les actes conservatoires

• Chaque indivisaire a des droits sur l'ensemble des biens en indivision (art. 815-9 du Code civil)

Chaque indivisaire étant propriétaire, il peut occuper ou utiliser un bien en indivision à condition :
- de ne pas modifier leur destination ;
- de ne pas nuire aux droits des autres.

C'est ainsi, par exemple, qu'une résidence secondaire peut être habitée par chaque indivisaire en réglementant le temps d'occupation de chacun.
En cas de désaccord, le président du tribunal de grande instance est compétent pour trancher.
De même, un fonds de commerce en indivision peut être exploité par un seul indivisaire avec l'accord des autres ou l'autorisation du juge.
Sauf convention contraire, l'utilisation privative d'un bien indivis entraîne le versement d'une indemnité à l'indivision (voir *Les comptes de l'indivision*, p. 326).

À NOTER

Indivision et droit de chasse *Une personne avait fait apport de droits de chasse à une association de chasse. À son décès, les parcelles sur lesquelles s'exerçait le droit de chasse sont attribuées à ses héritiers en indivision.*
Un des indivisaires voulait obtenir une carte de membre l'autorisant à chasser sur les territoires gérés par l'association. L'association refuse, considérant que le droit de chasse ne peut pas appartenir qu'au propriétaire (personne physique) du terrain apporté et non à une personne morale telle l'indivision. Mais cette décision est censurée. L'indivision n'est pas une personne morale. Chaque indivisaire est titulaire du droit de chasse qui est attaché au fonds (C. cass., 1re ch. civ., 3.10.2007, n° 06-16716).

• Mais il ne peut utiliser à des fins personnelles des meubles de l'indivision (art. 815-7 du Code civil)

Un indivisaire n'a pas, en principe, le droit de déplacer ou d'utiliser des meubles en indivision pour son usage personnel. Il doit demander l'accord de ses coïndivisaires et, à défaut, requérir du président du tribunal de grande instance cette autorisation.
Le président du tribunal peut l'obliger à verser une caution en échange de cet usage personnel.

• En cas de mesures nécessaires à la conservation du bien, un indivisaire peut agir seul (art. 815-2 du Code civil)

En principe, les actes d'administration d'un bien en indivision ne peuvent être décidés par un seul indivisaire.
Mais s'il s'agit de travaux nécessaires à la conservation du bien (réparation d'une toiture, des murs…), l'un des indivisaires peut agir seul, employer les fonds de l'indivision pour régler des travaux ou réclamer aux autres indivisaires leur participation à ces travaux, ou encore employer ses fonds propres et se faire rembourser par ses coïndivisaires au moment du partage (sur ce point, voir *L'indivisaire qui a effectué des travaux sur le bien en indivision doit être remboursé (art. 815-13 du Code civil)*, p. 328).
La loi n° 2006-728 du 23 juin 2006, applicable depuis le 1er janvier 2007, a précisé qu'il n'était pas nécessaire que les travaux envisagés soient urgents pour que l'indivisaire puisse les entreprendre sans autorisation de ses coïndivisaire.
Vis-à-vis des tiers, un indivisaire ne peut, seul, engager une action en justice au nom de l'indivision que s'il s'agit d'un acte conservatoire ne pouvant que profiter à l'ensemble de l'indivision.

Cas pratique

Un indivisaire avait revendiqué un droit de passage sur le terrain voisin pour une parcelle indivise qui se trouvait enclavée. Les voisins voulaient que cette demande soit déclarée irrecevable en raison de l'absence d'accord des autres indivisaires propriétaires de cette parcelle.
Mais les juges ont décidé que cette action en revendication ne pouvait que profiter aux autres indivisaires et constituait un acte conservatoire. L'indivisaire isolé pouvait donc tout à fait agir seul au nom de l'indivision pour réclamer ce droit de passage (C. cass., 3e ch. civ., 4.12.1991, Bull. civ. n° 305).
Les mises en demeure de payer les fermages constituent des actes conservatoires pouvant être valablement délivrés par un seul indivisaire, même si ces mises en demeure font mention de l'intention de leur auteur de poursuivre la résiliation du bail (C. cass., 3e ch. civ., 15.6.2005, n° 1837).

› Les actes de gestion

La loi n° 2006-728 du 23 juin 2006, applicable depuis le 1er janvier 2007, permet aux indivisaires de prendre certaines décisions de gestion ou de disposition de l'indivision sans avoir l'accord unanime des autres indivisaires.
La loi en effet prévoit qu'une majorité des 2/3 des parts d'indivision suffit pour :
- effectuer un acte d'administration ;
- donner un mandat général d'administration à un indivisaire ou un tiers ;
- vendre des meubles indivis pour payer les dettes de l'indivision ;
- conclure et renouveler des baux autres que ceux portant sur un domaine agricole, commercial, industriel ou artisanal. Bien que la loi ne le dise pas, cette majorité des 2/3 doit être également suffisante pour donner congé au locataire ou pour refuser le renouvellement du bail.

Ces décisions devaient, avant la loi de 2006, être prises à l'unanimité.
La majorité des 2/3, applicable depuis le 1er janvier 2007, permet d'alléger la gestion des indivisions (cette majorité peut d'ailleurs n'être détenue que par un seul indivisaire).
Les indivisaires qui ont effectué des actes de gestion ou de disposition à cette majorité doivent en avertir les autres indivisaires. À défaut les actes ne leur seraient pas opposables.

› La vente du bien

L'unanimité n'est plus systématiquement obligatoire pour les actes de disposition, c'est-à-dire les actes les plus graves comme la vente ou l'aliénation d'un bien (non justifiée par le paiement des dettes).
Depuis la loi n° 2009-526 du 12 mai 2009 de simplification et de clarification du droit, un ou plusieurs indivisaires détenant au moins 2/3 des droits indivis et désirant vendre le bien en indivision peuvent, dans un premier temps, s'adresser à un notaire qui informera de cette intention les autres indivisaires dans le délai d'un mois. Cette information s'effectue par voie de signification (acte d'huissier).
Les destinataires de la signification ont alors le choix entre accepter ou s'opposer au projet. Ils doivent se décider dans le délai de 3 mois. Ils peuvent aussi ne pas répondre.
En cas d'opposition au projet ou de non-réponse dans ce délai, les indivisaires demandeurs peuvent alors saisir le tribunal de grande instance. Le tribunal pourra autoriser la vente à condition que cette vente ne porte pas une atteinte excessive aux droits des autres indivisaires. La vente du bien, si elle est décidée, se fait aux enchères à la barre du tribunal (art. 815-5-1 du Code civil).
Cette procédure de demande d'autorisation n'est pas possible en cas de démembrement de la propriété (s'il y a des nus-propriétaires et des usufruitiers) ou si un indivisaire est présumé absent ou encore s'il fait l'objet d'un régime de protection (tutelle ou curatelle).

MON CONSEIL

Le mandataire successoral *La loi n° 2006-728 du 23 juin 2006, applicable depuis le 1er janvier 2007, a organisé la mise en place du mandataire successoral. Ce mandataire peut être désigné par toute personne qui craint des difficultés pour la gestion future de sa succession (mandat posthume). Ce mandataire peut être utile s'il y a des enfants mineurs ou incapables ou encore si la gestion des biens suppose des compétences techniques que les héritiers n'ont pas (voir* Nommer un mandataire successoral, *p. 106).*

Les accords entre les indivisaires

› Mandat de gestion accordé à un indivisaire (art. 815-3 du Code civil)

Il est possible de donner à un indivisaire (majorité des 2/3) un mandat général d'administration. Ce mandat peut-être établi par écrit ou être tacite (quand l'indivisaire prend en main la gestion du bien sans que les autres ne s'y opposent). Muni de ce mandat, l'indivisaire se charge seul de l'administration, de l'exploitation normale du bien (par exemple : entretien, paiement des impôts...).

Mais ce mandat n'est valable que pour la simple administration. Il lui est toujours interdit de vendre le bien (acte de disposition), de consentir une hypothèque, ou même de conclure ou de renouveler un bail sans le consentement (majorité des 2/3 ou unanimité) des autres indivisaires, ou sans avoir un pouvoir spécial de leur part pour procéder à cet acte.

Son dernier recours est alors de s'adresser au tribunal de grande instance.

S'il passe un acte en l'absence de pouvoir ou d'autorisation des autres indivisaires, l'acte ne sera pas opposable à ces derniers qui pourront l'annuler.

› La convention d'indivision (art. 1 873-2 du Code civil)

Les coïndivisaires, s'ils sont tous d'accord, peuvent convenir de demeurer dans l'indivision et décider de régler par convention les règles de vie commune.

À peine de nullité, la convention doit être rédigée par écrit et désigner tous les biens en indivision en précisant les quotes-parts (en pourcentage) appartenant à chaque indivisaire.

Si des immeubles font partie de cette indivision, la convention doit être rédigée par un notaire et publiée aux hypothèques.

La convention d'indivision peut être conclue pour 5 ans maximum (renouvelables) ou pour une durée indéterminée. Dans ce dernier cas, le partage peut être demandé à tous moments par un indivisaire.

Si, parmi les indivisaires, il y a un enfant mineur, son représentant légal signe en son nom la convention. Mais cet enfant, devenu majeur, pourra y mettre fin

(quelle que soit sa durée) dans l'année qui suit sa majorité (art. 1873-4 du Code civil).
La convention d'indivision peut désigner un gérant d'indivision et prévoir ses pouvoirs. Celle qui porte sur un immeuble doit être rédigée par un notaire et publiée aux hypothèques. Lorsque l'indivision porte sur un bien meuble, la convention peut être rédigée par acte sous seing privé. Si la convention d'indivision porte sur une créance, elle doit être signifiée au débiteur.
Généralement la convention d'indivision est conclue pour un immeuble et permet aux indivisaires d'être assurés que le bien ne sera pas vendu pendant le temps prévu pour la convention (convention à durée déterminée).

› Le gérant d'indivision (art. 1873-5 et s. du Code civil)

Dans le cas d'une convention d'indivision, les coïndivisaires peuvent nommer un gérant choisi ou non parmi eux.
Ils peuvent aussi régler à l'unanimité les modalités de sa nomination et de sa révocation.
À défaut d'un tel accord, le gérant, s'il est choisi parmi les indivisaires, ne peut être révoqué que par décision unanime des autres indivisaires (la révocation d'un gérant étranger à l'indivision peut être révoqué à la majorité des indivisaires).
Ce gérant représente les indivisaires dans les actes de la vie civile, en justice et administre l'indivision. Il ne peut vendre les biens indivis sans l'accord des indivisaires.
Le gérant a droit, sauf accord contraire, à une rémunération dont les conditions sont fixées par les indivisaires ou, à défaut, par le tribunal de grande instance.
Il répond, comme un mandataire, des fautes qu'il commet dans sa gestion.

Intervention du tribunal

L'intervention du tribunal se révèle nécessaire pour contrer l'opposition d'un ou de plusieurs indivisaires qui, par leur attitude, empêche une saine gestion des biens en indivision.
Le tribunal compétent est le tribunal de grande instance, seul compétent en matière successorale.
Les indivisions entre partenaires pacsés ou entre concubins sont de la compétence du juge aux affaires familiales, depuis le 1er janvier 2010.

› Le tribunal peut passer outre l'opposition d'un indivisaire (art. 815-5 du Code civil)

Un ou plusieurs indivisaires peuvent être autorisés par le juge du tribunal de grande instance à passer un acte pour lequel le consentement de l'opposant serait nécessaire si le refus de celui-ci met en péril l'intérêt commun.
Pour obtenir cette autorisation, les indivisaires doivent assigner l'indivisaire opposant devant le tribunal de grande instance.

La notion « d'intérêt commun en péril » est bien sûr fonction de chaque cas et seul le tribunal saisi est apte à la déterminer.

Cas pratique

Il s'agissait d'un terrain en indivision. Certains indivisaires avaient décidé de le vendre à une société qui prévoyait que le terrain devait devenir constructible en raison du changement du POS (devenu le PLU, plan local d'urbanisme) de la commune (la vente devait être réalisée sous la condition suspensive du changement de catégorie du terrain). Mais un des indivisaires avait refusé de signer cette vente.
Le tribunal a donc été saisi pour obtenir cette autorisation de vendre.
Les juges ont considéré qu'effectivement cette vente était une bonne affaire pour l'indivision, mais qu'elle ne présentait aucun caractère d'urgence. Si la vente ne se réalisait pas, l'indivision ne subissait aucun préjudice car il n'y avait pas dévaluation des biens. Au contraire, si le terrain devenait constructible, la plus-value apportée par ce changement profitait pleinement à l'indivision. Le refus de l'indivisaire ne mettait donc pas en péril l'intérêt commun. La vente n'a pas été autorisée (cour d'appel de Paris, 25.1.1983, Gaz. pal., 1983, II, p. 190).

Les indivisaires représentant les 2/3 de l'indivision peuvent aussi parvenir à la vente du bien par l'intermédiaire d'un notaire (voir *La vente du bien*, p. 322).
Le juge ne peut jamais autoriser la vente d'un bien indivis si l'usufruitier s'y oppose et même si cette vente est demandée pour parvenir au partage (art. 815-5 du Code civil).
Mais si l'usufruit est lui-même en indivision, c'est-à-dire s'il est partagé entre plusieurs titulaires et qu'un des ces usufruitiers donne son accord à la vente, celle-ci peut avoir lieu (d'où l'intérêt pour le conjoint survivant de détenir la totalité de l'usufruit des biens).

› Le président du tribunal de grande instance peut prescrire des mesures urgentes (art. 815-6 du Code civil)

La demande peut être faite par la procédure de référé devant le tribunal de grande instance.
Le juge peut ainsi autoriser un indivisaire à utiliser l'argent commun déposé dans un compte ou récupérer auprès d'un débiteur une créance pour faire face à des dépenses urgentes et nécessaires.
Il peut aussi désigner un indivisaire comme administrateur provisoire de l'indivision pour gérer le patrimoine indivis. Les pouvoirs de l'administrateur sont fixés par le juge qui peut se référer aux pouvoirs du gérant d'indivision prévus aux articles 1873-5 à 1873-9 du Code civil.
En principe, l'administrateur désigné par le juge n'a pas le pouvoir de vendre les biens en indivision (acte de disposition). Il doit les gérer, les administrer (actes d'administration).

Cas pratique

La succession Picasso

Le patrimoine important du peintre se trouvait en indivision entre 5 héritiers. L'unanimité entre eux étant impossible à obtenir pour les décisions relatives à l'exploitation des œuvres (contrats d'exploitation, encaissements des droits d'auteurs, poursuite des contrefacteurs...), un des indivisaires a été nommé administrateur provisoire de l'indivision. Cet administrateur a été autorisé à adhérer à une société chargée de gérer collectivement les droits des auteurs graphiques (la SPADEM). Cette adhésion supposait que l'administrateur fasse l'apport des biens de la succession à la société, laquelle devait rétrocéder à ses associés les redevances perçues. L'apport à la société des toiles du peintre (biens meubles) n'a pas été considéré comme une vente, acte que l'administrateur n'aurait pu faire sans l'accord des indivisaires, mais comme un acte de simple administration (C. cass., 1re ch. civ., 4.4.1991, Dalloz 1992, p. 261).

Les comptes de l'indivision

› Les comptes en cours d'indivision

● Les charges

En principe, les comptes entre indivisaires (créances des uns, dettes des autres) sont réglés au moment du partage. Mais la gestion de l'indivision peut entraîner par elle-même des dépenses qui doivent être réglées sans attendre la fin de l'indivision.

Il s'agit notamment :

- de la rémunération du gérant, le cas échéant ;
- de l'indemnité due à un indivisaire qui a sauvegardé un bien ;
- des dépenses relatives à l'entretien et aux réparations des biens indivis ;
- des taxes et impôts. Pour l'administration fiscale, les indivisaires sont tous débiteurs des impôts relatifs aux biens en indivision.

Cas pratique

Après le décès du mari, le fonds de commerce ayant été exploité par le couple, est repris par sa veuve. Elle subit un redressement fiscal et l'Administration réclame aux héritiers le paiement des sommes dues.

Pour approuver la réclamation du fisc, les juges ont constaté qu'à la suite du décès aucun partage des biens de la succession n'avait eu lieu. La veuve qui bénéficiait d'une donation au dernier vivant avait opté pour une part d'1/4 en propriété et de 3/4 en usufruit. Il y avait donc indivision légale entre la veuve et les enfants et l'Administration était en droit de réclamer aux enfants les sommes dues à l'occasion de l'exploitation du fonds de commerce (C. cass., 1re ch. civ., 3.6.1997, Dalloz 1998, p. 201).

Chaque indivisaire ne peut se voir réclamer que sa quote-part de charges, de dépenses ou d'impôts correspondant à la quote-part qu'il détient dans l'indivision (art. 815-10 du Code civil).

Lorsqu'un indivisaire emploie son argent personnel pour une dépense de conservation du bien indivis, il peut en réclamer le remboursement aux autres indivisaires sans attendre le partage. L'indivisaire créancier peut également faire une saisie sur les biens indivis (C. cass., 1re ch. civ., 20.2.2001, Dalloz 2001, IR, p. 906).

● Les revenus ou fruits de l'indivision

Lorsque les biens en indivision produisent des revenus, celui qui les perçoit pour le compte de l'indivision doit en tenir un état qui est à la disposition des indivisaires. De même, l'état des comptes doit faire apparaître les dépenses occasionnées par les biens.

S'il y a des bénéfices (loyers, intérêts de comptes, revenus d'un fonds de commerce, d'une exploitation…), ils seront répartis entre les coïndivisaires au prorata de leur quote-part dans l'indivision. Tout indivisaire peut demander chaque année sa part des bénéfices (déduction faite des dépenses nécessaires) provenant des fruits ou des revenus des biens indivis (si bien sûr, la jouissance des biens en question n'a pas été attribuée à un indivisaire particulier).

Ces bénéfices peuvent être réclamés pendant 5 ans à compter de la date à laquelle ils ont été perçus (art. 815-10 du Code civil). Passé ce délai, la demande n'est plus recevable.

En cas de contestation, le président du tribunal de grande instance peut ordonner une répartition provisoire de ces bénéfices jusqu'au compte définitif à établir au moment du partage (art. 815-11 du Code civil).

› Les comptes au moment du partage

● L'indivisaire qui a occupé un bien indivis doit une indemnité d'occupation (art. 815-9 du Code civil)

Chaque indivisaire a le droit d'occuper privativement les biens en indivision mais doit, sauf accord avec ses coïndivisaires, payer une indemnité à l'indivision pour cette occupation.

Il y a jouissance privative du bien en indivision quand les autres indivisaires n'ont pas la possibilité d'user ou d'occuper le bien en question.

L'impossibilité de jouir du bien peut être une impossibilité de droit (par exemple, si la jouissance du bien est attribuée par jugement) ou de fait (par exemple, si l'indivisaire empêche ses co-indivisaires d'utiliser le bien).

Cette indemnité (pouvant être assimilée à une sorte de loyer) est destinée à compenser pour l'indivision la perte des revenus de ce bien. Elle est en principe fixée en fonction de la valeur locative des biens, mais peut aussi être fixée en fonction des fruits ou revenus que peuvent rapporter ces biens.

Les litiges qui peuvent se poser concernent souvent la fixation de cette valeur locative. En effet, si l'indivision dure longtemps, les biens peuvent prendre de la valeur ou au contraire en perdre.

La règle est que l'indemnité d'occupation doit être calculée en fonction de la valeur locative existant lors de la fixation de cette indemnité, même si cette valeur locative a été modifiée à la suite de travaux.

Cas pratique

Des indivisaires occupant un domaine en indivision avaient réalisé d'importants travaux de rénovation qu'ils avaient payés avec des fonds propres.
Le tribunal avait fixé l'indemnité d'occupation en tenant compte de la valeur actuelle du domaine, c'est-à-dire après les travaux et les améliorations.
Cette décision a été confirmée par la Cour de cassation. Les améliorations apportées par les indivisaires profitent à l'indivision et l'indemnité d'occupation doit être fixée en tenant compte de la valeur globale de l'immeuble (C. cass., 1re ch. civ., 27.10.1992, Bulletin de la Cour de cassation n° 265).

Il faut noter toutefois que l'indivisaire peut se faire rembourser les dépenses des travaux qu'il a engagés et qui ont amélioré le bien indivis, ou encore les frais d'entretien ou de conservation payés sur ses fonds propres. Ces remboursements peuvent d'ailleurs se compenser avec l'indemnité d'occupation dont il peut être redevable.
En principe, l'indivisaire doit une indemnité d'occupation pour les biens indivis qu'il a occupés pendant l'indivision.
Toutefois, cette règle est écartée lorsqu'un partage provisionnel est intervenu. Un partage provisionnel est un partage provisoire qui porte sur la jouissance des biens indivis (le partage devient définitif quand la propriété totale des biens est partagée).
Chaque indivisaire conserve les fruits des biens qui lui ont été attribués dans le cadre de ce partage provisionnel (ou en cas d'accord entre les indivisaires) (Code civil, art. 815-10).

À NOTER

Les impôts *L'indivisaire qui a occupé le logement en indivision n'a pas à payer les impôts et les charges de copropriété relatifs à ce logement. Parce qu'elles sont sans lien avec l'occupation personnelle du bien, de telles charges doivent être payées par tous les indivisaires, proportionnellement à leurs droits dans l'indivision (C. cass., 1re ch. civ. 16.4.2008, n° 07-12224). La même solution est retenue pour les primes d'assurance du bien (Cour de cassation, 1re ch. civ., 5.3.2008, n° 07-14729).*

L'indivisaire qui a effectué des travaux sur le bien en indivision doit être remboursé (art. 815-13 du Code civil)

Il est normal qu'un indivisaire qui a amélioré ou effectué des travaux pour l'entretien d'un bien commun en soit indemnisé. Cette règle rétablit l'équité entre les indivisaires et l'indivision doit tenir compte du coût des travaux payés par un seul d'entre eux si l'amélioration apportée au bien en indivision profite à l'ensemble.
L'indemnisation ou le remboursement intervient au moment du partage ou de la vente du bien et non pendant l'indivision (sauf accord contraire entre les indivisaires).

Pour évaluer l'indemnisation en cas d'amélioration apportée au bien, on tient compte de l'augmentation de la valeur de ce bien au moment du partage.
Si l'indivisaire a effectué des travaux pour la conservation du bien, il doit être remboursé du coût de ces travaux même si aucune plus-value n'a été apportée au bien.
Mais seules les dépenses d'amélioration ou de conservation justifient le paiement d'une indemnisation. Si l'indivisaire n'a effectué que de simples travaux d'entretien sur le bien indivis, aucune indemnisation ne lui est due (C. cass., 1re ch. civ., 28.3.2006, n° 04-10596).
Inversement, il est tenu compte des dégradations et détériorations effectuées par un indivisaire et qui ont diminué la valeur des biens indivis.

● L'indivisaire qui rembourse les échéances d'un prêt portant sur un bien en indivision doit en être remboursé

Le remboursement d'un prêt permet de conserver le bien pour lequel le prêt a été consenti.
La notion de « conservation de l'immeuble » concerne aussi bien la conservation matérielle de l'immeuble (par exemple, des travaux effectués sur l'immeuble) que la conservation juridique (c'est-à-dire permettant de conserver le titre de propriété du bien, par exemple, les actes qui empêchent que l'immeuble soit vendu à la suite d'une saisie immobilière ou les actions portant sur une revendication de propriété).
Le fait de rembourser les emprunts est donc un acte de conservation juridique de l'immeuble. L'indivisaire qui a pris en charge ces remboursements doit donc se faire indemnisé.
Pour calculer cette indemnisation, il faut tenir compte, selon l'équité, soit du montant des échéances payées, soit du profit subsistant pour le bien.
La formule « selon l'équité » suppose la comparaison entre, d'une part, le montant des remboursements effectués et, d'autre part, la plus-value apportée au bien en se situant au moment du partage. En période d'inflation monétaire, opérer un remboursement monétaire conduit à défavoriser l'indivisaire. À l'inverse, lorsque l'immeuble a pris de la valeur en raison de facteurs locaux, indemniser l'indivisaire sur cette valeur nuit à l'indivision. Les juges statuent en fonction de chaque cas.
Dans un arrêt de 1983, les juges avaient ordonné le remboursement à l'indivisaire du montant des échéances de prêt qu'il avait payées, en indexant ces remboursements sur l'indice du coût de la construction (C. cass., 1re ch. civ., 18.10.1983, Dalloz 1984, p. 289).

● L'indivisaire qui a exploité et développé par son travail le bien en indivision doit être rémunéré (art. 815-12 du Code civil)

Si le bien indivis a pris de la valeur en raison de l'exploitation personnelle d'un indivisaire, ce dernier n'est pas indemnisé en fonction de la plus-value apportée au bien. Cette plus-value profite à l'indivision.
L'indivisaire ne peut prétendre qu'à une rémunération de son travail puisque le travail n'est pas assimilé à une dépense financière susceptible d'être remboursée. Il est considéré comme un gérant de l'indivision et doit être rémunéré à ce titre.

Cas pratique

Une pharmacie était en indivision. Un des indivisaires, pharmacien, avait exploité l'officine pendant plusieurs années. Au moment du partage, il demande que lui soit attribuée la plus-value apportée par son travail.
Cette demande est repoussée.
La valeur de la pharmacie est partagée entre les indivisaires de façon égalitaire.
L'indivisaire pharmacien doit néanmoins être rémunéré pour son travail. Il lui est attribué une rémunération annuelle calculée sur le salaire d'un pharmacien diplômé (C. cass., 1re ch. civ., 29.5.1996, Bull. civ. n° 222).

› Les droits des créanciers (art. 815-17 du Code civil)

Il faut distinguer les créanciers de l'indivision et les créanciers personnels d'un indivisaire.
Seuls les créanciers de l'indivision ou les créanciers antérieurs à l'indivision ont la possibilité de saisir le bien indivis. Par exemple, en cas de charges de copropriété impayées relatives à un appartement tombé en indivision, le syndicat des copropriétaires peut faire saisir l'appartement. De même, si une liquidation judiciaire est antérieure au début de l'indivision, le liquidateur peut faire saisir l'immeuble en indivision.
La vente doit avoir lieu aux enchères devant le tribunal.
Les créanciers personnels d'un indivisaire ne peuvent pas saisir sa part dans les biens indivis (qu'il s'agisse de saisie mobilière ou immobilière). Ils peuvent cependant inscrire à titre conservatoire une hypothèque sur l'immeuble indivis pour la quote-part appartenant à leur débiteur.
Mais cette inscription tombera si, lors du partage, le bien hypothéqué ne se retrouve pas dans le lot de leur débiteur. En revanche, si le bien est attribué à ce dernier lors du partage, l'hypothèque est rétroactivement validée.
Les créanciers personnels d'un indivisaire disposent aussi de la faculté de demander le partage au nom de leur débiteur (« action oblique ») ou d'intervenir dans le partage provoqué par lui.
Ils pourront alors saisir les biens ou les sommes attribués à leur débiteur après le partage.

Les autres indivisaires peuvent arrêter les opérations de partage et éviter ainsi la vente judiciaire de l'immeuble en payant le créancier.
Sur les opérations de partage, voir *Le partage amiable*, p. 339.
En cas de vente de l'immeuble indivis, l'hypothèque consentie par un seul indivisaire est reportée sur la fraction de prix attribuée à l'indivisaire débiteur. Les créanciers personnels de l'indivisaire ne peuvent être payés que sur cette fraction (C. cass., ch. com., 20.6.1995, D. 1996, Som. p. 207 ; D. 1997, I, p. 1).

La durée de l'indivision

L'indivision est en principe un état provisoire qui cesse dès qu'il y a partage, c'est-à-dire lorsque les biens en indivision ou les sommes provenant de leur vente sont répartis entre les indivisaires.
Le principe de base est qu'on ne peut forcer une personne à rester dans l'indivision contre son gré (art. 815 du Code civil).
Rien ne devrait donc empêcher un indivisaire de demander le partage afin de devenir seul propriétaire du lot devant lui revenir.
Mais il arrive que l'intérêt d'un indivisaire soit opposé à l'intérêt commun. Par exemple, le morcellement d'une exploitation, d'un terrain, nécessité par un partage risque de faire perdre toute valeur à chaque parcelle.
D'autre part, lorsque le partage n'est pas possible en nature et entraîne la vente, cette vente peut être une mauvaise opération pour les indivisaires et pour la valeur des biens en question.
Par ailleurs, un partage peut être préjudiciable à certains indivisaires qu'il convient de protéger (les enfants mineurs, le conjoint survivant...).
La loi, ici encore, intervient pour protéger les intérêts respectifs des intéressés. Pour l'intérêt de l'indivision ou de certains indivisaires, il est donc prévu la possibilité, sous certaines conditions, de maintenir l'indivision pendant un temps déterminé.
La décision de maintenir l'indivision est de la compétence du tribunal de grande instance.
Certains peuvent vouloir récupérer leurs parts de succession pour disposer de l'argent, d'autres héritiers préféreraient conserver les biens en l'état (pour des raisons sentimentales, pour pouvoir continuer à y vivre, pour des raisons économiques...).

› Le maintien forcé dans l'indivision

Le sursis au partage pendant 2 ans

Le sursis au partage peut être ordonné par le tribunal à la demande d'un copartageant (indivisaire) pendant 2 ans au plus si sa réalisation immédiate risque de porter atteinte à la valeur des biens à partager. Le maintien dans l'indivision pendant cette durée est aussi justifié si l'un des indivisaires ne peut reprendre l'entreprise dépendant de la succession qu'à l'expiration de ce délai. L'entreprise peut être agricole, commerciale, industrielle, artisanale ou libérale, quelle que soit sa forme d'exploitation (entreprise individuelle ou société) (art. 820 du Code civil).

Maintien de l'indivision pendant 5 ans

Le maintien dans l'indivision pendant 5 ans peut être accordé par le juge pour une entreprise agricole, commerciale, industrielle, artisanale ou libérale qui était exploitée par le défunt ou son conjoint ou quand l'indivision porte sur un local d'habitation ou professionnel qui servait au défunt ou à son conjoint (art. 821-1 s. du Code civil).
Le délai peut être renouvelé s'il y a des enfants mineurs jusqu'à la majorité du plus jeune ou jusqu'au décès du conjoint survivant.
Cette mesure vise à protéger le conjoint survivant et (ou) les enfants mineurs qui peuvent ainsi continuer à bénéficier du logement ou de l'exploitation familiale.
• S'il y a des enfants mineurs, le droit de demander le maintien dans l'indivision pour 5 ans appartient au conjoint survivant, à tout héritier ou au représentant légal des mineurs.
• S'il n'y a pas d'enfant mineur, seul le conjoint survivant peut demander ce maintien en indivision, et sous réserves de respecter les conditions suivantes :
- il doit avoir été, avant le décès, ou être devenu du fait du décès, copropriétaire de l'entreprise, des locaux d'habitation ou des locaux à usage professionnel ;
- s'il s'agit d'un local d'habitation, le conjoint doit avoir résidé dans les lieux à l'époque du décès ;
- s'il s'agit d'une entreprise, l'exploitation devait être assurée par le défunt ou par son conjoint ;
- s'il s'agit d'un local professionnel, il devait être effectivement utilisé à cet usage par le défunt ou son conjoint à l'époque du décès.

Cas pratique

Au décès de son mari, sa veuve demande aux 4 héritiers (les enfants de son mari nés d'un précédent mariage) le maintien dans l'indivision de la maison qu'elle habitait avec son époux et qui appartenait à ce dernier. Aucune disposition n'ayant été prise en sa faveur, elle n'hérite que de l'usufruit légal en vigueur avant le 1er juillet 2002 (c'est-à-dire un quart en usufruit seulement). Cette personne n'était pas propriétaire de cette maison qui appartenait à son mari et il n'y avait pas d'enfants mineurs.
Sa demande de maintien dans l'indivision a donc été rejetée et le partage a été provoqué (C. cass., 1re ch. civ., 14.3.1984, Dalloz 1984, p. 385).

› Sortie de l'indivision d'un seul indivisaire

Attribution d'une part d'indivision par le tribunal (art. 824 du Code civil)

Il s'agit de l'attribution dite « éliminatoire ».
Lorsqu'un indivisaire assigne pour obtenir le partage, les autres coïndivisaires, désirant rester dans l'indivision, peuvent s'opposer à cette prétention en

demandant au tribunal d'attribuer à l'indivisaire sa part et de maintenir l'indivision pour les autres. Il y a donc maintien partiel de l'indivision.
La demande d'attribution de part peut être faite à tout moment de la procédure tant que le partage n'a pas été ordonné (le partage faisant cesser l'indivision, il n'est plus possible de revenir en arrière et de recréer une indivision, même partielle).
Cette attribution n'est pas de droit. Le tribunal est libre de la rejeter en fonction des intérêts en présence.
Elle ne peut être réalisée qu'après expertise.
S'il n'existe pas dans l'indivision une somme suffisante pour la constitution de ses droits, le complément est versé par les indivisaires qui ont préféré rester en indivision et leur part dans l'indivision augmente en fonction de leur versement.

● Vente d'une part d'indivision

Liberté de vente

L'indivisaire peut tout à fait disposer comme il l'entend de sa quote-part d'indivision.
Même si son droit ne porte que sur une quote-part d'un bien, l'indivisaire est propriétaire à part entière. Il est donc autorisé à vendre cette quote-part à la personne de son choix.
Ce droit est reconnu même si l'indivision ne concerne que la nue-propriété sans inclure l'usufruit.
Mais les autres indivisaires disposent d'un droit de préemption et peuvent se substituer à l'acquéreur afin d'éviter de faire rentrer dans l'indivision une personne étrangère (art. 815-14 du Code civil).
Les cas de vente à un tiers d'une quote-part d'indivision sont rares car l'acquéreur n'achète finalement qu'un droit sans être sûr des biens qui lui seront attribués lors du partage.

Droit de préemption en cas de vente à un tiers

Lorsqu'un indivisaire cède, à titre onéreux, ses droits dans l'indivision, les coïndivisaires disposent du droit de se porter acquéreur en exerçant leur droit de préemption.
L'indivisaire qui entend vendre sa part à un tiers doit notifier par acte extrajudiciaire (acte d'huissier) aux autres indivisaires, à tout nu-propriétaire et à tout usufruitier, le prix et les conditions de la vente projetée ainsi que l'identité de l'acquéreur.
Si l'indivisaire ne respecte pas cette obligation, la vente qu'il a conclue avec un tiers peut être annulée.

Cas pratique

En l'espèce, l'indivisaire avait indiqué le nom des deux acquéreurs et ajouté que ces acquéreurs gardaient la possibilité de se substituer à toute personne physique ou morale. La vente a lieu en faveur d'une SCI constituée des deux acquéreurs d'origine.

Un des indivisaires demande la nullité de cette vente en considérant que le nom de l'acquéreur n'avait pas été communiqué aux indivisaires.
La Cour de cassation lui donne raison. Même si la SCI n'était constituée que des acquéreurs dont le nom avait été communiqué aux indivisaires, le véritable acquéreur était la SCI, et même si la faculté de substitution était prévue, les indivisaires n'avaient pas donné leur accord à cette vente.
Les indivisaires doivent pouvoir contrôler toute nouvelle entrée dans l'indivision (C. cass., 1re ch. civ., 28.1.2009, n° 07-18120).

Les indivisaires ont un mois pour déclarer s'ils exercent ou non leur droit de préemption (toujours par acte d'huissier).
Si l'acte par lequel l'indivisaire déclare exercer son droit de préemption n'est pas valable, la vente au tiers est validée.

Cas pratique

En l'espèce, un indivisaire avait vendu à un tiers ses parts d'indivision. Avant d'effectuer des travaux, l'acquéreur demande à son coindivisaire la moitié du coût de la restauration. En réponse, ce dernier demande la nullité de la vente, ayant exercé son droit de préemption. Mais il n'avait pas soumis au vendeur un acte conforme aux conditions de la vente qui lui avait été notifiée. En effet, le projet d'acte sous seing privé qu'il a présenté stipulait une condition d'octroi d'un prêt qui n'était pas prévue dans l'offre initiale. En conséquence, la vente est validée (C. cass., 1re ch. civ., 1.1.2012, n° 10-28311).

S'il y a préemption, la vente doit se réaliser dans un nouveau délai de 2 mois. Si plusieurs indivisaires exercent leur droit de préemption, ils sont réputés acquérir ensemble la portion mise en vente en proportion de leur part dans l'indivision.
Si l'indivision ne concerne que la nue-propriété des biens, un usufruitier ne peut acquérir une part en nue-propriété que si aucun nu-propriétaire ne s'en porte acquéreur. Et réciproquement, un nu-propriétaire ne peut acquérir une part d'usufruit que si aucun usufruitier ne s'en porte acquéreur.
Le droit de préemption n'est pas reconnu quand la vente concerne le bien indivis lui-même et non uniquement la part d'un indivisaire (par exemple, en cas de saisie par les créanciers suivie d'une vente aux enchères, ou en cas de vente du bien autorisée par le tribunal).

Donation ou legs d'une part d'indivision

L'héritier peut aussi léguer sa part d'indivision par testament ou la donner (par acte notarié) à un de ses héritiers ou à un tiers.
En cas de legs, celui-ci ne prend effet qu'au décès du testateur. Si l'indivision existe encore lors de ce décès, le légataire se voit attribuer la part d'indivision du défunt et ses droits sur l'indivision sont exactement les mêmes que ceux du testateur.
En cas de donation, les autres indivisaires ne disposent pas du droit de préemption sur cette part, comme cela leur est reconnu en cas de vente (cession à titre onéreux).
Ils ne l'ont pas non plus si l'indivisaire échange son bien.

Cas pratique

Dans un cas soumis à la Cour de cassation, un des indivisaires avait cédé sa part dans l'indivision à une société en échange de plusieurs appartements. Les autres indivisaires avaient entendu faire jouer leur droit de préemption. La cour d'appel avait déclaré valable ce droit de préemption. Mais la Cour de cassation a cassé cet arrêt.
Le droit de préemption n'est possible que si les coïndivisaires peuvent remplacer le tiers, c'est-à-dire payer à sa place la valeur de la part transmise. Or, puisqu'il s'agit d'un échange, les coïndivisaires ne pouvaient en aucun cas fournir les appartements qui étaient l'objet de cet échange. Puisqu'ils ne peuvent remplacer l'échangiste (la société) dans le contrat d'échange, ils ne peuvent pas exercer leur droit de préemption (C. cass., 1re ch. civ., 21.5.1997, Bull. civ. n° 164).

● Legs d'un bien en indivision

Il est possible de léguer un bien qui est en indivision sans que ce legs ne soit considéré comme le legs de la chose d'autrui. Le legs est donc valable mais peut être caduc si, lors du partage en nature, le bien légué n'est pas compris dans le lot attribué, après tirage au sort, au légataire.

Cas pratique

Après le décès du mari, sa veuve se retrouve en indivision avec ses 3 enfants sur les biens dépendant de la succession. Cette succession se compose, entre autres, d'une maison à la campagne qui a été léguée par la mère à sa fille aînée.
Lorsque la mère décède, les enfants, ne parvenant pas à s'entendre sur le partage des biens, demandent un partage judiciaire. Pour que le legs soit effectif, il faut que le tirage au sort des lots attribue à la fille aînée la maison léguée.
Pour éviter ce risque de caducité, le testateur peut indiquer dans son testament qu'il charge ses héritiers de procurer la pleine propriété du bien au légataire. Dans l'exemple précédent, la mère pourrait obliger ses 2 enfants à attribuer à leur sœur aînée la propriété de la maison à la campagne. Cette clause est valable à condition que la valeur du bien légué (dans l'exemple, la maison) ne dépasse pas la valeur de la réserve des enfants.

› Décès d'un coïndivisaire en cours d'indivision

En principe, la quote-part du défunt échoit à ses héritiers ou légataires (art. 1873-14 du Code civil) sauf si, avant le décès, avait été conclue une convention prévoyant l'acquisition ou l'attribution de cette quote-part aux autres indivisaires.
Cette faculté d'acquisition ou d'attribution est caduque si son bénéficiaire ne l'a pas exercée par une notification faite aux autres indivisaires survivants et aux héritiers du décédé dans le délai d'un mois à compter du jour où il aura été mis en demeure de prendre parti (art. 1873-14 du Code civil).

› Vente du bien indivis

La vente du bien est possible, même si tous les indivisaires ne sont pas d'accord.
L'unanimité des indivisaires, difficile à réunir, n'est plus nécessaire pour les actes les plus graves comme la vente du bien.
La majorité des 2/3 est suffisante pour parvenir à la vente (sous le contrôle du juge) et permet de sortir des situations de blocage causées par l'inertie ou l'opposition systématique de certains indivisaires (sur ce point, voir *La vente du bien*, p. 322).

Comment organiser le partage ?

➤ **Lors de l'ouverture de la succession, les biens sont en indivision entre les héritiers et le partage met fin à cette indivision en répartissant entre les héritiers les biens de la succession.**

➤ **Ce partage peut être judiciaire (organisé par un juge) ou amiable (décidé par les héritiers).**

➤ **L'égalité dans le partage est une égalité en valeur. Chaque copartageant reçoit des biens pour une valeur égale à celle de ses droits dans l'indivision.**

➤ **Pour l'attribution des lots, tous les héritiers doivent être d'accord. Dans le cas contraire, il faut obligatoirement les tirer au sort. Le juge ne peut les attribuer de lui-même.**

Le partage amiable

Le partage amiable est possible, en principe, si tous les cohéritiers en indivision sont d'accord pour procéder à un tel partage et sur la façon d'y procéder, soit en partageant par lots, soit en vendant et en se partageant le prix de vente.
La loi n° 2006-728 du 23 juin 2006, applicable depuis le 1er janvier 2007, a modifié ces règles et a autorisé le partage amiable même en cas d'absence d'un indivisaire (personne disparue), en cas d'incapacité ou de carence d'un copartageant (art. 835 et s. du Code civil).

Comment se déroule un partage amiable ?

Le partage amiable suppose l'accord unanime des copartageants sur le principe même du partage amiable et également sur la composition des lots formés pour chacun.
Si tous les héritiers sont présents et majeurs, le partage amiable peut être réalisé par une simple convention soumise en principe à aucune forme.
En théorie, il n'est pas nécessaire de rédiger un écrit (par exemple, si la succession ne se compose que de biens meubles de faible importance). Il faudra néanmoins déclarer le partage au fisc et indiquer dans la déclaration la valeur des biens partagés.
Il est néanmoins important de concrétiser le partage par un acte qui indiquera le nom des copartageants ainsi que la valeur globale des biens partagés et les parts respectives de chacun.
Par ailleurs, un acte notarié est obligatoire lorsque figurent des immeubles ou des fonds de commerce dans les lots (pour que soient respectées les règles relatives à la publicité).

› La masse partageable

La masse partageable comprend les biens existants à l'ouverture de la succession et dont le défunt n'a pas disposé par testament. Les biens légués ne sont pas compris dans cette masse.
Les biens donnés rapportables ou soumis à réduction sont inclus pour leur valeur dans la masse. De même, les dettes des copartageants envers le défunt ou l'indivision sont ajoutées en valeur. L'héritier qui est débiteur reçoit dans son lot sa propre dette et le paiement se fait par compensation.
L'égalité dans le partage est une égalité en valeur. Chaque copartageant reçoit des biens pour une valeur égale à celle de ses droits dans l'indivision.
Les lots sont constitués librement, en évitant dans la mesure du possible les divisions d'unités économiques qui entraîneraient la dépréciation de ces biens.

Les biens sont estimés à leur valeur à la date de la jouissance divise telle qu'elle est fixée par l'acte de partage, en tenant compte, s'il y a lieu, des charges les grevant. L'attribution des lots à chacun peut être faite d'un commun accord ou par tirage au sort.
Si la consistance de la masse ne permet pas de former des lots d'égale valeur, leur inégalité se compense par une soulte.

› Les soultes

● Évaluation

Les lots doivent être égaux en valeur. Si les lots sont inégaux, la différence est réglée par une soulte. Si la valeur de son lot a varié de plus du quart, la soulte varie dans les mêmes proportions sauf si les copartageants décident que la soulte ne variera pas.

● Paiement

En principe, les soultes éventuellement dues sont payables comptant, sauf accord entre les copartageants.
Toutefois des délais de paiement sont prévus dans deux cas particuliers :
- en cas d'attribution préférentielle en propriété du local d'habitation au conjoint survivant ;
- en cas d'attribution de droit au conjoint ou à un héritier copropriétaire de l'entreprise agricole qui ne dépasse pas les limites de superficie.

Dans ces hypothèses, la soulte éventuellement due aux autres copartageants peut être payée, pour moitié comptant et pour l'autre moitié en étalant les paiements sur 10 ans maximum. Les sommes payables sur cette période portent intérêt au taux légal. Si les biens attribués sont vendus, la soulte encore due devient immédiatement exigible.

■ Que se passe-t-il si un copartageant est mineur ou majeur en tutelle ?

L'enfant mineur ou l'adulte qui n'a pas la capacité de gérer ses propres biens, du fait de l'altération de ses facultés mentales, doit être protégé par rapport aux autres copartageants. C'est pourquoi le partage amiable n'est possible que sous certaines conditions (art. 507 du Code civil) :
- le conseil de famille, ou à défaut le juge, doit donner son autorisation ;
- un notaire nommé par le conseil de famille ou par le juge doit se charger des opérations ;
- l'état liquidatif est soumis à l'approbation du conseil de famille ou du juge.

À NOTER

En présence d'enfants mineurs *Lorsqu'il y a des enfants mineurs, il est possible aussi de demander le maintien dans l'indivision jusqu'à leur majorité.*

Que se passe-t-il si un indivisaire est défaillant ?

Un indivisaire défaillant est un indivisaire qui refuse, par négligence ou par hostilité, de prendre part aux opérations de partage, qui refuse toute réunion ou convocation, toute discussion avec ses coïndivisaires.
La loi n° 2006-728 du 23 juin 2006, applicable depuis le 1er janvier 2007, a organisé une procédure destinée à contrer cette défaillance.
Les autres indivisaires peuvent lui adresser une mise en demeure, par acte d'huissier, de se faire représenter au partage amiable.
Il a alors 3 mois pour désigner son représentant.
S'il ne le fait pas, un copartageant peut demander au juge de désigner toute personne qualifiée qui représentera le défaillant jusqu'à la réalisation complète du partage. Cette personne ne peut consentir au partage qu'avec l'autorisation du juge.

Le partage judiciaire

Le partage est fait en justice lorsque l'un des indivisaires refuse de consentir au partage amiable ou s'il s'élève des contestations sur la manière d'y procéder ou de le terminer ou lorsque le partage amiable n'a pas été autorisé ou approuvé (art. 840 du Code civil).

Qui peut demander le partage ?

Tout héritier ou légataire, quelle que soit l'importance ou la valeur de sa part dans la succession, peut demander ou provoquer le partage. Il peut le faire en principe à tout moment, sauf si le tribunal saisi décide de surseoir à cette opération. D'autre part, les créanciers des copartageants disposent non seulement du droit d'intervenir et de s'opposer à ce qu'un partage soit réalisé hors de leur présence (art. 882 du Code civil) mais également de celui de provoquer ce partage au lieu et place de leur débiteur (art. 1166 du Code civil).

Cas pratique

Si un débiteur est condamné par jugement à régler à son créancier sa dette et qu'il possède un immeuble en indivision avec sa mère, le créancier pourra assigner en partage son débiteur et sa mère, provoquer la vente du bien et se payer sur la part qui devra revenir à son débiteur.
Mais pour qu'un créancier puisse assigner en partage les coïndivisaires, il faut que sa créance soit en péril et que son recouvrement soit compromis. Si le débiteur a d'autres biens, s'il est disposé à régler les sommes dues, le créancier ne sera pas autorisé à obtenir le partage de l'indivision.

ATTENTION ⚠

La protection de l'usufruitier *Un nu-propriétaire ne peut pas demander le partage contre un usufruitier. Si un défunt laisse un enfant et son conjoint et que le conjoint a l'usufruit sur les biens de la succession, l'enfant ne peut pas demander le partage des biens au tribunal. Il est obligé de supporter l'usufruit du conjoint jusqu'au décès de ce dernier.*
Mais si le conjoint est également titulaire d'une part de propriété dans l'indivision, le partage peut être demandé pour la nue-propriété en indivision.

Cas pratique

M. et Mme Dupont possèdent une maison. M. Dupont, avant de mourir, a donné à sa femme l'usufruit sur l'ensemble des biens de sa succession. Ils ont une fille.
À la succession de M. Dupont, Mme Dupont est donc propriétaire de la moitié de la maison (bien de communauté) et a l'usufruit sur l'autre moitié. Leur fille est nue-propriétaire de cette autre moitié.
La fille peut demander le partage de la nue-propriété puisque sa mère et elle en possèdent chacune la moitié.

Si un époux est marié sous le régime de la communauté universelle, les biens successoraux qu'il recueille entrent en communauté.
Mais seul l'époux héritier peut exercer une action en partage des biens.
Son conjoint n'a pas qualité pour demander le partage des biens échus à son conjoint et ne peut pas non plus former tierce opposition au jugement ayant statué sur le partage (C. cass., 1re ch. civ., 2.4.2008, n° 07-11254).

Comment se déroule un partage judiciaire ?

Le partage judiciaire se déroule devant le tribunal de grande instance dont dépend le lieu d'ouverture de la succession. Il est nécessaire d'avoir un avocat. Le tribunal peut ordonner le partage des biens entre les indivisaires ou la vente par adjudication. C'est également ce tribunal qui est compétent pour statuer sur tous les litiges survenant à l'occasion du partage ou après le partage.

› La requête collective

Si tous les copartageants sont d'accord pour demander le partage judiciaire, ils déposent devant ce tribunal une requête collective. Les demandeurs doivent indiquer s'ils veulent partager en nature ou en valeur les biens de la succession.
La vente peut être utile s'il y a des dettes à régler ou si le partage en nature est impossible.
Si les indivisaires veulent procéder à la licitation des biens, la requête doit indiquer une mise à prix.
Si cette requête est admise par le tribunal sans modification, il n'est pas possible de faire appel de la décision du tribunal homologuant la requête. Il n'est pas possible non plus de demander par la suite une vente aux enchères des biens si la requête prévoyait un partage en nature (et inversement).

› L'assignation en partage

Le partage par lots

S'il y a désaccord entre les indivisaires (sur le principe du partage ou sur ses modalités), celui (ou ceux) qui désire le partage, doit assigner ses cohéritiers devant le tribunal.

Si les opérations de partage sont trop complexes, le tribunal désigne un notaire (qui peut être choisi par les indivisaires) et un juge pour surveiller ces opérations.

Le notaire doit établir un état liquidatif récapitulant les comptes entre copartageants, la masse partageable, les droits des parties et la composition des lots à répartir par tirage au sort (art. 1359 et s. du Code de procédure civile).

Comme dans les partages amiables, le notaire commis pour établir l'état liquidatif peut envoyer une mise en demeure à un indivisaire qui refuse de prendre part aux opérations. L'indivisaire a 3 mois pour désigner un mandataire. S'il ne le fait pas, le notaire peut demander au juge de lui attribuer un représentant d'office jusqu'à la fin des opérations (art. 840 et s. du Code civil).

L'attribution des lots

Après homologation de ce partage par le tribunal, les lots sont tirés au sort.

Les lots peuvent éventuellement être répartis à l'amiable entre les indivisaires s'il n'y a parmi eux aucun enfant mineur ni majeur incapable et que les copartageants en soient unanimement d'accord.

L'égalité dans le partage est une égalité en valeur. Il n'est pas nécessaire que chaque héritier reçoive des biens de même nature.

Chaque copartageant reçoit des biens pour une valeur égale à celle de ses droits dans l'indivision.

Si la consistance de la masse à partager ne permet pas de former des lots d'égale valeur, leur inégalité se compense par une soulte.

Les biens sont estimés à leur valeur à la date de la jouissance divise telle qu'elle est fixée par l'acte de partage, en tenant compte, s'il y a lieu, des charges les grevant. La date de la jouissance divise est la date à laquelle les biens ont été occupés ou utilisés par le seul indivisaire.

Cette date est la plus proche possible du partage.

S'il y a une hypothèque sur le bien en indivision, la division du bien n'entraîne pas la division de l'hypothèque.

Si l'hypothèque a été inscrite par un créancier d'un indivisaire et si le partage a pour effet d'attribuer à cet indivisaire l'immeuble hypothéqué, l'hypothèque reste valable. Si, au contraire, l'immeuble est attribué à un autre indivisaire, l'hypothèque est anéantie.

Si l'immeuble à partager est loué, le partage par lots est également possible. Il n'est pas nécessaire que les biens soient libres de toute occupation. Le lot loué sera évalué en valeur « occupé ». Si le locataire est un indivisaire, il rapportera à la succession la valeur de cet avantage.

Enfin, si la succession comprend plusieurs immeubles, rien n'interdit de partager certains d'entre eux pour composer les lots et de vendre les autres.

Le partage après licitation

Lorsqu'il n'est pas possible de composer les lots, la licitation est ordonnée (art. 827 du Code civil) et le prix de vente est partagé.
L'impossibilité de partager des lots en nature peut résulter :
- soit d'un obstacle matériel (par exemple, il s'agit d'une maison non divisible) ;
- soit du fait que la division par lots diminuerait la valeur globale de l'immeuble.

Cas pratiques

• Une succession comprenait une demeure historique. Un héritier demandait le partage en nature et l'attribution préférentielle du rez-de-chaussée. Ses sœurs s'y opposaient et demandaient la licitation de l'immeuble et le partage du prix de vente.
• Elles ont obtenu gain de cause : l'immeuble pouvait matériellement être partagé entre les 3 héritiers (chaque héritier ayant un étage de la maison) mais cette répartition en lots aurait eu pour effet de diminuer la valeur de l'immeuble par rapport au prix pouvant être obtenu en cas de vente du bien dans son intégralité. L'immeuble dans son intégralité était estimé à 7 950 000 F (1 211 970 €) alors que sa valeur en cas de division par lots s'élevait à 6 200 000 F (945 184 €).
• Dans un autre cas, le partage en nature a également été écarté bien que possible en raison de la perte de valeur de chaque lot ainsi constitué. Il s'agissait d'une parcelle de terre non constructible et sans vocation agricole d'une superficie totale de 50 ares. Le partage en 2 lots (2 héritiers) était possible, mais chaque lot n'aurait eu aucune valeur. La vente a donc été ordonnée (C. cass., 1re ch. civ., 11.6.1985, Bull. civ. n° 183).

La vente aux enchères se déroule en principe devant le tribunal. Elle peut cependant avoir lieu chez un notaire si tous les intéressés y consentent (et qu'il n'y a pas d'enfant mineur).
Les comptes définitifs sont effectués par un notaire désigné par les intéressés ou par le tribunal.

Le sort des souvenirs ou des archives de famille

Les archives ou les souvenirs de famille sont des objets qui ne suivent pas le sort des autres biens d'une succession. Il peut s'agir de documents, de décorations, de portraits de famille, de manuscrits, de lettres, etc.
La jurisprudence place ces objets dans les « choses hors du commerce », c'est-à-dire qui ne peuvent pas faire l'objet d'une convention (par exemple être vendues), ni être partagées, ni être attribuées.
Si, en principe, il est toujours possible de mettre fin à une indivision et de provoquer le partage, cette règle ne s'applique pas aux souvenirs de famille. Les souvenirs de famille ont essentiellement une valeur morale (même s'ils peuvent avoir également une valeur patrimoniale) et ne sont pas soumis aux règles générales de dévolution successorale.
Au décès de celui qui les détient, ces biens restent en indivision et peuvent être confiés, en dépôt, à celui des héritiers qui paraît le plus apte ou le plus qualifié à les conserver (cet héritier n'est pas systématiquement celui qui les a en sa possession au moment du procès).

Les juges saisis sont souverains pour désigner ce dépositaire.
Les juges peuvent aussi assortir la désignation de ce dépositaire d'une obligation de dépôt dans un endroit déterminé.

Cas pratique

Des juges avaient désigné le dépositaire des archives familiales parmi les héritiers et lui avaient imposé, à ses frais, de transporter et de placer ces pièces à la « Société des lettres, sciences et arts de l'Aveyron, habilitée à les recevoir et à en assurer la garde matérielle, afin que ces archives soient maintenues dans le département de leur origine et leur intérêt, et que les autres membres de la famille puissent commodément les consulter et en obtenir la copie » (cour d'appel de Montpellier, 10.9.2002, JCL Droit de la famille, 4.2003, n° 53 p. 38).

L'attribution préférentielle

L'attribution préférentielle a été prévue pour éviter le morcellement des héritages et la division des exploitations. Elle consiste à attribuer la propriété d'un local d'habitation, d'une exploitation agricole, commerciale ou artisanale, d'un local professionnel à un héritier, au conjoint ou au partenaire pacsé survivant du défunt.
Généralement l'attribution préférentielle entraîne le versement d'une soulte (somme d'argent) pour compenser la valeur du bien ainsi attribué.

Attribution du local d'habitation

L'attribution préférentielle d'un logement est réservée au conjoint, au partenaire pacsé ou à l'héritier qui habitait dans les lieux à l'époque du décès et qui continue d'y avoir sa résidence principale (une résidence secondaire ne peut être attribuée dans le cadre d'un partage).
Depuis la loi n° 2001-1135 du 3 décembre 2001, elle est de droit pour le conjoint survivant, c'est-à-dire que la demande du conjoint prime celle des autres héritiers.
Elle est également de droit pour le partenaire pacsé depuis la loi n° 2006-728 du 23 juin 2006, applicable depuis le 1er janvier 2007, si le défunt l'avait expressément prévu par testament (art. 515-6 du Code civil).
Elle entraîne l'attribution soit de la propriété du local, soit du droit au bail.
Elle entraîne aussi l'attribution du mobilier garnissant le logement.
L'attribution préférentielle peut être décidée même si le local ne correspond pas aux besoins du demandeur (logement trop grand pour une personne seule par exemple).
En revanche, elle ne peut porter que sur le local qui sert effectivement à l'habitation et non sur les locaux qui peuvent être détachés de cette habitation.

Cas pratique

Une femme entendait se voir attribuer la totalité d'une villa qui comprenait un logement au 1er étage et une exploitation commerciale au rez-de-chaussée (exploitation de son mari). L'attribution préférentielle ne pouvait englober les locaux du rez-de-chaussée qui étaient détachables du local d'habitation et n'en constituaient pas des locaux accessoires (C. cass., 1re ch. civ., 1.3.1988, Dalloz 1988, p. 337).

La personne qui réclame l'attribution préférentielle doit remplir personnellement les conditions nécessaires. Elle ne peut agir au nom d'une personne décédée.

Cas pratique

Un héritier avait demandé l'attribution préférentielle d'un immeuble à l'occasion de la demande de partage de ses cohéritiers. Il remplissait les conditions légales puisqu'il était copropriétaire de l'immeuble et qu'il vivait personnellement dans les lieux.

Avant la décision du tribunal statuant sur sa demande, cet héritier décède. Sa veuve et ses enfants reprennent l'instance à sa place et demandent l'attribution préférentielle.
Mais les juges rejettent leur demande car ils ne remplissaient pas les conditions nécessaires pour pouvoir obtenir cette attribution préférentielle :
– la veuve n'était pas copropriétaire de cet immeuble. Elle n'avait recueilli qu'une part d'usufruit dans la succession de son mari ;
– les enfants étaient bien copropriétaires car ils avaient hérité de leur père mais ils n'habitaient pas personnellement dans les lieux au moment du décès de ce dernier (C. cass., 1re ch. civ., 27.6.2000, Bull. civ. n° 201).

En revanche, le concubin ne peut pas prétendre à l'attribution préférentielle d'un immeuble indivis.

Cas pratique

Un couple de concubins avait fait construire une maison sur un terrain qu'ils avaient acquis ensemble en indivision. La vie commune ayant cessé, M. Y demande le partage de l'indivision et l'attribution de l'immeuble indivis. Mme X s'oppose à cette demande.
La cour d'appel applique les règles de l'attribution préférentielle et, constatant que M. Y demeure dans les lieux depuis la séparation et qu'il pourra payer une soulte à sa coïndivisaire, déclare que le bien sera attribué à M. Y.
La Cour de cassation casse cet arrêt. Les règles de l'attribution préférentielle ne sont pas applicables aux concubins (C. cass., 3e ch. civ., 9.12.2003, Gaz. Pal., 15.1.2004, Panorama, p. 23 ; JCL Droit de la famille, 3.2004, n° 40, p. 30).

Attribution d'un local professionnel

L'attribution peut être demandée également pour un local professionnel (attribution de la propriété des locaux ou du droit au bail) si le conjoint, le partenaire pacsé ou tout héritier copropriétaire y exerçait effectivement sa profession au moment du décès.
Lorsque l'attribution préférentielle est accordée, elle porte également sur le mobilier à usage professionnel garnissant le local (art. 831-2 du Code civil).

Attribution d'une entreprise

Toute entreprise (commerciale, industrielle, agricole ou libérale) et quelle que soit sa forme d'exploitation (entreprise individuelle, société) peut faire l'objet d'une attribution préférentielle (éléments corporels ou incorporels, droits sociaux).
La loi n° 2006-728 du 23 juin 2006, applicable depuis le 1er janvier 2007, élargit le domaine de l'attribution préférentielle puisqu'elle supprime la nécessité pour l'entreprise de présenter un caractère familial (ancien article 832 du Code civil).
Le conjoint, le partenaire pacsé ou l'héritier copropriétaire (en pleine propriété ou en nue-propriété) peut demander cette attribution préférentielle par partage à charge de soulte éventuellement à condition d'avoir participé ou de participer de

façon effective à son exploitation. S'il s'agit d'un héritier, la condition de participation peut être remplie par son conjoint ou ses enfants.
Il doit être apte à gérer l'exploitation et son incompétence peut tout à fait être suffisante pour que lui soit refusée l'attribution du bien (C. cass., 1re ch. civ., 23.4.1985, Bull. civ. n° 126).
Il doit aussi pouvoir, juridiquement, exploiter l'entreprise. C'est ainsi qu'un fonctionnaire s'est vu refuser l'attribution préférentielle d'un terrain de camping car son statut lui interdisait d'exercer une profession commerciale (C. cass., 1re ch. civ., 31.1.1995, Bull. civ. n° 62).

Attribution d'une exploitation agricole

› Attribution des petites exploitations agricoles

L'attribution préférentielle en faveur du conjoint ou de l'héritier copropriétaire est de droit pour toute exploitation agricole qui ne dépasse pas les limites de superficie fixées par décret en Conseil d'État (surface minimale d'exploitation), si le maintien dans l'indivision n'a pas été ordonné.
Depuis la loi n° 2006-728 du 23 juin 2006, applicable depuis le 1er janvier 2007, le partenaire pacsé du défunt peut bénéficier de l'attribution préférentielle d'une entreprise agricole, attribution qui lui était, auparavant, spécifiquement interdite (art. 515-6 du Code civil). L'attribution n'est pas de droit pour le partenaire (à l'inverse du conjoint marié).
Les conditions de l'attribution sont les suivantes :
- l'exploitation agricole doit constituer une unité économique ; la notion d'unité économique dépend de l'appréciation de chaque situation ;

Cas pratiques

• L'indivision portait sur une ferme constituée des bâtiments d'habitation et d'exploitation, de près et d'herbages. Un des héritiers demandait l'attribution préférentielle de cette ferme.
Elle lui a été refusée comme ne constituant pas une unité économique. En effet, l'héritier n'occupait pas la maison d'habitation et n'utilisait pas les bâtiments d'exploitation. Il ne se servait des prés qu'en tant que dépendances de sa propre exploitation située à proximité. Dès lors que les bâtiments étaient inoccupés, la ferme ne constituait plus une unité économique (C. cass., 1re ch. civ., 20.11.1984, Dalloz 1985, p. 166).
• Dans un autre cas, le caractère d'unité économique a été reconnu à un petit domaine, guère exploité mais qui était suffisant pour l'indivisaire, personne seule et âgée, et dont les besoins correspondait à la taille de l'exploitation (C. cass., 1re ch. civ., 7.2.1979, Gaz. pal., 1980, p. 472).

- le demandeur doit participer ou avoir participé à la mise en valeur des terres.
Si le défunt était locataire et disposait d'un bail rural et que le conjoint, le partenaire ou l'héritier reprend ce bail, l'attribution préférentielle porte sur les objets ou meubles nécessaires à l'exploitation.

› Attribution préférentielle d'une entreprise agricole à un autre copartageant

À défaut de conjoint survivant, de partenaire ou d'héritier copropriétaire demandant l'attribution préférentielle de l'entreprise, l'attribution en matière agricole peut être accordée à tout copartageant à condition de donner à bail dans les 6 mois le bien à tout héritier ou descendants d'héritiers remplissant les conditions d'exploitation (participation à l'exploitation).
Si le maintien dans l'indivision n'a pas été ordonné, l'attribution préférentielle est de droit pour toute entreprise agricole qui ne dépasse pas les limites de superficie prévues par décret pour les unités économiques.

› Attribution préférentielle en vue de constituer un groupement foncier agricole

À défaut de maintien dans l'indivision et à défaut d'attribution préférentielle en propriété, un héritier copropriétaire (en pleine propriété ou en nue-propriété) ou le conjoint survivant peuvent demander l'attribution préférentielle de biens ou droits immobiliers à destination agricole en vue de constituer un groupement foncier agricole avec un ou plusieurs autres héritiers ou avec des tiers. Le groupement foncier peut consentir des baux en faveur du conjoint survivant, d'un héritier copropriétaire, et même de plusieurs cohéritiers différents. Les indivisaires qui n'ont pas consenti à la formation du groupement peuvent alors se voir attribuer les autres biens ou droits immobiliers de la succession ou encore une soulte si ces biens sont insuffisants. La soulte dans ce cas doit être payée dans l'année qui suit le partage. S'ils acceptent, ces héritiers peuvent être payés par l'attribution de parts du groupement foncier agricole créé.
Le partenaire pacsé ne bénéficie pas de cette attribution préférentielle.

› Partage sous condition d'un bail consenti au conjoint survivant ou à un héritier copropriétaire

À défaut de maintien dans l'indivision et à défaut d'attribution préférentielle, le conjoint survivant ou un héritier copropriétaire (en pleine propriété ou en nue-propriété) qui désire poursuivre l'exploitation à laquelle il participe ou a participé, peut demander que le partage soit réalisé et exiger que les copartageants lui consentent un bail à long terme sur les terres qui leur échoient à la suite du partage. Dans cette hypothèse, il est tenu compte, s'il y a lieu, de la dépréciation due à l'existence du bail dans l'évaluation des terres incluses dans les différents lots. Le tribunal peut toutefois refuser d'accorder le bail s'il s'avère que celui qui le demande est incompétent et que les intérêts des cohéritiers sont compromis.

La condition de participation à l'exploitation agricole peut être remplie par un descendant de l'héritier copropriétaire ou par son conjoint.
Le partenaire pacsé ne peut pas exiger la conclusion de ce bail à long terme.

Attribution conjointe demandée par plusieurs héritiers

L'attribution préférentielle peut être demandée conjointement par plusieurs successibles afin de conserver ensemble le bien indivis.
En cas de demandes concurrentes, le tribunal tient compte de l'aptitude des différents postulants à gérer les biens en cause et à s'y maintenir. Pour l'entreprise, le tribunal tient compte en particulier de la durée de la participation personnelle à l'activité.
Depuis la loi n° 2006-728 du 23 juin 2006, applicable depuis le 1er janvier 2007, le partenaire pacsé peut aussi se joindre à d'autres héritiers et demander l'attribution préférentielle conjointe. Il bénéficie également de délais pour le paiement de la soulte (10 ans) (art. 832-3 et 832-4 du Code civil).

Paiement de la soulte

La soulte due aux cohéritiers en contrepartie de l'attribution préférentielle est en principe payable comptant, au moment du partage, sauf accord amiable entre les copartageants.
En cas d'attribution préférentielle portant sur une petite ou moyenne exploitation agricole constituant une unité économique ou sur le local d'habitation, le bénéficiaire de cette attribution peut toutefois exiger de ses cohéritiers des délais de paiement(voir *Les conséquences du partage*, p. 352).

Les conséquences du partage

Le partage fait cesser l'indivision en répartissant les biens entre les copartageants.
Pour les biens mis dans son lot, chaque héritier est censé avoir succédé seul et directement au défunt, sans jamais avoir été propriétaire des autres biens.
C'est le principe de « l'effet déclaratif » du partage (art. 883 du Code civil), ce qui signifie que tous les droits constitués par un cohéritier sur les biens pendant l'indivision se trouvent annulés si ces biens tombent dans le lot d'un autre copartageant. Seuls restent valables les actes accomplis en vertu d'un mandat donné à l'un des indivisaires par les autres ou donné par le juge.
De même, pour le fisc, l'héritier est censé être devenu propriétaire du bien à la date de l'ouverture de la succession et non à la date du partage.
S'il revend le bien, la plus-value sera calculée en fonction de la valeur du bien à l'ouverture de la succession (valeur d'achat) et de sa valeur au moment de la vente.

Les compensations financières (soultes)

Les soultes sont destinées à compenser l'inégalité des lots entre les héritiers. La soulte est une somme d'argent versée par un héritier avantagé dans le partage des biens par rapport à ses copartageants.
Dans le cadre d'une donation-partage, le montant des soultes peut être prévu dans l'acte par le donateur.

› Le paiement différé de la soulte

Les soultes sont en principe payables au moment du partage, sauf délais de paiement accordés par les cohéritiers.
Toutefois, le conjoint survivant ou le partenaire pacsé (depuis le 1er janvier 2007), s'il est attributaire, peut exiger des délais de paiement pour étaler sur 10 ans maximum le paiement de la moitié de la somme due.
Les mêmes délais sont accordés à l'attributaire d'une exploitation agricole (art. 832-4 du Code civil).
Sauf convention contraire, les sommes restant dues portent intérêt au taux légal (0,71 % en 2012).
En cas de vente du bien attribué (local d'habitation, mobilier le garnissant ou exploitation agricole), la fraction de la soulte y afférente devient immédiatement exigible ; en cas de ventes partielles, le produit de ces ventes est versé aux copartageants et imputé sur la fraction de la soulte encore due.

› La révision de la soulte

Si, entre la fixation de la soulte et son paiement (en cas de paiement différé), la valeur des biens mis dans le lot de l'héritier a augmenté ou diminué de plus du quart depuis le partage, les sommes qu'il reste devoir sont augmentées ou diminuées dans la même proportion (art. 828 du Code civil).
La valeur des biens retenue doit être celle existant au moment du paiement de la soulte.

Cas pratique

En 1967, deux parents font une donation-partage en faveur de leurs deux enfants. L'un reçoit des biens immobiliers d'une plus grande valeur que ceux de son frère et doit lui verser une soulte. Cette soulte est versée en plusieurs échéances de 1973 à 1978.
En 1980, les biens immobiliers sont vendus pour un prix bien supérieur à celui figurant dans la donation-partage. Le second frère demande alors la révision de la soulte et un complément sur les sommes déjà versées.
L'arrêt de la cour d'appel qui lui donne raison est cassé par la Cour de cassation.
La valeur des biens doit être prise en compte au moment du paiement des échéances de la soulte et non pas au moment de la vente des biens (C. cass., 1re civ., 30.01.2001, JCP 2001, I, 366, p. 2204).

Les héritiers peuvent convenir d'écarter la règle de la révision de la soulte et fixer définitivement son montant, quels que soient les délais de paiement accordés à celui qui en est le débiteur (art. 828 du Code civil).

À NOTER

La soulte prévue dans la donation-partage *Si une soulte est prévue dans un acte de donation-partage, il n'est pas possible de prévoir, dans cet acte, que la soulte ne variera pas.*
L'interdiction de révision de la soulte ne peut pas être imposée en cas de donation-partage (art. 1075-4 du Code civil) *(voir* Les donations-partages, *p. 59).*

Les obligations des cohéritiers

Même lorsque le partage a été conclu, les cohéritiers restent garants les uns envers les autres des troubles ou évictions qu'ils pourraient subir sur le lot qui leur a été attribué :
- si un héritier se trouve évincé de son bien, pour une cause existant avant le partage, ses cohéritiers doivent l'indemniser, chacun au prorata de sa part ;
- si l'un des héritiers est insolvable, sa contribution est répartie entre les autres cohéritiers.

L'héritier qui demande la garantie de ses cohéritiers a un délai de 2 ans pour le faire à compter de l'éviction ou de la découverte du trouble (art. 883 et s. du Code civil).

Les contestations du partage

L'annulation du partage

Un partage peut être annulé pour violence, dol ou erreur.
L'erreur n'est admise que si elle porte sur l'existence ou la quotité des droits des copartageants ou sur la propriété des biens compris dans la masse partageable.
Dans la mesure du possible, les héritiers peuvent demander au juge, non pas d'annuler le partage, mais d'ordonner un partage complémentaire ou rectificatif.
Un partage peut aussi être annulé si un cohéritier a été omis. Cet héritier peut demander à recevoir sa part en nature ou en valeur et renoncer à demander l'annulation du partage dans sa totalité.
En revanche, si un bien a été omis lors du partage, celui-ci n'est pas annulé. Il est simplement procédé à un partage complémentaire portant sur ce bien (art. 887 et s. du Code civil).

L'action en complément de part

L'action en complément de part est ouverte quand un héritier apporte la preuve qu'il a subi une lésion de plus d'un quart, c'est-à-dire si la valeur de son lot est inférieure de plus d'un quart de la valeur des lots de ses cohéritiers (la loi n° 2006-728 du 23 juin 2006, applicable depuis le 1.1.2007, a supprimé l'action en rescision pour lésion).
Dans cette hypothèse, il peut demander le complément de sa part soit en nature, soit en numéraire.
Pour évaluer une éventuelle lésion, les biens sont évalués d'après leur valeur à l'époque du partage. Il faut comparer la valeur du lot attribué à celui qui s'estime lésé et la valeur de la part qui aurait dû lui revenir.
L'héritier lésé n'a que 2 ans à compter du partage pour agir en complément de part (art. 889 et s. du Code civil).

Les droits fiscaux du partage

Acte de partage

Le partage pur et simple est celui qui attribue à chaque copartageant des biens d'une valeur égale à sa quote-part dans l'indivision.
L'acte de partage entraîne le paiement d'un droit d'enregistrement ou d'une taxe de publicité foncière de 2,50 % calculé sur l'actif net partagé (c'est-à-dire l'actif brut diminué des charges).
Si le partage prévoit des soultes mises à la charge de certains copartageants (destinées à compenser des attributions supérieures aux lots qu'ils auraient dû recueillir) ou si un copartageant bénéficie d'une plus-value (excédent d'un lot sans obligation de verser une soulte), le droit de partage de 2,50 % (applicable à compter du 1.1.2012) est calculé sur la globalité de l'actif net à partager, sans déduction de ces soultes ou plus-values. Ces soultes ou plus-values ne sont pas considérées comme des mutations de propriété et ne sont donc pas imposées en tant que telles (art. 746 et s. du Code général des impôts).
Ce régime de faveur excluant l'imposition des plus-values (mobilières et immobilières) pour les partages avec soultes s'applique :
- aux biens provenant d'une succession ou d'une communauté conjugale et à condition que le partage intervienne uniquement entre les membres originaires de l'indivision, leur conjoint, des ascendants, des descendants ou des ayants droit à titre universel de l'un ou de plusieurs d'entre eux ;
- aux biens provenant d'une indivision entre partenaires pacsés ou entre époux (biens acquis avant ou pendant le PACS ou le mariage) ;
- aux biens provenant d'une donation-partage (art. 150 U, 150-0 A du Code général des impôts).

Licitation

La licitation est la vente aux enchères des biens en indivision.
Lorsque la licitation met fin à l'indivision, il est perçu un droit d'enregistrement ou d'une taxe de publicité foncière de 2,50 % liquidé sur la valeur totale des biens. Ce droit est calculé sur la valeur globale des biens vendus même si un indivisaire se porte acquéreur (sa part dans l'indivision n'est pas soustraite).
(Art. 750 du Code général des impôts).

Vente par un indivisaire de sa part à un autre indivisaire

En vertu de l'art 750 II du Code général des impôts, la vente de parts indivises est soumise aux droits d'enregistrement applicables aux ventes.

Mais les ventes de biens mobiliers ou immobiliers dépendant d'une succession ou d'une communauté conjugale sont soumises au droit d'enregistrement de 2,50 % lorsqu'elles interviennent au profit d'un indivisaire. Le droit de 2,50 % est calculé sur l'ensemble du bien indivis sans soustraire la valeur de la part appartenant à l'acquéreur.

Cas pratique

Une épouse, mariée sous le régime de la communauté universelle, reçoit par succession un bien indivis. Ce bien entre dans la communauté. Elle décide de vendre ce bien à son neveu, également indivisaire. Mais un litige les oppose au fisc qui refuse d'appliquer le droit de partage sur cette vente et leur réclame les droits d'enregistrement applicables aux ventes.

Cette solution est retenue. Lorsque le bien a été attribué à l'épouse par succession, il est entré en communauté. Lorsqu'il est vendu à un indivisaire, il ne dépend que partiellement d'une succession au sens de l'article 750 II et les droits d'enregistrement doivent être calculés ainsi :

– droit de partage pour la part appartenant à l'épouse ;

– droits de mutation à titre onéreux pour la part appartenant au mari (C. cass., ch. com., 21.11.2000, Bull. civ. n° 182, p. 160).

LE COÛT D'UN PARTAGE

Actes	Frais fixes	Frais dépendant de la valeur à partager
Émoluments de formalités (UV = 3,65 €) - état civil 3 UV - copie authentique 0,3 UV par page - extrait cadastral 3 UV - extrait d'acte 5 UV - publicité foncière 5 UV - réquisition d'état hypothécaire 1 UV - attestation de propriété	 11,70 € HT 1,17 € HT x . . 11,70 € HT 19,50 € HT 19,50 € HT 3,90 € HT	Deuxième série S2. Coefficient 1 (voir *Les émoluments proportionnels*, p. 140)
Émoluments proportionnels Acte classé S1 coefficient 1,25		Première série (S1) : – de 0 et jusqu'à 6 500 € : 4 % – au-delà de 6 500 € et jusqu'à 17 000 € : 1,65 % – au-delà de 17 000 € et jusqu'à 60 000 € : 1,10 % – au-delà de 60 000 € : 0,825 %
Droits fiscaux de partage		1,10 % de l'actif total à partager (2,20 % à compter du 1.1.2012)
Hypothèques (salaire du conservateur)		0,10 % de la valeur de l'immeuble à partager

Modèles de lettres et de documents

Rédiger un testament authentique

Le testament authentique, pour être suivi d'effets, doit avoir été dicté par le testateur au notaire, assisté de deux témoins ou en présence d'un second notaire.

Ces règles de forme sont très importantes ; à défaut, le testament peut être annulé.

Le modèle ci-dessous n'a de fait aucune valeur en dehors de l'intervention d'un notaire. Le modèle présenté à vocation à vous guider dans la structuration de votre testament.

L'an ....

Le ....

Par-devant Maître ...., notaire à ....

En présence de :
....
....
témoins instrumentaires, choisis et appelés par le testateur, lesquels ont déclaré être majeurs, comprendre la langue française, jouissant de leurs droits civiques et civils, non parents ni alliés au degré prohibé par la loi, soit du testateur soit du notaire.

A comparu :

M. .... *(nom, prénoms, date et lieu de naissance, nationalité, domicile, profession)*, lequel, tant sain de corps et d'esprit, ainsi qu'il est apparu au notaire et aux témoins par la manifestation claire et précise de ses volontés, a dicté à Maître ...., notaire soussigné, en présence des deux témoins susnommés, son testament ainsi qu'il suit :

Je soussigné(e) .... souhaite qu'après mon décès les dispositions suivantes soient respectées :
....
(*faire état de ses souhaits de gestion de ses biens post mortem*)

Je révoque toutes les dispositions testamentaires antérieures à ce jour.

Maître ……………………, notaire soussigné, a fait écrire le présent testament par M. …………………… *(secrétaire)*, tel qu'il a été dicté par le testateur au fur et à mesure de la dictée, puis, Maître …………………… l'a lu au testateur qui a déclaré le bien comprendre, le trouver conforme à sa volonté et le confirmer, le tout en la présence continue des deux témoins.

Dont acte établi sur ……… page(s).

Fait et passé à …………………… en l'étude du notaire soussigné

Le ……………………

Et après une nouvelle lecture du tout par Maître ………………………

Signature du testateur …………

Puis les deux témoins et le notaire ont signé, le tout en la présence réelle et simultanée des deux témoins.

Signatures des témoins et du notaire :

Rédiger un testament nommant un tuteur pour vos enfants mineurs

En tant que parents, vous êtes les tuteurs légaux de vos enfants mineurs et vous souhaitez conférer la qualité de tuteur datif à un de vos proches, en cas d'incapacité ou de décès.

Je soussigné(e) .... (*nom, prénoms, adresse, date et lieu de naissance*), nommer M..................... (*nom, prénoms, adresse, date et lieu de naissance*), en qualité de tuteur datif, dans l'hypothèse où moi-même et mon mari décéderions ou que nous deviendrions inaptes.

Nous le choisissons tant pour veiller sur nos enfants que pour gérer notre patrimoine.

(*Éventuellement*)

Nous souhaiterions, dans la mesure du possible :

- que nos enfants poursuivent leurs études dans l'établissement .... ;
- qu'ils soient éduqués dans la religion .... ;
- que nos enfants construisent leur carrière professionnelle dans le domaine...... (*architectural, artistique…*) ou qu'ils reprennent l'exploitation ou l'entreprise familiale .... si celle-ci est encore en activité ;
- etc.

Nous remercions M. .... d'accepter cette fonction.
Écrit et signé à ....

Le ....

Signature des parents et du tuteur datif

Rédiger un testament-partage

Au contraire de la donation-partage qui obéit aux règles des donations et qui doit être faite par un notaire, le testament-partage n'est soumis à aucune forme particulière et présente en outre l'avantage d'être révocable jusqu'au jour du décès du testateur.

Cette forme de testament peut avoir comme bénéficiaires non seulement les enfants et descendants mais aussi les autres héritiers du testateur si celui-ci n'a pas de descendance (comme les donations-partages)

Je soussigné(e) ....
(nom, prénoms, adresse, date et lieu de naissance)

Conformément aux articles 1075 et suivants du Code civil, déclare faire le partage testamentaire de mes biens dans les conditions suivantes :

Mon patrimoine se compose de ....
(décrire précisément les biens meubles et immeubles).

Je souhaite que la répartition de ces biens s'effectue de la façon suivante entre mes héritiers :

1er lot : ce lot composé de ....
(préciser la composition du lot)
d'une valeur estimée à ....
est destiné à ....
(préciser l'état civil de l'héritier)

2e lot : ce lot composé de ....
(préciser la composition du lot)
d'une valeur estimée à ....
est destiné à ....
(préciser l'état civil de l'héritier)

(et ainsi de suite).

Si l'un de mes héritiers venait à décéder avant moi laissant des descendants, ceux-ci recueilleraient par représentation le lot destiné à leur auteur.

Si l'un de mes héritiers venait à décéder avant moi sans laisser de descendant, la part du défunt accroîtrait celle de mes autres héritiers survivants.

Je révoque toutes dispositions antérieures.

Écrit en entier et signé de ma main à ....

Le ....

Signature :

Rédiger un testament avec exécuteur testamentaire

La mission de l'exécuteur testamentaire débute lors de l'ouverture de la succession du défunt concerné. L'exécuteur testamentaire est chargé de veiller à la bonne exécution du testament.

Je soussigné(e) .... (*nom, prénoms, adresse, date et lieu de naissance*) lègue........................ (*décrire ici toutes les dispositions testamentaires*)

Je souhaite que M.................. (*nom, prénoms, adresse, date et lieu de naissance*) veille au respect de mes volontés telles qu'exprimées ci-dessus. M.............. aura la qualité d'exécuteur testamentaire.

Pour ce faire, il procédera notamment à l'inventaire de ma succession, en présence ou non de mes héritiers.

À défaut de liquidités suffisantes pour acquitter les dettes urgentes de ma succession, je l'autorise à vendre en proportion mes biens mobiliers, à charge pour lui de remettre le solde à mes héritiers.

M.................. rendra compte aux héritiers de la bonne exécution de sa mission.

Je remercie la dévotion de M.................. qui exercera cette mission à titre gratuit.

(ou)

En contrepartie de l'accomplissement de cette mission et pour le remercier de son amitié sincère et loyale, je souhaite gratifier M.............. (*décrire le don ou le legs que vous souhaitez faire à l'exécuteur testamentaire désigné*).
Écrit en entier et signé de ma main à ....

Le ....

Signature :

Révoquer un testament

Un testament n'est pas figé dans le temps : il peut être annulé, modifié ou révoqué.

Pour ce faire, le testament peut être détruit, modifié ou révoqué tacitement par un testament postérieur, ou expressément par un acte déclaratif devant notaire.

Dans tous les cas, afin d'éviter toute interprétation faussée sur la volonté du testateur, il est conseillé de formuler par écrit sa révocation.

Je soussigné(e) .... (*nom, prénoms, adresse, date et lieu de naissance*) déclare avoir rédigé un testament le ...

Lors de la rédaction dudit testament, je souhaitais que : *(faire état des dispositions inscrites sur le testament que vous souhaitez révoquer*).

À ce jour, je révoque toutes mes dispositions testamentaires antérieures, telles que rappelées ci dessus.

Désormais, je souhaite ...... (*préciser les nouvelles dispositions testamentaires et celles que vous souhaitez maintenir*).

Écrit en entier et signé de ma main à ....

Le ....

Signature :

Faire un legs d'objets déterminés

Vous souhaitez régir la transmission de vos biens. Vous léguez par testament un ou plusieurs biens déterminés (un bien immobilier, des bijoux, des objets de famille,…) à une ou plusieurs personnes déterminées (votre filleul, votre ami d'enfance…).

Je soussigné(e) ….. (*nom, prénoms, adresse, date et lieu de naissance*)
lègue à ……………. (*nom, prénoms, adresse, date et lieu de naissance*)
les objets suivants : …………………..

(*décrire précisément chaque objet en indiquant précisément son emplacement pour éviter la possibilité d'une lors de l'ouverture de la succession*).

(*le cas échéant*) Ceci révoque toutes dispositions antérieures.

Écrit en entier et signé de ma main à ……………..

Le ………………………

Signature :

Compléter un précédent testament (codicille)

Le codicille permet de compléter un testament déjà rédigé.

S'il s'agit de dispositions importantes et modifiant largement le précédent testament, il est préférable de réécrire entièrement le testament.

Je soussigné(e) .... *(nom, prénoms, adresse, date et lieu de naissance)* désire ajouter les dispositions suivantes venant compléter le testament que j'ai précédemment rédigé le ....

.... *(indiquer les dispositions supplémentaires)*

Écrit en entier et signé de ma main à ....

Le ....

Signature :

Faire un legs universel à plusieurs personnes

Le legs est une disposition testamentaire en faveur d'une ou plusieurs personnes. Le legs universel à plusieurs personnes n'est soumis à aucune forme particulière et peut être ainsi rédigé :

Par le présent testament, je soussigné(e) .... (*nom, prénoms, adresse, date et lieu de naissance*) institue pour mes légataires universels, conjointement entre eux, M. .... (*préciser les noms, prénoms et adresses des légataires*), de tous mes biens meubles et immeubles (*éventuellement, précisez : déduction faite de la part minimale des héritiers réservataires*).

Si l'un de ces légataires décède avant moi, sa part accroîtra en proportions égales, celles des autres légataires.

(*le cas échéant*) Ceci révoque toutes dispositions antérieures.

Écrit en entier et signé de ma main à ....

Le ....

Signature :

Faire un legs de l'usufruit de la succession

L'usufruit peut porter sur un seul bien de la succession ou la totalité de la succession. Il n'a pas d'office un caractère universel.

Vous souhaitez léguer vos biens à vos neveux et nièces, mais vous appréhendez que votre épouse soit expulsée de votre maison par ces derniers. Vous faites un legs d'usufruit de la maison à votre épouse, qui peut-être ainsi rédigé :

Pour un usufruit d'un bien particulier de la succession :

Je soussigné(e)................ (*nom, prénoms, adresse, date et lieu de naissance*) lègue à mes neveux et nièces .... (*préciser les noms, prénoms et adresses*) tous les biens qui composent ma succession à charge pour eux de les délivrer à mon épouse : Mme......................... (*nom, prénoms*) à titre de legs particulier, l'usufruit de ma maison sise .... (*adresse*) et du terrain contigu sis .... (*adresse*).

Pour un usufruit universel :

Je soussigné(e) .... (*nom, prénoms, adresse, date et lieu de naissance*) lègue l'usufruit de tous les biens meubles et immeubles qui composent ma succession, à mon épouse : Mme.......... (*nom, prénoms*).

(*le cas échéant*) Ceci révoque toutes dispositions antérieures.

Écrit en entier et signé de ma main à ....

Le ....

Signature :

Faire un legs graduel (obligation de transmettre les biens légués à un second gratifié)

Un legs peut être grevé d'une charge comportant l'obligation pour le légataire de conserver les biens ou les droits qui en sont l'objet et de les transmettre, à son décès, à un second gratifié, désigné dans l'acte (art. 1048 du Code civil).

Je soussigné(e) ....
(nom, prénoms, adresse, date et lieu de naissance)

lègue à X .... *(préciser l'état civil)*
un immeuble situé .... *(lieu, description)*

(ou)

autre bien .... *(meuble, portefeuille d'actions, etc.)*
à charge de le conserver sa vie entière puis de le rendre à Y.........
(préciser l'état civil du second gratifié).

(éventuellement)
Si Y .... *(second gratifié)* venait à décéder avant X ....
(premier gratifié), je désire que le bien soit transmis à ses héritiers.

(éventuellement) Ceci révoque toutes dispositions antérieures.

Écrit en entier et signé de ma main à ....

Le ....

Signature :

Faire un legs à des petits-enfants sous condition que leurs parents n'auront ni l'administration ni la jouissance des biens légués

Vous souhaitez léguer vos biens à vos petits enfants mais vous appréhendez la gestion de ces biens par leurs parents. Vous faites un legs à vos petits enfants en interdisant les parents respectifs d'administrer le patrimoine légué comme d'en percevoir les revenus.

Je soussigné(e)............... (*nom, prénoms, adresse, date et lieu de naissance*) lègue à mes petits enfants *(précisez les noms, prénoms et adresses)* nés ou à naitre,tous les biens qui composent ma succession, sous réserve que leurs parents ne bénéficient ni de l'administration ni de la jouissance légale de ces biens.

Je souhaite que jusqu'à la majorité des légataires, les biens légués soient administrés par .... (*préciser les nom, prénoms, état civil de la personne à qui le testateur souhaite confier l'administration des biens légués*).

(le cas échéant) Ceci révoque toutes dispositions antérieures.

Écrit en entier et signé de ma main à ....

Le ....

Signature :

Faire un legs avec interdiction de vendre et d'hypothéquer

Pour être valable, l'interdiction de vendre et d'hypothéquer doit avoir un motif légitime, être temporaire et porter sur un bien déterminé.

Je soussigné(e) .... *(nom, prénoms, adresse, lieu et date de naissance)*

lègue à M. .... *(préciser l'état civil du légataire)* l'immeuble suivant .... *(description)*.

Ce legs est consenti sous la condition que M. .... s'interdise formellement de vendre le bien ou d'hypothéquer l'immeuble légué jusqu'à la majorité de son dernier enfant ....

(*ou*)

Je souhaite que M. .... conserve cet immeuble et s'interdise de le vendre jusqu'au décès de mon épouse si celle-ci, titulaire de l'usufruit, décide de conserver ce logement pour y vivre.

Écrit en entier et signé de ma main à ....

Le ....

Signature :

Constater un don manuel

Les actes de donation doivent obligatoirement être passés par-devant notaire. Il existe toutefois une exception pour les dons d'objets mobiliers ou de sommes d'argent qui sont valables sans acte notarié à condition toutefois que l'objet soit remis matériellement au bénéficiaire.

L'acte constatant le don manuel a pour principal intérêt de préciser les conditions du don et peut être utile en cas de contestation des héritiers.

Les soussignés :

M. X...................... (*indiquer les nom et prénoms*) demeurant à ....

qualifié ci-après comme étant « le donateur »,

et

M. Y................................. (*indiquer les nom et prénoms*) demeurant à ....

qualifié ci-après comme étant « le donataire », conviennent :

1. M. Y............ déclare avoir reçu de la part de M. X............... (*donateur*) un don manuel d'un montant de .... (*écrire en chiffres et en lettres*). Cette somme lui a été remise en espèces (*ou par chèque, indiquer alors la date du chèque et la banque émettrice*).

2. M. Y.................. déclare que cette somme servira à acquérir (*indiquer le type de bien ou d'objet*) dont le prix d'acquisition s'élève à ....

ou

M. Y........................ déclare que cette somme n'a pas servi à acquérir un bien particulier.

3. Le donateur M. X...................... voulant maintenir l'égalité entre les héritiers, déclare faire ce don en avancement d'hoirie.

ou

Le donateur M. X................. voulant avantager le donataire M. Y..............., déclare faire ce don par préciput avec dispense de rapport à la succession du donateur.

4. Dans l'hypothèse où le donataire M. Y....... viendrait à décéder avant le donateur M. X.... sans descendants, le donateur se réserve le droit de retour conformément aux dispositions de l'article 951 du Code civil.

5. M. Y............................ (*donataire*) déclare n'avoir reçu de M. X..................... (*donateur*) aucune donation antérieure.

6. Il fera procéder à l'enregistrement de l'acte dans un délai d'un mois et se chargera du règlement des frais d'enregistrement.

Fait à ...., le ....
en trois exemplaires.

Lu et approuvé Lu et approuvé

Faire un legs particulier à son conjoint

Vous souhaitez léguer par testament un ou plusieurs biens déterminés à votre conjoint.

Je soussigné(e) ..... (*nom, prénoms, adresse, lieu et date de naissance*) lègue à mon conjoint les objets suivants (*pour chaque objet le décrire précisément en mentionnant son emplacement pour éviter toute confusion ou interprétation lors de l'ouverture de la succession)* :

–

–

Par cet acte, je souhaite que mon conjoint reste propriétaire de ce bien sans que mes enfants issus de mon premier mariage ou leurs ayants droit ne puissent le convertir en usufruit en application de l'article 1098 du Code civil.

(*le cas échéant*) Ceci révoque toutes dispositions antérieures.

Écrit en entier et signé de ma main à ....

Le ....

Signature :

Faire un legs universel à son conjoint

Vous léguez la totalité des biens dont vous disposez de votre vivant à votre conjoint.

Je soussigné(e) ..... (*nom, prénoms, adresse, date et lieu de naissance*) institue pour légataire universel .... (*nom et prénom du conjoint*).

Si, à mon décès, il existe des héritiers réservataires, ce legs sera réduit à la plus forte quotité disponible entre époux, au choix de mon conjoint, en usufruit seulement, en toute propriété seulement ou en toute propriété et usufruit.

(*le cas échéant*) Ceci révoque toutes dispositions antérieures.

Écrit en entier et signé de ma main à ....

Le ....

Signature :

Demander un délai pour la déclaration de succession

Si un notaire est chargé de la déclaration de succession, c'est lui qui doit se charger de cette demande de délai supplémentaire. La lettre est à adresser au contrôleur du centre des impôts du lieu d'ouverture de la succession :

M. ....

J'ai l'honneur de vous confirmer que M. .... (*donner le nom et l'état civil*) est décédé le .... à ....

Ce décès entraîne la nécessité d'effectuer entre vos mains une déclaration de succession que je ne suis pas encore en mesure de régulariser pour les raisons suivantes : .... *(donner le motif du retard qui peut être le désordre des affaires du défunt, l'absence de renseignements complets due à l'éloignement de certains héritiers ou de certains proches du défunt).*

J'aurai donc besoin d'un délai supplémentaire de .... (*préciser la durée de ce délai*) pour déposer une déclaration de succession en bonne et due forme.

Dans l'espoir que vous voudrez bien donner une suite favorable à cette requête, je vous prie de croire, M. ...., en mes distingués sentiments.

Demander un délai pour payer les droits de succession

Cette lettre est à adresser, soit par le notaire chargé de la succession, soit par le débiteur des droits successoraux, au contrôleur chargé du recouvrement des impôts successoraux. Il est évidemment recommandé d'envoyer cette lettre avant l'échéance prévue pour le paiement des droits de succession.

M. ....

À la suite du décès de M. .... *(nom, prénoms et adresse du défunt)*, je dois vous régler la somme de .... au titre des droits de succession, pour la date du ....

Je vais malheureusement me trouver dans l'impossibilité de régler cette somme à l'échéance prévue pour les raisons suivantes : *(donner les motifs du report demandé, à savoir : conjoncture économique, charges familiales particulières, non-réalisation de certains éléments d'actif successoral, etc.)*

C'est la raison pour laquelle je viens vous demander si vous pourriez m'accorder un délai pour le règlement de ces droits de succession *(préciser la date à laquelle l'ensemble des droits de succession pourrait être réglé, ou les dates d'échéance si le paiement fractionné est demandé)*.

Je suis à votre disposition pour régler les intérêts correspondant à cette demande de délai et me permets d'attirer votre attention sur le fait que j'ai toujours respecté mes obligations fiscales et les engagements pris.

Dans l'espoir d'une réponse favorable, je vous prie de croire, M. ...., en mes distingués sentiments.

Rédiger une convention d'indivision

L'indivision correspond à la situation dans laquelle une ou plusieurs personnes sont propriétaires d'un bien meuble ou immeuble.

S'il s'agit d'un bien immeuble, la convention d'indivision devra être faite en la forme authentique, soit devant un notaire.

S'il est question d'un bien meuble (voiture, mobilier, fond de commerce…)*, la convention peut être effectuée sous seing privé comme suit :*

Désignation des biens indivis ....

Indication des quotes-parts de chaque indivisaire ....

Soit, convention à durée déterminée :
La présente convention est conclue pour une durée déterminée de ...... (*5 ans maximum*) à compter du jour du décès.

Pendant cette période, le partage ne pourra pas être demandé.

À l'expiration de cette période, la convention se renouvellera par tacite reconduction pour la même durée ou pour une durée indéterminée.

Si l'un des indivisaires veut éviter le renouvellement de la convention, il devra expressément aviser les autres coindivisaires de son intention, six mois au moins avant l'expiration de la cinquième année, par lettre recommandée avec avis de réception.

(*ou*)

À l'expiration de cette durée, la convention prendra fin, faute d'une décision de renouvellement prise à l'unanimité par les indivisaires.

Soit, convention à durée indéterminée :
La présente convention est conclue pour une durée indéterminée à compter du jour du décès.

Le partage pourra être provoqué à tout moment, sauf si cette demande est faite de mauvaise foi, à contre temps ou se révèle nuisible aux intérêts de l'indivision.

(*éventuellement*)

En ce qui concerne le bien situé à ....
la convention d'indivision pourra prendre fin par anticipation en cas de vente.

Dans cette hypothèse, le prix de vente sera partagé entre les indivisaires au prorata de leurs parts dans l'indivision.

Nomination d'un gérant de l'indivision (éventuellement)
Les coindivisaires nomment .... gérant de l'indivision (le gérant peut être choisi parmi les indivisaires ou être étranger à l'indivision), lequel exercera ses fonctions tant que durera la présente convention, même en cas de tacite reconduction (pour une convention à durée déterminée).

Il ne pourra être révoqué que par décision unanime des indivisaires.

Responsabilité
Le gérant répond des fautes qu'il commet dans sa gestion.

En cas de faute grave mettant en péril les intérêts de l'indivision, il pourra être révoqué (*sur demande de tout indivisaire auprès du tribunal de grande instance*).

Pouvoirs
Le gérant administre l'indivision sans pouvoir disposer des biens meubles.

Le gérant doit rendre compte tous les ans de sa gestion aux indivisaires. À cette occasion, il indique, d'une part, les bénéfices réalisés et, d'autre part, les pertes encourues ou prévisibles. Les décisions qui excèdent les pouvoirs du gérant sont prises à l'unanimité.

Rémunération
Le gérant exerce ses fonctions à titre gratuit.

(*ou*)

Le gérant percevra par année une rémunération égale à ....

Charges
Les indivisaires sont tenus de participer aux dépenses de conservation des biens indivis.

Décès d'un indivisaire

Au décès d'un indivisaire, la quote-part sera attribuée à .... (*au conjoint survivant ou ses héritiers ou aux indivisaires à proportion des droits respectifs des indivisaires ou héritiers dans l'indivision ou la succession*).

Au risque d'être caduque, cette faculté d'attribution devra être exercée dans le délai d'un mois à compter du jour où il aura été mis en demeure de prendre parti, cette mise en demeure ne pouvant être adressée avant l'expiration d'un délai de 3 mois courant à compter du décès de l'indivisaire.

Frais de la présente convention

Tous les frais, droits et honoraires des présentes seront partagés entre les indivisaires à concurrence de leurs parts respectives dans l'indivision.

Textes de loi

CODE CIVIL

LIVRE III
Des différentes manières dont on acquiert la propriété

TITRE Ier
Des successions

CHAPITRE Ier
De l'ouverture des successions, du titre universel et de la saisine

Art. 720. Les successions s'ouvrent par la mort, au dernier domicile du défunt.

Art. 721. Les successions sont dévolues selon la loi lorsque le défunt n'a pas disposé de ses biens par des libéralités.

Elles peuvent être dévolues par les libéralités du défunt dans la mesure compatible avec la réserve héréditaire.

Art. 722. Les conventions qui ont pour objet de créer des droits ou de renoncer à des droits sur tout ou partie d'une succession non encore ouverte ou d'un bien en dépendant ne produisent effet que dans les cas où elles sont autorisées par la loi.

Art. 723. Abrogé *(L. n° 2006-728 du 23.6.2006)*.

Art. 724. Les héritiers désignés par la loi sont saisis de plein droit des biens, droits et actions du défunt.

Les légataires et donataires universels sont saisis dans les conditions prévues au titre II du présent livre.

À leur défaut, la succession est acquise à l'État, qui doit se faire envoyer en possession.

Art. 724-1. Les dispositions du présent titre, notamment celles qui concernent l'option, l'indivision et le partage, s'appliquent en tant que de raison aux légataires et donataires universels ou à titre universel, quand il n'y est pas dérogé par une règle particulière.

CHAPITRE II
Des qualités requises pour succéder De la preuve de la qualité d'héritier

SECTION I
Des qualités requises pour succéder

Art. 725. Pour succéder, il faut exister à l'instant de l'ouverture de la succession ou, ayant déjà été conçu, naître viable.

Peut succéder celui dont l'absence est présumée selon l'article 112.

Art. 725-1. Lorsque deux personnes, dont l'une avait vocation à succéder à l'autre, périssent dans un même événement, l'ordre des décès est établi par tous moyens.

Si cet ordre ne peut être déterminé, la succession de chacune d'elles est dévolue sans que l'autre y soit appelée.

Toutefois, si l'un des codécédés laisse des descendants, ceux-ci peuvent représenter leur auteur dans la succession de l'autre lorsque la représentation est admise.

Art. 726. Sont indignes de succéder et, comme tels, exclus de la succession :

1° Celui qui est condamné, comme auteur ou complice, à une peine criminelle pour avoir volontairement donné ou tenté de donner la mort au défunt ;

2° Celui qui est condamné, comme auteur ou complice, à une peine criminelle pour avoir volontairement porté des coups ou commis des violences ou voies de fait ayant entraîné la mort du défunt sans intention de la donner.

Art. 727. Peuvent être déclarés indignes de succéder :
1° Celui qui est condamné, comme auteur ou complice, à une peine correctionnelle pour avoir volontairement donné ou tenté de donner la mort au défunt ;
2° Celui qui est condamné, comme auteur ou complice, à une peine correctionnelle pour avoir volontairement commis des violences ayant entraîné la mort du défunt sans intention de la donner ;
3° Celui qui est condamné pour témoignage mensonger porté contre le défunt dans une procédure criminelle ;
4° Celui qui est condamné pour s'être volontairement abstenu d'empêcher soit un crime soit un délit contre l'intégrité corporelle du défunt d'où il est résulté la mort, alors qu'il pouvait le faire sans risque pour lui ou pour les tiers ;
5° Celui qui est condamné pour dénonciation calomnieuse contre le défunt lorsque, pour les faits dénoncés, une peine criminelle était encourue ;
Peuvent également être déclarés indignes de succéder ceux qui ont commis les actes mentionnés aux 1° et 2° et à l'égard desquels, en raison de leur décès, l'action publique n'a pas pu être exercée ou s'est éteinte.

Art. 727-1. La déclaration d'indignité prévue à l'article 727 est prononcée après l'ouverture de la succession par le tribunal de grande instance à la demande d'un autre héritier. La demande doit être formée dans les six mois du décès si la décision de condamnation ou de déclaration de culpabilité est antérieure au décès, ou dans les six mois de cette décision si elle est postérieure au décès.
En l'absence d'héritier, la demande peut être formée par le ministère public.

Art. 728. N'est pas exclu de la succession le successible frappé d'une cause d'indignité prévue aux articles 726 et 727, lorsque le défunt, postérieurement aux faits et à la connaissance qu'il en a eue, a précisé, par une déclaration expresse de volonté en la forme testamentaire, qu'il entend le maintenir dans ses droits héréditaires ou lui a fait une libéralité universelle ou à titre universel.

Art. 729. L'héritier exclu de la succession pour cause d'indignité est tenu de rendre tous les fruits et tous les revenus dont il a eu la jouissance depuis l'ouverture de la succession.

Art. 729-1. Les enfants de l'indigne ne sont pas exclus par la faute de leur auteur, soit qu'ils viennent à la succession de leur chef, soit qu'ils y viennent par l'effet de la représentation ; mais l'indigne ne peut, en aucun cas, réclamer, sur les biens de cette succession, la jouissance que la loi accorde aux père et mère sur les biens de leurs enfants.

SECTION II
De la preuve de la qualité d'héritier

Art. 730. La preuve de la qualité d'héritier s'établit par tous moyens.
Il n'est pas dérogé aux dispositions ni aux usages concernant la délivrance de certificats de propriété ou d'hérédité par des autorités judiciaires ou administratives.

Art. 730-1. La preuve de la qualité d'héritier peut résulter d'un acte de notoriété dressé par un notaire, à la demande d'un ou plusieurs ayants droit.
L'acte de notoriété doit viser l'acte de décès de la personne dont la succession est ouverte et faire mention des pièces justificatives qui ont pu être produites, tels les actes de l'état civil et, éventuellement, les documents qui concernent l'existence de libéralités à cause de mort pouvant avoir une incidence sur la dévolution successorale.
Il contient l'affirmation, signée du ou des ayants droit auteurs de la demande, qu'ils ont vocation, seuls ou avec d'autres qu'ils désignent, à recueillir tout ou partie de la succession du défunt.
Toute personne dont les dires paraîtraient utiles peut être appelée à l'acte.
(L. n° 2007-1787 du 20.12.2007). Il est fait mention de l'existence de l'acte de notoriété en marge de l'acte de décès.

Art. 730-2. L'affirmation contenue dans l'acte de notoriété n'emporte pas, par elle-même, acceptation de la succession.

Art. 730-3. L'acte de notoriété ainsi établi fait foi jusqu'à preuve contraire.

Celui qui s'en prévaut est présumé avoir des droits héréditaires dans la proportion qui s'y trouve indiquée.

Art. 730-4. Les héritiers désignés dans l'acte de notoriété ou leur mandataire commun sont réputés, à l'égard des tiers détenteurs de biens de la succession, avoir la libre disposition de ces biens et, s'il s'agit de fonds, la libre disposition de ceux-ci dans la proportion indiquée à l'acte.

Art. 730-5. Celui qui, sci emment et de mauvaise foi, se prévaut d'un acte de notoriété inexact, encourt les pénalités de recel prévues à l'article 778, sans préjudice de dommages et intérêts.

CHAPITRE III
Des héritiers

Art. 731. La succession est dévolue par la loi aux parents et au conjoint successibles du défunt dans les conditions définies ci-après.

Art. 732. Est conjoint successible le conjoint survivant non divorcé.

SECTION I
Des droits des parents en l'absence de conjoint successible

Art. 733. La loi ne distingue pas *(Ord. n° 2005-759 du 4.7.2005)* selon les modes d'établissement de la filiation pour déterminer les parents appelés à succéder.
Les droits résultant de la filiation adoptive sont réglés au titre de l'adoption.

§ 1 – Des ordres d'héritiers

Art. 734. En l'absence de conjoint successible, les parents sont appelés à succéder ainsi qu'il suit :

1° Les enfants et leurs descendants ;

2° Les père et mère ; les frères et sœurs et les descendants de ces derniers ;

3° Les ascendants autres que les père et mère ;

4° Les collatéraux autres que les frères et sœurs et les descendants de ces derniers.

Chacune de ces quatre catégories constitue un ordre d'héritiers qui exclut les suivants.

Art. 735. Les enfants ou leurs descendants succèdent à leurs père et mère ou autres ascendants, sans distinction de sexe, ni de primogéniture, même s'ils sont issus d'unions différentes.

Art. 736. Lorsque le défunt ne laisse ni postérité, ni frère, ni sœur, ni descendants de ces derniers, ses père et mère lui succèdent, chacun pour moitié.

Art. 737. Lorsque les père et mère sont décédés avant le défunt et que celui-ci ne laisse pas de postérité, les frères et sœurs du défunt ou leurs descendants lui succèdent, à l'exclusion des autres parents, ascendants ou collatéraux.

Art. 738. Lorsque les père et mère survivent au défunt et que celui-ci n'a pas de postérité, mais des frères et sœurs ou des descendants de ces derniers, la succession est dévolue, pour un quart, à chacun des père et mère et, pour la moitié restante, aux frères et sœurs ou à leurs descendants.
Lorsqu'un seul des père et mère survit, la succession est dévolue pour un quart à celui-ci et pour trois quarts aux frères et sœurs ou à leurs descendants.

Art. 738-1. *(L. n° 2006-728 du 23.6.2006).* Lorsque seul le père ou la mère survit et que le défunt n'a ni postérité ni frère ni sœur ni descendant de ces derniers, mais laisse un ou des ascendants de l'autre branche que celle de son père ou de sa mère survivant, la succession est dévolue pour moitié au père ou à la mère et pour moitié aux ascendants de l'autre branche.

Art. 738-2. *(L. n° 2006-728 du 23.6.2006).* Lorsque les père et mère ou l'un d'eux survivent au défunt et que celui-ci n'a pas de postérité, ils peuvent dans tous les cas exercer un droit de retour, à concurrence des quotes-parts fixées au premier alinéa de l'article 738, sur les biens que le défunt avait reçus d'eux par donation.
La valeur de la portion des biens soumise au droit de retour s'impute en priorité sur les droits successoraux des père et mère.
Lorsque le droit de retour ne peut s'exercer en nature, il s'exécute en valeur, dans la limite de l'actif successoral.

Art. 739. À défaut d'héritier des deux premiers ordres, la succession est dévolue aux ascendants autres que les père et mère.

Art. 740. À défaut d'héritier des trois premiers ordres, la succession est dévolue aux parents collatéraux du défunt autres que les frères et sœurs et les descendants de ces derniers.

§ 2 – Des degrés

Art. 741. La proximité de parenté s'établit par le nombre de générations ; chaque génération s'appelle un degré.

Art. 742. La suite des degrés forme la ligne ; on appelle ligne directe la suite des degrés entre personnes qui descendent l'une de l'autre ; ligne collatérale, la suite des degrés entre personnes qui ne descendent pas les unes des autres, mais qui descendent d'un auteur commun.
On distingue la ligne directe descendante et la ligne directe ascendante.

Art. 743. *(L. n° 2009-526 du 12.5.2009).* En ligne directe, on compte autant de degrés qu'il y a de générations entre les personnes : ainsi, l'enfant est, à l'égard du père et de la mère, au premier degré, le petit-fils ou la petite-fille au second ; et réciproquement du père et de la mère à l'égard de l'enfant et des aïeuls à l'égard du petit-fils ou de la petite-fille ; ainsi de suite.
En ligne collatérale, les degrés se comptent par génération, depuis l'un des parents jusque et non compris l'auteur commun, et depuis celui-ci jusqu'à l'autre parent.
(L. n° 2009-526 du 12.5.2009). Ainsi, les frères et sœurs sont au deuxième degré ; l'oncle ou la tante et le neveu ou la nièce sont au troisième degré ; les cousins germains et cousines germaines au quatrième ; ainsi de suite.

Art. 744. Dans chaque ordre, l'héritier le plus proche exclut l'héritier plus éloigné en degré.
À égalité de degré, les héritiers succèdent par égale portion et par tête.
Le tout sauf ce qui sera dit ci-après de la division par branches et de la représentation.

Art. 745. Les parents collatéraux ne succèdent pas au-delà du sixième degré.

§ 3 – De la division par branches, paternelle et maternelle

Art. 746. La parenté se divise en deux branches, selon qu'elle procède du père ou de la mère.

Art. 747. Lorsque la succession est dévolue à des ascendants, elle se divise par moitié entre ceux de la branche paternelle et ceux de la branche maternelle.

Art. 748. Dans chaque branche succède, à l'exclusion de tout autre, l'ascendant qui se trouve au degré le plus proche.
Les ascendants au même degré succèdent par tête.
À défaut d'ascendant dans une branche, les ascendants de l'autre branche recueillent toute la succession.

Art. 749. Lorsque la succession est dévolue à des collatéraux autres que les frères et sœurs ou leurs descendants, elle se divise par moitié entre ceux de la branche paternelle et ceux de la branche maternelle.

Art. 750. Dans chaque branche succède, à l'exclusion de tout autre, le collatéral qui se trouve au degré le plus proche.
Les collatéraux au même degré succèdent par tête.
À défaut de collatéral dans une branche, les collatéraux de l'autre branche recueillent toute la succession.

§ 4 – De la représentation

Art. 751. *(L. n° 2006-728 du 23.6.2006).* La représentation est une fiction juridique qui a pour effet d'appeler à la succession les représentants aux droits du représenté.

Art. 752. La représentation a lieu à l'infini dans la ligne directe descendante.
Elle est admise dans tous les cas, soit que les enfants du défunt concourent avec les descendants d'un enfant prédécédé, soit que tous les enfants du défunt étant morts avant lui, les descendants desdits enfants se trouvent entre eux en degrés égaux ou inégaux.

Art. 752-1. La représentation n'a pas lieu en faveur des ascendants ; le plus proche, dans chacune des deux lignes, exclut toujours le plus éloigné.

Art. 752-2. En ligne collatérale, la représentation est admise en faveur des enfants et descendants de frères ou sœurs du défunt, soit qu'ils viennent à sa succession concurremment avec des oncles ou tantes, soit que tous les frères et sœurs du défunt étant prédécédés, la succession se trouve dévolue à leurs descendants en degrés égaux ou inégaux.

Art. 753. Dans tous les cas où la représentation est admise, le partage s'opère par souche, comme si le représenté venait à la succession ; s'il y a lieu, il s'opère par subdivision de souche. À l'intérieur d'une souche ou d'une subdivision de souche, le partage se fait par tête.

Art. 754. *(L. n° 2006-728 du 23.6.2006)*. On représente les prédécédés, on ne représente les renonçants que dans les successions dévolues en ligne directe ou collatérale.
Les enfants du renonçant conçus avant l'ouverture de la succession dont le renonçant a été exclu rapportent à la succession de ce dernier les biens dont ils ont hérité en son lieu et place, s'ils viennent en concours avec d'autres enfants conçus après l'ouverture de la succession. Le rapport se fait selon les dispositions énoncées à la section II du chapitre VIII du présent titre.
Sauf volonté contraire du disposant, en cas de représentation d'un renonçant, les donations faites à ce dernier s'imputent, le cas échéant, sur la part de réserve qui aurait dû lui revenir s'il n'avait pas renoncé.
On peut représenter celui à la succession duquel on a renoncé.

Art. 755. La représentation est admise en faveur des enfants et descendants de l'indigne, encore que celui-ci soit vivant à l'ouverture de la succession.
(L. n° 2006-728 du 23.6.2006). Les dispositions prévues au deuxième alinéa de l'article 754 sont applicables aux enfants de l'indigne de son vivant.

SECTION II
Des droits du conjoint successible

§ 1 – De la nature des droits, de leur montant et de leur exercice

Art. 756. Le conjoint successible est appelé à la succession, soit seul, soit en concours avec les parents du défunt.

Art. 757. Si l'époux prédécédé laisse des enfants ou descendants, le conjoint survivant recueille, à son choix, l'usufruit de la totalité des biens existants ou la propriété du quart des biens lorsque tous les enfants sont issus des deux époux et la propriété du quart en présence d'un ou plusieurs enfants qui ne sont pas issus des deux époux.

Art. 757-1. Si, à défaut d'enfants ou de descendants, le défunt laisse ses père et mère, le conjoint survivant recueille la moitié des biens. L'autre moitié est dévolue pour un quart au père et pour un quart à la mère.
Quand le père ou la mère est prédécédé, la part qui lui serait revenue échoit au conjoint survivant.

Art. 757-2. En l'absence d'enfants ou de descendants du défunt et de ses père et mère, le conjoint survivant recueille toute la succession.

Art. 757-3. Par dérogation à l'article 757-2, en cas de prédécès des père et mère, les biens que le défunt avait reçus de ses ascendants par succession ou donation et qui se retrouvent en nature dans la succession sont, en l'absence de descendants, dévolus pour moitié aux frères et sœurs du défunt ou à leurs descendants, eux-mêmes descendants du ou des parents prédécédés à l'origine de la transmission.

Art. 758. Lorsque le conjoint survivant recueille la totalité ou les trois quarts des biens, les ascendants du défunt, autres que les père et mère, qui sont dans le besoin bénéficient d'une créance d'aliments contre la succession du prédécédé.
Le délai pour la réclamer est d'un an à partir du décès ou du moment à partir duquel les héritiers cessent d'acquitter les prestations qu'ils fournissaient auparavant aux ascendants. Le délai se prolonge, en cas d'indivision, jusqu'à l'achèvement du partage.
La pension est prélevée sur la succession. Elle est supportée par tous les héritiers et, en cas d'insuffisance, par tous les légataires particuliers, proportionnellement à leur émolument.
Toutefois, si le défunt a expressément déclaré que tel legs sera acquitté de préférence aux autres, il sera fait application de l'article 927.

Art. 758-1. Lorsque le conjoint a le choix de la propriété ou de l'usufruit, ses droits sont incessibles tant qu'il n'a pas exercé son option.

Art. 758-2. L'option du conjoint entre l'usufruit et la propriété se prouve par tout moyen.

Art. 758-3. Tout héritier peut inviter par écrit le conjoint à exercer son option. Faute d'avoir pris parti par écrit dans les trois mois, le conjoint est réputé avoir opté pour l'usufruit.

Art. 758-4. Le conjoint est réputé avoir opté pour l'usufruit s'il décède sans avoir pris parti.

Art. 758-5. Le calcul du droit en toute propriété du conjoint prévu aux articles 757 et 757-1 sera opéré sur une masse faite de tous les biens existant au décès de son époux auxquels seront réunis fictivement ceux dont il aurait disposé, soit par acte entre vifs, soit par acte testamentaire, au profit de successibles, sans dispense de rapport.
Le conjoint ne pourra exercer son droit que sur les biens dont le prédécédé n'aura disposé ni par acte entre vifs, ni par acte testamentaire, et sans préjudicier aux droits de réserve ni aux droits de retour.

Art. 758-6. *(L. n° 2006-728 du 23.6.2006)*. Les libéralités reçues du défunt par le conjoint survivant s'imputent sur les droits de celui-ci dans la succession. Lorsque les libéralités ainsi reçues sont inférieures aux droits définis aux articles 757 et 757-1, le conjoint survivant peut en réclamer le complément, sans jamais recevoir une portion des biens supérieure à la quotité définie à l'article 1094-1.

§ 2 – De la conversion de l'usufruit

Art. 759. Tout usufruit appartenant au conjoint sur les biens du prédécédé, qu'il résulte de la loi, d'un testament ou d'une donation de biens à venir, donne ouverture à une faculté de conversion en rente viagère, à la demande de l'un des héritiers nus-propriétaires ou du conjoint successible lui-même.

Art. 759-1. La faculté de conversion n'est pas susceptible de renonciation. Les cohéritiers ne peuvent en être privés par la volonté du prédécédé.

Art. 760. À défaut d'accord entre les parties, la demande de conversion est soumise au juge. Elle peut être introduite jusqu'au partage définitif.
S'il fait droit à la demande de conversion, le juge détermine le montant de la rente, les sûretés que devront fournir les cohéritiers débiteurs, ainsi que le type d'indexation propre à maintenir l'équivalence initiale de la rente à l'usufruit.
Toutefois, le juge ne peut ordonner contre la volonté du conjoint la conversion de l'usufruit portant sur le logement qu'il occupe à titre de résidence principale, ainsi que sur le mobilier le garnissant.

Art. 761. Par accord entre les héritiers et le conjoint, il peut être procédé à la conversion de l'usufruit du conjoint en un capital.

Art. 762. La conversion de l'usufruit est comprise dans les opérations de partage. Elle ne produit pas d'effet rétroactif, sauf stipulation contraire des parties.

§ 3 – Du droit au logement temporaire et du droit viager au logement

Art. 763. Si, à l'époque du décès, le conjoint successible occupe effectivement, à titre d'habitation principale, un logement appartenant aux époux ou dépendant totalement de la succession, il a de plein droit, pendant une année, la jouissance gratuite de ce logement, ainsi que du mobilier, compris dans la succession, qui le garnit.
Si son habitation était assurée au moyen d'un bail à loyer, [*(L. n° 2006-728 du 23.6.2006)* ou d'un logement appartenant pour partie indivise au défunt, les loyers ou l'indemnité d'occupation] lui en seront remboursés par la succession pendant l'année, au fur et à mesure de leur acquittement.
Les droits prévus au présent article sont réputés effets directs du mariage et non droits successoraux.
Le présent article est d'ordre public.

Art. 764. Sauf volonté contraire du défunt exprimée dans les conditions de l'article 971, le conjoint successible qui occupait effectivement, à l'époque du décès, à titre d'habitation principale, un logement appartenant aux époux ou dépendant totalement de la succession, a sur ce logement, jusqu'à son décès, un droit d'habitation et un droit d'usage sur le mobilier, compris dans la succession, le garnissant.

La privation de ces droits d'habitation et d'usage exprimée par le défunt dans les conditions mentionnées au premier alinéa est sans incidence sur les droits d'usufruit que le conjoint recueille en vertu de la loi ou d'une libéralité, qui continuent à obéir à leurs règles propres.

Ces droits d'habitation et d'usage s'exercent dans les conditions prévues aux articles 627, 631, 634 et 635.

Le conjoint, les autres héritiers ou l'un d'eux peuvent exiger qu'il soit dressé un inventaire des meubles et un état de l'immeuble soumis aux droits d'usage et d'habitation.

Par dérogation aux articles 631 et 634, lorsque la situation du conjoint fait que le logement grevé du droit d'habitation n'est plus adapté à ses besoins, le conjoint ou son représentant peut le louer à usage autre que commercial ou agricole afin de dégager les ressources nécessaires à de nouvelles conditions d'hébergement.

Art. 765. La valeur des droits d'habitation et d'usage s'impute sur la valeur des droits successoraux recueillis par le conjoint.

Si la valeur des droits d'habitation et d'usage est inférieure à celle de ses droits successoraux, le conjoint peut prendre le complément sur les biens existants.

Si la valeur des droits d'habitation et d'usage est supérieure à celle de ses droits successoraux, le conjoint n'est pas tenu de récompenser la succession à raison de l'excédent.

Art. 765-1. Le conjoint dispose d'un an à partir du décès pour manifester sa volonté de bénéficier de ces droits d'habitation et d'usage.

Art. 765-2. Lorsque le logement faisait l'objet d'un bail à loyer, le conjoint successible qui, à l'époque du décès, occupait effectivement les lieux à titre d'habitation principale bénéficie du droit d'usage sur le mobilier, compris dans la succession, le garnissant.

Art. 766. Le conjoint successible et les héritiers peuvent, par convention, convertir les droits d'habitation et d'usage en une rente viagère ou en capital.

S'il est parmi les successibles parties à la convention un mineur ou un majeur protégé, la convention doit être autorisée par le juge des tutelles.

§ 4 – Du droit à pension

Art. 767. La succession de l'époux prédécédé doit une pension au conjoint successible qui est dans le besoin. Le délai pour la réclamer est d'un an à partir du décès ou du moment où les héritiers cessent d'acquitter les prestations qu'ils fournissaient auparavant au conjoint. Le délai se prolonge, en cas d'indivision, jusqu'à l'achèvement du partage.

La pension alimentaire est prélevée sur la succession. Elle est supportée par tous les héritiers et, en cas d'insuffisance, par tous les légataires particuliers, proportionnellement à leur émolument.

Toutefois, si le défunt a expressément déclaré que tel legs sera acquitté de préférence aux autres, il sera fait application de l'article 927.

CHAPITRE IV

De l'option de l'héritier (L. n° 2006-728 du 23.6.2006)

SECTION I

Dispositions générales

Art. 768. *(L. n° 2006-728 du 23.6.2006)* L'héritier peut accepter la succession purement et simplement ou y renoncer. Il peut également accepter la succession à concurrence de l'actif net lorsqu'il a une vocation universelle ou à titre universel.

Est nulle l'option conditionnelle ou à terme.

Art. 769. *(L. n° 2006-728 du 23.6.2006)* L'option est indivisible.

Toutefois, celui qui cumule plus d'une vocation successorale à la même succession a, pour chacune d'elles, un droit d'option distinct.

Art. 770. *(L. n° 2006-728 du 23.6.2006)* L'option ne peut être exercée avant l'ouverture de la succession, même par contrat de mariage.

Art. 771. *(L. n° 2006-728 du 23.6.2006)* L'héritier ne peut être contraint à opter avant l'expiration d'un délai de quatre mois à compter de l'ouverture de la succession.

À l'expiration de ce délai, il peut être sommé, par acte extrajudiciaire, de prendre parti à l'initiative d'un créancier de la succession, d'un cohéritier, d'un héritier de rang subséquent ou de l'État.

Art. 772. *(L. n° 2006-728 du 23.6.2006)* Dans les deux mois qui suivent la sommation, l'héritier doit prendre parti ou solliciter un délai supplémentaire auprès du juge lorsqu'il n'a pas été en mesure de clôturer l'inventaire commencé ou lorsqu'il justifie d'autres motifs sérieux et légitimes. Ce délai est suspendu à compter de la demande de prorogation jusqu'à la décision du juge saisi.

À défaut d'avoir pris parti à l'expiration du délai de deux mois ou du délai supplémentaire accordé, l'héritier est réputé acceptant pur et simple.

Art. 773. *(L. n° 2006-728 du 23.6.2006)* À défaut de sommation, l'héritier conserve la faculté d'opter, s'il n'a pas fait par ailleurs acte d'héritier et s'il n'est pas tenu pour héritier acceptant pur et simple en application des articles 778, 790 ou 800.

Art. 774. *(L. n° 2006-728 du 23.6.2006)* Les dispositions des articles 771, 772 et 773 s'appliquent à l'héritier de rang subséquent appelé à succéder lorsque l'héritier de premier rang renonce à la succession ou est indigne de succéder. Le délai de quatre mois prévu à l'article 771 court à compter du jour où l'héritier subséquent a eu connaissance de la renonciation ou de l'indignité.

Art. 775. *(L. n° 2006-728 du 23.6.2006)* Les dispositions visées à l'article 774 s'appliquent également aux héritiers de celui qui décède sans avoir opté. Le délai de quatre mois court à compter de l'ouverture de la succession de ce dernier.

Les héritiers de celui qui décède sans avoir opté exercent l'option séparément, chacun pour sa part.

Art. 776. *(L. n° 2006-728 du 23.6.2006)* L'option exercée a un effet rétroactif au jour de l'ouverture de la succession.

Art. 777. *(L. n° 2006-728 du 23.6.2006)* L'erreur, le dol ou la violence est une cause de nullité de l'option exercée par l'héritier.
L'action en nullité se prescrit par cinq ans à compter du jour où l'erreur ou le dol a été découvert ou du jour où la violence a cessé.

Art. 778. *(L. n° 2006-728 du 23.6.2006)* Sans préjudice de dommages et intérêts, l'héritier qui a recelé des biens ou des droits d'une succession ou dissimulé l'existence d'un cohéritier est réputé accepter purement et simplement la succession, nonobstant toute renonciation ou acceptation à concurrence de l'actif net, sans pouvoir prétendre à aucune part dans les biens ou les droits détournés ou recelés. Les droits revenant à l'héritier dissimulé et qui ont ou auraient pu augmenter ceux de l'auteur de la dissimulation sont réputés avoir été recelés par ce dernier.
Lorsque le recel a porté sur une donation rapportable ou réductible, l'héritier doit le rapport ou la réduction de cette donation sans pouvoir y prétendre à aucune part.
L'héritier receleur est tenu de rendre tous les fruits et revenus produits par les biens recelés dont il a eu la jouissance depuis l'ouverture de la succession.

Art. 779. *(L. n° 2006-728 du 23.6.2006)* Les créanciers personnels de celui qui s'abstient d'accepter une succession ou qui renonce à une succession au préjudice de leurs droits peuvent être autorisés en justice à accepter la succession du chef de leur débiteur, en son lieu et place.
L'acceptation n'a lieu qu'en faveur de ces créanciers et jusqu'à concurrence de leurs créances. Elle ne produit pas d'autre effet à l'égard de l'héritier.

Art. 780. *(L. n° 2006-728 du 23.6.2006)* La faculté d'option se prescrit par dix ans à compter de l'ouverture de la succession.
L'héritier qui n'a pas pris parti dans ce délai est réputé renonçant.
La prescription ne court contre l'héritier qui a laissé le conjoint survivant en jouissance des biens héréditaires qu'à compter de l'ouverture de la succession de ce dernier.
La prescription ne court contre l'héritier subséquent d'un héritier dont l'acceptation est annulée qu'à compter de la décision définitive constatant cette nullité.

La prescription ne court pas tant que le successible a des motifs légitimes d'ignorer la naissance de son droit, notamment l'ouverture de la succession.

Art. 781. *(L. n° 2006-728 du 23.6.2006)* Lorsque le délai de prescription mentionné à l'article 780 est expiré, celui qui se prévaut de sa qualité d'héritier doit justifier que lui-même ou celui ou ceux dont il tient cette qualité ont accepté cette succession avant l'expiration de ce délai.

SECTION II

De l'acceptation pure et simple de la succession

Art. 782. *(L. n° 2006-728 du 23.6.2006)* L'acceptation pure et simple peut être expresse ou tacite. Elle est expresse quand le successible prend le titre ou la qualité d'héritier acceptant dans un acte authentique ou sous seing privé. Elle est tacite quand le successible saisi fait un acte qui suppose nécessairement son intention d'accepter et qu'il n'aurait droit de faire qu'en qualité d'héritier acceptant.

Art. 783. *(L. n° 2006-728 du 23.6.2006)* Toute cession, à titre gratuit ou onéreux, faite par un héritier de tout ou partie de ses droits dans la succession emporte acceptation pure et simple.

Il en est de même :

1° De la renonciation, même gratuite, que fait un héritier au profit d'un ou de plusieurs de ses cohéritiers ou héri-tiers de rang subséquent ;

2° De la renonciation qu'il fait, même au profit de tous ses cohéritiers ou héritiers de rang subséquent indistinctement, à titre onéreux.

Art. 784. *(L. n° 2006-728 du 23.6.2006)* Les actes purement conservatoires ou de surveillance et les actes d'administration provisoire peuvent être accomplis sans emporter acceptation de la succession, si le successible n'y a pas pris le titre ou la qualité d'héritier.

Tout autre acte que requiert l'intérêt de la succession et que le successible veut accomplir sans prendre le titre ou la qualité d'héritier doit être autorisé par le juge.

Sont réputés purement conservatoires :

1° Le paiement des frais funéraires et de dernière maladie, des impôts dus par le défunt, des loyers et autres dettes successorales dont le règlement est urgent ;

2° Le recouvrement des fruits et revenus des biens successoraux ou la vente des biens périssables, à charge de justifier que les fonds ont été employés à éteindre les dettes visées au 1° ou ont été déposés chez un notaire ou consignés ;

3° L'acte destiné à éviter l'aggravation du passif successoral.

Sont réputés être des actes d'administration provisoire les opérations courantes nécessaires à la continuation à court terme de l'activité de l'entreprise dépendant de la succession.

Sont également réputés pouvoir être accomplis sans emporter acceptation tacite de la succession le renouvellement, en tant que bailleur ou preneur à bail, des baux qui, à défaut, donneraient lieu au paiement d'une indemnité, ainsi que la mise en œuvre de décisions d'administration ou de disposition engagées par le défunt et nécessaires au bon fonctionnement de l'entreprise.

Art. 785. *(L. n° 2006-728 du 23.6.2006)* L'héritier universel ou à titre universel qui accepte purement et simplement la succession répond indéfiniment des dettes et charges qui en dépendent.

Il n'est tenu des legs de sommes d'argent qu'à concurrence de l'actif successoral net des dettes.

Art. 786. *(L. n° 2006-728 du 23.6.2006)* L'héritier acceptant purement et simplement ne peut plus renoncer à la succession ni l'accepter à concurrence de l'actif net.

Toutefois, il peut demander à être déchargé en tout ou partie de son obligation à une dette successorale qu'il avait des motifs légitimes d'ignorer au moment de l'acceptation, lorsque l'acquittement de cette dette aurait pour effet d'obérer gravement son patrimoine personnel.

L'héritier doit introduire l'action dans les cinq mois du jour où il a eu connaissance de l'existence et de l'importance de la dette.

SECTION III

De l'acceptation de la succession à concurrence de l'actif net

§ 1 – Des modalités de l'acceptation de la succession à concurrence de l'actif net

Art. 787. *(L. n° 2006-728 du 23.6.2006)* Un héritier peut déclarer qu'il n'entend prendre cette qualité qu'à concurrence de l'actif net.

Art. 788. *(L. n° 2006-728 du 23.6.2006)* La déclaration doit être faite au greffe du tribunal de grande instance dans le ressort duquel la succession est ouverte. Elle comporte élection d'un domicile unique, qui peut être le domicile de l'un des acceptants à concurrence de l'actif net, ou celui de la personne chargée du règlement de la succession. Le domicile doit être situé en France.

La déclaration est enregistrée et fait l'objet d'une publicité nationale, qui peut être faite par voie électronique.

Art. 789. *(L. n° 2006-728 du 23.6.2006)* La déclaration est accompagnée ou suivie de l'inventaire de la succession qui comporte une estimation, article par article, des éléments de l'actif et du passif.

L'inventaire est établi par un commissaire-priseur judiciaire, un huissier ou un notaire, selon les lois et règlements applicables à ces professions.

Art. 790. *(L. n° 2006-728 du 23.6.2006)* L'inventaire est déposé au tribunal dans le délai de deux mois à compter de la déclaration.

L'héritier peut solliciter du juge un délai supplémentaire s'il justifie de motifs sérieux et légitimes qui retardent le dépôt de l'inventaire. En ce cas, le délai de deux mois est suspendu à compter de la demande de prorogation.

Le dépôt de l'inventaire est soumis à la même publicité que la déclaration.

Faute d'avoir déposé l'inventaire dans le délai prévu, l'héritier est réputé acceptant pur et simple.

Les créanciers successoraux et légataires de sommes d'argent peuvent, sur justification de leur titre, consulter l'inventaire et en obtenir copie. Ils peuvent demander à être avisés de toute nouvelle publicité.

§ 2 – Des effets de l'acceptation de la succession à concurrence de l'actif net

Art. 791. *(L. n° 2006-728 du 23.6.2006)* L'acceptation à concurrence de l'actif net donne à l'héritier l'avantage :

1° D'éviter la confusion de ses biens personnels avec ceux de la succession ;

2° De conserver contre celle-ci tous les droits qu'il avait antérieurement sur les biens du défunt ;

3° De n'être tenu au paiement des dettes de la succession que jusqu'à concurrence de la valeur des biens qu'il a recueillis.

Art. 792. *(L. n° 2006-728 du 23.6.2006)* Les créanciers de la succession déclarent leurs créances en notifiant leur titre au domicile élu de la succession. Ils sont payés dans les conditions prévues à l'article 796. Les créances dont le montant n'est pas encore définitivement fixé sont déclarées à titre provisionnel sur la base d'une évaluation.

Faute de déclaration dans un délai de quinze mois à compter de la publicité prévue à l'article 788, les créances non assorties de sûretés sur les biens de la succession sont éteintes à l'égard de celle-ci. Cette disposition bénéficie également aux cautions et coobligés, ainsi qu'aux personnes ayant consenti une garantie autonome portant sur la créance ainsi éteinte.

Art. 792-1. *(L. n° 2006-728 du 23.6.2006)* À compter de sa publication et pendant le délai prévu à l'article 792, la déclaration arrête ou interdit toute voie d'exécution et toute nouvelle inscription de sûreté de la part des créanciers de la succession, portant tant sur les meubles que sur les immeubles.

Toutefois, pour l'application des dispositions de la présente section et sous réserve de la signification prévue à l'article 877, les créanciers saisissants sont considérés comme titulaires de sûretés sur les biens et droits antérieurement saisis.

Art. 792-2. *(L. n° 2006-728 du 23.6.2006)* Lorsque la succession a été acceptée par un ou plusieurs héritiers purement et simplement et par un ou plusieurs autres à concurrence de l'actif net, les règles applicables à cette dernière option s'imposent à tous les héritiers jusqu'au jour du partage.

Les créanciers d'une succession acceptée par un ou plusieurs héritiers purement et simplement et par d'autres à concurrence de l'actif net peuvent provoquer le partage dès lors qu'ils justifient de difficultés dans le recouvrement de la part de leur créance incombant aux héritiers acceptants à concurrence de l'actif net.

Art. 793. *(L. n° 2006-728 du 23.6.2006)* Dans le délai prévu à l'article 792, l'héritier peut déclarer qu'il conserve en nature un ou plusieurs biens de la succession. En ce cas, il doit la valeur du bien fixée dans l'inventaire.

Il peut vendre les biens qu'il n'entend pas conserver. En ce cas, il doit le prix de leur aliénation.

Art. 794. *(L. n° 2006-728 du 23.6.2006)* La déclaration de l'aliénation ou de la conservation d'un ou de plusieurs biens est faite dans les quinze jours au tribunal qui en assure la publicité.

Sans préjudice des droits réservés aux créanciers munis de sûretés, tout créancier successoral peut contester devant le juge, dans un délai de trois mois après la publicité mentionnée au premier alinéa, la valeur du bien conservé ou, lorsque la vente a été faite à l'amiable, le prix de l'aliénation en prouvant que la valeur du bien est supérieure.

Lorsque la demande du créancier est accueillie, l'héritier est tenu du complément sur ses biens personnels, sauf à restituer à la succession le bien conservé et sans préjudice de l'action prévue à l'article 1167.

Art. 795. *(L. n° 2006-728 du 23.6.2006)* La déclaration de conserver un bien n'est pas opposable aux créanciers tant qu'elle n'a pas été publiée.

Le défaut de déclaration de l'aliénation d'un bien dans le délai prévu à l'article 794 engage l'héritier sur ses biens personnels à hauteur du prix de l'aliénation.

Art. 796. *(L. n° 2006-728 du 23.6.2006)* L'héritier règle le passif de la succession.

Il paye les créanciers inscrits selon le rang de la sûreté assortissant leur créance.

Les autres créanciers qui ont déclaré leur créance sont désintéressés dans l'ordre des déclarations.

Les legs de sommes d'argent sont délivrés après paiement des créanciers.

Art. 797. *(L. n° 2006-728 du 23.6.2006)* L'héritier doit payer les créanciers dans les deux mois suivants soit la déclaration de conserver le bien, soit le jour où le produit de l'aliénation est disponible.

Lorsqu'il ne peut s'en dessaisir au profit des créanciers dans ce délai, notamment en raison d'une contestation portant sur l'ordre ou la nature des créances, il consigne les sommes disponibles tant que la contestation subsiste.

Art. 798. *(L. n° 2006-728 du 23.6.2006)* Sans préjudice des droits des créanciers munis de sûretés, les créanciers de la succession et les légataires de sommes d'argent ne peuvent poursuivre le recouvrement que sur les biens recueillis de la succession qui n'ont été ni conservés ni aliénés dans les conditions prévues à l'article 793.

Les créanciers personnels de l'héritier ne peuvent poursuivre le recouvrement de leurs créances sur ces biens qu'à l'issue du délai prévu à l'article 792 et après le désintéressement intégral des créanciers successoraux et des légataires.

Art. 799. *(L. n° 2006-728 du 23.6.2006)* Les créanciers successoraux qui, dans le délai prévu à l'article 792, déclarent leurs créances après l'épuisement de l'actif n'ont de recours que contre les légataires qui ont été remplis de leurs droits.

Art. 800. *(L. n° 2006-728 du 23.6.2006)* L'héritier est chargé d'administrer les biens qu'il recueille dans la succession. Il tient le compte de son administration, des créances qu'il paye et des actes qui engagent les biens recueillis ou qui affectent leur valeur.

Il répond des fautes graves dans cette administration.

Il doit présenter le compte à tout créancier successoral qui en fait la demande et répondre dans un délai de deux mois à la sommation, signifiée par acte extrajudiciaire, de lui révéler où se trouvent les biens et droits recueillis dans la succession qu'il n'a pas aliénés ou conservés dans les conditions prévues à l'article 794. À défaut, il peut être contraint sur ses biens personnels.

L'héritier qui a omis, sciemment et de mauvaise foi, de comprendre dans l'inventaire des éléments actifs ou passifs de la succession ou qui n'a pas affecté au paiement des créanciers de la succession la valeur des biens conservés ou le prix des biens aliénés est déchu de l'acceptation à concurrence de l'actif net. Il est réputé acceptant pur et simple à compter de l'ouverture de la succession.

Art. 801. *(L. n° 2006-728 du 23.6.2006)* Tant que la prescription du droit d'accepter n'est pas acquise contre lui, l'héritier peut révoquer son acceptation à concurrence de l'actif net en acceptant purement et simplement. Cette acceptation rétroagit au jour de l'ouverture de la succession.
L'acceptation à concurrence de l'actif net empêche toute renonciation à la succession.

Art. 802. *(L. n° 2006-728 du 23.6.2006)* Malgré la déchéance ou la révocation de l'acceptation à concurrence de l'actif net, les créanciers successoraux et les légataires de sommes d'argent conservent l'exclusivité des poursuites sur les biens mentionnés au premier alinéa de l'article 798.

Art. 803. *(L. n° 2006-728 du 23.6.2006)* Les frais de scellés, d'inventaire et de compte sont à la charge de la succession. Ils sont payés en frais privilégiés de partage.

SECTION IV
De la renonciation à la succession

Art. 804. *(L. n° 2006-728 du 23.6.2006)* La renonciation à une succession ne se présume pas.
Pour être opposable aux tiers, la renonciation opérée par l'héritier universel ou à titre universel doit être adressée ou déposée au tribunal dans le ressort duquel la succession s'est ouverte.

Art. 805. *(L. n° 2006-728 du 23.6.2006)* L'héritier qui renonce est censé n'avoir jamais été héritier.
Sous réserve des dispositions de l'article 845, la part du renonçant échoit à ses représentants ; à défaut, elle accroît à ses cohéritiers ; s'il est seul, elle est dévolue au degré subséquent.

Art. 806. *(L. n° 2006-728 du 23.6.2006)* Le renonçant n'est pas tenu au paiement des dettes et charges de la succession. Toutefois, il est tenu à proportion de ses moyens au paiement des frais funéraires de l'ascendant ou du descendant à la succession duquel il renonce.

Art. 807. *(L. n° 2006-728 du 23.6.2006)* Tant que la prescription du droit d'accepter n'est pas acquise contre lui, l'héritier peut révoquer sa renonciation en acceptant la succession purement et simplement, si elle n'a pas été déjà acceptée par un autre héritier ou si l'État n'a pas déjà été envoyé en possession.
Cette acceptation rétroagit au jour de l'ouverture de la succession, sans toutefois remettre en cause les droits qui peuvent être acquis à des tiers sur les biens de la succession par prescription ou par actes valablement faits avec le curateur à la succession vacante.

Art. 808. *(L. nv 2006-728 du 23.6.2006)* Les frais légitimement engagés par l'héritier avant sa renonciation sont à la charge de la succession.

CHAPITRE V
Des successions vacantes et des successions en déshérence (L. n° 2006-728 du 23.6.2006)

SECTION I
Des successions vacantes

§ 1 – De l'ouverture de la vacance

Art. 809. *(L. n° 2006-728 du 23.6.2006)* La succession est vacante :
1° Lorsqu'il ne se présente personne pour réclamer la succession et qu'il n'y a pas d'héritier connu ;
2° Lorsque tous les héritiers connus ont renoncé à la succession ;
3° Lorsque, après l'expiration d'un délai de six mois depuis l'ouverture de la succession, les héritiers connus n'ont pas opté, de manière tacite ou expresse.

Art. 809-1. *(L. n° 2006-728 du 23.6.2006)* Le juge, saisi sur requête de tout créancier, de toute personne qui assurait, pour le compte de la personne décédée, l'administration de tout ou partie de son patrimoine, de toute autre personne intéressée ou du ministère public, confie la curatelle de la succession vacante, dont le régime est défini à la présente section, à l'autorité administrative chargée du domaine.

L'ordonnance de curatelle fait l'objet d'une publicité.

Art. 809-2. *(L. n° 2006-728 du 23.6.2006)* Dès sa désignation, le curateur fait dresser un inventaire estimatif, article par article, de l'actif et du passif de la succession par un commissaire-priseur judiciaire, un huissier ou un notaire, selon les lois et règlements applicables à ces professions, ou par un fonctionnaire assermenté appartenant à l'administration chargée du domaine.

L'avis au tribunal, par le curateur, de l'établissement de l'inventaire est soumis à la même publicité que la décision de curatelle.

Les créanciers et légataires de sommes d'argent peuvent, sur justification de leur titre, consulter l'inventaire et en obtenir copie. Ils peuvent demander à être avisés de toute nouvelle publicité.

Art. 809-3. *(L. n° 2006-728 du 23.6.2006)* La déclaration des créances est faite au curateur.

§ 2 – Des pouvoirs du curateur

Art. 810. *(L. n° 2006-728 du 23.6.2006)* Dès sa désignation, le curateur prend possession des valeurs et autres biens détenus par des tiers et poursuit le recouvrement des sommes dues à la succession.

Il peut poursuivre l'exploitation de l'entreprise individuelle dépendant de la succession, qu'elle soit commerciale, industrielle, agricole ou artisanale.

Après prélèvement des frais d'administration, de gestion et de vente, il consigne les sommes composant l'actif de la succession ainsi que les revenus des biens et les produits de leur réalisation. En cas de poursuite de l'activité de l'entreprise, seules les recettes qui excèdent le fonds de roulement nécessaire au fonctionnement de celle-ci sont consignées.

Les sommes provenant à un titre quelconque d'une succession vacante ne peuvent, en aucun cas, être consignées autrement que par l'intermédiaire du curateur.

Art. 810-1. *(L. n° 2006-728 du 23.6.2006)* Pendant les six mois qui suivent l'ouverture de la succession, le curateur ne peut procéder qu'aux actes purement conservatoires ou de surveillance, aux actes d'administration provisoire et à la vente des biens périssables.

Art. 810-2. *(L. n° 2006-728 du 23.6.2006)* À l'issue du délai mentionné à l'article 810-1, le curateur exerce l'ensemble des actes conservatoires et d'administration.

Il procède ou fait procéder à la vente des biens jusqu'à l'apurement du passif.

Il ne peut céder les immeubles que si le produit prévisible de la vente des meubles apparaît insuffisant. Il procède ou fait procéder à la vente des biens dont la conservation est difficile ou onéreuse, alors même que leur réalisation n'est pas nécessaire à l'acquittement du passif.

Art. 810-3. *(L. n° 2006-728 du 23.6.2006)* La vente a lieu soit par commissaire-priseur judiciaire, huissier ou notaire selon les lois et règlements applicables à ces professions, soit par le tribunal, soit dans les formes prévues par le Code général de la propriété des personnes publiques pour l'aliénation, à titre onéreux, du domaine immobilier ou du domaine mobilier appartenant à l'État.

Elle donne lieu à publicité.

Lorsqu'il est envisagé une vente amiable, tout créancier peut exiger que la vente soit faite par adjudication. Si la vente par adjudication a lieu pour un prix inférieur au prix convenu dans le projet de vente amiable, le créancier qui a demandé l'adjudication est tenu, à l'égard des autres créanciers, de la perte qu'ils ont subie.

Art. 810-4. *(L. n° 2006-728 du 23.6.2006)* Le curateur est seul habilité à payer les créanciers de la succession. Il n'est tenu d'acquitter les dettes de la succession que jusqu'à concurrence de l'actif.

Il ne peut payer, sans attendre le projet de règlement du passif, que les frais nécessaires à la conservation du patrimoine, les frais funéraires et de dernière maladie, les impôts dus par le défunt, les loyers et autres dettes successorales dont le règlement est urgent.

Art. 810-5. *(L. n° 2006-728 du 23.6.2006)* Le curateur dresse un projet de règlement du passif.

Le projet prévoit le paiement des créances dans l'ordre prévu à l'article 796.

Le projet de règlement est publié. Les créanciers qui ne sont pas intégralement désintéressés peuvent, dans le mois de la publicité, saisir le juge afin de contester le projet de règlement.

Art. 810-6. *(L. n° 2006-728 du 23.6.2006)* Les pouvoirs du curateur s'exercent sous réserve des dispositions applicables à la succession d'une personne faisant l'objet d'une procédure de sauvegarde, de redressement ou de liquidation judiciaires.

§ 3 – De la reddition des comptes et de la fin de la curatelle

Art. 810-7. *(L. n° 2006-728 du 23.6.2006)* Le curateur rend compte au juge des opérations effectuées par lui. Le dépôt du compte fait l'objet de publicité.

Le curateur présente le compte à tout créancier ou tout héritier qui en fait la demande.

Art. 810-8. *(L. n° 2006-728 du 23.6.2006)* Après réception du compte, le juge autorise le curateur à procéder à la réalisation de l'actif subsistant.

Le projet de réalisation est notifié aux héritiers connus. S'ils sont encore dans le délai pour accepter, ils peuvent s'y opposer dans les trois mois en réclamant la succession. La réalisation ne peut avoir lieu qu'à l'expiration de ce délai, selon les formes prescrites au premier alinéa de l'article 810-3.

Art. 810-9. *(L. n° 2006-728 du 23.6.2006)* Les créanciers qui déclarent leur créance postérieurement à la remise du compte ne peuvent prétendre qu'à l'actif subsistant. En cas d'insuffisance de cet actif, ils n'ont de recours que contre les légataires qui ont été remplis de leurs droits.

Ce recours se prescrit par deux ans à compter de la réalisation de la totalité de l'actif subsistant.

Art. 810-10. *(L. n° 2006-728 du 23.6.2006)* Le produit net de la réalisation de l'actif subsistant est consigné. Les héritiers, s'il s'en présente dans le délai pour réclamer la succession, sont admis à exercer leur droit sur ce produit.

Art. 810-11. *(L. n° 2006-728 du 23.6.2006)* Les frais d'administration, de gestion et de vente donnent lieu au privilège du 1° des articles 2331 et 2375.

Art. 810-12. *(L. n° 2006-728 du 23.6.2006)* La curatelle prend fin :

1° Par l'affectation intégrale de l'actif au paiement des dettes et des legs ;

2° Par la réalisation de la totalité de l'actif et la consignation du produit net ;

3° Par la restitution de la succession aux héritiers dont les droits sont reconnus ;

4° Par l'envoi en possession de l'État.

SECTION II
Des successions en déshérence

Art. 811. *(L. n° 2006-728 du 23.6.2006)* Lorsque l'État prétend à la succession d'une personne qui décède sans héritier ou à une succession abandonnée, il doit en demander l'envoi en possession au tribunal.

Art. 811-1. *(L. n° 2006-728 du 23.6.2006)* Si l'inventaire prévu à l'article 809-2 n'a pas été établi, l'autorité administrative mentionnée à l'article 809-1 y fait procéder dans les formes prévues par l'article 809-2.

Art. 811-2. *(L. n° 2006-728 du 23.6.2006)* La déshérence de la succession prend fin en cas d'acceptation de la succession par un héritier.

Art. 811-3. *(L. n° 2006-728 du 23.6.2006)* Lorsqu'il n'a pas accompli les formalités qui lui incombent, l'État peut être condamné à des dommages et intérêts envers les héritiers, s'il s'en présente.

CHAPITRE VI
De l'administration de la succession par un mandataire (L. n° 2006-728 du 23.6.2006)

SECTION I
Du mandat à effet posthume

§ 1 – Des conditions du mandat à effet posthume

Art. 812. *(L. n° 2006-728 du 23.6.2006)* Toute personne peut donner à une ou plusieurs autres personnes, physiques ou morales, mandat d'administrer ou de gérer,

sous réserve des pouvoirs confiés à l'exécuteur testamentaire, tout ou partie de sa succession pour le compte et dans l'intérêt d'un ou de plusieurs héritiers identifiés.
Le mandataire peut être un héritier.
Il doit jouir de la pleine capacité civile et ne pas être frappé d'une interdiction de gérer lorsque des biens professionnels sont compris dans le patrimoine successoral.
Le mandataire ne peut être le notaire chargé du règlement de la succession.

Art. 812-1. *(L. n° 2006-728 du 23.6.2006)* Le mandataire exerce ses pouvoirs alors même qu'il existe un mineur ou un majeur protégé parmi les héritiers.

Art. 812-1-1. *(L. n° 2006-728 du 23.6.2006)* Le mandat n'est valable que s'il est justifié par un intérêt sérieux et légitime au regard de la personne de l'héritier ou du patrimoine successoral, précisément motivé.
Il est donné pour une durée qui ne peut excéder deux ans, prorogeable une ou plusieurs fois par décision du juge, saisi par un héritier ou par le mandataire. Toutefois, il peut être donné pour une durée de cinq ans, prorogeable dans les mêmes conditions, en raison de l'inaptitude, de l'âge du ou des héritiers, ou de la nécessité de gérer des biens professionnels.
Il est donné et accepté en la forme authentique.
Il doit être accepté par le mandataire avant le décès du mandant.
Préalablement à son exécution, le mandant et le mandataire peuvent renoncer au mandat après avoir notifié leur décision à l'autre partie.

Art. 812-1-2. *(L. n° 2006-728 du 23.6.2006)* Les actes réalisés par le mandataire dans le cadre de sa mission sont sans effet sur l'option héréditaire.

Art. 812-1-3. *(L. n° 2006-728 du 23.6.2006)* Tant qu'aucun héritier visé par le mandat n'a accepté la succession, le mandataire ne dispose que des pouvoirs reconnus au successible à l'article 784.

Art. 812-1-4. *(L. n° 2006-728 du 23.6.2006)* Le mandat à effet posthume est soumis aux dispositions des articles 1984 à 2010 qui ne sont pas incompatibles avec les dispositions de la présente section.

§ 2 – De la rémunération du mandataire

Art. 812-2. *(L. n° 2006-728 du 23.6.2006)* Le mandat est gratuit s'il n'y a convention contraire.

S'il est prévu une rémunération, celle-ci doit être expressément déterminée dans le mandat. Elle correspond à une part des fruits et revenus perçus par la succession et résultant de la gestion ou de l'administration du mandataire. En cas d'insuffisance ou d'absence de fruits et revenus, elle peut être complétée par un capital ou prendre la forme d'un capital.

Art. 812-3. *(L. n° 2006-728 du 23.6.2006)* La rémunération du mandataire est une charge de la succession qui ouvre droit à réduction lorsqu'elle a pour effet de priver les héritiers de tout ou partie de leur réserve. Les héritiers visés par le mandat ou leurs représentants peuvent demander en justice la révision de la rémunération lorsqu'ils justifient de la nature excessive de celle-ci au regard de la durée ou de la charge résultant du mandat.

§ 3 – De la fin du mandat à effet posthume

Art. 812-4. *(L. n° 2006-728 du 23.6.2006)* Le mandat prend fin par l'un des événements suivants :

1° L'arrivée du terme prévu ;

2° La renonciation du mandataire ;

3° La révocation judiciaire, à la demande d'un héritier intéressé ou de son représentant, en cas d'absence ou de disparition de l'intérêt sérieux et légitime ou de mauvaise exécution par le mandataire de sa mission ;

4° La conclusion d'un mandat conventionnel entre les héritiers et le mandataire titulaire du mandat à effet posthume ;

5° L'aliénation par les héritiers des biens mentionnés dans le mandat ;

6° Le décès ou la mise sous mesure de protection du mandataire personne physique, ou la dissolution du mandataire personne morale ;

7° Le décès de l'héritier intéressé ou, en cas de mesure de protection, la décision du juge des tutelles de mettre fin au mandat.

Un même mandat donné pour le compte de plusieurs héritiers ne cesse pas entièrement pour une cause d'extinction qui ne concerne que l'un d'eux. De même, en cas de pluralité de mandataires, la fin du mandat intervenant à l'égard de l'un ne met pas fin à la mission des autres.

Art. 812-5. *(L. n° 2006-728 du 23.6.2006)* La révocation pour cause de disparition de l'intérêt sérieux et légitime ne donne pas lieu à la restitution par le mandataire de tout ou partie des sommes perçues au titre de sa rémunération, sauf si elles ont été excessives eu égard à la durée ou à la charge effectivement assumée par le mandataire.

Sans préjudice de dommages et intérêts, lorsque la révocation est intervenue en raison d'une mauvaise exécution de sa mission, le mandataire peut être tenu de restituer tout ou partie des sommes perçues au titre de sa rémunération.

Art. 812-6. *(L. n° 2006-728 du 23.6.2006)* Le mandataire ne peut renoncer à poursuivre l'exécution du mandat qu'après avoir notifié sa décision aux héritiers intéressés ou à leurs représentants.

Sauf convention contraire entre le mandataire et les héritiers intéressés ou leurs représentants, la renonciation prend effet à l'issue d'un délai de trois mois à compter de la notification.

Sans préjudice de dommages et intérêts, le mandataire rémunéré par un capital peut être tenu de restituer tout ou partie des sommes perçues.

Art. 812-7. *(L. n° 2006-728 du 23.6.2006)* Chaque année et en fin de mandat, le mandataire rend compte de sa gestion aux héritiers intéressés ou à leurs représentants et les informe de l'ensemble des actes accomplis. À défaut, une révocation judiciaire peut être demandée par tout intéressé.

Si le mandat prend fin par suite du décès du mandataire, cette obligation incombe à ses héritiers.

SECTION II

Du mandataire désigné par convention

Art. 813. *(L. n° 2006-728 du 23.6.2006)* Les héritiers peuvent, d'un commun accord, confier l'administration de la succession à l'un d'eux ou à un tiers. Le mandat est régi par les articles 1984 à 2010.

Lorsqu'un héritier au moins a accepté la succession à concurrence de l'actif net, le mandataire ne peut, même avec l'accord de l'ensemble des héritiers, être désigné que par le juge. Le mandat est alors régi par les articles 813-1 à 814.

SECTION III

Du mandataire successoral désigné en justice

Art. 813-1. *(L. n° 2006-728 du 23.6.2006)* Le juge peut désigner toute personne qualifiée, physique ou morale, en qualité de mandataire successoral, à l'effet d'administrer provisoirement la succession en raison de l'inertie, de la carence ou de la faute d'un ou de plusieurs héritiers dans cette administration, de leur mésentente, d'une opposition d'intérêts entre eux ou de la complexité de la situation successorale.

La demande est formée par un héritier, un créancier, toute personne qui assurait, pour le compte de la personne décédée, l'administration de tout ou partie de son patrimoine de son vivant, toute autre personne intéressée ou par le ministère public.

Art. 813-2. *(L. n° 2006-728 du 23.6.2006)* Le mandataire successoral ne peut agir que dans la mesure compatible avec les pouvoirs de celui qui a été désigné en application du troisième alinéa de l'article 815-6, du mandataire désigné en application de l'article 812 ou de l'exécuteur testamentaire, nommé par le testateur en application de l'article 1025.

Art. 813-3. *(L. n° 2006-728 du 23.6.2006)* La décision de nomination est enregistrée et publiée.

Art. 813-4. *(L. n° 2006-728 du 23.6.2006)* Tant qu'aucun héritier n'a accepté la succession, le mandataire successoral ne peut accomplir que les actes mentionnés à l'article 784, à l'exception de ceux prévus à son deuxième alinéa. Le juge peut également autoriser tout autre acte que requiert l'intérêt de la succession. Il peut autoriser le mandataire successoral à dresser un inventaire dans les formes prescrites à l'article 789, ou le demander d'office.

Art. 813-5. *(L. n° 2006-728 du 23.6.2006)* Dans la limite des pouvoirs qui lui sont conférés, le mandataire successoral représente l'ensemble des héritiers pour les actes de la vie civile et en justice.

Il exerce ses pouvoirs alors même qu'il existe un mineur ou un majeur protégé parmi les héritiers.

Le paiement fait entre les mains du mandataire successoral est valable.

Art. 813-6. *(L. n° 2006-728 du 23.6.2006)* Les actes visés à l'article 813-4 accomplis par le mandataire successoral dans le cadre de sa mission sont sans effet sur l'option héréditaire.

Art. 813-7. *(L. n° 2006-728 du 23.6.2006)* À la demande de toute personne intéressée ou du ministère public, le juge peut dessaisir le mandataire successoral de sa mission en cas de manquement caractérisé dans l'exercice de celle-ci. Il désigne alors un autre mandataire successoral, pour une durée qu'il définit.

Art. 813-8. *(L. n° 2006-728 du 23.6.2006)* Chaque héritier peut exiger du mandataire successoral la consultation, à tout moment, des documents relatifs à l'exécution de sa mission.

Chaque année et à la fin de sa mission, le mandataire successoral remet au juge et à chaque héritier sur sa demande un rapport sur l'exécution de sa mission.

Art. 813-9. *(L. n° 2006-728 du 23.6.2006)* Le jugement désignant le mandataire successoral fixe la durée de sa mission ainsi que sa rémunération. À la demande de l'une des personnes mentionnées au deuxième alinéa de l'article 813-1 ou à l'article 814-1, il peut la proroger pour une durée qu'il détermine.

La mission cesse de plein droit par l'effet d'une convention d'indivision entre les héritiers ou par la signature de l'acte de partage. Elle cesse également lorsque le juge constate l'exécution complète de la mission confiée au mandataire successoral.

Art. 814. *(L. n° 2006-728 du 23.6.2006)* Lorsque la succession a été acceptée par au moins un héritier, soit purement et simplement, soit à concurrence de l'actif net, le juge qui désigne le mandataire successoral en application des articles 813-1 et 814-1 peut l'autoriser à effectuer l'ensemble des actes d'administration de la succession.

Il peut également l'autoriser, à tout moment, à réaliser des actes de disposition nécessaires à la bonne administration de la succession et en déterminer les prix et stipulations.

Art. 814-1. *(L. n° 2006-728 du 23.6.2006)* En toutes circonstances, l'héritier acceptant à concurrence de l'actif net peut demander au juge de désigner toute personne qualifiée en qualité de mandataire successoral à l'effet de le substituer dans la charge d'administrer et de liquider la succession.

CHAPITRE VII
Du régime légal de l'indivision (L. n° 2006-728 du 23.6.2006)

Art. 815. *(L. n° 2006-728 du 23.6.2006)* Nul ne peut être contraint à demeurer dans l'indivision et le partage peut toujours être provoqué, à moins qu'il n'y ait été sursis par jugement ou convention.

Art. 815-1. *(L. n° 2006-728 du 23.6.2006)* Les indivisaires peuvent passer des conventions relatives à l'exercice de leurs droits indivis, conformément aux articles 1873-1 à 1873-18.

SECTION I
Des actes relatifs aux biens indivis (L. n° 2006-728 du 23.6.2006)

§ 1 – Des actes accomplis par les indivisaires

Art. 815-2. Tout indivisaire peut prendre les mesures nécessaires à la conservation des biens indivis [*(L. n° 2006-728 du 23.6.2006)* même si elles ne présentent pas un caractère d'urgence].

Il peut employer à cet effet les fonds de l'indivision détenus par lui et il est réputé en avoir la libre disposition à l'égard des tiers.

À défaut de fonds de l'indivision, il peut obliger ses coïndivisaires à faire avec lui les dépenses nécessaires.

Lorsque des biens indivis sont grevés d'un usufruit, ces pouvoirs sont opposables à l'usufruitier dans la mesure où celui-ci est tenu des réparations.

Art. 815-3. [*(L. n° 2006-728 du 23.6.2006)* Le ou les indivisaires titulaires d'au moins deux tiers des droits indivis peuvent, à cette majorité :

1° Effectuer les actes d'administration relatifs aux biens indivis ;

2° Donner à l'un ou plusieurs des indivisaires ou à un tiers un mandat général d'administration ;

3° Vendre les meubles indivis pour payer les dettes et charges de l'indivision ;

4° Conclure et renouveler les baux autres que ceux portant sur un immeuble à usage agricole, commercial, industriel ou artisanal.

Ils sont tenus d'en informer les autres indivisaires. À défaut, les décisions prises sont inopposables à ces derniers.

Toutefois, le consentement de tous les indivisaires est requis pour effectuer tout acte qui ne ressortit pas à l'exploitation normale des biens indivis et pour effectuer tout acte de disposition autre que ceux visés au 3°.

Si un indivisaire prend en main la gestion des biens indivis, au su des autres et néanmoins sans opposition de leur part, il est censé avoir reçu un mandat tacite, couvrant les actes d'administration mais non les actes de disposition ni la conclusion ou le renouvellement des baux.]

§ 2 – Des actes autorisés en justice

Art. 815-4. Si l'un des indivisaires se trouve hors d'état de manifester sa volonté, un autre peut se faire habiliter par justice à le représenter, d'une manière générale ou pour certains actes particuliers, les conditions et l'étendue de cette représentation étant fixées par le juge.

À défaut de pouvoir légal, de mandat ou d'habilitation par justice, les actes faits par un indivisaire en représentation d'un autre ont effet à l'égard de celui-ci, suivant les règles de la gestion d'affaires.

Art. 815-5. Un indivisaire peut être autorisé par justice à passer seul un acte pour lequel le consentement d'un coïndivisaire serait nécessaire, si le refus de celui-ci met en péril l'intérêt commun.

Le juge ne peut, à la demande d'un nu-propriétaire, ordonner la vente de la pleine propriété d'un bien grevé d'usufruit contre la volonté de l'usufruitier.

L'acte passé dans les conditions fixées par l'autorisation de justice est opposable à l'indivisaire dont le consentement a fait défaut.

Art. 815-5-1. *(L. n° 2009-526 du 12.5.2009)* Sauf en cas de démembrement de la propriété du bien ou si l'un des indivisaires se trouve dans l'un des cas prévus à l'article 836, l'aliénation d'un bien indivis peut être autorisée par le tribunal de grande instance, à la demande de l'un ou des indivisaires titulaires d'au moins deux tiers des droits indivis, suivant les conditions et modalités définies aux alinéas suivants.

Le ou les indivisaires titulaires d'au moins deux tiers des droits indivis expriment devant un notaire, à cette majorité, leur intention de procéder à l'aliénation du bien indivis.

Dans le délai d'un mois suivant son recueil, le notaire fait signifier cette intention aux autres indivisaires.

Si l'un ou plusieurs des indivisaires s'opposent à l'aliénation du bien indivis ou ne se manifestent pas dans un délai de trois mois à compter de la signification, le notaire le constate par procès-verbal.

Dans ce cas, le tribunal de grande instance peut autoriser l'aliénation du bien indivis si celle-ci ne porte pas une atteinte excessive aux droits des autres indivisaires.

Cette aliénation s'effectue par licitation. Les sommes qui en sont retirées ne peuvent faire l'objet d'un remploi sauf pour payer les dettes et charges de l'indivision.

L'aliénation effectuée dans les conditions fixées par l'autorisation du tribunal de grande instance est opposable à l'indivisaire dont le consentement a fait défaut, sauf si l'intention d'aliéner le bien du ou des indivisaires titulaires d'au moins deux tiers des droits indivis ne lui avait pas été signifiée selon les modalités prévues au troisième alinéa.

Art. 815-6. Le président du tribunal de grande instance peut prescrire ou autoriser toutes les mesures urgentes que requiert l'intérêt commun.

Il peut, notamment, autoriser un indivisaire à percevoir des débiteurs de l'indivision ou des dépositaires de fonds indivis une provision destinée à faire face aux besoins urgents, en prescrivant, au besoin, les conditions de l'emploi. Cette autorisation n'entraîne pas prise de qualité pour le conjoint survivant ou pour l'héritier.

Il peut également soit désigner un indivisaire comme administrateur en l'obligeant s'il y a lieu à donner caution, soit nommer un séquestre. Les articles 1873-5 à 1873-9 du présent code s'appliquent en tant que de raison aux pouvoirs et aux obligations de l'administrateur, s'ils ne sont autrement définis par le juge.

Art. 815-7. Le président du tribunal peut aussi interdire le déplacement des meubles corporels sauf à spécifier ceux dont il attribue l'usage personnel à l'un ou à l'autre des ayants droit, à charge pour ceux-ci de donner caution s'il l'estime nécessaire.

Art. 815-7-1. *(L. n° 2009-526 du 12.5.2009)* En Guadeloupe, en Guyane, en Martinique, à La Réunion et à Saint-Martin, lorsqu'un immeuble indivis à usage d'habitation ou à usage mixte d'habitation et professionnel est vacant ou n'a pas fait l'objet d'une occupation effective depuis plus de deux années civiles, un indivisaire peut être autorisé en justice, dans les conditions prévues aux articles 813-1 à 813-9, à exécuter les travaux d'amélioration, de réhabilitation et de restauration de l'immeuble ainsi qu'à accomplir les actes d'administration et formalités de publicité, ayant pour seul objet de le donner à bail à titre d'habitation principale.

SECTION II

Des droits et des obligations des indivisaires

(L. n° 2006-728 du 23.6.2006)

Art. 815-8. Quiconque perçoit des revenus ou expose des frais pour le compte de l'indivision doit en tenir un état qui est à la disposition des indivisaires.

Art. 815-9. Chaque indivisaire peut user et jouir des biens indivis conformément à leur destination, dans la mesure compatible avec le droit des autres indivisaires et avec l'effet des actes régulièrement passés au cours de l'indivision. À défaut d'accord entre les intéressés, l'exercice de ce droit est réglé, à titre provisoire, par le président du tribunal.

L'indivisaire qui use ou jouit privativement de la chose indivise est, sauf convention contraire, redevable d'une indemnité.

Art. 815-10. *(L. n° 2006-728 du 23.6.2006)* Sont de plein droit indivis, par l'effet d'une subrogation réelle, les créances et indemnités qui remplacent des biens indivis, ainsi que les biens acquis, avec le consentement de l'ensemble des indivisaires, en emploi ou remploi des biens indivis.

Les fruits et les revenus des biens indivis accroissent à l'indivision, à défaut de partage provisionnel ou de tout autre accord établissant la jouissance divise.

Aucune recherche relative aux fruits et revenus ne sera, toutefois, recevable plus de cinq ans après la date à laquelle ils ont été perçus ou auraient pu l'être.

Chaque indivisaire a droit aux bénéfices provenant des biens indivis et supporte les pertes proportionnellement à ses droits dans l'indivision.

Art. 815-11. Tout indivisaire peut demander sa part annuelle dans les bénéfices, déduction faite des dépenses entraînées par les actes auxquels il a consenti ou qui lui sont opposables.

À défaut d'autre titre, l'étendue des droits de chacun dans l'indivision résulte de l'acte de notoriété ou de l'intitulé d'inventaire établi par le notaire.

En cas de contestation, le président du tribunal de grande instance peut ordonner une répartition provisionnelle des bénéfices sous réserve d'un compte à établir lors de la liquidation définitive.

À concurrence des fonds disponibles, il peut semblablement ordonner une avance en capital sur les droits de l'indivisaire dans le partage à intervenir.

Art. 815-12. L'indivisaire qui gère un ou plusieurs biens indivis est redevable des produits nets de sa gestion. Il a droit à la rémunération de son activité dans les conditions fixées à l'amiable, ou, à défaut, par décision de justice.

Art. 815-13. Lorsqu'un indivisaire a amélioré à ses frais l'état d'un bien indivis, il doit lui en être tenu compte selon l'équité, eu égard à ce dont la valeur du bien se trouve augmentée au temps du partage ou de l'aliénation. Il doit lui être pareillement tenu compte des dépenses nécessaires qu'il a faites de ses deniers personnels pour la conservation desdits biens, encore qu'elles ne les aient point améliorés.

Inversement, l'indivisaire répond des dégradations et détériorations qui ont diminué la valeur des biens indivis par son fait ou par sa faute.

Art. 815-14. L'indivisaire qui entend céder, à titre onéreux, à une personne étrangère à l'indivision, tout ou partie de ses droits dans les biens indivis ou dans un ou plusieurs de ces biens est tenu de notifier par acte extrajudiciaire aux autres indivisaires le prix et les conditions de la cession projetée ainsi que les nom, domicile et profession de la personne qui se propose d'acquérir.

Tout indivisaire peut, dans le délai d'un mois qui suit cette notification, faire connaître au cédant, par acte extrajudiciaire, qu'il exerce un droit de préemption aux prix et conditions qui lui ont été notifiés.

En cas de préemption, celui qui l'exerce dispose pour la réalisation de l'acte de vente d'un délai de deux mois à compter de la date d'envoi de sa réponse au vendeur. Passé ce délai, sa déclaration de préemption est nulle de plein droit, quinze jours après une mise en demeure restée sans effet, et sans préjudice des dommages-intérêts qui peuvent lui être demandés par le vendeur.

Si plusieurs indivisaires exercent leur droit de préemption, ils sont réputés, sauf convention contraire, acquérir ensemble la portion mise en vente en proportion de leur part respective dans l'indivision.

Lorsque des délais de paiement ont été consentis par le cédant, l'article 828 est applicable.

Art. 815-15. S'il y a lieu à l'adjudication de tout ou partie des droits d'un indivisaire dans les biens indivis ou dans un ou plusieurs de ces biens, l'avocat ou le notaire doit en informer les indivisaires par notification un mois avant la date prévue pour la vente. Chaque indivisaire peut se substituer à l'acquéreur dans un délai d'un mois à compter de l'adjudication, par déclaration au secrétariat-greffe ou auprès du notaire.

Le cahier des conditions de vente établi en vue de la vente doit faire mention des droits de substitution.

Art. 815-16. Est nulle toute cession ou toute licitation opérée au mépris des dispositions des articles 815-14 et 815-15. L'action en nullité se prescrit par cinq ans. Elle ne peut être exercée que par ceux à qui les notifications devaient être faites ou par leurs héritiers.

SECTION III
Du droit de poursuite des créanciers
(L. n° 2006-728 du 23.6.2006)

Art. 815-17. Les créanciers qui auraient pu agir sur les biens indivis avant qu'il y eût indivision, et ceux dont la créance résulte de la conservation ou de la gestion des biens indivis, seront payés par prélèvement sur l'actif avant le partage. Ils peuvent en outre poursuivre la saisie et la vente des biens indivis.

Les créanciers personnels d'un indivisaire ne peuvent saisir sa part dans les biens indivis, meubles ou immeubles.

Ils ont toutefois la faculté de provoquer le partage au nom de leur débiteur ou d'intervenir dans le partage provoqué par lui. Les coïndivisaires peuvent arrêter le cours de l'action en partage en acquittant l'obligation au nom et en l'acquit du débiteur. Ceux qui exerceront cette faculté se rembourseront par prélèvement sur les biens indivis.

SECTION IV
De l'indivision en usufruit
(L. n° 2006-728 du 23.6.2006)

Art. 815-18. Les dispositions des articles 815 à 815-17 sont applicables aux indivisions en usufruit en tant qu'elles sont compatibles avec les règles de l'usufruit.

Les notifications prévues par les articles 815-14, 815-15 et 815-16 doivent être adressées à tout nu-propriétaire et à tout usufruitier. Mais un usufruitier ne peut acquérir une part en nue-propriété que si aucun nu-propriétaire ne s'en porte acquéreur ; un nu-propriétaire ne peut acquérir une part en usufruit que si aucun usufruitier ne s'en porte acquéreur.

CHAPITRE VIII
Du partage
(L. n° 2006-728 du 23.6.2006)

SECTION I
Des opérations de partage

Sous-section 1
Dispositions communes

§ 1 – Des demandes en partage

Art. 816. *(L. n° 2006-728 du 23.6.2006)* Le partage peut être demandé, même quand l'un des indivisaires a joui séparément de tout ou partie des biens indivis, s'il n'y a pas eu d'acte de partage ou une possession suffisante pour acquérir la prescription.

Art. 817. *(L. n° 2006-728 du 23.6.2006)* Celui qui est en indivision pour la jouissance peut demander le partage de l'usufruit indivis par voie de cantonnement sur un bien ou, en cas d'impossibilité, par voie de licitation de l'usufruit. Lorsqu'elle apparaît seule protectrice de l'intérêt de tous les titulaires de droits sur le bien indivis, la licitation peut porter sur la pleine propriété.

Art. 818. *(L. n° 2006-728 du 23.6.2006)* La même faculté appartient à l'indivisaire en nue-propriété pour la nue-propriété indivise. En cas de licitation de la pleine propriété, le deuxième alinéa de l'article 815-5 est applicable.

Art. 819. *(L. n° 2006-728 du 23.6.2006)* Celui qui est pour partie plein propriétaire et qui se trouve en indivision avec des usufruitiers et des nus-propriétaires peut user des facultés prévues aux articles 817 et 818.
Le deuxième alinéa de l'article 815-5 n'est pas applicable en cas de licitation en pleine propriété.

Art. 820. *(L. n° 2006-728 du 23.6.2006)* À la demande d'un indivisaire, le tribunal peut surseoir au partage pour deux années au plus si sa réalisation immédiate risque de porter atteinte à la valeur des biens indivis ou si l'un des indivisaires ne peut reprendre l'entreprise agricole, commerciale, industrielle, artisanale ou libérale dépendant de la succession qu'à l'expiration de ce délai. Ce sursis peut s'appliquer à l'ensemble des biens indivis ou à certains d'entre eux seulement.

S'il y a lieu, la demande de sursis au partage peut porter sur des droits sociaux.

Art. 821. *(L. n° 2006-728 du 23.6.2006)* À défaut d'accord amiable, l'indivision de toute entreprise agricole, commerciale, industrielle, artisanale ou libérale, dont l'exploitation était assurée par le défunt ou par son conjoint, peut être maintenue dans les conditions fixées par le tribunal à la demande des personnes mentionnées à l'article 822.

S'il y a lieu, la demande de maintien de l'indivision peut porter sur des droits sociaux.

Le tribunal statue en fonction des intérêts en présence et des moyens d'existence que la famille peut tirer des biens indivis.

Le maintien de l'indivision demeure possible lors même que l'entreprise comprend des éléments dont l'héritier ou le conjoint était déjà propriétaire ou copropriétaire avant l'ouverture de la succession.

Art. 821-1. *(L. n° 2006-728 du 23.6.2006)* L'indivision peut également être maintenue, à la demande des mêmes personnes et dans les conditions fixées par le tribunal, en ce qui concerne la propriété du local d'habitation ou à usage professionnel qui, à l'époque du décès, était effectivement utilisé pour cette habitation ou à cet usage par le défunt ou son conjoint. Il en est de même des objets mobiliers garnissant le local d'habitation ou servant à l'exercice de la profession.

Art. 822. *(L. n° 2006-728 du 23.6.2006)* Si le défunt laisse un ou plusieurs descendants mineurs, le maintien de l'indivision peut être demandé soit par le conjoint survivant, soit par tout héritier, soit par le représentant légal des mineurs.

À défaut de descendants mineurs, le maintien de l'indivision ne peut être demandé que par le conjoint survivant et à la condition qu'il ait été, avant le décès, ou soit devenu du fait du décès, copropriétaire de l'entreprise ou des locaux d'habitation ou à usage professionnel.

S'il s'agit d'un local d'habitation, le conjoint doit avoir résidé dans les lieux à l'époque du décès.

Art. 823. *(L. n° 2006-728 du 23.6.2006)* Le maintien dans l'indivision ne peut être prescrit pour une durée supérieure à cinq ans. Il peut être renouvelé, dans le cas prévu au premier alinéa de l'article 822, jusqu'à la majorité du plus jeune des descendants et, dans le cas prévu au deuxième alinéa du même article, jusqu'au décès du conjoint survivant.

Art. 824. *(L. n° 2006-728 du 23.6.2006)* Si des indivisaires entendent demeurer dans l'indivision, le tribunal peut, à la demande de l'un ou de plusieurs d'entre eux, en fonction des intérêts en présence et sans préjudice de l'application des articles 831 à 832-3, attribuer sa part à celui qui a demandé le partage.
S'il n'existe pas dans l'indivision une somme suffisante, le complément est versé par ceux des indivisaires qui ont concouru à la demande, sans préjudice de la possibilité pour les autres indivisaires d'y participer, s'ils en expriment la volonté. La part de chacun dans l'indivision est augmentée à proportion de son versement.

§ 2 – Des parts et des lots

Art. 825. *(L. n° 2006-728 du 23.6.2006)* La masse partageable comprend les biens existant à l'ouverture de la succession, ou ceux qui leur ont été subrogés, et dont le défunt n'a pas disposé à cause de mort, ainsi que les fruits y afférents.
Elle est augmentée des valeurs soumises à rapport ou à réduction, ainsi que des dettes des copartageants envers le défunt ou envers l'indivision.

Art. 826. *(L. n° 2006-728 du 23.6.2006)* L'égalité dans le partage est une égalité en valeur.
Chaque copartageant reçoit des biens pour une valeur égale à celle de ses droits dans l'indivision.
S'il y a lieu à tirage au sort, il est constitué autant de lots qu'il est nécessaire.
Si la consistance de la masse ne permet pas de former des lots d'égale valeur, leur inégalité se compense par une soulte.

Art. 827. *(L. n° 2006-728 du 23.6.2006)* Le partage de la masse s'opère par tête. Toutefois, il se fait par souche quand il y a lieu à représentation. Une fois opéré le partage par souche, une répartition distincte est opérée, le cas échéant, entre les héritiers de chaque souche.

Art. 828. *(L. n° 2006-728 du 23.6.2006)* Lorsque le débiteur d'une soulte a obtenu des délais de paiement et que, par suite des circonstances économiques, la valeur des biens qui lui sont échus a augmenté ou diminué de plus du quart depuis le partage, les sommes restant dues augmentent ou diminuent dans la même proportion, sauf exclusion de cette variation par les parties.

Art. 829. *(L. n° 2006-728 du 23.6.2006)* En vue de leur répartition, les biens sont estimés à leur valeur à la date de la jouissance divise telle qu'elle est fixée par l'acte de partage, en tenant compte, s'il y a lieu, des charges les grevant.
Cette date est la plus proche possible du partage.
Cependant, le juge peut fixer la jouissance divise à une date plus ancienne si le choix de cette date apparaît plus favorable à la réalisation de l'égalité.

Art. 830. *(L. n° 2006-728 du 23.6.2006)* Dans la formation et la composition des lots, on s'efforce d'éviter de diviser les unités économiques et autres ensembles de biens dont le fractionnement entraînerait la dépréciation.

§ 3 – Des attributions préférentielles

Art. 831. *(L. n° 2006-728 du 23.6.2006)* Le conjoint survivant ou tout héritier copropriétaire peut demander l'attribution préférentielle par voie de partage, à charge de soulte s'il y a lieu, de toute entreprise, ou partie d'entreprise agricole, commerciale, industrielle, artisanale ou libérale ou quote-part indivise d'une telle entreprise, même formée pour une part de biens dont il était déjà propriétaire ou copropriétaire avant le décès, à l'exploitation de laquelle il participe ou a participé effectivement. Dans le cas de l'héritier, la condition de participation peut être ou avoir été remplie par son conjoint ou ses descendants.
S'il y a lieu, la demande d'attribution préférentielle peut porter sur des droits sociaux, sans préjudice de l'application des dispositions légales ou des clauses statutaires sur la continuation d'une société avec le conjoint survivant ou un ou plusieurs héritiers.

Art. 831-1. *(L. n° 2006-728 du 23.6.2006)* Au cas où ni le conjoint survivant, ni aucun héritier copropriétaire ne demande l'application des dispositions prévues à l'article 831 ou de celles des articles 832 ou 832-1, l'attribution préférentielle prévue en matière agricole peut être accordée à tout copartageant sous la condition qu'il s'oblige à donner à bail dans un délai de six mois le bien considéré dans les conditions fixées au chapitre VI du titre Ier du livre IV du Code rural et de la pêche maritime à un ou plusieurs des cohéritiers remplissant les conditions personnelles prévues à l'article 831 ou à un ou plusieurs descendants de ces cohéritiers remplissant ces mêmes conditions.

Art. 831-2. *(L. n° 2006-728 du 23.6.2006)* Le conjoint survivant ou tout héritier copropriétaire peut également demander l'attribution préférentielle :

1° De la propriété ou du droit au bail du local qui lui sert effectivement d'habitation, s'il y avait sa résidence à l'époque du décès, et du mobilier le garnissant ;

2° De la propriété ou du droit au bail du local à usage professionnel servant effectivement à l'exercice de sa profession et des objets mobiliers à usage professionnel garnissant ce local ;

3° De l'ensemble des éléments mobiliers nécessaires à l'exploitation d'un bien rural cultivé par le défunt à titre de fermier ou de métayer lorsque le bail continue au profit du demandeur ou lorsqu'un nouveau bail est consenti à ce dernier.

Art. 831-3. *(L. n° 2006-728 du 23.6.2006)* L'attribution préférentielle de la propriété du local et du mobilier le garnissant visée au 1° de l'article 831-2 est de droit pour le conjoint survivant.

Les droits résultant de l'attribution préférentielle ne préjudicient pas aux droits viagers d'habitation et d'usage que le conjoint peut exercer en vertu de l'article 764.

Art. 832. *(L. n° 2006-728 du 23.6.2006)* L'attribution préférentielle visée à l'article 831 est de droit pour toute exploitation agricole qui ne dépasse pas les limites de superficie fixées par décret en Conseil d'État, si le maintien dans l'indivision n'a pas été ordonné.

Art. 832-1. *(L. n° 2006-728 du 23.6.2006)* Si le maintien dans l'indivision n'a pas été ordonné et à défaut d'attribution préférentielle en propriété dans les conditions prévues à l'article 831 ou à l'article 832, le conjoint survivant ou tout héritier copropriétaire peut demander l'attribution préférentielle de tout ou partie des biens et droits immobiliers à destination agricole dépendant de la succession en vue de constituer avec un ou plusieurs cohéritiers et, le cas échéant, un ou plusieurs tiers, un groupement foncier agricole.

Cette attribution est de droit si le conjoint survivant ou un ou plusieurs des cohéritiers remplissant les conditions personnelles prévues à l'article 831, ou leurs descendants participant effectivement à l'exploitation, exigent que leur soit donné à bail, dans les conditions fixées au chapitre VI du titre Ier du livre IV du Code rural et de la pêche maritime, tout ou partie des biens du groupement.

En cas de pluralité de demandes, les biens du groupement peuvent, si leur consistance le permet, faire l'objet de plusieurs baux bénéficiant à des cohéritiers différents.

Si les clauses et conditions de ce bail ou de ces baux n'ont pas fait l'objet d'un accord, elles sont fixées par le tribunal.

Les biens et droits immobiliers que les demandeurs n'envisagent pas d'apporter au groupement foncier agricole, ainsi que les autres biens de la succession, sont attribués par priorité, dans les limites de leurs droits successoraux respectifs, aux indivisaires qui n'ont pas consenti à la formation du groupement. Si ces indivisaires ne sont pas remplis de leurs droits par l'attribution ainsi faite, une soulte doit leur être versée. Sauf accord amiable entre les copartageants, la soulte éventuellement due est payable dans l'année suivant le partage. Elle peut faire l'objet d'une dation en paiement sous la forme de parts du groupement foncier agricole, à moins que les intéressés, dans le mois suivant la proposition qui leur en est faite, n'aient fait connaître leur opposition à ce mode de règlement.

Le partage n'est parfait qu'après la signature de l'acte constitutif du groupement foncier agricole et, s'il y a lieu, du ou des baux à long terme.

Art. 832-2. *(L. n° 2006-728 du 23.6.2006)* Si une exploitation agricole constituant une unité économique et non exploitée sous forme sociale n'est pas maintenue dans l'indivision et n'a pas fait l'objet d'une attribution préférentielle dans les conditions prévues aux articles 831, 832 ou 832-1, le conjoint survivant ou tout héritier copropriétaire qui désire poursuivre l'exploitation à laquelle il participe ou a participé effectivement peut exiger, nonobstant toute demande de licitation, que le partage soit conclu sous la condition que ses copartageants lui consentent un bail à long terme dans les conditions fixées au chapitre VI du titre Ier du livre IV du Code rural et de la pêche maritime, sur les terres de l'exploitation qui leur échoient. Dans le cas de l'héritier, la condition de participation peut avoir été remplie par son conjoint ou ses descendants. Sauf accord amiable entre les parties, celui qui demande à bénéficier de ces dispositions reçoit par priorité dans sa part les bâtiments d'exploitation et d'habitation.

Les dispositions qui précèdent sont applicables à une partie de l'exploitation agricole pouvant constituer une unité économique. Cette unité économique peut être formée, pour une part, de biens dont le conjoint survivant ou l'héritier était déjà propriétaire ou copropriétaire avant le décès.

Il est tenu compte, s'il y a lieu, de la dépréciation due à l'existence du bail dans l'évaluation des terres incluses dans les différents lots.

Les articles L. 412-14 et L. 412-15 du Code rural et de la pêche maritime déterminent les règles spécifiques au bail mentionné au premier alinéa du présent article.

Si, en raison de l'inaptitude manifeste du ou des demandeurs à gérer tout ou partie de l'exploitation, les intérêts des cohéritiers risquent d'être compromis, le tribunal peut décider qu'il n'y a pas lieu d'appliquer les trois premiers alinéas du présent article.

Art. 832-3. *(L. n° 2006-728 du 23.6.2006)* L'attribution préférentielle peut être demandée conjointement par plusieurs successibles afin de conserver ensemble le bien indivis.

À défaut d'accord amiable, la demande d'attribution préférentielle est portée devant le tribunal qui se prononce en fonction des intérêts en présence.

En cas de demandes concurrentes, le tribunal tient compte de l'aptitude des différents postulants à gérer les biens en cause et à s'y maintenir. Pour l'entreprise, le tribunal tient compte en particulier de la durée de la participation personnelle à l'activité.

Art. 832-4. *(L. n° 2006-728 du 23.6.2006)* Les biens faisant l'objet de l'attribution sont estimés à leur valeur à la date fixée conformément à l'article 829.

Sauf accord amiable entre les copartageants, la soulte éventuellement due est payable comptant. Toutefois, dans les cas prévus aux articles 831-3 et 832, l'attributaire peut exiger de ses copartageants, pour le paiement d'une fraction de la soulte, égale au plus à la moitié, des délais ne pouvant excéder dix ans. Sauf convention contraire, les sommes restant dues portent intérêt au taux légal.

En cas de vente de la totalité des biens attribués, la fraction de la soulte y afférente devient immédiatement exigible ; en cas de ventes partielles, le produit de ces ventes est versé aux copartageants et imputé sur la fraction de la soulte encore due.

Art. 833. *(L. n° 2006-728 du 23.6.2006)* Les dispositions des articles 831 à 832-4 profitent au conjoint ou à tout héritier appelé à succéder en vertu de la loi, qu'il soit copropriétaire en pleine propriété ou en nue-propriété.

Ces dispositions, à l'exception de celles de l'article 832, profitent aussi à l'héritier ayant une vocation universelle ou à titre universel à la succession en vertu d'un testament ou d'une institution contractuelle.

Art. 834. *(L. n° 2006-728 du 23.6.2006)* Le bénéficiaire de l'attribution préférentielle ne devient propriétaire exclusif du bien attribué qu'au jour du partage définitif.

Jusqu'à cette date, il ne peut renoncer à l'attribution que lorsque la valeur du bien, telle que déterminée au jour de cette attribution, a augmenté de plus du quart au jour du partage indépendamment de son fait personnel.

Sous-section 2
Du partage amiable

Art. 835. *(L. n° 2006-728 du 23.6.2006)* Si tous les indivisaires sont présents et capables, le partage peut intervenir dans la forme et selon les modalités choisies par les parties.

Lorsque l'indivision porte sur des biens soumis à la publicité foncière, l'acte de partage est passé par acte notarié.

Art. 836. *(L. n° 2006-728 du 23.6.2006)* Si un indivisaire est présumé absent ou, par suite d'éloignement, se trouve hors d'état de manifester sa volonté, un partage amiable peut intervenir dans les conditions prévues à l'article 116.
De même, si un indivisaire fait l'objet d'un régime de protection, un partage amiable peut intervenir dans les conditions prévues aux titres X et XI du livre Ier.

Art. 837. *(L. n° 2006-728 du 23.6.2006)* Si un indivisaire est défaillant, sans qu'il soit néanmoins dans l'un des cas prévus à l'article 836, il peut, à la diligence d'un copartageant, être mis en demeure, par acte extrajudiciaire, de se faire représenter au partage amiable.
Faute pour cet indivisaire d'avoir constitué mandataire dans les trois mois de la mise en demeure, un copartageant peut demander au juge de désigner toute personne qualifiée qui représentera le défaillant jusqu'à la réalisation complète du partage. Cette personne ne peut consentir au partage qu'avec l'autorisation du juge.

Art. 838. *(L. n° 2006-728 du 23.6.2006)* Le partage amiable peut être total ou partiel. Il est partiel lorsqu'il laisse subsister l'indivision à l'égard de certains biens ou de certaines personnes.

Art. 839. *(L. n° 2006-728 du 23.6.2006)* Lorsque plusieurs indivisions existent exclusivement entre les mêmes personnes, qu'elles portent sur les mêmes biens ou sur des biens différents, un partage amiable unique peut intervenir.

Sous-section 3
Du partage judiciaire

Art. 840. *(L. n° 2006-728 du 23.6.2006)* Le partage est fait en justice lorsque l'un des indivisaires refuse de consentir au partage amiable ou s'il s'élève des contestations sur la manière d'y procéder ou de le terminer ou lorsque le partage amiable n'a pas été autorisé ou approuvé dans l'un des cas prévus aux articles 836 et 837.

Art. 840-1. *(L. n° 2006-728 du 23.6.2006)* Lorsque plusieurs indivisions existent exclusivement entre les mêmes personnes, qu'elles portent sur les mêmes biens ou sur des biens différents, un partage unique peut intervenir.

Art. 841. *(L. n° 2006-728 du 23.6.2006)* Le tribunal du lieu d'ouverture de la succession est exclusivement compétent pour connaître de l'action en partage et des contestations qui s'élèvent soit à l'occasion du maintien de l'indivision soit au cours des opérations de partage. Il ordonne les licitations et statue sur les demandes relatives à la garantie des lots entre les copartageants et sur celles en nullité de partage ou en complément de part.

Art. 841-1. *(L. n° 2006-728 du 23.6.2006)* Si le notaire commis pour établir l'état liquidatif se heurte à l'inertie d'un indivisaire, il peut le mettre en demeure, par acte extrajudiciaire, de se faire représenter.
Faute pour l'indivisaire d'avoir constitué mandataire dans les trois mois de la mise en demeure, le notaire peut demander au juge de désigner toute personne qualifiée qui représentera le défaillant jusqu'à la réalisation complète des opérations.

Art. 842. *(L. n° 2006-728 du 23.6.2006)* À tout moment, les copartageants peuvent abandonner les voies judiciaires et poursuivre le partage à l'amiable si les conditions prévues pour un partage de cette nature sont réunies.

SECTION II
Du rapport des libéralités
(L. n° 2006-728 du 23.6.2006)

Art. 843. Tout héritier, même [*(L. n° 2006-728 du 23.6.2006)* ayant accepté à concurrence de l'actif], venant à une succession, doit rapporter à ses cohéritiers tout ce qu'il a reçu du défunt, par donations entre vifs, directement ou indirectement ; il ne peut retenir les dons à lui faits par le défunt, à moins qu'ils ne lui aient été faits expressément hors part successorale.
Les legs faits à un héritier sont réputés faits par préciput et hors part, à moins que le testateur n'ait exprimé la volonté contraire, auquel cas le légataire ne peut réclamer son legs qu'en moins prenant.

TEXTES DE LOI

Art. 844. Les dons faits [*(L. n° 2006- 728 du 23.6.2006)* hors part successorale] ne peuvent être retenus ni les legs réclamés par l'héritier venant à partage que jusqu'à concurrence de la quotité disponible : l'excédent est sujet à réduction.

Art. 845. L'héritier qui renonce à la succession peut cependant retenir le don entre vifs ou réclamer le legs à lui fait jusqu'à concurrence de la portion disponible [*(L. n° 2006- 728 du 23.6.2006)* à moins que le disposant ait expressément exigé le rapport en cas de renonciation.

Dans ce cas, le rapport se fait en valeur. Lorsque la valeur rapportée excède les droits qu'il aurait dû avoir dans le partage s'il y avait participé, l'héritier renonçant indemnise les héritiers acceptants à concurrence de cet excédent.]

Art. 846. *(L. n° 2006- 728 du 23.6.2006)* Le donataire qui n'était pas héritier présomptif lors de la donation, mais qui se trouve successible au jour de l'ouverture de la succession, ne doit pas le rapport, à moins que le donateur ne l'ait expressément exigé.

Art. 847. Les dons et legs faits au fils de celui qui se trouve successible à l'époque de l'ouverture de la succession, sont toujours réputés faits avec dispense du rapport.

Le père venant à la succession du donateur, n'est pas tenu de les rapporter.

Art. 848. Pareillement, le fils venant de son chef à la succession du donateur, n'est pas tenu de rapporter le don fait à son père, même quand il aurait accepté la succession de celui-ci ; mais si le fils ne vient que par représentation, il doit rapporter ce qui avait été donné à son père, même dans le cas où il aurait répudié sa succession.

Art. 849. Les dons et legs faits au conjoint d'un époux successible, sont réputés faits avec dispense du rapport.

Si les dons et legs sont faits conjointement à deux époux, dont l'un seulement est successible, celui-ci en rapporte la moitié ; si les dons sont faits à l'époux successible, il les rapporte en entier.

Art. 850. Le rapport ne se fait qu'à la succession du donateur.

Art. 851. Le rapport est dû de ce qui a été employé pour l'établissement d'un des cohéritiers, ou pour le paiement de ses dettes.

(L. n° 2006- 728 du 23.6.2006) Il est également dû en cas de donation de fruits ou de revenus, à moins que la libéralité n'ait été faite expressément hors part successorale.

Art. 852. *(L. n° 2006- 728 du 23.6.2006)* Les frais de nourriture, d'entretien, d'éducation, d'apprentissage, les frais ordinaires d'équipement, ceux de noces et les présents d'usage ne doivent pas être rapportés, sauf volonté contraire du disposant.

Le caractère de présent d'usage s'apprécie à la date où il est consenti et compte tenu de la fortune du disposant.

Art. 853. Il en est de même des profits que l'héritier a pu retirer des conventions passées avec le défunt, si ces conventions ne présentaient aucun avantage indirect, lorsqu'elles ont été faites.

Art. 854. Pareillement, il n'est pas dû de rapport pour les associations faites sans fraude entre le défunt et l'un de ses héritiers, lorsque les conditions en ont été réglées par un acte authentique.

Art. 855. Le bien qui a péri par cas fortuit et sans la faute du donataire n'est pas sujet à rapport.

Toutefois, si ce bien a été reconstitué au moyen d'une indemnité perçue en raison de sa perte, le donataire doit le rapporter dans la proportion où l'indemnité a servi à sa reconstitution.

Si l'indemnité n'a pas été utilisée à cette fin, elle est elle-même sujette à rapport.

Art. 856. *(L. n° 2006- 728 du 23.6.2006)* Les fruits des choses sujettes à rapport sont dus à compter du jour de l'ouverture de la succession.

Les intérêts ne sont dus qu'à compter du jour où le montant du rapport est déterminé.

Art. 857. Le rapport n'est dû que par le cohéritier à son cohéritier ; il n'est pas dû aux légataires, ni aux créanciers de la succession.

Art. 858. [*(L. n° 2006- 728 du 23.6.2006)* Le rapport se fait en moins prenant, sauf dans le cas du deuxième alinéa de l'article 845.

Il ne peut être exigé en nature, sauf stipulation contraire de l'acte de donation.]

Dans le cas d'une telle stipulation, les aliénations et constitutions de droits réels consenties par le donataire s'éteindront par l'effet du rapport à moins que le donateur n'y ait consenti.

Art. 859. L'héritier a aussi la faculté de rapporter en nature le bien donné qui lui appartient encore à condition que ce bien soit libre de toute charge ou occupation dont il n'aurait pas déjà été grevé à l'époque de la donation.

Art. 860. Le rapport est dû de la valeur du bien donné à l'époque du partage, d'après son état à l'époque de la donation.

(L. n° 2006- 728 du 23.6.2006) Si le bien a été aliéné avant le partage, on tient compte de la valeur qu'il avait à l'époque de l'aliénation. Si un nouveau bien a été subrogé au bien aliéné, on tient compte de la valeur de ce nouveau bien à l'époque du partage, d'après son état à l'époque de l'acquisition. Toutefois, si la dépréciation du nouveau bien était, en raison de sa nature, inéluctable au jour de son acquisition, il n'est pas tenu compte de la subrogation.

Le tout sauf stipulation contraire dans l'acte de donation.

S'il résulte d'une telle stipulation que la valeur sujette à rapport est inférieure à la valeur du bien déterminé selon les règles d'évaluation prévues par l'article 922 ci-dessous, cette différence forme un avantage indirect acquis au donataire hors part successorale.

Art 860-1. Le rapport d'une somme d'argent est égal à son montant. Toutefois, si elle a servi à acquérir un bien, le rapport est dû de la valeur de ce bien, dans les conditions prévues à l'article 860.

Art. 861. Lorsque le rapport se fait en nature et que l'état des objets donnés a été amélioré par le fait du donataire, il doit lui en être tenu compte, eu égard à ce dont leur valeur se trouve augmentée au temps du partage ou de l'aliénation.

Il doit être pareillement tenu compte au donataire des dépenses nécessaires qu'il a faites pour la conservation du bien, encore qu'elles ne l'aient point amélioré.

Art. 862. Le cohéritier qui fait le rapport en nature peut retenir la possession du bien donné jusqu'au remboursement effectif des sommes qui lui sont dues pour dépenses ou améliorations.

Art. 863. Le donataire, de son côté, doit, en cas de rapport en nature, tenir compte des dégradations et détériorations qui ont diminué la valeur du bien donné par son fait ou par sa faute.

SECTION III

Du paiement des dettes
(L. n° 2006-728 du 23.6.2006)

§ 1 – Des dettes des copartageants

Art. 864. *(L. n° 2006-728 du 23.6.2006)* Lorsque la masse partageable comprend une créance à l'encontre de l'un des copartageants, exigible ou non, ce dernier en est alloti dans le partage à concurrence de ses droits dans la masse.

À due concurrence, la dette s'éteint par confusion. Si son montant excède les droits du débiteur dans cette masse, il doit le paiement du solde sous les conditions et délais qui affectaient l'obligation.

Art. 865. *(L. n° 2006-728 du 23.6.2006)* Sauf lorsqu'elle est relative aux biens indivis, la créance n'est pas exigible avant la clôture des opérations de partage. Toutefois, l'héritier débiteur peut décider à tout moment de s'en acquitter volontairement.

Art. 866. *(L. n° 2006-728 du 23.6.2006)* Les sommes rapportables produisent intérêt au taux légal, sauf stipulation contraire.

Ces intérêts courent depuis l'ouverture de la succession lorsque l'héritier en était débiteur envers le défunt et à compter du jour où la dette est exigible, lorsque celle-ci est survenue durant l'indivision.

Art. 867. *(L. n° 2006-728 du 23.6.2006)* Lorsque le copartageant a lui-même une créance à faire valoir, il n'est alloti de sa dette que si, balance faite, le compte présente un solde en faveur de la masse indivise.

Art. 868 et 869. Supprimés.

§ 2 – Des autres dettes

Art. 870. Les cohéritiers contribuent entre eux au paiement des dettes et charges de la succession, chacun dans la proportion de ce qu'il y prend.

Art. 871. Le légataire à titre universel contribue avec les héritiers au prorata de son émolument ; mais le légataire particulier n'est pas tenu des dettes et charges, sauf toutefois l'action hypothécaire sur l'immeuble légué.

Art. 872. Lorsque des immeubles d'une succession sont grevés de rentes par hypothèque spéciale, chacun des cohéritiers peut exiger que les rentes soient remboursées et les immeubles rendus libres avant qu'il soit procédé à la formation des lots. Si les cohéritiers partagent la succession dans l'état où elle se trouve, l'immeuble grevé doit être estimé au même taux que les autres immeubles ; il est fait déduction du capital de la rente sur le prix total ; l'héritier dans le lot duquel tombe cet immeuble demeure seul chargé du service de la rente, et il doit en garantir ses cohéritiers.

Art. 873. Les héritiers sont tenus des dettes et charges de la succession, personnellement pour leur part successorale, et hypothécairement pour le tout ; sauf leur recours soit contre leurs cohéritiers, soit contre les légataires universels, à raison de la part pour laquelle ils doivent y contribuer.

Art. 874. Le légataire particulier qui a acquitté la dette dont l'immeuble légué était grevé, demeure subrogé aux droits du créancier contre les héritiers et successeurs à titre universel.

Art. 875. Le cohéritier ou successeur à titre universel qui, par l'effet de l'hypothèque, a payé au-delà de sa part de la dette commune, n'a de recours contre les autres cohéritiers ou successeurs à titre universel, que pour la part que chacun d'eux doit personnellement en supporter, même dans le cas où le cohéritier qui a payé la dette se serait fait subroger aux droits des créanciers ; sans préjudice néanmoins des droits d'un cohéritier qui, par l'effet [*(L. n° 2006-728 du 23.6.2006)* de l'acceptation à concurrence de l'actif net], aurait conservé la faculté de réclamer le paiement de sa créance personnelle, comme tout autre créancier.

Art. 876. En cas d'insolvabilité d'un des cohéritiers ou successeurs à titre universel, sa part dans la dette hypothécaire est répartie sur tous les autres, au marc le franc.

Art. 877. *(L. n° 2006-728 du 23.6.2006)* Le titre exécutoire contre le défunt l'est aussi contre l'héritier, huit jours après que la signification lui en a été faite.

Art. 878. *(L. n° 2006-728 du 23.6.2006)* Les créanciers du défunt et les légataires de sommes d'argent peuvent demander à être préférés sur l'actif successoral à tout créancier personnel de l'héritier.

Réciproquement, les créanciers personnels de l'héritier peuvent demander à être préférés à tout créancier du défunt sur les biens de l'héritier non recueillis au titre de la succession.

Le droit de préférence donne lieu au privilège sur les immeubles prévu au 6° de l'article 2374 et il est sujet à inscription conformément à l'article 2383.

Art. 879. *(L. n° 2006-728 du 23.6.2006)* Ce droit peut s'exercer par tout acte par lequel un créancier manifeste au créancier concurrent son intention d'être préféré sur un bien déterminé.

Art. 880. *(L. n° 2006-728 du 23.6.2006)* Il ne peut pas être exercé lorsque le créancier demandeur y a renoncé.

Art. 881. *(L. n° 2006-728 du 23.6.2006)* Il se prescrit, relativement aux meubles, par deux ans à compter de l'ouverture de la succession.

À l'égard des immeubles, l'action peut être exercée tant qu'ils demeurent entre les mains de l'héritier.

Art. 882. Les créanciers d'un copartageant, pour éviter que le partage ne soit fait en fraude de leurs droits, peuvent s'opposer à ce qu'il y soit procédé hors de leur présence : ils ont le droit d'y intervenir à leurs frais ; mais ils ne peuvent attaquer un partage consommé, à moins toutefois qu'il n'y ait été procédé sans eux et au préjudice d'une opposition qu'ils auraient formée.

SECTION IV

Des effets du partage et de la garantie des lots

Art. 883. Chaque cohéritier est censé avoir succédé seul et immédiatement à tous les effets compris dans son lot, ou à lui échus sur licitation, et n'avoir jamais eu la propriété des autres effets de la succession.

Il en est de même des biens qui lui sont advenus par tout autre acte ayant pour effet de faire cesser l'indivision. Il n'est pas distingué selon que l'acte fait cesser l'indivision en tout ou partie, à l'égard de certains biens ou de certains héritiers seulement.

Toutefois, les actes valablement accomplis soit en vertu d'un mandat des coïndivisaires, soit en vertu d'une autorisation judiciaire, conservent leurs effets quelle que soit, lors du partage, l'attribution des biens qui en ont fait l'objet.

Art. 884. Les cohéritiers demeurent respectivement garants, les uns envers les autres, des troubles et évictions seulement qui procèdent d'une cause antérieure au partage. [*(L. n° 2006-728 du 23.6.2006)* Ils sont également garants de l'insolvabilité du débiteur d'une dette mise dans le lot d'un copartageant, révélée avant le partage.]

La garantie n'a pas lieu, si l'espèce d'éviction soufferte a été exceptée par une clause particulière et expresse de l'acte de partage ; elle cesse, si c'est par sa faute que le cohéritier souffre l'éviction.

Art. 885. *(L. n° 2006-728 du 23.6.2006)* Chacun des cohéritiers est personnellement obligé, à proportion de son émolument, d'indemniser le cohéritier évincé de la perte qu'il a subie, évaluée au jour de l'éviction.

Si l'un des cohéritiers se trouve insolvable, la portion dont il est tenu doit être également répartie entre le garanti et tous les cohéritiers solvables.

Art. 886. *(L. n° 2006-728 du 23.6.2006)* L'action en garantie se prescrit par deux ans à compter de l'éviction ou de la découverte du trouble.

SECTION V

Des actions en nullité du partage ou en complément de part (L. n° 2006-728 du 23.6.2006)

§ 1 – Des actions en nullité du partage

Art. 887. *(L. n° 2006-728 du 23.6.2006)* Le partage peut être annulé pour cause de violence ou de dol.

Il peut aussi être annulé pour cause d'erreur, si celle-ci a porté sur l'exis-tence ou la quotité des droits des copartageants ou sur la propriété des biens compris dans la masse partageable.

S'il apparaît que les conséquences de la violence, du dol ou de l'erreur peuvent être réparées autrement que par l'annulation du partage, le tribunal peut, à la demande de l'une des parties, ordonner un partage complémentaire ou rectificatif.

Art. 887-1. *(L. n° 2006-728 du 23.6.2006)* Le partage peut être également annulé si un des cohéritiers y a été omis.

L'héritier omis peut toutefois demander de recevoir sa part, soit en nature, soit en valeur, sans annulation du partage.

Pour déterminer cette part, les biens et droits sur lesquels a porté le partage déjà réalisé sont réévalués de la même manière que s'il s'agissait d'un nouveau partage.

Art. 888. *(L. n° 2006-728 du 23.6.2006)* Le copartageant qui a aliéné son lot en tout ou partie n'est plus recevable à intenter une action fondée sur le dol, l'erreur ou la violence, si l'aliénation qu'il a faite est postérieure à la découverte du dol ou de l'erreur ou à la cessation de la violence.

§ 2 – De l'action en complément de part

Art. 889. *(L. n° 2006-728 du 23.6.2006)* Lorsque l'un des copartageants établit avoir subi une lésion de plus du quart, le complément de sa part lui est fourni, au choix du défendeur, soit en numéraire, soit en nature. Pour apprécier s'il y a eu lésion, on estime les objets suivant leur valeur à l'époque du partage.

L'action en complément de part se prescrit par deux ans à compter du partage.

Art. 890. *(L. n° 2006-728 du 23.6.2006)* L'action en complément de part est admise contre tout acte, quelle que soit sa dénomination, dont l'objet est de faire cesser l'indivision entre copartageants.
L'action n'est plus admise lorsqu'une transaction est intervenue à la suite du partage ou de l'acte qui en tient lieu sur les difficultés que présentait ce partage ou cet acte.
En cas de partages partiels successifs, la lésion s'apprécie sans tenir compte ni du partage partiel déjà intervenu lorsque celui-ci a rempli les parties de leurs droits par parts égales ni des biens non encore partagés.

Art. 891. *(L. n° 2006-728 du 23.6.2006)* L'action en complément de part n'est pas admise contre une vente de droits indivis faite sans fraude à un indivisaire par ses co-indivisaires ou par l'un d'eux, lorsque la cession comporte un aléa défini dans l'acte et expressément accepté par le cessionnaire.

Art. 892. *(L. n° 2006-728 du 23.6.2006)* La simple omission d'un bien indivis donne lieu à un partage complémentaire portant sur ce bien.

TITRE II
Des libéralités
(L. n° 2006-728 du 23.6.2006)

CHAPITRE Ier
Dispositions générales

Art. 893. *(L. n° 2006-728 du 23.6.2006)* La libéralité est l'acte par lequel une personne dispose à titre gratuit de tout ou partie de ses biens ou de ses droits au profit d'une autre personne.
Il ne peut être fait de libéralité que par donation entre vifs ou par testament.

Art. 894. La donation entre vifs est un acte par lequel le donateur se dépouille actuellement et irrévocablement de la chose donnée, en faveur du donataire qui l'accepte.

Art. 895. Le testament est un acte par lequel le testateur dispose, pour le temps où il n'existera plus, de tout ou partie de ses biens ou de ses droits, et qu'il peut révoquer.

Art. 896. *(L. n° 2006-728 du 23.6.2006)* La disposition par laquelle une personne est chargée de conserver et de rendre à un tiers ne produit d'effet que dans le cas où elle est autorisée par la loi.

Art. 897. Abrogé *(L. n° 2006-728 du 23.6.2006)*.

Art. 898. La disposition par laquelle un tiers serait appelé à recueillir le don, la succession ou le legs, dans le cas où le donataire, l'héritier institué ou le légataire ne le recueillerait pas, ne sera pas regardée comme une substitution, et sera valable.

Art. 899. Il en sera de même de la disposition entre vifs ou testamentaire par laquelle l'usufruit sera donné à l'un, et la nue-propriété à l'autre.

Art. 900. Dans toute disposition entre vifs ou testamentaire, les conditions impossibles, celles qui sont contraires aux lois ou aux mœurs, seront réputées non écrites.

Art. 900-1. Les clauses d'inaliénabilité affectant un bien donné ou légué ne sont valables que si elles sont temporaires et justifiées par un intérêt sérieux et légitime. Même dans ce cas, le donataire ou le légataire peut être judiciairement autorisé à disposer du bien si l'intérêt qui avait justifié la clause a disparu ou s'il advient qu'un intérêt plus important l'exige.
Les dispositions du présent article ne préjudicient pas aux libéralités consenties à des personnes morales ou mêmes à des personnes physiques à charge de constituer des personnes morales.

Art. 900-2. Tout gratifié peut demander que soient révisées en justice les conditions et charges grevant les donations ou legs qu'il a reçus, lorsque, par suite d'un changement de circonstances, l'exécution en est devenue pour lui soit extrêmement difficile, soit sérieusement dommageable.

Art. 900-3. La demande en révision est formée par voie principale ; elle peut l'être aussi par voie reconventionnelle, en réponse à l'action en exécution ou en révocation que les héritiers du disposant ont introduite.
Elle est formée contre les héritiers ; elle l'est en même temps contre le ministère public s'il y a doute sur l'existence ou l'identité de certains d'entre eux ; s'il n'y a pas d'héritier connu, elle est formée contre le ministère public.
Celui-ci doit, dans tous les cas, avoir communication de l'affaire.

Art. 900-4. Le juge saisi de la demande en révision peut, selon les cas et même d'office, soit réduire en quantité ou périodicité les prestations grevant la libéralité, soit en modifier l'objet en s'inspirant de l'intention du disposant, soit même les regrouper, avec des prestations analogues résultant d'autres libéralités.
Il peut autoriser l'aliénation de tout ou partie des biens faisant l'objet de la libéralité en ordonnant que le prix en sera employé à des fins en rapport avec la volonté du disposant.
Il prescrit les mesures propres à maintenir, autant qu'il est possible, l'appellation que le disposant avait entendu donner à sa libéralité.

Art. 900-5. La demande n'est recevable que dix années après la mort du disposant ou, en cas de demandes successives, dix années après le jugement qui a ordonné la précédente révision.
La personne gratifiée doit justifier des diligences qu'elle a faites, dans l'intervalle, pour exécuter ses obligations.

Art. 900-6. La tierce opposition à l'encontre du jugement faisant droit à la demande en révision n'est recevable qu'en cas de fraude imputable au donataire ou légataire.
La rétractation ou la réformation du jugement attaqué n'ouvre droit à aucune action contre le tiers acquéreur de bonne foi.

Art. 900-7. Si, postérieurement à la révision, l'exécution des conditions ou des charges, telle qu'elle était prévue à l'origine, redevient possible, elle pourra être demandée par les héritiers.

Art. 900-8. Est réputée non écrite toute clause par laquelle le disposant prive de la libéralité celui qui mettrait en cause la validité d'une clause d'inaliénabilité ou demanderait l'autorisation d'aliéner.

CHAPITRE II
De la capacité de disposer ou de recevoir par donation entre vifs ou par testament

Art. 901. *(L. n° 2006-728 du 23.6.2006)* Pour faire une libéralité, il faut être sain d'esprit. La libéralité est nulle lorsque le consentement a été vicié par l'erreur, le dol ou la violence.

Art. 902. Toutes personnes peuvent disposer et recevoir soit par donation entre vifs, soit par testament, excepté celles que la loi en déclare incapables.

Art. 903. Le mineur âgé de moins de seize ans ne pourra aucunement disposer, sauf ce qui est réglé au chapitre IX du présent titre.

Art. 904. Le mineur, parvenu à l'âge de seize ans et non émancipé, ne pourra disposer que par testament, et jusqu'à concurrence seulement de la moitié des biens dont la loi permet au majeur de disposer.
Toutefois, s'il est appelé sous les drapeaux pour une campagne de guerre, il pourra, pendant la durée des hostilités, disposer de la même quotité que s'il était majeur, en faveur de l'un quelconque de ses parents ou de plusieurs d'entre eux et jusqu'au sixième degré inclusivement ou encore en faveur de son conjoint survivant.
À défaut de parents au sixième degré inclusivement, le mineur pourra disposer comme le ferait un majeur.

Art. 905. Abrogé.

Art. 906. Pour être capable de recevoir entre vifs, il suffit d'être conçu au moment de la donation.
Pour être capable de recevoir par testament, il suffit d'être conçu à l'époque du décès du testateur.
Néanmoins, la donation ou le testament n'auront leur effet qu'autant que l'enfant sera né viable.

Art. 907. Le mineur, quoique parvenu à l'âge de seize ans, ne pourra, même par testament, disposer au profit de son tuteur.

Le mineur, devenu majeur ou émancipé, ne pourra disposer, soit par donation entre vifs, soit par testament, au profit de celui qui aura été son tuteur, si le compte définitif de la tutelle n'a été préalablement rendu et apuré.

Sont exceptés, dans les deux cas ci-dessus, les ascendants des mineurs, qui sont ou qui ont été leurs tuteurs.

Art. 908. Abrogé *(L. n° 2001-1135 du 3.12.2001).*

Art. 908-1. Abrogé *(L. n° 2001-1135 du 3.12.2001).*

Art. 908-2. Dans les dispositions entre vifs ou testamentaires, les expressions « fils et petits-fils, enfants et petits-enfants », sans autre addition ni désignation, doivent s'entendre de la descendance naturelle aussi bien que légitime, à moins que le contraire ne résulte de l'acte ou des circonstances.

Art. 909. *(L. n° 2007-308 du 5.3.2007 en vigueur le 1er janvier 2009).*

Les membres des professions médicales et de la pharmacie, ainsi que les auxiliaires médicaux qui ont prodigué des soins à une personne pendant la maladie dont elle meurt ne peuvent profiter des dispositions entre vifs ou testamentaires qu'elle aurait fais en leur faveur pendant le cours de celle-ci.

Les mandataires judiciaires à la protection des majeurs et les personnes morales au nom desquelles ils exercent leurs fonctions ne peuvent pareillement profiter des dispositions entre vifs ou testamentaires que les personnes dont ils assurent la protection auraient faites en leur faveur quelle que soit la date de la libéralité.

Sont exceptées :

1° Les dispositions rémunératoires faites à titre particulier, eu égard aux facultés du disposant et auxvices rendus ;

2° Les dispositions universelles, dans le cas de parenté jusqu'au quatrième degré inclusivement, pourvu toutefois que le décédé n'ait pas d'héritiers en ligne directe ; à moins que celui au profit de qui la disposition a été faite ne soit lui-même du nombre de ces héritiers.

Les mêmes règles seront observées à l'égard du ministre du culte.

Art. 910. *(L. n° 2011-525 du 17.5.2011)* Les dispositions entre vifs ou par testament au profit des établissements de santé, des établissements sociaux et médico-sociaux ou d'établissements d'utilité publique n'ont leur effet qu'autant qu'elles sont autorisées par arrêté du représentant de l'État dans le département.

Toutefois, les dispositions entre vifs ou par testament au profit des fondations, des congrégations et des associations ayant la capacité à recevoir des libéralités, et, dans les départements du Bas-Rhin, du Haut-Rhin et de la Moselle, des établissements publics du culte et des associations inscrites de droit local, à l'exception des associations ou fondations dont les activités ou celles de leurs dirigeants sont visées à l'article 1er de la loi n° 2001-504 du 12 juin 2001 tendant à renforcer la prévention et la répression des mouvements sectaires portant atteinte aux droits de l'homme et aux libertés fondamentales, sont acceptées librement par celles-ci.

Si le représentant de l'État dans le département constate que l'organisme légataire ou donataire ne satisfait pas aux conditions légales exigées pour avoir la capacité juridique à recevoir des libéralités ou qu'il n'est pas apte à utiliser la libéralité conformément à son objet statutaire, il peut former opposition à la libéralité, dans des conditions précisées par décret, la privant ainsi d'effet.

Les libéralités consenties à des États étrangers ou à des établissements étrangers habilités par leur droit national à recevoir des libéralités sont acceptées librement par ces États ou par ces établissements, sauf opposition formée par l'autorité compétente, dans des conditions fixées par décret en Conseil d'État.

Art. 911. *(L. n° 2006-728 du 23.6.2006)* Toute libéralité au profit d'une personne physique, frappée d'une incapacité de recevoir à titre gratuit, est nulle, qu'elle soit déguisée sous la forme d'un contrat onéreux ou faite sous le nom de personnes interposées, physiques ou morales.

Sont présumés personnes interposées, jusqu'à preuve contraire, les père et mère, les enfants et descendants, ainsi que l'époux de la personne incapable.

CHAPITRE III
De la réserve héréditaire, de la quotité disponible et de la réduction (L. n° 2006-728 du 23.6.2006)

SECTION I
De la réserve héréditaire et de la quotité disponible

Art. 912. *(L. n° 2006-728 du 23.6.2006)* La réserve héréditaire est la part des biens et droits successoraux dont la loi assure la dévolution libre de charges à certains héritiers dits réservataires, s'ils sont appelés à la succession et s'ils l'acceptent.
La quotité disponible est la part des biens et droits successoraux qui n'est pas réservée par la loi et dont le défunt a pu disposer librement par des libéralités.

Art. 913. Les libéralités, soit par actes entre vifs, soit par testament, ne pourront excéder la moitié des biens du disposant, s'il ne laisse à son décès qu'un enfant ; le tiers, s'il laisse deux enfants ; le quart, s'il en laisse trois ou un plus grand nombre.
(L. n° 2006-728 du 23.6.2006) L'enfant qui renonce à la succession n'est compris dans le nombre d'enfants laissés par le défunt que s'il est représenté ou s'il est tenu au rapport d'une libéralité en application des dispositions de l'article 845.

Art. 913-1. Sont compris dans l'article 913, sous le nom d'enfants, les descendants en quelque degré que ce soit, encore qu'ils ne doivent être comptés que pour l'enfant dont ils tiennent la place dans la succession du disposant.

Art. 914. Abrogé *(L. n° 2006-728 du 23.6.2006)*.

Art. 914-1. *(L. n° 2001-1135 du 3.12.2001)* Les libéralités, par actes entre vifs ou par testament, ne pourront excéder les trois quarts des biens si, à défaut de descendant, le défunt laisse un conjoint survivant, non divorcé.

Art. 915 à 915-2. Abrogés *(L. n° 2001-1135 du 3.12.2001)*.

Art. 916. *(L. n° 2001-1135 du 3-12-2001)* À défaut de descendant et de conjoint survivant non divorcé, les libéralités par actes entre vifs ou testamentaires pourront épuiser la totalité des biens.

Art. 917. Si la disposition par acte entre vifs ou par testament est d'un usufruit ou d'une rente viagère dont la valeur excède la quotité disponible, les héritiers au profit desquels la loi fait une réserve, auront l'option, ou d'exécuter cette disposition, ou de faire l'abandon de la propriété de la quotité disponible.

SECTION II
De la réduction des libéralités excessives

§ 1 – Des opérations préliminaires à la réduction

Art. 918. *(L. n° 2006-728 du 23.6.2006)* La valeur en pleine propriété des biens aliénés, soit à charge de rente viagère, soit à fonds perdus, ou avec réserve d'usufruit à l'un des successibles en ligne directe, est imputée sur la quotité disponible. L'éventuel excédent est sujet à réduction. Cette imputation et cette réduction ne peuvent être demandées que par ceux des autres successibles en ligne directe qui n'ont pas consenti à ces aliénations.

Art. 919. La quotité disponible pourra être donnée en tout ou en partie, soit par acte entre vifs, soit par testament, aux enfants ou autres successibles du donateur, sans être sujette au rapport par le donataire ou le légataire venant à la succession, pourvu qu'en ce qui touche les dons la disposition ait été faite expressément hors part successorale.
La déclaration que la donation est hors part successorale pourra être faite, soit par l'acte qui contiendra la disposition, soit postérieurement, dans la forme des dispositions entre vifs ou testamentaires.

Art. 919-1. *(L. n° 2006-728 du 23.6.2006)* La donation faite en avancement de part successorale à un héritier réservataire qui accepte la succession s'impute sur sa part de réserve et, subsidiairement, sur la quotité disponible, s'il n'en a pas été autrement convenu dans l'acte de donation. L'excédent est sujet à réduction.

La donation faite en avancement de part successorale à un héritier réservataire qui renonce à la succession est traitée comme une donation faite hors part successorale. Toutefois, lorsqu'il est astreint au rapport en application des dispositions de l'article 845, l'héritier qui renonce est traité comme un héritier acceptant pour la réunion fictive l'imputation et, le cas échéant, la réduction de la libéralité qui lui a été consentie.

Art. 919-2. *(L. n° 2006-728 du 23.6.2006)* La libéralité faite hors part successorale s'impute sur la quotité disponible. L'excédent est sujet à réduction.

Art. 920. *(L. n° 2006-728 du 23.6.2006)* Les libéralités, directes ou indirectes, qui portent atteinte à la réserve d'un ou plusieurs héritiers, sont réductibles à la quotité disponible lors de l'ouverture de la succession.

§ 2 – De l'exercice de la réduction

Art. 921. La réduction des dispositions entre vifs ne pourra être demandée que par ceux au profit desquels la loi fait la réserve, par leurs héritiers ou ayants cause : les donataires, les légataires, ni les créanciers du défunt ne pourront demander cette réduction, ni en profiter. *(L. n° 2006-728 du 23.6.2006)* Le délai de prescription de l'action en réduction est fixé à cinq ans à compter de l'ouverture de la succession, ou à deux ans à compter du jour où les héritiers ont eu connaissance de l'atteinte portée à leur réserve, sans jamais pouvoir excéder dix ans à compter du décès.

Art. 922. La réduction se détermine en formant une masse de tous les biens existant au décès du donateur ou testateur *(L. n° 2006-728 du 23.6.2006)*. Les biens dont il a été disposé par donation entre vifs sont fictivement réunis à cette masse, d'après leur état à l'époque de la donation et leur valeur à l'ouverture de la succession, après qu'en ont été déduites les dettes ou les charges les grevant. Si les biens ont été aliénés, il est tenu compte de leur valeur à l'époque de l'aliénation. S'il y a eu subrogation, il est tenu compte de la valeur des nouveaux biens au jour de l'ouverture de la succession, d'après leur état à l'époque de l'acquisition. Toutefois, si la dépréciation des nouveaux biens était, en raison de leur nature, inéluctable au jour de leur acquisition, il n'est pas tenu compte de la subrogation.

On calcule sur tous ces biens, eu égard à la qualité des héritiers qu'il laisse, quelle est la quotité dont le défunt a pu disposer.

Art. 923. Il n'y aura jamais lieu à réduire les donations entre vifs, qu'après avoir épuisé la valeur de tous les biens compris dans les dispositions testamentaires ; et lorsqu'il y aura lieu à cette réduction, elle se fera en commençant par la dernière donation, et ainsi de suite en remontant des dernières aux plus anciennes.

Art. 924. *(L. n° 2006-728 du 23.6.2006)* Lorsque la libéralité excède la quotité disponible, le gratifié, successible ou non successible, doit indemniser les héritiers réservataires à concurrence de la portion excessive de la libéralité, quel que soit cet excédent.

Le paiement de l'indemnité par l'héritier réservataire se fait en moins prenant et en priorité par voie d'imputation sur ses droits dans la réserve.

Art. 924-1. *(L. n° 2006-728 du 23.6.2006)* Le gratifié peut exécuter la réduction en nature, par dérogation à l'article 924, lorsque le bien donné ou légué lui appartient encore et qu'il est libre de toute charge dont il n'aurait pas déjà été grevé à la date de la libéralité, ainsi que de toute occupation dont il n'aurait pas déjà fait l'objet à cette même date.

Cette faculté s'éteint s'il n'exprime pas son choix pour cette modalité de réduction dans un délai de trois mois à compter de la date à laquelle un héritier réservataire l'a mis en demeure de prendre parti.

Art. 924-2. *(L. n° 2006-728 du 23.6.2006)* Le montant de l'indemnité de réduction se calcule d'après la valeur des biens donnés ou légués à l'époque du partage ou de leur aliénation par le gratifié et en fonction de leur état au jour où la libéralité a pris effet. S'il y a eu subrogation, le calcul de l'indemnité de réduction tient compte de la valeur des nouveaux biens à l'époque du partage, d'après leur état à l'époque de l'acquisition. Toutefois, si la dépréciation des nouveaux biens était, en raison de leur nature, inéluctable au jour de leur acquisition, il n'est pas tenu compte de la subrogation.

Art. 924-3. *(L. n° 2006-728 du 23.6.2006)* L'indemnité de réduction est payable au moment du partage, sauf accord entre les cohéritiers. Toutefois, lorsque la libéralité a pour objet un des biens pouvant faire l'objet d'une attribution préférentielle, des délais peuvent être accordés par le tribunal, compte tenu des intérêts en présence, s'ils ne l'ont pas été par le disposant. L'octroi de ces délais ne peut, en aucun cas, avoir pour effet de différer le paiement de l'indemnité au-delà de dix années à compter de l'ouverture de la succession. Les dispositions de l'article 828 sont alors applicables au paiement des sommes dues.
À défaut de convention ou de stipulation contraire, ces sommes sont productives d'intérêt au taux légal à compter de la date à laquelle le montant de l'indemnité de réduction a été fixé. Les avantages résultant des délais et modalités de paiement accordés ne constituent pas une libéralité.
En cas de vente de la totalité du bien donné ou légué, les sommes restant dues deviennent immédiatement exigibles ; en cas de ventes partielles, le produit de ces ventes est versé aux cohéritiers et imputé sur les sommes encore dues.

Art. 924-4. *(L. n° 2006-728 du 23.6.2006)* Après discussion préalable des biens du débiteur de l'indemnité en réduction et en cas d'insolvabilité de ce dernier, les héritiers réservataires peuvent exercer l'action en réduction ou revendication contre les tiers détenteurs des immeubles faisant partie des libéralités et aliénés par le gratifié. L'action est exercée de la même manière que contre les gratifiés eux-mêmes et suivant l'ordre des dates des aliénations, en commençant par la plus récente. Elle peut être exercée contre les tiers détenteurs de meubles lorsque l'article 2276 ne peut être invoqué.
Lorsque, au jour de la donation ou postérieurement, le donateur et tous les héritiers réservataires présomptifs ont consenti à l'aliénation du bien donné, aucun héritier réservataire, même né après que le consentement de tous les héritiers intéressés a été recueilli, ne peut exercer l'action contre les tiers détenteurs. S'agissant des biens légués, cette action ne peut plus être exercée lorsque les héritiers réservataires ont consenti à l'aliénation.

Art. 925. Abrogé *(L. n° 2006-728 du 23.6.2006)*.

Art. 926. Lorsque les dispositions testamentaires excéderont, soit la quotité disponible, soit la portion de cette quotité qui resterait après avoir déduit la valeur des donations entre vifs, la réduction sera faite au marc le franc, sans aucune distinction entre les legs universels et les legs particuliers.

Art. 927. Néanmoins, dans tous les cas où le testateur aura expressément déclaré qu'il entend que tel legs soit acquitté de préférence aux autres, cette préférence aura lieu ; et le legs qui en sera l'objet ne sera réduit qu'autant que la valeur des autres ne remplirait pas la réserve légale.

Art. 928. *(L. n° 2006-728 du 23.6.2006)* Lorsque la réduction s'exécute en nature, le donataire restitue les fruits de ce qui excède la portion disponible, à compter du jour du décès du donateur, si la demande en réduction est faite dans l'année ; sinon, du jour de la demande.

§ 3 – De la renonciation anticipée à l'action en réduction

Art. 929. *(L. n° 2006-728 du 23.6.2006)* Tout héritier réservataire présomptif peut renoncer à exercer une action en réduction dans une succession non ouverte. Cette renonciation doit être faite au profit d'une ou de plusieurs personnes déterminées. La renonciation n'engage le renonçant que du jour où elle a été acceptée par celui dont il a vocation à hériter.
La renonciation peut viser une atteinte portant sur la totalité de la réserve ou sur une fraction seulement. Elle peut également ne viser que la réduction d'une libéralité portant sur un bien déterminé.
L'acte de renonciation ne peut créer d'obligations à la charge de celui dont on a vocation à hériter ou être conditionné à un acte émanant de ce dernier.

Art. 930. *(L. n° 2006-728 du 23.6.2006)* La renonciation est établie par acte authentique spécifique reçu par deux notaires. Elle est signée séparément par chaque renonçant en présence des seuls notaires. Elle mentionne

précisément ses conséquences juridiques futures pour chaque renonçant.
La renonciation est nulle lorsqu'elle n'a pas été établie dans les conditions fixées au précédent alinéa, ou lorsque le consentement du renonçant a été vicié par l'erreur, le dol ou la violence.
La renonciation peut être faite dans le même acte par plusieurs héritiers réservataires.

Art. 930-1. *(L. n° 2006-728 du 23.6.2006)* La capacité requise du renonçant est celle exigée pour consentir une donation entre vifs. Toutefois, le mineur émancipé ne peut renoncer par anticipation à l'action en réduction.
La renonciation, quelles que soient ses modalités, ne constitue pas une libéralité.

Art. 930-2. *(L. n° 2006-728 du 23.6.2006)* La renonciation ne produit aucun effet s'il n'a pas été porté atteinte à la réserve héréditaire du renonçant. Si l'atteinte à la réserve héréditaire n'a été exercée que partiellement, la renonciation ne produit d'effets qu'à hauteur de l'atteinte à la réserve du renonçant résultant de la libéralité consentie. Si l'atteinte à la réserve porte sur une fraction supérieure à celle prévue dans la renonciation, l'excédent est sujet à réduction.
La renonciation relative à la réduction d'une libéralité portant sur un bien déterminé est caduque si la libéralité attentatoire à la réserve ne porte pas sur ce bien. Il en va de même si la libéralité n'a pas été faite au profit de la ou des personnes déterminées.

Art. 930-3. *(L. n° 2006-728 du 23.6.2006)* Le renonçant ne peut demander la révocation de sa renonciation que si :
1° Celui dont il a vocation à hériter ne remplit pas ses obligations alimentaires envers lui ;
2° Au jour de l'ouverture de la succession, il est dans un état de besoin qui disparaîtrait s'il n'avait pas renoncé à ses droits réservataires ;
3° Le bénéficiaire de la renonciation s'est rendu coupable d'un crime ou d'un délit contre sa personne.

Art. 930-4. *(L. n° 2006-728 du 23.6.2006)* La révocation n'a jamais lieu de plein droit.
La demande en révocation est formée dans l'année, à compter du jour de l'ouverture de la succession, si elle est fondée sur l'état de besoin. Elle est formée dans l'année, à compter du jour du fait imputé par le renonçant ou du jour où le fait a pu être connu par ses héritiers, si elle est fondée sur le manquement aux obligations alimentaires ou sur l'un des faits visés au 3° de l'article 930-3.
La révocation en application du 2° de l'article 930-3 n'est prononcée qu'à concurrence des besoins de celui qui avait renoncé.

Art. 930-5. *(L. n° 2006-728 du 23.6.2006)* La renonciation est opposable aux représentants du renonçant.

CHAPITRE IV
Des donations entre vifs

SECTION I
De la forme des donations entre vifs

Art. 931. Tous actes portant donation entre vifs seront passés devant notaires, dans la forme ordinaire des contrats ; et il en restera minute, sous peine de nullité.

Art. 932. La donation entre vifs n'engagera le donateur, et ne produira aucun effet, que du jour qu'elle aura été acceptée en termes exprès.
L'acceptation pourra être faite du vivant du donateur, par un acte postérieur et authentique, dont il restera minute ; mais alors la donation n'aura d'effet, à l'égard du donateur, que du jour où l'acte qui constatera cette acceptation lui aura été notifié.

Art. 933. Si le donataire est majeur, l'acceptation doit être faite par lui, ou, en son nom, par la personne fondée de sa procuration, portant pouvoir d'accepter la donation faite, ou un pouvoir général d'accepter les donations qui auraient été ou qui pourraient être faites.
Cette procuration devra être passée devant notaires ; et une expédition devra en être annexée à la minute de la donation, à la minute de l'acceptation qui serait faite par acte séparé.

Art. 934. Abrogé.

Art. 935. La donation faite à un mineur non émancipé ou à un majeur en tutelle devra être acceptée par son tuteur, conformément à l'article 463, au titre De la minorité, de la tutelle et de l'émancipation.

Néanmoins, les père et mère du mineur non émancipé, ou les autres ascendants, même du vivant des père et mère, quoiqu'ils ne soient pas tuteurs du mineur, pourront accepter pour lui.

Art. 936. Le sourd-muet qui saura écrire, pourra accepter lui-même ou par un fondé de pouvoir.

S'il ne sait pas écrire, l'acceptation doit être faite par un curateur nommé à cet effet, suivant les règles établies au titre De la minorité, de la tutelle et de l'émancipation.

Art. 937. *(L. n° 2009-526 du 12.5.2009)* Sous réserve des dispositions des deuxième et troisième alinéas de l'article 910, les donations faites au profit d'établissements d'utilité publique sont acceptées par les administrateurs de ces établissements, après y avoir été dûment autorisés.

Art. 938. La donation dûment acceptée sera parfaite par le seul consentement des parties ; et la propriété des objets donnés sera transférée au donataire, sans qu'il soit besoin d'autre tradition.

Art. 939. Lorsqu'il y aura donation de biens susceptibles d'hypothèques, la publication des actes contenant la donation et l'acceptation, ainsi que la notification de l'acceptation, qui aurait eu lieu par acte séparé, devra être faite aux bureaux des hypothèques dans l'arrondissement desquels les biens sont situés.

Art. 940. Lorsque la donation sera faite à des mineurs, à des majeurs en tutelle, ou à des établissements publics, la publication sera faite à la diligence des tuteurs, curateurs ou administrateurs.

Art. 941. Le défaut de publication pourra être opposé par toutes personnes ayant intérêt, excepté toutefois celles qui sont chargées de faire faire la publication, ou leurs ayants cause, et le donateur.

Art. 942. Les mineurs, les majeurs en tutelle, ne seront point restitués contre le défaut d'acceptation ou de publication des donations ; sauf leur recours contre leurs tuteurs, s'il y échet, et sans que la restitution puisse avoir lieu, dans le cas même où lesdits tuteurs se trouveraient insolvables.

Art. 943. La donation entre vifs ne pourra comprendre que les biens présents du donateur ; si elle comprend des biens à venir, elle sera nulle à cet égard.

Art. 944. Toute donation entre vifs faite sous des conditions dont l'exécution dépend de la seule volonté du donateur, sera nulle.

Art. 945. Elle sera pareillement nulle si elle a été faite sous la condition d'acquitter d'autres dettes ou charges que celles qui existaient à l'époque de la donation, ou qui seraient exprimées, soit dans l'acte de donation, soit dans l'état qui devrait y être annexé.

Art. 946. En cas que le donateur se soit réservé la liberté de disposer d'un effet compris dans la donation, ou d'une somme fixe sur les biens donnés, s'il meurt sans en avoir disposé, ledit effet ou ladite somme appartiendra aux héritiers du donateur, nonobstant toutes clauses et stipulations à ce contraires.

Art. 947. Les quatre articles précédents ne s'appliquent point aux donations dont est mention aux chapitres VIII et IX du présent titre.

Art. 948. Tout acte de donation d'effets mobiliers ne sera valable que pour les effets dont un état estimatif, signé du donateur et du donataire, ou de ceux qui acceptent pour lui, aura été annexé à la minute de la donation.

Art. 949. Il est permis au donateur de faire la réserve à son profit ou de disposer au profit d'un autre, de la jouissance ou de l'usufruit des biens meubles ou immeubles donnés.

Art. 950. Lorsque la donation d'effets mobiliers aura été faite avec réserve d'usufruit, le donataire sera tenu, à l'expiration de l'usufruit, de prendre les effets donnés qui se trouveront en nature, dans l'état où ils seront ; et il aura action contre le donateur ou ses héritiers pour raison des objets non existants, jusqu'à concurrence de la valeur qui leur aura été donnée dans l'état estimatif.

Art. 951. Le donateur pourra stipuler le droit de retour des objets donnés, soit pour le cas du prédécès du donataire seul, soit pour le cas du prédécès du donataire et de ses descendants.

Ce droit ne pourra être stipulé qu'au profit du donateur seul.

Art. 952. *(L. n° 2006-728 du 23.6.2006)* L'effet du droit de retour est de résoudre toutes les aliénations des biens et des droits donnés, et de faire revenir ces biens et droits au donateur, libres de toutes charges et hypothèques, exceptée l'hypothèque légale des époux si les autres biens de l'époux donataire ne suffisent pas à l'accomplissement de ce retour et que la donation lui a été faite par le contrat de mariage dont résultent ces charges et hypothèques.

SECTION II

Des exceptions à la règle de l'irrévocabilité des donations entre vifs

Art. 953. La donation entre vifs ne pourra être révoquée que pour cause d'inexécution des conditions sous lesquelles elle aura été faite, pour cause d'ingratitude, et pour cause de survenance d'enfants.

Art. 954. Dans le cas de la révocation pour cause d'inexécution des conditions, les biens rentreront dans les mains du donateur, libres de toutes charges et hypothèques du chef du donataire ; et le donateur aura, contre les tiers détenteurs des immeubles donnés, tous les droits qu'il aurait contre le donataire lui-même.

Art. 955. La donation entre vifs ne pourra être révoquée pour cause d'ingratitude que dans les cas suivants :

1° Si le donataire a attenté à la vie du donateur ;

2° S'il s'est rendu coupable envers lui de sévices, délits ou injures graves ;

3° S'il lui refuse des aliments.

Art. 956. La révocation pour cause d'in-exécution des conditions, ou pour cause d'ingratitude, n'aura jamais lieu de plein droit.

Art. 957. La demande en révocation pour cause d'ingratitude devra être formée dans l'année, à compter du jour du délit imputé par le donateur au donataire, ou du jour que le délit aura pu être connu par le donateur.

Cette révocation ne pourra être demandée par le donateur contre les héritiers du donataire, ni par les héritiers du donateur contre le donataire, à moins que, dans ce dernier cas, l'action n'ait été intentée par le donateur, ou qu'il ne soit décédé dans l'année du délit.

Art. 958. La révocation pour cause d'ingratitude ne préjudiciera ni aux aliénations faites par le donataire, ni aux hypothèques et autres charges réelles qu'il aura pu imposer sur l'objet de la donation, pourvu que le tout soit antérieur à la publication, au bureau des hypothèques de la situation des biens, de la demande en révocation.

Dans le cas de révocation, le donataire sera condamné à restituer la valeur des objets aliénés, eu égard au temps de la demande, et les fruits, à compter du jour de cette demande.

Art. 959. Les donations en faveur de mariage ne seront pas révocables pour cause d'ingratitude.

Art. 960. *(L. n° 2006-728 du 23.6.2006)* Toutes donations entre vifs faites par personnes qui n'avaient point d'enfants ou de descendants actuellement vivants dans le temps de la donation, de quelque valeur que ces donations puissent être, et à quelque titre qu'elles aient été faites, et encore qu'elles fussent mutuelles ou rémunératoires, même celles qui auraient été faites en faveur de mariage par autres que par les conjoints l'un à l'autre, peuvent être révoquées si l'acte de donation le prévoit, par la survenance d'un enfant issu du donateur, même après son décès, ou adopté par lui dans les formes et conditions prévues au chapitre Ier du titre VIII du livre Ier.

Art. 961. Cette révocation peut avoir lieu, encore que l'enfant du donateur ou de la donatrice fût conçu au temps de la donation.

Art. 962. *(L. n° 2006-728 du 23.6.2006)* La donation peut pareillement être révoquée, même si le donataire est entré en possession des biens donnés et qu'il y a été laissé par le donateur depuis la survenance de l'enfant. Toutefois, le donataire n'est pas tenu de restituer les fruits qu'il a perçus, de quelque nature qu'ils soient, si ce n'est du jour auquel la naissance de l'enfant ou son adoption en la forme plénière lui a été notifiée par exploit ou autre acte en bonne forme, même si la demande pour rentrer dans les biens donnés a été formée après cette notification.

Art. 963. *(L. n° 2006-728 du 23.6.2006)* Les biens et droits compris dans la donation révoquée rentrent dans le patrimoine du donateur, libres de toutes charges et hypothèques du chef du donataire, sans qu'ils puissent demeurer affectés, même subsidiairement, à l'hypothèque légale des époux ; il en est ainsi même si la donation a été faite en faveur du mariage du donataire et insérée dans le contrat de mariage.

Art. 964. *(L. n° 2006-728 du 23.6.2006)* La mort de l'enfant du donateur est sans effet sur la révocation des donations prévue à l'article 960.

Art. 965. *(L. n° 2006-728 du 23.6.2006)* Le donateur peut, à tout moment, renoncer à exercer la révocation pour survenance d'enfant.

Art. 966. *(L. n° 2006-728 du 23.6.2006)* L'action en révocation se prescrit par cinq ans à compter de la naissance ou de l'adoption du dernier enfant. Elle ne peut être exercée que par le donateur.

CHAPITRE V
Des dispositions testamentaires

SECTION I
Des règles générales sur la forme des testaments

Art. 967. Toute personne pourra disposer par testament, soit sous le titre d'institution d'héritier, soit sous le titre de legs, soit sous toute autre dénomination propre à manifester sa volonté.

Art. 968. Un testament ne pourra être fait dans le même acte par deux ou plusieurs personnes, soit au profit d'un tiers, soit à titre de disposition réciproque ou mutuelle.

Art. 969. Un testament pourra être olographe, ou fait par acte public ou dans la forme mystique.

Art. 970. Le testament olographe ne sera point valable, s'il n'est écrit en entier, daté et signé de la main du testateur : il n'est assujetti à aucune autre forme.

Art. 971. Le testament par acte public est reçu par deux notaires ou par un notaire assisté de deux témoins.

Art. 972. Si le testament est reçu par deux notaires, il leur est dicté par le testateur ; l'un de ces notaires l'écrit lui-même ou le fait écrire à la main ou mécaniquement.
S'il n'y a qu'un notaire, il doit également être dicté par le testateur ; le notaire l'écrit lui-même ou le fait écrire à la main ou mécaniquement.
Dans l'un et l'autre cas, il doit en être donné lecture au testateur.
Il est fait du tout mention expresse.

Art. 973. Ce testament doit être signé par le testateur en présence des témoins et du notaire ; si le testateur déclare qu'il ne sait ou ne peut signer, il sera fait dans l'acte mention expresse de sa déclaration, ainsi que de la cause qui l'empêche de signer.

Art. 974. Le testament devra être signé par les témoins et par le notaire.

Art. 975. Ne pourront être pris pour témoins du testament par acte public, ni les légataires, à quelque titre qu'ils soient, ni leurs parents ou alliés jusqu'au quatrième degré inclusivement, ni les clercs des notaires par lesquels les actes seront reçus.

Art. 976. Lorsque le testateur voudra faire un testament mystique, le papier qui contiendra les dispositions ou le papier qui servira d'enveloppe, s'il y en a une, sera clos, cacheté et scellé.
Le testateur le présentera ainsi clos, cacheté et scellé au notaire et à deux témoins, ou il le fera clore, cacheter et sceller en leur présence, et il déclarera que le contenu de ce papier est son testament, signé de lui, et écrit par lui ou par un autre, en affirmant, dans ce dernier cas, qu'il en a personnellement vérifié le libellé ; il indiquera, dans tous les cas, le mode d'écriture employé (à la main ou mécanique).
Le notaire en dressera, en brevet, l'acte de suscription qu'il écrira ou fera écrire à la main

ou mécaniquement sur ce papier ou sur la feuille qui servira d'enveloppe et portera la date et l'indication du lieu où il a été passé, la description du pli et de l'empreinte du sceau, et mention de toutes les formalités ci-dessus ; cet acte sera signé tant par le testateur que par le notaire et les témoins.

Tout ce que dessus sera fait de suite et sans divertir à autres actes.

En cas que le testateur, par un empêchement survenu depuis la signature du testament ne puisse signer l'acte de suscription, il sera fait mention de la déclaration qu'il en aura faite et du motif qu'il en aura donné.

Art. 977. Si le testateur ne sait signer ou s'il n'a pu le faire lorsqu'il a fait écrire ses dispositions, il sera procédé comme il est dit à l'article précédent ; il sera fait, en outre, mention à l'acte de suscription que le testateur a déclaré ne savoir signer ou n'avoir pu le faire lorsqu'il a fait écrire ses dispositions.

Art. 978. Ceux qui ne savent ou ne peuvent lire, ne pourront faire de dispositions dans la forme du testament mystique.

Art. 979. En cas que le testateur ne puisse parler, mais qu'il puisse écrire, il pourra faire un testament mystique, à la charge expresse que le testament sera signé de lui et écrit par lui ou par un autre, qu'il le présentera au notaire et aux témoins, et qu'en haut de l'acte de suscription il écrira, en leur présence, que le papier qu'il présente est son testament et signera. Il sera fait mention dans l'acte de suscription que le testateur a écrit et signé ces mots en présence du notaire et des témoins et sera au surplus, observé tout ce qui est prescrit par l'article 976 et n'est pas contraire au présent article.

Dans tous les cas prévus au présent article ou aux articles précédents, le testament mystique dans lequel n'auront point été observées les formalités légales, et qui sera nul comme tel, vaudra cependant comme testament olographe, si toutes les conditions requises pour sa validité comme testament olographe sont remplies, même s'il a été qualifié de testament mystique.

Art. 980. Les témoins appelés pour être présents aux testaments devront [*(L. n° 2006-728 du 23.6.2006)* comprendre la langue française et être] majeurs, savoir signer et avoir la jouissance de leurs droits civils. Ils pourront être de l'un ou de l'autre sexe, mais le mari et la femme ne pourront être témoins dans le même acte.

SECTION II

Des règles particulières sur la forme de certains testaments

Art. 981. Les testaments des militaires, des marins de l'État et des personnes employées à la suite des armées pourront être reçus dans les cas et conditions prévus à l'article 93, soit par un officier supérieur ou médecin militaire d'un grade correspondant, en présence de deux témoins ; soit par deux fonctionnaires de l'intendance ou officiers du commissariat ; soit par un de ces fonctionnaires ou officiers en présence de deux témoins ; soit enfin, dans un détachement isolé, par l'officier commandant ce détachement, assisté de deux témoins, s'il n'existe pas dans le détachement d'officier supérieur ou médecin militaire d'un grade correspondant, de fonctionnaire de l'intendance ou d'officier du commissariat.

Le testament de l'officier commandant un détachement isolé pourra être reçu par l'officier qui vient après lui dans l'ordre du service.

La faculté de tester dans les conditions prévues au présent article s'étendra aux prisonniers chez l'ennemi.

Art. 982. Les testaments mentionnés à l'article précédent pourront encore, si le testateur est malade ou blessé, être reçus, dans les hôpitaux ou les formations sanitaires militaires, telles que les définissent les règlements de l'armée, par le médecin chef, quel que soit son grade, assisté de l'officier d'administration gestionnaire.

À défaut de cet officier d'administration, la présence de deux témoins sera nécessaire.

Art. 983. *(L. n° 2006-728 du 23.6.2006)* Dans tous les cas, il est fait un double original des testaments mentionnés aux articles 981 et 982.

Si cette formalité n'a pu être accomplie en raison de l'état de santé du testateur, il est dressé une expédition du testament, signée par les témoins et par les officiers instrumentaires, pour tenir lieu du second original. Il y est fait mention des causes qui ont empêché de dresser le second original.

Dès que leur communication est possible, et dans le plus bref délai, les deux originaux, ou l'original et l'expédition du testament, sont adressés par courriers distincts, sous pli clos et cacheté, au ministre chargé de la défense nationale ou de la mer, pour être déposés chez le notaire indiqué par le testateur ou, à défaut d'indication, chez le président de la chambre des notaires de l'arrondissement du dernier domicile du testateur.

Art. 984. Le testament fait dans la forme ci-dessus établie sera nul six mois après que le testateur sera venu dans un lieu où il aura la liberté d'employer les formes ordinaires, à moins que, avant l'expiration de ce délai, il n'ait été de nouveau placé dans une des situations spéciales prévues à l'article 93. Le testament sera alors valable pendant la durée de cette situation spéciale et pendant un nouveau délai de six mois après son expiration.

Art. 985. *(L. n° 2006-728 du 23.6.2006)* Les testaments faits dans un lieu avec lequel toute communication est impossible à cause d'une maladie contagieuse peuvent être faits par toute personne atteinte de cette maladie ou située dans des lieux qui en sont infectés, devant le juge d'instance ou devant l'un des officiers municipaux de la commune, en présence de deux témoins.

Art. 986. *(L. n° 2006-728 du 23.6.2006)* Les testaments faits dans une île du territoire métropolitain ou d'un département d'outre-mer, où il n'existe pas d'office notarial, peuvent, lorsque toute communication avec le territoire auquel cette île est rattachée est impossible, être reçus dans les formes prévues à l'article 985. L'impossibilité des communications est attestée dans l'acte par le juge d'instance ou l'officier municipal qui reçoit le testament.

Art. 987. Les testaments mentionnés aux deux précédents articles deviendront nuls six mois après que les communications auront été rétablies dans le lieu où le testateur se trouve, ou six mois après qu'il aura passé dans un lieu où elles ne seront point interrompues.

Art. 988. Au cours d'un voyage maritime, soit en route, soit pendant un arrêt dans un port, lorsqu'il y aura impossibilité de communiquer avec la terre ou lorsqu'il n'existera pas dans le port, si l'on est à l'étranger, d'agent diplomatique ou consulaire français investi des fonctions de notaire, les testaments des personnes présentes à bord seront reçus, en présence de deux témoins : sur les bâtiments de l'État, par l'officier d'administration ou, à son défaut, par le commandant ou celui qui en remplit les fonctions, et sur les autres bâtiments, par le capitaine, maître ou patron, assisté du second du navire, ou, à leur défaut, par ceux qui les remplacent.

L'acte indiquera celle des circonstances ci-dessus prévues dans laquelle il aura été reçu.

Art. 989. Sur les bâtiments de l'État, le testament de l'officier d'administration sera, dans les circonstances prévues à l'article précédent, reçu par le commandant ou par celui qui en remplit les fonctions, et, s'il n'y a pas d'officier d'administration, le testament du commandant sera reçu par celui qui vient après lui dans l'ordre du service.

Sur les autres bâtiments, le testament du capitaine, maître ou patron, ou celui du second, seront, dans les mêmes circonstances, reçus par les personnes qui viennent après eux dans l'ordre du service.

Art. 990. Dans tous les cas, il sera fait un double original des testaments mentionnés aux deux articles précédents.

Si cette formalité n'a pu être remplie à raison de l'état de santé du testateur, il sera dressé une expédition du testament pour tenir lieu du second original ; cette expédition sera signée par les témoins et par les officiers instrumentaires. Il y sera fait mention des causes qui ont empêché de dresser le second original.

Art. 991. *(L. n° 2006-728 du 23.6.2006)* Au premier arrêt dans un port étranger où se trouve un agent diplomatique ou consulaire français, l'un des originaux ou l'expédition du testament est remis, sous pli clos et cacheté, à celui-ci. Cet agent adresse ce pli au ministre chargé de la mer, afin que le dépôt prévu à l'article 983 soit effectué.

Art. 992. *(L. n° 2006-728 du 23.6.2006)* À l'arrivée du bâtiment dans un port du territoire national, les deux originaux du testament, ou l'original et son expédition, ou l'original qui reste, en cas de transmission ou de remise effectuée pendant le cours du voyage, sont déposés, sous pli clos et cacheté, pour les bâtiments de l'État au ministre chargé de la défense nationale et, pour les autres bâtiments, au ministre chargé de la mer. Chacune de ces pièces est adressée, séparément et par courriers différents, au ministre chargé de la mer, qui les transmet conformément à l'article 983.

Art. 993. *(L. n° 2006-728 du 23.6.2006)* Le rôle du bâtiment mentionne, en regard du nom du testateur, la remise des originaux ou l'expédition du testament faite, selon le cas, au consulat, au ministre chargé de la défense nationale ou au ministre chargé de la mer.

Art. 994. Le testament fait au cours d'un voyage maritime, en la forme prescrite par les articles 988 et suivants, ne sera valable qu'autant que le testateur mourra à bord ou dans les six mois après qu'il sera débarqué dans un lieu où il aura pu le refaire dans les formes ordinaires.
Toutefois, si le testateur entreprend un nouveau voyage maritime avant l'expiration de ce délai, le testament sera valable pendant la durée de ce voyage et pendant un nouveau délai de six mois après que le testateur sera de nouveau débarqué.

Art. 995. Les dispositions insérées dans un testament fait, au cours d'un voyage maritime, au profit des officiers du bâtiment autres que ceux qui seraient parents ou alliés du testateur, seront nulles et non avenues.
Il en sera ainsi, que le testament soit fait en la forme olographe ou qu'il soit reçu conformément aux articles 988 et suivants.

Art. 996. Il sera donné lecture au testateur en présence des témoins, des dispositions de l'article 984, 987, ou 994, suivant le cas, et mention de cette lecture sera faite dans le testament.

Art. 997. Les testaments compris dans les articles ci-dessus de la présente section seront signés par le testateur, par ceux qui les auront reçus et par les témoins.

Art. 998. Si le testateur déclare qu'il ne peut ou ne sait signer, il sera fait mention de sa déclaration, ainsi que de la cause qui l'empêche de signer.
Dans le cas où la présence de deux témoins est requise, le testament sera signé au moins par l'un d'eux, et il sera fait mention de la cause pour laquelle l'autre n'aura pas signé.

Art. 999. Un Français qui se trouvera en pays étranger pourra faire ses dispositions testamentaires par acte sous signature privée, ainsi qu'il est prescrit en l'article 970, ou par acte authentique, avec les formes usitées dans le lieu où cet acte sera passé.

Art. 1000. Les testaments faits en pays étranger ne pourront être exécutés sur les biens situés en France, qu'après avoir été enregistrés au bureau du domicile du testateur, s'il en a conservé un, sinon au bureau de son dernier domicile connu en France ; et, dans le cas où le testament contiendrait des dispositions d'immeubles qui y seraient situés, il devra être, en outre, enregistré au bureau de la situation de ces immeubles, sans qu'il puisse être exigé un double droit.

Art. 1001. Les formalités auxquelles les divers testaments sont assujettis par les dispositions de la présente section et de la précédente doivent être observées à peine de nullité.

SECTION III
Des institutions d'héritiers et des legs en général

Art. 1002. Les dispositions testamentaires sont ou universelles, ou à titre universel, ou à titre particulier.
Chacune de ces dispositions, soit qu'elle ait été faite sous la dénomination d'institution d'héritier, soit qu'elle ait été faite sous la dénomination de legs, produira son effet suivant les règles ci-après établies pour les legs universels, pour les legs à titre universel, et pour les legs particuliers.

Art. 1002-1. *(L. n° 2006-728 du 23.6.2006)* Sauf volonté contraire du disposant, lorsque la succession a été acceptée par au moins un héritier désigné par la loi, le légataire peut cantonner son émolument sur une partie des biens dont il a été disposé en sa faveur. Ce cantonnement ne constitue pas une libéralité faite par le légataire aux autres successibles.

SECTION IV

Du legs universel

Art. 1003. Le legs universel est la disposition testamentaire par laquelle le testateur donne à une ou plusieurs personnes l'universalité des biens qu'il laissera à son décès.

Art. 1004. Lorsqu'au décès du testateur il y a des héritiers auxquels une quotité de ses biens est réservée par la loi, ces héritiers sont saisis de plein droit, par sa mort, de tous les biens de la succession ; et le légataire universel est tenu de leur demander la délivrance des biens compris dans le testament.

Art. 1005. Néanmoins, dans les mêmes cas, le légataire universel aura la jouissance des biens compris dans le testament, à compter du jour du décès, si la demande en délivrance a été faite dans l'année, depuis cette époque ; sinon, cette jouissance ne commencera que du jour de la demande formée en justice, ou du jour que la délivrance aurait été volontairement consentie.

Art. 1006. Lorsqu'au décès du testateur, il n'y aura pas d'héritiers auxquels une quotité de ses biens soit réservée par la loi, le légataire universel sera saisi de plein droit par la mort du testateur, sans être tenu de demander la délivrance.

Art. 1007. Tout testament olographe ou mystique sera, avant d'être mis à exécution, déposé entre les mains d'un notaire. Le testament sera ouvert, s'il est cacheté. Le notaire dressera sur-le-champ procès-verbal de l'ouverture et de l'état du testament, en précisant les circonstances du dépôt. Le testament ainsi que le procès-verbal seront conservés au rang des minutes du dépositaire.
Dans le mois qui suivra la date du procès-verbal, le notaire adressera une expédition de celui-ci et une copie figurée du testament au greffier du tribunal de grande instance du lieu d'ouverture de la succession, qui lui accusera réception de ces documents et les conservera au rang de ses minutes.

Art. 1008. Dans le cas de l'article 1006, si le testament est olographe ou mystique, le légataire universel sera tenu de se faire envoyer en possession, par une ordonnance du président, mise au bas d'une requête, à laquelle sera joint l'acte de dépôt.

Art. 1009. Le légataire universel qui sera en concours avec un héritier auquel la loi réserve une quotité des biens, sera tenu des dettes et charges de la succession du testateur, personnellement pour sa part et portion et hypothécairement pour le tout ; et il sera tenu d'acquitter tous les legs, sauf le cas de réduction, ainsi qu'il est expliqué aux articles 926 et 927.

SECTION V

Du legs à titre universel

Art. 1010. Le legs à titre universel est celui par lequel le testateur lègue une quote-part des biens dont la loi lui permet de disposer, telle qu'une moitié, un tiers, ou tous ses immeubles, ou tout son mobilier, ou une quotité fixe de tous ses immeubles ou de tout son mobilier.
Tout autre legs ne forme qu'une disposition à titre particulier.

Art. 1011. Les légataires à titre universel seront tenus de demander la délivrance aux héritiers auxquels une quotité des biens est réservée par la loi ; à leur défaut, aux légataires universels, et, à défaut de ceux-ci, aux héritiers appelés dans l'ordre établi au titre Des successions.

Art. 1012. Le légataire à titre universel sera tenu, comme le légataire universel, des dettes et charges de la succession du testateur, personnellement pour sa part et portion, et hypothécairement pour le tout.

Art. 1013. Lorsque le testateur n'aura disposé que d'une quotité de la portion disponible, et qu'il l'aura fait à titre universel, ce légataire sera tenu d'acquitter les legs particuliers par contribution avec les héritiers naturels.

SECTION VI

Des legs particuliers

Art. 1014. Tout legs pur et simple donnera au légataire, du jour du décès du testateur, un droit à la chose léguée, droit transmissible à ses héritiers ou ayants cause.

Néanmoins, le légataire particulier ne pourra se mettre en possession de la chose léguée, ni en prétendre les fruits ou intérêts, qu'à compter du jour de sa demande en délivrance, formée suivant l'ordre établi par l'article 1011, ou du jour auquel cette délivrance lui aurait été volontairement consentie.

Art. 1015. Les intérêts ou fruits de la chose léguée courront au profit du légataire, dès le jour du décès, et sans qu'il ait formé sa demande en justice :

1° Lorsque le testateur aura expressément déclaré sa volonté, à cet égard, dans le testament ;

2° Lorsqu'une rente viagère ou une pension aura été léguée à titre d'aliments.

Art. 1016. Les frais de la demande en délivrance seront à la charge de la succession, sans néanmoins qu'il puisse en résulter de réduction de la réserve légale.

Les droits d'enregistrement seront dus par le légataire.

Le tout, s'il n'en a été autrement ordonné par le testament.

Chaque legs pourra être enregistré séparément, sans que cet enregistrement puisse profiter à aucun autre qu'au légataire ou à ses ayants cause.

Art. 1017. Les héritiers du testateur, ou autres débiteurs d'un legs, seront personnellement tenus de l'acquitter, chacun au prorata de la part et portion dont ils profiteront dans la succession.

Ils en seront tenus hypothécairement pour le tout, jusqu'à concurrence de la valeur des immeubles de la succession dont ils seront détenteurs.

Art. 1018. La chose léguée sera délivrée avec les accessoires nécessaires, et dans l'état où elle se trouvera au jour du décès du donateur.

Art. 1019. Lorsque celui qui a légué la propriété d'un immeuble, l'a ensuite augmentée par des acquisitions, ces acquisitions, fussent-elles contiguës, ne seront pas censées, sans une nouvelle disposition, faire partie du legs.

Il en sera autrement des embellissements, ou des constructions nouvelles faites sur le fonds légué, ou d'un enclos dont le testateur aurait augmenté l'enceinte.

Art. 1020. Si, avant le testament ou depuis, la chose léguée a été hypothéquée pour une dette de la succession, ou même pour la dette d'un tiers, ou si elle est grevée d'un usufruit, celui qui doit acquitter le legs n'est point tenu de la dégager, à moins qu'il n'ait été chargé de le faire par une disposition expresse du testateur.

Art. 1021. Lorsque le testateur aura légué la chose d'autrui, le legs sera nul, soit que le testateur ait connu ou non qu'elle ne lui appartenait pas.

Art. 1022. Lorsque le legs sera d'une chose indéterminée, l'héritier ne sera pas obligé de la donner de la meilleure qualité, et il ne pourra l'offrir de la plus mauvaise.

Art. 1023. Le legs fait au créancier ne sera pas censé en compensation de sa créance, ni le legs fait au domestique en compensation de ses gages.

Art. 1024. Le légataire à titre particulier ne sera point tenu des dettes de la succession, sauf la réduction du legs ainsi qu'il est dit ci-dessus, et sauf l'action hypothécaire des créanciers.

SECTION VII

Des exécuteurs testamentaires (L. n° 2006-728 du 23.6.2006)

Art. 1025. *(L. n° 2006-728 du 23.6.2006)* Le testateur peut nommer un ou plusieurs exécuteurs testamentaires jouissant de la pleine capacité civile pour veiller ou procéder à l'exécution de ses volontés.

L'exécuteur testamentaire qui a accepté sa mission est tenu de l'accomplir.

Les pouvoirs de l'exécuteur testamentaire ne sont pas transmissibles à cause de mort.

Art. 1026. *(L. n° 2006-728 du 23.6.2006)* L'exécuteur testamentaire peut être relevé de sa mission pour motifs graves par le tribunal.

Art. 1027. *(L. n° 2006-728 du 23.6.2006)* S'il y a plusieurs exécuteurs testamentaires acceptant, l'un d'eux peut agir à défaut des autres, à moins que le testateur en ait disposé autrement ou qu'il ait divisé leur fonction.

Art. 1028. *(L. n° 2006-728 du 23.6.2006)* L'exécuteur testamentaire est mis en cause en cas de contestation sur la validité ou l'exécution d'un testament ou d'un legs.
Dans tous les cas, il intervient pour soutenir la validité ou exiger l'exécution des dispositions litigieuses.

Art. 1029. *(L. n° 2006-728 du 23.6.2006)* L'exécuteur testamentaire prend les mesures conservatoires utiles à la bonne exécution du testament.
Il peut faire procéder, dans les formes prévues à l'article 789, à l'inventaire de la succession en présence ou non des héritiers, après les avoir dûment appelés.
Il peut provoquer la vente du mobilier à défaut de liquidités suffisantes pour acquitter les dettes urgentes de la succession.

Art. 1030. *(L. n° 2006-728 du 23.6.2006)* Le testateur peut habiliter l'exécuteur testamentaire à prendre possession en tout ou partie du mobilier de la succession et à le vendre s'il est nécessaire pour acquitter les legs particuliers dans la limite de la quotité disponible.

Art. 1030-1. *(L. n° 2006-728 du 23.6.2006)* En l'absence d'héritier réservataire acceptant, le testateur peut habiliter l'exécuteur testamentaire à disposer en tout ou partie des immeubles de la succession, recevoir et placer les capitaux, payer les dettes et les charges et procéder à l'attribution ou au partage des biens subsistants entre les héritiers et les légataires.
À peine d'inopposabilité, la vente d'un immeuble de la succession ne peut intervenir qu'après information des héritiers par l'exécuteur testamentaire.

Art. 1030-2. *(L. n° 2006-728 du 23.6.2006)* Lorsque le testament a revêtu la forme authentique, l'envoi en possession prévu à l'article 1008 n'est pas requis pour l'exécution des pouvoirs mentionnés aux articles 1030 et 1030-1.

Art. 1031. *(L. n° 2006-728 du 23.6.2006)* Les habilitations mentionnées aux articles 1030 et 1030-1 sont données par le testateur pour une durée qui ne peut excéder deux années à compter de l'ouverture du testament. Une prorogation d'une année au plus peut être accordée par le juge.

Art. 1032. *(L. n° 2006-728 du 23.6.2006)* La mission de l'exécuteur testamentaire prend fin au plus tard deux ans après l'ouverture du testament sauf prorogation par le juge.

Art. 1033. *(L. n° 2006-728 du 23.6.2006)* L'exécuteur testamentaire rend compte dans les six mois suivant la fin de sa mission.
Si l'exécution testamentaire prend fin par le décès de l'exécuteur, l'obligation de rendre des comptes incombe à ses héritiers.
Il assume la responsabilité d'un mandataire à titre gratuit.

Art. 1033-1. *(L. n° 2006-728 du 23.6.2006)* La mission d'exécuteur testamentaire est gratuite, sauf libéralité faite à titre particulier eu égard aux facultés du disposant et aux services rendus.

Art. 1034. *(L. n° 2006-728 du 23.6.2006)* Les frais supportés par l'exécuteur testamentaire dans l'exercice de sa mission sont à la charge de la succession.

SECTION VIII

De la révocation des testaments, et de leur caducité

Art. 1035. Les testaments ne pourront être révoqués, en tout ou en partie, que par un testament postérieur, ou par un acte devant notaires portant déclaration du changement de volonté.

Art. 1036. Les testaments postérieurs qui ne révoqueront pas d'une manière expresse les précédents, n'annuleront, dans ceux-ci, que celles des dispositions y contenues qui se trouveront incompatibles avec les nouvelles, ou qui seront contraires.

Art. 1037. La révocation faite dans un testament postérieur aura tout son effet, quoique ce nouvel acte reste sans exécution par l'incapacité de l'héritier institué ou du légataire, ou par leur refus de recueillir.

Art. 1038. Toute aliénation, celle même par vente avec faculté de rachat ou par échange, que fera le testateur de tout ou de partie de la chose léguée, emportera la révocation du legs pour tout ce qui a été aliéné, encore que l'aliénation postérieure soit nulle, et que l'objet soit rentré dans la main du testateur.

Art. 1039. Toute disposition testamentaire sera caduque, si celui en faveur de qui elle est faite n'a pas survécu au testateur.

Art. 1040. Toute disposition testamentaire faite sous une condition dépendante d'un événement incertain, et telle que, dans l'intention du testateur, cette disposition ne doive être exécutée qu'autant que l'événement arrivera ou n'arrivera pas, sera caduque, si l'héritier institué ou le légataire décède avant l'accomplissement de la condition.

Art. 1041. La condition qui, dans l'intention du testateur, ne fait que suspendre l'exécution de la disposition, n'empêchera pas l'héritier institué, ou le légataire, d'avoir un droit acquis et transmissible à ses héritiers.

Art. 1042. Le legs sera caduc, si la chose léguée a totalement péri pendant la vie du testateur.
Il en sera de même, si elle a péri depuis sa mort, sans le fait et la faute de l'héritier, quoique celui-ci ait été mis en retard de la délivrer, lorsqu'elle eût également dû périr entre les mains du légataire.

Art. 1043. La disposition testamentaire sera caduque, lorsque l'héritier institué ou le légataire la répudiera, ou se trouvera incapable de la recueillir.

Art. 1044. Il y aura lieu à accroissement au profit des légataires, dans le cas où le legs sera fait à plusieurs conjointement.
Le legs sera réputé fait conjointement, lorsqu'il le sera par une seule et même disposition, et que le testateur n'aura pas assigné la part de chacun des colégataires dans la chose léguée.

Art. 1045. Il sera encore réputé fait conjointement quand une chose qui n'est pas susceptible d'être divisée sans détérioration, aura été donnée par le même acte à plusieurs personnes, même séparément.

Art. 1046. Les mêmes causes qui, suivant l'article 954 et les deux premières dispositions de l'article 955, autoriseront la demande en révocation de la donation entre vifs, seront admises pour la demande en révocation des dispositions testamentaires.

Art. 1047. Si cette demande est fondée sur une injure grave faite à la mémoire du testateur, elle doit être intentée dans l'année, à compter du jour du délit.

CHAPITRE VI
Des libéralités graduelles et résiduelles (L. n° 2006-728 du 23.6.2006)

SECTION I
Des libéralités graduelles

Art. 1048. *(L. n° 2006-728 du 23.6.2006)* Une libéralité peut être grevée d'une charge comportant l'obligation pour le donataire ou le légataire de conserver les biens ou droits qui en sont l'objet et de les transmettre, à son décès, à un second gratifié, désigné dans l'acte.

Art. 1049. *(L. n° 2006-728 du 23.6.2006)* La libéralité ainsi consentie ne peut produire son effet que sur des biens ou des droits identifiables à la date de la transmission et subsistant en nature au décès du grevé.
Lorsqu'elle porte sur des valeurs mobilières, la libéralité produit également son effet, en cas d'aliénation, sur les valeurs mobilières qui y ont été subrogées.
Lorsqu'elle concerne un immeuble, la charge grevant la libéralité est soumise à publicité.

Art. 1050. *(L. n° 2006-728 du 23.6.2006)* Les droits du second gratifié s'ouvrent à la mort du grevé.
Toutefois, le grevé peut abandonner, au profit du second gratifié, la jouissance du bien ou du droit objet de la libéralité.
Cet abandon anticipé ne peut préjudicier aux créanciers du grevé antérieurs à l'abandon, ni aux tiers ayant acquis, de ce dernier, un droit sur le bien ou le droit abandonné.

Art. 1051. *(L. n° 2006-728 du 23.6.2006)* Le second gratifié est réputé tenir ses droits de l'auteur de la libéralité. Il en va de même de ses héritiers lorsque ceux-ci recueillent la libéralité dans les conditions prévues à l'article 1056.

TEXTES DE LOI

Art. 1052. *(L. n° 2006-728 du 23.6.2006)* Il appartient au disposant de prescrire des garanties et des sûretés pour la bonne exécution de la charge.

Art. 1053. *(L. n° 2006-728 du 23.6.2006)* Le second gratifié ne peut être soumis à l'obligation de conserver et de transmettre.

Si la charge a été stipulée au-delà du premier degré, elle demeure valable mais pour le premier degré seulement.

Art. 1054. *(L. n° 2006-728 du 23.6.2006)* Si le grevé est héritier réservataire du disposant, la charge ne peut être imposée que sur la quotité disponible.

Le donataire peut toutefois accepter, dans l'acte de donation ou postérieurement dans un acte établi dans les conditions prévues à l'article 930, que la charge grève tout ou partie de sa réserve.

Le légataire peut, dans un délai d'un an à compter du jour où il a eu connaissance du testament, demander que sa part de réserve soit, en tout ou partie, libérée de la charge. À défaut, il doit en assumer l'exécution.

La charge portant sur la part de réserve du grevé, avec son consentement, bénéficie de plein droit, dans cette mesure, à l'ensemble de ses enfants nés et à naître.

Art. 1055. *(L. n° 2006-728 du 23.6.2006)* L'auteur d'une donation graduelle peut la révoquer à l'égard du second gratifié tant que celui-ci n'a pas notifié, dans les formes requises en matière de donation, son acceptation au donateur.

Par dérogation à l'article 932, la donation graduelle peut être acceptée par le second gratifié après le décès du donateur.

Art. 1056. *(L. n° 2006-728 du 23.6.2006)* Lorsque le second gratifié prédécède au grevé ou renonce au bénéfice de la libéralité graduelle, les biens ou droits qui en faisaient l'objet dépendent de la succession du grevé, à moins que l'acte prévoit expressément que ses héritiers pourront la recueillir ou désigne un autre second gratifié.

SECTION II
Des libéralités résiduelles

Art. 1057. *(L. n° 2006-728 du 23.6.2006)* Il peut être prévu dans une libéralité qu'une personne sera appelée à recueillir ce qui subsistera du don ou legs fait à un premier gratifié à la mort de celui-ci.

Art. 1058. *(L. n° 2006-728 du 23.6.2006)* La libéralité résiduelle n'oblige pas le premier gratifié à conserver les biens reçus. Elle l'oblige à transmettre les biens subsistants.
Lorsque les biens, objets de la libéralité résiduelle, ont été aliénés par le premier gratifié, les droits du second bénéficiaire ne se reportent ni sur le produit de ces aliénations ni sur les nouveaux biens acquis.

Art. 1059. *(L. n° 2006-728 du 23.6.2006)* Le premier gratifié ne peut disposer par testament des biens donnés ou légués à titre résiduel.
La libéralité résiduelle peut interdire au premier gratifié de disposer des biens par donation entre vifs.
Toutefois, lorsqu'il est héritier réservataire, le premier gratifié conserve la possibilité de disposer entre vifs ou à cause de mort des biens qui ont été donnés en avancement de part successorale.

Art. 1060. *(L. n° 2006-728 du 23.6.2006)* Le premier gratifié n'est pas tenu de rendre compte de sa gestion au disposant ou à ses héritiers.

Art. 1061. *(L. n° 2006-728 du 23.6.2006)* Les dispositions prévues aux articles 1049, 1051, 1052, 1055 et 1056 sont applicables aux libéralités résiduelles.

Art. 1062 à 1074. Abrogés

CHAPITRE VII
Des libéralités-partages
(L. n° 2006-728 du 23.6.2006)

SECTION I
Dispositions générales

Art. 1075. *(L. n° 2006-728 du 23.6.2006)* Toute personne peut faire, entre ses héritiers présomptifs, la distribution et le partage de ses biens et de ses droits.

Cet acte peut se faire sous forme de donation-partage ou de testament-partage. Il est soumis aux formalités, conditions et règles prescrites pour les donations entre vifs dans le premier cas et pour les testaments dans le second.

Art. 1075-1. *(L. n° 2006-728 du 23.6.2006)* Toute personne peut également faire la distribution et le partage de ses biens et de ses droits entre des descendants de degrés différents, qu'ils soient ou non ses héritiers présomptifs.

Art. 1075-2. *(L. n° 2006-728 du 23.6.2006)* Si ses biens comprennent une entreprise individuelle à caractère industriel, commercial, artisanal, agricole ou libéral ou des droits sociaux d'une société exerçant une activité à caractère industriel, commercial, artisanal, agricole ou libéral et dans laquelle il exerce une fonction dirigeante, le disposant peut en faire, sous forme de donation-partage et dans les conditions prévues aux articles 1075 et 1075-1, la distribution et le partage entre le ou les donataires visés auxdits articles et une ou plusieurs autres personnes, sous réserve des conditions propres à chaque forme de société ou stipulées dans les statuts.
Cette libéralité est faite sous réserve que les biens corporels et incorporels affectés à l'exploitation de l'entreprise ou les droits sociaux entrent dans cette distribution et ce partage, et que cette distribution et ce partage aient pour effet de n'attribuer à ces autres personnes que la propriété ou la jouissance de tout ou partie de ces biens ou droits.

Art. 1075-3. *(L. n° 2006-728 du 23.6.2006)* L'action en complément de part pour cause de lésion ne peut être exercée contre les donations-partages et les testaments-partages.

Art. 1075-4. *(L. n° 2006-728 du 23.6.2006)* Les dispositions de l'article 828, premier alinéa, sont applicables aux soultes mises à la charge des donataires, nonobstant toute convention contraire.

Art. 1075-5. *(L. n° 2006-728 du 23.6.2006)* Si tous les biens ou droits que le disposant laisse au jour de son décès n'ont pas été compris dans le partage, ceux de ses biens ou droits qui n'y ont pas été compris sont attribués ou partagés conformément à la loi.

SECTION II

Des donations-partages

§ 1 – Des donations-partages faites aux héritiers présomptifs

Art. 1076. *(L. n° 2006-728 du 23.6.2006)* La donation-partage ne peut avoir pour objet que des biens présents.
La donation et le partage peuvent être faits par actes séparés pourvu que le disposant intervienne aux deux actes.

Art. 1076-1. *(L. n° 2006-728 du 23.6.2006)* En cas de donation-partage faite conjointement par deux époux, l'enfant non commun peut être alloti du chef de son auteur en biens propres de celui-ci ou en biens communs, sans que le conjoint puisse toutefois être codonateur des biens communs.

Art. 1077. *(L. n° 2006-728 du 23.6.2006)* Les biens reçus à titre de partage anticipé par un héritier réservataire présomptif s'imputent sur sa part de réserve, à moins qu'ils n'aient été donnés expressément hors part.

Art. 1077-1. *(L. n° 2006-728 du 23.6.2006)* L'héritier réservataire, qui n'a pas concouru à la donation-partage, ou qui a reçu un lot inférieur à sa part de réserve, peut exercer l'action en réduction, s'il n'existe pas à l'ouverture de la succession des biens non compris dans le partage et suffisants pour composer ou compléter sa réserve, compte tenu des libéralités dont il a pu bénéficier.

Art. 1077-2. *(L. n° 2006-728 du 23.6.2006)* Les donations-partages suivent les règles des donations entre vifs pour tout ce qui concerne l'imputation, le calcul de la réserve et la réduction.
L'action en réduction ne peut être introduite qu'après le décès du disposant qui a fait le partage. En cas de donation-partage faite conjointement par les deux époux, l'action en réduction ne peut être introduite qu'après le décès du survivant des disposants, sauf pour l'enfant non commun qui peut agir dès le décès de son auteur. L'action se prescrit par cinq ans à compter de ce décès.

L'héritier présomptif non encore conçu au moment de la donation-partage dispose d'une semblable action pour composer ou compléter sa part héréditaire.

Art. 1078. *(L. n° 2006-728 du 23.6.2006)* Nonobstant les règles applicables aux donations entre vifs, les biens donnés seront, sauf convention contraire, évalués au jour de la donation-partage pour l'imputation et le calcul de la réserve, à condition que tous les héritiers réservataires vivants ou représentés au décès de l'ascendant aient reçu un lot dans le partage anticipé et l'aient expressément accepté, et qu'il n'ait pas été prévu de réserve d'usufruit portant sur une somme d'argent.

Art. 1078-1. *(L. n° 2006-728 du 23.6.2006)* Le lot de certains gratifiés pourra être formé, en totalité ou en partie, des donations, soit rapportables, soit faites hors part, déjà reçues par eux du disposant, eu égard éventuellement aux emplois et remplois qu'ils auront pu faire dans l'intervalle.
La date d'évaluation applicable au partage anticipé sera également applicable aux donations antérieures qui lui auront été ainsi incorporées. Toute stipulation contraire sera réputée non écrite.

Art. 1078-2. *(L. n° 2006-728 du 23.6.2006)* Les parties peuvent aussi convenir qu'une donation antérieure faite hors part sera incorporée au partage et imputée sur la part de réserve du donataire à titre d'avancement de part successorale.

Art. 1078-3. *(L. n° 2006-728 du 23.6.2006)* Les conventions dont il est parlé aux deux articles précédents peuvent avoir lieu même en l'absence de nouvelles donations du disposant. Elles ne sont pas regardées comme des libéralités entre les héritiers présomptifs, mais comme un partage fait par le disposant.

§ 2 – Des donations-partages faites à des descendants de degrés différents

Art. 1078-4. *(L. n° 2006-728 du 23.6.2006)* Lorsque l'ascendant procède à une donation-partage, ses enfants peuvent consentir à ce que leurs propres descendants y soient allotis en leur lieu et place, en tout ou partie.
Les descendants d'un degré subséquent peuvent, dans le partage anticipé, être allotis séparément ou conjointement entre eux.

Art. 1078-5. *(L. n° 2006-728 du 23.6.2006)* Cette libéralité constitue une donation-partage alors même que l'ascendant donateur n'aurait qu'un enfant, que le partage se fasse entre celui-ci et ses descendants ou entre ses descendants seulement.
Elle requiert le consentement, dans l'acte, de l'enfant qui renonce à tout ou partie de ses droits, ainsi que de ses descendants qui en bénéficient. La libéralité est nulle lorsque le consentement du renonçant a été vicié par l'erreur, le dol ou la violence.

Art. 1078-6. *(L. n° 2006-728 du 23.6.2006)* Lorsque des descendants de degrés différents concourent à la même donation-partage, le partage s'opère par souche.
Des attributions peuvent être faites à des descendants de degrés différents dans certaines souches et non dans d'autres.

Art. 1078-7. *(L. n° 2006-728 du 23.6.2006)* Les donations-partages faites à des descendants de degrés différents peuvent comporter les conventions prévues par les articles 1078-1 à 1078-3.

Art. 1078-8. *(L. n° 2006-728 du 23.6.2006)* Dans la succession de l'ascendant donateur, les biens reçus par les enfants ou leurs descendants à titre de partage anticipé s'imputent sur la part de réserve revenant à leur souche et subsidiairement sur la quotité disponible.
Toutes les donations faites aux membres d'une même souche sont imputées ensemble, quel que soit le degré de parenté avec le défunt.
Lorsque tous les enfants de l'ascendant donateur ont donné leur consentement au partage anticipé et qu'il n'a pas été prévu de réserve d'usufruit portant sur une somme d'argent, les biens dont les gratifiés ont été allotis sont évalués selon la règle prévue à l'article 1078.
Si les descendants d'une souche n'ont pas reçu de lot dans la donation-partage ou n'y ont reçu qu'un lot inférieur à leur part de réserve, ils sont remplis de leurs droits selon les règles prévues par les articles 1077-1 et 1077-2.

Art. 1078-9. *(L. n° 2006-728 du 23.6.2006)* Dans la succession de l'enfant qui a consenti à ce que ses propres descendants soient allotis en son lieu et place, les biens reçus par eux de l'ascendant sont traités comme s'ils les tenaient de leur auteur direct.

Ces biens sont soumis aux règles dont relèvent les donations entre vifs pour la réunion fictive, l'imputation, le rapport et, le cas échéant, la réduction.

Toutefois, lorsque tous les descendants ont reçu et accepté un lot dans le partage anticipé et qu'il n'a pas été prévu d'usufruit portant sur une somme d'argent, les biens dont ont été allotis les gratifiés sont traités comme s'ils les avaient reçus de leur auteur par donation-partage.

Art. 1078-10. *(L. n° 2006-728 du 23.6.2006)* Les règles édictées à l'article 1078-9 ne s'appliquent pas lorsque l'enfant qui a consenti à ce que ses propres descendants soient allotis en son lieu et place procède ensuite lui-même, avec ces derniers, à une donation-partage à laquelle sont incorporés les biens antérieurement reçus dans les conditions prévues à l'article 1078-4.

Cette nouvelle donation-partage peut comporter les conventions prévues par les articles 1078-1 et 1078-2.

SECTION III

Des testaments-partages

Art. 1079. *(L. n° 2006-728 du 23.6.2006)* Le testament-partage produit les effets d'un partage. Ses bénéficiaires ne peuvent renoncer à se prévaloir du testament pour réclamer un nouveau partage de la succession.

Art. 1080. *(L. n° 2006-728 du 23.6.2006)* Le bénéficiaire qui n'a pas reçu un lot égal à sa part de réserve peut exercer l'action en réduction conformément à l'article 1077-2.

CHAPITRE VIII

Des donations faites par contrat de mariage aux époux, et aux enfants à naître du mariage

Art. 1081. Toute donation entre vifs de biens présents, quoique faite par contrat de mariage aux époux, ou à l'un d'eux, sera soumise aux règles générales prescrites pour les donations faites à ce titre.

Elle ne pourra avoir lieu au profit des enfants à naître, si ce n'est dans les cas énoncés au chapitre VI du présent titre.

Art. 1082. Les père et mère, les autres ascendants, les parents collatéraux des époux, et même les étrangers, pourront, par contrat de mariage, disposer de tout ou partie des biens qu'ils laisseront au jour de leur décès, tant au profit desdits époux, qu'au profit des enfants à naître de leur mariage, dans le cas où le donateur survivrait à l'époux donataire.

Pareille donation, quoique faite au profit seulement des époux ou de l'un d'eux, sera toujours, dans ledit cas de survie du donateur, présumée faite au profit des enfants et descendants à naître du mariage.

Art. 1083. La donation, dans la forme portée au précédent article sera irrévocable, en ce sens seulement que le donateur ne pourra plus disposer, à titre gratuit, des objets compris dans la donation, si ce n'est pour sommes modiques, à titre de récompense ou autrement.

Art. 1084. La donation par contrat de mariage pourra être faite cumulativement des biens présents et à venir, en tout ou partie, à la charge qu'il sera annexé à l'acte un état des dettes et charges du donateur existantes au jour de la donation ; auquel cas, il sera libre au donataire, lors du décès du donateur, de s'en tenir aux biens présents, en renonçant au surplus des biens du donateur.

Art. 1085. Si l'état dont est mention au précédent article n'a point été annexé à l'acte contenant donation des biens présents et à venir, le donataire sera obligé d'accepter ou de répudier cette donation pour le tout. En cas d'acceptation, il ne pourra réclamer que les biens qui se trouveront existants au jour du décès du donateur, et il sera soumis au paiement de toutes les dettes et charges de la succession.

Art. 1086. La donation par contrat de mariage en faveur des époux et des enfants à naître de leur mariage pourra encore être faite, à condition de payer indistinctement toutes les dettes et charges de la succession du donateur, ou sous d'autres conditions dont l'exécution dépendrait de sa volonté, par quelque personne que la donation soit faite : le donataire sera tenu d'accomplir ces conditions, s'il n'aime mieux renoncer à la donation ; et en cas que le donateur par contrat de mariage se soit réservé la liberté de disposer d'un effet compris dans la donation de ses biens présents, ou d'une somme fixe à prendre sur ces mêmes biens, l'effet ou la somme, s'il meurt sans en avoir disposé, seront censés compris dans la donation, et appartiendront au donataire ou à ses héritiers.

Art. 1087. Les donations faites par contrat de mariage ne pourront être attaquées ni déclarées nulles sous prétexte de défaut d'acceptation.

Art. 1088. Toute donation faite en faveur du mariage sera caduque, si le mariage ne s'ensuit pas.

Art. 1089. Les donations faites à l'un des époux, dans les termes des articles 1082, 1084 et 1086 ci-dessus, deviendront caduques, si le donateur survit à l'époux donataire et à sa postérité.

Art. 1090. Toutes donations faites aux époux par leur contrat de mariage, seront, lors de l'ouverture de la succession du donateur, réductibles à la portion dont la loi lui permettait de disposer.

CHAPITRE IX
Des dispositions entre époux, soit par contrat de mariage, soit pendant le mariage

Art. 1091. Les époux pourront, par contrat de mariage, se faire réciproquement, ou l'un des deux à l'autre, telle donation qu'ils jugeront à propos, sous les modifications ci-après exprimées.

Art. 1092. Toute donation entre vifs de biens présents, faite entre époux par contrat de mariage, ne sera point censée faite sous la condition de survie du donataire, si cette condition n'est formellement exprimée ; et elle sera soumise à toutes les règles et formes ci-dessus prescrites pour ces sortes de donations.

Art. 1093. La donation de biens à venir, ou de biens présents et à venir, faite entre époux par contrat de mariage, soit simple, soit réciproque, sera soumise aux règles établies par le chapitre précédent, à l'égard des donations pareilles qui leur seront faites par un tiers, sauf qu'elle ne sera point transmissible aux enfants issus du mariage, en cas de décès de l'époux donataire avant l'époux donateur.

Art. 1094. L'époux, soit par contrat de mariage, soit pendant le mariage, pourra, pour le cas où il ne laisserait point d'enfant ni de descendant, disposer en faveur de l'autre époux en propriété, de tout ce dont il pourrait disposer en faveur d'un étranger.

Art. 1094-1. (*Ord. n° 2005-759 du 4.7.2005 en vigueur le 1.7.2006*) Pour le cas où l'époux laisserait des enfants ou descendants, issus ou non du mariage, il pourra disposer en faveur de l'autre époux, soit de la propriété de ce dont il pourrait disposer en faveur d'un étranger, soit d'un quart de ses biens en propriété et des trois autres quarts en usufruit, soit encore de la totalité de ses biens en usufruit seulement.

(L. n° 2006-728 du 23.6.2006) Sauf stipulation contraire du disposant, le conjoint survivant peut cantonner son émolument sur une partie des biens dont il a été disposé en sa faveur. Cette limitation ne peut être considérée comme une libéralité faite aux autres successibles.

Art. 1094-2. Abrogé *(L. n° 2001-1135 du 3-12-2001).*

Art. 1094-3. Les enfants ou descendants pourront, nonobstant toute stipulation contraire du disposant exiger, quant aux biens soumis à l'usufruit, qu'il soit dressé inventaire des meubles ainsi qu'état des immeubles, qu'il soit fait emploi des sommes et que les titres au porteur soient, au choix de l'usufruitier, convertis en titres nominatifs ou déposés chez un dépositaire agréé.

Art. 1095. Le mineur ne pourra, par contrat de mariage, donner à l'autre époux, soit par donation simple, soit par donation réciproque, qu'avec le consentement et l'assistance de ceux dont le consentement est requis pour la validité de son mariage ; et, avec ce consentement, il pourra donner tout ce que la loi permet à l'époux majeur de donner à l'autre conjoint.

Art. 1096. *(L. n° 2004-439 du 26.5.2004)* La donation de biens à venir faite entre époux pendant le mariage est toujours révocable.
La donation de biens présents qui prend effet au cours du mariage faite entre époux n'est révocable que dans les conditions prévues par les articles 953 à 958.
Les donations faites entre époux de biens présents ou de biens à venir ne sont pas révoquées par la survenance d'enfants.

Art. 1097. Abrogé *(L. n° 2001-1135 du 3-12-2001).*

Art. 1097-1. Abrogé *(L. n° 2001-1135 du 3-12-2001).*

Art. 1098. Si un époux remarié a fait à son conjoint, dans les limites de l'article 1094-1, une libéralité en propriété, chacun des enfants qui ne sont pas issus des deux époux aura, en ce qui le concerne, sauf volonté contraire et non équivoque du disposant, la faculté de substituer à l'exécution de cette libéralité l'abandon de l'usufruit de la part de succession qu'il eût recueillie en l'absence de conjoint survivant.
Ceux qui auront exercé cette faculté pourront exiger que soient appliquées les dispositions de l'article 1094-3.

Art. 1099. Les époux ne pourront se donner indirectement au-delà de ce qui leur est permis par les dispositions ci-dessus.

Art. 1099-1. Quand un époux acquiert un bien avec des deniers qui lui ont été donnés par l'autre à cette fin, la donation n'est que des deniers et non du bien auquel ils sont employés.
En ce cas, les droits du donateur ou de ses héritiers n'ont pour objet qu'une somme d'argent suivant la valeur actuelle du bien. Si le bien a été aliéné, on considère la valeur qu'il avait au jour de l'aliénation, et si un nouveau bien a été subrogé au bien aliéné, la valeur de ce nouveau bien.

Art. 1100. Abrogé *(L. n° 2002-305 du 4.3.2002).*

CODE GÉNÉRAL DES IMPÔTS

LIVRE Ier
Assiette et liquidation de l'impôt

PREMIÈRE PARTIE
Impôts d'état

Titre IV
Enregistrement, publicité foncière. Impôt de solidarité sur la fortune, timbre

CHAPITRE Ier
Droits d'enregistrement et taxe de publicité foncière

SECTION II
Les tarifs et leur application

V - Partages et opérations assimilées

A – Partages

1 - Tarif

Art. 746. (*L. n° 2004-1485 du 30.12.2004*) Les partages de biens meubles et immeubles entre copropriétaires, cohéritiers et coassociés, à quelque titre que ce soit, pourvu qu'il en soit justifié, sont assujettis à un droit d'enregistrement ou à une taxe de publicité foncière de 2,50 %.

2 - Assiette et liquidation

1° Régime normal

Art. 747. Le droit d'enregistrement ou la taxe de publicité foncière prévus à l'article 746 sont liquidés sur le montant de l'actif net partagé. Lorsque le partage comporte une soulte ou une plus-value, l'impôt sur ce qui en est l'objet est perçu aux taux prévus pour les ventes, au prorata, le cas échéant, de la valeur respective des différents biens compris dans le lot grevé de la soulte ou de la plus-value.

2° Régime spécial

Art. 748. Les partages qui portent sur des biens meubles ou immeubles dépendant d'une succession ou d'une communauté conjugale et qui interviennent uniquement entre les membres originaires de l'indivision, leur conjoint, des ascendants, des descendants ou des ayants droit à titre universel de l'un ou de plusieurs d'entre eux, ne sont pas considérés comme translatifs de propriété dans la mesure des soultes ou plus-values. [(*L. n° 2007-1822 du 24.12.2007*). Il en est de même des partages portant sur des biens indivis issus d'une donation-partage et des partages portant sur des biens indivis acquis par des partenaires ayant conclu un pacte civil de solidarité ou par des époux, avant ou pendant le pacte ou le mariage.] En ce qui les concerne, l'imposition est liquidée sur la valeur nette de l'actif partagé déterminée sans déduction de ces soultes ou plus-values.

Art. 748 bis. Le droit d'enregistrement ou la taxe de publicité foncière prévu à l'article 746 est applicable au partage d'un groupement foncier agricole pour les biens qui se trouvaient dans l'indivision lors de leur apport et qui sont attribués à des apporteurs, à leurs conjoints survivants ou à leurs ayants droit à titre gratuit, dès lors que les apporteurs étaient parents ou alliés jusqu'au quatrième degré inclus.

3° Exonérations

Art. 749. Sont exonérés du droit d'enregistrement ou de la taxe de publicité foncière prévus à l'article 746 les rachats de parts de fonds

communs de placement et parts de fonds de placement immobilier ainsi que la répartition des actifs de ces fonds entre les porteurs.
Lorsque le porteur des parts d'un fonds de placement immobilier se trouve dans l'un des cas mentionnés aux a et b de l'article 730 quinquies, un droit d'enregistrement au taux fixé au 2° du I de l'article 726 est applicable. [(*L. n° 2007-1824 du 25.12.2007*). Toutefois, ce droit d'enregistrement ne s'applique pas lorsque le porteur qui demande le rachat de ses parts est lui-même un organisme de placement collectif immobilier.]
(Applicable aux rachats de parts effectués à compter du 1er janvier 2008).

Art. 749 A. (*L. n° 2000-1208 du 13.12.2000*) Sont exonérés du droit d'enregistrement ou de la taxe de publicité foncière prévus à l'article 746 les partages d'immeubles bâtis, de groupe d'immeubles bâtis ou d'ensembles immobiliers soumis à la loi n° 65-557 du 10 juillet 1965 fixant le statut de la copropriété des immeubles bâtis, et la redistribution des parties communes qui leur est consécutive.

Art. 749 B. (*L. n° 2008-1425 du 27.12.2008*) Sont exonérées du droit d'enregistrement ou de la taxe de publicité foncière prévus à l'article 746 les opérations mentionnées au premier alinéa de l'article 151 *octies* C.

B – Licitations et cessions de droits successifs

Art. 750. I. (*L. n° 2011-900 du 29.7.2011*) Les parts et portions indivises de biens immeubles acquises par licitation sont assujetties à l'impôt aux taux prévus pour les ventes des mêmes biens.
II. Toutefois, les licitations de biens mobiliers ou immobiliers dépendant d'une succession ou d'une communauté conjugale ainsi que les cessions de droits successifs mobiliers ou immobiliers sont assujetties à un droit d'enregistrement ou à une taxe de publicité foncière de 2,50 % lorsqu'elles interviennent au profit de membres originaires de l'indivision, de leur conjoint, de leurs ascendants ou descendants ou des ayants droit à titre universel de l'un ou de plusieurs d'entre eux. Il en est de même des licitations portant sur des biens indivis issus d'une donation-partage et des licitations portant sur des biens indivis acquis par des partenaires ayant conclu un pacte civil de solidarité ou par des époux, avant ou pendant le pacte ou le mariage.
En ce qui concerne les licitations et cessions mettant fin à l'indivision, l'imposition est liquidée sur la valeur des biens, sans soustraction de la part de l'acquéreur.

Art. 750 bis. La licitation des biens d'un groupement foncier agricole, qui se trouvaient dans l'indivision lors de leur apport, est assujettie au droit d'enregistrement ou à la taxe de publicité foncière prévu à l'article 746 lorsque les biens sont attribués à des apporteurs, à leurs conjoints survivants ou à leurs ayants droit à titre gratuit, dès lors que ces apporteurs étaient parents ou alliés jusqu'au quatrième degré inclus.

C – Corse - Régime temporaire

Art. 750 bis A. (*L. n° 2004-1485 du 30.12.2004*) Les actes de partage de succession et les licitations de biens héréditaires répondant aux conditions prévues au II de l'article 750 établis entre le 1er janvier 1986 et le 31 décembre 2014 sont exonérés du droit de 2,50 % à hauteur de la valeur des immeubles situés en Corse. Ces exonérations s'appliquent à condition que l'acte soit authentique et précise qu'il est établi dans le cadre du IV de l'article 11 de la loi n° 85-1403 du 30 décembre 1985.

VI - Mutations à titre gratuit

A – Champ d'application des droits de mutation à titre gratuit

01 - Territorialité

Art. 750 ter. Sont soumis aux droits de mutation à titre gratuit :
1° Les biens meubles et immeubles situés en France ou hors de France, et notamment les fonds publics, parts d'intérêts, biens ou droits composant un trust défini à l'article 792-0 bis et produits qui y sont capitalisés, créances et généralement toutes les valeurs mobilières françaises ou étrangères de quelque nature qu'elles soient, lorsque le donateur ou le défunt a son domicile fiscal en France au sens de l'article 4 B ;
2° Les biens meubles et immeubles, (que ces derniers soient possédés directement ou indirectement,) situés en France, et notamment

les fonds publics français, parts d'intérêts, biens ou droits composant un trust défini à l'article 792-0 bis et produits qui y sont capitalisés, créances et valeurs mobilières françaises, lorsque le donateur ou le défunt n'a pas son domicile fiscal en France au sens de l'article précité.

Pour l'application du premier alinéa, tout immeuble ou droit immobilier est réputé possédé indirectement lorsqu'il appartient à des personnes morales ou des organismes dont le donateur ou le défunt, seul ou conjointement avec son conjoint, leurs ascendants ou descendants ou leurs frères et sœurs, détient plus de la moitié des actions, parts ou droits, directement ou par l'intermédiaire d'une chaîne de participations, au sens de l'article 990 D, quel que soit le nombre de personnes morales ou d'organismes interposés. La valeur des immeubles ou droits immobiliers possédés indirectement est déterminée par la proportion de la valeur de ces biens ou des actions, parts ou droits représentatifs de tels biens dans l'actif total des organismes ou personnes morales dont le donateur ou le défunt détient directement les actions, parts ou droits.

Sont considérées comme françaises les créances sur un débiteur qui est établi en France ou qui y a son domicile fiscal au sens du même article ainsi que les valeurs mobilières émises par l'État français, une personne morale de droit public française ou une société qui a en France son siège social statutaire ou le siège de sa direction effective, et ce quelle que soit la composition de son actif.

Sont également considérées comme françaises les actions et parts de sociétés ou personnes morales non cotées en bourse dont le siège est situé hors de France et dont l'actif est principalement constitué d'immeubles ou de droits immobiliers situés sur le territoire français, et ce à proportion de la valeur de ces biens par rapport à l'actif total de la société.

Pour l'application des deuxième et quatrième alinéas, les immeubles situés sur le territoire français, affectés par une personne morale, un organisme ou une société à sa propre exploitation industrielle, commerciale, agricole ou à l'exercice d'une profession non commerciale ne sont pas pris en considération.

3° Les biens meubles et immeubles situés en France ou hors de France, et notamment les fonds publics, parts d'intérêts, biens ou droits composant un trust défini à l'article 792-0 bis et produits qui y sont capitalisés, créances et généralement toutes les valeurs mobilières françaises ou étrangères de quelque nature qu'elles soient, reçus par l'héritier, le donataire, le légataire ou le bénéficiaire d'un trust défini à au même article 792-0 bis qui a son domicile fiscal en France au sens de l'article 4 B. Toutefois, cette disposition ne s'applique que lorsque l'héritier, le donataire ou le bénéficiaire d'un trust a eu son domicile fiscal en France pendant au moins six années au cours des dix dernières années précédant celle au cours de laquelle il reçoit les biens.

1 - Présomptions de propriété

Art. 751. Est réputé, au point de vue fiscal, faire partie, jusqu'à preuve contraire, de la succession de l'usufruitier, toute valeur mobilière, tout bien meuble ou immeuble appartenant, pour l'usufruit, au défunt et, pour la nue-propriété, à l'un de ses présomptifs héritiers ou descendants d'eux, même exclu par testament ou à ses donataires ou légataires institués, même par testament postérieur, ou à des personnes interposées, à moins qu'il y ait eu donation régulière et que cette donation, si elle n'est pas constatée dans un contrat de mariage, ait été consentie plus de trois mois avant le décès [(*L. n° 2006-1771 du 30.12.2006*) ou qu'il y ait eu démembrement de propriété effectué à titre gratuit, réalisé plus de trois mois avant le décès, constaté par acte authentique et pour lequel la valeur de la nue-propriété a été déterminée selon le barème prévu à l'article 669].

[(*L. n° 2007-1822 du 24.12.2007*) La preuve contraire peut notamment résulter d'une donation des deniers constatée par un acte ayant date certaine, quel qu'en soit l'auteur, en vue de financer, plus de trois mois avant le décès, l'acquisition de tout ou partie de la nue-propriété d'un bien, sous réserve de justifier de l'origine des deniers dans l'acte en constatant l'emploi.]

Sont réputées personnes interposées les personnes désignées dans les articles 911, deuxième alinéa, et 1100 du Code civil.

Toutefois, si la nue-propriété provient à l'héritier, au donataire, au légataire ou à la personne interposée d'une vente ou d'une donation à lui consentie par le défunt, les droits de mutation acquittés par le nu-propriétaire et dont il est justifié sont imputés sur l'impôt de transmission par décès exigible à raison de l'incorporation des biens dans la succession.

Art. 752. Sont présumées, jusqu'à preuve contraire, faire partie de la succession, pour la liquidation et le paiement des droits de mutation par décès, les actions, les obligations, parts de fondateur ou bénéficiaires, biens ou droits placés dans un trust défini à l'article 792-0 bis, parts sociales et toutes autres créances dont le défunt a eu la propriété ou a perçu les revenus ou à raison desquelles il a effectué une opération quelconque moins d'un an avant son décès.

(*D. n° 2012-653 du 4.5.2012*). La preuve contraire ne peut résulter de la cession à titre onéreux consentie à l'un des héritiers présomptifs ou descendants d'eux, même exclu par testament, ou à des donataires ou légataires institués, même par testament postérieur, ou à des personnes interposées, telles qu'elles sont désignées par le deuxième alinéa de l'article 911 et l'article 1100 du Code civil, à moins que cette cession ait acquis date certaine avant l'ouverture de la succession.

(*L. n° 2006-1771 du 30.12.2006*) La présomption du premier alinéa n'est pas appliquée aux biens ayant fait l'objet d'une libéralité graduelle ou résiduelle, telle que visée aux articles 1048 à 1061 du Code civil.

Les mesures destinées à l'application du présent article sont fixées par décret en Conseil d'État.

Art. 753. Tous les titres, sommes ou valeurs existant chez les dépositaires désignés à l'article 806 I, et faisant l'objet de comptes indivis ou collectifs avec solidarité sont considérés, pour la perception des droits de mutation par décès, comme appartenant conjointement aux déposants et dépendant de la succession de chacun d'eux, pour une part virile, sauf preuve contraire réservée tant à l'administration qu'aux redevables, et résultant pour ces derniers soit des énonciations du contrat de dépôt, soit des titres prévus par le 2° de l'article 773.

Art. 754. Les sommes, titres ou objets trouvés dans un coffre-fort loué conjointement à plusieurs personnes sont réputés, à défaut de preuve contraire et seulement pour la perception des droits, être la propriété conjointe de ces personnes et dépendre pour une part virile de la succession. Cette disposition est applicable aux plis cachetés et cassettes fermées, remis en dépôt aux banquiers, changeurs, escompteurs et à toute personne recevant habituellement des plis de même nature.

Art. 754 A. Les biens recueillis en vertu d'une clause insérée dans un contrat d'acquisition en commun selon laquelle la part du ou des premiers décédés reviendra aux survivants de telle sorte que le dernier vivant sera considéré comme seul propriétaire de la totalité des biens sont, au point de vue fiscal, réputés transmis à titre gratuit à chacun des bénéficiaires de l'accroissement.

(*L. n° 2009-1673 du 30.12.2009*) Cette disposition ne s'applique pas à l'habitation principale commune à deux acquéreurs lorsque celle-ci a une valeur globale inférieure à 76 000 €, sauf si le bénéficiaire opte pour l'application des droits de mutation par décès.

Art. 754 B. I. (*D. n° 2010-421 du 27.4.2010*) Conformément aux dispositions du IV de l'article L. 212-3 du code monétaire et financier, lorsqu'ils ne justifient pas avoir effectué toute diligence pour assurer l'application effective des dispositions de l'article précité, les gérants, le président du conseil d'administration ou du directoire de la société émettrice sont, pour l'application des droits de mutation par décès, présumés, sauf preuve contraire, être les propriétaires des actions qui ne revêtiraient pas la forme nominative ou qui n'auraient pas été vendues dans les conditions prévues au III du même article.

II. (*Ord. n° 2009-15 du 8.1.2009*) Lorsqu'ils ne justifient pas avoir effectué toute diligence pour assurer l'application effective des dispositions des articles L. 211-3 et L. 211-7 du Code monétaire et financier, les gérants, le président du conseil d'administration ou du directoire des sociétés émettrices hors cote, sont présumés, sauf preuve contraire, être les propriétaires des titres financiers non présentés pour inscription en compte ou qui n'auraient pas été vendus dans les conditions prévues au second alinéa de l'article L. 211-13 du code précité.

2 bis - Renonciation à l'action en réduction

Art. 756 bis. (*L. n° 2006-1771 du 30.12.2006*) La renonciation à l'action en réduction prévue à l'article 929 du code civil n'est pas soumise aux droits de mutation à titre gratuit.

3 - Dons manuels

Art. 757. Les actes renfermant soit la déclaration par le donataire ou ses représentants, soit la reconnaissance judiciaire d'un don manuel, sont sujets aux droits de mutation à titre gratuit. Ces droits sont calculés sur la valeur du don manuel au jour de sa déclaration ou de son enregistrement, ou sur sa valeur au jour de la donation si celle-ci est supérieure. Le tarif et les abattements applicables sont ceux en vigueur au jour de la déclaration ou de l'enregistrement du don manuel.
La même règle s'applique lorsque le donataire révèle un don manuel à l'administration fiscale.
[(*L. n° 2003-709 du 1.8.2003*) Ces dispositions ne s'appliquent pas aux dons manuels consentis aux organismes d'intérêt général mentionnés à l'article 200].

4 - Divorce – Versements en capital

Art. 757 A. (*L. n° 2004-439 du 26.5.2004*) Les versements en capital prévus par l'article 373-2-3 du Code civil ne sont soumis aux droits de mutation à titre gratuit que pour la fraction qui excède 2 700 € par année restant à courir jusqu'à la majorité du bénéficiaire.

5 - Sommes versées en vertu de contrats d'assurances en cas de décès

Art. 757 B. I. Les sommes, rentes ou valeurs quelconques dues directement ou indirectement par un assureur, à raison du décès de l'assuré, donnent ouverture aux droits de mutation par décès suivant le degré de parenté existant entre le bénéficiaire à titre gratuit et l'assuré à concurrence de la fraction des primes versées après l'âge de soixante-dix ans qui excède 30 500 €.
II. Lorsque plusieurs contrats sont conclus sur la tête d'un même assuré, il est tenu compte de l'ensemble des primes versées après le soixante-dixième anniversaire de l'assuré pour l'appréciation de la limite de 30 500 €.
III. Les conditions d'application du présent article et notamment les obligations concernant les informations à fournir par les contribuables et les assureurs sont déterminées par décret en Conseil d'État (Art. 292 A et 292 B de l'annexe II).

6 - Dons consentis en application de l'article 885-0 V bis A

Art. 757 C. (*L. n° 2007-1223 du 21.8.2007*) Les droits de mutation à titre gratuit ne s'appliquent pas aux dons pris en compte pour la détermination de l'avantage fiscal prévu à l'article 885-0 V *bis* A.

B – Assiette des droits de mutation à titre gratuit

1 - Dispositions communes aux successions et aux donations

a : Biens mobiliers

Art. 758. (*L. n° 2004-1484 du 30.12.2004*) Pour les transmissions à titre gratuit des biens meubles, autres que les valeurs mobilières cotées et les créances à terme, la valeur servant de base à l'impôt est déterminée par la déclaration détaillée et estimative des parties, sans distraction des charges, sauf ce qui est dit aux articles 764, 767 à 770 et 773 à 776.

Art. 759. (*L. n° 2003-1311 du 30.12.2003*) Pour les valeurs mobilières françaises et étrangères de toute nature admises aux négociations sur un marché réglementé, le capital servant de base à la liquidation et au paiement des droits de mutation à titre gratuit est déterminé par le cours moyen au jour de la transmission ou, pour les successions, par la moyenne des trente derniers cours qui précèdent la transmission.

Art. 760. Pour les créances à terme, le droit est perçu sur le capital exprimé dans l'acte et qui en fait l'objet.
Toutefois, les droits de mutation à titre gratuit sont liquidés d'après la déclaration estimative des parties en ce qui concerne les créances dont le débiteur se trouve en état de faillite de procédure de sauvegarde, de redressement ou liquidation judiciaires ou de déconfiture au moment de l'acte de donation ou de l'ouverture de la succession.

Toute somme recouvrée sur le débiteur de la créance postérieurement à l'évaluation et en sus de celle-ci, doit faire l'objet d'une déclaration. Sont applicables à ces déclarations les principes qui régissent les déclarations de mutation par décès en général, notamment au point de vue des délais, des pénalités et de la prescription, l'exigibilité de l'impôt étant seulement reportée au jour du recouvrement de tout ou partie de la créance transmise.

b : Immeubles

Art. 761. Pour la liquidation des droits de mutations à titre gratuit, les immeubles, quelle que soit leur nature, sont estimés d'après leur valeur vénale réelle à la date de la transmission, d'après la déclaration détaillée et estimative des parties, sans distraction des charges, sauf, en ce qui concerne celles-ci, ce qui est dit aux articles 767 et suivants.
Pour les immeubles dont le propriétaire a l'usage à la date de la transmission, la valeur vénale réelle mentionnée au premier alinéa est réputée égale à la valeur libre de toute occupation.
Néanmoins, si, dans les deux années qui ont précédé ou suivi, soit l'acte de donation, soit le point de départ des délais pour souscrire la déclaration de succession, les immeubles transmis ont fait l'objet d'une adjudication, soit par autorité de justice, soit volontaire, avec admission des étrangers, les droits exigibles ne peuvent être calculés sur une somme inférieure au prix de l'adjudication, en y ajoutant toutes les charges en capital, à moins qu'il ne soit justifié que la consistance des immeubles a subi, dans l'intervalle, des transformations susceptibles d'en modifier la valeur.

c : Règles communes aux meubles et aux immeubles

Art. 762 bis. (*L. n° 2003-1311 du 31.12.2003*) Pour la liquidation des droits de mutation à titre gratuit, la valeur des droits d'habitation et d'usage est de 60 % de la valeur de l'usufruit déterminée conformément au I de l'article 669.

Art. 763. Lorsque la mutation porte seulement sur une nue-propriété ou un usufruit, les actes et déclarations relatifs à des transmissions à titre gratuit doivent faire connaître la date et le lieu de la naissance de l'usufruitier ; et, si la naissance est arrivée hors de France, il est, en outre, justifié de cette date avant l'enregistrement.
À défaut de quoi, il est perçu les droits les plus élevés qui pourraient être dus au Trésor, sauf, comme il est dit à l'article 1965 C, restitution du trop-perçu sur la représentation de l'acte de naissance, dans le cas où la naissance aurait eu lieu hors de France.

Art. 763 bis. (*L. n° 2006-1771 du 30.12.2006*) Le droit de retour prévu à l'article 738-2 du code civil ne donne pas lieu à perception de droits de mutation à titre gratuit.

2 - Dispositions spéciales aux successions

a : Règles d'évaluation

1° Biens mobiliers

Art. 764. I. Pour la liquidation des droits de mutation par décès, la valeur de la propriété des biens meubles est déterminée, sauf preuve contraire :
1° Par le prix exprimé dans les actes de vente, lorsque cette vente a lieu publiquement dans les deux années du décès ;
2° À défaut d'actes de vente, par l'estimation contenue dans les inventaires, s'il en est dressé dans les formes prescrites par l'article 789 du Code civil, et dans les cinq années du décès, pour les meubles meublants, et par l'estimation contenue dans les inventaires et autres actes, s'il en est passé, dans le même délai, pour les autres biens meubles, sauf les dispositions du II ;
3° À défaut des bases d'évaluation établies aux 1° et 2°, par la déclaration détaillée et estimative des parties ; toutefois, pour les meubles meublants, et sans que l'administration ait à en justifier l'existence, la valeur imposable ne peut être inférieure à 5 % de l'ensemble des autres valeurs mobilières et immobilières de la succession, la preuve contraire étant aussi réservée.
II. En ce qui concerne les bijoux, pierreries, objets d'art ou de collection, la valeur imposable ne peut, sous réserve de ce qui est dit au I, être inférieure à l'évaluation faite dans les contrats ou conventions d'assurances contre le vol ou contre l'incendie en cours au jour du décès et conclus par le défunt, son conjoint ou ses auteurs, moins de dix ans avant l'ouverture de la succession, sauf preuve contraire.

S'il existe plusieurs polices susceptibles d'être retenues, la valeur imposable est égale à la moyenne des évaluations figurant dans ces polices.
III. Les dispositions du présent article ne sont applicables ni aux créances, ni aux rentes, actions, obligations, effets publics et autres biens meubles dont la valeur et le mode d'évaluation sont déterminés par des dispositions spéciales.

Art. 764 A. (*L. n° 2004-1485 du 30.12.2004*) En cas de décès :
a. - du gérant d'une société à responsabilité limitée ou d'une société en commandite par actions non cotées,
b. - de l'un des associés en nom d'une société de personnes,
c. - de l'une des personnes qui assument la direction générale d'une société par actions non cotées,
d. - de l'exploitant d'un fonds de commerce ou d'une clientèle,
e. - du titulaire d'un office public ou ministériel,
il est tenu compte, pour la liquidation des droits de mutation par décès dus par ses héritiers, légataires ou donataires, de la dépréciation éventuelle résultant dudit décès et affectant la valeur des titres non cotés ou des actifs incorporels ainsi transmis.

2° Biens immobiliers
(résidence principale)

Art. 764 bis. (*L. n° 2004-1484 du 30.12.2004*) Par dérogation aux dispositions du deuxième alinéa de l'article 761, il est effectué un abattement de 20 % sur la valeur vénale réelle de l'immeuble constituant au jour du décès la résidence principale du défunt lorsque, à la même date, cet immeuble est également occupé à titre de résidence principale par le conjoint survivant, par le partenaire lié au défunt par un pacte civil de solidarité ou par un ou plusieurs enfants mineurs ou majeurs protégés du défunt ou de son conjoint.
(*L. n° 2001-1275 du 28.12.2001*) Ces dispositions s'appliquent dans les mêmes conditions lorsque les enfants majeurs du défunt ou de son conjoint sont incapables de travailler dans des conditions normales de rentabilité, en raison d'une infirmité physique ou mentale, congénitale ou acquise au sens du II de l'article 779.

3° Biens sinistrés ou frappés
d'indisponibilité hors de France

Art. 766. Les modalités d'assiette des droits de mutation par décès afférents aux titres, sommes, valeurs ou avoirs quelconques frappés d'indisponibilité hors de France par suite de mesures prises par un gouvernement étranger, sont fixées par décret.
Les dispositions du présent article sont applicables aux successions ouvertes et non déclarées avant la publication de la loi n° 63-254 du 15 mars 1963.

4° Fiducie

Art. 766 bis. (*Ord. n° 2009-112 du 30.1.2009*) Pour la liquidation des droits de mutation par décès, les biens ou droits transférés dans un patrimoine fiduciaire ou ceux éventuellement acquis en remploi, ainsi que les fruits tirés de l'exploitation de ces biens ou droits, qui font de plein droit retour à la succession du constituant, sont compris dans son patrimoine pour leur valeur vénale nette à la date du décès.

b : Passif déductible

1° Legs particuliers

Art. 767. Lorsque les héritiers ou légataires universels sont grevés de legs particuliers de sommes d'argent non existantes dans la succession et qu'ils ont acquitté le droit sur l'intégralité des biens de cette même succession, le même droit n'est pas dû pour ces legs ; conséquemment, les droits déjà payés par les légataires particuliers doivent s'imputer sur ceux dus par les héritiers ou légataires universels.

2° Dettes du défunt

Art. 768. Pour la liquidation des droits de mutation par décès, les dettes à la charge du défunt sont déduites lorsque leur existence au jour de l'ouverture de la succession est dûment justifiée par tous modes de preuve compatibles avec la procédure écrite.

Art. 769. Les dettes à la charge du défunt, qui ont été contractées pour l'achat de biens compris dans la succession et exonérés des droits de mutation par décès ou dans l'intérêt de tels biens, sont imputées par priorité sur la valeur desdits biens.

Il en est de même des dettes garanties par des biens exonérés des droits de mutation par décès, lorsqu'il est établi que le ou les emprunts ont été contractés par le de cujus ou son conjoint en vue de soustraire tout ou partie de son patrimoine à l'application de ces droits.

Art. 770. Les dettes dont la déduction est demandée sont détaillées, article par article, dans un inventaire certifié par le déposant et annexé à la déclaration de la succession.

À l'appui de leur demande, les héritiers ou leurs représentants doivent indiquer, soit la date de l'acte, le nom et la résidence de l'officier public qui l'a reçu, soit la date de la décision judiciaire et la juridiction dont elle émane.

Ils doivent représenter les autres titres, actes ou écrits que le créancier ne peut, sous peine de dommages-intérêts, se refuser à communiquer sous récépissé.

Art. 773. Toutefois ne sont pas déductibles :

1° Les dettes échues depuis plus de trois mois avant l'ouverture de la succession, à moins qu'il ne soit produit une attestation du créancier en certifiant l'existence à cette époque, dans la forme et suivant les règles déterminées à l'article L. 20 du livre des procédures fiscales ;

2° Les dettes consenties par le défunt au profit de ses héritiers ou de personnes interposées. Sont réputées personnes interposées les personnes désignées dans les articles 911, dernier alinéa, et 1100 du Code civil.

Néanmoins, lorsque la dette a été consentie par un acte authentique ou par un acte sous-seing privé ayant date certaine avant l'ouverture de la succession autrement que par le décès d'une des parties contractantes, les héritiers, donataires et légataires, et les personnes réputées interposées ont le droit de prouver la sincérité de cette dette et son existence au jour de l'ouverture de la succession ;

3° Les dettes reconnues par testament ;

4° Les dettes hypothécaires garanties par une inscription périmée depuis plus de trois mois, à moins qu'il ne s'agisse d'une dette non échue et que l'existence n'en soit attestée par le créancier dans les formes prévues à l'article L. 20 du livre des procédures fiscales ; si l'inscription n'est pas périmée, mais si le chiffre en a été réduit, l'excédent est seul déduit, s'il y a lieu ;

5° Les dettes en capital et intérêts pour lesquelles le délai de prescription est accompli, à moins qu'il ne soit justifié que la prescription a été interrompue.

Art. 774. Par dérogation aux dispositions du 2° de l'article 773, l'existence et la sincérité des dettes résultant de l'application des articles L. 321-13 et suivants du Code rural et de la pêche maritime sont suffisamment prouvées à l'égard de l'administration par tous actes et écrits, même postérieurs au décès d'un exploitant agricole, susceptibles de faire preuve en justice entre les cohéritiers ou représentants de l'exploitant. L'héritier créancier de la succession est toutefois tenu de fournir, dans les formes et suivant les règles déterminées par l'article L. 20 du livre des procédures fiscales, une attestation, datée et signée par lui, mentionnant le montant de sa créance sur la succession de l'exploitant.

3° Frais funéraires

Art. 775. (*L. n° 2002-1575 du 30.12.2002*). Les frais funéraires sont déduits de l'actif de la succession pour un montant de 1 500 €, et pour la totalité de l'actif si celui-ci est inférieur à ce montant.

4° Rentes et indemnités versées en réparation de dommages corporels

Art. 775 bis. (*L. n° 2006-1666 du 21.12.2006*) Sont déductibles, pour leur valeur nominale, de l'actif de succession les rentes et indemnités versées ou dues au défunt en réparation de dommages corporels liés à un accident ou à une maladie.

Art. 775 ter. Abrogé (*L. n° 2007-1223 du 21.8.2007*).

Art. 775 quater. (*L. n° 2006-1771 du 30.12.2006*). Le montant des loyers ou indemnités d'occupation effectivement remboursé par la succession au conjoint survivant ou au partenaire lié au défunt par un pacte civil de solidarité en application des articles 515-6 et 763 du Code civil est déduit de l'actif de succession.

Art. 775 quinquies. (*L. n° 2007-1824 du 25.12.2007*) La rémunération du mandataire à titre posthume, déterminée de manière définitive dans les six mois suivant le décès, est déductible de l'actif de la succession dans la limite de 0,5 % de l'actif successoral géré. Cette déduction ne peut excéder 10 000 €.

3 - Disposition spéciale aux donations

Art. 776. I. Les dispositions du I de l'article 764 sont applicables à la liquidation des droits de mutation entre vifs, à titre gratuit, toutes les fois que les meubles transmis sont vendus publiquement dans les deux ans de l'acte de donation.
II. En ce qui concerne les bijoux, pierreries, objets d'art ou de collection, la valeur imposable ne peut, sous réserve de ce qui est dit au I, être inférieure à 60 % de l'évaluation faite dans les contrats ou conventions d'assurances contre le vol ou contre l'incendie en cours à la date de la donation et conclus par le donateur, son conjoint ou ses auteurs depuis moins de dix ans.
S'il existe plusieurs polices susceptibles d'être retenues pour l'application du forfait, celui-ci est calculé sur la moyenne des évaluations figurant dans ces polices.

Art. 776 A. (*L. n° 2006-1771 du 30.12.2006*) Conformément à l'article 1078-3 du Code civil, les conventions prévues par les articles 1078-1 et 1078-2 du même code ne sont pas soumises aux droits de mutation à titre gratuit.
[(*L. n° 2010-1658 du 29.12.2010*) Le premier alinéa s'applique au bien réincorporé dans une donation-partage faite à des descendants de degrés différents conformément à une convention conclue en application de l'article 1078-7 du même code, y compris lorsque ce bien est réattribué à un descendant du premier donataire lors de la donation-partage. Cette opération est soumise au droit de partage.
Par exception au deuxième alinéa, lorsque le bien réincorporé a été transmis par l'ascendant donateur à son enfant par une donation intervenue moins de quinze ans avant la donation-partage et qu'il est réattribué à un descendant du donataire initial, les droits de mutation à titre gratuit sont dus en fonction du lien de parenté entre l'ascendant donateur et son petit-enfant alloti. Dans ce cas, les droits acquittés lors de la première donation à raison du bien réincorporé sont imputés sur les droits dus à raison du même bien lors de la donation-partage.]

Art. 776 bis. (*L. n° 2004-1484 du 30.12.2004*) I. Les dettes qui ont été contractées par le donateur pour l'acquisition ou dans l'intérêt des biens objets de la donation, qui sont mises à la charge du donataire dans l'acte de donation, et dont la prise en charge par le donataire est notifiée au créancier, sont déduites pour la liquidation des droits de mutation à titre gratuit, lorsque la donation porte sur :
a. La totalité ou une quote-part indivise des biens meubles et immeubles corporels et incorporels affectés à l'exploitation d'une entreprise individuelle ayant une activité industrielle, commerciale, artisanale, agricole ou libérale, sous réserve que la dette n'ait pas été contractée par le donateur auprès soit du donataire ou du conjoint de ce dernier, soit de son conjoint ou de ses ascendants, soit de ses frères, sœurs ou descendants, soit de ses ascendants ou de leurs frères et sœurs ;
b. Des biens autres que ceux mentionnés au *a*, sous réserve que la dette soit contractée auprès d'une personne mentionnée au titre Ier du livre V du Code monétaire et financier.
II. - Le bénéfice de la déduction mentionnée au I est subordonné à la condition que le donataire démontre qu'il a supporté le paiement effectif des dettes mises à sa charge, sans que cette démonstration puisse être requise par l'administration au-delà de la troisième année suivant celle de leur échéance telle qu'elle est mentionnée dans l'acte de donation.

Art. 776 ter. Les donations de moins de quinze ans consenties aux petits-enfants en application de l'article 1078-4 du code civil ne sont pas rapportables dans la succession de leur père ou mère.

C – Tarif et liquidation

1 - Tarif

Art. 777. (*D. n° 2011-645 du 9.6.2011*) Les droits de mutation à titre gratuit sont fixés aux taux indiqués dans les tableaux ci-après, pour la part nette revenant à chaque ayant droit :

Tarif des droits applicables en ligne directe :

N'excédant pas 8 072 € : 5 %
Comprise entre 8 072 € et 12 109 € : 10 %
Comprise entre 12 109 € et 15 932 € : 15 %
Comprise entre 15 932 € et 552 324 € : 20 %
Comprise entre 552 324 € et 902 838 € : 30 %
Comprise entre 902 838 € et 1 805 677 € : 40 %
Au-delà de 1 805 677 € : 45 %

Tarif des droits applicables entre époux et entre partenaires liés par un pacte civil de solidarité (L. n° 2007-1223 du 21.8.2007) :

N'excédant pas 8 072 € : 5 %
Comprise entre 8 072 € et 15 932 € : 10 %
Comprise entre 15 932 € et 31 865 € : 15 %
Comprise entre 31 865 € et 552 324 € : 20 %
Comprise entre 552 324 € et 902 838 € : 30 %
Comprise entre 902 838 € et 1 805 677 € : 40 %
Au-delà de 1 805 677 € : 45 %

Les trois derniers tarifs sont applicables aux mutations à titre gratuit entre vifs consentis par actes passés à compter du 14 septembre 1983 et aux successions ouvertes à compter du 1er janvier 1984.

Tarif des droits applicables en ligne collatérale et entre non-parents :

Entre frères et sœurs vivants ou représentés :
N'excédant pas 24 430 € : 35 %.
Supérieure à 24 430 € : 45 %.

Entre parents jusqu'au quatrième degré inclusivement : 55 %.

Entre parents au-delà du quatrième degré et entre personnes non parentes : 60 %.

Sous réserve des exceptions prévues au I de l'article 794 et à l'article 795, les dons et legs faits aux établissements publics ou d'utilité publique sont soumis aux tarifs fixés pour les successions entre frères et sœurs.

Art. 777 bis. Abrogé (*L. n° 2007-1223 du 21.8.2007*).

Art. 778. Bénéficient du tarif de la ligne directe les libéralités faites au profit d'enfants abandonnés par suite d'événements de guerre, lorsqu'ils ont reçu dans leur minorité des secours et des soins non interrompus pendant cinq ans au moins de la part du disposant et que celui-ci n'a pu légalement les adopter.

Art. 778 bis. (*L. n° 2006-1771 du 30.12.2006*) La donation-partage consentie en application de l'article 1076-1 du code civil est soumise au tarif en ligne directe sur l'intégralité de la valeur du bien donné.

2 - Liquidation

a : Dispositions communes aux successions et aux donations

Art. 779. I. Pour la perception des droits de mutation à titre gratuit, il est effectué un abattement de 100 000 € sur la part de chacun des ascendants et sur la part de chacun des enfants vivants ou représentés par suite de prédécès ou de renonciation.

Entre les représentants des enfants prédécédés ou renonçants, cet abattement se divise d'après les règles de la dévolution légale.

En cas de donation, les enfants décédés du donateur sont, pour l'application de l'abattement, représentés par leurs descendants donataires dans les conditions prévues par le Code civil en matière de représentation successorale.

II. Pour la perception des droits de mutation à titre gratuit, il est effectué un abattement de 159 235 € sur la part de tout héritier, légataire ou donataire, incapable de travailler dans des conditions normales de rentabilité, en raison d'une infirmité physique ou mentale, congénitale ou acquise.

Un décret en Conseil d'État détermine les modalités d'application du premier alinéa.

III. Abrogé (*L. n° 2007-1223 du 21.8.2007*).

IV. [(*L. n° 2006-1771 du 30.12.2006*)] Pour la perception des droits de mutation à titre gratuit, il est effectué en cas de donation ou, lorsque les dispositions de l'article 796-0 ter ne sont pas applicables, en cas de succession, un abattement de 15 932 € sur la part de chacun des frères ou sœurs vivants ou représentés par suite de prédécès ou de renonciation.

Entre les représentants des frères et sœurs prédécédés ou renonçants, cet abattement se divise d'après les règles de dévolution légale.]

V. (*L. n° 2007-1223 du 21.8.2007*) Pour la perception des droits de mutation à titre gratuit, il est effectué un abattement de 7 967 € sur la part de chacun des neveux et nièces.

Art. 780. (*L. n° 2004-1485 du 30.12.2004*) Lorsqu'un héritier, donataire ou légataire a trois enfants ou plus, vivants ou représentés au jour de la donation ou au moment de l'ouverture de ses droits à la succession, il bénéficie, sur l'impôt à sa charge liquidé conformément aux dispositions des articles 777, 779, 788, 790 B, 790 D, 790 E et 790 F, d'une réduction de 100 % qui ne peut, toutefois, excéder 305 € par enfant en sus du deuxième. Ce maximum est porté à 610 € en ce qui concerne les donations et successions en ligne directe et [(*L. n° 2007-1223 du 21.8.2007*) les donations entre époux ou partenaires liés par un pacte civil de solidarité].

Le bénéfice de cette disposition est subordonné à la production d'un certificat de vie dispensé d'enregistrement, pour chacun des enfants vivants des héritiers, donataires ou légataires et des représentants de ceux prédécédés, soit d'une expédition de l'acte de décès de tout enfant décédé depuis l'ouverture de la succession.

Art. 781. Est compté comme enfant vivant ou représenté de l'héritier, donataire ou légataire pour l'application de l'article 780, l'enfant qui :

1° Est décédé après avoir atteint l'âge de 16 ans révolus ;

2° Étant âgé de moins de 16 ans, a été tué par l'ennemi au cours des hostilités, ou est décédé des suites de faits de guerre, soit durant les hostilités, soit dans l'année à compter de leur cessation.

Le bénéfice de cette disposition est subordonné à la production dans le premier cas, d'une expédition de l'acte de décès de l'enfant et, dans le second cas, d'un acte de notoriété délivré sans frais par le juge du tribunal d'instance du domicile du défunt et établissant les circonstances de la blessure ou de la mort.

Art. 782. Les droits de mutation à titre gratuit dus par les mutilés de guerre frappés d'une invalidité de 50 % au minimum sont réduits de moitié sans que la réduction puisse excéder 305 €.

Art. 783. Sous réserve de traités de réciprocité, les réductions d'impôts ou de taxes, les dégrèvements à la base, les déductions accordées par les lois en vigueur pour des raisons de charges de famille ne sont applicables qu'aux citoyens français et aux personnes originaires de Saint-Pierre-et-Miquelon, de Mayotte, de Nouvelle-Calédonie, de Polynésie française, des îles Wallis et Futuna et des Terres australes et antarctiques françaises.

Art. 784. Les parties sont tenues de faire connaître, dans tout acte constatant une transmission entre vifs à titre gratuit et dans toute déclaration de succession, s'il existe ou non des donations antérieures consenties à un titre et sous une forme quelconque par le donateur ou le défunt aux donataires, héritiers ou légataires et, dans l'affirmative, le montant de ces donations ainsi que, le cas échéant, les noms, qualités et résidences des officiers ministériels qui ont reçu les actes de donation, et la date de l'enregistrement de ces actes.

La perception est effectuée en ajoutant à la valeur des biens compris dans la donation ou la déclaration de succession celle des biens qui ont fait l'objet de donations antérieures, à l'exception de celles passées depuis plus de quinze ans, et, lorsqu'il y a lieu à application d'un tarif progressif, en considérant ceux de ces biens dont la transmission n'a pas encore été assujettie au droit de mutation à titre gratuit comme inclus dans les tranches les plus élevées de l'actif imposable.

Pour le calcul des abattements et réductions édictés par les articles 779, 780, 790 B, 790 D, 790 E et 790 F il est tenu compte des abattements et des réductions effectués sur les donations antérieures visées au deuxième alinéa et consenties par la même personne.

Art. 784 A. Dans les cas définis aux 1° et 3° de l'article 750 ter, le montant des droits de mutation à titre gratuit acquitté, le cas échéant, hors de France est imputable sur l'impôt exigible en France. Cette imputation est limitée à l'impôt acquitté sur les biens meubles et immeubles situés hors de France.

Art. 784 B. (*L. n° 2006-1771 du 30.12.2006*) En cas de donation-partage faite à des descendants de degrés différents, les droits sont liquidés en fonction du lien de parenté entre l'ascendant donateur et les descendants allotis.

Art. 784 C. (*L. n° 2006-1771 du 30.12.2006*) Dans le cas de libéralités graduelles ou résiduelles telles que visées aux articles 1048 à 1061 du code civil, lors de la transmission, le légataire ou le donataire institué en premier est redevable des droits de mutation à titre gratuit sur l'actif transmis dans les conditions de droit commun. Le légataire ou donataire institué en second n'est redevable d'aucun droit.

Au décès du premier légataire ou donataire, l'actif transmis est taxé d'après le degré de parenté existant entre le testateur ou le donateur et le second légataire ou donataire. Le régime fiscal applicable et la valeur imposable des biens transmis au second légataire ou donataire sont déterminés en se plaçant à la date du décès du premier gratifié.

Les droits acquittés par le premier légataire ou donataire sont imputés sur les droits dus sur les mêmes biens par le second légataire ou donataire.

Art. 785. Abrogé (*L. n° 2006-1771 du 30.12.2006*).

Art. 786. Pour la perception des droits de mutation à titre gratuit, il n'est pas tenu compte du lien de parenté résultant de l'adoption simple.

Cette disposition n'est pas applicable aux transmissions entrant dans les prévisions de l'alinéa 1er de l'article 368-1 du Code civil, ainsi qu'à celles faites en faveur :

1° D'enfants issus d'un premier mariage du conjoint de l'adoptant ;

2° De pupilles de l'État ou de la Nation ainsi que d'orphelins d'un père mort pour la France ;

3° D'adoptés qui, soit dans leur minorité et pendant cinq ans au moins, soit dans leur minorité et leur majorité et pendant dix ans au moins, auront reçu de l'adoptant des secours et des soins non interrompus ;

4° D'adoptés dont le ou les adoptants ont perdu, morts pour la France, tous leurs descendants en ligne directe ;

5° D'adoptés dont les liens de parenté avec la famille naturelle ont été déclarés rompus par le tribunal saisi de la requête en adoption, sous le régime antérieur à l'entrée en vigueur de la loi n° 66-500 du 11 juillet 1966 ;

6° Des successibles en ligne directe descendante des personnes visées aux 1° à 5° ;

7° D'adoptés, anciens déportés politiques ou enfants de déportés n'ayant pas de famille naturelle en ligne directe.

Art. 787 A. Les dons et legs consentis aux pupilles de l'État ou de la Nation et aux enfants visés au 3° de l'article L. 222-5 du Code de l'action sociale et des familles bénéficient du régime fiscal des mutations à titre gratuit en ligne directe lorsque le donateur ou le défunt a pourvu à leur entretien pendant cinq ans au moins au cours de leur minorité.

Art. 787 B. (*L. n° 2005-882 du 2.8.2005*) Sont exonérées de droits de mutation à titre gratuit, à concurrence de 75 % de leur valeur les parts ou les actions d'une société ayant une activité industrielle, commerciale, artisanale, agricole ou libérale transmises par décès ou entre vifs si les conditions suivantes sont réunies :

a. Les parts ou les actions mentionnées ci-dessus doivent faire l'objet d'un engagement collectif de conservation d'une durée minimale de deux ans en cours au jour de la transmission, qui a été pris par le défunt ou le donateur, pour lui et ses ayants cause à titre gratuit, avec d'autres associés ;

[(*L. n° 2007-1822 du 24.12.2007*) Lorsque les parts ou actions transmises par décès n'ont pas fait l'objet d'un engagement collectif de conservation, un ou des héritiers ou légataires peuvent entre eux ou avec d'autres associés conclure dans les six mois qui suivent la transmission l'engagement prévu au premier alinéa ;

b. L'engagement collectif de conservation doit porter sur au moins 20 % des droits financiers et des droits de vote attachés aux titres émis par la société s'ils sont admis à la négociation sur un marché réglementé ou, à défaut, sur au moins 34 %, y compris les parts ou actions transmises.

Ces pourcentages doivent être respectés tout au long de la durée de l'engagement collectif de conservation. Les associés de l'engagement collectif de conservation peuvent effectuer entre eux des cessions ou donations des titres soumis à l'engagement. Ils peuvent également admettre un nouvel associé dans l'engagement collectif à condition que cet engagement collectif soit reconduit pour une durée minimale de deux ans.

TEXTES DE LOI

L'engagement collectif de conservation est opposable à l'administration à compter de la date de l'enregistrement de l'acte qui le constate. Dans le cas de titres admis à la négociation sur un marché réglementé, l'engagement collectif de conservation est soumis aux dispositions de l'article L. 233-11 du Code de commerce.

(*L. n° 2006-1771 du 30.12.2006*) L'engagement collectif de conservation est réputé acquis lorsque les parts ou actions détenues depuis deux ans au moins par une personne physique seule ou avec son conjoint ou le partenaire avec lequel elle est liée par un pacte civil de solidarité atteignent les seuils prévus au premier alinéa, sous réserve que cette personne ou son conjoint ou son partenaire lié par un pacte civil de solidarité exerce depuis plus de deux ans au moins dans la société concernée son activité professionnelle principale ou l'une des fonctions énumérées au 1° de l'article 885 O bis lorsque la société est soumise à l'impôt sur les sociétés.

Pour le calcul des pourcentages prévus au premier alinéa, il est tenu compte des titres détenus par une société possédant directement une participation dans la société dont les parts ou actions font l'objet de l'engagement collectif de conservation visé au a et auquel elle a souscrit.

La valeur des titres de cette société qui sont transmis bénéficie de l'exonération partielle à proportion de la valeur réelle de son actif brut qui correspond à la participation ayant fait l'objet de l'engagement collectif de conservation ;

L'exonération s'applique également lorsque la société détenue directement par le redevable possède une participation dans une société qui détient les titres de la société dont les parts ou actions font l'objet de l'engagement de conservation.

Dans cette hypothèse, l'exonération partielle est appliquée à la valeur des titres de la société détenus directement par le redevable, dans la limite de la fraction de la valeur réelle de l'actif brut de celle-ci représentative de la valeur de la participation indirecte ayant fait l'objet d'un engagement de conservation.

(*L. n° 2009-1673 du 30.12.2009*) Le bénéfice de l'exonération partielle est subordonné à la condition que les participations soient conservées inchangées à chaque niveau d'interposition pendant toute la durée de l'engagement collectif. Toutefois, le bénéfice du régime de faveur n'est pas remis en cause en cas d'augmentation de la participation détenue par les sociétés interposées.

c. Chacun des héritiers, donataires ou légataires prend l'engagement dans la déclaration de succession ou l'acte de donation, pour lui et ses ayants cause à titre gratuit, de conserver les parts ou les actions transmises pendant une durée de quatre ans à compter de la date d'expiration du délai visé au a.

d. L'un des associés mentionnés au a ou l'un des héritiers, donataires ou légataires mentionnés au c exerce effectivement dans la société dont les parts ou actions font l'objet de l'engagement collectif de conservation pendant la durée de l'engagement prévu au a et, pendant les trois années qui suivent la date de la transmission, son activité professionnelle principale si celle-ci est une société de personnes visée aux articles 8 et 8 ter, ou l'une des fonctions énumérées au 1° de l'article 885 O bis lorsque celle-ci est soumise à l'impôt sur les sociétés, de plein droit ou sur option ;

e. La déclaration de succession ou l'acte de donation doit être appuyée d'une attestation de la société dont les parts ou actions font l'objet de l'engagement collectif de conservation certifiant que les conditions prévues aux a et b ont été remplies jusqu'au jour de la transmission.

À compter de la transmission et jusqu'à l'expiration de l'engagement collectif de conservation visé au a, la société doit en outre adresser, dans les trois mois qui suivent le 31 décembre de chaque année, une attestation certifiant que les conditions prévues aux a et b sont remplies au 31 décembre de chaque année.

e bis. En cas de non-respect de la condition prévue au a par l'un des signataires, l'exonération partielle n'est pas remise en cause à l'égard des signataires autres que le cédant si :

– soit les titres que ces autres signataires détiennent ensemble respectent la condition prévue au b et ceux-ci les conservent jusqu'au terme initialement prévu ;

– soit le cessionnaire s'associe à l'engagement collectif à raison des titres cédés afin que le pourcentage prévu au b demeure respecté. Dans ce cas, l'engagement collectif est reconduit pour une durée minimale de deux ans pour l'ensemble des signataires.

f. (*L. n° 2008-1425 du 27.12.2008*) En cas de non-respect de la condition prévue au c par suite d'un apport partiellement rémunéré par la prise en charge d'une soulte consécutive à un partage ou d'un apport pur et simple de titres d'une société ayant une activité industrielle, commerciale, artisanale, agricole ou libérale à une société dont l'objet unique est la gestion de son propre patrimoine constitué exclusivement de participations dans une ou plusieurs sociétés du même groupe que la société dont les parts ou actions ont été transmises et ayant une activité, soit similaire, soit connexe et complémentaire, l'exonération partielle n'est pas remise en cause si les conditions suivantes sont réunies :

1° La société bénéficiaire de l'apport est détenue en totalité par les personnes physiques bénéficiaires de l'exonération. Le donateur peut toutefois détenir une participation directe dans le capital social de cette société, sans que cette participation puisse être majoritaire. Elle est dirigée directement par une ou plusieurs des personnes physiques bénéficiaires de l'exonération. Les conditions tenant à la composition de l'actif de la société, à la détention de son capital et à sa direction doivent être respectées à l'issue de l'opération d'apport et jusqu'au terme de l'engagement mentionné au c ;

2° La société bénéficiaire de l'apport prend l'engagement de conserver les titres apportés jusqu'au terme de l'engagement prévu au c ;

3° Les héritiers, donataires ou légataires, associés de la société bénéficiaire des apports doivent conserver, pendant la durée mentionnée au 2°, les titres reçus en contrepartie de l'opération d'apport.

g. (*L. n° 2006-1771 du 30.12.2006*) En cas de non-respect des conditions prévues aux a ou b, par suite d'une fusion ou d'une scission au sens de l'article 817 A ou d'une augmentation de capital, l'exonération partielle accordée lors d'une mutation à titre gratuit avant l'une de ces opérations n'est pas remise en cause si les signataires respectent l'engagement prévu au a jusqu'à son terme. Les titres reçus en contrepartie de ces opérations doivent être conservés jusqu'au même terme. De même, cette exonération n'est pas non plus remise en cause lorsque la condition prévue au b n'est pas respectée par suite d'une annulation des titres pour cause de pertes ou de liquidation judiciaire ;

h. (*L. n° 2006-1771 du 30.12.2006*) En cas de non-respect de la condition prévue au c par suite d'une fusion ou d'une scission au sens de l'article 817 A ou d'une augmentation de capital, l'exonération partielle accordée au titre de la mutation à titre gratuit n'est pas remise en cause si les titres reçus en contrepartie de ces opérations sont conservés par le signataire de l'engagement jusqu'à son terme. De même, cette exonération n'est pas remise en cause lorsque la condition prévue aux b ou c n'est pas respectée par suite d'une annulation des titres pour cause de pertes ou de liquidation judiciaire.

i. (*L. n° 2007-1824 du 25.12.2007*) En cas de non-respect de la condition prévue au c par suite d'une donation, l'exonération partielle accordée au titre de la mutation à titre gratuit n'est pas remise en cause, à condition que le ou les donataires soient le ou les descendants du donateur et que le ou les donataires poursuivent l'engagement prévu au c jusqu'à son terme.

Les dispositions du présent article qui précèdent s'appliquent en cas de donation avec réserve d'usufruit à la condition que les droits de vote de l'usufruitier soient statutairement limités aux décisions concernant l'affectation des bénéfices.

Un décret en Conseil d'État détermine les modalités d'application du présent article, notamment les obligations déclaratives incombant aux redevables et aux sociétés.

Art. 787 C. (*L. n° 2005-882 du 2.8.2005*) Sont exonérés de droits de mutation à titre gratuit, à concurrence de 75 % de leur valeur, la totalité ou une quote-part indivise de l'ensemble des biens meubles et immeubles, corporels ou incorporels affectés à l'exploitation d'une entreprise individuelle ayant une activité industrielle, commerciale, artisanale, agricole ou libérale transmis par décès ou en pleine propriété entre vifs si les conditions suivantes sont réunies :

a. L'entreprise individuelle mentionnée ci-dessus a été détenue depuis plus de deux ans par le défunt ou le donateur lorsqu'elle a été acquise à titre onéreux ;

b. Chacun des héritiers, donataires ou légataires prend l'engagement dans la déclaration de succession ou l'acte de donation, pour lui et ses ayants cause à titre gratuit, de conserver l'ensemble des biens affectés à l'exploitation de l'entreprise pendant une durée de quatre ans à compter de la date de la transmission.

c. L'un des héritiers, donataires ou légataires mentionnés au b poursuit effectivement pendant les trois années qui suivent la date de la transmission l'exploitation de l'entreprise.

d. (*L. n° 2007-1824 du 25.12.2007*) En cas de non-respect de la condition prévue au b par suite d'une donation, l'exonération partielle accordée au titre de la mutation à titre gratuit n'est pas remise en cause, à condition que le ou les donataires soient le ou les descendants du donateur et que le ou les donataires poursuivent l'engagement prévu au b jusqu'à son terme.

b : Dispositions spéciales aux successions

Art. 788. I et II. Abrogés (*L. n° 2007-1223 du 21.8.2007*).

III. (*L. n° 2003-709 du 1.8.2003*) Pour la perception des droits de mutation par décès, il est effectué un abattement sur la part nette de tout héritier, donataire ou légataire correspondant à la valeur des biens reçus du défunt, évalués au jour du décès et remis par celui-ci à une fondation reconnue d'utilité publique répondant aux conditions fixées au b du 1 de l'article 200 ou aux sommes versées par celui-ci à une association reconnue d'utilité publique répondant aux conditions fixées au b du 1 de l'article 200, à l'État ou à un organisme mentionné à l'article 794 en remploi des sommes, droits ou valeurs reçus du défunt. Cet abattement s'applique à la double condition :

1° Que la libéralité soit effectuée, à titre définitif et en pleine propriété, dans les six mois suivant le décès ;

2° Que soient jointes à la déclaration de succession des pièces justificatives répondant à un modèle fixé par un arrêté du ministre chargé du budget attestant du montant et de la date de la libéralité ainsi que de l'identité des bénéficiaires.

L'application de cet abattement n'est pas cumulable avec le bénéfice de la réduction d'impôt sur le revenu prévue à l'article 200.

IV. À défaut d'autre abattement, à l'exception de celui mentionné au III, un abattement de 1 594 € est opéré sur chaque part successorale.

Art. 788 bis. (*L. n° 2006-1771 du 30.12.2006*) Les biens recueillis par un héritier ou un légataire en application de l'article 1002-1 ou du deuxième alinéa de l'article 1094-1 du code civil sont réputés transmis à titre gratuit par le défunt.

Art. 789. Lorsqu'une succession comprend à la fois des biens imposables en France métropolitaine ou dans les départements d'outre-mer et des biens imposables en Polynésie française, à Saint-Pierre-et-Miquelon, aux îles Wallis et Futuna et dans les Terres australes et antarctiques françaises, le montant des droits est liquidé, compte tenu, le cas échéant, de tous abattements, charges ou déductions, sur la valeur de l'intégralité de la succession ; toutefois, les droits ainsi déterminés ne sont exigibles que dans la mesure du rapport existant entre, d'une part, la valeur des biens auxquels s'appliquent les dispositions du Code général des impôts et, d'autre part, l'intégralité de l'actif net successoral.

Des arrêtés du ministre de l'économie et des finances rendront applicable cette disposition.

Art. 789 bis. Abrogé (*L. n° 2007-1223 du 21.8.2007*).

c : Dispositions spéciales aux donations

Art. 790. (*L. n° 2011-900 du 29.7.2011*) I. Les donations en pleine propriété des parts ou actions d'une société ayant une activité industrielle, commerciale, artisanale, agricole ou libérale qui réunissent les conditions énumérées à l'article 787 B bénéficient sur les droits liquidés en application des articles 777 et suivants d'une réduction de 50 % lorsque le donateur est âgé de moins de soixante-dix ans.

II. Les donations en pleine propriété de la totalité ou d'une quote-part indivise de l'ensemble des biens meubles et immeubles, corporels ou incorporels affectés à l'exploitation d'une entreprise individuelle ayant une activité industrielle, commerciale, artisanale, agricole ou libérale qui réunissent les conditions énumérées à l'article 787 C bénéficient sur les droits liquidés en application des articles 777 et suivants d'une réduction de 50 % lorsque le donateur est âgé de moins de soixante-dix ans.

Art. 790 A. (*L. n° 2008-776 du 4.8.2008*) I. Pour la liquidation des droits de mutation à titre gratuit, en cas de donation en pleine propriété de fonds artisanaux, de fonds de commerce, de fonds agricoles ou de clientèles d'une entreprise individuelle ou de parts ou actions d'une société, il est appliqué, sur option du donataire, un abattement de 300 000 € sur la valeur du fonds ou de la clientèle ou sur la fraction de la valeur des titres représentative du fonds ou de la clientèle, si les conditions suivantes sont réunies :

a. L'entreprise ou la société exerce une activité industrielle, commerciale, artisanale, agricole ou libérale ;

b. La donation est consentie aux personnes titulaires d'un contrat de travail à durée indéterminée depuis au moins deux ans et qui exercent leur fonction à temps plein ou d'un contrat d'apprentissage en cours au jour de la transmission, conclu avec l'entreprise dont le fonds de commerce ou la clientèle est transmis ou avec la société dont les parts ou actions sont transmises ;

c. Abrogé (*L. n° 2008-776 du 4.8.2008*) ;

d. Lorsqu'ils ont été acquis à titre onéreux, le fonds ou la clientèle mentionnés ci-dessus doivent avoir été détenus depuis plus de deux ans par le donateur ou la société ;

e. Lorsque la transmission porte sur des parts ou actions acquises à titre onéreux, celles-ci ont été détenues depuis plus de deux ans par le donateur ;

f. Les donataires poursuivent à titre d'activité professionnelle unique et de manière effective et continue pendant les cinq années qui suivent la date de la transmission l'exploitation du fonds ou de la clientèle transmis ou l'activité de la société dont les parts ou actions sont transmises et dont l'un d'eux assure, pendant la même période, la direction effective de l'entreprise. Dans le cas où l'entreprise fait l'objet d'une procédure de liquidation judiciaire prévue au titre IV du livre VI du Code de commerce dans les cinq années qui suivent la date de la transmission, il n'est pas procédé à la déchéance du régime de faveur prévu au premier alinéa.

II. Lorsque les donataires ont exercé l'option prévue au I, le bénéfice de ses dispositions est exclusif de l'application de l'article 787 B sur la fraction de la valeur des parts représentative des biens autre que le fonds artisanal, le fonds de commerce, le fonds agricole ou la clientèle, et de l'article 787 C à raison de la donation à la même personne des biens autres que le fonds artisanal, le fonds de commerce, le fonds agricole la clientèle, affectés à l'exploitation de l'entreprise.

III. (*L. n° 2008-776 du 4.8.2008*) Le I ne peut s'appliquer qu'une seule fois entre un même donateur et un même donataire.

Art. 790 A bis. (*L. n° 2005-882 du 2.8.2005*) I. Les dons de sommes d'argent consentis en pleine propriété à un enfant, un petit-enfant, un arrière-petit-enfant ou, à défaut d'une telle descendance, un neveu ou une nièce, sont exonérés de droits de mutation à titre gratuit dans la limite de 30 000 € si les conditions suivantes sont réunies :

a. (*L. n° 2008-1443 du 30.12.2008*) Les sommes sont affectées avant la fin de la deuxième année suivant la date du transfert soit à la souscription au capital initial d'une société qui satisfait à la définition des petites et moyennes entreprises qui figure à l'annexe I au règlement (CE) n° 800/2008 de la Commission du 6 août 2008 déclarant certaines catégories d'aide compatibles avec le marché commun en application des articles 87 et 88 du traité (Règlement général d'exemption par catégorie), soit à l'acquisition de biens meubles ou immeubles affectés à l'exploitation d'une entreprise individuelle répondant à cette définition ;

b. Le donataire exerce son activité professionnelle principale dans la société ou l'entreprise pendant une période de cinq ans à compter de l'affectation des sommes mentionnées au a ;

c. L'activité de la société ou de l'entreprise est industrielle, commerciale, artisanale, agricole ou libérale pendant la période mentionnée au d. Le donataire ne peut bénéficier d'un même donateur du présent dispositif qu'une seule fois.

Art. 790 B. Pour la perception des droits de mutation à titre gratuit entre vifs, il est effectué un abattement de 31 865 € sur la part de chacun des petits-enfants.

Les petits-enfants décédés du donateur sont, pour l'application de l'abattement, représentés par leurs descendants donataires dans les conditions prévues par le Code civil en matière de représentation successorale.

Art. 790 C. Abrogé (*L. n° 2007-1223 du 21.8.2007*).

Art. 790 D. (*L. n° 2005-1719 du 30.12.2005*) Pour la perception des droits de mutation à titre gratuit entre vifs, il est effectué un abattement de 5 310 € sur la part de chacun des arrière-petits-enfants du donateur.

Art. 790 E. (*L. n° 2007-1223 du 21.8.2007*) Pour la perception des droits de mutation à titre gratuit entre vifs, il est effectué un abattement de 80 724 € sur la part du conjoint du donateur.

Art. 790 F. (*L. n° 2007-1223 du 21.8.2007*) Pour la perception des droits de mutation à titre gratuit entre vifs, il est effectué un abattement de 80 724 € sur la part du partenaire lié au donateur par un pacte civil de solidarité.

Le bénéfice de cet abattement est remis en cause lorsque le pacte prend fin au cours de l'année civile de sa conclusion ou de l'année suivante pour un motif autre que le mariage entre les partenaires ou le décès de l'un d'entre eux.

Art. 790 G. I. Les dons de sommes d'argent consentis en pleine propriété au profit d'un enfant, un petit-enfant, un arrière-petit-enfant ou, à défaut d'une telle descendance, d'un neveu ou d'une nièce, ou par représentation, d'un petit-neveu ou d'une petite-nièce sont exonérés de droits de mutation à titre gratuit dans la limite de 31 865 € tous les quinze ans.

Cette exonération est subordonnée au respect des conditions suivantes :

1° (*L. n° 2009-1673 du 30.12.2009*) Le donateur est âgé de moins de quatre-vingts ans au jour de la transmission ;

2° Le donataire est âgé de dix-huit ans révolus ou a fait l'objet d'une mesure d'émancipation au jour de la transmission.

Le plafond de 31 395 € est applicable aux donations consenties par un même donateur à un même donataire.

II. Cette exonération se cumule avec les abattements prévus aux I, II et V de l'article 779 et aux articles 790 B et 790 D.

III. Il n'est pas tenu compte des dons de sommes d'argent mentionnés au I pour l'application de l'article 784.

IV. Sous réserve de l'application des dispositions du 1° du 1. de l'article 635 et du 1. de l'article 650, les dons de sommes d'argent mentionnés au I doivent être déclarés ou enregistrés par le donataire au service des impôts du lieu de son domicile dans le délai d'un mois qui suit la date du don. L'obligation déclarative est accomplie par la souscription, en double exemplaire, d'un formulaire conforme au modèle établi par l'administration.

Art. 791. Le taux de la taxe de publicité foncière est réduit à 0,60 % pour les mutations entre vifs à titre gratuit.

La valeur à retenir pour l'assiette de la taxe ne peut être inférieure, le cas échéant, à celle qui sert de base à la liquidation des droits d'enregistrement suivant les dispositions du présent code.

Art. 791 ter. (*L. n° 2007-1824 du 25.12.2007*) En cas de donation en ligne directe de biens antérieurement transmis à un premier donataire en ligne directe et ayant fait retour au donateur en application des articles 738-2, 951 et 952 du Code civil, les droits acquittés lors de la première donation sont imputés sur les droits dus lors de la seconde donation. La nouvelle donation doit intervenir dans les cinq ans du retour des biens dans le patrimoine du donateur.

(*L. n° 2009-1673 du 30.12.2009*) Nonobstant les dispositions prévues au premier alinéa, en cas de retour des biens au donateur en application des articles 738-2, 951 et 952 du code civil, ce retour ouvre droit, dans le délai légal de réclamation à compter du décès du donataire, à restitution des droits de mutation à titre gratuit acquittés lors de la donation résolue.

Art. 792. La transmission à titre gratuit du bénéfice d'un contrat de location-attribution ou de location-vente entrant dans les prévisions de l'article 1378 quinquies est présumée avoir pour objet le logement visé par ce contrat. La valeur de ce logement est réputée égale à la somme que les ayants droit recevraient en cas de cession ou de résiliation du contrat de location-attribution.

D - Régimes spéciaux et exonérations

Art. 792-0 bis. I. 1. Pour l'application du présent code, on entend par trust l'ensemble des relations juridiques créées dans le droit d'un État autre que la France par une personne qui a la qualité de constituant, par acte entre vifs ou à cause de mort, en vue d'y placer des biens ou droits, sous le contrôle d'un administrateur, dans l'intérêt d'un ou de plusieurs bénéficiaires ou pour la réalisation d'un objectif déterminé.

2. Pour l'application du présent titre, on entend par constituant du trust soit la personne physique qui l'a constitué, soit, lorsqu'il a été constitué par une personne physique agissant à titre professionnel ou par une personne morale, la personne physique qui y a placé des biens et droits.

II. 1. La transmission par donation ou succession de biens ou droits placés dans un trust ainsi que des produits qui y sont capitalisés est, pour la valeur vénale nette des biens, droits ou produits concernés à la date de la transmission, soumise aux droits de mutation à titre gratuit en fonction du lien de parenté existant entre le constituant et le bénéficiaire.

2. Dans les cas où la qualification de donation et celle de succession ne s'appliquent pas, les biens, droits ou produits capitalisés placés dans un trust qui sont transmis aux bénéficiaires au décès du constituant sans être intégrés à sa succession ou qui restent dans le trust après le décès du constituant sont soumis aux droits de mutation par décès dans les conditions suivantes :

a. Si, à la date du décès, la part des biens, droits ou produits capitalisés qui est due à un bénéficiaire est déterminée, cette part est soumise aux droits de mutation par décès selon le lien de parenté entre le constituant et le bénéficiaire ;

b. Si, à la date du décès, une part déterminée des biens, droits ou produits capitalisés est due globalement à des descendants du constituant, cette part est soumise à des droits de mutation à titre gratuit par décès au taux applicable à la dernière tranche du tableau I annexé à l'article 777 ;

c. La valeur des biens, droits ou produits capitalisés placés dans le trust, nette des parts mentionnées aux a et b du présent 2, est soumise à des droits de mutation à titre gratuit par décès au taux applicable à la dernière tranche du tableau III annexé au même article 777.

Sans préjudice de l'application de l'article 784 à ces droits ainsi qu'aux droits de mutation à titre gratuit mentionnés au 1 du présent II en cas de transmission par donation, la perception des droits de mutation par décès mentionnés au même 1 et au a du présent 2 est effectuée en ajoutant la valeur des biens, droits et produits qu'ils imposent à celle des autres biens compris dans la déclaration de succession pour l'application d'un tarif progressif et pour le calcul des abattements et réductions édictés par les articles 779 et 780.
Les droits de mutation à titre gratuit mentionnés aux b et c du présent 2 sont acquittés et versés au comptable public compétent par l'administrateur du trust dans les délais prévus à l'article 641, à compter du décès du constituant. À défaut et dans le cas où l'administrateur du trust est soumis à la loi d'un État ou territoire non coopératif au sens de l'article 238-0 A ou n'ayant pas conclu avec la France une convention d'assistance mutuelle en matière de recouvrement, les bénéficiaires du trust sont solidairement responsables du paiement des droits.
Par exception, lorsque l'administrateur du trust est soumis à la loi d'un État ou territoire non coopératif au sens de l'article 238-0 A ou lorsque, au moment de la constitution du trust, le constituant était fiscalement domicilié en France au sens de l'article 4 B, les droits de donation et les droits de mutation par décès sont dus au taux applicable à la dernière tranche du tableau III annexé à l'article 777.
3. Le bénéficiaire est réputé être un constituant du trust pour l'application du présent II, à raison des biens, droits et produits capitalisés placés dans un trust dont le constituant est décédé à la date de l'entrée en vigueur de la loi n° 2011-900 du 29 juillet 2011 de finances rectificative pour 2011 et à raison de ceux qui sont imposés dans les conditions prévues aux 1 et 2 du même II et de leurs produits capitalisés.

Art. 792 bis. (*L. n° 2007-211 du 19.02.2007*)
Lorsqu'il est constaté une transmission dans une intention libérale de biens ou droits faisant l'objet d'un contrat de fiducie ou des fruits tirés de l'exploitation de ces biens ou droits, les droits de mutation à titre gratuit s'appliquent sur la valeur des biens, droits ou fruits ainsi transférés, appréciée à la date de ce transfert. Ils sont liquidés selon le tarif

applicable entre personnes non parentes mentionné au tableau III de l'article 777.

Pour l'application des dispositions mentionnées au premier alinéa, l'intention libérale est notamment caractérisée lorsque la transmission est dénuée de contrepartie réelle ou lorsqu'un avantage en nature ou résultant d'une minoration du prix de cession est accordé à un tiers par le fiduciaire dans le cadre de la gestion du patrimoine fiduciaire. Dans ce dernier cas, les droits de mutation à titre gratuit s'appliquent sur la valeur de cet avantage.

Art. 792 ter. Abrogé (*Ord. n° 2009-112 du 30.1.2009*).

Art. 793. Sont exonérés des droits de mutation à titre gratuit :

1. 1° et 2° (Périmés) ;

3° Les parts d'intérêts détenues dans un groupement forestier à concurrence des trois-quarts de la fraction de la valeur nette correspondant aux biens visés au a ci-après, à condition :

a. Que l'acte constatant la donation ou la déclaration de la succession soit appuyé d'un certificat délivré sans frais par le directeur départemental des territoires ou le directeur départemental des territoires et de la mer attestant que :

– les bois et forêts du groupement sont (*L. n° 2001-632 du 9.7.2001*) susceptibles de présenter une des garanties de gestion durable prévues à l'article L. 8 du code forestier ;

– les friches et landes appartenant au groupement sont susceptibles de reboisement et présentent une vocation forestière ;

– les terrains pastoraux appartenant au groupement sont susceptibles d'un régime d'exploitation normale.

b. Que le groupement forestier prenne, selon le cas, (*L. n° 2001-632 du 9.7.2001*) l'un des engagements prévus au b du 2° du 2 ;

Ce groupement doit s'engager en outre :

– à reboiser ses friches et landes dans un délai de cinq ans à compter de la délivrance du certificat et à les soumettre ensuite au régime défini au b du 2° du 2 ;

– à soumettre pendant trente ans ses terrains pastoraux à un régime d'exploitation normale ou, à défaut, à les reboiser ;

c. Que les parts aient été détenues depuis plus de deux ans par le donateur ou le défunt, lorsqu'elles ont été acquises à titre onéreux à compter du 5 septembre 1979 ;

4° Les parts des groupements fonciers agricoles et celles des groupements agricoles fonciers, créés conformément à la loi n° 62-933 du 8 août 1962 et répondant aux diverses caractéristiques des articles L. 322-1 à L. 322-21, L. 322-23 et L. 322-24 du Code rural et de la pêche maritime, à concurrence des trois-quarts de la fraction de la valeur nette des biens donnés à bail à long terme, ou à bail cessible sous réserve des dispositions de l'article 793 bis, à condition :

a. que les statuts du groupement lui interdisent l'exploitation en faire-valoir direct ;

b. que les immeubles à destination agricole constituant le patrimoine du groupement aient été donnés à bail à long terme dans les conditions prévues par les articles L. 416-1 à L. 416-6, L. 416-8 et L. 416-9 du Code rural et de la pêche maritime ou à bail cessible dans les conditions prévues par les articles L. 418-1 à L. 418-5 du code rural et de la pêche maritime ;

c. que les parts aient été détenues depuis deux ans au moins par le donateur ou le défunt.

Ce délai n'est pas exigé lorsque le donateur ou le défunt ont été parties au contrat de constitution du groupement foncier agricole et, à ce titre, ont effectué des apports constitués exclusivement par des immeubles ou des droits immobiliers à destination agricole.

L'exonération ne s'applique pas aux parts de groupements fonciers agricoles qui sont détenues par une société civile régie par la section 3 du chapitre IV du titre premier du livre II du Code monétaire et financier ou par une entreprise d'assurance ou de capitalisation ;

Conformément aux dispositions de l'article L. 322-18 du Code rural et de la pêche maritime, le remboursement des avantages fiscaux prévus aux articles L. 322-1 à L. 322-24 du même code n'est pas dû lorsque la condition de parenté prévue à l'article L. 322-11 du code précité cesse d'être respectée à la suite de transmissions à titre gratuit ;

Peuvent être étendues aux départements d'outre-mer, dans des conditions fixées par décret en Conseil d'État, après avis des conseils généraux desdits départements, les dispositions des articles L. 322-1 à L. 322-21,

L. 322-23 et L. 322-24 du code précité (art. R. 328-3 et R. 328-4 du Code rural et de la pêche maritime).

5° Les réversions de rentes viagères entre parents en ligne directe ;

6° La transmission par décès du bénéfice du contrat de travail à salaire différé dont la dévolution est régie par l'article L. 321-14 du Code rural et de la pêche maritime.

2. 1° (Abrogé).

2° Les successions et donations entre vifs, à concurrence des trois-quarts de leur montant, intéressant les propriétés en nature de bois et forêts, (*L. n° 2001-632 du 9.7.2001*) à la condition :

a. Que l'acte constatant la donation ou la déclaration de succession soit appuyé d'un certificat délivré sans frais par le directeur départemental des territoires ou le directeur départemental des territoires et de la mer attestant que les bois et forêts sont susceptibles de présenter une des garanties de gestion durable prévues à l'article L. 8 du Code forestier ;

b. Qu'il contienne l'engagement par l'héritier, le légataire ou le donataire, pris pour lui et ses ayants cause :

– soit d'appliquer pendant trente ans aux bois et forêts objets de la mutation l'une des garanties de gestion durable prévues à l'article L. 8 dudit code ;

– soit lorsque, au moment de la mutation, aucune garantie de gestion durable n'est appliquée aux bois et forêts en cause, de présenter dans le délai de trois ans à compter de la mutation et d'appliquer jusqu'à l'expiration du délai de trente ans précité une telle garantie. Dans cette situation, le bénéficiaire s'engage en outre à appliquer le régime d'exploitation normale prévue au décret du 28 juin 1930 aux bois et forêts pendant le délai nécessaire à la présentation de l'une des garanties de gestion durable.

En cas de transmission de bois et forêts à l'État ou aux collectivités et organismes mentionnés à l'article 1042, l'engagement est réputé définitivement satisfait à concurrence d'une fraction de la valeur des biens exonérée déterminée par le rapport entre la superficie des biens objets de la transmission et la superficie totale des biens sur lesquels l'engagement a été souscrit. La même règle s'applique aux mutations de jouissance ou de propriété au profit d'établissements ou de sociétés, en vue de la réalisation d'équipements, aménagements ou constructions d'intérêt public, qui pourraient donner lieu à l'établissement d'une servitude d'utilité publique au titre de ladite mutation, ainsi qu'aux bois et forêts faisant l'objet d'une interdiction de reconstituer les boisements après coupe rase [(*D. n° 2006-356 du 24.3.2006*) en application des deuxième à neuvième alinéas de l'article L. 126-1 du code rural et de la pêche maritime] ;

3° Les biens donnés à bail dans les conditions prévues aux articles L. 416-1 à L. 416-6, L. 416-8 et L. 416-9 ainsi qu'aux articles L. 418-1 à L. 418-5 du Code rural et de la pêche maritime, à concurrence des trois quarts de leur valeur, sous réserve des dispositions de l'article 793 bis ;

4° Lors de leur première transmission à titre gratuit, les immeubles acquis neufs ou en état futur d'achèvement dont la déclaration de l'achèvement des travaux prévue par la réglementation de l'urbanisme est déposée avant le 1er juillet 1994 à la mairie de la commune sur le territoire de laquelle l'immeuble concerné a été édifié et dont l'acquisition par le donateur ou le défunt est constatée par un acte authentique signé entre le 1er juin 1993 et le 31 décembre 1994.

L'exonération est subordonnée à la condition que les immeubles aient été exclusivement affectés de manière continue à l'habitation principale pendant une durée minimale de cinq ans à compter de l'acquisition ou de l'achèvement s'il est postérieur. En cas de donation, le délai s'impose au donataire si la durée de cinq ans à compter de la date de l'acquisition ou de l'achèvement, s'il est postérieur, n'est pas expirée.

La condition de cinq ans n'est pas opposable en cas de décès de l'acquéreur durant ce délai.

Les dispositions qui précèdent ne s'appliquent pas aux immeubles dont l'acquéreur a bénéficié des réductions d'impôt prévues aux articles 199 undecies et 199 undecies A.

Un décret en Conseil d'État détermine les modalités d'application des dispositions du présent 4° notamment les obligations déclaratives incombant aux redevables et les pièces justificatives à fournir lors de l'enregistrement de la transmission mentionnée au premier alinéa (art. 294 e de l'annexe II).

5° Lors de leur première transmission à titre gratuit, les immeubles acquis neufs dont la déclaration de l'achèvement des travaux prévue par la réglementation de l'urbanisme a été déposée avant le 31 décembre 1994 à la mairie de la commune sur le territoire de laquelle l'immeuble concerné a été édifié et dont l'acquisition par le donateur ou le défunt est constatée par un acte authentique signé entre le 1er août 1995 et le 31 décembre 1995.

L'exonération est subordonnée à la condition que les immeubles aient été exclusivement affectés de manière continue à l'habitation principale pendant une durée minimale de deux ans à compter de l'acquisition et que le donataire, l'héritier ou le légataire ou leurs ayants cause prennent l'engagement de ne pas affecter les immeubles à un autre usage que l'habitation pendant une durée minimale de trois ans à compter de la transmission à titre gratuit.

La condition de deux ans n'est pas opposable en cas de décès de l'acquéreur durant ce délai.

Les dispositions qui précèdent ne s'appliquent pas aux immeubles dont l'acquéreur a bénéficié des réductions d'impôt prévues aux articles 199 undecies et 199 undecies A.

Un décret en Conseil d'État détermine les modalités d'application des dispositions du présent 5° (art. 294 A de l'annexe II).

6° Lors de leur première transmission à titre gratuit, les immeubles ou fractions d'immeubles mentionnés aux articles 710 et 711, à concurrence des trois-quarts de leur valeur, lorsque l'acquisition par le donateur ou le défunt est constatée par un acte authentique signé entre le 1er août 1995 et le 31 décembre 1996 et qu'elle n'a pas donné lieu au paiement de la taxe sur la valeur ajoutée.

L'exonération est subordonnée à la condition que les immeubles aient été donnés en location par le propriétaire dans les conditions prévues aux 3° et 4° de l'article 199 decies B, pendant une durée minimale de neuf ans, à une personne qui les affecte de manière exclusive et continue à son habitation principale.

La location doit avoir pris effet dans les six mois de l'acquisition de l'immeuble.

Lorsqu'au jour de la transmission à titre gratuit, le délai de neuf ans n'est pas expiré, le bénéfice de l'exonération partielle est subordonné à l'engagement des donataires, héritiers ou légataires pour eux et leurs ayants cause de maintenir en location, dans les mêmes conditions, les biens transmis jusqu'à l'expiration de ce délai.

Un décret en Conseil d'État détermine les modalités d'application des dispositions du présent 6°, notamment les obligations déclaratives incombant aux redevables et pièces justificatives à fournir lors de l'enregistrement de la transmission mentionnée au premier alinéa (art. 294 B de l'annexe II).

7° (*L. n° 2005-1720 du 30.12.2005*) Les successions et donations entre vifs, à concurrence des trois quarts de leur montant, intéressant les propriétés non bâties qui ne sont pas en nature de bois et forêts et qui sont incluses dans les espaces naturels délimités en application des articles L. 331-2, L. 332-2, L. 341-2 et L. 414-1 du code de l'environnement et de leurs textes d'application, ou délimités en application de l'article L. 146-6 du code de l'urbanisme, à la condition :

a. Que l'acte constatant la donation ou la déclaration de succession soit appuyé d'un certificat délivré sans frais par le directeur départemental des territoires ou le directeur départemental des territoires et de la mer attestant que les propriétés concernées font l'objet d'un engagement de gestion conforme aux objectifs de conservation de ces espaces ;

b. Qu'il contienne l'engagement par l'héritier, le légataire ou le donataire, pris pour lui et ses ayants cause, d'appliquer pendant dix-huit ans aux espaces naturels objets de la mutation des garanties de gestion conformes aux objectifs de conservation de ces espaces et dont le contenu est défini par décret.

Cette exonération n'est pas cumulable avec une autre exonération applicable en matière de droits de mutation à titre gratuit.

En cas de transmission de propriétés non bâties, qui sont incluses dans les espaces naturels délimités en application des articles L. 331-2, L. 332-2, L. 341-2 et L. 414-1 du code de l'environnement et de leurs textes d'application, ou délimités en application de l'article L. 146-6 du code de l'urbanisme, à l'État ou aux collectivités et organismes mentionnés à l'article 1042 du présent code, l'engagement est réputé définitivement satisfait à concurrence d'une fraction de la valeur des biens exonérée, celle-ci étant déterminée par le rapport entre la superficie des biens objets de la transmission et la superficie totale des biens sur lesquels l'engagement a été souscrit. La même règle s'applique aux mutations de jouissance ou de propriété au profit d'établissements ou de sociétés, en vue de la réalisation d'équipements, aménagements ou constructions d'intérêt public, qui pourraient donner lieu à l'établissement d'une servitude d'utilité publique au titre de ladite mutation.

Art. 793 bis. L'exonération partielle prévue au 4° du 1 et au 3° du 2 de l'article 793 est subordonnée à la condition que le bien reste la propriété du donataire, héritier et légataire pendant cinq ans à compter de la date de la transmission à titre gratuit. Lorsque cette condition n'est pas respectée, les droits sont rappelés, majorés de l'intérêt de retard visé à l'article 1727.

Lorsque la valeur totale des biens susceptibles de bénéficier de l'exonération partielle visée au premier alinéa, transmis par le donateur ou le défunt à chaque donataire, héritier ou légataire, excède 101 897 €, l'exonération partielle de droits de mutation à titre gratuit est ramenée à 50 p. 100 au-delà de cette limite.

Pour l'appréciation de cette limite, il est tenu compte de l'ensemble des donations consenties par la même personne à un titre, à une date et sous une forme quelconques à l'exception des donations passées devant notaire depuis plus de quinze ans.

L'exonération partielle visée au premier alinéa ne s'applique pas lorsque le bail a été consenti depuis moins de deux ans au donataire de la transmission, à son conjoint, à un de leurs descendants ou à une société contrôlée par une ou plusieurs de ces personnes.

Art. 793 ter. L'exonération prévue aux 4°, 5° et 6° du 2 de l'article 793 est plafonnée à 46 000 € par part reçue par chacun des donataires, héritiers ou légataires. Pour l'appréciation de cette limite de 46 000 €, il est tenu compte de l'ensemble des transmissions à titre gratuit consenties par la même personne.

Art. 793 quater. Lorsque l'engagement prévu au quatrième alinéa du 6° du 2 de l'article 793 n'est pas respecté, les droits sont rappelés, majorés de l'intérêt de retard visé à l'article 1727.

Art. 794. I. (*L. n° 2003-721 du 1.8.2003*) Les régions, les départements, les communes, leurs établissements publics et les établissements publics hospitaliers sont exonérés des droits de mutation à titre gratuit sur les biens qui leur adviennent par donation ou succession affectés à des activités non lucratives.

II. Les dispositions du I sont applicables aux libéralités faites aux organismes d'administration et de gestion de la sécurité sociale ainsi qu'à la caisse générale de prévoyance des marins et de leurs familles en cas d'accident, de maladie, d'invalidité et de maternité.

Art. 795. Sont exonérés des droits de mutation à titre gratuit :

1° Les dons et legs d'œuvres d'art, de monuments ou d'objets ayant un caractère historique, de livres, d'imprimés ou de manuscrits, faits aux établissements pourvus de la personnalité civile, autres que ceux visés au I de l'article 794, si ces œuvres et objets sont destinés à figurer dans une collection publique ;

2° Les dons et legs consentis aux établissements publics ou d'utilité publique, dont les ressources sont exclusivement affectées à des œuvres scientifiques, culturelles ou artistiques à caractère désintéressé ;

3° (Abrogé) ;

4° Les dons et legs faits aux établissements publics charitables autres que ceux visés au I de l'article 794, aux mutuelles et à toutes autres sociétés reconnues d'utilité publique dont les ressources sont affectées à des œuvres d'assistance à la défense de l'environnement naturel ou à la protection des animaux.

Il est statué sur le caractère de bienfaisance de la disposition par le décret rendu en conseil d'État ou l'arrêté préfectoral qui en autorise, le cas échéant, l'acceptation ;

5° (*L. n° 2007-1824 du 25.12.2007*) Les dons et legs faits aux fondations universitaires, aux fondations partenariales et établissements d'enseignement supérieur reconnus d'utilité publique, aux sociétés d'éducation populaire gratuite reconnues d'utilité publique et subventionnées par l'État, aux associations d'enseignement supérieur reconnues d'utilité publique et aux établissements reconnus d'utilité publique ayant pour objet de soutenir des œuvres d'enseignement scolaire et universitaire régulièrement déclarées ;

6° Les dons et legs de sommes d'argent ou d'immeubles faits aux établissements pourvus de la personnalité civile autres que ceux visés au I de l'article 794 avec obligation, pour les bénéficiaires, de consacrer ces libéralités à l'achat d'œuvres d'art, de monuments ou d'objets ayant un caractère historique, de livres, d'imprimés ou de manuscrits, destinés à figurer dans une collection publique, ou à l'entretien d'une collection publique ;

7° Les dons et legs faits aux organismes d'habitations à loyer modéré ou à leurs unions ;

8° (Périmé).

9° Les dons et legs faits à l'office national des anciens combattants et victimes de guerre ;

10° Les dons et legs faits aux associations cultuelles, aux unions d'associations cultuelles et aux congrégations autorisées ;

11° Les dons et legs faits aux établissements publics ou d'utilité publique autres que ceux visés au I de l'article 794, aux sociétés particulières ou autres groupements régulièrement constitués, en tant qu'ils sont affectés, par la volonté expresse du donateur ou du testateur, à l'érection de monuments aux morts de la guerre ou à la gloire de nos armes et des armées alliées.

12° Conformément à l'article L. 322-8 du Code de l'environnement, les dons et legs d'immeubles situés dans les zones définies à l'article L. 322-1 du code précité, faits au profit du Conservatoire de l'espace littoral et des rivages lacustres.

13° (*L. n° 2006-436 du 14.4.2006*). Les dons et legs d'immeubles situés dans les cœurs des parcs nationaux, faits au profit de l'établissement public du parc national concerné.

14 ° (*L. n° 2008-776 du 4.8.2008*) Les dons et legs consentis aux fonds de dotation répondant aux conditions fixées au g du 1 de l'article 200.

Art. 795 A. Sont exonérés des droits de mutation à titre gratuit les biens immeubles par nature ou par destination qui sont, pour l'essentiel, classés ou inscrits sur l'inventaire supplémentaire des monuments historiques, ainsi que les biens meubles qui en constituent le complément historique ou artistique, dès lors que les héritiers, les donataires ou les légataires ont souscrit avec les ministres chargés de la culture et des finances une convention à durée indéterminée prévoyant le maintien dans l'immeuble des meubles exonérés et leurs conditions de présentation, les modalités d'accès du public ainsi que les conditions d'entretien des biens exonérés, conformément à des dispositions types approuvées par décret.

En cas de non-respect des règles fixées par cette convention, les biens exonérés sont soumis aux droits de mutation sur la base de leur valeur au jour où la convention n'est pas respectée ou de la valeur déclarée lors de la donation ou du décès si cette valeur est supérieure et aux taux auxquels ils auraient été soumis lors de leurs transmission.

Les dispositions des premier et deuxième alinéas s'appliquent, dans les mêmes conditions, aux parts des sociétés civiles qui détiennent en pleine propriété et gèrent des biens mentionnés au premier alinéa et dont les revenus sont imposés dans la catégorie des revenus fonciers. Ces sociétés doivent être constituées uniquement entre personnes parentes en ligne directe ou entre frères et sœurs, leurs conjoints et, le cas échéant, les enfants de ces différentes personnes. Les parts de ces sociétés doivent rester la propriété de ces personnes ou de leurs descendants.

L'exonération de ces parts ne s'applique qu'à concurrence de la fraction de leur valeur nette qui correspond aux biens mentionnés au premier alinéa. Elle est, par ailleurs, subordonnée aux conditions suivantes :

a. Les parts doivent être détenues depuis plus de deux ans par le donateur ou le défunt lorsque celui-ci les a souscrites ou acquises à titre onéreux ;

b. Les parts doivent rester la propriété du donataire, héritier ou légataire pendant un délai de cinq ans à compter de la date de la transmission à titre gratuit. Lorsque cette condition n'est pas respectée, les droits sont rappelés, majorés de l'intérêt de retard visé à l'article 1727 ;

c. Les bénéficiaires de la mutation à titre gratuit doivent prendre l'engagement d'adhérer à la convention mentionnée au premier alinéa qui aura été signée entre la société civile et les ministres de la culture et des finances ;

d. Cette mesure s'applique à compter du 1er janvier 1995.

Les conditions d'application des troisième à huitième alinéas, et notamment les obligations déclaratives, sont déterminées par décret.

Art. 796-0. (*L. n° 2003-1311 du 30.12.2003*) Sont exonérées de droits de mutation par décès les personnes dispensées de dépôt de déclaration de succession en application des dispositions de l'article 800.

Art. 796-0 bis. (*L. n° 2007-1223 du 21.8.2007*) Sont exonérés de droits de mutation par décès le conjoint survivant et le partenaire lié au défunt par un pacte civil de solidarité.

Art. 796-0 ter. (*L. n° 2007-1223 du 21.8.2007*) Est exonérée de droits de mutation par décès la part de chaque frère ou sœur, célibataire, veuf, divorcé ou séparé de corps, à la double condition :

1° Qu'il soit, au moment de l'ouverture de la succession, âgé de plus de cinquante ans ou atteint d'une infirmité le mettant dans l'impossibilité de subvenir par son travail aux nécessités de l'existence ;

2° Qu'il ait été constamment domicilié avec le défunt pendant les cinq années ayant précédé le décès.

Art. 796-0 quater. (*L. n° 2007-1223 du 21.8.2007*) Les réversions d'usufruit relèvent du régime des droits de mutation par décès.

Art. 796. (*L. n° 2004-1485 du 30.12.2004*) I. Sont exonérées de l'impôt de mutation par décès les successions :

1° Des militaires des armées françaises et alliées, morts sous les drapeaux pendant la durée de la guerre ;

2° Des militaires qui, soit sous les drapeaux, soit après renvoi dans leurs foyers, seront morts, dans les trois années à compter de la cessation des hostilités, de blessures reçues ou de maladies contractées pendant la guerre ;

2° bis (*L. n° 2009-1673 du 30.12.2009*) Des militaires décédés lors de leur participation à une opération extérieure ou, dans les trois années suivant la fin de celle-ci, des blessures reçues ou des maladies contractées pendant cette opération ;

3° De toute personne ayant la nationalité française ou celle d'un pays allié dont le décès aura été provoqué, soit au cours des hostilités, soit dans les trois années à compter de la cessation des hostilités, par faits de guerre suivant la définition qui en est donnée pour les réparations à accorder aux victimes civiles de la guerre ;

4° Des personnes décédées en captivité ou des conséquences immédiates et directes de leur captivité dans le délai prévu au 2°, après avoir été internées pour faits de résistance ;

5° Des personnes décédées au cours de leur déportation ou des conséquences immédiates et directes de leur déportation, dans le délai prévu au 3° ;

6° Des militaires et civils décédés en Afrique du Nord, victimes d'opérations militaires ou d'attentats terroristes ;

7° Des personnes décédées du fait d'actes de terrorisme visés à l'article 26 de la loi n° 90-86 du 23 janvier 1990 portant diverses dispositions relatives à la sécurité sociale et à la santé ou des conséquences directes de ces actes dans un délai de trois ans à compter de leur réalisation ;

8° (*L. n° 2004-811 du 13.8.2004*) Des sapeurs-pompiers professionnels ou volontaires décédés en opération de secours, cités à l'ordre de la Nation ;

9° (*L. n° 2009-1673 du 30.12.2009*) Des policiers et des gendarmes décédés dans l'accomplissement de leur mission, cités à l'ordre de la Nation ;

10° (*L. n° 2009-1673 du 30.12.2009*) Des agents des douanes décédés dans l'accomplissement de leur mission, cités à l'ordre de la Nation.

II. L'exonération ne profite, toutefois, qu'aux parts nettes recueillies par les ascendants, les descendants, ainsi que par ses frères et sœurs ou leurs descendants.

III. L'exonération de l'impôt n'entraîne pas la dispense de la déclaration des successions. Elle est subordonnée à la condition que cette déclaration soit accompagnée :

1° Dans les cas visés au I-1°, 2° et 2° bis, d'un certificat de l'autorité militaire dispensé de timbre et constatant que la mort a été causée par une blessure reçue ou une maladie contractée pendant, selon le cas, la guerre ou l'opération extérieure ;

2° Dans les cas visés aux 3°, 4°, 5° et 6° du I, d'un certificat de l'autorité militaire ou civile compétente, dispensé de timbre et établissant les circonstances du décès.

E - Obligations diverses

1 - Dispositions communes aux successions et aux donations.

Art. 798. Les héritiers, donataires ou légataires, dans les déclarations de mutation par décès, les parties dans les actes constatant une transmission entre vifs à titre gratuit, doivent faire connaître si les bijoux, pierreries, objets d'art ou de collection compris dans la mutation étaient l'objet d'un contrat d'assurance contre le vol ou contre l'incendie en cours au jour du décès ou de l'acte et, au cas de l'affirmative, indiquer la date du contrat, le nom ou la raison sociale et le domicile de l'assureur, ainsi que le montant des risques.

Art. 799. En ce qui concerne les déclarations visées à l'article 851, les mutations à titre gratuit des parts du fonds commun de placement donnent lieu à une déclaration comportant la désignation du fonds, ainsi que l'indication du nombre de parts et de leur valeur de rachat à la date de la donation ou du décès, sans qu'il y ait lieu de fournir à l'administration l'énumération de toutes les valeurs comprises dans le fonds et leur cours de bourse.

2 - Dispositions spéciales aux successions

Art. 800. (*L. n° 2003-1311 du 30.12.2003*) I. Les héritiers, légataires ou donataires, leurs tuteurs ou curateurs, sont tenus de souscrire une déclaration détaillée et de la signer sur une formule imprimée fournie gratuitement par l'administration.

En sont dispensés :

1° (*Ord. n° 2005-1512 du 7.12.2005*) Les ayants cause en ligne directe [(*L. n° 2007-1223 du 21.8.2007*), le conjoint survivant et le partenaire lié par un pacte civil de solidarité] lorsque l'actif brut successoral est inférieur à 50 000 € et à la condition que ces personnes n'aient pas bénéficié antérieurement, de la part du défunt, d'une donation ou d'un don manuel non enregistré ou non déclaré,

2° Les personnes autres que celles visées au 1° lorsque l'actif brut successoral est inférieur à 3 000 €.

En ce qui concerne les immeubles situés dans la circonscription de services des impôts autres que celui où est souscrite la déclaration, le détail est présenté non dans cette déclaration, mais distinctement, pour chaque service de la situation des biens, sur une formule fournie par l'administration et signée par le déclarant.

II. La déclaration prévue au premier alinéa du I est établie en double exemplaire.

Art. 801. La déclaration prévue à l'article 800 doit mentionner les nom, prénoms, date et lieu de naissance de chacun des héritiers, légataires ou donataires.

Si la naissance est arrivée hors de France, il est, en outre, justifié de cette date avant l'enregistrement de la déclaration, à défaut de quoi il est perçu les droits les plus élevés qui pourraient être dus au Trésor sauf restitution du trop-perçu comme il est dit à l'article 1965 C.

Art. 802. Toute déclaration de mutation par décès, souscrite par les héritiers, donataires et légataires, leurs tuteurs, curateurs ou administrateurs légaux est terminée par une mention ainsi conçue : «... *Le déclarant affirme sincère et véritable la présente déclaration ; il affirme, en outre, sous les peines édictées par l'article 1837 du Code général des Impôts, que cette déclaration comprend l'argent comptant, les créances et toutes autres valeurs mobilières françaises ou étrangères qui, à sa connaissance, appartenaient au défunt, soit en totalité, soit en partie.* »

Lorsque le déclarant affirme ne savoir ou ne pouvoir signer, lecture de la mention prescrite au premier alinéa lui est donnée, ainsi que de l'article 1837 précité et des articles L. 230 et L. 231 du livre des procédures fiscales relatifs à l'exercice des poursuites pénales en cas d'affirmation frauduleuse. Certification est faite, au pied de la déclaration, que cette formalité a été accomplie et que le déclarant a affirmé l'exactitude complète de sa déclaration.

1° Immeubles et fonds de commerce situés en France et dévolus à des personnes domiciliées à l'étranger - Obligations imposées à l'acquéreur

Art. 803. Tout acquéreur d'un immeuble ou d'un fonds de commerce situé en France et dépendant d'une succession dévolue à un ou plusieurs héritiers, légataires ou donataires ayant à l'étranger leur domicile de fait ou de droit, ne peut se libérer du prix d'acquisition si ce n'est sur la présentation d'un certificat délivré sans frais par le comptable public compétent et constatant soit l'acquittement, soit la non-exigibilité de l'impôt de mutation par décès, à moins qu'il ne préfère retenir, pour la garantie du Trésor, et conserver jusqu'à la présentation du certificat du comptable, une somme égale au montant de l'impôt calculé sur le prix.

2° Polices d'assurance contre l'incendie souscrites par les personnes décédées – Avis à donner par les assureurs

Art. 805. Les sociétés, compagnies d'assurances et tous autres assureurs français et étrangers, qui auraient assuré contre le vol ou contre l'incendie, en vertu d'un contrat ou d'une convention en cours à l'époque du décès, des bijoux, pierreries, objets d'art ou de collection, situés en France et dépendant d'une succession qu'ils sauraient ouverte, ou appartenant au conjoint d'une personne qu'ils sauraient décédée, doivent, dans la quinzaine qui suit le jour où ils ont connaissance du décès, adresser à l'autorité compétente de l'État de leur département de résidence, une notice faisant connaître :
1° Le nom ou la raison sociale et le domicile de l'assureur ;
2° Les nom, prénoms et domicile de l'assuré, ainsi que la date de son décès ou du décès de son conjoint ;
3° Le numéro, la date et la durée de la police et la valeur des objets assurés.
Ces notices sont établies sur des formulaires mis à disposition par le service des impôts.

3° Titres, sommes ou valeurs en dépôt – Sommes dues à raison du décès – Obligations des dépositaires ou débiteurs

Art. 806. (*L. n° 2004-1485 du 30.12.2004*)
I. Les administrations publiques, les établissements ou organismes quelconques soumis au contrôle de l'autorité administrative, les sociétés ou compagnies, prestataires de services d'investissement, changeurs, banquiers, escompteurs, officiers publics ou ministériels ou agents d'affaires qui seraient dépositaires, détenteurs ou débiteurs de titres, sommes ou valeurs dépendant d'une succession qu'ils sauraient ouverte doivent adresser, soit avant le paiement, la remise ou le transfert, soit dans la quinzaine qui suit ces opérations, à l'autorité compétente de l'État de leur département de résidence, la liste de ces titres, sommes ou valeurs.

II. Ces listes sont établies sur des formulaires mis à disposition par le service des impôts.

III. Les sociétés, compagnies, caisses ou organismes d'assurances et tous autres assureurs français, ainsi que les établissements, agences et succursales en France des sociétés, compagnies, caisses, organismes ou assureurs étrangers, ne peuvent se libérer des sommes, rentes ou émoluments quelconques dus par eux, à raison ou à l'occasion du décès de l'assuré à tout bénéficiaire domicilié en France ou à l'étranger, si ce n'est sur la présentation d'un certificat délivré sans frais par le comptable public compétent et constatant soit l'acquittement, soit la non-exigibilité de l'impôt de mutation par décès.

Ils peuvent, toutefois, sur la demande écrite des bénéficiaires, verser tout ou partie des sommes dues par eux en l'acquit des droits de mutation par décès, au service des impôts où doit être déposée la déclaration de succession.

Les dispositions du présent III ne sont pas applicables lorsque l'ensemble des sommes, rentes ou émoluments quelconques dus par un ou plusieurs assureurs, à raison ou à l'occasion du décès de l'assuré, n'excèdent pas 7 600 € et reviennent au conjoint survivant ou à des successibles en ligne directe n'ayant pas à l'étranger un domicile de fait ou de droit. Cette mesure est subordonnée à la condition que le bénéficiaire de l'assurance dépose une demande écrite renfermant la déclaration que l'ensemble desdites indemnités n'excède pas 7 600 €.

IV. Les organismes mentionnés au I de l'article 990 I ne peuvent se libérer des sommes, rentes ou valeurs quelconques dues par eux, à raison du décès de l'assuré, à tout bénéficiaire qu'après avoir déclaré à l'administration fiscale :

a. le nom ou la raison sociale et la domiciliation de l'organisme d'assurance ou assimilé ;

b. les nom, prénoms et domicile de l'assuré ainsi que la date de son décès ;

c. les nom, prénoms et domicile du ou des bénéficiaires pour chaque contrat ;

d. la date de souscription du ou des contrats et des avenants prévus par l'article L. 112-3 du Code des assurances de nature à transformer l'économie même de ce ou ces contrats ;

e. les sommes, rentes ou valeurs dues au jour du décès de l'assuré au titre de chaque contrat rachetable et correspondant aux primes versées à compter du 13 octobre 1998 ;

f. le montant des primes versées à compter du 13 octobre 1998 au titre de chaque contrat non rachetable mentionné au I de l'article 990 I ;

g. en cas de pluralité de bénéficiaires, la fraction des sommes, rentes ou valeurs revenant à chacun d'entre eux.

Cette déclaration doit être faite dans les conditions et délais fixés par décret en Conseil d'État.

Art. 807. Les prescriptions des deux premiers alinéas du III de l'article 806 sont applicables aux administrations publiques, aux établissements, organismes, sociétés, compagnies ou personnes désignés au I de l'article 806 qui seraient dépositaires, détenteurs ou débiteurs de titres, sommes ou valeurs dépendant d'une succession qu'elles sauraient ouverte, et dévolus à un ou plusieurs héritiers, légataires ou donataires ayant à l'étranger leur domicile de fait ou de droit.

Art. 808. Les dépositaires désignés au I de l'article 806, doivent, dans la quinzaine de la notification, qui leur est faite par le service des impôts, du décès de l'un des déposants à un compte indivis ou collectif avec solidarité, adresser à l'autorité compétente de l'État de leur département de résidence la liste des titres, sommes ou valeurs existant, au jour du décès, au crédit des cotitulaires du compte.

LIVRE II
Recouvrement de l'impôt

CHAPITRE PREMIER
Paiement de l'impôt

SECTION IV
Enregistrement, publicité foncière, impôt de solidarité sur la fortune, timbre

I - Paiement des droits

Art. 1701. Les droits des actes et ceux des mutations par décès sont payés avant l'exécution de l'enregistrement, de la publicité foncière ou de la formalité fusionnée, aux taux et quotités réglés par le présent code.
Nul ne peut en atténuer ni différer le paiement sous le prétexte de contestation sur la quotité, ni pour quelque autre motif que ce soit, sauf à se pourvoir en restitution s'il y a lieu.
À défaut de paiement préalable de la taxe de publicité foncière, le dépôt est refusé.

Art. 1702. Aucune autorité publique, ni l'administration fiscale, ni ses préposés, ne peuvent suspendre ou faire suspendre le recouvrement des droits d'enregistrement, de la taxe de publicité foncière et des peines encourues sans en devenir personnellement responsables.

Art. 1702 bis. Lorsqu'il est nécessaire de requérir dans plusieurs bureaux des hypothèques soit la publicité d'un même acte ne donnant pas lieu à la formalité fusionnée et soumis à la taxe de publicité foncière au taux fixe, soit celle d'une même décision judiciaire soumise à la taxe à ce même taux, soit l'inscription d'hypothèques conventionnelles ou judiciaires garantissant une même créance, la taxe est acquittée en totalité dans le bureau où la formalité est requise en premier lieu ; il n'est payé dans chacun des autres bureaux que le simple salaire du conservateur, à condition que le bureau où la publicité a été requise en premier lieu soit explicitement désigné dans la réquisition déposée aux autres bureaux et qu'un duplicata de la quittance constatant le paiement entier de la taxe dans le bureau ainsi désigné soit représenté.
Le conservateur qui a perçu la taxe est tenu de délivrer au requérant autant de duplicata de la quittance visée au 3 de l'article 1704 qu'il lui en est demandé.

II - Obligations des agents

Art. 1703. Les comptables publics compétents ne peuvent, sous aucun prétexte, lors même qu'il y aurait lieu à l'expertise, différer l'enregistrement des actes et mutations dont les droits ont été payés aux taux réglés par la présente codification.
Ils ne peuvent, non plus, suspendre ou arrêter le cours des procédures en retenant des actes ou significations ; cependant, si un acte dont il n'y a pas de minute ou une signification contient des renseignements dont la trace puisse être utile pour la découverte des droits dus, l'agent a la faculté d'en tirer copie, et de la faire certifier conforme à l'original par l'officier qui l'a présenté. En cas de refus, il peut réserver l'acte pendant vingt-quatre heures seulement, pour s'en procurer une collation en forme, à ses frais, sauf répétition, s'il y a lieu.
Cette disposition est applicable aux actes sous signature privée qui sont présentés à l'enregistrement.

Art. 1704. 1. La quittance de l'enregistrement est mise sur l'acte enregistré ou sur l'extrait de la déclaration du nouveau possesseur.
Il y est exprimé en toutes lettres la date de l'enregistrement, le folio du registre, le numéro et la somme des droits perçus.
Lorsque l'acte renferme plusieurs dispositions opérant chacune un droit particulier, l'agent compétent les indique sommairement dans sa quittance et y énonce distinctement la quotité de chaque droit perçu.
2. (Abrogé).
3. Lorsqu'il s'agit de formalités autres que la formalité fusionnée, la quittance de la taxe de publicité foncière est mise au pied des extraits, expéditions, copies, bordereaux ou certificats remis ou délivrés par le conservateur ; chaque

somme y est mentionnée séparément, et le total est inscrit en toutes lettres.

III - Obligation au paiement

Art. 1705. Les droits des actes à enregistrer ou à soumettre à la formalité fusionnée sont acquittés, savoir :

1° Par les notaires, pour les actes passés devant eux ;

2° Par les huissiers et autres ayant pouvoir de faire des significations et procès-verbaux pour ceux de leur ministère ;

3° Par les greffiers, pour les actes et jugements, sauf le cas prévu par l'article 1840 D, et ceux passés et reçus aux greffes ;

4° (*L. n° 2003-1311 du 30.12.2003*). Par les comptables publics assignataires, pour les actes passés en la forme administrative qui sont soumis à la formalité de l'enregistrement ou à la formalité fusionnée, sauf aussi le cas prévu par l'article 1840 D ;

5° Par les parties, pour les actes sous signature privée, et ceux passés en pays étrangers, qu'elles ont à faire enregistrer ; pour les ordonnances sur requêtes ou mémoires, et les certificats qui leur sont immédiatement délivrés par les juges ; et pour les actes et décisions qu'elles obtiennent des arbitres si ceux-ci ne les ont pas fait enregistrer ;

6° Et par les héritiers, légataires et donataires, leurs tuteurs et curateurs, et les exécuteurs testamentaires, pour les testaments et autres actes de libéralité à cause de mort.

Art. 1706. Les greffiers ne sont personnellement tenus de l'acquittement des droits que dans les cas prévus par l'article 1840 C. Ils continuent de jouir de la faculté accordée par l'article 1840 D pour les jugements et actes y énoncés.

Art. 1707. Les parties sont solidaires vis-à-vis du Trésor pour le paiement des droits simples et des pénalités exigibles sur les sentences arbitrales et les décisions judiciaires.

Art. 1708. Dans tous les cas, les assureurs, leur représentant responsable, leurs agents, directeurs d'établissements ou de succursales, ou leurs représentants, les courtiers et intermédiaires et les assurés sont tenus solidairement pour le paiement de la taxe spéciale sur les conventions d'assurances, et ses pénalités.

Cette taxe est perçue dans des conditions qui sont fixées par décret.

Art. 1709. Les droits des déclarations des mutations par décès sont payés par les héritiers, donataires ou légataires.

Les cohéritiers, [(*L. n° 2007-1223 du 21.8.2007*) à l'exception du conjoint survivant,] sont solidaires.

Art. 1710. L'action solidaire pour le recouvrement des droits de mutation par décès, conférée au Trésor par l'article 1709, ne peut être exercée à l'encontre des cohéritiers auxquels profite l'exemption prévue par l'article 796.

IV - Contribution au paiement

Art. 1711. Les officiers publics qui, aux termes des articles 1705 et 1706, ont fait, pour les parties, l'avance des droits d'enregistrement ou de la taxe de publicité foncière peuvent en poursuivre le paiement conformément aux dispositions de la loi du 24 décembre 1897 relative au recouvrement des frais dus aux notaires, avoués et huissiers.

Art. 1712. Les droits des actes civils et judiciaires emportant translation de propriété ou d'usufruit de meubles ou immeubles, sont supportés par les nouveaux possesseurs, et ceux de tous les autres actes le sont par les parties auxquelles les actes profitent, lorsque, dans ces divers cas, il n'a pas été stipulé de dispositions contraires dans les actes.

V - Paiement en valeurs du Trésor ou en créances sur l'État

Art. 1715. Le paiement des droits de mutation par décès peut être effectué en valeurs du Trésor dans la proportion fixée respectivement par le conseil d'administration de la caisse autonome de gestion des bons de la défense nationale, d'exploitation industrielle des tabacs et d'amortissement de la dette publique et par arrêté du ministre de l'économie et des finances.

La valeur de reprise de ces divers titres est fixée par décret.

La liste des valeurs susceptibles d'être ainsi reçues en paiement est établie par arrêté du ministre de l'économie et des finances, après avis du conseil d'administration de la caisse susvisée.

Art. 1716 A. Lorsque leur auteur a acquis, en application de la loi n° 78-1 du 2 janvier 1978 relative à l'indemnisation des rapatriés d'outre-mer dépossédés de leurs biens et de la loi n° 87-549 du 16 juillet 1987 modifiée relative au règlement de l'indemnisation des rapatriés, une créance sur l'État, les droits de mutation par décès exigibles sur la créance revenant à chaque ayant droit peuvent être acquittés par imputation sur cette créance.

V bis - Dation en paiement

Art. 1716 bis. (*L. n° 2011-1978 du 28.12.2011*) I. Les droits de mutation à titre gratuit et le droit de partage peuvent être acquittés par la remise d'œuvres d'art, de livres, d'objets de collection, de documents, de haute valeur artistique ou historique, ou d'immeubles situés dans les zones d'intervention du Conservatoire de l'espace littoral et des rivages lacustres définies à l'article L. 322-1 du Code de l'environnement dont la situation ainsi que l'intérêt écologique ou paysager justifient la conservation à l'état naturel ou d'immeubles en nature de bois, forêts ou espaces naturels pouvant être incorporés au domaine forestier de l'État.

Le premier alinéa est applicable lorsque le montant des droits que l'intéressé propose d'acquitter par dation est au moins égal à 10 000 €, au titre de chaque imposition considérée.

L'offre de dation ne peut être retirée dans le délai de six mois suivant la date de son dépôt. Ce délai peut être prorogé de trois mois par décision motivée de l'autorité administrative, notifiée à l'intéressé.

Cette procédure exceptionnelle de règlement des droits est subordonnée à un agrément donné dans des conditions fixées par décret en Conseil d'État.

La décision d'agrément fixe la valeur libératoire qu'elle reconnaît aux biens offerts en paiement. La dation en paiement n'est parfaite que par l'acceptation par l'intéressé de ladite valeur.

Si l'intéressé ne donne pas son acceptation à l'agrément des biens offerts en paiement pour la valeur proposée dans l'offre de dation ou s'il retire son offre de dation avant la notification de la décision d'agrément, les droits dus sont assortis de l'intérêt de retard prévu à l'article 1727, calculé à compter du premier jour du mois suivant celui au cours duquel les droits devaient être acquittés jusqu'au dernier jour du mois du paiement.

Lorsque l'État accepte les biens offerts en paiement pour une valeur libératoire différente de celle proposée par l'intéressé dans son offre, ce dernier dispose de trente jours pour confirmer son offre à cette nouvelle valeur ou pour y renoncer. S'il renonce, l'intérêt de retard est calculé à compter du premier jour du mois suivant l'expiration du délai de trente jours précité, jusqu'au dernier jour du mois du paiement.

L'offre de dation n'est pas recevable :

1° Si les biens offerts en paiement ont précédemment donné lieu à deux refus d'agrément ;

2° Lorsqu'ils sont détenus depuis moins de cinq ans par l'intéressé. Cette condition ne s'applique pas s'ils sont entrés en sa possession par mutation à titre gratuit.

VI - Paiement fractionné ou différé des droits

Art. 1717. I. Par dérogation aux dispositions de l'article 1701, le paiement des droits d'enregistrement et de la taxe de publicité foncière peut être fractionné ou différé selon des modalités fixées par décret.

Art. 1717 bis. Lors de leur présentation à la formalité de l'enregistrement ou à la formalité fusionnée, dans le délai prévu aux articles 635 et 647 III, les actes constatant la formation de sociétés commerciales sont provisoirement enregistrés gratis. Sous réserve des dispositions de l'article 1717, les droits et taxes normalement dus sont exigibles, au plus tard, à l'expiration d'un délai de trois mois à compter de la date de ces actes.

Art. 1722 bis. Dans le cas prévu aux articles 832 et 924-3 du Code civil, lorsque l'attributaire ou le bénéficiaire du don ou du legs dispose de délais pour le règlement des soultes ou récompenses dont il est redevable envers ses cohéritiers, le paiement des droits de mutation par décès incombant à ces derniers peut être différé dans les conditions fixées par décret, à concurrence de la fraction correspondant au montant des soultes ou récompenses payables à terme.

Art. 1722 ter. Les modalités de paiement des droits de mutation par décès afférents aux titres, sommes, valeurs ou avoirs quelconques frappés d'indisponibilité hors de France par suite de mesures prises par un gouvernement étranger sont fixées par décret.

Ces dispositions sont applicables aux successions ouvertes et non déclarées avant la publication de la loi n° 63-254 du 15 mars 1963.

Art. 1722 quater. (*D. n° 2010-421 du 27.4.2010*) Conformément aux dispositions des articles L. 230-1 et L. 230-2 du code de l'urbanisme, lorsqu'un terrain concerné par un droit de délaissement fait l'objet d'une transmission pour cause de décès, les ayants droit du propriétaire décédé peuvent demander, dans les conditions prévues par ces articles, qu'il soit sursis, à concurrence du montant de son prix, au recouvrement des droits de mutation afférents à la succession tant que ce prix n'aura pas été payé.

.../...

Index

A

B

C

D

INDEX

INDEX

E

F

INDEX

INDEX

L

M

N

O

P

Q

R

S

T

U

V

INDEX

Achevé d'imprimer
en août 2012
par DIMOGRAF,
Bielsko-Biała, POLOGNE